Kinder und Eltern haben derzeit eine schlechte Presse. Die Kinder sind angeblich entweder verwöhnt und tyrannisch oder verwahrlost und gewalttätig. Die Eltern sollen es an Disziplin und Grenzsetzung fehlen lassen, ihre Kinder zu wenig fordern oder falsch fördern. Zwar seien sie guten Willens, aber aus verschiedenen Gründen oft überfordert. Auch der Gesellschaft wird nachgesagt, sie überlaste die Menschen mit Anpassungszumutungen und trage so dazu bei, dass die Zahl seelischer Erkrankungen immer weiter ansteige.

Im vorliegenden Buch wird der Realitätsgehalt dieser Wirklichkeitsvorstellungen genauer untersucht. Die Bedingungen, unter denen Kinder heute aufwachsen, werden einer umfassenden Betrachtung und Analyse unterzogen. Nur so lassen sich Risiken und Gefährdungen moderner Kindheit realistisch einschätzen.

Das Ergebnis der Untersuchung ist: Kinder, Jugendliche und Eltern sind besser als ihr Ruf.

Martin Dornes, geb. 1950, Dr. phil. habil., ist Soziologe, Entwicklungspsychologe und Gruppenanalytiker. Nach langjähriger klinischer und Forschungstätigkeit in Psychiatrie, Psychosomatik, Sexualmedizin und Medizinischer Psychologie sowie Lehrtätigkeit als Privatdozent für Psychoanalytische Psychologie ist er derzeit Mitglied im Leitungsgremium des Instituts für Sozialforschung in Frankfurt am Main.

Weitere Bücher des Autors im Fischer Taschenbuch Verlag: Der kompetente Säugling (Bd. 11 263); Die frühe Kindheit (Bd. 13 548); Die emotionale Welt des Kindes (Bd. 14 715); Die Seele des Kindes (Bd. 17 051).

Weitere Informationen, auch zu E-Book-Ausgaben, finden Sie bei www.fischerverlage.de

Martin Dornes

Die Modernisierung der Seele

Kind – Familie – Gesellschaft

Fischer
Taschenbuch
Verlag

Originalausgabe
Veröffentlicht im Fischer Taschenbuch Verlag,
einem Unternehmen der S. Fischer Verlag GmbH,
Frankfurt am Main, Mai 2012

© S. Fischer Verlag GmbH, Frankfurt am Main 2012
Lektorat: Anita Jantzer
Satz: pagina GmbH, Tübingen
Druck und Bindung: Druckerei C. H. Beck, Nördlingen
Printed in Germany
ISBN 978-3-596-19405-6

Inhalt

[handschriftlich: Bedeutung der kindheit vgl. S. 278 ff.]

Einleitung 11

**Kapitel 1 Kindheit heute: Ein problemorientierter
Überblick** 19
Einleitung 19
Medien 20
Der Einfluss der Medien: Ein Verfallspanorama 20
Historische Relativierungen des Verfallspanoramas .. 23
Systematische Relativierungen des Verfallspanora-
mas 26
Medienkonsum: Umfang und Folgen im Überblick .. 26
Medien und Sozialbeziehungen 32
Generation Porno? 34
Fazit 38
Was heißt Sozialisation durch Medien? 40
Zeitmangel in der Familie 43
Auflösung der Familie und Bindungsschwäche 52
Scheidungsfolgen 53
Bindungsschwäche 56
Historisches zur Auflösung der Familie 65
Abnehmende Kinderzahl 66
Zwischenbilanz 68
Konflikte 70
*Konflikte und Zufriedenheit in ehelichen
Beziehungen* 70
*Konflikte und Zufriedenheit in Eltern-Kind-
Beziehungen* 75
Schule 78
Leistungsdruck und Leistungsfähigkeit 78
Schulzufriedenheit 82

5

Freizeit 88
Verlust der Familie als schützende Hülle? 90
Die Lebens- und Familienzufriedenheit heutiger
Kinder: Eine Bilanz 95

Kapitel 2 Die Situation der Erwachsenen 101
Einleitung 101
Narzissmus 102
Symbolisierungsmängel 107
Bilderflut 112
Theoretische Kurzschlüsse zwischen Individual-
und Gesellschaftsdiagnosen 114
Exkurs: Aufmerksamkeitsdefizit-/Hyperaktivitäts-
störung als Zeitkrankheit 118
Körperstörungen und Körperkult 125
Exkurs: Tattoo und Piercing 129
Wo bleibt das Positive? 133
Verschwindender Geschlechter- und Generations-
unterschied 135
Medizintechnik und Medikamente 139
Grundsätzliches 139
Vorkommenshäufigkeiten 145
Noch einmal: Desymbolisierung 148
Noch einmal: ADHS und Ritalin 150
Noch einmal: Grundsätzliches 152
Fazit 154

Kapitel 3 Neue Freiheiten: Von der Selbstverwirklichung
zur Selbsterfindung 156
Einleitung 156
Die Theorie der Selbsterfindung 157
Exkurs: Begriffliche Fragen 159
Fortsetzung 160
Die Bedeutung der Selbsterfindung – kritisch
betrachtet 169
Philosophische Einwände 171
Soziologische Einwände 173
Entwicklungspsychologische Einwände 178

Psychoanalytische Einwände 182
Essentialismus und Konstruktivismus:
Eine Annäherung am Beispiel der Jugendgewalt 187
Resümee 189
Nachgedanken: Ablösung der Eltern durch Gleich-
altrige? 191

Kapitel 4   Adoleszenz, Autoritätsverlust und
Erziehungsprobleme 201
Einleitung 201
Teil 1: Wandel der Adoleszenz 202
Entstrukturierung 202
Entkonfliktualisierung: Pro und Contra 204
Strukturalistische Argumente 205
Psychoanalytische Argumente 208
Zwischenbilanz zur Entkonfliktualisierung 210
Adoleszenz als Entwicklungsbruch? 213
Teil 2: Autoritätsverlust und Erziehungsprobleme ... 217
Konfliktvermeidung 217
Leben Erwachsene und Kinder in verschiedenen
Welten? 220
Pro Abstandsvergrößerung 221
Contra Abstandsvergrößerung 224
Zwischenbilanz zum veränderten Generationen-
abstand und Autoritätsverlust 226
Ist demokratische Erziehung überhaupt möglich? ... 230
Erziehungsprobleme: Eine Bilanz 233
Warum Katastrophenszenarien so weit verbreitet
sind 244

Kapitel 5   Die veränderte Integration in die Gesellschaft 252
Einleitung 252
Teil 1: Die »Privatisierung« der Erziehung 253
Familie und Gesellschaft: Überwärmung 254
Familie und Gesellschaft: Unterschiedliche Hand-
lungslogiken 256
Identifizierungsschwäche und das Verblassen des
Allgemeinen 258

Psychoanalytische Überlegungen zum Verblassen des
Allgemeinen 263
Krise der Vaterschaft? 264
Teil 2: Soziologische Überlegungen zum Verblassen
des Allgemeinen 267
Sozialpsychologische Implikationen 275
Teil 3: Führt Individualismus zum Schwinden von
sozialem Engagement und Solidarität? 279

Kapitel 6 **Der Erziehungswandel und seine Folgen für die
Psyche: Die postheroische Persönlichkeit** 293
Einleitung 293
Teil 1: Erziehungswandel 295
Teil 2: Autonomieentwicklung 300
Begriffsklärung 300
Gefahren für die Autonomieentwicklung 303
Fürsorgliche Belagerung 303
Parentifizierung 303
Zugemutete Autonomie 305
Hotel Mama 307
Empirische Überprüfung der Gefahren 307
Fürsorgliche Belagerung 307
Parentifizierung 308
Zugemutete Autonomie 310
Hotel Mama 312
Zwischenbilanz zur Autonomieentwicklung in
der Familie 315
Nachgedanken: Autonomie außerhalb der Familie ... 316
Teil 3: Strukturwandel der Persönlichkeit 318
Charakterstärke und Charakterstarre 318
Charakterstärke und Charakterflexibilität 324
Empirische Belege 327
Identitätswandel 327
*Flexibilität, Belastbarkeitsschwund, Bewältigungs-
kompetenz* 329
Bindungsfähigkeit und Kreativität 331
Kontextsensitive Moralentwicklung 333
Liberalisierte Sexualität 336

Begriffliche Probleme 341
Teil 4: Welche makrosozialen Entwicklungen
verunsichern die Psyche? 343
Fazit 349

Kapitel 7   Weitere Überlegungen zum Verhältnis von
             kulturellem und psychischem Wandel 353
             Einleitung 353
             Teil 1: Interaktion und psychische Strukturbildung .. 353
             Psychische Bearbeitung 353
             Überich 354
             Familienrealität und Neurose 359
             Trennung und Phantasie 361
             Selbstsozialisation 363
             Fallbeispiele 366
             Sexualität I 368
             Sexualität II 373
             Teil 2: Zum Verhältnis von psychischer Struktur, in-
             dividuellem Symptom und kultureller Neubildung .. 376
             Resümee 381

Kapitel 8   Haben psychische Krankheiten zugenommen? 384
             Einleitung 384
             Historisches 385
             Exkurs: Erschöpfung und Burn-out 387
             Fortsetzung: Historisches 389
             Krankheitshäufigkeiten und Befindlichkeitsstörungen
             bei Erwachsenen 392
             Krankschreibungen 395
             Druck am Arbeitsplatz 399
             Krankheitshäufigkeiten und Befindlichkeitsstörungen
             bei Kindern und Jugendlichen 400
             Fragebogenuntersuchungen 402
             Das Problem der Vorverlagerung psychischer
             Erkrankungen 406
             Weitere Studien 408
             Weitere Probleme 412
             Krank oder unerzogen? 414

Rückblick und Ausblick 421
Nachgedanken 427

Danksagung 430

Literaturverzeichnis 431

Namen- und Sachregister 505

Einleitung

Seit Ende der 1960er Jahre ist in vielen Familien eine Veränderung der Erziehungseinstellungen und -praktiken zu beobachten, die man in Kurzform als Verschiebung »vom Befehls- zum Verhandlungshaushalt« kennzeichnen kann. Nicht nur die Beziehung zwischen den Geschlechtern ist egalitärer geworden, sondern auch die zwischen Eltern und Kindern. Diese »Demokratisierung« der Eltern-Kind-Beziehung hat zu vielerlei Hoffnungen und Befürchtungen Anlass gegeben, wobei in jüngster Zeit die Befürchtungen zu überwiegen scheinen. Kinder und Jugendliche sollen unter dem Einfluss einer liberalisierten Erziehung zunehmend aus dem Ruder laufen: Verhaltensstörungen, Aufmerksamkeitsdefizite, Aggressivität und Gewalttätigkeit sowie subklinische Phänomene wie Unhöflichkeit, Mangel an Leistungsbereitschaft und Anspruchshaltung sollen das Ergebnis einer übermäßig nachgiebigen Erziehung sein, welche die Kinder schlapp, verwöhnt und undiszipliniert macht und damit ihre Entwicklung bedroht.

Auch andere Faktoren wie Patchworkfamilien, Einelternfamilien, mütterliche Berufstätigkeit und der wachsende Einfluss aggressiv oder sexuell aufgeladener Mediendarstellungen geben Anlass zur Besorgnis. Gehetzte, zeitknappe oder interesselose Eltern »parken« ihre Kinder vor diesen Medien, und die Kinder reagieren darauf mit den beschriebenen Symptomen: Sie werden dumm, dick, faul, traurig, aggressiv, alles zusammen oder von jedem etwas. Eine oft zu hörende psychoanalytische Diagnose lautet, dass ihr »psychischer Apparat« aus den Fugen gerät: Das Es wird anspruchlich, das Überich lückenhaft, das Ich sublimierungsunfähig. Psychostrukturell

11

gesprochen beobachten wir eine »Regression«, psychosozial eine Zunahme seelischer Auffälligkeiten und Abweichungen.

Dieses Szenario exploriere ich im *ersten Kapitel* und komme zu dem Ergebnis, dass solche Befürchtungen überwiegend unbegründet sind. Die meisten Kinder und Jugendlichen entwickeln sich gut, fühlen sich in ihren Familien wohl, verbringen genug Zeit mit ihren Eltern und Freunden, sind mit der Art, wie sie erzogen werden, zufrieden, haben genügend Zeit für sich selbst, sind in Schule und Freizeit nicht gestresst, kommen mit den neuen Medien gut zurecht und liefern insgesamt wenig Gründe für pessimistische Einschätzungen.

Im *zweiten Kapitel* gehe ich entsprechenden Befürchtungen in Bezug auf die Erwachsenen nach. Sind sie narzisstisch, zu Symbolisierung und Triebaufschub zunehmend unfähig, vom Jugendwahn befallen, dem Körperkult in Gestalt schönheitschirurgischer Eingriffe verhaftet, schlucken sie Pillen, um ihre Probleme zu lösen, und erliegen so einer »Abfuhrkultur« und Sofortbefriedigungsmentalität, die sie von der langfristigen Lösung ihrer Probleme abhält? Auch hier zeige ich, dass das Gesamtbild weniger furchteinflößend ist und die Erwachsenen reifer sind, als ihnen in der einschlägigen Literatur nachgesagt wird.

Nachdem solcherart das Szenario einer regressiven Entdifferenzierung der Seele abgehandelt ist, wende ich mich im *dritten Kapitel* ihrem Gegenteil zu, der Theorie progressiver Differenzierung. Sie besagt, dass in Anbetracht tiefgreifender Enttraditionalisierungs- und beschleunigter Modernisierungsschübe der ständige Umbau der Persönlichkeit in den Vordergrund tritt. Er wird unter dem Begriff der Selbsterfindung behandelt, welche das Ziel der Selbstbefreiung abgelöst oder zumindest überlagert haben soll. Die Psyche befindet sich dieser Sichtweise zufolge in einem nicht nur erzwungenen, sondern auch erwünschten Prozess ständiger kreativer Selbsttransformation, die Identität wird patchworkartig, das Selbst situativ oder transitorisch, was von den einen begrüßt, von den anderen bedauert wird. Ich halte die Nachricht vom Verschwinden fester Persönlichkeitsstrukturen für übertrieben und arbeite neben den Stärken die meines Erachtens wesentlichste Schwäche der Selbsterfindungstheorie heraus: Sie überschätzt das Ausmaß der neuen Freiheiten ebenso wie die Fähigkeit zur Selbstgestaltung. Kehrseitig unterschätzt sie sowohl die Bedeutung sozialstruktureller Restriktionen für die Möglichkeiten der Selbsterfindung als auch den sie begrenzenden Einfluss frühkindlicher Erfahrungen. Ich bin nach wie vor davon überzeugt, dass die Entwicklung der Persönlichkeit von den Beziehungserfahrungen in der frühen Kindheit abhängt und dass späteren Persönlichkeitsveränderungen engere Grenzen gesetzt sind, als die Theorie der Selbsterfindung annimmt.

Im *vierten Kapitel* befasse ich mich mit dem Wandel der Adoleszenz sowie erneut mit der Frage, welche Probleme sich mit der Erziehungsliberalisierung und der sie begleitenden Entkonfliktualisierung der Eltern-Kind-Beziehung ergeben haben. Ein wesentliches Problem soll im Autoritätsverlust der Eltern bestehen, der durch übermäßige Nachgiebigkeit, Konfliktscheu und Erziehungsvermeidung hervorgerufen wird. Er soll kuriert werden durch eine Rückkehr zu mehr Disziplin. Ich »dekonstruiere« diese Idee und spezifiziere, was unter einer demokratischen Erziehung zu verstehen ist. Außerdem gebe ich einen Überblick über die Vorkommenshäufigkeit von gravierenden Erziehungsproblemen. Abschließend versuche ich zu klären, warum in Erziehungsdebatten – unbegründeterweise – meist Katastrophenszenarien vorherrschen.

Im *fünften Kapitel* gehe ich der Frage nach, wie Kinder und Jugendliche unter modernen Bedingungen des Aufwachsens, in denen die Eltern stärker Emotionseltern sind als früher und weniger Rollenvorbilder, die für ein Leben in der Gesellschaft vorbereiten, überhaupt noch in die Gesellschaft integriert werden. Ich behandle Befürchtungen, die besagen, der Prozess der Individualisierung und Pluralisierung habe dazu geführt, dass sich jeder nur noch um sich selbst kümmert, eine Ellenbogenmentalität entwickelt hat und soziales Engagement vermissen lässt, weshalb der soziale Zusammenhalt verlorengehe. Auch hier komme ich zu anderen Ergebnissen, unter anderem dem, dass der wachsende Individualismus kooperativ, nicht egozentrisch ist, soziales Engagement kausal hervorbringt und nicht zu dessen Niedergang beiträgt. Dadurch wird der Wegfall von Traditionen hinsichtlich möglicher negativer Folgen für die Sozialintegration kompensiert, und es wird verhindert, dass sich spätmoderne Gesellschaften in eine Ansammlung von Monaden verwandeln.

Im *sechsten Kapitel* frage ich zunächst, ob liberalisierte Erziehungs- und Sozialisationspraktiken zu einem Gewinn an Autonomie geführt haben oder nicht auch zu allerlei Fehlentwicklungen, wie sie unter Stichworten wie »fürsorgliche Belagerung«, »Hotel Mama«, »Parentifizierung«, »Kind als Projekt« etc. thematisiert werden. In diesen Konzepten wird die Befürchtung angesprochen, zuwendungsorientierte und demokratisierte Erziehungsweisen würden die kindliche Autonomieentwicklung gefährden. Träfe dies zu, so wäre die ursprüngliche Absicht, die mit ihnen verbunden war, nämlich Selbständigkeit und freie Entfaltung der Persönlichkeit zu fördern, als »Schuß nach hinten« losgegangen. Die Befundlage hierzu ist komplex, deutet aber insgesamt in Richtung einer autonomieförderlichen Wirkung moderner Erziehungsmethoden. Danach wende ich mich der Frage nach den psychostrukturellen Folgen dieser Erziehung zu und postuliere, in Abgrenzung von den bekannten Typen der autoritären Persönlichkeit (Adorno et al. 1950) und des narzisstischen Sozialisationstyps (Ziehe 1975), eine »postheroische Persönlichkeit«. Ich beschreibe ihre Merkmale und stelle das Problem in den Mittelpunkt, ob ihre wesentlichen Eigenschaften, nämlich die größere Flexibilität und größere innere Freiheit und Lebendigkeit, nicht um den Preis einer größeren Labilität und Verletzlichkeit erkauft werden. Der Verlust von Charakterstarre ginge dann mit einem Verlust von Charakterstärke und Belastbarkeit einher. Dies ist teilweise der Fall, weshalb ich diese Entwicklung als ambivalent betrachte.

Im *siebten Kapitel* behandle ich einige mögliche Einwände gegen den von mir behaupteten Zusammenhang von Erziehungswandel und Persönlichkeitswandel. Manche Theorien und Autoren gehen nämlich davon aus, dass die psychische Strukturbildung Eigengesetzlichkeiten gehorcht und deshalb kulturelle Veränderungen die Persönlichkeit in ihren Tiefenstrukturen nicht nachhaltig affizieren, sondern nur deren Oberfläche und Erscheinungsbild verändern. Diese Behauptung einer Tiefenstrukturkonstanz bei bloß symptomatischem Oberflächenwandel hat Vor- und Nachteile, die gegeneinander abgewogen werden. Die Nachteile überwiegen, so dass in der bis zu diesem Punkt entwickelten »Vierfelderwirtschaft« (regressive Entdifferenzierung, progressive Differenzierung, ambivalente Entwicklung, Strukturkonstanz bei Oberflächenwandel) das dritte Szenario einer ambivalenten Entwicklung am meisten überzeugt. In ihm ist, trotz aller Ambivalenz, insgesamt eine »Nettofortschrittsdiagnose« bezüglich des kindlichen Wohlbefindens enthalten.

Im *achten Kapitel* befasse ich mich mit einer der wichtigsten Herausforderungen für eine solche Diagnose, nämlich der weitverbreiteten Überzeugung, Kinder, Jugendliche und Erwachsene würden unter dem Einfluss moderner Lebens- und Arbeitsbedingungen – die häufig als neoliberal, turbokapitalistisch, leistungshypertrophiert, übermäßig beschleunigt und prekär beschrieben werden – seelisch immer kränker. Ich zeige, warum wir das glauben, obwohl (mich) die Anhaltspunkte dafür nicht überzeugen. Eine der zentralen Ideen in diesem Kapitel ist, dass nicht die Krankheiten zunehmen, sondern die Sensibilität für sie sowie für Befindlichkeitsstörungen, die früher entweder gar nicht wahrgenommen oder sehr viel rustikaler weggesteckt wurden.

Ich betrachte den Sensibilitätszuwachs im Umgang mit psychischen Problemen als einen zivilisatorischen Fortschritt, der allerdings auch seine Kehrseite hat: eine erhöhte (Dauer-)Besorgnisbereitschaft hinsichtlich immer auch vorhandener und neu entstehender Probleme. Gibt man diesbezüglichen Befürchtungen übermäßig Raum, so führt das jedoch zu einem verzerrten Bild von Kindern und ihren Familien. »Die Geschichte der Kindheit, man schaue sich um, ließe sich in Deutschland als Erfolgsgeschichte erzählen. Man könnte aus ihr Kraft schöpfen, eine Idee für die Zukunft entwickeln und eine Vorstellung von dem, was fehlt. Auch für das, was möglicherweise verloren geht. Statt dessen spricht das Land in Moll. Kinder? Sehr problematisch!« (Krupa 2006, S. 4). Um diese Molltöne durch eine andere Tonart anzureichern, plädiere ich für eine realistische Einschätzung von Chancen und Gefahren, nicht für eine »Spürhundmentalität«, die jede individuelle, familiäre und soziale Veränderung vorwiegend auf ihre potentiellen Gefährdungen hin absucht und damit unvermeidlich aggraviert. »Jede Epoche erzeugt ihre eigenen Eltern-Kind-Spannungen; dem ausgehenden 20. Jahrhundert gebührt das Verdienst, im Verhältnis der Generationen die Gewalt zugunsten der Diplomatie zurückgedrängt zu haben. Hinter diese Leistung sollte niemand mehr zurückwollen …« (Sichtermann 2001, S. 55).

Vielleicht ist noch mitteilenswert, dass mich die Befunde und Ergebnisse, die in diesem Buch dargestellt werden, selbst überrascht haben. Aufgeschreckt von dramatischen Zeitungsmeldungen und schrillen Fernsehsendungen bin ich zunächst davon ausgegangen, dass die Lage bedenklich ist. Fast jedes Mal jedoch, wenn ich solchen Berichten genauer nachgegangen bin, stellte sich heraus, dass die Lage besser war, als die Berichte suggerierten. Nach fast fünf Jahren Arbeit geht es mir nun wie dem Ethnologen, der einem Witz zufolge eines Tages beim Frühstück zu seiner Frau sagt: »Liebe Frau, es existieren so viele Mythen, Gerüchte und schreckliche Geschichten über die Indianer. Ich will das alles einmal genauer untersuchen.« Seine Frau antwortet: »Nun ja, wenn's der Wahrheitsfindung dient.« Nach vielen Jahren kehrt er zurück. Die Frau begrüßt ihn an der Haustür und sagt: »Schön, dass du wieder da bist. Nun erzähle doch mal: Was hast du bei den Indianern eigentlich gelernt?« Und der Ethnologe antwortet: »Ich habe gelernt, dass alles halb so wild ist.« So ist es mir beim Studium zu diesem Buch über die Situation von Kindern, Eltern und ihren Familien auch ergangen.

18

Kapitel 1

Kindheit heute:
Ein problemorientierter Überblick

Einleitung

Die in den 1960er Jahren einsetzende Erziehungsliberalisierung scheint mittlerweile an ihre Grenzen gekommen zu sein.
Es mehren sich die Stimmen, denen zufolge dieser Prozess
mehr Schaden als Nutzen gestiftet hat. Die Demokratisierung
der Eltern-Kind-Beziehung, aber auch die der Paarbeziehung,
soll – unter anderem wegen ihres erhöhten Aushandlungbe-
darfs – zu Nebenwirkungen in Gestalt dauerhafter Konfliktspannungen, Überanstrengung und wachsender Unzufriedenheit geführt haben, welche die Stabilität der Familien und
damit die Bedingungen für ein gesundes Aufwachsen von Kindern gefährden. Auch andere gesellschaftliche Entwicklungen
wie die wachsende Bedeutung der elektronischen Medien, die
zunehmende Berufstätigkeit von Müttern oder der Leistungsdruck in Schule und Freizeit werden überwiegend als Bedrohungen für die kindliche Entwicklung wahrgenommen.
Im folgenden Kapitel behandle ich Bedenken, wonach Medienkonsum, elterlicher Zeitmangel, Bindungsschwäche und
Konflikthaftigkeit in der Familie sowie Schul- und Freizeitstress negative Auswirkungen auf die Kinder haben. Das Ergebnis ist, dass solche Befürchtungen übertrieben oder unzutreffend sind. Die meisten Kinder kommen mit den modernen
Bedingungen des Aufwachsens gut zurecht und sind mit sich,
ihren Eltern und ihren Lebensumständen überwiegend zufrieden.

Medien

Der Einfluss der Medien: Ein Verfallspanorama

In pessimistischen Einschätzungen der kindlichen Entwicklung wird häufig auf den Einfluss von Fernsehen und Computer hingewiesen. Die dadurch bedingte Medialisierung von Erfahrung soll deren angemessene Verarbeitung beeinträchtigen. Sensorische Überstimulierung und immer schnellere Zeitrhythmen erlaubten es nicht mehr, den Erfahrungen, die man macht, Bedeutung zu geben. Statt dessen förderten sie ein regressives Ausweichen vor diesem Prozess mit dem Resultat, dass die Fähigkeit zur psychischen Repräsentation und Symbolisierung beeinträchtigt werde. Zunehmend würden nur noch Erlebnisfetzen und Erfahrungsfragmente in der Seele zirkulieren, die aber keine entwicklungsfördernde Kraft mehr hätten. In der gegenwärtigen Gesellschaft, so heißt es, treten schnell erreichbare Befriedigung, Abfuhr, Spaß, Nervenkitzel und manische Erregung an die Stelle von Triebaufschub, Verzicht, Einsicht, Trauerarbeit und die Fähigkeit zur Erfahrungsverarbeitung. »Unser Lebenstempo wird immer mehr von der Schnelligkeit der letzten Prozessor-Generation diktiert. Von der Wiege an sind die Kinder mit rasanten elektronischen Medien konfrontiert. ... Die Eltern als Medien sind vielfach durch andere Medien ersetzt. Für viele Kinder heißt Objektbeziehung, an superschnelle elektronische Geräte praktisch körperlich angeschlossen und mit ihnen verklebt zu sein ... *Download* tritt an die Stelle von Verinnerlichung, *drag and drop* an die Stelle tieferer Beziehungen, Optionen ohne Reue ersetzen verantwortliche Entscheidung und ertragenen Verzicht ...« (Balzer 2006, S. 30 f.).

Der zitierte Autor steht mit solchen Aussagen nicht allein. Auch andere behaupten eine medienbedingte Veränderung der sozialisatorischen Grundkonstellation mit negativen Auswirkungen. Ermann etwa meint: »Der zunehmende Gebrauch von technischen Medien als Mittel der Bezugnahme zum Leben und der Ersatz der personalen durch mediale Bezogenheit spiegelt eine immer weiter verbreitete Qualität in den frühen Objektbeziehungen wider, die man als Tendenz zur Entfremdung in den Primärbeziehungen bezeichnen kann. Tatsächlich sind die gesellschaftlichen Entwicklungsbedingungen mit der Verflüssigung von Strukturen und Beziehungen immer weniger darauf ausgerichtet, soziale Bedürfnisse von Säuglingen, Kleinkindern und Heranwachsenden zu wecken und kontingent zu beantworten.« (2003, S. 187) Aus diesem Mangel resultiert nach Ermann chronische Frustration, süchtige Fixierung auf das Medium und zugleich dauerhafte Leere, die durch noch mehr Medienkonsum gefüllt wird. Den daraus folgenden medialen Sozialisationstyp betrachtet er als zeitgemäße Fortentwicklung des narzisstischen Sozialisationstyps der 1970er und 1980er Jahre. Sein zentraler Bestandteil ist soziale Resignation, weil durch die ausbleibende Spiegelung des nicht antwortenden Mediums eine Überzeugung von der Irrelevanz der eigenen Bedürfnisse entsteht (ebd., S. 186, 191).

Ein dritter Autor (Winterhoff-Spurk 2005) zeichnet ein etwas anderes, allerdings ebenfalls negatives Bild. Er beschreibt weder Leere noch Resignation noch Sucht als kennzeichnend, sondern eher das Gegenteil, ein Hervortreten hysterischer, nicht narzisstischer Persönlichkeitszüge im Gefolge der Allgegenwart von Fernsehen und Computer. Sozialisationstheoretische und medienpsychologische Überlegungen führen ihn zur Diagnose eines neuen Sozialcharakters, den er »Histrio« nennt – in Anlehnung an die sogenannte histrionische (früher: hysterische) Persönlichkeit(sstörung). Der Histrio ist nicht nur »ein guter Darsteller wechselnder Gefühle; vielmehr gelten als weitere Charaktermerkmale seine schnelle Erregbarkeit, auch Aggressivität und Halsstarrigkeit, verführerisches Verhalten, oft verbunden mit sexuellen Problemen, Suggestibilität und aktiven Abhängigkeitstendenzen, ferner Egozentrismus, emotionale Labilität und theatralisches Verhalten« (ebd., S. 38).

Diese Eigenarten sind nach Winterhoff-Spurk einerseits durch Bindungsschwäche in der Familie bedingt, welche die Kinder dazu zwingt, durch aufmerksamkeitsheischendes, theatralisches Verhalten die unsichere Zuwendung der Eltern auf sich zu ziehen; andererseits wird die so angelegte Tendenz zum Theatralischen durch die Medien prämiert und stabilisiert. Während der Familienhintergrund des Narzissten durch kalte, dominierende und gleichzeitig überfürsorgliche Mütter gekennzeichnet ist, die ihren eigenen unerfüllten Ehrgeiz an den Kindern auslassen, entstehen Histrios in nahezu entgegengesetzten Kontexten. Ihr familiäres Umfeld ist durch Bindungsunsicherheit, mangelnde mütterliche Zuneigung, geringe Impulskontrolle und theatralische Inszenierungen gekennzeichnet (ebd., S. 173).

Dem Fernsehen wird neben dem Elternhaus auch deshalb eine große Bedeutung zugeschrieben, weil es die Eltern als Sozialisationsinstanz zunehmend ablöst. Diese Aussage wird aus Befunden über die schwindende Vorbildfunktion von Eltern abgeleitet (Winterhoff-Spurk 2008, S. 180 ff.). Als Beleg für diesen Schwund wird angeführt, dass Kinder und Jugendliche häufiger als früher Medienstars und seltener ihre Eltern als Vorbilder nennen. Die »parasozialen« Beziehungen zu solchen Stars würden das Denken und Fühlen bestimmen. Insbesondere bindungsunsicher aufgewachsene Kinder seien anfällig für solche Formen medialer Kompensation. In dieser Theorie ist es also – entgegen dem suggestiven Untertitel (2005) – nicht so sehr der Fernsehkonsum, der den Charakter formt, sondern es ist nach wie vor die Familie. Das Fernsehen und andere gesellschaftliche Einflüsse begünstigen oder verstärken nur, was in der Familie grundgelegt wird, insbesondere deren Defizite.

In Absehung von weiteren Feinheiten der Argumentation und diagnostischen Fragen (narzisstisch oder hysterisch) sowie unter Berücksichtigung von hier nicht näher dargestellter Literatur kann man die einschlägigen Topoi der kritischen Diskussion über den Einfluss des Medienkonsums auf die Persönlichkeitsentwicklung von Kindern so zusammenfassen (s. a. Ahrbeck 1997, Kap. 6; Ahrbeck 2002): Erstens ist die psychische Integrationsfähigkeit der Kinder von der wachsenden Reizflut überfordert. Zweitens werden die Erwachsenen wegen des zunehmenden Lebenstempos und der Unsicherheit ihrer Existenz immer ängstlicher und unsicherer, was sich den Kindern mitteilt. Drittens führt der wachsende Gebrauch von Computerspielen zu einer Mischung aus Erregung, Monotonie, Disposition zur Sofortbefriedigung und Ablenkung vom inneren Erleben, die eine Konzentration auf innere Erfahrungen und deren Verarbeitung verhindern. Viertens werden infantile Omnipotenzphantasien stimuliert. Fünftens tritt durch den Einfluss des Fernsehens und Internets die Welt der Erwachsenen, unter anderem in Gestalt von Pornographie und Gewalt, ungefiltert ins Kinderzimmer, was zu einer Überforderung der Kinder führt.

In den verschiedenen, hier nur umrisshaft dargestellten Erklärungsansätzen vermischen sich in unterschiedlicher Weise Beobachtungen zum Medienverhalten mit sozialisationstheoretischen Überlegungen über mangelnde Sensibilität in Primärbeziehungen oder Bindungsschwäche in der Familie und konvergieren in der Diagnose des Verlusts stabiler charakterbildender Instanzen und Fähigkeiten.

Historische Relativierungen des Verfallspanoramas

Eine gewisse Skepsis hinsichtlich dieser Diagnose ist angebracht, denn die Geschichte der Medien ist auch eine Geschichte nicht eingetretener Befürchtungen. Zu trauriger Berühmtheit hat es Platons Kritik des Mediums Schrift gebracht. Ihr zufolge ist, wer etwas aufschreibt, nur zu faul zum Auswendiglernen; außerdem verrät er den Geist an die Materie (Hörisch 2004, S. 185); die Einführung von Zeitungen in englischen Kaffeehäusern des 17. Jahrhunderts war von der Befürchtung begleitet, bald sei nur noch das tote Rascheln der Blätter und nicht mehr das lebendige Gespräch zu hören; die stärkere Verbreitung des Lesens ab Mitte des 18. Jahrhunderts führte zu Bedenken über Lesesucht, die im Verdacht stand, insbesondere Frauen träumerisch und realitätsflüchtig zu machen (R. Habermas 2002, S. 352 ff.); die Erfindung des Kinos am Beginn des 20. Jahrhunderts war begleitet von Befürchtungen über mögliche Gesundheitsschäden durch die Geschwindigkeit der erstmals bewegten Bilder; außerdem erzeugten die gehetzten, erregten Bilder eine manische Atmosphäre und fieberhafte Vorstellungen, die der Realität nicht mehr entsprächen; deshalb verkümmere bei den betörten Massen das Denken und Argumentieren (Blom 2008, S. 356 ff.); die Erfindung des Telefons wiederum führte zu Klagen über nervöse Schocks wegen des überraschenden, schrillen Läutens (Radkau 1998, S. 193, 253); die Fotografie wurde mit großem Misstrauen betrachtet, weil sie zu Momentpersönlichkeiten führe oder die Zeit still stelle (was auch wieder nicht recht war, obwohl man es angesichts des rasenden Kinos als Ausgleich hätte begrüßen können); in einem Kommentar aus dem Jahr 1900 heißt es zusammenfassend: »Es wird immer schlimmer werden. Röntgenstrahlen durchdringen dich, Kodaks photographieren dich im Vorbeigehen, Phonographen zeichnen deine Stimme auf, Flugzeuge bedrohen uns von oben … und wir kommen dem Tag immer näher, an dem nur noch Illusion und Maskerade regieren werden.« (zit. nach Blom 2008, S. 364, 366)

Und so ging es weiter. Die Verbreitung der Comics Anfang der 1960er Jahre führte zur Kritik, durch sie gingen Vorstellungsfähigkeit und Phantasie verloren (die 50 Jahre vorher noch durch das Kino überhitzt worden waren); die Befürchtung der Phantasieverarmung durch Bilderflut begleitete auch die Einführung des (Privat-)Fernsehens und heute die der Computerspiele. Die Chronologie der Bedenken ist häufig dieselbe: Am Anfang stehen solche über die Förderung von

Regression, Realitätsflucht, Gesundheitsschädigung und Gewalttätigkeit, dann folgen andere Gefährdungen wie Verar-
mung der Konzentrations-, Lese- oder Sprachausdrucksfähig-
keit. Alle diese Befürchtungen sind, was die Zeitungen, das
Kino, das Telefon, die Fotografie, das Flugzeug und die Röntgenstrahlen angeht, nicht eingetroffen. Wie sieht es diesbezüglich mit Fernsehen und Computer aus?[1]

1 Den beeindruckenden Büchern von Radkau (1998) und Blom (2008) kann
man entnehmen, dass praktisch alles, was heute als neu, bedrohlich oder krank-
machend angeführt wird – wie Reizüberflutung, Beschleunigung des Lebens
und des sozialen Wandels sowie Informationsüberflutung durch Medien –,
schon vor 100 Jahren unter demselben Verdacht stand. Die Urbanisierung, der
Telegraph, das Automobil, die Zeitungen, das Kino, das Varietétheater, der
Terrorismus, der Arbeitsprozess in den Fabriken, der Starkult und, immer wieder, die Tempobeschleunigung, sollten Nervosität und Unruhe bewirken, welche die Verarbeitung von Erfahrung sowie das Erleben von Zeit beeinträchtigen und zu einer Gefühlskultur führen, in der Gefühle nur noch oberflächlich
dargestellt, aber nicht mehr erlebt würden. All das wird heute ebenfalls bevorzugt den neuen Medien und der allgemeinen Beschleunigung des Lebenstempos angelastet. Zurückhaltung bezüglich dieser Diagnosen legen insbesondere
solche Beispiele aus der Geschichte nahe, die uns heute abwegig erscheinen,
damalige Zeitgenossen aber völlig überzeugten, etwa der ausgiebig diskutierte
Zusammenhang zwischen Fahrradfahren, Beschleunigung und sexueller Erregung (Blom 2008, S. 293, 310). Shorter (1992, S. 360 f.) ist deshalb skeptisch
hinsichtlich *aller* Beschleunigungsdiagnosen: »Es darf füglich bezweifelt werden, daß das ›Lebenstempo‹ jemals wirklich wechselt. Zu allen Zeiten und
allerorten glaubten und glauben Menschen, in einer besonders ›hektischen‹
oder ›nervösen‹ Welt zu leben: im Europa des ausgehenden achtzehnten und
im Amerika des beginnenden neunzehnten Jahrhunderts nicht weniger als heute fast überall auf dem Globus.« Und zu allen Zeiten sahen Ärzte oder andere
Zeitgenossen das Nervensystem durch zu schnelles Essen, Trinken, Fahren, zu
viel Geschäft, Straßengewühl, Verkehrsgetöse in Gefahr. Die Kurempfehlung
war auch immer dieselbe: Entschleunigung und auf die Genussbremse treten
(ebd.). Böhme (2009, S. 80 f.) konstatiert ebenfalls, die derzeitige allseitige Beschleunigung drohe einerseits alle Dimensionen des Menschlichen zu spren-
gen, andererseits würden die Menschen das Tempo eigentümlich unberührt
wegstecken. Eine gänzlich andere Auffassung vertritt Rosa (2005). Er meint,
die Beschleunigung habe mittlerweile ein Ausmaß erreicht, welches das aufklä-
rerische Projekt der Autonomie fundamental bedrohe (Kritik bei Reiche 2011).

Systematische Relativierungen des Verfallspanoramas

Medienkonsum: Umfang und Folgen im Überblick

Zunächst einige Daten zum Medienkonsum. Kinder und Jugendliche verbringen heute gut ein Drittel ihrer Freizeit von täglich etwa sechs Stunden mit Medien. Nach Altersgruppen aufgeschlüsselt sehen Kinder im Alter von 3 bis 5 Jahren durchschnittlich 76 Minuten am Tag fern; zwischen 6 und 13 Jahren steigt der Konsum auf 90 Minuten; bei den 13- bis 19-Jährigen beträgt er zwei Stunden. Bezieht man andere Medien wie PC und Videospiele mit ein, so liegt der Gesamtmedienkonsum höher. Fernsehen bleibt allerdings das Hauptmedium. Die Streubreite ist erheblich und erstreckt sich von einer Stunde bei »Wenigsehern« bis auf drei Stunden und mehr bei »Vielsehern«. Etwa 10 % der Kinder sind Vielseher, ein harter Kern von 5 % sieht täglich fünf Stunden fern. Erwachsene sehen im Mittel dreidreiviertel Stunden fern. Ihr Konsum hat sich seit der Einführung des Privatfernsehens 1985 fast verdoppelt (Winterhoff-Spurk 2008, S. 173). Diese Durchschnittszahl kommt durch den hohen Fernsehkonsum alter Leute zustande. Erwachsene unter 65 Jahren sehen im Durchschnitt knapp drei Stunden fern, alte Menschen bis zu fünf Stunden. Unklar ist, ob sie wirklich so viel fernsehen oder den Fernsehapparat nicht teilweise nur als »Hintergrundgeräusch« benutzen.[2]

2 Daten nach Fries (2002, S. 138), Spitzer (2005, S. 122), Gatterburg (2007, S. 44), Rittelmeyer (2007, S. 28 ff.) und Peuckert (2008, S. 150). In der Gruppe der 15-jährigen männlichen Jugendlichen sind es knapp 16 %, deren gesamter Medienkonsum (Fernsehen, DVD, Internet, Handy, Computerspiele) viereinhalb Stunden täglich übersteigt. Als computersüchtig werden in dieser Altersgruppe 3 % der Jungen und 0,3 % der Mädchen eingeschätzt (Dahlkamp 2009). Weitere Daten zur Mediennutzung, auch anderer Altersgruppen, finden sich bei Lampert et al. (2007). Die Autoren konstatieren unter anderem eine schichtspezifische Häufung von Vielsehern in der Unterschicht, eine geschlechtsspezifische Präferenz von Handygebrauch und Musikhören bei Mäd-

Anderen Angaben zufolge verbringen Kinder im Alter von 6–13 Jahren zweieinhalb Stunden mit Medien, einschließlich Printmedien. Die Hälfte der Zeit entfällt auf Fernsehen, eine halbe Stunde auf den PC. Der Fernsehkonsum sinkt und der PC-Gebrauch steigt in den Folgejahren. Ein großer Teil der Mediennutzung findet in Gesellschaft statt. Bei 54 % der PC- und bei zwei Dritteln der Fernsehaktivitäten sind Eltern, Geschwister oder Freunde zugegen. Klischeevorstellungen von Kindern, die einsam vor sich hinschießend Gewaltspielen frönen, sind weit verbreitet, zeigen aber nur, wie wenig Kontakt die Erwachsenen zur Lebenswelt ihrer Kinder manchmal haben oder wie sehr sie medialen Alarmberichten aufsitzen (Casu/Krebs 2010, S. 21). Beispiele wie das folgende sind also eher selten. »In einem Extremfall bei einer amerikanischen Untersuchung verbrachte ein Kind nach Angaben der Eltern fast 40 Stunden wöchentlich vor dem Fernsehgerät; tatsächlich hingesehen hat es – wie die Auswertungen von Videoaufnahmen des Kindes beim Fernsehen zeigten – während dieser Zeit aber nur 3,4 Stunden« (Winterhoff-Spurk 2004, S. 59 f.). Das Beispiel verdeutlicht, dass die wirkliche Gefahr eher vom Parken des Kindes vor dem Fernsehen ausgeht als von seinem exzessiven Konsum. Dann aber sozialisiert nicht das Medium das Kind, sondern die Eltern vernachlässigen es. Dieser Sachverhalt der Bedeutung der Eltern für Häufigkeit und Wirkung des Medienkonsums kommt auch in den bekannten Befunden zum Ausdruck, dass Eltern, die sich wenig mit ihren Kindern beschäftigen, Kinder haben, die relativ mehr fernsehen (Petzold 1999, S. 121), dass elterlicher und kindlicher Fernsehkonsum hoch korrelieren (Fries 2002, S. 139) und dass Familien mit einer entwickelten Gesprächskultur weniger Zeit mit Fernsehen und mehr mit Lesen verbringen (Fuhrer 2005, S. 318).

chen bzw. Computer, Spielkonsole und Internet bei Jungen, sowie einen Zusammenhang zwischen Vielsehen und Übergewicht.

Der grundlegende Einwand gegen die These von der Sozialisation durch Medien lautet also: Sie berücksichtigt zu wenig, dass der Medienkonsum und seine Effekte stark vom familiären Kontext abhängen, in dem er stattfindet. Letztlich ist es dieser Kontext, der hauptsächlich die Effekte bestimmt, und nicht so sehr der Medienkonsum selbst. Insbesondere die Wirkung von Gewaltdarstellungen hängt nachweislich in hohem Maße davon ab, ob die Eltern mit dem Kind fernsehen und solche Szenen mit ihm besprechen oder nicht. Im Übrigen gilt, dass Medienbrutalität eher vorhandene Aggressionen kanalisiert als neue hervorruft, auch wenn Letzteres ebenfalls eine Rolle spielen kann (Huesmann et al. 2003; Gleich 2004, S. 610). Die Befürchtung, Fernsehen oder Computerspielen würde die Phantasietätigkeit, die Sprachfähigkeit, die Lesefähigkeit oder die Emotionsverarbeitung beeinträchtigen, erweist sich bei genaueren Untersuchungen entweder als falsch, übertrieben oder nur für bestimmte Subgruppen exzessiver Konsumenten zutreffend. Bei ihnen ist es aber, wie erwähnt, regelmäßig nicht der exzessive Konsum als solcher, sondern in erster Linie der ihm zugrundeliegende vernachlässigende familiäre Kontext, der die primäre Ursache für Einschränkungen in den genannten Bereichen darstellt (Hoppe-Graff/Kim 2002, S. 916 ff.; Winterhoff-Spurk 2004, S. 72, 164, 171).[3]

3 Spitzer (2005) stellt verschiedene Studien dar, die belegen, dass es auch nach Herausrechnung sozialdemographischer und sonstiger Variablen einen eigenständigen negativen Einfluss des Fernsehkonsums auf Schulleistungen und die Neigung zu Gewalttätigkeit gibt. Kunczik/Zipfel (2006) bewerten jedoch in ihrem erschöpfenden Überblick die Befunde zum Zusammenhang von gewalthaltigem Medienkonsum und späterer Gewaltneigung erheblich zurückhaltender als Spitzer. Johnson (2005) vertritt die Auffassung, dass der Anstieg der durchschnittlichen Intelligenz in den Industrieländern unter anderem auf Fernsehen und Computerspiele zurückzuführen ist. Auch andere Autoren sehen durchaus einen förderlichen Einfluss bei gemäßigtem Konsum (Kurzüberblick bei Gatterburg 2007 und Sekareva 2009). Als Standardempfehlung gilt: Zwischen null und drei Jahren kein Medienkonsum, weil die Kinder kaum verstehen, was sich auf dem Bildschirm abspielt; zwischen drei und sechs Jah-

Auch die häufig zu hörende Idee, Fernsehen oder Computerspielen sei ein Medium der Erregungssuche und -abfuhr, ist unterkomplex. Zum einen wird in der Regel ein mittleres Erregungsniveau gesucht und kein maximales; zum andern sind eine Reihe anderer Motive ebenso wirksam, die in direktem Kontrast zu der behaupteten Erregungssuche stehen, wie etwa das Bedürfnis nach Entspannung, Geselligkeit, Ablenkung und Information (Winterhoff-Spurk 2004, S. 49).

Schließlich ist auch der Verdacht, Medien förderten die Oberflächlichkeit, nicht neu. Schon 1787 diagnostizierte der Hallenser Universitätsdirektor August Hermann Niemeyer bei der jüngeren Generation einen Mangel an Bereitschaft, sich anzustrengen und eine schleichende Erschlaffung der ganzen Denkungsart, die zu einer Verschiebung des Tugendkanons von Arbeit, Wissenschaft und Pflichterfüllung hin zu Trägheit, Sinnlichkeit und Hedonismus führe. Für die Untergrabung wahrer Geisteskultur verantwortlich waren damals nicht Fernsehen und Computer, sondern der schöne Schein des bürgerlichen Schauspiels, die Imaginationskraft der populären Unterhaltungsliteratur und die Sensationshascherei in den Journalen. Statt Licht in die dunklen Tiefen des Daseins zu bringen, wür-

ren zusammen mit den Eltern und nicht mehr als eine Stunde; eine langsame Steigerung bis zum Alter von zehn Jahren ist erlaubt; mit drei Stunden täglich soll auch bei älteren Jugendlichen die Gefahrengrenze erreicht sein. Die kanadische Langzeitstudie von Pagani et al. (2010) ergab recht heterogene Ergebnisse, unter anderem folgende. Erstens: Mit steigendem Bildungsniveau der Eltern sinkt der Fernsehkonsum kleiner Kinder. Zweitens: Mehr als zwei Stunden fernsehen pro Tag im Vorschulalter wirken sich negativ auf eine Reihe von Fähigkeiten und Verhaltensweisen aus, sie beeinträchtigen beispielsweise die Aufmerksamkeit und führen zu mathematischen Minderleistungen im Alter von 10 Jahren. Drittens: Es waren keine negativen Einflüsse auf die Lesefähigkeit oder die Aggressivität nachweisbar. Die Autorinnen empfehlen, entsprechend den Richtlinien der Amerikanischen Akademie für Kinderheilkunde, Kinder in den ersten zwei Lebensjahren überhaupt nicht und im Vorschulalter nicht mehr als zwei Stunden am Tag fernsehen zu lassen.

den Oberflächen ausgeleuchtet. Nicht mehr die inneren Qualitäten des Mitmenschen, sondern lediglich die »Figur«, die er mache, die Dreistigkeit oder Blödheit, mit der er sich produziere, das glatte Gesicht, das er der Welt entgegentrage, bestimmten die gesellschaftliche Wertschätzung (ref. nach Veith 2001, S. 33). Das klingt erstaunlich modern und lässt die zeitgenössischen Klagen über die durch televisionären Medienkonsum angeblich beförderte Oberflächlichkeit, Abfuhrkultur oder narzisstische Inszenierungen ziemlich alt aussehen, denn genau dasselbe wurde schon vor mehr als 220 Jahren dem Schauspiel, den Unterhaltungsromanen und den Zeitungen angelastet.

Resümieren wir die dargestellten Forschungsergebnisse über die Folgen des Medienkonsums, so lautet die Zwischenbilanz, dass es trotz vieler Einzelbefunde – etwa über den Zusammenhang zwischen Medienkonsum und Gewaltneigung oder Medienkonsum und Schulleistungen – letztlich keine überzeugenden Belege für einen Einfluss auf die Charakterbildung gibt (Petzold 1999, S. 121 f.). Am besten gesichert ist derzeit die Schlussfolgerung, dass a) andauerndes Fernsehen oder Computerspielen (> 2–3 Stunden täglich) die Schulleistungen beeinträchtigt, und zwar am ehesten bei weniger intelligenten Kindern der Unterschicht; und dass b) exzessiver medialer Gewaltkonsum die Gewaltbereitschaft steigert, aber nur oder besonders bei schon vorhandener Gewaltneigung. Zwar hat das Kriminologische Forschungsinstitut Niedersachsen in einer Befragung unter anderem herausgefunden, dass bei männlichen Viert- und Neuntklässlern aus relativ heilen Familien diejenigen Jugendlichen gewaltbereiter sind, die häufiger Kampfspiele spielen. Andere Forscher weisen hingegen darauf hin, dass dies kein Beleg für die gewaltfördernde Wirkung dieser Spiele ist, weil der Zusammenhang auch umgekehrt sein kann: aggressivere Kinder bevorzugen aggressivere Spiele. In dieser Sicht sucht sich jeder Jugendliche diejenigen Spiele aus, die zu seiner Persönlichkeit passen (Gleich 2004, S. 596; Goddar 2007). Vermutlich wird sich bei weiterer Forschung herausstellen, dass beides richtig ist: Aggressiv disponierte Kinder und Jugendliche bevorzugen aggressive Spiele und deren exzessiver Konsum führt dann zu weiterer Aggressionssteigerung (Lukesch 2008, S. 388, 392). Auch ein von soziodemographischen und psychologischen Faktoren unabhängiger aggressionsfördernder Effekt dauerhaften Konsums kann nicht ausgeschlossen werden. Manche metaanalytische Studien kommen zu dem Ergebnis, dass es keine oder kaum Evidenz für den aggressionsfördernden Effekt gewalthaltiger Videospiele gibt (z. B. Ferguson/Kilburn 2009). Andere finden einen eindeutigen, wenn auch nicht besonders stark ausgeprägten Zusammenhang zwischen häufigem Konsum gewalthaltiger Computerspiele und erhöhter Aggression sowie eingeschränkter Empathie (z. B. Anderson et al. 2010). Die zukünftige Diskussion wird sich voraussichtlich daran festmachen, ob und welche Eingriffe die festgestellten, recht moderaten Effektstärken rechtfertigen. Was immer dabei herauskommt, es ändert nichts an der obigen Zentralthese, dass die Wirkung des Medienkonsums in hohem Maße vom familiären Umfeld abhängt, in dem er stattfindet. Summa summarum kann man festhalten: Selbst der teilweise ausgeprägte mediale Gewaltkonsum führt nur bei einer Minderheit der Jugendlichen zu problematischen Folgen. »Von entscheidender Bedeutung hinsichtlich möglicher negativer Effekte von Mediengewalt auf Kinder und Jugendliche ist die familiäre Situation: Kinder aus intakten Familien sind wenig gefährdet, weil genügend kompensierende Einflüsse vorhanden sind.« (Kunczik/Zipfel 2002, S. 32)[4]

---

4 In einem anderen Sinn diskutiert Altmeyer (2003, S. 61 ff.) den Zusammenhang zwischen Medien und Gewalt. Er will (manche) Gewalttaten, insbesondere die öffentlichkeitswirksamen Amokläufe, nicht aus *Ursachen* erklären, die sich rekonstruieren lassen, nicht aus der Vorgeschichte von Traumen, Kränkungen, Frustration, sozialer Isolierung, Schulversagen, Waffenvernarrtheit, sondern aus den vorphantasierten *Wirkungen*, welche die Tat auf das imaginierte Publikum hat. Die vorphantasierte Wirkung ergibt sich aus einer Allmachtsphantasie, in welcher der Täter das Drehbuch schreibt, die Requisiten,

Medien und Sozialbeziehungen

Es ist jedoch nicht nur die mögliche negative Wirkung auf Schulleistungen oder auf die Neigung zu Gewalt, die im Zusammenhang mit der Nutzung von Medien immer wieder diskutiert wird, sondern auch deren Auswirkung auf die Sozial- und Familienbeziehungen der Nutzer. Schulte-Markwort et al. (2002) referieren einschlägige Studien über den möglichen Zusammenhang zwischen PC-Nutzung und sozialer Isolation, beeinträchtigter physischer und psychischer Gesundheit, Schulleistungen, Gewaltneigung etc. sowie ihre eigene Studie zu Familienbeziehungen und Internet. Sie kommen zu dem Ergebnis, es gebe weder einen Hinweis darauf, dass sich durch die neuen Technologien bei Kindern und Jugendlichen psychopathologisch relevante psychische Störungen entwickelten, noch darauf, dass sich das Leben von Kindern und Jugendlichen durch die Nutzung von Computern und Internet in einem negativen Sinn dramatisch verändere. Es sei aber zu vermuten, dass sich gestörte Kinder und Jugendliche vom PC und damit von der Welt des Internets besonders angezogen fühlten (ebd., S. 189 f.).

Zu ähnlichen Resultaten kommt Petzold (2000, S. 80), der zum einen die bekannte Abhängigkeit der kindlichen Compu-

den Schauplatz, die Dramaturgie bestimmt und die Opfer für einen grandiosen Akt der allmächtigen Selbsterschaffung gebraucht. Aber wie erklärt sich die Existenz dieser Allmachtsphantasie sowie das Bedürfnis und die Bereitschaft, sie in die Tat umzusetzen? Woher kommt sie, wenn nicht aus der Lebensgeschichte und den aktuell frustranen Lebensumständen? Die Phantasie, die hier inszeniert wird, entsteht ja nicht erst mit der Tat, und selbst wenn sie durch die Medien begünstigt wird, sind die Medien nicht ihre alleinige Ursache. Entsprechend heißt es bei Groebel (2010, S. 111 ff.): Erstens: Die öffentliche Aufmerksamkeit kann zu einer wichtigen Triebfeder von Amokläufen werden. Zweitens: Fast immer ist jedoch das konkrete biographische und soziale Umfeld entscheidend. Drittens: Dennoch entziehen sich manche Taten jeder Erklärung.

ternutzung vom Familienklima bestätigt, zum anderen die pauschale Befürchtung, durch intensive Computernutzung entstünden nachhaltige Persönlichkeitsstörungen, nicht belegen konnte. In seiner Untersuchung wiesen eher die (studentischen) Computerablehner und -hasser bedenkliche Persönlichkeitsprofile auf (gemessen mit dem Freiburger Persönlichkeitsinventar), nicht die Computerfreaks. Des Weiteren fand Zerle (2007) keine Belege für die weit verbreitete Auffassung, »dass Kinder, die sich in ihrer Freizeit gerne mit dem Computer beschäftigen, über wenig Sozialkontakte verfügen und ihre Freizeit eher passiv vor dem Computer verbringen. Kinder, die den Computer nutzen, verbringen einen Großteil ihrer freien Zeit auch aktiv beim Sport, im Kino oder in der Musikschule« (ebd., S. 265). Das in den Medien gerne gezeichnete Bild des einsamen Kindes, das – von berufstätigen Eltern und entfernt wohnenden Großeltern allein gelassen – einsam durch die Spieleabteilungen von Kaufhäusern streut und sich danach vor dem Computer mit *fast food* und Gewaltspielen abfüllt, hat mit der Realität der meisten Kinder jedenfalls wenig zu tun (ebd., S. 267f.).

Nahezu sämtliche Studien zur Mediennutzung zeigen im Gegenteil, dass Jugendliche Medien zwar ausgiebig nutzen, aber dadurch weder den Kontakt zur Realität verlieren noch unsozial werden. Selbst wenn die durchschnittliche Nutzungszeit heute zweieinviertel Stunden beträgt, wird die Hälfte davon zum Telefonieren, Chatten, sich Verabreden benutzt, also zur Pflege sozialer Kontakte, ein großer Teil der Restzeit zum Fernsehen. Im Alltag spielt das Internet somit eine paradoxe Rolle. Es wird ausgiebig genutzt, aber es interessiert nicht wirklich, es ist unverzichtbar, aber nur solange nichts Wichtigeres anliegt. Wichtiger sind nach wie vor Sport treiben und sich persönlich mit Freunden treffen (Dworschak 2010b, S. 120). Entsprechend findet auch die Studie des Hans-Bredow-Instituts zum »Heranwachsen mit dem Social Web«: »Wir haben überhaupt keine Belege dafür gefunden, dass das

Internet die Jugend prägt« (ref. bei Dworschak 2010 b, S. 121). Und ein anderer Experte, der sich durch siebzig weltweite Studien zum Thema gearbeitet hat, kommt ebenfalls zu dem Schluss, das Internet habe keinesfalls die Herrschaft über die Lebenswelt der Jugendlichen übernommen, sei nur ein eher triviales Medium unter vielen, und die Jugendlichen fänden es immer noch wichtiger, Sport zu treiben oder sich mit Freunden zu treffen (ebd.).[5]

Generation Porno?

Diese undramatischen Befunde entsprechen auch dem undramatischen Umgang der meisten Jugendlichen mit pornographischen Inhalten im Internet. Meist ist es so, dass sie diese nicht mehr aufsuchen, wenn die erste Neugier befriedigt ist (Schulte-Markwort et al. 2002, S. 189). Der Sexualforscher Schmidt bestätigt: »Daran gemessen, wie leicht zugänglich auch Hardcore-Pornos sind, machen sich Jugendliche enorm wenig daraus« (zit. nach Fritzen 2007). Eine amerikanische Studie stellte fest, dass 40 % der 16- bis 17-jährigen Jungen und 10 % der Mädchen (also 25 % dieser Altersgruppe) mit Internetzugang »gelegentlich« Pornoseiten aufsuchen. Eine Untersuchung der Sexualforscherin Matthiesen kam zu dem Ergebnis, dass 35 % der männlichen Jugendlichen gelegentlich und 8 % regelmäßig

5 Untersuchungen bei Erwachsenen kommen zu ähnlichen Ergebnissen (Münker 2009, S. 87). Internet-Nutzer treiben mehr Sport, gehen öfter ins Theater, Kino oder Konzert und engagieren sich häufiger in Vereinen und Bürgerinitiativen als eine Vergleichsgruppe von Nicht-Nutzern. Die Zahl der unmittelbaren *face-to-face*-Kontakte ist nicht geringer, allerdings auch nicht größer (Bauernschuster et al. 2010). Die Gesamtdatenlage erlaubt den Schluss, dass elektronische Medien die Anbahnung und Aufrechterhaltung (dauerhafter) sozialer Beziehungen eher fördern als behindern (Fischer 2011, S. 96, mit weiterer Literatur).

Pornos im Internet schauen (ref. nach Dworschak 2010 a, S. 132). Da bei den Mädchen die Quote erfahrungsgemäß ein Viertel der Jungen beträgt, kam man als Gesamtbilanz festhalten, dass 20–25 % der Jugendlichen gelegentlich und 5 % regelmäßig Pornos im Internet ansehen. Vermutlich ist es die letzte Gruppe, aus der Problemfälle hervorgehen.

Die bisher vorliegenden Wirkungsstudien zum Zusammenhang von Pornographiekonsum und gewalttätiger Sexualität ergeben meist nur geringe oder gar keine nachhaltigen Effekte (Kurzüberblicke bei Marguier 2007 und Berner 2009; ausführlich Zillmann 2004, Klein 2010, Vollbrecht 2010). Illustrieren kann man den geringen Effekt durch die Tatsache, dass einerseits in pornographischen Darstellungen von Sexualität meist dominierende Männer und unterwürfige Frauen gezeigt werden, wohingegen in der Realität seit Jahren der Anteil sexuell initiativer Mädchen zunimmt und die Sexualität der Jungen romantischer, nicht brutaler wird (Vollbrecht 2010, S. 157; Klein/Sager 2010, S. 110 f.). Dies spricht dafür, dass die mediale Darstellung von Sexualität auf ihre reale Praxis wenig Einfluss hat. In dieselbe Richtung weisen Studien, die zeigen, dass Jugendliche sehr gut zwischen realer Sexualität und der im Internet gezeigten unterscheiden können. Nur 10 % der Untersuchten einer Studie glaubten, im Internet würde ein realistisches Bild menschlicher Sexualität gezeichnet (Vollbrecht 2010, S. 156, 160); und ungefähr dieselbe Anzahl befürchtete, dadurch würde ihr eigenes Sexualleben verunsichert (Klein 2010, S. 180).

Weiter ist zu berücksichtigen, dass nicht (nur) die Medien etwas mit den Menschen machen, sondern in erster Linie die Menschen etwas mit den Medien. Eine Pro-Familia-Studie weist nach, dass die Struktur des sexuellen Verlangens bereits in der Vorpubertät durch nichtsexuelle Beziehungserfahrungen ausgebildet wird und dass es diese Vorprägung ist, die dann die Vorlieben und Abneigungen in Bezug auf (Inhalte der) Pornographie bestimmt (ref. nach Vollbrecht 2010, S. 161 f.). Die Persönlichkeit sucht sich die zu ihr passenden

»Reize« stärker, als dass die Reize die Persönlichkeit (ver)formen. Wirkungsstudien, die nicht nur nach Korrelationen, sondern nach (langfristigen) Kausalitäten suchen, sind selten. Die vorhandenen zeigen, dass es keinen Unterschied gibt zwischen Häufigkeit des Pornographiekonsums mit 14 Jahren einerseits und späterer Bereitschaft zur Intimität und Zufriedenheit mit dem eigenen Sexualleben andererseits gibt (Vollbrecht 2010, S. 162). Nur Konsumenten von Sado-Maso- und Gewaltpornographie sind sexuell unzufriedener und zeigen weniger Interesse an Intimität (Grimm/Rhein 2007, S. 47 f.). Dies hat aber, wie oben angedeutet, mehr mit ihrer Persönlichkeit zu tun, als dass es eine kausale Wirkung des Konsums wäre.

Auch hier kann es nicht schaden, dem Standardrefrain zu folgen, der da lautet: »More research is needed«. Auch ohne diese Forschung lässt sich jedoch mit einiger Sicherheit prognostizieren, dass sie ähnliche Ergebnisse erbringen wird wie die zur Wirkung von Gewaltdarstellungen in den Medien: dass nämlich der exzessive Konsum harter Pornographie erstens bevorzugt bei schon vorbelasteten Individuen zu finden ist und zweitens deren schon vorgeschädigte Sexualität dadurch weiter brutalisiert wird. Das damit verbundene Gefahrenpotential muss weder dramatisiert noch verharmlost werden, wird aber aller Voraussicht nach nur eine Minderheit der Jugendlichen (und Erwachsenen) betreffen. In diesem Sinn äußern sich auch fast alle vom Magazin »Der Spiegel« für eine einschlägige Reportage befragten Sexualwissenschaftler (s. Hardinghaus/Krahe 2010). Die gelegentlich vermutete »Pornographisierung der Sexualität« wird dadurch so wenig eintreten wie durch Hildegard Knefs nackte Brust, Ingmar Bergmans »Das Schweigen«, die »Sexwelle«, die Pille oder der Auftritt einer 18-Jährigen, die 1970 in der Fernsehsendung »Wünsch' Dir was« eine durchsichtige Bluse trug. All diese Ereignisse waren Anlass exaltierter Befürchtungen, ebenso wie später »Big Brother« oder das »Dschungelcamp«. Sie erschütterten Teile der Nation – für kurze Zeit, dann waren die Vorkommnisse vergessen bzw. ohne nachhaltige oder nachteilige Folgen geblieben. In diesem Sinne resümiert Hurrelmann (2009, S. 15) bezüglich der Sexualität von Jugendlichen: »Die Generation Porno ist ein Schreckgespenst. Das kann man schon nicht mehr in Prozenten ausdrücken – es sind Promilleanteile eines Jahrgangs, bei denen es, wie wir sagen, zu riskantem Sexualverhalten kommt.« Die Studie »Jugendsexualität 2010« der Bundeszentrale für gesundheitliche Aufklärung gelangt zu ähnlichen Ergebnissen. »Die Generation Porno ist eine Schimäre.« Es gab noch keine Generation, die so verantwortungsbewusst, aufgeklärt und rücksichtsvoll mit Sexualität umgegangen ist wie die untersuchte (ref. nach Becker 2010 und Tichomirowa 2010; skeptischer ist Twenge 2006, Kap. 6). Die Beobachtung zweier Berliner – Pfarrer bzw. Sozialarbeiter – aus dem Problembezirk Hellerhof, dass dort manche Eltern mit ihren Kindern zusammen pornographische Filme ansehen (Siggelkow / Büscher 2008), wurde medienwirksam zu »Deutschlands sexueller Tragödie« hochstilisiert und von der Behauptung flankiert, hier rase eine Katastrophe auf uns zu (Bericht bei Deißner 2008 b). Die geschilderten Beispiele sexueller Verwahrlosung sind aber, wie die obigen Zahlen und Beobachtungen zeigen, in keiner Weise repräsentativ und in ihrer quantitativen Verbreitung so gering, dass sie vernachlässigt werden können. Erwartbar ist schlimmstenfalls, wie in der Gewaltfrage, dass die Varianz steigt. Eine Minderheit wird brutaler und eine Mehrheit bleibt davon unberührt oder wird sogar immer friedlicher. Auch im Bereich der Sexualität ist diese Pazifizierung zu beobachten und wird unter dem Begriff der »Verhandlungssexualität« diskutiert. Bei manchen Beobachtern weckt dies schon wieder die Befürchtung, die Sexualität verliere ihren triebhaften Kern, degeneriere zum »Kuschelsex« oder werde gar durch Asexualität abgelöst (Pfaller 2009 a, b). Das Beispiel erhellt, wie schwer es für Jugendliche ist, *in den Augen von Erwachsenen* etwas recht zu machen.

Fazit

Fragt man schlussendlich die Kinder selbst, was sie von ihren Eltern in Bezug auf den Umgang mit Medien egal welchen Inhalts erwarten, so lautet der ebenso verständliche wie unspektakuläre Wunsch: »Sie möchten, dass ihre Eltern mit ihren rasant wechselnden Lebenswelten in Kontakt bleiben, ohne sie permanent zu kontrollieren« (Gatterburg 2007, S. 54). Wie das geht, macht der Leserbrief einer Mutter anlässlich des Amoklaufs von Winnenden und der sich anschließenden Diskussion über Gewalt und Medien deutlich. Dort heißt es: »Unsere vier Kinder spielen alle Computer- und Videospiele, je nach Alter und Geschlecht andere Spiele. Unser knapp sechzehnjähriger Sohn spielt Actionspiele … und erzählt uns von seinen Erfahrungen. … Ich habe mit meinen beiden ältesten Kindern das vielgescholtene, in der Tat aber unspektakuläre ›Counterstrike‹ gespielt, und wir haben uns sehr amüsiert über Mamas Unfähigkeit, gleichzeitig geradeaus zu laufen und zu schießen. … Für ihn und seine Altersgenossen spielen Computerspiele eine wichtige Rolle bei der Frage nach dem Sinn der ihn umgebenden Realität, die sich immer mehr mit Virtualität vermischt. Das betrifft keineswegs nur Jugendliche. … Dabei kann man nicht mit Pauschalverurteilungen anfangen. Und letztlich ist es ja nicht so, dass Gewalt etwas bisher völlig Unbekanntes wäre, das aus den Spielen in die Menschen käme, sondern die Gewalt kommt aus den Menschen in die Spiele. Ich warte nur darauf, dass eines unserer Kinder staunend fragt: Wie hat eigentlich die Generation unserer Großeltern den Zweiten Weltkrieg hingekriegt, ohne ein einziges Computerspiel als Vorlage? Die jedem Menschen innewohnende Gewaltbereitschaft und -verherrlichung so zu ›zähmen‹, dass ein Zusammenleben möglich ist, stellt eine Herausforderung für jede Generation dar« (Römelt 2009, S. 8).

Abschließend sei noch auf vier ergänzende Befunde hingewiesen. Erstens: Longitudinalstudien, die den Mediengebrauch von Jugendlichen und den Umgang der Eltern damit untersuchen, kommen regelmäßig zu dem Ergebnis, dass die Erwachsenen im Rückblick feststellen, sie hätten sich sowohl über den Umfang als auch über die Inhalte des Medienkonsums übertriebene Sorgen gemacht (Schäffer 2007, S. 469). Zweitens: Die häufig geäußerte Auffassung, die Generationsbeziehungen würden sich grundlegend im Sinne einer Enthierarchisierung wandeln, weil die Eltern von den Kindern in Bezug auf Medienkompetenz mehr lernen könnten als umgekehrt, haben sich bisher nicht bewahrheitet. Vielmehr ist es trotz des unbezweifelbaren Kompetenzgefälles weiterhin so, dass der Umgang der Eltern mit den Medien den ihrer Kinder stärker prägt als beispielsweise die Gleichaltrigengruppe (ebd.). Drittens verfügen Erwachsene über Strategien, das Kompetenzgefälle zu neutralisieren. Eine dieser Strategien etwa ist übertriebenes Lob für kindliche Mithilfe bei der Installation von Computerprogrammen, dessen Unangemessenheit von den Kindern bemerkt wird und ihnen ihren Abhängigkeitsstatus innerhalb der Familie wieder deutlich macht (ebd., S. 476 f.). Insgesamt kommen die einschlägigen Untersuchungen zu dem Ergebnis, dass das Wissensgefälle durch vielfältige familiäre Kommunikationsstrategien solidarisch abgepuffert wird und beide Generationen einen gemeinsamen Lernprozess durchlaufen, der aber nicht auf eine Entmachtung der Eltern zugunsten der Kinder oder der Gleichaltrigengruppe hinausläuft.[6] Viertens: Qualitative Studien zum Mediengebrauch zeigen, dass dessen kommunikative Bearbeitung zu einer Begrenzung seines Einflusses führt. Die Tatsache etwa, dass häufig über Fernsehkonsum gesprochen wird, begrenzt gerade dadurch seinen Einfluss, weil eine kommunikative »Brechung« stattfindet, die das Gespräch darüber wichtiger macht als den Akt des Fernsehens selbst (ebd., S. 468). Ähnliches gilt für viele Computerspiele, die häu-

6 Die These vom Bedeutungsschwund der Eltern wird in den Kapiteln 3 und 4 ausführlicher behandelt.

fig nicht einsam, sondern einschlägigen Untersuchungen zufolge von 60–85 % der Spieler in Gesellschaft anderer gespielt werden (Palfrey/Gasser 2008, S. 260).

Was heißt Sozialisation durch Medien?

Bei der These von der Sozialisation durch Medien muss zwischen zwei Bedeutungen unterschieden werden. Der eine bisher behandelte Diskussionsstrang fragt nach dem Einfluss des Fernsehens und der Computernutzung auf die Persönlichkeitsbildung oder -fehlbildung und macht diese abhängig von Art und Umfang des Gebrauchs sowie dessen familiärer Einbindung. Ein zweiter Diskussionsstrang thematisiert die Vergesellschaftungsfunktion von Medien gerade hinsichtlich ihrer Funktion, die Familie zu ersetzen. Die Hauptthese ist, dass Medien immer wichtiger werden und die Eltern ein Stück weit ablösen. Dies soll deshalb so sein, weil Kinder und insbesondere Jugendliche ihre Vorbilder, ihre Alltagsgestaltung und Lebensführung, ihre Schönheits- und Fitnessideale mehr als früher den Medien – oder der *peer group* – entnehmen. Medien, seien es Fernsehen, Internet oder Jugendzeitschriften, stellen so gesehen sowohl »Normierungswissen« bereit, das zeigt, was richtig und wichtig ist, als auch »Orientierungswissen«, das den Jugendlichen hilft, sich in der Welt zurechtzufinden. »Gesellschaftliche Normen, Werte, Wissensbestände und Verhaltensweisen werden der jungen Generation in hohem Ausmaß über elektronische Massenmedien vermittelt, insbesondere Fernsehen und Computer.« »Durch die Massenmedien sind die Angehörigen der jungen Generation genauestens über kulturelle und politische Ereignisse informiert und nicht auf Eltern oder Pädagogen als ›Weltdeuter‹ angewiesen« (Hurrelmann 2002, S. 256, 260). Diese Aussagen über die Bedeutung der Medien als Sozialisationsinstanz sollen für alle Jugendlichen gelten, unabhängig davon, wie viel Zeit sie vor dem Fernsehapparat oder Computer verbringen. Deshalb befassen sich jugendsoziologische Untersuchungen zur Bedeutung der Medien häufig gar nicht oder nur am Rande mit der Dauer des Konsums, weil ihre Bedeutung als Weltdeutungsinstanz nicht in erster Linie von der mit ihnen verbrachten Zeit abhängig ist.

In diesem zweiten Sinne sind Medien nicht Orte der Erzeugung von Entwicklungsstörungen, wie die These vom exzessiven Mediengebrauch oder die vom regressiven Sog der Bilderflut nahelegt (zu Letzterem siehe z. B. Bergmann/Hüther 2006 und Fuchs 2007, S. 96 ff.), sondern, im Gegenteil, Orte kollektiver Sinnstiftung (Hoffmeister 2001, S. 304). Manche Wissenschaftler ziehen aus ihren Beobachtungen und Forschungen den Schluss, dass Computerspiele zur Grundlage einer jugendlichen Subkultur geworden sind, die Gemeinschaft erzeugt und gleichzeitig identitätsstiftend wirkt (Hamann 2007). Diese Funktion der Gemeinschaftsbildung wird von anderen Autoren auch mit Aussagen über die individuelle Persönlichkeits- oder Identitätsbildung verknüpft. Mikos (2004, S. 157, 163) etwa meint, dass Jugendliche nicht nur viel Zeit mit Medien verbringen, sondern dass diese auch »eine große Rolle bei der Identitätsbildung und im Prozess der Sozialisation spielen. … Ging man früher davon aus, dass sich Identität in direkter sozialer Interaktion entwickelt, muss man heute mediale Interaktion hinzurechnen. Den verschiedenen Formen der Populärkultur und der Medien, insbesondere aber dem Fernsehen, kann eine Schlüsselrolle bei der Strukturierung von zeitgenössischer Identität zugewiesen werden. … Normen, Werte und Rollenbilder werden nicht mehr nur aus der sozialen Umgebung, sondern vor allem aus den … Medien … gelernt.« (ähnlich Scherr 2004, S. 232 f.) Der sozialisatorische Charakter der Medien ergibt sich somit aus ihrer gemeinschaftsstiftenden Funktion sowie aus dem von ihnen bereitgestellten Orientierungs- und Normierungswissen; beides soll die Persönlichkeit prägen.

Dabei darf allerdings zweierlei nicht übersehen werden. Erstens: Selbst wenn man den Medien eine gewisse normenvermittelnde und orientierende Kraft zuspricht, so entfalten sie diese nicht unabhängig von Personen, denn die Aneignung medial vermittelter Inhalte und Normen erfolgt in Gesprächen mit Eltern, Freunden und Gleichaltrigen, also in personaler sozialer Interaktion (s. o.; sowie Hurrelmann 2002, S. 255 und Mikos 2004, S. 163). Dadurch wird die Behauptung, Jugendliche seien nicht mehr auf Eltern und Pädagogen als Weltdeuter angewiesen, wieder erheblich relativiert.

Zweitens: Die normenvermittelnde oder gar persönlichkeitsprägende Kraft der Medien ist häufig geringer bzw. oberflächlicher als angenommen. Wenn etwa die Zunahme von Anorexien mit Ideal- und Leitbildern aus Medien begründet wird (s. z. B. Bauer 2002, S. 126), so wird nicht hinreichend berücksichtigt, dass die Magersucht eine seltene Erkrankung ist, deren Prävalenzrate selbst bei der am häufigsten betroffenen Gruppe der 12–25 Jahre alten Mädchen und Frauen gerade einmal 0,7 % beträgt (Resch 2010, S. 507 f.; Gerlinghoff/Backmund 2010, S. 550), diese Erkrankung in den letzten 50 Jahren kaum zugenommen hat (Resch, ebd.) und es sich um eine recht schwere Erkrankung handelt, die von Medien allenfalls ausgelöst, nicht aber verursacht werden kann. Wenn Fernsehshows wie »Big Brother«, »Deutschland sucht den Superstar« oder »Germany's Next Topmodel« eine Einübung in die Konkurrenzgesellschaft sein sollen, bei der Sieger gekrönt und Verlierer abgewählt werden, wie Sieder (2008, S. 20) meint, so steht in Frage, inwieweit hier Persönlichkeiten in ihrer affektiven Tiefendimension strukturiert oder nicht nur kognitiv-oberflächliche Weltbilder vermittelt werden. Konkurrenzpersönlichkeiten entstehen nicht durch Fernsehsendungen, sondern durch Sozialisation und Erziehung in der Familie, beispielsweise durch elterlichen Leistungsdruck aus Angst um die Zukunft der Kinder. Entsprechend ist die Forschungslage zum Einfluss von Medien auf die Persönlichkeit die, dass Medien unabhängig vom familialen Kontext weder nachhaltige noch tiefgreifende Wirkung haben (Schmitt 2004, S. 161 ff.).

Zeitmangel in der Familie

Oft ist zu hören, dass Kinder nicht nur zu viel fernsehen oder computerspielen, sondern dass ihre Eltern auch keine Zeit mehr für sie hätten. Etwas abgeschwächt lautet die Behauptung, sie würden heute weniger Zeit mit ihren Kindern verbringen als früher (Gaschke 2001, S. 47, 59, 119 f., 235; Winterhoff-Spurk 2005, S. 246) – sei es, weil die Kinder zu viel fernsehen, die Mütter häufiger berufstätig oder beide Elternteile durch berufliche Anforderungen überlastet sind. Morgenroth (2005, S. 1007) beschreibt folgende Familiensituation als nicht selten: »De-Synchronisation und berufliche Selbst-Überforderung oder Überbeanspruchung haben eine innerfamiliäre Struktur zur Folge, in der die Familie als ›haltende Institution‹ versagen muss. Die Lebensbedingungen der Eltern selbst sind derart instabil und erschöpfend, dass sie für die emotionalen Bedürfnisse der Kinder nicht mehr in hinreichendem Umfang zur Verfügung stehen. … Die … Arbeitsbedingungen der Elterngeneration führen zu einer besondern Gefährdung der Kinder, die emotional depriviert, sich selbst oder medialen Babysittern überlassen sind.« Solche Konstellationen kommen sicher vor, aber die berufliche Beanspruchung von Eltern war – wie Historiker der Kindheit berichten (z. B. de Mause 1974, Johansen 1978, Badinter 1980) – in früheren Zeiten in weiten Teilen der Bevölkerung erheblich größer als heute; und die bloße Behauptung, die geschilderte Familiensituation sei in der heutigen Zeit »nicht selten«, reicht nicht aus, um deren Verbreitung oder Typizität angemessen einzuschätzen.[7]

---

[7] Angesichts der Tatsache, dass der durchschnittliche deutsche Erwachsene im Jahr 2008 über gut sechseinhalb Stunden Freizeit pro Tag verfügte und der Durchschnitt in den OECD-Ländern bei gut fünfdreiviertel Stunden lag, sollten Behauptungen über Zeitknappheit generell mit einer gewissen Skepsis betrachtet werden. Es handelt sich anscheinend um eine »gefühlte« Knappheit. Auch der Rückgang der durchschnittlichen jährlichen Arbeitszeit in Europa von 2100 auf 1550 Stunden zwischen 1950 und 2000 spricht gegen arbeitsbelas-

Immerhin kommt in dieser Beschreibung noch eine Einfühlung in die Situation der Eltern zum Ausdruck, die andere Autoren gänzlich vermissen lassen. Kirschenbaum etwa steigert das Szenario der emotionalen Deprivation zu der Behauptung, heutige Eltern hätten nicht nur keine Zeit mehr für ihre Kinder, sondern schlicht das Interesse an ihnen verloren, und würden sie statt dessen mit technischem Spielzeug überhäufen, wofür sich der Begriff der Wohlstandsverwahrlosung eingebürgert hat. Ausgehend von einer Begebenheit in Atlanta, bei der Jugendliche Sexparties feierten, schildert er deren Familienhintergrund wie folgt: »Wenn die Eltern zu Hause waren, beschränkten sich die Gespräche auf zehn bis zwanzig Minuten pro Tag, auf einen jahrelangen oberflächlichen Kontakt zwischen Kindern und Eltern: ›Wie geht's, was macht die Schule? Hast du deine Hausaufgaben gemacht? Laß uns schnell was essen und fernsehen. Ich habe noch Arbeit aus dem Büro mitgebracht.‹ Die amerikanische Mittelklasse hat sich von dieser Generation getrennt. Die Jugendlichen haben sich von ihren Eltern getrennt; sie sind alleingelassen, hungrig nach Anerkennung, Gespräch und Berührung. Es ist eine Illusion, zu denken, daß all diese technischen Spielzeuge, ein Anruf pro Tag und ein manikürter Rasen ein gutes Zuhause ausmachen.« (2002, S. 11)[8]

Die Unterstellung, dieses Beispiel illustriere den Normalzustand familiärer (Mittelklasse-)Beziehungen in den Vereinigten Staaten, entbehrt jeder empirischen Grundlage. Auch Hochschilds (1997, S. XXX; 2003, S. 145) sanfter vorgetragene Aus-

tungsbedingte Zeitknappheit (Daten nach FAZ 2009a und Voth 2009); zur »gefühlten« Knappheit siehe Rosa (2005, S. 200, 202, 213, 216 ff.).
8 Als Kontrastprogramm zu diesem Deprivationspanorama wird häufig die gegenteilige These der Überbesetzung des Kindes vertreten. Dann ist das Kind wahlweise »Lebensprojekt der Eltern«, »Objekt optimaler Förderung«, »Gegenstand fürsorglicher Belagerung« oder »Adressat übersteigerten elterlichen Bildungsehrgeizes«. Ich gehe weiter unten und im sechsten Kapitel näher darauf ein.

sage über einen Rückgang der mit den Kindern verbrachten Zeit hält empirischer Überprüfung nicht stand und beruht auf unzulänglichen statistischen Daten. Abgesehen davon, dass die quantitativ verbrachte Zeit noch nicht viel über die Beziehungsqualität aussagt, zeigen eine Reihe von Zeitbudgetstudien (ref. in BMFSFJ 2006, S. 30 f., 224, 232), dass die Zeit, die amerikanische Eltern mit ihren Kindern verbringen, in den letzten 20 Jahren konstant geblieben ist, sich auf etwa 20 Stunden pro Woche beläuft und von den meisten Kindern zwischen acht und 18 Jahren als zufriedenstellend betrachtet wird. Sayer et al. (2004) kommen in ihrer sorgfältigen Studie zu dem Ergebnis, dass nicht nur die Väterbeteiligung seit 1965, insbesondere aber seit 1985, kontinuierlich angestiegen ist, sondern dass auch die amerikanischen Mütter des Jahres 1998 mindestens genauso viel, wenn nicht sogar mehr Zeit *im direkten Umgang* mit ihren Kindern verbracht haben als die von 1965 – obwohl sie 1998 entschieden häufiger berufstätig waren als 1965. Vergleicht man nur die *berufstätigen* Mütter von 1965 mit denen von 1998, so ergibt sich, dass Letztere mehr Zeit mit ihren Kindern verbrachten als Erstere (ähnlich Coontz 2005, S. 443; Bertram/Bertram 2009, S. 181; Fischer 2010, S. 161, 302 f.).

Auch für Deutschland gilt, dass Eltern heute mehr Zeit mit ihren Kindern verbringen als vor 20 Jahren (Bertram 1997, S. 128 ff., 136 ff.; BMFSFJ 2006, S. 221 f.; Bertram/Bertram 2009, S. 180). Die Aussage von Besser (2010, S. 84), hierzulande würde die durchschnittliche Kommunikationszeit vieler Kinder und Jugendlichen mit ihren Eltern nur noch wenige Minuten pro Tag betragen, ist deshalb nicht nachvollziehbar. In absoluten Zahlen ausgedrückt betrug die tägliche Zeit für aktive Kinderbetreuung durch beide Eltern im Jahr 2003 für Kinder unter drei Jahren 290 Minuten, für Kinder zwischen drei und sechs Jahren 198 Minuten, für Kinder zwischen sechs und zwölf Jahren 120 Minuten und für Kinder zwischen zwölf und sechzehn Jahren 48 Minuten (Nave-Herz 2004, S. 214; ähnlich Walter/

Künzler 2002). Diese Zeit wird von den Kindern mehrheitlich als ausreichend erachtet. Nur 20 % der 12- bis 13-Jährigen und 13 % der 17- bis 18-Jährigen wünschen sich einer repräsentativen Hamburger Studie zufolge mehr Zeit von den Eltern (Schulte-Markwort et al. 2002, S. 187). Andere Untersuchungen bestätigen dieses Bild. Schneekloth/Leven (2007, S. 93 f.) fanden, dass sogar nur 13 % der 8- bis 11-Jährigen sagen, ihre Eltern hätten zu wenig Zeit für sie. Bei den anderen 87 % ist zumindest ein Elternteil zufriedenstellend verfügbar. Dies gilt auch für die Kinder berufstätiger Eltern, die sowohl mit dem von den Eltern gewählten Betreuungsarrangement als auch der Menge der gemeinsam verbrachten Zeit überwiegend zufrieden sind (BMFSFJ 2006, S. 232 f.). Fragt man 9- bis 14-Jährige, was ihr dringendster Wunsch in Bezug auf Änderungen in der Familie sei, so ist es nur bei 10 % der Wunsch, mehr Zeit mit den Eltern zu verbringen (Klöckner et al. 2004, S. 136).[9]

Eine Befragung 10- bis 12-jähriger amerikanischer Kinder ergab, dass ihnen weniger wichtig ist, wie viel Zeit die Eltern mit ihnen verbringen bzw. ob sie berufstätig sind oder nicht, sondern ob sie ihre Arbeit mit nach Hause bringen. Die Kinder möchten, dass die Eltern, wenn sie da sind, für sie da sind (Bertram 2007, S. 25). In Anbetracht all dieser Befunde erscheint es wenig überzeugend, wenn etwa Largo (2009) den Zeitmangel von Eltern für den wichtigsten Grund gegenwärtiger Erziehungsschwierigkeiten hält. Plausibler ist es, Zeitprobleme aus

---

9 Die Befunde über Zeitzufriedenheit streuen, wie nicht anders zu erwarten, je nach Familien- und Erwerbssituation. Der oben erwähnte Durchschnittswert von 13 % 8- bis 11-Jährigen mit dem Wunsch nach mehr Zeit fächert sich je nach Familien- und Erwerbssituation wie folgt auf: Bei einem berufstätigen Elternteil empfinden 6 % der Kinder elterlichen Zeitmangel, bei einem voll- und einem teilzeiterwerbstätigen Elternteil sind es 8 %, bei zwei Vollzeiterwerbstätigen 17 %, bei arbeitslosen Eltern 29 % und bei erwerbstätigen Alleinerziehenden 35 %. Die hohe Zahl von Kindern *arbeitsloser* Eltern, die sich mehr Zeit mit ihren Eltern wünschen, zeigt, dass es sich beim Zeitproblem keineswegs nur um einen objektiven Mangel an Zeit handelt.

der Zunahme unregelmäßiger Arbeitszeiten herzuleiten. So hat zwischen 1990 und 2005 die Zahl derer, die angeben, *gelegentlich* außerhalb der regulären Arbeitszeit arbeiten zu müssen, von 40 auf 60 % zugenommen (Schmidt-Lüer 2009). Sollte sich diese Entwicklung verstetigen, werden Synchronisierungsprobleme zwischen Beruf und Familie zunehmen (weitere Überlegungen dazu bei Bertram/Bertram 2009, S. 180 ff.).

Ein weiterer interessanter Befund ist, dass berufstätige Mütter kaum weniger Zeit mit ihren Kindern verbringen als nicht berufstätige (etwa 30 Minuten am Tag), sondern vor allem weniger mit Hausarbeit und dem Partner (BMFSFJ 2006, S. 31). An anderer Stelle (ebd., S. 224) heißt es jedoch, dass vollzeitberufstätige Mütter mit Kindern unter sechs Jahren in Deutschland täglich gut zwei Stunden mit dem Kind verbringen, nichtberufstätige Mütter jedoch drei Stunden und 40 Minuten. Die Differenz betrüge dann nicht dreißig Minuten, sondern eineinhalb Stunden. Ähnliche Daten gibt es für die Vereinigten Staaten (Bianchi 2000). Eine gewisse Differenz erscheint plausibel, auch wenn Mehrarbeit empirisch nicht unbedingt als Zeitknappheit auf die Kinder durchschlagen muss, weil durch Hausarbeitszeitreduzierung oder weniger Zeit für sich selbst oder den Partner mehr für die Kinder zur Verfügung stehen kann. Manche Studien (z. B. Vorheyer 2005, S. 41) berichten auch, dass vollzeitberufstätige Mütter sich *mehr* Zeit für gemeinsame Aktivitäten mit ihren Kindern nehmen als gar nicht berufstätige. Die Autorin führt dies auf die mangelnden ökonomischen Ressourcen der Nichtberufstätigen zurück. Diese Interpretation wird dadurch gestützt, dass Kinder aus sozial niedrigeren Schichten generell weniger Zeit mit ihren Eltern verbringen als solche aus höheren Schichten.

Widersprüchliche Daten über mehr oder weniger Zeit erklären sich in der Regel dadurch, dass unter »Zeit mit den Kindern verbringen« Unterschiedliches verstanden wird. Manche Studien verstehen darunter nur den direkten Umgang mit dem Kind, andere auch die bloße Anwesenheit oder Zugänglichkeit, selbst wenn es zu keiner direkten Interaktion kommt. Nichtberufstätige sind mehr anwesend, scheinen aber kaum mehr Zeit im direkten Umgang mit dem Kind zu verbringen. Ob die bloße Anwesenheit oder Zugänglichkeit einen positiven Einfluss auf die Eltern-Kind-Beziehung hat, ist unklar, aber wahrscheinlich, zumindest in dem Sinne, dass sie den potentiellen Zeitstress reduziert und Mußepotentiale fördert. Eindeutig ist auch, dass Teilzeitberufstätigkeit der Mutter einen positiven Einfluss auf die Häufigkeit gemeinsamer Aktivität hat (Vorheyer 2005, S. 44) und Vollzeitberufstätigkeit beider Eltern zu Zeitnot führt, die von den Eltern subjektiv um so drückender erlebt wird, je weniger Einfluss sie auf ihre Arbeitszeitgestaltung haben (Jurczyk et al. 2005, S. 25 f.).

Den derzeitigen Forschungsstand kann man dahingehend resümieren, dass heutige Eltern sich nicht weniger um ihre Kinder kümmern als die Vorgängergenerationen, sondern mehr (Lange 2007, S. 240). Dies wird dadurch ermöglicht, dass zum ersten die aggregierte Gesamtarbeitszeit von Vater und Mutter zwischen den 1950er Jahren und 2004 um einige Stunden pro Woche abgenommen hat (Bertram / Bertram 2009, S. 180), zum zweiten heutige Familien kleiner sind als frühere, so dass sich die mit dem einzelnen Kind verbrachte Zeit schon aus diesem Grund erhöht; zum dritten die durch Fortschritte der Haushaltstechnologie bedingten Zeitersparnisse bei der Hausarbeit den Kindern zugute kommen. Auch die Daten des sozio-ökonomischen Panels von 2007 (ref. nach Sievers 2008 b) bestätigen diesen Sachverhalt. Die repräsentative Untersuchung an 12 000 Haushalten in Deutschland kommt zu dem Ergebnis, dass in den letzten 20 Jahren die Zeit, die Väter und Mütter mit ihren Kindern verbringen, zugenommen hat. Insgesamt ist somit der Verdacht, Eltern hätten heutzutage keine oder weniger Zeit für ihre Kinder als früher, unzutreffend.

Zeit allein löst indes nicht alle Probleme; bei manchen schafft sie sogar welche. Arbeitslose Eltern, die am meisten Zeit haben, sind nicht nur ökonomisch benachteiligt, sondern zeigen auch vielfältige Formen der Desorganisation im Alltag, die das Erziehungsklima und die Zeitverwendung negativ beeinflussen (BMFSFJ 2006, S. 226 f.). Am zufriedensten sind Kinder, wenn beide Eltern Teilzeit arbeiten (ebd., S. 233; Bürgisser 2006; Bürgisser/Baumgarten 2006). Dies konvergiert mit anderen Befunden, denen zufolge es keinen linearen Zusammenhang zwischen beruflicher Einbindung der Eltern und Belastung für die Kinder gibt. In der Regel sind Kinder, deren Eltern eine mittlere Arbeitsbelastung aufweisen, am zufriedensten mit ihrer Betreuungssituation (Lange 2006, S. 136). Das eigentlich optimale Arrangement von zwei Teilzeitarbeitenden stößt allerdings bei seiner empirischen Umsetzung im Alltag auf vielfältige Schwierigkeiten, die nach Jurczyk et al. (2005, S. 27) vor allem auf das Fehlen sozialer Unterstützungssysteme zurückzuführen sind, auf die eine solche Arbeits- und Lebensgestaltung angewiesen ist.

Über die These bloßer Zeitknappheit hinaus geht Hochschild (1997), die eine Umkehr in der *subjektiven Bedeutung* von Arbeit und Familienleben behauptet. In dem von ihr untersuchten Betrieb der *New Economy* fühlten sich 20 % der (meist hochqualifizierten) Beschäftigten so wohl, dass sie geradezu arbeitssüchtig wurden und das Familienleben als Stress empfanden, vor dem sie in die Arbeit flohen. Deshalb wurden auch Teilzeitangebote seltener als möglich in Anspruch genommen.[10] Die Grunddiagnose in Hochschilds ebenso suggestiv wie elegant geschriebenen Büchern und Essays (1997, 2000, 2003, 2005) lautet: Schwächung der familiären Fürsorge. Sie sei in den letzten 30 Jahren durch eine halbierte Geschlechterrevolution (und in Amerika durch eine staatliche Politik des Entzugs von Fürsorgeunterstützung) verursacht worden. Dabei hätten Frauen die Berufswelt, aber Männer nicht die Welt

---

10 Ein zweiter Grund ist, dass Teilzeitarbeit *der* Karrierekiller ist – bei Männern noch stärker als bei Frauen.

des Privaten erobert. Hochschilds zentrale Befürchtung ist, dass diese Schwächung den Boden für eine Kommerzialisierung der Familie bereitet. Die Kommerzialisierung besteht nicht nur in einer Kommodifizierung dergestalt, dass Eltern heute den Kindergeburtstag durch professionelle Agenturen organisieren lassen oder den Geburtstagskuchen kaufen statt ihn zu backen, sondern darin, dass auch eine »spirituelle« Kommerzialisierung stattfindet, durch die ein wirtschaftlicher Geist in die Familie eindringt – und zwar in Gestalt von Beziehungswahrnehmungen in wirtschaftlichen Begriffen (»meine Familie ist eine Art produktives Team«, »meine Frau ist mein wichtigster Kunde«), in Gestalt rationaler Zeitbewirtschaftung (»Qualitätszeit« mit den Kindern verbringen, durch »Multitasking« auch zu Hause möglichst effektiv mit knapper Zeit umgehen) oder durch mentale und emotionale Privilegierung von Arbeit gegenüber Fürsorge (1997; 2000; 2003, S. 42, 179, 255). Mit dem letzten Punkt hebt die Autorin hervor, dass es nicht nur darum geht, ob die Eltern heutzutage *mehr oder weniger* Zeit mit ihren Kindern oder bei der Arbeit verbringen, sondern dass eine kulturelle Bedeutungsumwertung stattgefunden hat, durch welche die Arbeitszeit *höher bewertet* und die mit den Kindern verbrachte Zeit *entwertet* wird.

Diese These einer Umkehr der Bedeutung von Beruf und Familie ist kritisiert worden. Kiecolt etwa (2003) hat mit Hilfe von Kohortenvergleichen gezeigt, dass in jüngeren Geburtskohorten Frauen beruflich nicht zufriedener und familiär nicht unzufriedener sind als in älteren. Nach wie vor ist es so, dass sich die meisten berufstätigen Frauen *aller* Altersjahrgänge bei der Arbeit gestresster und zu Hause wohler fühlen. Zum selben Ergebnis gelangt eine Studie von Kahneman (ref. nach Brinck 2009), der berufstätige Frauen befragt hat, wie sie sich bei verschiedenen Tätigkeiten und in der Interaktion mit verschiedenen Partnern am Vortag gefühlt haben. Ein weiterer Befund besagt, dass 92 % der US-Amerikaner sowohl 1990 als auch 2006 der Familie ein große Bedeutung zumaßen, der Arbeit jedoch nur noch 33 % im Jahr 2006, verglichen mit 62 % im Jahr 1990, was einen erheblichen *Bedeutungsschwund* der Arbeit anzeigt (Fischer 2011, S. 79, 81). Was die Zufriedenheit mit verschiedenen Tätigkeiten angeht, rangierte die Berufstätigkeit an zweitletzter Stelle, wohingegen Essenszubereitung, Kinderpflege und Haushaltstätigkeit wesentlich höhere Zufriedenheitswerte erzielten. Ähnlich wurde die Interaktion am Arbeitsplatz mit Kollegen, Kunden oder Vorgesetzten als weniger befriedigend empfunden als die mit den Kindern oder dem Ehepartner, was den einschlägigen Befragungsbefunden von Hochschild (z. B. 2000, S. 189) widerspricht. Das häufig beklagte Elend der häuslichen und das ebenso oft beschworene Glück der beruflichen Arbeit findet in diesen Daten kaum Widerhall. Es trifft, was Hochschild (2003, S. 211 f.) selbst einräumt, wahrscheinlich nur auf ein bestimmtes Segment hochqualifiziert Beschäftigter zu. Aber selbst wenn die Arbeit heute *kulturell* allgemein höher bewertet würde als früher, bedeutet das nicht, dass die Familie deshalb niedriger bewertet wird. Unabhängig davon bleibt die Feststellung wertvoll, dass durch Zeitknappheit betrieblich-rationale Formen des Umgangs mit Zeit in den Alltag der Kinderbetreuung eindringen können.

Ähnliche Beobachtungen haben Ludwig et al. (2002) in ihrem Buch mit dem vielsagenden Titel »Managerinnen des Alltags« gemacht. Auch sie haben Doppelverdienerpaare untersucht und unter anderem festgestellt, dass die Frauen ihrer Untersuchungsgruppe, die die Hauptverantwortung für Hausarbeit und Kinderfürsorge trugen, dazu neigten, auf beide Bereiche effektive und rationale Formen der Zeitnutzung, die sie aus ihrer betrieblichen Realität kannten, zu übertragen. Auch die im Sammelband von Moen (2003) enthaltenen Forschungsarbeiten untersuchen diese sogenannten »Spill-Over-Effekte« des Berufs- auf das Familienleben. Sie zeigen zum einen, dass bei zwei Vollzeitberufstätigen Zeitnot nahezu unausweichlich ist, und zum anderen, dass zusätzliche Mobilitätsforderungen die Situation noch verschärfen. Positiv wirkt sich die Kontrolle über die eigene Arbeitszeit aus, die jedoch den Untersuchungen von Jürgens (2003, 2005) zufolge häufig nicht gegeben ist.

Neben der Frage, ob Eltern genug Zeit für ihre Kinder haben, die mehrheitlich positiv beantwortet werden kann, stellt sich die Frage, welche Qualität diese Zeit hat. Von der Idee einer »Qualitätszeit«, die man mit Kindern verbringen kann, sind manche ihrer Befürworter mittlerweile wieder abgerückt. Es hat sich nämlich herausgestellt, dass man besonders intensive, qualitativ hochwertige Momente, die quantitative Knappheit kompensieren können, nicht nach Stundenplan einmal morgens und einmal abends »organisieren« kann. Außerdem verstehen sowohl Eltern als auch Kinder unter Familienzeit gerade unverplant und unorganisiert miteinander verbrachte Zeit (Daly 2001, S. 289), so dass »Planung« von Familienzeit aus der Sicht der Betroffenen oft einen Widerspruch darstellt. Als Folgerung ergibt sich, dass Zeit mit Kindern nicht beliebig verknappt beziehungsweise die Verknappung nicht beliebig kompensiert werden kann. Auch wenn sich in den meisten entwicklungspsychologischen Studien bisher keine messbare nachhaltige Beeinträchtigung der kindlichen Entwicklung durch Vollzeitberufstätigkeit beider Eltern ergeben hat (Überblick bei Dornes 2006, Kap. 7), kann man aus den obigen Studien doch schließen, dass die Familienatmosphäre dadurch unter Umständen im Sinne einer Zeithetze und / oder übermäßig rationalen Zeitbewirtschaftung beeinträchtigt wird. Ein solches Arrangement sollte deshalb, insbesondere bei kleinen Kindern, mit einer gewissen Vorsicht betrachtet werden.

Auflösung der Familie und Bindungsschwäche

Neben der Befürchtung, dass Medien zunehmend an die Stelle zwischenmenschlicher Beziehungen treten und Eltern zu wenig Zeit für ihre Kinder haben, ist auch oft zu hören, sowohl die *Qualität* der ehelichen als auch die der Eltern-Kind-Beziehungen habe sich verändert und sei flüchtiger oder brüchiger geworden. Witte (2004, S. 58 f.) erwartet eine Zunahme unsicherer Bindungstypen auch bei Erwachsenen unter dem Einfluss einer beziehungsverunsichernden Globalisierung. Ein empirischer Beleg dafür steht aus. Beck-Gernsheim (1994, S. 131 ff.; 2000, S. 20 ff.) begründet die von ihr ebenfalls behauptete wachsende Fragilität mit Verweis auf die zunehmende Zahl der Scheidungen. Im Folgenden behandle ich zuerst die Scheidungsfolgen, dann die These der Bindungsschwäche.

Scheidungsfolgen

Die Folgen von Scheidung der Eltern und das Aufwachsen der Kinder in Ein-Eltern-Haushalten werden trotz vieler Studien bis auf den heutigen Tag kontrovers diskutiert (Kurzüberblick bei Koch 2010). Manche Autoren betrachten Scheidung als Risikofaktor für die kindliche Entwicklung und dokumentieren eine erhöhte Wahrscheinlichkeit für verschiedene seelische und körperliche Erkrankungen der Kinder und häufig auch der Eltern (Figdor 1997, Wallerstein et al. 2000, Kostka 2004, Franz 2005, Marquardt 2005). Andere finden keine solchen Einflüsse oder erklären sie anders (Hetherington/Kelly 2002; Walper 2002; 2004, S. 236 ff.).

Obwohl also die Scheidungsforschung recht heterogene Ergebnisse hervorgebracht hat, kann man als Tendenz festhalten, dass Scheidung sowohl kurz- als auch langfristig eher eine Belastung ist, und zwar für die Erwachsenen wie für die Kinder. Geschiedene weisen tendenziell ein niedrigeres Niveau psychischen und physischen Wohlbefindens auf als Nicht-Geschiedene, und bei von Scheidung betroffenen Kindern ist das Risiko für Anpassungsprobleme höher als bei Kindern aus kontinuierlich zusammenlebenden Familien. Während bei Ersteren 20 % *dauerhafte* emotionale Probleme haben, sind es bei Letzteren nur 10%, was eine Verdoppelung des Problem-risikos bedeutet (Hetherington/Kelly 2002; Amato 2003; BMFSFJ 2006, S. 118 ff.). Es gibt indes auch Studien, die keine Unterschiede feststellen (Bohrhardt 2006, S. 178), und solche, die eine Verdreifachung des Risikos finden (Glenn 2005, S. 16). Wieder andere (Wallerstein et al. 2000) konstatieren einen »Schläfereffekt«, was besagt, dass viele Probleme erst auftauchen, nachdem die Kinder erwachsen geworden sind und selbst intime Beziehungen eingehen. Die sich dann zeigenden Schwierigkeiten wie Trennungs- und Bindungsängste müssen keine Erkrankungen im klinischen Sinn sein, können aber das Leben der davon Betroffenen erheblich beeinträchtigen, etwa in Form einer intergenerationellen Transmission des Schei-dungsrisikos, was heißt, dass Kinder geschiedener Eltern spä-ter häufiger leidvoll von Scheidung betroffen sind (Berger 2009 b).

Denkbar ist allerdings auch, dass sich im Gefolge einer kul-turellen Neubewertung der Scheidung als Normalereignis die Scheidungsfolgen abschwächen. Gegen eine solche »kultu-ralistische« Relativierung von Scheidungsfolgen spricht, dass verschiedenen Untersuchungen zufolge trotz erheblich ange-stiegener Scheidungsziffern seit 1970 die Scheidungsfolgen sich *nicht* abgemildert haben. Mittlerweile mehren sich sogar die Stimmen, welche die in den letzten 20 Jahren entstandene Idee einer »guten Scheidung« für eine Erfindung von Erwachsenen halten, die sich vor der unangenehmen Einsicht schützen wol-len, dass die meisten Scheidungen den Kindern schaden. Die-ser Auffassung zufolge profitieren nur solche Kinder von einer Scheidung, deren Eltern sich in chronischem, schwerem, auch physisch ausgetragenem Streit befinden, Alkoholprobleme ha-ben etc. Kinder aus »gut geschiedenen« Ehen – also solchen, bei denen sich die Eltern einvernehmlich trennen, beide das Kind lieben und beide nach der Scheidung regelmäßigen Kon-takt zum Kind haben – sind manchen Forschungsbefunden zufolge trotz all dieser moderierenden Faktoren stärker beeinträchtigt als Kinder aus Familien, in denen die Ehepartner zwar nicht zufrieden sind, aber keine extremen Konflikte miteinander haben. Eine gute Scheidung ist in manchen Fällen somit weniger vorteilhaft für die Kinder als die Fortführung einer mäßigen Ehe. 52 % der Kinder aus guten Scheidungen finden, dass ihr Familienleben »anstrengend« sei, wohingegen dasselbe nur 35 % der Kinder aus konfliktbelasteten Familien sagen – und nur 6 % aus normal-glücklichen (Glenn 2005, S. 17; Marquardt 2005, S. 22 f., 34, Anhang; Wallerstein 2005, S. 10). Darüber hinaus sind gute Scheidungen eher die Ausnahme als die Regel. In der Studie von Napp-Peters etwa (1995) gelangen sie nur in einem Viertel aller Fälle, und nur 10 % der Kinder fühlten sich durch die Scheidung erleichtert.

Auch diese Befunde sind nicht unstrittig. Eine andere Sicht vertreten beispielsweise Largo/Czernin (2003) und Lange (2004, S. 307 ff.). Lange empfiehlt, die entwicklungspsychologische Brille abzusetzen und stattdessen die der Kindheitssoziologie und der »doing post-divorce-childhood-Forschung« aufzusetzen. Dann würde sich ergeben, dass Kinder weit konstruktiver und aktiver in Nachscheidungsfamilien agierten, als dies in entwicklungspsychologischen Sequenzmodellen eingefangen werde. Im Interesse der Kinder möchte man wünschen, dass der Autor recht hat. Sieder (2008, S. 50 f., 57 f.) führt die erhöhte Wahrscheinlichkeit des Scheiterns von Stief-, Patchwork- und Ein-Elternfamilien unter anderem darauf zurück, dass sie sich trotz ihrer statistischen »Normalität« (etwa 25 %) immer noch anstrengen, dem kulturellen Ideal der Kernfamilie nachzuleben, und deren Maßstäbe an ihre neue Lebensform anlegen. Die alleinstehende Mutter etwa bemüht sich übermäßig um die Kompensation des verlorenen Vaters, ihr neuer Lebensgefährte und potentielle Stiefvater des Kindes darum, den leiblichen Vater zu ersetzen und das Kind zu lieben wie sein eigenes. Weil das nicht gehen kann, wird das Scheitern solcher Familienformen begünstigt. Die Schlussfolgerung daraus ist, solche Familienformen als kulturelle Neubildungen in eigenen

Rechten zu betrachten und zu behandeln. Der neue Stiefvater kann dann den leiblichen Vater nicht ersetzen und sollte es auch gar nicht versuchen. Das Kind lebt jetzt im besten Fall mit zwei Vätern, die unterschiedliche Aufgaben und emotionale Bedeutungen haben. Würde das individuell und kulturell nicht mehr als Defizitmodell betrachtet, könnten sich auch die Folgen für die Kinder abmildern.[11]

Bindungsschwäche

Jenseits der Frage nach den Scheidungsfolgen und der Frage, ob in steigenden Scheidungsziffern eine Bindungsschwäche zum Ausdruck kommt – worauf ich gleich näher eingehe –, kann man die These von der Bindungsschwäche so verstehen, dass mit zunehmend individualistischer Orientierung die Bereitschaft abnimmt, sich in längerfristigen Beziehungen festzulegen. Daran ist Kritik geübt worden (s. z. B. Klein 1999, Meyer 2002 a; Hill/Kopp 2004, S. 316). Sie läuft auf den Nachweis hinaus, dass die »Bindungsquote«, das heißt der Anteil derjenigen, die in einer stabilen Partnerschaft leben, über die Generationen hinweg eher zu- als abgenommen hat. Dabei wird unter stabiler Partnerschaft eine eheliche oder nichteheliche Verbindung von mindestens einem Jahr Dauer verstanden. In anderen Worten: Es gibt eine steigende Bereitschaft, sich in Partnerschaften zu binden. Derzeit leben 70 % der 18- bis 35-Jährigen und 85 % der 26- bis 35-Jährigen in solchen Beziehungen, früher waren es weniger (Meyer 2002 a, S. 210).

---

11 Oft sind Befunddivergenzen in Scheidungsfolgenstudien auch methodenabhängig. Als Faustregel gilt, dass schwerpunktmäßig sozialstatistische Umfrageuntersuchungen eher geringere Unterschiede zwischen »alternativen Familienformen« und »Normalfamilien« finden, klinische Untersuchungen eher größere. Für Stieffamilien konstatieren Martin/Le Bourdais (2008, S. 274) dasselbe Phänomen.

Andere Daten verändern jedoch dieses Bild. Schmidt et al. (2003) zufolge leben von den 1942 (in Hamburg und Leipzig) Geborenen im Alter von 30 Jahren 17 % allein, von den 1957 Geborenen 19 % und von den 1972 Geborenen 29 %. In der jüngsten Alterskohorte gibt es also, entgegen dem, was die These von der gestiegenen Bindungsquote suggeriert, signifikant mehr temporäre Singles als in den älteren, weil in diese Daten auch diejenigen eingehen, die sich *nach* einem Jahr getrennt haben. Es gibt also eine steigende Bereitschaft, sich in Partnerschaften zu binden, aber auch eine, sich aus *langfristigen* Bindungen wieder zu lösen. Die Diagnose »Bindungsschwäche« bezieht sich in dieser Lesart nicht auf die Bereitschaft, Bindungen einzugehen, sondern auf die Fähigkeit, sie längerfristig aufrechtzuerhalten, und in diesem Sinne verweisen die referierten Daten in der Tat auf eine gewisse Bindungsschwäche.

Die Gründe dafür sowie für gestiegene Scheidungsziffern sehen die meisten Autoren nicht in einer Unfähigkeit oder Unwilligkeit, sich zu binden und auch nicht in einer modernen Wegwerfmentalität, die Bauman (2000, S. 108, 191, 193) zufolge von den Waren auf die Beziehungen übergegangen sein soll. Eher werden sie im hohen Stellenwert gesehen, den man heute der Beziehungsqualität für das persönliche Wohlergehen einräumt (z. B. Nave-Herz 1998, S. 305; 2004, S. 170 ff.). Entsprechend erweisen sich hohe Ansprüche an die Qualität der Beziehung als ein wesentlicher Risikofaktor für Scheidungen und wechselseitige Beziehungsprobleme als ihr Hauptgrund (Schmidt-Denter 2000, S. 208). Beziehungsdauer ist kein Selbstzweck mehr, vielmehr tritt sie in Konkurrenz zu Beziehungsqualität. Die gewachsenen Ansprüche führen zu vermehrten Trennungen, weil die Trennungsschwelle sinkt und deshalb heute auch Beziehungen auseinandergehen, die vor 50 Jahren noch als passabel gegolten hätten (Schmidt 2004, S. 33 f.). Die hohe Scheidungsquote ist dann nicht Ausdruck von Bindungsunfähigkeit, sondern von Anspruchsinflation.

Ähnlich sollte man aus einem häufigen Wechsel des Wohnorts nicht einen Mangel an Sesshaftigkeit ableiten, sondern eher das Gegenteil, nämlich die erhöhte Bedeutung von Wohnqualität für das Wohlbefinden. In dieser Lesart ist der Wechsel, sei es des Partners oder des Wohnumfeldes, kein Indiz für psychische Defizite wie Bindungsschwäche oder innere Unruhe, sondern eher im Gegenteil ein Indiz für die *gewachsene* Bedeutung (psychoanalytisch: »Besetzung«) der Objekte, die gerade wegen dieser gewachsenen Bedeutung auch wieder schneller verlassen werden – dann nämlich, wenn sie ihrer hohen Bedeutungszumessung nicht mehr gerecht werden. Beziehungen werden also paradoxerweise brüchiger, weil sie wichtiger genommen werden. Coontz (2005, S. 350) berichtet, dass in den Vereinigten Staaten der Anteil glücklicher Ehen 1957 kleiner war als 1976, aber die Scheidungsquote ebenfalls. Esser (2002, S. 492 f.) hält heutige Ehen objektiv sogar für besser als frühere, aber die Ansprüche an sie seien eben noch stärker gestiegen. Es sollte jedoch nicht vergessen werden, dass Ehen, wenn sie halten, noch nie so lange hielten wie heutzutage. Waren 1875 nur 36 % der Berliner Witwer und Witwen länger als 20 Jahre verheiratet gewesen, so waren es 1980 schon 80 % (Küchenhoff 2000, S. 192); und noch nie zuvor gab es so viele Ehepaare, die ihre Goldene oder gar Eiserne Hochzeit feiern konnten wie heute, so dass Ehen, paradox formuliert, mittlerweile zugleich kürzer und länger halten.

Außerdem ist eine steigende Scheidungs- oder Trennungsquote, selbst wenn sie auf erhöhte Ansprüche zurückzuführen wäre, immer noch kein eindeutiges Indiz für Bindungsschwäche. Zum einen bemühen sich heute viele Paare, auch wenn sie schließlich scheitern, mit einer Hartnäckigkeit um die Verbesserung ihrer Beziehung, die ihre Vorfahren hätte staunen lassen. Zum anderen könnte man auch umgekehrt argumentieren, dass gerade die sogenannten stabil unglücklichen Ehen/Beziehungen, die verschiedenen Untersuchungen zufolge auf 10–30 % geschätzt werden (Schmidt et al. 2006, S. 83 f.; Peuckert 2008, S. 285 f.), durch Bindungsschwäche gekennzeichnet sind. An der Wurzel solcher Beziehungen liegt oft eine übermäßige Trennungsangst, die die Partner veranlasst, auch verbrauchte Beziehungen um jeden Preis aufrechtzuerhalten. Diese Beziehungen sind nur dem äußeren Anschein nach stabil, innerlich jedoch ausgebrannt, ihre Stabilität ist eine Notgemeinschaft. So betrachtet wäre die (häufigere) Auflösung von Beziehungen ein Ausdruck zunehmender seelischer Reife und nicht von Wegwerfmentalität oder Bindungsschwäche; und die Beibehaltung einer Beziehung nicht Ausdruck von Bindungsstärke, sondern einer Abwehr von Trennungsangst und der Unfähigkeit, neue Bindungen einzugehen. Wie man sieht, kann ein und dasselbe Phänomen, nämlich die steigende Scheidungsquote, unterschiedlich interpretiert werden: positiv als Ausdruck legitimerweise gestiegener Beziehungsansprüche, negativ als Ausdruck überzogener Anspruchsinflation, positiv als Ausdruck psychischer Reife, negativ als Ausdruck von Wegwerfmentalität.

Beck-Gernsheim (1994, S. 131 ff.; 2000, S. 20 ff.) begründet die These von der abnehmenden Beziehungsverbindlichkeit jedoch nicht einfach mit der steigenden Scheidungsquote. Sie argumentiert vielmehr, diese enthalte die individualistische Botschaft, die Auflösung von Beziehungen stelle ein Normalereignis dar. Dadurch verändere sich der Charakter von Beziehungen, die nun *deshalb* brüchiger und fragiler würden, weil die Erfahrung ihrer Selbstverständlichkeit verloren gehe und einem wachsenden Bewusstsein ihrer Vorläufigkeit Platz mache. Wenn Trennungen zunehmend zum Normalereignis werden, nimmt die *wahrgenommene* Verbindlichkeit von Beziehungen ab, egal ob die Gründe dafür in Bindungsunfähigkeit oder seelischer Reife liegen. Beziehungen sind dann eben, wie Arbeitsplätze oder Wohnorte, nur noch befristet dauerhaft, so dass eine intensive(re) Besetzung mit einer verkürzten Dauer der Beziehung zum Besetzten einhergehen kann. Dies scheint zunächst plausibel, ist aber bei näherer Betrachtung hinsichtlich zweier Aspekte fragwürdig. Zum einen: Welche Folgen hat die Wahrnehmung einer wachsenden Instabilität im gesellschaftlichen Umfeld für die eigene Beziehung? Wird dadurch die Verbindlichkeit der eigenen Beziehung wirklich relativiert und die Angst vor dem Scheitern überall ein »unsichtbares Familienmitglied« (Hettlage 1998, S. 220)? Oder ist es nicht vielmehr so, dass Beziehungen *immer* unter der Prämisse eingegangen werden, dass sie auf Dauer bestehen? Niemand verliebt sich mit gezogener Handbremse, sondern geht davon aus, dass der gewählte Partner der Richtige fürs ganze Leben ist. Die Wahrnehmung steigender Scheidungsziffern hätte dann keinen Einfluss auf die Verbindlichkeitswahrnehmung der eigenen Beziehung, denn jede Beziehung wird unter der Annahme ihrer Ewigkeitsdauer eingegangen – bis sich das Gegenteil herausstellt. Deshalb ist jedes Ende einer Beziehung notwendig auch ein Scheitern. Dies ist die Position der strukturalistischen Familiensoziologie von Oevermann (z. B. 1979, S. 162; 2000 a, S. 14 f.; s. a. Allert 1998, S. 227 ff.; Maiwald 2004, S. 78 ff.).

Die gegenteilige Auffassung vertritt Sieder (2008). Er geht von einem Geltungsverlust des romantischen Liebescodes aus und sieht ihn ersetzt durch einen skeptischen. In seiner Sicht wurde das Patriarchat obsolet, als Frauen massenhaft begannen, berufstätig zu werden, also seit 1970. Die bürgerlich gezähmte romantische Liebe wird nun – im Prinzip – frei von patriarchalen Restriktionen, was zur Notwendigkeit von Neuaushandlungen der ehelichen Arbeitsteilung führt und zur Erfahrung ihres häufigen Scheiterns. Dies wiederum lässt die Liebe skeptisch werden und / oder führt ein Element des Spiels ein, das sie von einer unbedingten zu einer bedingten, ironisch gebrochenen Leidenschaft macht. Eine geschiedene Frau etwa sagt über ihren neuen Liebhaber: »Er ist die Option auf eine Beziehung« (ebd., S. 191). Damit ist sowohl die nicht stillbare Sehnsucht nach einer »echten« Beziehung angesprochen als auch ein Element von Unverbindlichkeit eingeführt, das aber nicht leichtfertig oder bindungsgestört ist, vielmehr vorsichtig und aus Erfahrungen des Scheiterns geboren. Sieder betrachtet diese Veränderung nicht als eine weitere Adaption, sondern als Geltungsverlust des romantischen Liebescodes. Die Hoffnung, Liebe sei eine sicheres Fundament für eine dauerhafte Lebenspartnerschaft, gerate außer Kurs. »Die Trennung und das Ende einer intimen Beziehung erhalten damit eine neue Bewertung. Sie gelten weniger als ein Scheitern, das ein Leben lang bedauert und betrauert wird, und mehr als die Eröffnung eines nächsten und neu zu gestaltenden Lebensabschnitts« (ebd., S. 44). Die Richtigkeit dieser Aussagen zu überprüfen, würde umfangreiche Überlegungen zum »Wesen« oder zur »Struktur« von Liebe und Verliebtheit erfordern, die hier unterbleiben müssen. Ein zugegebenermaßen schwaches Indiz für die Plausibilität von Sieders Überlegungen zur ironischen Brechung könnte sein, dass Karten mit »Glückwünschen zur Scheidung« immer zahlreicher werden.

Unabhängig von der Frage, ob Liebesbeziehungen notwendigerweise immer unter der Prämisse ihrer Ewigkeitsdauer eingegangen werden oder nicht, ob also die eigene Beziehungsverbindlichkeitswahrnehmung durch Scheidungen im Umfeld beeinträchtigt wird (wie Beck-Gernsheim und Sieder meinen) oder nicht (wie Oevermann et al. meinen) – die These abnehmender Beziehungsverbindlichkeit ist sowohl theoretisch als auch empirisch strittig. Einerseits hat beispielsweise Esser (2002) festgestellt, dass es immer weniger bedingungslose Loyalität der Partner füreinander gibt und die Ehe deshalb immer seltener als unverbrüchlicher Bund betrachtet wird, was er als wesentliche Ursache für die gestiegenen Scheidungsziffern betrachtet; und Schneider (1990) schätzt, dass nur ein Viertel der Partnerschaften, die sich trennen, massiv zerrüttet ist; ein Drittel hingegen ist in vielerlei Hinsicht relativ harmonisch und scheitert an einem oder zwei »strukturellen Problemen« (über die nichts Näheres gesagt wird) (ebd., S. 465). Vor allem bei kinderlosen und unverheirateten Paaren sei dies der Fall. Seine Schlussfolgerung daraus lautet, dass die gestiegenen Scheidungszahlen »nicht darauf zurückzuführen sind, daß sich die Zahl der von Krisen und Konflikten geschüttelten Ehen drastisch vergrößert hat oder daß die Schwere von Ehekrisen zugenommen hat«, sondern dass die Beteiligten weniger bereit sind, ein bestimmtes Quantum an Leid hinzunehmen (ebd., S. 469). Andererseits kommen Rogers/Amato (1997) zu gegenteiligen Ergebnissen. Sie haben zwei Gruppen von Altersjahrgängen nach dem »commitment to marriage« befragt. Die eine hatte zwischen 1969 und 1980 geheiratet, die andere zwischen 1981 und 1992. Eine der Fragen, die das *commitment* erheben sollte, lautete: »Eine Ehe ist ein lebenslanger Bund, auch wenn das Paar darin unglücklich ist«; eine zweite lautete: »Persönliches Glück ist wichtiger als die Aufrechterhaltung der Ehe«. Interessanterweise zeigte die jüngere Gruppe ein größeres Ehe-Commitment als die ältere, war also stärker der Auffassung, dass die Ehe ein Bund fürs Leben und wichtiger als persönliches Glück sei (ebd., S. 1094). Die sogenannte Scheidungsneigung (divorce proneness) wurde ebenfalls über verschiedene Fragen erfasst (z.B.: »Wie oft denken Sie an Scheidung?«). Auch hier ergab sich, dass die so erhobene Scheidungsbereitschaft bei den jüngeren Jahrgängen geringer war als bei den älteren.

Diese Befunde relativieren zumindest die These, die gestiegenen Scheidungsziffern seien auf »Anspruchsinflation« bzw. eine gesunkene Bereitschaft zurückzuführen, »Leid« in Beziehungen auszuhalten. Sie machen auch fraglich, ob die Zunahme der Scheidungen vorwiegend das Resultat einer wachsenden individualistischen Orientierung ist. Nimmt man die dargestellten Befunde ernst, so sind nämlich gerade die Jüngeren eher bereit (oder behaupten dies zumindest), in schwierigen Beziehungen zu verbleiben und Lösungen für Probleme zu suchen. Solche Lösungen sind heute schwerer zu finden als früher, so dass die Beziehungen schließlich *faktisch* öfter scheitern. Aber ihr faktisches Scheitern ist nicht das Ergebnis abnehmender Beziehungsfähigkeit oder -verbindlichkeit, sondern auf eine Kombination von Faktoren zurückzuführen, die damit wenig zu tun haben.

Folgende spielen eine Rolle. Erstens: Beziehungen sind heute schwieriger geworden, weil die Interessen der Frauen und Kinder stärker berücksichtigt werden müssen und dadurch der Aushandlungs- und Koordinierungsbedarf für alle gestiegen ist. Mit der Vollzeitberufstätigkeit der Frau steigt auch das Scheidungsrisiko (Esser 2002, S. 486 f.). Zweitens: Scheidungen sind juristisch weniger kompliziert geworden. Drittens: Frauen stehen heute ökonomisch häufiger auf eigenen Füßen. Viertens: Der Status des Geschiedenseins ist weniger anstößig als früher. All dies erhöht die Zahl der Scheidungen, ohne dass man deswegen auf abnehmende Beziehungs*fähigkeit* schließen müsste. Wohl aber kann man daraus – und aus der sinkenden Heiratsneigung (Peuckert 2007, S. 38) – auf eine abnehmende Beziehungs*verbindlichkeit* schließen, wenn man darunter die als unrevidierbar betrachtete *und auch durchgehaltene* Festlegung auf eine bestimmte Lebensform versteht. Die hohe faktische Verbindlichkeit früherer Zeiten war jedoch nicht unbedingt auf größere psychische Reife zurückzuführen, sondern eher auf ein Gemisch von religiösen Überzeugungen, wirtschaftlicher Abhängigkeit und juristischen Rahmungen, die die Beziehungsverbindlichkeit erzwangen und eine Entscheidung überhaupt nicht zuließen.

Die gehäufte Auflösung ehelicher Beziehungen ist somit das Ergebnis erleichterter Exit-Optionen, gestiegener Ansprüche an die Beziehungsqualität sowie gestiegener Anforderungen an die Beziehungsgestaltung durch die Emanzipation und Berufstätigkeit der Frauen sowie die erhöhten Mitspracherechte der Kinder. Das Hauptproblem für die Dauerhaftigkeit von Beziehungen ist nicht so sehr in einer veränderten Beziehungsfähigkeit *der Individuen* zu suchen als vielmehr in den erhöhten Anforderungen, die eine sich verändernde *soziale Realität* an Beziehungen stellt. Wahrscheinlich sind die Individuen sogar beziehungsfähiger als früher, scheitern aber öfter wegen der gestiegenen Komplexität der Beziehungsanforderungen. Damit wäre die These von der Anspruchsinflation geradezu umgekehrt: Nicht die Inflation der Ansprüche ist das Problem, sondern die Inflation der Anforderungen. Wie die vorstehenden Ausführungen deutlich machen, gibt es genügend Hinweise darauf, dass beide Aspekte eine Rolle spielen und auf komplexe Weise miteinander verzahnt sind.

In Bezug auf die Kinder ist noch festzustellen, dass etwa die Hälfte aller Scheidungen Ehen ohne Kinder betrifft oder die Ehen geschieden werden, wenn die Kinder aus dem Haus sind. Trotz einer Scheidungshäufigkeit von knapp 40 % im Jahr 2005 (Lange 2007, S. 240; Peuckert 2008, S. 170 f.) werden also »nur« 20 % der ehelich Geborenen im Lauf der ersten beiden Lebensjahrzehnte von einer Scheidung ihrer Eltern betroffen sein; hinzu kommen noch 5 % aus nichtehelichen Verbindungen, so dass etwa 75 % der jetzigen und zukünftigen Kinder in einer Familie oder eheähnlichen Gemeinschaft *ohne* Scheidung groß werden, falls die Scheidungshäufigkeit auf dem derzeitigen Niveau verbleibt. Kinder sind, ebenso wie gemeinsames Wohneigentum, erhebliche Scheidungsbremsen (Peuckert 2008, S. 171).[12]

12 17 % aller Minderjährigen wuchsen im Jahr 2010 in Ein-Eltern-Familien auf, die zu 90 % Mutterfamilien waren. 61 % der Ein-Eltern-Familien sind das Ergebnis von Scheidung oder Trennung, bei 31 % waren die Mütter nie verheiratet, 8 % sind das Ergebnis von Verwitwung. Bis 1980 ist die Zunahme der Ein-Eltern-Familie auf die Zunahme der Scheidungen zurückzuführen, seither stärker auf die Zunahme lediger Mütter (Peuckert 2007, S. 42). Die Zahl der Ein-Eltern-Familien steigt, aus welchen Gründen auch immer, in Deutschland schneller als in nahezu allen anderen Ländern Europas. Ein Viertel der Ein-Eltern-Familien sind allerdings nicht alleinerziehend, weil sie in einer nichtehelichen Lebensgemeinschaft leben, ein Drittel lebt in einer festen Partnerschaft, wenn auch nicht im gemeinsamen Haushalt mit dem Partner. Nur bei einem Viertel der Kinder ist der Kontakt zum leiblichen Elternteil völlig abgebrochen (Meyer 2008, S. 344 f.).

Andere Untersuchungen zeigen, dass auch in früheren Zeiten Trennung und Alleinerziehung durchaus normal waren. Die Zahl der Alleinerziehenden etwa war in der Schweiz 1920 größer als heute, die Scheidungsrate in Berlin 1925 ebenfalls (Bertram 2007, S. 17); in San Francisco betrug sie schon 1916 um die 25 % (Savage 2008) und im Durchschnitt des 20. Jahrhunderts haben 30 % der deutschen Kinder den Verlust eines Elternteils erlitten, wenn auch oft kriegsbedingt. Heiratsalter, Heiratsneigung und (geringe) Geburtenrate waren in der Weimarer Republik ähnlich wie heute, ähnlicher jedenfalls, als der häufige Vergleich mit den eher untypisch stabilen »goldenen Familienjahren« zwischen 1950/55 und 1970/75 ergibt (Ahrbeck 2002, S. 65; Meyer 2002 a, S. 210).

Deshalb sind Krisendiagnosen der Familie auch nicht neu, sondern schon seit langem dieselben (Bertram 2007, S. 15 ff.): Ogburn rekurrierte für die Vereinigten Staaten bereits 1928 auf die drei auch heute immer wieder geltend gemachten Probleme, nämlich steigende Scheidungsraten, zunehmende außerhäusliche Erwerbstätigkeit der Mutter und wachsende Jugendkriminalität. Weitere Ähnlichkeiten bestehen darin, dass zu keinem Zeitpunkt in der Geschichte der Bundesrepublik die Frauenerwerbsquote unter 30 % lag, worüber aber kaum gesprochen wurde. Wenn doch, wie in einer Studie aus dem Jahr 1958, in der schon die mangelnde Möglichkeit der Vereinbarkeit von Familie und Beruf thematisiert wurde, verhallte dies ungehört. Im Jahr 1971 war die Zahl der alleinerziehenden Mütter höher als heute, was zum Teil noch Folge des Krieges war. Auch wenn man einräumt, dass Verlust durch Krieg und Verlust durch Scheidung unterschiedliche Folgen haben, gibt es, wie dargestellt, eine Reihe von Kontinuitäten, welche die These einer »neuartigen« Instabilität zeitgenössischer Beziehungen relativieren. Manche Autoren sprechen deshalb von einer »erstaunlichen Stabilität« familialer Verhältnisse, in denen Kinder aufwachsen (z. B. Lauterbach 2000, S. 177). Dies gilt nicht nur für das 20. Jahrhundert in Deutschland, sondern auch für andere Zeiten und andere Orte. Seit Beginn der amerikanischen Statistik im Jahr 1796 schwankt die Zahl der Kinder, die bis zum 18. Lebensjahr nicht bei ihren leiblichen Eltern groß wurden, immer um 30 % (Bertram/Bertram 2009, S. 19).

Trotz dieser Relativierungen können drei wesentliche Veränderungen zumindest gegenüber den »goldenen Familienjahren« festgehalten werden. Erstens sind heute mehr Kinder als früher von Scheidung betroffen; damals lebten 90 % der Kinder mit ihren leiblichen Eltern zusammen, heute sind es 75 %. Zweitens nimmt die Heiratshäufigkeit ab; damals heirateten 95 % eines Altersjahrgangs, heute sind es 80 %. Drittens bleiben immer mehr Frauen kinderlos. Bei den Jahrgängen 1944–1948 sind es 12 %, zehn Jahre später (1954–1958) 16 % und weitere zehn Jahre später (1964–1968) bereits 21 % (Mikrozensus 2008, ref. nach FAZ 2009 b; ähnlich Meyer 2008, S. 333, 342 f.).

Abnehmende Kinderzahl

Auch die abnehmende Kinderzahl wird gelegentlich als Ausdruck einer Auflösung oder zumindest Auflockerung der Familienorientierung verstanden. Ariès (1980) macht unter anderem einen starken Selbstverwirklichungsdrang der Erwachsenen dafür verantwortlich. Andere drücken sich diplomatischer aus. Peuckert (2007, S. 38) stellt Befunde dar, denen zufolge ein »erwachsenenzentrierter Lebensstil« sowie »hohe Berufs- und Karriereorientierung« die Hauptmotive für gewollte Kinderlosigkeit sind. In solchen Ehen wollen die Beteiligten die mit der Kinderlosigkeit verbundene Flexibilität und Unabhängigkeit nicht aufgeben. Eine Vereinbarkeit von Familie und Beruf wird zwar von vielen schon in jungen Jahren angestrebt, mit wachsendem Alter werden deren Schwierigkeiten aber schnell bewusst. So träumen 15- bis 17-jährige Mädchen noch ganz ungebrochen von dieser Vereinbarkeit, aber schon mit 22 bis 24 Jahren macht sich bei ihnen eine erhebliche Ernüchterung hinsichtlich der Realisierung dieses Ideals breit (Münchmeier 2007, S. 264). Dem oft kolportierten Befund, dass 15 % der Frauen und 26 % der Männer zwischen 20 und 40 Jahren keine Kinder mehr wollen (Peuckert 2007, S. 37) widersprechen Zerle/Krok (2009). Sie finden eine weite Verbreitung von Kinderwünschen bei jungen Männern und fragen sich, warum dennoch das Alter der ersten Vaterschaft immer weiter nach hinten verschoben wird und die Geburtenziffer sinkt. Verantwortlich dafür ist in ihren Augen eine Vielfalt von Bedingungen, welche die Umsetzung der Wünsche in die Realität beeinflussen. Besonders wichtig dafür sind eine verlässliche Partnerschaft, eine sichere Berufsposition und ein ausreichendes Einkommen. Da diese in Zeiten raschen sozialen Wandels aber nicht mehr selbstverständlich sind, wird die Realisierung der Kinderwünsche gehemmt.

Der umfassenden Studie von Bujard (2011) zufolge sind drei Faktoren für die Wirksamkeit familienpolitischer Maßnahmen im Sinne einer Erhöhung der Geburtenzahlen von erheblicher Bedeutung: die Bereitstellung von Ganztagsbetreuung in Kindergarten und Schule, Elternzeit und Elterngeld sowie die Ermöglichung von Teilzeitarbeit.

Häufig wird der Rückgang der Kinderzahl auch als eine Ausprägungsform des von Franz-Xaver Kaufmann so genannten »Prinzips verantworteter Elternschaft« betrachtet. Damit ist gemeint, dass die emotionalen und ökonomischen Ansprüche, die Eltern heute in Bezug auf eine gelingende Kindererziehung an sich selbst stellen, stark angewachsen sind. Auch deshalb erscheinen mehr als zwei Kinder oder Kinder überhaupt zunehmend als riskant.[13]

---

13 Zur auch in der Öffentlichkeit heiß diskutierten »Kinderlosigkeit« hier noch einige Zahlen: Faktisch beträgt die Zahl kinderloser Ehen deutschlandweit derzeit 14 % (die Hälfte davon freiwillig), ein knappes Drittel hat ein

Welche Schlussfolgerungen lassen sich aus diesen Ausführungen in Bezug auf das Thema Bindungsschwäche ziehen? In Kurzform zusammengefasst folgende: Die gestiegenen Scheidungs- und die gesunkenen Geburtenziffern sind keine brauchbaren Indikatoren für eine Auflösung der Familie oder für Bindungsschwäche. Weder hat die Bindungsbereitschaft nachgelassen noch ist die Beziehungsfähigkeit heutiger Erwachsener schlechter als die vergangener Generationen. Wahrscheinlich sind die Menschen genauso beziehungswillig und sogar beziehungsfähiger als früher, wenn man als Indikator für Beziehungsfähigkeit die Bereitschaft zur kommunikativen und partizipativen Gestaltung von Beziehungen betrachtet. Genau dieser Sachverhalt macht sie jedoch anfälliger für Auflösungs-

Kind, 48 % zwei Kinder, der Rest drei und mehr. Dominant ist also nach wie vor (seit 1920) der Familientypus mit zwei Kindern (Meyer 2008, S. 334). Entsprechend lebten nur 25 % aller Minderjährigen im Jahr 2002 als Einzelkinder, 75 % hatten mindestens ein Geschwister (Peuckert 2007, S. 37, 41). Die vielfach beklagte tendenzielle Abnahme der Geburtenrate ist also vor allem auf einen Rückgang der Ehen mit drei und mehr Kindern und eine Zunahme der Ehen ohne Kinder zurückzuführen. In allen entwickelten Industrieländern nimmt seit geraumer Zeit die Zahl der Geburten pro gebärfähige Frau wieder zu. Entgegen der herrschenden Meinung, dass mit dem steigenden Entwicklungsniveau einer Gesellschaft diese Zahl abnimmt, gilt dies nur bis zu einem bestimmten Punkt, danach kehrt sich die Entwicklung wieder um. In Europa war der Tiefpunkt 2003 mit 1,47 erreicht, 2008 waren es bereits wieder 1,60; in Deutschland lag der Tiefpunkt 1994 bei 1,24, 2010 waren es 1,39. Es gibt erhebliche länderspezifische Unterschiede. Irland, Frankreich, Großbritannien und Schweden haben mit 2,1–1,9 die höchste Geburtenziffer, Italien, Spanien, Polen, Deutschland und Portugal mit 1,4–1,3 die niedrigste (Daten ref. nach FAZ 2010 c, 2011 d, 2011 i und Der Spiegel 2011). Natürlich sinkt die absolute Zahl der Neugeborenen trotz steigender Geburtenrate pro Frau weiter, weil die Zahl der Frauen im gebärfähigen Alter abgenommen hat. Die höchste Zahl an Neugeborenen war in Deutschland 1963 mit 1,3 Millionen erreicht, 2010 waren es nur noch gut die Hälfte, nämlich 680 000.

erscheinungen, weil zumindest der Teil an Stabilität, der aus fragloser Geltung herrührt, verlorengeht. Die größere Freiheit und Notwendigkeit zur Gestaltung von Beziehungen geht so mit dem erhöhten Risiko ihres Scheiterns einher (s. a. Coontz 2005, S. 447, 451, 459 ff.). Dies gilt zumindest für Paarbeziehungen, weniger für Eltern-Kind-Beziehungen. Letztere sind wohl gestaltbar, aber nicht auflösbar, können in diesem Sinne also gar nicht scheitern. Gemessen am Kriterium der Beziehungsqualität »scheitern« heutige Eltern-Kind-Beziehungen eher seltener als früher, denn sie werden von beiden Beteiligten als überwiegend befriedigend wahrgenommen, seit 1985 von den Kindern sogar in wachsendem Maße, wie in den folgenden Abschnitten gezeigt werden soll.

Von einem häufigeren Scheitern der Paar- und Ehebeziehungen kann man dann sprechen, wenn man die gestiegene Scheidungsziffer als validen Indikator betrachtet. Was die Ehe- und Paar*zufriedenheit* angeht, so ergibt die vergleichende Analyse vorliegender Untersuchungen (siehe dazu ebenfalls den nächsten Abschnitt), dass trotz gestiegener Konflikthäufigkeit moderne Paare nicht signifikant unzufriedener sind als die in der Vergangenheit. Moderne Paare sind aber auch, im Unterschied zu den Kindern in modernen Beziehungen, nicht wesentlich zufriedener als frühere. Die Demokratisierung der Paarbeziehungen scheint, anders als die der Eltern-Kind-Beziehung, hinsichtlich der dadurch erreichten Zufriedenheit ein Nullsummenspiel zu sein. Die erhöhte Auflösungsbereitschaft durch Scheidung ist den vorliegenden Untersuchungen zufolge nicht auf *wachsende* Unzufriedenheit, sondern eher auf gestiegene Anforderungen, gesunkene Toleranz für *verbleibende* Unzulänglichkeiten und die Erleichterung der Wahrnehmung von Exit-Optionen zurückzuführen. Ob man diesen Sachverhalt angemessen erfasst, wenn man modernen Individuen zunehmenden Narzissmus, Egoismus, übersteigerten Individualismus oder Beziehungsunfähigkeit bzw. -unwilligkeit zuschreibt, halte ich für fraglich. Betrachten wir deshalb das Thema Beziehungs(un)zufriedenheit und Konflikthaftigkeit in modernen Paar- und Eltern-Kind-Beziehungen etwas genauer.

Konflikte

Honneth (1995) leitet aus der Modernisierung von Familienverhältnissen einerseits eine Zunahme von Freiheit im Sinne gewachsener Handlungsoptionen ab, andererseits einen neuen Typ von Gefährdung, den er in der Zerrüttung und Verwahrlosung familialer Beziehungen sieht (ebd., S. 199). Einige Seiten später steigert er die Gefährdung zu einer breiten Tendenz zur emotionalen Verwahrlosung von Familien (ebd., S. 214). Zumindest für Letzteres gibt es keine Anhaltspunkte. Allenfalls 5 % aller Familien können so eingeschätzt werden (Robert Koch-Institut 2007). Plausibler scheint eine Zunahme von interpersonellen Konflikten. Sie ergibt sich unter anderem aus der mit demokratisierten Familienbeziehungen einhergehenden erhöhten Aushandlungsnotwendigkeit in Bezug auf die Bewältigung des Alltags. Da sowohl die Paarbeziehungen als auch die Beziehungen zwischen Eltern und Kindern egalitärer geworden sind, darf man eine zunehmende Konflikthäufigkeit in beiden erwarten. Es soll nun der Frage nachgegangen werden, ob dies der Fall ist und welche Folgen es gegebenenfalls für die Beziehungen hat.

Konflikte und Zufriedenheit in ehelichen Beziehungen

Eine Reihe von Untersuchungen befasst sich mit der Frage, welche Faktoren die *aktuelle* Konflikthäufigkeit und Ehezufriedenheit beeinflussen (z. B. Hill 2004; Hill/Kopp 2004, S. 226 ff.). In der Regel werden sozialstrukturelle (Schichtzugehörigkeit), familienstrukturelle (Zahl der Kinder) und persönlichkeitspsychologische Faktoren unterschieden. Was die Schichtzugehörigkeit angeht, so finden sich bei Paaren der Unterschicht weniger Konflikte als in denen der Oberschicht. Dies erklärt sich durch die größere Bedeutung, die dem Kommunikationsverhalten in der Oberschicht beigemessen wird (Rüssmann 2004, S. 130, 145). Unter den familienstrukturellen Variablen ist es vor allem die Anwesenheit eines kleinen Kindes, welche die Paarzufriedenheit negativ beeinflusst. Die Ehepartner haben nun weniger Zeit füreinander und mehr Konflikte miteinander, unter anderem wegen der neu auszuhandelnden Arbeitsteilung (Becker 2004, S. 164; Rüssmann/ Becker 2004, S. 209). Da dieser Befund immer wieder berichtet wird, sei zur Klarstellung darauf hingewiesen, dass die Abnahme der *Paar*zufriedenheit mit der Geburt eines Kindes nicht bedeutet, dass auch die *Lebens*zufriedenheit zurückgehen muss, weil der Rückgang der Paarzufriedenheit durch die Freude im Umgang mit dem Kind (mehr als) kompensiert werden kann. Zu den persönlichkeitspsychologischen Faktoren, die zu Beziehungsunzufriedenheit und Konflikthäufigkeit beitragen, zählen vor allem seelische Erkrankungen der Beteiligten, eine Vorgeschichte von Traumatisierungen sowie eine als unglücklich berichtete Kindheit.

Systematische Längsschnittdaten, die Auskunft geben könnten über eine *im Eheverlauf* zunehmende oder abnehmende Konflikthäufigkeit oder Zufriedenheit, sind selten. Die berühmte und von vielen Forschern vertretene U-Kurven-These der Ehezufriedenheit – also zunächst hohe Zufriedenheit, die mit der Geburt des ersten Kindes abnimmt, um dann nach Auszug der Kinder wieder zuzunehmen – ist nicht unkontrovers. Der Befund ist unter anderem vom methodischen Vorgehen abhängig. Er findet sich beispielsweise häufig bei retrospektiven Befragungen, seltener aber in prospektiven Studien, welche die Ehebeziehung über einen längeren Zeitraum begleitend untersuchen. Sogar innerhalb ein und derselben Untersuchung berichten Ehepaare im Alter von 60 Jahren retrospektiv ein solches U-Muster, wohingegen die Auswertung der Begleitdaten im Alter von 30, 40, 50 und 60 Jahren kein solches Muster ergibt (Glenn 1998, S. 570).

Will man nicht die Zufriedenheit von Ehen in ihrem Verlauf untersuchen, sondern wissen, ob Ehen heute im gruppenstatistischen Durchschnitt konflikthafter oder unbefriedigender sind als früher, ist man auf vergleichende Kohortenanalysen angewiesen. Dabei werden beispielsweise Ehen, die im Jahr 1973 geschlossen wurden, mit solchen, die 1983 oder 1993 geschlossen wurden, verglichen und bestimmte Maße für die Konflikthäufigkeit bzw. Ehezufriedenheit verwendet.

Veroff et al. fanden in zwei Umfragen heraus, dass US-amerikanische Eheleute 1976 häufiger angaben, glücklich zu sein als 1957. Als Grund wird die Erleichterung der Scheidung vermutet, welche die Zahl unglücklicher Ehen vermindern half (ref. nach Bellah et al. 1985, S. 356 Fn. 18). Rogers/Amato (2000, S. 743 f., 749) haben Ehen, die zwischen 1964 und 1980 geschlossen wurden, mit solchen verglichen, die zwischen 1981 und 1997 eingegangen wurden, und fanden eine statistisch signifikante Zunahme der (berichteten) Konflikte bei den jüngeren Jahrgängen. Als wichtigste Variable für die Erklärung der Konfliktzunahme gilt »increased work-family demand«, also die Schwierigkeit, Beruf und Familie zu vereinbaren. Die Zunahme der Konflikte hängt am stärksten vom Umfang der weiblichen Berufstätigkeit und der Zahl der Kinder im Vorschulalter ab. Andere Aspekte modernisierter Geschlechterbeziehung – etwa, dass nach Meinung der Ehefrau der Ehemann sich zu wenig im Haushalt beteiligt oder zu viel Macht ausübt – haben einen geringeren Einfluss.[14]

14 Unklar ist, ob die Konflikte wirklich zugenommen haben oder nicht nur die Bereitschaft, über sie zu berichten. Wahrscheinlich ist beides der Fall. Fischer (2010, S. 304, Fn. 106) findet sogar eine *Abnahme* der Konflikte bei den Jüngeren.

Die Konfliktzunahme ist jedoch nicht (bzw. nur statistisch insignifikant) von einer Abnahme der Ehezufriedenheit begleitet. Obwohl also die Ehebeziehungen der jüngeren Kohorten konflikthafter sind, sind die Beteiligten *nicht* wesentlich unzufriedener. Andere Untersuchungen zur Ehezufriedenheit gelangen zu ähnlichen Ergebnissen. Waite (2000, S. 370) berichtet, dass im Jahr 1972 68 % der Befragten mit ihrer Ehe »sehr zufrieden« waren, im Jahr 1996 immerhin noch 62 % (die anderen waren »recht zufrieden« oder »nicht so zufrieden«).[15] Derselbe Trend zeigt sich, wenn man nicht nach der *Ehe-*, sondern nach der *Familien*zufriedenheit fragt. Auch sie hat seit 1972 allenfalls geringfügig abgenommen (Waite 2000, S. 379).

Die eheliche Arbeitsteilung als Quelle von Unzufriedenheit ist ein Dauerbrenner öffentlicher und wissenschaftlicher Debatten. Sie wird je nach Untersuchung verschieden beurteilt. In den meisten Ehen (62 %) wird eine egalitäre Arbeitsteilung angestrebt, die aber nur bei einer Minderheit (29 %) verwirklicht wird. Nach Peuckert (2007, S. 51) führt diese Diskrepanz von Ideal und Wirklichkeit zu wachsender Unzufriedenheit bei den davon betroffenen Frauen. Anderen Untersuchungen zufolge sind jedoch 87 % der Frauen und 97 % der Männer (bzw. 88 % aller Paare) mit der gefundenen Arbeitsteilung zufrieden, auch wenn sie nicht dem ursprünglich angestrebten Ideal entspricht (Schmidt et al. 2006, S. 101; Deißner 2008 a).

Insgesamt kann man mit Hoffmeister (2001, S. 41) eine Entwicklung von der Liebes- zur Konfliktfamilie feststellen, »die das Aufkommen eines neuen Typus in den Beziehungsverhältnissen ankündigt: den konfliktfreudig Liebenden«. Diese Entwicklung beeinträchtigt aber kaum die Partnerschaftsqualität. Offene, nicht-destruktive Konfliktaustragung führt auch an-

15 Im Jahr 1957 waren übrigens nur 47 % der Ehepaare sehr zufrieden, obwohl sie kaum Konflikte beschrieben (Coontz 2005, S. 350, 383).

deren Untersuchungen zufolge zwar kurzfristig zur Abnahme der Paarzufriedenheit, trägt aber längerfristig zur Beziehungsstabilität bei (Schneewind 1999, S. 135 f.); und eine egalitäre Machtverteilung zwischen beiden Partnern kann, verglichen mit einer einseitigen, zu einer Verringerung des *Gesamt*konfliktpotentials führen, auch wenn es in einzelnen Bereichen ansteigt (Rüssmann 2004, S. 137, 147). Mehr Mitspracherecht von Frauen bedeutet also nicht unbedingt mehr Konflikt, und selbst wo es mehr Konflikte gibt, gefährden diese in der Regel die Partnerschaft nicht.

Folgt man den dargestellten Studien, so kann man insgesamt bilanzieren, dass die Ehe- und Familienzufriedenheit seit 1972 *geringfügig* (das heißt statistisch insignifikant) abgenommen hat, wohingegen die Häufigkeit ehelicher Konflikte etwas stärker (das heißt statistisch signifikant) zugenommen hat. Die Effektstärken, die das Ausmaß der Konfliktzunahme messen, sind allerdings gering bis moderat. Wenn Bolz (2009, S. 53) meint, noch nie in der Geschichte der Menschheit sei das Verhältnis zwischen den Geschlechtern so vergiftet gewesen wie heute, so täuscht er sich, weil er Konfliktlosigkeit mit Zufriedenheit verwechselt. Eine wesentliche Veränderung in der Vorstellung von einer guten Ehe besteht jedoch darin, dass früher eine ruhige Ehe als gut galt, während heute die Fähigkeit, Konflikte auszutragen und nicht unter den Teppich zu kehren, zur Idee und Praxis einer guten Beziehung gehört. Das bringt sicher neue Probleme mit sich (s. z.B. Illouz 2008, Kap. 3), die aber mit der Vergiftungsthese nicht erfasst werden.

Was die Auswirkungen von Ehekonflikten *auf die Kinder* angeht, so zeigen viele Untersuchungen einerseits, dass hohe und dauerhafte Konfliktspannungen das Erziehungsverhalten und die kindliche Entwicklung negativ beeinflussen (Kurzüberblick bei Fuhrer 2005, S. 244 f. und Kreppner 2005, S. 637); andererseits ist aber entscheidend, wie mit Konflikten umgegangen wird. Die Untersuchungen von Davies et al. (2002)

zur kindlichen Wahrnehmung interpersoneller Konflikte weisen nach, dass schon vier- bis fünfjährige Kinder zwischen destruktiven und konstruktiven konflikthaften Auseinandersetzungen unterscheiden können. Sie reagieren auf konstruktive konflikthafte Interaktionen – z.B. solche, in denen einer oder beide Parteien nach einer Weile Kompromissbereitschaft erkennen lassen – ähnlich wie auf konfliktfreie. Elterliche Konflikte, die konstruktiv ausgetragen werden, können sogar einen »positiven Modellierungseffekt« auf die Kinder haben (Schneewind 2008, S. 265). Es ist also nicht die An- oder Abwesenheit von elterlichen Konflikten per se, die die kindliche Entwicklung beeinflussen, sondern die Art und Weise ihrer Austragung (Hofer/Pikowsky 2002, S. 259 ff.; Fuhrer 2005, S. 244 ff.).

Im Folgenden soll nun der Frage nachgegangen werden, wie es um die Konflikthäufigkeit und Beziehungszufriedenheit in zeitgenössischen Eltern-Kind-Beziehungen bestellt ist.

Konflikte und Zufriedenheit in Eltern-Kind-Beziehungen

Um 1900 gab es weniger Alltagskonflikte, weil Kinder und Jugendliche weniger offenen Widerspruch wagten; wenn es aber Konflikte gab, waren diese, vor allem gegen Ende der Adoleszenz, von existentieller Dramatik. Heute sind Konflikte häufiger, aber auch harmloser (Reuband 1992, S. 106). In traditionellen Befehlsfamilien ist der Konfliktpegel derzeit noch am höchsten (du Bois-Reymond 2001, S. 90). Insgesamt sprechen Eltern und Kinder öfter miteinander über Konflikte als früher. Von den über 60-Jährigen bejahen eine einschlägige Frage nur 34 %, von den 16- bis 29-Jährigen hingegen 67 % (Hollstein 2009). Die erhöhte Gesprächsbereitschaft wird von den Kindern geschätzt. Die heute 20-Jährigen beurteilen ihre Eltern sehr viel besser als die heute 60-Jährigen (Bertram 2007, S. 33).

Die vorliegenden Häufigkeitsangaben zur Konflikthaftigkeit zeitgenössischer Familien streuen zwischen 7 und 30 %. Schütze (2002, S. 87 f.) spricht von 30 % konfliktgeladenen Eltern-Kind-Verhältnissen. Zinnecker (1997, S. 16) fand in 28 % der Familien von 10- bis 13-jährigen Kindern nach Einschätzung der Kinder ein eher hohes Konfliktniveau in der Eltern-Kind-Beziehung. Melzer berichtet hingegen (2001, S. 219), dass in seinen Untersuchungen nur 12 % der Eltern nach Angaben der Kinder zu Hause oft schreien, dass sich 9 % der Kinder über zu strikte Vorschriften der Eltern beklagen und 16 % über zu hohen Erwartungsdruck bezüglich schulischer Leistungen. Mit ihren Problemen manchmal alleingelassen fühlen sich 18 % der Kinder. Mehr als 80 % attestieren ihren Familien ein angenehmes Umgangsklima. Nach Oswald/Boll (1992, S. 38) klagen sogar nur 7 % der befragten Eltern über häufige Konflikte mit ihren 13- und 17-jährigen Kindern. In der Studie von Klöckner et al. (2004, S. 136) ist es nur bei 10 % der 9- bis 14-jährigen Kinder der dringendste Wunsch, die existierenden Familienstreitigkeiten abzuschaffen, wobei noch einmal 6 % Geschwisterstreitigkeiten nennen. Schneekloth/Leven (2007, S. 96) fanden in ihrer repräsentativen Studie an 8- bis 11-Jährigen, dass nur 6 % angeben, sie hätten oft oder regelmäßig Streit mit den Eltern. Hofer (2003, S. 59 f.) kommt nach Durchsicht weiterer Studien zu dem Ergebnis, dass Alltagskonflikte insbesondere im Jugendalter normal sind, aber »maximal 10 % der Familien starke Konflikte oder eine Häufung von Alltagskonflikten berichten.«[16]

16 Die unterschiedlichen Häufigkeitsangaben hängen von vielen Faktoren ab, von denen hier nur zwei genannt seien: das Alter der Untersuchten und Methodenprobleme. Was die Altersabhängigkeit von Konflikten angeht, so nehmen sie im Alter zwischen 12 und 16 Jahren zu, danach wieder ab – mit einem Höhepunkt zwischen 14 und 15 Jahren (Seiffge-Krenke 1997, Hofer 2003). Was Methodenprobleme angeht, so sei nur auf den Unterschied zwischen standardisierten und qualitativen Interviews hingewiesen, die oft zu unterschiedlichen Ergebnissen führen. In einer Studie von Wilk/Bacher etwa (1994) gaben 85 %

Unabhängig davon, welche dieser Zahlen nun der Realität am nächsten kommt – grundsätzlich gilt, dass Konflikthäufigkeit und/oder Konfliktintensität für sich allein wenig aussagekräftig sind. Sichere Eltern-Kind-Beziehungen sind keineswegs konfliktfrei. Eher im Gegenteil. In solchen Beziehungen sind Kinder, öfter als in ambivalenten Beziehungen, mit Eltern konfrontiert, die auf ihrem Standpunkt bestehen. Sie berichten allerdings auch von größerer gegenseitiger Nähe als die ambivalenten Kinder. Entscheidend ist also, dass die Konflikte, sowohl was ihre Häufigkeit als auch ihre Intensität angeht, in eine stabile liebevolle Beziehung eingebunden sind, denn dann werden sie von den Kindern auch nicht als bedrohlich erlebt (Walper 2004, S. 244 f.).

Was die Streitthemen betrifft, so geht es vor allem um Aufräumen des Zimmers, Mithilfe im Haushalt, Begrenzung des Fernsehens, Aussehen und Benehmen der Kinder, Schlafengehens- und Ausgangszeiten, Umgang und »richtige« Freundschaften sowie Fragen in Bezug auf die Schule (Fend 1998, S. 118; 2003, S. 280; Haunberger 2007, S. 338; Schneekloth/Leven 2007, S. 96). Da Schule neben Medien in der öffentlichen Diskussion das prominenteste Thema ist, sollen im Folgenden einige Befunde zum Umgang von Eltern und Kindern mit Schulproblemen dargestellt werden.

der Kinder im standardisierten Interview an, es komme bei ihnen zu Hause nie oder selten zu Streit. Dieselben Kinder antworteten aber auf die Frage, was sie in ihrer eigenen Familie später einmal anders machen würden, dass es weniger Streit sowohl zwischen den Erwachsenen als auch zwischen den Kindern und den Erwachsenen geben solle. Dies verdeutlicht, dass bei standardisierten Fragen das Harmoniebedürfnis der Kinder die Oberhand behalten kann und man entsprechend geschönte Antworten erhält. Es bedarf also subtilerer Methoden als standardisierter Befragungen (oder zusätzlicher Methoden), um die Konfliktbelastung in Familien adäquat einzuschätzen. Dennoch sind auch standardisierte Befragungen nicht wertlos, sondern geben zumindest eine grobe Orientierung.

Schule

75 % der 8- bis 9-Jährigen gehen gerne in die Schule (Schneider 2005, S. 204); die Schulfreude nimmt im weiteren Altersverlauf ab. Von den 9- bis 14-Jährigen fühlen sich nur noch etwa 50 % »gut« oder »sehr gut« in der Schule, allerdings auch nur 11 % »nicht wohl« (Hessisches Kinderbarometer 2006; ähnlich Fuhrer 2005, S. 118). Die Befunde zur Schulzufriedenheit sind insgesamt recht heterogen (Überblick bei Göppel 2010, S. 178 ff.). Nahezu alle Untersuchungen finden einen Rückgang der Schulzufriedenheit im Altersverlauf, manche schon in der Grundschule, manche erst mit dem Übergang in eine weiterführende Schulform. Eine konsistente Erklärung dafür fehlt bis heute.

Leistungsdruck und Leistungsfähigkeit

Die Standarderklärung »steigender Leistungsdruck« ist nicht mehr als eine Vermutung (Gisdakis 2007, S. 115). Sie wird seit Jahrzehnten immer wieder vorgebracht und nicht nur als Grund für Schul- und Studienunzufriedenheit angeführt, sondern auch für die (angebliche) Zunahme seelischer Erkrankungen bei Kindern, zunehmende Jugendgewalt, Alkoholkonsum, Computersucht etc. Offenkundig handelt es sich dabei um einen Universalschlüssel, der beliebig einsetzbar ist und für den sich immer Belege finden lassen.

Hier einige Beispiele: Döbert / Nunner-Winkler sprachen bereits 1978 (S. 152) von einem »extremen Leistungsdruck« an den Schulen, den sie mit der Arbeitsmarktlage in Zusammenhang brachten. Damals betrug die Zahl der Arbeitslosen etwa eine Million. Haubl (2007 b, S. 29) sieht den Leistungsdruck seit Ende der 1980er Jahre für breite Bevölkerungsschichten anwachsen und erklärt damit das Aufkommen neuer »Krankheiten« wie die des »chronischen Müdigkeitssyndroms«; ähnlich argumentiert Han (2010, S. 19 ff.). Hacke/di Lorenzo (2010, S. 208) meinen, wir lebten heute in einer Zeit der aufs Äußerste ausgereizten Leistungsbereitschaft. Bergmann (2009 b) belegt den steigenden Leistungsdruck für Kinder mit der Einführung von Elitekindergärten, Privatschulen und Aussprüchen aus Kindermund. Zeiher (2009, S. 226 f.) rekurriert auf zunehmende Frühförderung und die geplante Herabsetzung des Schuleingangsalters. Römer (2011) führt den »ungeheuren Druck«, der Eltern und Kinder belaste, auf die Globalisierung und den drohenden Fachkräftemangel zurück, der dafür sorge, dass Kinder rechtzeitig auf »ihre Rolle als profitbringende Mitglieder einer zukünftigen Arbeitswelt getrimmt werden«. Diese einfältige Aussage übersieht, dass Kinder und Jugendliche noch nie so lange von der Teilnahme an der Arbeitswelt befreit waren wie heute (Daten bei Tillmann 2003, S. 199).

Wieder andere Autoren sehen überhaupt keinen zunehmenden Leistungsdruck, sondern eine abnehmende Leistungsbereitschaft, die sie auf eine Verzärtelung der Kinder und den damit verbundenen Verfall von Leistungsanforderungen zurückführen (Winterhoff 2008). Der Topos des Leistungsdrucks erlaubt also mindestens vier Aussagen und Datierungen: a) steigt seit 1978, b) steigt seit Ende 1980, c) steigt derzeit, d) steigt überhaupt nicht.

Wollte man hier objektive Daten haben, so müsste man beispielsweise veränderte Anforderungen für die gymnasiale Aufnahmeprüfung untersuchen (sofern es sie noch gibt) oder Grundschullehrpläne oder mathematische, sprachliche und künstlerische Abituraufgaben und zwar über Jahrzehnte hinweg. Erst dann könnte man begründete Aussagen darüber machen, ob die Leistungsanforderungen gestiegen sind oder nachgelassen haben und wie es um die Leistungsfähigkeit bestellt ist. Wo dies geschieht (z. B. bei Dollase 1986 für die Jahre zwischen 1900 und 1970), ergibt sich hinsichtlich der *Anforderungen* ein so komplexes Bild wechselnder Ab- und Zunahme über die Jahrzehnte und Fächer hinweg, dass keine einfachen Aussagen möglich sind. Die Tatsache, dass Anfang der 1950er Jahre von den 10 % Schülern eines Jahrgangs, die aufs Gymnasium gingen, nur die Hälfte mit dem Abitur abschloss, heute aber von den 45 % vier Fünftel durchkommen, spricht gegen steigenden *Leistungsdruck* und dafür, dass früher stärker »ausgesiebt« wurde, und zwar sowohl beim Zugang als auch beim Durchlauf (Zahlen nach Baumert 2010). Dies gilt auch für Volksschulen. Dort blieben im Jahr 1956 30 % mindestens einmal sitzen und ebenso viele verließen die Schule ohne Abschluss, heute bleiben 28 % einmal sitzen und 8 % machen keinen Abschluss (von Harnack 1958, S. 81; Shell 2010, S. 78). Was den Zeitaufwand angeht, so benötigten 10- bis 11-jährige Oberschüler im Jahr 1956 40–48 Stunden für schulbezogene Tätigkeiten einschließlich Schulweg. Mehr sind es heute mit Sicherheit nicht (siehe weiter unten) – und auch damals gab es schon die Debatte, ob Kinder damit überfordert sind (von Harnack 1958, S. 78 ff.). Sie sind es *nicht* – trotz Turboabitur, Bachelor-Studiengängen und der angeblichen Verwandlung der Kindheit von einem Schonraum in einen Ernstraum mit Zeit- und Konkurrenzdruck, in dem die Weichen für späteres berufliches Fortkommen schon früh gestellt werden. Dies zeigen die qualitativen Interviews der jüngsten Shell-Studie (2010), deren Zusammenfassung lautet: »Die von uns befragten Jugendlichen beschreiben ihr Leben nicht als ›unter Druck‹, sondern als erfüllt mit ihren eigenen Ideen, Wünschen, Interessen und Ambitionen, die sie verwirklichen möchten. Sie erleben sich nicht als ›getrieben‹ von äußeren Zwängen, auf die sie reagieren müssen, sondern gestalten selbstwirksam und zuversichtlich ihre Zukunft« (ebd., S. 255). Und: »Unsere Fallanalysen zeigen, dass für diejenigen, die Druck empfinden, die Auseinandersetzung mit den an sie gestellten Anforderungen … im Mittelpunkt steht, und die Reaktion darauf ist in vielen Fällen eine gesteigerte Leistungsbereitschaft« (ebd., S. 339).

Was die *Leistungsfähigkeit* angeht, so wurden in Frankreich die Ergebnisse eines Diktats aus dem Jahre 1877 mit denen aus den Jahren 1987 und 2007 verglichen. Zwischen 1887 und 1987 nahm die Fehlerzahl kontinuierlich ab, zwischen 1987 und 2007 nahm sie zu. Die Zunahme lässt sich auch so ausdrücken: 16-Jährige machen im Jahr 2007 so viele Fehler wie 14-Jährige im Jahr 1987, hinken ihren früheren Altersgenossen in der Rechtschreibung also um zwei Jahre hinterher. Ob damit der Jahrhundertgewinn zwischen 1887 und 1987 wieder nivelliert ist, lässt sich dem Bericht leider nicht entnehmen (ref. nach FAZ 2007 b). Manche Bildungsforscher sind dennoch der Auffassung, dass die heutigen Abiturienten insgesamt mehr wissen und können als die vergangener Jahrzehnte (Keuffer 2007, S. 41). Dies gilt auch für Sprachumfang und Ausdrucksfähigkeit. Diesbezüglich ist bei den Schülern »alles besser geworden – mit Ausnahme der Rechtschreibung«. »Goethe wäre froh über unseren Wortschatz.« (Hoberg 2010, S. 41) Steinig (2011) bestätigt das. Er berichtet von einer Studie, in der die Texte von Viertklässlern der Jahre 1972 und 2002 verglichen wurden. Ergebnis: Schlechtere Rechtschreibung, aber ein größerer Wortschatz und verbesserte erzählerische Fähigkeiten bei den Jüngeren.

Der Latinist Aschoff (2010) ist hingegen der Auffassung, dass die Anforderungen im Abitur beim Übersetzen aus dem Lateinischen in den letzten 50 Jahren um mehr als die Hälfte zurückgegangen seien. Einen Rückgang der Ansprüche im Fach Biologie seit Einführung des Zentralabiturs bei gleichzeitiger Verbesserung des Notendurchschnitts konstatiert Klein (2010). Kaube (2010) referiert ähnliche Befunde für das Fach Geschichte. Prenzel (2011) hingegen sieht keine Anzeichen für Leistungsverfall, lasche Noten und Anspruchsabsenkung, sondern eher das Gegenteil: bessere Leistungen, höhere Anforderungen und erweiterte Kompetenzen in vielen Bereichen bei den meisten Schülern aller Schulformen. Zumindest für die Fremdsprachen- und Medienbeherrschung ist das offenkundig; vor 40 Jahren konnte noch niemand mit einem Computer umgehen, und über Englischkenntnisse verfügten nur (die wenigen) Abiturienten. Es soll aber auch für andere Fähigkeiten wie Lesen, Schreiben und Mathematik gelten. Am Beispiel der Mathematik lässt sich verdeutlichen, wie es zu unterschiedlichen Einschätzungen kommen kann. Mit den Schulreformen der sechziger und frühen siebziger Jahre wurden in den Grund- und Hauptschulen die Anforderungen erhöht und lagen weit über denen der alten Volksschule. Die Schüler waren damit überfordert und in der Folgezeit wurden die Anforderungen wieder gesenkt. Vergleicht man ein Mathematikschulbuch aus dem Jahr 1980 mit einem von 1970, so wird man eine Absenkung der Anforderungen feststellen, vergleicht man es mit einem von 1959, nicht; entscheidend ist also die Wahl des Vergleichszeitraums. Was die Frage der Absenkung der Leistungsfähigkeit angeht, so sind die Meinungen der Mathematikfachdidaktiker allerdings weiterhin geteilt. Die einen bejahen, die anderen verneinen sie (Spreckelsen 2011).

Schulzufriedenheit

Wesentliche *familiäre* Quellen von Schulzufriedenheit sind positives Familienklima, kindzentrierte Kommunikation und liberale Erziehungspraktiken, wobei jüngere Kinder einen kontrollierenden Erziehungsstil besser verkraften als ältere (Gisdakis 2007, S. 116, 122). Oswald/Boll (1992) berichten bezüglich der Schule von eher undramatischen familiären Kommunikations- und Interaktionsformen. Zwar wird häufig über die Schule gesprochen, aber das Thema wird wenig konfliktträchtig behandelt. Nur 7 % der Kinder berichten von Krach oder handfesten Strafen, »die meisten Eltern scheinen eher zu helfen, ansonsten wird ermahnt oder es geschieht gar nichts« (ebd., S. 41). 69 % der Eltern helfen ihren 13-jährigen Kindern, 57 % den 17-Jährigen bei den Hausaufgaben. Diese Hilfe wird von den Kindern akzeptiert und für selbstverständlich genommen. Nach einer neueren Studie des Sinus-Sociovision-Instituts sind es allerdings nur etwa 40 % der Eltern, die »regelmäßig« oder »häufig« bei den Hausaufgaben helfen, während knapp 60 % dies »selten« oder »nie« tun (ref. nach Sievers 2008 a). Schlechte Noten beeinträchtigen Oswald/Boll (1992, S. 44) zufolge das emotionale Familienklima kaum bzw. nur dann, wenn sie aus Sicht der Eltern mit mangelnder Anstrengungsbereitschaft oder undiszipliniertem Verhalten in der Schule einhergehen. Picot/Schroeder (2007, S. 232) fanden in ihren qualitativen Einzelfallanalysen von 8- bis 11-Jährigen ebenfalls, dass die Kinder ihre Eltern überwiegend als unterstützend erleben.

Das Bild überehrgeiziger Eltern mit überforderten Kindern ist dennoch weit verbreitet. Ihm zufolge setzen bildungsüberengagierte Eltern ihre Kinder immer früher und umfassender unter Leistungsdruck, so dass »Eltern-Kind-Beziehungen vielfach ... in eine Schulbeziehung mutieren, wo Zuneigung nach Schulnoten dosiert wird. Nach dem Motto ›Liebe gegen Leistung‹ gerät die elterliche Wertschätzung in die Abhängigkeit schulischer Erfolgs- und Notenkonjunkturen« (Meyer 2002 b, S. 6). In einer milderen Lesart werden durch Frühförderungsmaßnahmen die Unfertigkeiten, Mußebedürfnisse und Eigenheiten des Kindes nicht mehr hinreichend respektiert, was zu einer Überforderung mit frühen Autonomieansprüchen führt (Allert 2007).

Die vorherrschende Familienrealität, die sich aus Untersuchungen zum Umgang der Eltern mit dem Thema Schule herausdestillieren lässt, entspricht jedoch nicht dem Bild forcierter Autonomieentwicklung bzw. übermäßiger elterlicher Leistungsansprüche. Weder die erwähnten Studien von Oswald/Boll (1992) und Picot/Schröder (2007) noch andere einschlägige Studien können solche Behauptungen bestätigen. Fend etwa (2003, S. 168, 296, 301) stellt fest, dass Schul- und Leistungsprobleme nur bei den Jungen *dazu tendieren*, konflikthafte Dauerthemen zu werden; bei Mädchen sind es eher

»falsche« Freundschaften. Insgesamt hält sich der Schuldruck in Grenzen. Stecher (2005) hat im Rahmen des Kinderpanels des Deutschen Jugendinstituts 8- bis 9-jährige Grundschulkinder und deren Eltern untersucht. Obwohl beiden die Bedeutung guter Schulnoten und qualifizierter Bildungsabschlüsse deutlich bewusst war und sich die Eltern über die Schulleistungen ihrer Kinder gut informiert zeigten, gab es nur in etwa 10 % der Familien Unzufriedenheit über die schulischen Leistungen der Kinder (ebd., S. 187). Auf die Frage nach Themen, über die es bei 6- bis 12-jährigen Kindern *manchmal* zu Streit mit ihren Eltern kommt, »liegt das Thema ›wie viel ich für die Schule machen muss‹ nur auf Platz 5 der häufigsten Streitpunkte – mit 37 %. Weit häufiger streiten Kinder mit ihren Eltern um das Zimmeraufräumen (67 %), wie lange sie abends aufbleiben dürfen (58 %), wie lange sie fernsehen dürfen (43 %) und wie lange sie draußen bleiben dürfen (39 %) ...« (ebd., S. 190). Von der häufig beschworenen Verschulung des Familienlebens bereits in jungen Jahren kann also kaum die Rede sein, auch rein quantitativ nicht, wird doch für Hausaufgaben im statistischen Mittel nur knapp eine Stunde werktäglich aufgewendet, wobei ein Viertel der Kinder allerdings länger braucht (Lange 2006, S. 132; Busse/Helsper 2007, S. 332). Differenziert nach Schulformen verwenden die meisten Grundschüler eine halbe bis eine Stunde am Tag und nur 12 % zwei Stunden und länger; in den weiterführenden Schulen sind es 20–25 %, die zwei Stunden und mehr benötigen (World Vision 2007, S. 22 f.). Anderen Angaben zufolge benötigen 6- bis 13-Jährige im Durchschnitt täglich nur ein halbe Stunde für Hausaufgaben (Casu/Krebs 2010, S. 19).[17]

17 Die These vom Bulimie-Lernen und zunehmendem Leistungsdruck hat nach Einführung der Bachelor-Studiengänge an der Universität auch dort weite Verbreitung gefunden. Es scheint jedoch, dass Studierende heute weniger arbeiten als noch in den 1960er und 1970er Jahren, nämlich 26 Wochenstunden im Durchschnitt plus 6,4 Stunden im Nebenerwerb. Die gefühlte Überlastung

Mehrheitlich ist ein verantwortungsbewusster und unterstützender Umgang der Eltern mit dem Thema Schule zu konstatieren. Entsprechend berichten über vier Fünftel aller 8- bis 9-Jährigen von elterlicher Unterstützung. Konflikthäufigkeit und elterliche Unterstützung variieren milieuabhängig. Konflikte um Schulleistungen sind im Unterschichtenmilieu am häufigsten. Gleichzeitig sind dort die Unterstützungsleistungen am geringsten, ebenso außerschulische Vereins- und Bildungsaktivitäten wie Musizieren und Sport. Ähnliches gilt für Kinder mit Migrationshintergrund, was zeigt, dass die Schule

rührt nicht vom wirklichen Aufwand her, sondern von einer schlechten Organisation der Arbeit und einer chaotischen Fülle des Stoffs, die zum Nichtstun als Bewältigungsform verführt (Dworschak 2010 c, S. 156 f.). Diese Befunde beziehen sich auf geisteswissenschaftliche Studiengänge. Die Forscher erwarten für Betriebswirte und Juristen ähnliche Ergebnisse, nicht aber für Mediziner und Naturwissenschaftler. Eine Studie der Universität Hamburg hat diese Erwartung mittlerweile bestätigt. Sie fand sogar nur 22 Stunden durchschnittliche Arbeitsbelastung in den Bachelor-Studiengängen. Der gefühlte Zeitdruck rührte von großen zeitlichen Abständen zwischen einzelnen Veranstaltungen her sowie von einer Übergeneralisierung der für Prüfungsvorbereitungen aufgewandten Zeit auf das ganze Studium (Hamburg-Journal/NDR 3, Ausstrahlung v. 14.7.2011). Auch amerikanische College-Studenten arbeiteten 2003 im Durchschnitt weniger als 1987, bekamen aber bessere Noten (Twenge 2006, S. 62 f.). Ramm (2011) verweist hingegen auf Studien, denen zufolge der Aufwand für Bachelor- und Diplom-Studiengänge nur minimal differiert, für ein Studium in Deutschland wöchentlich im Durchschnitt 36 Wochenstunden beträgt und in der letzten Dekade um drei Stunden zugenommen hat. Für die unterschiedliche Datenlage verantwortlich sind wahrscheinlich die jeweilige Stichprobenzusammensetzung und die Art der Zeitaufwandserhebung (detailliertes Tagesprotokoll im Stundentakt versus andere Formen der meist irrtumsanfälligeren Selbsteinschätzung). Was das sogenannte Turbo-Abitur angeht, also die gymnasiale Abschlussprüfung nach acht statt bisher neun Jahren, so hat die einzige mir bekannte Vergleichsstudie ergeben, dass G-8 -Absolventen weder gestresster sind noch häufiger Kopfschmerzen haben als G-9 -Absolventen. Der einzige feststellbare statistisch signifikante Unterschied bestand in der Häufigkeit von Schluckbeschwerden (ref. nach Kleinhubbert 2011, S. 39).

allein die unterschiedlichen schicht- und familienspezifischen Ausgangsbedingungen für den Bildungserfolg nicht kompensieren kann.

Das Gebiet der familienspezifischen und informellen Bildungsvoraussetzungen ist bisher noch ungenügend erforscht (Betz 2006, S. 63 ff.; Busse/Helsper 2007, S. 327 f.; Leven/Schneekloth 2007 a). Manche Autoren konstatieren eine große Bedeutung des Freizeitverhaltens wie Sport treiben, Lesen, Musizieren für die Persönlichkeits- und insbesondere die Leistungsentwicklung von Kindern. »Hier, im vermeintlich bildungsfernen Bereich der nicht strukturierten und geplanten Zeit, entscheidet sich in einem sehr hohen Maß, mit welchen Voraussetzungen und Kompetenzen Kinder in die organisierten Lernprozesse vor allem der Grundschule eintreten« (Hurrelmann/Andresen 2007, S. 380). Dennoch befürwortet die von ihnen konzipierte World-Vision-Studie an anderen Stellen die flächendeckende Einführung von Ganztagsschulen (z. B. 2007, S. 23 f., 138, 142), obwohl dadurch der so wichtige nicht strukturierte Freizeitbereich unausweichlich beschnitten wird. Auch die Befunde, dass Ganztagsschüler weniger lesen und weniger sportlich aktiv sind, beide Aktivitäten aber positiv mit schulischem Erfolg korrelieren (Leven/Schneekloth 2007 b, S. 169, 177 f.), sollten davor warnen, die Förderung kindlicher Bildungs- und Schulerfolge einseitig auf die (Ganztags)Schule zu verlagern.

Ernstzunehmende Zeichen von Schulangst oder Schulstress zeigen etwa 15 % der 8- bis 9-jährigen Grundschulkinder (Stecher 2005, S. 193 ff.). Bei Jugendlichen sind es etwa genauso viele (Döpfner 2006; Göppel 2010, S. 150). Es gibt eine leichte geschlechts- und schichtspezifische Tendenz. Jungen und Unterschichtkinder fühlen sich etwas häufiger belastet als Mädchen und Mittelschichtkinder (Schneider 2005, S. 211, 214). Generell gilt, dass ab der fünften Klasse die Schulangst eher abnimmt (Helsper/Böhme 2002, S. 579; aber Göppel 2010, S. 154). Zu ähnlichen Ergebnissen gelangen Klöckner et al.

(2004, S. 135), die 9- bis 14-Jährige untersuchten. Leistungsdruck war bei ihnen kein Faktor, der das Wohlbefinden in der Familie beeinträchtigte. Weitere Untersuchungen werden bei Busse/Helsper (2007, S. 333 f.) dargestellt. Auch diese Autoren warnen vor Dramatisierungen. Bezüglich des Themas »Konflikte wegen Schulleistungen« zeigt sich, wie bei Konflikten allgemein, dass es nicht so sehr darauf ankommt, wie oft, sondern vor allem wie gestritten wird. Der Untersuchung von Ullrich/Kreppner (1997) und anderen zufolge (Überblick bei Busse/Helsper 2007, S. 328 ff.) gibt es einen starken Zusammenhang zwischen Schulnoten und Kommunikationsstil in der Familie. Kinder mit guten Schulnoten verhandeln in einem insgesamt entspannten und zugewandten Klima mit ihren Eltern und treffen dabei auf einen egalitären Kommunikationsstil, der durchaus Auseinandersetzungen einschließt. Kinder mit schlechten Noten sind eher angespannt, treten behauptend auf und treffen auf einen hierarchischen und emotional distanzierten Stil bei den Eltern. Ähnliche Befunde ergab die Untersuchung von Haunberger/Teubner (2007, mit weiterer Literatur), die ebenfalls deutliche Zusammenhänge zwischen gelungenem Schulstart und kindzentrierter Kommunikation fanden. Indikatoren für kindzentrierte Kommunikation waren unter anderen, ob die Eltern sich für das interessierten, was die Kinder tagsüber erlebten, ob sie die Kinder nach deren Meinung fragten und ob man miteinander auch über ärgerliche und belastende Dinge sprechen konnte (ebd., S. 88 f.). Insgesamt ist angesichts der vorliegenden Untersuchungsergebnisse zum Thema Schule dem Resümee von Stecher (2005, S. 196) zuzustimmen: »Fassen wir alle Befunde zusammen, können wir begründet davon ausgehen, dass die Schule für die meisten Familien kein schwerwiegendes und dauerhaftes Konfliktpotential darstellt, also für die überwiegende Mehrheit der Familien die Schule *nicht* zum Familienproblem wird.«

Freizeit

Auch dem Freizeitbereich wird nachgesagt, er gerate durch übermäßigen elterlichen Bildungsehrgeiz unter den Druck, etwas ›Sinnvolles‹ machen zu müssen. Das allseitig zu fördernde Kind werde dadurch ein »gehetztes Kind« (Elkind 1981). In einer »unsäglichen Hetzjagd« werde es von den Eltern angetrieben, dadurch aber nicht glücklich, sondern anspruchsvoll, verwöhnt und gestresst. Der Stress soll indes nicht aus der Vielfalt der Aktivitäten resultieren, sondern von einem fehlenden inneren Bezug dazu, der eine Leere hinterlässt, die durch noch mehr Aktivitäten bekämpft werde (Hanzig-Bätzing/ Bätzing 2005, S. 322 f.). Empirische Untersuchungen zum Freizeiterleben von Kindern und Jugendlichen weisen jedoch mehrheitlich in die gegenteilige Richtung.

Eine quantitative Studie an 601 schwedischen Jugendlichen im Alter zwischen 8 und 16 Jahren ergab, dass 81 % mit der elterlichen Unterstützung ihrer Hobbys zufrieden waren und nur 19 % sich unter Druck gesetzt fühlten. Die Gestressten fanden sich gehäuft in teuren Sportarten wie Golf oder Reiten (ref. nach FAZ 2007 a).

Was den Umfang der Freizeit angeht, so hatten in der Untersuchung von Oswald/Boll die 12- bis 18-jährigen Kinder pro Tag fünf bis sechs Stunden Freizeit, denen durchschnittlich sechs Stunden Schule und eine Stunde Hausaufgaben gegenüberstanden. Diese Daten haben auch heute noch Gültigkeit (Lange 2006, S. 132). Von der Freizeit werden etwa zwei Stunden mit den Eltern, zwei Stunden mit Freunden und zwei Stunden mit Computerspielen bzw. Fernsehen verbracht, was den Eindruck übermäßiger Leistungsanforderungen ebenfalls nicht bestätigt. Andere Untersuchungen kommen zu ähnlichen Ergebnissen, nämlich werktags fünf Stunden Freizeit, an den Wochenenden neun. Diese Zeit wird überwiegend in der Familie, mit steigendem Alter auch außerhalb derselben verbracht, wobei erst im Alter von 18 Jahren ein Verhältnis von

1 : 1 zwischen inner- und außerfamiliärer Freizeitgestaltung besteht (Fries 2002, S. 129; Thole 2002, S. 663 f.).

Was die Termindichte betrifft, so gibt es keinen Zusammenhang zwischen Terminhäufigkeit und Stress. Manche Kinder klagen schon bei wenigen Terminen, andere nehmen viele Termine gerne und stressfrei wahr. Ein immer wiederkehrender Befund besagt, dass Kinder, die sich von ihren Eltern unterstützt fühlen, ihre Freizeitaktivitäten selbständig und stressfrei bewältigen (Fuhs 2002, S. 644 f.).

Bereits für die Altersgruppe der 5- bis 11-Jährigen gilt, dass sie ihre Freizeit aktiv und variantenreich gestaltet. »Fernsehen, Video oder Spielkonsole spielen zwar eine große Rolle, sind aber nicht ausschließliches Beschäftigungsfeld der Grundschüler.« Daneben sind »Spielplatz, Schwimmen, Kino und Sport die unangefochtenen Klassiker unter den Freizeitaktivitäten der 8- bis 9-Jährigen« (Zerle 2007, S. 253). Auch in dieser Altersgruppe geben die Kinder an, in ihrer Freizeit meist gut gelaunt und zufrieden zu sein (ebd., S. 259 f.), so dass die verbreiteten Topoi der »Eislaufmutter«, des »Freizeitstresses«, des »gehetzten Kindes« oder der »Terminkindheit« von den Kindern selbst nicht bestätigt werden. Auch rein quantitativ betrachtet haben heutige Kinder und Jugendliche mehr Freizeit als die früherer Generationen (Thole 2002, S. 663; Fuhrer 2005, S. 98 f.), und ihre ökonomischen Ressourcen haben sich zwischen den 1950er und 1990er Jahren nahezu verfünffacht (Thole 2002, S. 664). Zum selben Ergebnis gelangt Göppel (2007, Kap. 3 und 4) in seinem Literaturüberblick zum Thema übermäßige Beschleunigung, verplante Kindheit etc. Alle von ihm ausgewerteten Untersuchungen ergaben, dass die meisten Kinder, in der Regel zwischen 80 und 90 %, mit Art, Umfang und zeitlichem Tempo ihrer Freizeitgestaltung zufrieden sind, Spaß daran haben und sie als selbstgewählt empfinden.[18]

18 Weitere Daten zur Freizeitgestaltung von Kindern und Jugendlichen in und außerhalb der Familie finden sich bei Langness et al. (2006, S. 77 ff.) und Peu-

Verlust der Familie als schützende Hülle?

Was ist in Anbetracht all dieser Befunde von der Idee zu halten, die Familie verliere ihre bisherige Schutz- und Schonraumfunktion für die Kinder? Meyer (2002 a, S. 216 ff.) resümiert die einschlägige Diskussion und behauptet eine wachsende Durchlässigkeit zwischen Familie und sozialer Umwelt. In Anlehnung an Habermas (1981, S. 522, 566) spricht er von einer »Kolonialisierung der privaten Lebenswelt durch äußere Mächte«. Die äußeren Mächte, die verstärkt in die Familie eindringen, sind bei ihm Medien und Ratgeber (»Medialisierung« und »Expertisierung« der Erziehung), wachsender Erfolgs- und Leistungsdruck in der Schule (»Scholarisierung« wegen der erhöhten Notwendigkeit zu qualifizierten Bildungsabschlüssen) und neue Formen des Raum- und Zeitmanagements (»Mutti als Chauffeur«, »Terminkindheit«). Meyer postuliert allerdings keine negativen Folgen dieser Kolonialisierung für die Persönlichkeitsentwicklung.

ckert (2008, S. 148 ff.). Mittlerweile wird Freizeitstress trotz gewachsener Freizeit postuliert. Rosa (2005, S. 213 ff.) etwa argumentiert, das Gefühl von Zeitstress könne auch in der freien Zeit entstehen und sogar mit ihrem Ausmaß wachsen. Als Begründung wird angeführt, dass in der Freizeit immer mehr erlebt werden soll, so dass die verfügbare Zeit dafür nicht bzw. nie ausreiche. Zum anderen verändere sich die Umwelt auch in Zeiten der Muße weiter, so dass wir, aus Muße- oder Freizeit zurückgekehrt oder sogar noch während derselben, das Gefühl hätten, erhöhte Anpassungsleistungen erbringen zu müssen, weil wir bereits an die zukünftig zu erledigenden Aufgaben denken, die sich schon während unseres Urlaubs wieder verändert haben könnten. Mit diesem Argumentationstypus kann immer Zeitstress gefunden werden, ähnlich wie immer zunehmender Arbeitsstress gefunden werden kann, auch wenn die Arbeitszeit sinkt. Das einschlägige Argument lautet hier, der Stress rühre von der zunehmenden Arbeitsverdichtung her. Einerseits ist das alles in gewissem Umfang plausibel, andererseits verkehrt es Zeitgewinne in Stresszuwächse, was zu dem eigenartigen Resultat führt, dass sich die Situation *immer* verschlechtert: Arbeitszeitreduzierung führt zu Arbeitsstress, Arbeitslosigkeit zu Desorientierungstress, Freizeitzuwachs zu Freizeitstress und die enorme Wohlstandszunahme durch Massenkonsumgüter zu Konsumstress.

Andere Autoren befürchten hingegen, dass beispielsweise das Eindringen von Expertenwissen in persönlichste Bereiche durch Sexualberatung, Eheberatung und Erziehungsberatung den Betroffenen suggeriere, sie seien überfordert oder inkompetent, wodurch sie verunsichert würden, was eher zu Abhängigkeit als zu Selbständigkeit führe (Literatur bei Burkart 2006, S. 15). Diese Kritik der Beratungs-, Experten- und Therapiekultur ähnelt strukturell der Kritik an wohlfahrtsstaatlichen Hilfsangeboten, die in neoliberaler Lesart Unselbständigkeit erzeugten, statt Unabhängigkeit zu fördern.

Die Familie kann aber auch durch das Eindringen von Veränderungen im Arbeitsleben unter Druck geraten, etwa weil flexibilisierte Arbeitszeiten neue Probleme der Vereinbarkeit von Familie und Beruf aufwerfen (Überblick bei Mischau/Oechsle 2005 und Jurczyk/Oechsle 2008). Dabei werden neben Chancen, die die Flexibilisierung der Arbeit bietet (Heimarbeit, Telearbeit, Gleitzeit, Arbeitszeitkonten; Erler 2005), vor allem die Gefahren und Belastungen thematisiert (Hochschild 1997, 2003, Jürgens 2005, Jurczyk et al. 2005, Lange 2007). Diese bestehen unter anderem in einer mit der Flexibilisierung häufig einhergehenden »Entgrenzung« von Arbeit, die ihre vormals klaren Konturen verliert und auf das Familienleben überzugreifen droht, etwa dergestalt, dass die Familienmitglieder wegen überlanger oder zu unterschiedlicher Arbeitszeiten kaum noch zueinanderfinden.

Wie die Ausführungen in den Abschnitten über Medien, Zeitmangel, Konflikte, Schulanforderungen und Freizeitgestaltung aber deutlich gemacht haben, finden die meisten Familien konstruktive Umgangsformen mit all diesen Herausforderungen, so dass ihre Pufferfunktion auch unter veränderten Rahmenbedingungen aufrechterhalten bleibt und die kindliche Entwicklung weder durch inner- noch durch außerfamiliäre Faktoren heute stärker beeinträchtigt wird als früher.

Um einer Idealisierung früherer Zeiten vorzubeugen, sollten außerdem noch drei Sachverhalte berücksichtigt werden.

Erstens war die vormalige Schutzfunktion mit erheblichem repressiven Aufwand verbunden. Kinder wurden, so könnte man pointiert formulieren, früher auch in Schonräume eingeschlossen, so dass deren heutige Abnahme bzw. Veränderung die Kehrseite davon ist, sie stärker als früher ernst zu nehmen. Sicher werden sie heute mehr mit Themen und Problemen konfrontiert, die vormals außerhalb ihres Gesichtskreises lagen; aber sie lagen auch außerhalb ihrer Mitsprachemöglichkeiten und Interessen. Diese Entwicklung birgt Chancen und Risiken: Freiheiten nehmen dadurch zu und Sicherheiten ab.

Zweitens muss bei der These vom Verlust der Schutzfunktion der Zeitraum präzisiert werden, auf den sich diese Aussage bezieht. Im Mittelalter war es durchaus an der Tagesordnung, dass öffentliche Hinrichtungen, Hexenverbrennungen, Folter und dergleichen von Kindern und Jugendlichen »live« miterlebt wurden, so dass man kaum behaupten kann, sie seien damals vor dem Eindringen von Gewalt in ihr Leben mehr geschützt gewesen als heute, wo sie »gespielte« Morde im Fernsehen miterleben. Damals gab es keinen Schutzraum im heutigen Sinne und die Kinder partizipierten viel unmittelbarer an der Realität der Erwachsenen als heute, was von manchen Autoren positiv (z. B. Ariès 1960), von anderen negativ (z. B. deMause 1974) gesehen wird. Ariès etwa betrachtet gerade die Errichtung des Schonraums, dessen Verlust heute beklagt wird, kritisch. Er sieht darin einen Verlust an Welthaltigkeit der kindlichen Existenz, die im Mittelalter viel ungezwungener und umfassender in die Welt der Erwachsenen eingelassen war. Tod, Geburt und Sexualität waren den Kindern durch die engen Wohnverhältnisse sowie das überwiegend bäuerliche Leben und die damit verbundene Beobachtung von Tieren aus erster Hand vertraut.

Insofern stellt das heutige Eindringen sexualisierter Internetdarstellungen in die Kinderzimmer eher einen Gestaltwandel dar als eine Neuheit. Sodomitische Aktivitäten etwa, die heute im Internet mehr oder weniger frei zugänglich zirkulieren (und wie erwähnt auf wenig Interesse stoßen), waren der überwiegend bäuerlichen Jugend voriger Jahrhunderte durchaus vertraut, und zwar real. Heutzutage hingegen sind Gewalt und Sexualität im Leben von Kindern überwiegend medial präsent. Neu sind Sexualität und Gewalt andererseits erst ab dem 15. – 18. Jahrhundert, denn erst in diesem Zeitraum hat sich Kindheit als expliziter Schon- und Schutzraum herausgebildet, obwohl Kinder auch in früheren Epochen niemals wie Erwachsene behandelt wurden. Aber auch der im 18. Jahrhundert konsolidierte Schonraum, der sich heute auflockert (nicht auflöst), existierte lange Zeit, nämlich bis ins 20. Jahrhundert hinein, nur für eine Minderheit bürgerlicher Kinder. Die anderen mussten früh arbeiten, hatten wenig eigenen Raum, wenig Zeit, wenig formale Bildung, überhaupt wenig Schutz vor der Realität, mit der sie direkt konfrontiert waren. Ein britischer Journalist etwa, der 1893 die Weltausstellung in Chicago besuchte, beklagte wortreich, dass Kinder kaum geachtet würden und mit allen Abscheulichkeiten der Großstadt – von der Kriminalität bis zur Prostitution – ungeschützt in Kontakt kämen, ohne dass jemand daran Anstoß nehme (Savage 2008, S. 80). Die Behauptung einer Auflösung des Schutzraumes durch die Medien, die alle Geheimnisse der Erwachsenenwelt den Kindern vorzeitig offenbaren und damit die Kindheit zerstören würden (Postman 1982), gilt also, wenn überhaupt, nur in eingeschränkter Form, denn Kindheit wird heute nicht zerstört, sondern die Grenze zwischen Kindheit und Erwachsenenleben wird in mancher Hinsicht aufgelockert, in anderer hingegen war sie noch nie so ausgeprägt wie heute, etwa in Gestalt der langen Freistellung von subsistenzsichernder Arbeit; darüber hinaus gilt sie nur für eine bestimmte historische Epoche und auch dort nur für eine bestimmte Schicht von Kindern; außerdem gilt sie für die meisten Kinder erst seit der Bildungsexpansion der 1970er Jahre. Vorher waren Kinder viel unmittelbarer mit der Realität der Arbeitswelt konfrontiert als heute – auch mit der von Krieg, Tod und Gewalt, die die meisten Kinder der westlichen Welt heute »nur« aus dem Fernsehen kennen, während die vor 1945 Geborenen sie sehr real kannten.

Zum dritten sollte man sich klar machen, dass auch die These von der Auflösung des Schutzraums nicht neu ist, sondern beispielsweise von Muchow schon in den 1950er Jahren vertreten wurde. Im Anschluss an die Erfahrungen des Nationalsozialismus, der den Schonraum weitgehend zerstört hatte, gab es damals eine Debatte, in der Gleiches für die Gefahren der Moderne geltend gemacht wurde. Die Jugendlichen, so die Kritik, liefen nun einer neuen Ideologie unkritisch hinterher. Die »Zivilisationsgifte« Kino, Radio, Illustrierte und Massensport würden in die Familie eindringen, seien für eine »seelische Versteppung« Jugendlicher verantwortlich und die Erwachsenen dafür, keine Autoritäten mehr zu sein. Durch infantile Verhaltensweisen wie jugendlich-saloppes Benehmen, Lotto- und Totospielen, Automobilfetischismus und übermäßige Nachgiebigkeit bleibe die Rolle der Erwachsenen unbesetzt und die Jugendlichen gingen deshalb innerlich auf Distanz (ref. nach Abels 2008, S. 85 f.). Diese Beispiele erhellen, dass viele zeitgenössische Themen – Jugendwahn, Infantilisierung und Autoritätsverlust Erwachsener, Intrusion fremder Mächte in den Familienraum – schon zu Zeiten in der Diskussion waren, die wir heute als ziemlich autoritär, ziemlich geschützt und wenig jugendwahnhaft betrachten. Sie wurden mit »Belegen« unterfüttert (Radio, Lotto, Massensport als Zivilisationsgifte), die kaum einer heute noch für plausibel hält. Dies sollte skeptisch machen in Bezug auf die meist negative Bewertung aktueller Phänomene wie Medien- oder Konsumorientierung von Kindern oder jugendliches Verhalten von Erwachsenen, die, wie die obigen Beispiele zeigen, schon immer unter kulturkritischen Verfallsverdacht gestellt wurden.

Insgesamt ist wenig plausibel, wieso die heutigen soziokulturellen Rahmenbedingungen für die Familie oder die kindliche Entwicklung bedrohlicher sein sollten als die früheren, in denen Ausbeutung, Armut, Misshandlung, Krieg, Vertreibung, Diskriminierung, unhygienische Wohnverhältnisse, schlechte medizinische Versorgung, mangelnde Bildung und fehlende Ausbildung in einem Ausmaß vorherrschten, von dem sich jüngere Zeitgenossen kaum noch ein Bild machen können. »Die Bedingungen des Aufwachsens haben sich mit der Entwicklung des Sozialstaats und der Wohlstandsgesellschaft massiv verbessert. ... Dass es früher besser war, kann nur behaupten, wer dieses ›früher‹ nie in Augenschein genommen hat« (Oelkers 2010, S. 604).

Die Lebens- und Familienzufriedenheit heutiger Kinder: Eine Bilanz

Die meisten Untersuchungen, welche die Situation von Kindern und Jugendlichen in Familie, Schule und Freizeit untersuchen, kommen zu dem Ergebnis, dass sie mehrheitlich zufrieden sind. Fokussiert man allein auf die Eltern-Kind-Beziehung, ist das Ergebnis dasselbe. Sie wird von beiden Seiten als überwiegend gut eingeschätzt, von den Eltern meist noch etwas besser als von den Kindern. Der Befund hoher Zufriedenheit wird seit 1985 immer wieder erhoben (Beisenherz 2005, S. 161). Sardei-Biermann (2006, S. 129 ff.) hat sogar noch eine Zunahme in allen von ihr untersuchten Lebensbereichen seit 1990 festgestellt. Zusammenfassend kann man festhalten, dass in den verschiedenen Studien 80–90 % der 4- bis 29-Jährigen mit ihren Eltern und ihrer Lebenssituation zufrieden sind, 10–20 % sind unzufrieden.[19]

19 Ähnliche Zahlenangaben finden sich in folgenden Publikationen: Oswald/ Boll (1992), Schneewind (1999), Bucher (2001), Noack (2001), Hofer (2003), Salzburger Kinderpanel und LBS-Kinderbarometer Nordrhein-Westfalen (ref. in Fuhrer 2005), Shell-Jugendstudien (2006 und 2010), Hessisches Kinderbaro-

Eine Feinanalyse der verwendeten Zufriedenheitsmaße ergibt Hinweise auf wesentliche Faktoren, die Zufriedenheit ausmachen. Folgende vier sind für Kinder und Jugendliche besonders wichtig: emotionale Wärme, keine zu starke elterliche Kontrolle, eine gute Kommunikationsqualität mit den Eltern, das heißt verständnisvolle Verfügbarkeit als Ansprechpartner für Probleme im Bedarfsfall, keine zu große Dominanz der Eltern im Konfliktfall und schnelle Versöhnung nach einem Streit (Klöckner et al. 2004, S. 135 f.; Beisenherz 2005, S. 163 ff.; Schneider 2005, S. 201 ff.). Der Studie von Bucher (2001) zufolge ist ausreichende und erfüllte Freizeit ein weiterer wesentlicher Faktor für Kinderglück. Derselbe Autor hält die Idee, Kinder würden darüber heute nicht mehr verfügen, für ein gründlich widerlegtes Klischee (ebd., S. 188). Die neuerdings wieder vermehrt geforderten Erziehungsmerkmale wie »Disziplin«, »Autorität«, »Grenzen setzen« sind aus Kindersicht eher Kontraindikatoren des Wohlbefindens. Im Detail gilt: »Der Faktor ›gutes Familienklima, Anerkennung, Lob‹ ermöglicht die beste Prognose auf die Einschätzung des Kinderglücks und erklärt doppelt so viel Varianz wie neun soziodemographische Faktoren zusammen« (Bucher 2001, S. 186). Kinder fühlen sich insbesondere dann ernstgenommen, wenn die Eltern ihre Forderungen begründen, also einen diskursiven, partnerschaftlichen Erziehungsstil praktizieren (ebd., S. 170 f., 255). Umge-

meter (2006), 1. und 2. World-Vision-Kinderstudie (2007, 2010), ZDF-Glücksstudie (Kurzreferat in Hanfeld 2007, ausführlich Bucher 2009), Familienreport der Bundesregierung (ref. in Siems/Wiedemann 2010), Andresen/Hurrelmann (2010). Am Rande sei bemerkt, dass für Erwachsene in Bezug auf ihre persönliche Lebenssituation ungefähr dieselben Zahlen gelten. 85 % der Westdeutschen und 70 % der Ostdeutschen, insgesamt also etwas mehr als 80 %, waren im Jahr 2006 mit ihr zufrieden (Winterhoff-Spurk 2008, S. 134), im Jahr 2010 waren es sogar 86 % (FAZ 2010 b). Ähnliche Zufriedenheitszahlen (> 81 %) gibt es für alle Länder mit einem Pro-Kopf-Einkommen von mehr als 35 000 US-Dollar, aber auch für einige ärmere wie Brasilien oder Indonesien (Snowdon 2010, S. 52 ff.; dort auch eine Kurzdarstellung verschiedener Erhebungsmethoden).

kehrt gilt: Dem Kinderglück abträglich sind in erster Linie eine strenge Erziehung mit häufigem Schimpfen und seltenem Lob, angstgeprägtes Schulerleben, eingeschränkte Freiräume sowie fehlende Freizeit (ebd., S. 185, 187).

Nahezu alle weiteren einschlägigen Studien (Überblick bei Göppel 2007, Kap. 7; 2010, Kap. 1) zeigen ebenfalls, dass die subjektiv empfundene Zufriedenheit mit dem familiären Interaktions- und Kommunikationsstil steht und fällt. Ein durch Liebe, Wertschätzung und Unterstützung geprägtes Familienklima, gemeinsame Aktivitäten mit den Eltern und genügend Freiraum sind meistens die wesentlichen zufriedenheitsfördernden Faktoren. Damit bestätigt sich immer wieder die zentrale Bedeutung des Familienklimas und die zweitrangige von soziodemographischen Faktoren wie Einkommen, Beruf, Wohnsituation (Göppel 2007, S. 178). Göppel weist auf einen weiteren wichtigen Sachverhalt hin. Studien, die Fragebogenmethoden mit offenen Interviews kombinieren, kommen gelegentlich zu Ergebnissen, welche die hohen Zufriedenheitswerte der Fragebogenuntersuchung durch die Eindrücke während der Interviews relativieren, wenn auch nicht annullieren. In offenen Interviews zeigen sich nämlich Problembelastungen innerhalb der Familie, die in der Fragebogenuntersuchung nicht oder zumindest nicht so deutlich zum Ausdruck kommen. Deshalb sollte man die oben genannten Zahlen als Näherungswerte betrachten, die durch qualitative Analysen verfeinert und eventuell auch relativiert werden können. Die sorgfältigen Studien von Wilk/Bacher (1994) und Bucher (2001) widerlegen allerdings die häufig zu hörende Vermutung, die Ergebnisse zum Wohlbefinden von Kindern seien das Resultat bloß oberflächlicher Befragungen. Auch in der äußerst komplexen Studie von Wilk/Bacher (1994, S. 138) fällten etwa 90 % der untersuchten Kinder ein positives Urteil über ihre Familiensituation. Die Untersuchungsmethoden reichten von Fragebögen über standardisierte und Leitfadeninterviews bis zu Aufsätzen zum Thema Familie und projektiv-diagnostischen Familienzeichnungen.

Betrachtet man Zeitreihenanalysen, so zeigt sich im Zeitraum zwischen 1985 und 2000 nicht nur ein kontinuierlicher Anstieg der Zufriedenheit von Jugendlichen zwischen 15 und 24 Jahren mit ihrer Familiensituation, sondern auch mit dem Erziehungsstil ihrer Eltern (Langness et al. 2006, S. 58 f.; Münchmeier 2007, S. 265; Göppel 2010, Kap. 1). Die Zahl derer, die ihre Kinder *nicht* so erziehen wollen, wie sie selbst erzogen wurden, nimmt kontinuierlich ab (von 48 % in 1985 auf 27 % in 2006). Die Zahl derer, die sie genauso oder ähnlich erziehen wollen, nimmt ebenso kontinuierlich zu (von 53 % in 1985 auf 75 % in 2006). Interessanterweise findet sich der Zufriedenheitsanstieg also gerade bei den Kindern der für ihre Erziehungsliberalität häufig gescholtenen Generation der 1968er und besonders deutlich in der liberal erziehenden Mittel- und Oberschicht. Kinder und Jugendliche mit hohen Bildungsabschlüssen wollen nur zu 21 % ihre eigenen Erziehungserfahrungen *nicht* an ihre Kinder weitergeben, während es bei den in der Regel strenger erzogenen Hauptschülern 41 % sind. Streng Erzogene wollen es zu 45 % anders oder ganz anders machen als ihr Eltern, mild Erzogene zu 85 % genauso oder ungefähr so wie ihre Eltern (Münchmeier 2007, S. 265). In der Shell-Jugendstudie (2010, S. 18) waren es insgesamt knapp drei Viertel aller Jugendlichen, die ihre Kinder so erziehen wollen, wie sie selbst erzogen wurden (mehr in der Ober- und Mittelschicht, 40 % in der Unterschicht). Nimmt man die Bereitschaft, die eigenen Kinder so zu erziehen, wie man selbst erzogen worden ist, als Indiz für die Vorbildfunktion von Eltern, so kann man daraus schließen, dass diese Funktion durch einen kommunikationsorientierten, demokratischen Erziehungsstil befördert und nicht behindert wird. Ein Verlust der Vorbildfunktion in diesem Bereich findet also durch eine partnerschaftliche Erziehung gerade nicht statt.[20]

---

20 Das Thema des Autoritätsabbaus und Vorbildverlustes wird im vierten Kapitel ausführlicher behandelt. Ebenso die derzeit verbreitete Kritik an liberalen Erziehungspraktiken als zu permissiv, kleine Tyrannen züchtend etc.

Die in diesem Kapitel dargestellte Befundlage kann man dahingehend zusammenfassen, dass sich aus Sicht der Medien-, Schul- und Familienforschung keine Hinweise auf eine zunehmende Gefährdung der kindlichen Entwicklung oder auf eine wachsende Unzufriedenheit ergeben – eher im Gegenteil. Ich schließe mich deshalb der schon vor 25 Jahren geäußerten Einschätzung des Psychoanalytikers Modena an, die von Busch (2001, S. 159 f.) als »geradezu ketzerisch« für einen »linken Psychoanalytiker« bezeichnet wird: »Die Menschen unserer Zeit sind ... insgesamt viel gesünder, als sie nach den Erwartungen der Sozialpsychologen sein sollten. Sie sind jedenfalls in ihrer überwiegenden Mehrheit nicht kränker, als es etwa die Eltern – oder Großeltern – waren« (Modena 1885, S. 303; s. a. hier die Kapitel 2, 4 und 8).

Nun könnte man einwenden, dass Aussagen über Zufriedenheit nicht dasselbe sind wie Feststellungen über psychische Gesundheit. Das ist richtig. Ich werde deshalb die Frage eventuell zunehmender Krankheitshäufigkeiten im achten Kapitel ausführlich behandeln. Unabhängig davon scheint es jedoch auch zwischen subjektivem Wohlbefinden und epidemiologisch erhobenem Gesundheitszustand einen gewissen Zusammenhang zu geben, weil das Wohlbefinden von Kindern mit anderen Parametern der Entwicklung zusammenhängt, die indikativ für seelische Gesundheit sind. Die Studie von Zinnecker (1997) weist beispielsweise nach, dass »Partnereltern« im Unterschied zu »Konflikteltern« und »Kontrolleltern« nicht einfach nur *zufriedenere* Kinder haben, sondern dass sich die Kinder *messbar besser entwickeln.* Sie zeigen höhere Werte bei einer Reihe von positiven psychosozialen Parametern wie Selbstwirksamkeit, Bildungsambitionen und Lebenszielen, niedrigere bei Risikoparametern wie Rauchen, Aggressions- und Depressionsneigung. Die Behauptung von Bueb (2006, S. 11), heutzutage würden viele Kinder und Jugendliche wegen eines Mangels an Autorität und Disziplin ziel- und führungslos durchs Leben irren, trifft also empirisch, wenn überhaupt, nicht auf die partnerschaftlich Erzogenen zu, denn gerade die sind selbstbewusst, bildungsambitioniert und verfügen über Lebensziele.

Schließlich sei noch darauf hingewiesen, dass andere Autoren stärker die zwiespältigen Aspekte moderner Kindheit betonen, als ich es in diesem Kapitel getan habe (z.B. Fuhrer 2005, S. 103 ff.). In Fuhrers Sicht ist Kindheit heute auf der einen Seite durch mehr individuelle Freiheit gekennzeichnet, auf der anderen durch weniger kulturelle Einbindung, also mehr Unsicherheit. Diese Widersprüchlichkeit spiegele sich auch in der Erziehung. Einerseits seien Eltern heute unterstützender und gäben sich mehr Mühe, auf die Bedürfnisse ihrer Kinder einzugehen, andererseits fehle es häufig an erzieherischer Unterstützung und Anleitung. Den erweiterten Selbstbestimmungsmöglichkeiten und Freiheiten der Kinder entsprächen ebenso viele neue Formen von Belastung, die vor allem aus der kulturellen Freisetzung heutiger Kindheit resultieren. Damit ist gemeint, dass Kinder heute »bei ihren Bedeutungskonstruktionen nicht mehr in der traditionellen Manier auf das Wissen und die Erfahrungen Erwachsener zurückgreifen können. Sie müssen sich vielmehr von sehr vielen sozialen und kulturellen Erscheinungen selbst ein Bild machen« (ebd., S. 103), wodurch ihre Bewältigungskapazitäten teilweise überfordert seien. Zentrale Aufgabe der Erziehung sollte es deshalb sein, die Selbststeuerungsfähigkeit der Kinder zu fördern. Dieses Bild kann man als das einer insgesamt ambivalenten Entwicklung bezeichnen. Ich habe andernorts ähnliche Überlegungen angestellt (Dornes 2010a, b) und werde sie im sechsten Kapitel, wenn auch in einer anderen Form und Theoriesprache, weiter vertiefen. Die Idee der Gleichzeitigkeit von mehr Freiheit und größerer Verletzlichkeit erfasst einen zentralen Aspekt moderner Kindheit, der in diesem Kapitel noch nicht ausreichend gewürdigt wurde.

Einleitung

Nachdem im ersten Kapitel Bedenken hinsichtlich der Entwicklung von Kindern unter modernen Bedingungen des Aufwachsens behandelt wurden, sollen nun unter einer stärker psychoanalytischen Perspektive die Erwachsenen in den Blick genommen werden. Verfallstheorien gibt es nämlich nicht nur in Bezug auf die kindliche Entwicklung, sondern auch in Bezug auf Erwachsene. Ihre psychoanalytisch inspirierten Urväter sind Fromm et al. (1936). Sie diagnostizierten Veränderungen des Charakters in Richtung einer Schwächung von Ich und Überich. Bestimmte makrosoziale Prozesse wie der Niedergang des freien Unternehmertums sollten eine innerfamiliäre Autoritätsschwäche des Vaters zur Folge haben. Dadurch sei seine Vor- und Leitbildfunktion verblasst, was zu orientierungslosen Kindern geführt habe, die zu ebensolchen Erwachsenen herangewachsen seien (Horkheimer 1936). Vaterschwäche, jedoch anders begründet, war auch das zentrale Thema in Mitscherlichs (1963) bekanntem Buch.

Diese Theorien wiesen jedoch selbst Schwächen auf (s. Dornes 2006, Kap. 8.) Zum einen waren sie zu vaterzentriert und übersahen den Einfluss der frühen Mutter-Kind-Beziehung auf die Charakterbildung, was von Benjamin (1982) zu Recht als »Patriarchalismus« der Kritischen Theorie kritisiert wurde. Zum anderen war auch die spätere, zeitbedingt noch rudimentäre Einbeziehung der Narzissmustheorie durch Adorno (1955) mit einer Reihe von theorieinternen und empirischen Problemen belastet, die sie fragwürdig machte (zusammenfassend Honneth 1985, S. 96 ff.).

Narzissmus

Eine *pointiert* narzissmustheoretische Wendung erhielt die psychoanalytische Sozialpsychologie in den 1970er Jahren durch Ziehe (1975) und Lasch (1979).[1] Beide Autoren konnten sich auf eine zwischenzeitlich klinisch gut ausgearbeitete Theorie des Narzissmus stützen. In ihr war nicht mehr der schwache Vater das Hauptproblem, sondern die kalte oder symbiotisch umklammernde Mutter, die den narzisstischen Charakter ihrer Kinder hervorbringen sollte. Mütterliche Kälte, Symbioseneigung oder andere narzissmusförderliche Eigenschaften der Eltern wurden in unterschiedlichem Umfang sowohl auf familiäre wie auf soziale Faktoren zurückgeführt. Manche Autoren wie etwa Horn (1979) verzichteten auf familienpsychologische Überlegungen und betrachteten verstärkten Narzissmus als Anpassung der *erwachsenen* Persönlichkeit an sich verändernde gesellschaftliche Umstände. Sie bezweifelten, dass sich in der Familie viel geändert habe (oder zumindest, dass man Verlässliches darüber aussagen könne), und entsprechend bezweifelten sie auch die Zunahme sozialisatorisch verankerter narzisstischer Dispositionen. Das Anwachsen narzisstischer Erscheinungsbilder brachten sie mit gesellschaftlichen Entwicklungen in Verbindung, welche die zu allen Zeiten vorhandenen narzisstischen Persönlichkeitsanteile besonders prämieren und deshalb ihr Hervortreten begünstigen. Wenn zum Beispiel das soziokulturelle Umfeld als zunehmend unbeeinflussbar wahrgenommen wird, so fördert das politische Apathie, Rückzug und die Überbesetzung ichbezogener Formen von Selbstverwirklichung, die narzisstisch aussehen. Aber dieser Narzissmus ist kein charakterologisch fixierter, sondern ein situativer, der unter anderen Umständen wieder verschwinden kann (ausführlich Busch 2001, S. 132 ff., 150 ff.).

---

1 Sekundärliterarische Darstellungen dieser Theorien finden sich bei Häsing et al. (1979), Eberlein (2000, S. 218 ff.) und Diamond (2006, S. 190 ff.).

Ziehe und Lasch sind im Unterschied zu Horn und anderen der Auffassung, dass sich auch der Sozialisationsprozess *innerhalb* der Familie in Richtung auf mehr Narzissmus entwickelt hat. Diese Entwicklung wird durch soziale Faktoren weiter intensiviert. Bei Ziehe ist es die Isolation in Trabantenstädten, abnehmende Kinderzahl und fehlende bzw. unbefriedigende Berufsarbeit, welche Mütter frustriert und »zusätzlich« narzisstisch bedürftig macht. Diese Bedürftigkeit wird durch symbiotische Umklammerung des Kindes gestillt. Bei Lasch ist der entscheidende sozialstrukturelle Faktor die Entmündigung durch Experten und die Bevormundung durch Bürokratien, die ein Weberianisches »Gehäuse der Hörigkeit« erschaffen, das die Individuen zugleich regressiv und anspruchlich macht und ihre in der Primärsozialisation grundgelegten narzisstischen Dispositionen verstärkt. Anders als in der Kritischen Theorie wird das Überich von Lasch und Ziehe nicht als schwach, sondern als archaisch-sadistisch betrachtet und verharrt auf dieser Stufe, weil es wegen diverser Blockierungen von einer weiteren, korrigierenden Entwicklung ausgeschlossen bleibt.

Diese Theorien haben sich, wie schon die der Überich- und Ich-Schwäche von Horkheimer und Adorno, als ebenso wirkmächtig wie falsifikationsschwierig erwiesen. Empirische Untersuchungen an Jugendlichen konnten keine Zunahme narzisstischer Charakterzüge finden (z. B. Dambmann 1985). Reiche (1991) hat auch den klinischen Anstieg narzisstischer Störungen bei Erwachsenen bezweifelt. Allenfalls die diesbezüglichen Diagnosen hätten aus verschiedenen Gründen zugenommen (Verfeinerung des diagnostischen Instrumentariums, Veränderung der Population, die Psychotherapeuten frequentiert, Veränderung der Diagnosegewohnheiten und Sensibilitäten für bestimmte Phänomene), nicht aber die Erkrankungen selbst.

Eine aktualisierte Version sozialpsychologischer Narzissmustheorien bieten Wintels (2000) und Zima (2009). Bei Win-

tels ist es, in Anlehnung an kommunitaristische Gesellschafts-
kritiken und die psychoanalytische Selbstpsychologie Kohuts,
der Verlust an Wärme und Gemeinschaft in Familie und Gesellschaft, der die Herzen erkalten lässt und die Menschen in
narzisstischen Rückzug oder narzisstische Aufblähung treibt;
bei Zima, der sich an der lacanianischen Tradition orientiert,
ist es die familiär und sozial induzierte Spannung zwischen
Ich und Idealich (Größenselbst).

Die einschlägigen Ausführungen beider Autoren zu zeitgenössischen Familienverhältnissen können im Lichte der im
ersten Kapitel dargestellten Befunde (und der im vierten Kapitel noch folgenden) nicht recht überzeugen. Wintels macht es
erklärtermaßen zu seinem Anliegen (ebd., S. 10, 26, 166), die
Verlustseite der eskalierenden Individualisierung in den Mittelpunkt zu rücken, was unausweichlich dazu führt, alle Phänomene auf ihre möglichen negativen Implikationen hin abzu-
klopfen. Zwar behauptet er, das vorgelegte Material belege die
Zunahme frühkindlicher Dispositionen zur späteren narzisstischen Desorganisation (ebd., S. 151), was aber nicht der Fall
ist, denn über Sozialisation in der Familie erfährt man kaum
etwas. Der Autor attestiert sich selbst sympathischerweise
»anfechtbare Vereinseitigungen« (ebd., S. 157), die er aber eher
kultiviert als anficht. Wie das aussieht, kann folgendes Zitat
verdeutlichen: »Der aktuelle Zustand der Gesellschaft zerstört
das primäre Bedürfnis nach sozialer Verbundenheit. An die
Stelle von Formen des sozialen Zusammenlebens tritt eine allgemeine Beziehungslosigkeit, eine Vernachlässigung emotionaler Bindungen zugunsten ›kalkulierter‹, nutzbringender
Pseudo-Beziehungen. Die Konzentration auf sich selbst und
die eigenen Interessen hat eine Entleerung der inneren Welt
zur Folge, vor deren schmerzhafter Wahrnehmung Größenphantasien zwar kompensatorisch schützen können, die aber
wiederum zu einer Entwertung anderer führen, auf die der
einzelne objektiv angewiesen ist.« (ebd., S. 145) Wenn das
Aussagen über die derzeitigen Beziehungen von Ehepartnern

oder Eltern und Kindern sein sollen, so muss man sie schlicht als falsch, im besten Fall als extrem einseitig bezeichnen.[2]

Die einschlägigen Passagen in Zimas Buch (2009, S. 131 ff.) beschränken sich darauf, klinische Fallbeispiele zu narzisstischen Fehlentwicklungen als beweiskräftig für den allgemeinen Zustand *der* Familie auszugeben, ohne die Verallgemeinerungsfähigkeit der Beispiele kritisch zu prüfen: Der Vater ist schwach, die Mutter narzisstisch, die Eltern betrachten die Kinder als Erweiterung ihrer selbst, und so wird der maligne Narzissmus von Generation zu Generation vererbt (ebd., S. 135). Auch hier kann man sich des Eindrucks nicht erwehren, dass Familienbeziehungen nicht in ihrer empirischen Realität untersucht, sondern nach Maßgabe einer vorgestanzten Theorie konstruiert und mit Einzelfallbelegen unterfüttert werden.

Empirisch überzeugender sind die Ausführungen von Twenge (2006, Kap. 2), die eine Zunahme des Narzissmus, insbesondere bei den seit 1970 ff. Geborenen, konstatiert. Unter Narzissmus versteht sie keine klinische Pathologie, sondern einen Anstieg von Persönlichkeitsmerkmalen wie Ichbezogenheit, Anspruchsdenken und des Gefühls, etwas Besonderes zu sein. Die Zunahme stellt sie anhand eines Vergleichs einschlägiger Untersuchungen mit Persönlichkeitsfragebögen fest, die seit den 1950er Jahren vorliegen. Die Ursache für den Anstieg des Narzissmus sieht sie, im Unterschied zu den oben dargestellten Autoren, weniger in schwachen Vätern, narzisstischen Müttern oder einer beziehungzerstörenden Konkurrenzgesellschaft als vielmehr im kulturellen Trend, das Selbstwertgefühl der Kinder zu fördern, ohne dafür eine entsprechende Leistung zu erwarten. Die selbstwertorientierte Erziehung, die sie kritisch im Auge hat, legt Selbstwertförderungsprogramme

---

2 Fairerweise sollte hinzugefügt werden, dass das Buch in anderer Hinsicht durchaus lesenswert und außerdem elegant geschrieben ist. Eine Lektüre lohnt sich trotz der angemeldeten Bedenken allemal.

auf, in denen die Kinder für nichts gelobt werden, und begünstigt dadurch eine unbegründete Anspruchshaltung, nicht aber das Selbstwertgefühl, das eher durch Anstrengung, Selbstdisziplin und erfolgreiche Leistung wächst. Die zentrale Diagnose lautet auf Zunahme des Narzissmus als Ergebnis eines Erziehungswandels, der über das Ziel hinausgeschossen ist.

Ich sehe hier mindestens zwei Probleme. Erstens mag es wohl sein, dass die Testwerte der 1970 ff. Geborenen etwa für Ichbezogenheit über denen der 1950er Jahre liegen, aber dies ist (wahrscheinlich) deshalb so, weil die jüngeren Generationen diesbezüglich auskunftsfreudiger sind als die älteren. Ein Vater des Geburtsjahrganges 1930 wird weniger Ichbezogenheit *berichten* als sein Sohn des Geburtsjahrganges 1970 (und entsprechend bei der Fragebogenauswertung als weniger narzisstisch eingeschätzt), aber die klinische Diagnose kann ergeben, dass der Vater unter einer schweren narzisstischen Persönlichkeitsstörung leidet, der Sohn aber nur unter einer mäßig ausgeprägten depressiven Neurose. Zweitens wandelt sich das, was man als normale bzw. pathologische Ichbezogenheit einschätzt, mit dem kulturellen Klima. Um nur einen weiteren Befund der Autorin anzuführen: Anfang der 1970er Jahre waren bestimmten Untersuchungen zufolge 20 % der Frauen »maskulin«, das heißt sie wiesen überdurchschnittliche Werte in Bereichen wie Unabhängigkeit, Ehrgeiz und Selbstbehauptung auf. In den 1990ern waren es bei denselben Fragebögen 50 %. Trotzdem würden wir heutige Frauen nicht unbedingt als maskuliner einschätzen als die der 1970er Jahre, weil uns das Streben nach Unabhängigkeit als Bestandteil des weiblichen Verhaltensrepertoires jetzt normal erscheint. Ähnlich könnte es sich mit »Ichbezogenheit« verhalten. Ein größeres Maß an Berücksichtigung der Belange der eigenen Person gilt mittlerweile als normal und deswegen ist es schwierig, einschlägige Fragebogenbefunde als eindeutigen Beleg für gewachsenen Narzissmus zu interpretieren. So wenig Frauen heute vermännlichter sein müssen als früher, obwohl sie höhere Werte bei Unabhängigkeit und Selbstbehauptung aufweisen, so wenig müssen Jugendliche oder junge Erwachsene heute narzisstischer sein, obwohl sie höhere Werte bei Ichbezogenheit aufweisen. Zwar zeigen die Werte eine Persönlichkeitsveränderung an; sie berücksichtigen aber nicht den gleichzeitigen Kulturwandel, auf den sie bezogen werden müssen und der sie in einem anderen Licht erscheinen lässt.

Weitere Kritiken an den Befunden der Autorin lauten: Die geschilderten Erziehungsformen sind nicht über das Ziel hinausgeschossen, sondern steigern wirklich das Selbstwertgefühl; der behauptete Anstieg von Ichbezogenheit kann nicht oder nur teilweise repliziert werden; die gefundenen Effektstärken sind zu gering, um aussagekräftig zu sein (Trzesniewski et al. 2008, Trzesniewski/Donnellan 2010, Roberts et al. 2010).

Inzwischen hat sich die Theorielandschaft erneut verändert und Verfallstheorien der Persönlichkeit verwenden andere Begriffe als die des autoritären oder narzisstischen Charakters. Als Ausgangspunkt können drei Arbeiten des Psychoanalytikers Werner Balzer (2001, 2004, 2006) dienen. Eine seiner Grundaussagen ist, dass die Modernisierung der Gesellschaft, insbesondere ihre Zeitbeschleunigung und Verbilderung, zu einem Verlust der Symbolisierungsfähigkeit führt. Was ist damit gemeint?

Symbolisierungsmängel

Es lassen sich zwei Lesarten der Behauptung eines Symbolisierungsmangels unterscheiden. Die eine hebt auf die zunehmende Unfähigkeit ab, symbolische Bedeutungen zu *verstehen*, die andere darauf, solche zu *bilden*. Als Beispiel für die erste Lesart kann die Beobachtung eines Domkapitulars dienen, dass Menschen, die die Kirche besuchen, dies heutzutage eher wie

Touristen tun, die ein interessantes Gebäude betrachten wollen. Sie verstehen die Kirche nicht als ein Haus Gottes oder als Symbol für seine Größe. Entsprechend ungezwungen oder respektlos fällt ihr Benehmen in der Kirche aus. Es werden zwanglos vom benachbarten Weihnachtsmarkt mitgebrachte Getränke und Speisen verzehrt, ohne dass dies als problematisch empfunden wird. Auch der Weihnachtsbaum mit seinen Lichtern wird nicht als Symbol für die Freude über Christi Geburt, sondern einfach nur noch als beleuchteter Baum verstanden. Ein Haus ist ein Haus und ein Baum ist ein Baum, und weil sie nicht noch etwas anderes bedeuten, entsteht ein Verlust der symbolischen Dimensionen von Wirklichkeitswahrnehmung, also eine Verflachung.

Man mag den Mangel an Respekt bedauern, aber seine Rückführung auf eindimensionale Wirklichkeitswahrnehmung halte ich für problematisch. Das frühere respektvollere Benehmen in der Kirche war ja nicht in erster Linie auf das Verständnis ihres symbolischen Aspekts als Haus Gottes zurückzuführen, sondern auf einen Dressurgehorsam oder den bewusstlosen Nachvollzug von Traditionen, welche die Menschen in Ehrfurcht erstarren ließen, ohne dass sie deswegen ein größeres Verständnis für die symbolische Dimension dieser Wirklichkeit gehabt hätten. Wohl hat sich das Verhalten verändert, aber nicht wegen einer Wahrnehmungsverflachung, sondern wegen einer Informalisierung des Benehmens.

Ähnlich wie der Domkapitular beklagt auch der Psychoanalytiker Balzer (2001, 2004, 2006) einen Verlust der Fähigkeit zum symbolischen Verständnis. Er soll sich in zunehmend konkretistischem Denken zeigen. Patienten wollen heutzutage schnelle, nach Möglichkeit medikamentöse Hilfe und sind immer weniger bereit, sich ausführlicher Selbstexploration zu stellen, in der die Bedeutung ihrer Symptome erhellt wird. In ihrem konkretistischen Denken zeigt sich zugleich eine Beeinträchtigung der Symbolisierungs*fähigkeit*, die auf eine gesellschaftlich und familiär induzierte Regression vom Symbolischen auf das Sensorische zurückzuführen ist. In der Gesellschaft treten (angeblich) schnell erreichbare Befriedigung, manische Erregung und »Sensation« an die Stelle von Triebaufschub, Erfahrungsverarbeitung und Trauerarbeit. Verantwortlich dafür ist in erster Linie das durch moderne Technologien und andere Faktoren verursachte gesteigerte Lebenstempo, das die für Erfahrungsverarbeitung notwendige Zeit und Muße immer stärker bedroht (s. dazu auch Rosa 2005 und King/Gerisch 2009).

Nur am Rande sei zunächst bemerkt, dass entgegen gängigen Erwartungen ein höheres Lebenstempo wegen des damit verbundenen wirtschaftlichen Wohlstandes empirisch mit höherer Lebenszufriedenheit einhergeht, nicht mit geringerer, und soziale Fähigkeiten wie Hilfsbereitschaft in schnelllebigen Städten stärker entwickelt sind als in langsamen (Göppel 2007, S. 92).

Grundsätzlicher ist der Einwand, dass die Klage, Symbolisches würde zunehmend durch Sensorisches ersetzt, schon seit den 1920er Jahren ein gängiger Topos der Kulturkritik ist. Damals machte der Aufschwung des Revuetheaters mit seinen je nach Mode spärlich bekleideten oder üppig kostümierten Mädchen dem Sprechtheater zu schaffen, was prompt zu der Diagnose führte, sinnlicher Nervenkitzel ersetze zunehmend das gesprochene Wort. Wie wenig zeittypisch das angeblich für die heutige Zeit Typische ist (Abfuhrkultur, Geschwindigkeitstaumel, Sensation, Bindungslosigkeit), erhellt ein Zitat aus Simmels »Philosophie des Geldes« (1900, S. 675), das nahezu umstandslos für die Jetztzeit adaptiert werden kann: »Der Mangel an Definitivem im Zentrum der Seele treibt dazu, in immer neuen Anregungen, Sensationen, äußeren Aktivitäten eine momentane Befriedigung zu suchen; so verstrickt uns dieser (Mangel) ... in die wirre Halt- und Rastlosigkeit, die sich bald als Tumult der Großstadt, bald als Reisemanie, bald als die wilde Jagd der Konkurrenz, bald als die spezifisch moderne Treulosigkeit auf den Gebieten des Geschmacks, der Stile, der Gesinnungen, der Beziehungen offenbart.« Damit soll nicht gesagt werden, es gebe nichts Neues unter der Sonne, aber das Neue sollte dann auch wirklich analytisch aufgeschlossen und nicht nur behauptet werden.

Der Topos der Ersetzung von (symbolischer) Erfahrung durch (sensorische) Erlebnisse als Ergebnis gesellschaftlicher Modernisierungsprozesse spielt in vielen philosophischen Theorien der damaligen Zeit eine Rolle, unter anderem in der Geschichtsphilosophie Walter Benjamins (s. Honneth 1993 a). Aus der Kurzdarstellung dieser Theorie bei Rosa (2005, S. 234 f.) ergibt sich eine zumindest terminologische Parallele zur ontogenetischen Theorie der Erfahrungsentstehung und des Erfahrungsverlustes des englischen Psychoanalytikers Wilfred Bion. Auch er arbeitet mit der Entgegensetzung von Erlebnis und Erfahrung. Er betrachtet die Transformation sensorischer, bloß erlebnishafter, »schockartiger«, »roher« Sinnesdaten in symbolische, bedeutungsvolle, »verdaute« Erfahrung als entscheidenden Entwicklungsschritt, der durch eine bestimmte Fähigkeit der Mutter im Umgang mit den Bedürfnissen ihres Kindes ermöglicht wird. Bion (1962) bezeichnet diese Fähigkeit als Reverie, also eine Art träumerischer Gelöstheit, mit der die Mutter die Gefühle des Kindes verarbeitet und sie ihm in dieser verarbeiteten Form »zurückgibt« (siehe dazu auch die instruktive Kurzdarstellung bei Hinshelwood 1991, S. 593 f.).

Diese Theorie wird von Balzer in den Dienst einer Kultur- und Modernisierungskritik gestellt durch die Behauptung, die Zeitbeschleunigung würde es immer weniger Müttern und entsprechend Kindern ermöglichen, Sensorisches in Symbolisches zu verwandeln, also Erlebnisse in Erfahrungen zu transformieren; dadurch entstehe eine Regression oder Fixierung auf ein präsymbolisches, sensorisches, erlebnisverhaftetes, insgesamt »unreifes« Stadium. Als Hauptverursacher einer solchen Regression werden neben desinteressierten oder gehetzten Eltern vor allem die Medien betrachtet, weil sie durch ihre schnell erreichbare Befriedigung die Anstrengung erfordernde Transformation von Erlebnissen in Erfahrungen verhindern (s. a. Rosa 2005, S. 229 ff., 470). Wie begrenzt die empirischen Belege für die angeblich weite Verbreitung dieses Phänomens sind, ist im ersten Kapitel dargestellt worden.[3]

3 Reemtsma (2005) vertritt ebenfalls die Auffassung von einem fortschreitenden Verlust der Symbolisierungsfähigkeit, befasst sich aber nicht mit seiner Psychogenese, sondern führt ihn auf aktuelle gesellschaftliche Entwicklungen zurück. »Symbolisieren zu können, bedeutet auch, an der Realität mehr wahrnehmen zu können als bloß diese« und »etwas sehen zu können, was man nicht sieht« (ebd., S. 22 f.). Der Schwund dieser Fähigkeit zeige sich in Fernsehen, Theater und Kunst als Verlust des Konjunktivs und Triumph der Unmittelbarkeit (ebd., S. 26, 30). Reemtsma will nicht den »Mob« anklagen, »der sich in den Fernsehstudios ankeift« oder vor den Bildschirmen zusieht, sondern diejenigen an ihre Pflicht erinnern, die das zu verhindern oder dabei nicht mitzuspielen hätten, auch wenn die Theater dann leer bleiben und die Einschaltquoten sinken (ebd., S. 30, 39 f.). Der fortschreitende Verlust der Symbolisierungsfähigkeit soll sich in Medien wie Fernsehen und Theater deshalb kundtun oder durch sie hervorgerufen werden, weil diese ihrer Aufgabe, nicht platt auf die Realität zu zeigen, sondern Distanz und Selbstreflexion zu kultivieren, mit dem Einverständnis ihrer Betreiber nicht mehr nachkommen. Dadurch fördern sie nicht nur die Unmittelbarkeit der Konfrontation mit Realität – und damit Desymbolisierung –, sondern rechtfertigen sie auch noch. Ob das wirklich stimmt und inwieweit dadurch die Symbolisierungsfähigkeit der Individuen beeinträchtigt wird, ist zumindest fraglich. Den »Mob« hat es nämlich schon immer gegeben, er war früher nicht symbolisierungsfähiger als heute, er hat sich nur nicht im Fernsehstudio angekeift, sondern zu Hause. Deshalb steht die Steigerungsbehauptung (»fortschreitend«) auf schwankenden Beinen, denn das immer schon vorhandene Ankeifen wird jetzt zwar öffentlich, nimmt aber nicht unbedingt zu. Darüber hinaus ist es, gerade weil es im Fernsehstudio stattfindet, kein bloßes Ankeifen mehr, sondern eine Inszenierung des Ankeifens und enthält insofern, bei aller Problematik, die man zu Recht darin sehen kann, auch eine symbolische Dimension, die das häusliche Ankeifen nicht hat. Deshalb könnte man in dem beklagten Phänomen sogar eine Symbolisierungssteigerung und keine Desymbolisierung sehen: Der Mob lernt, wie man Sich-Ankeifen *darstellt.*

Von manchen Autoren wird ein Symbolisierungs- und Sublimierungsdefizit nicht allein oder vorwiegend auf Temposteigerung und Quotenfixierung zurückgeführt, sondern darauf, dass heute Bilder an die Stelle von Texten treten. Die »Bilderflut« der visuellen Medien soll Kinder und Erwachsene überschwemmen und ihre Fähigkeit zum Phantasieren und zum Triebaufschub beeinträchtigen. Hinter dieser These verbirgt sich die Vermutung, dass Texte auf Grund ihrer syntaktischen Struktur und anderer Eigenschaften »widerständiger« sind als Bilder und deshalb eine kompliziertere Aneignungsarbeit, also Triebverzicht und Sublimierung erfordern. Texte, selbst die schlechtesten, sind »nicht in erster Linie ein Weg zur Welt, sondern ein Weg zum Abbild der Welt im Leser. In seiner Konstruktion setzt sich der lesende Mensch kreativ mit dem Gelesenen auseinander. … Das Bild und insbesondere das bewegte Fernseh- oder Videobild … ist dagegen platte Kopie der Welt. … Es verseucht die individuellen Innenwelten … und verhindert die autonome und kreative Besetzung der eigenen Innenräume und auch die durch den Akt des Lesens erzwungene, verlangsamte Auseinandersetzung mit dem rezipierten Geschehen. Die Bilderflut verlangt sofortige, emotionale Reaktion, sie kann Wut, Angst oder Lust erzeugen, nie aber Engagement, Reflexion oder gar Sinn.« (Fuchs 2007, S. 100 f.; für eine psychoanalytische Version dieses Gedankens siehe Hiltmann 1998, S. 1129 f., im Anschluss an Kristeva.)

Den Wahrheitsgehalt dieser Aussagen zu explorieren würde grundsätzliche und ausführliche Überlegungen zum Unterschied von Text und Bild erfordern, wie sie von einer Bildwissenschaft anvisiert werden. Dafür fehlt hier der Raum und mir auch die Kompetenz (für einen Überblick siehe Maar / Burda 2004, Sachs-Hombach 2005, 2009, Bredekamp 2010). Aber auch ohne solche Überlegungen kann man bezweifeln, ob die Lektüre von sogenannten Lore-, Arzt- oder Landserromanen – die ja ebenfalls Texte sind und früher bei denen hoch im Kurs standen, die heute zu viel fernsehen – die Sublimierungs-, Reflexions-, Engagementfähigkeit oder Phantasie mehr gefördert hat als die visuelle Rezeption von Sesamstraße, Tierfilmen, Regenwaldberichten oder Strategiespielen heute. Wahrscheinlich ist es weniger die Struktur des Mediums selbst als vielmehr die Art seines Inhalts, die Symbolisierung und Sublimierung fördert oder behindert. Dies zeigt sich unter anderem an Befunden, die belegen, dass zwischen Fernsehen und Spracherwerb kein oppositionelles, sondern ein ergänzendes Verhältnis bestehen kann. Einerseits ist bei Kindern, die schon im Kleinkindalter viel fernsehen, die Sprachentwicklung beeinträchtigt; andererseits gibt es, wenn sie erst nach dem dritten Lebensjahr damit anfangen und es moderat praktizieren, einen positiven Effekt auf die Sprachkompetenz (Ahnert 2010, S. 235 ff.).

Außerdem finden sich auch innerhalb visueller Medien wie dem Internet Tendenzen, die dem Verlust an Literalität entgegenwirken. Die sogenannten Blogs etwa sind kollektive Diskussionsforen, zu denen jeder Zutritt hat. Dort kann und muss sich jeder nicht nur in schriftlicher, sondern auch in argumentativer Form äußern, was zu einer »Demokratisierung der Autorschaft« und einer Förderung des schriftlichen Ausdrucks führt, die der Bilderflut dieses Mediums sowie einer passiv-rezeptiven Haltung entgegenwirken (Fuchs 2007, S. 103). Deshalb erscheint die Befürchtung übertrieben, die Innenwelt werde nicht durch geänderte Sozialisationspraktiken, sondern durch den Totalangriff der Medien eindimensional, weil die Bilderflut die Phantasiefähigkeit kompromittiere, mit vorgestanzten Bildern konformisiere und sich so auch den letzten Ort potentiellen Widerstandes, das Private, einverleibe (ebd., S. 104 ff.). Auch hier scheint das Theorem der Komplexitätssteigerung, mehr Bild *und* mehr Text zugleich, eher zuzutreffen als ein eindimensionales Verfallsszenario. Vergessen wird dabei nämlich auch, dass wir dem Fernsehen nicht nur

Emotionalisierung, Skandalisierung, Verdummung und Ankeifen verdanken, sondern, wie Hörisch (2004, S. 182) in Anlehnung an Meyrowitz schreibt, auch die politischen und sozialen Emanzipationsbewegungen der zweiten Hälfte des 20. Jahrhunderts. »Ohne TV keine Frauenemanzipation, keine antiautoritäre Erziehung, keine Angst der Militärs vor unpopulären und medienuntauglichen Kriegen, keine Entauratisierung mächtiger Politiker, keine weltweite 68er Bewegung, keinen ... Kollaps der autoritären ›realsozialistischen‹ Staaten im Jahr 1989.«

Theoretische Kurzschlüsse zwischen Individual- und Gesellschaftsdiagnosen

Bei Balzer werden Individualpathologien gerne mit impressionistischen Gesellschaftsdiagnosen kurzgeschlossen, etwa wenn es heißt, es sei kaum verwunderlich, wenn in einer hyperkinetischen Gesellschaft die Zahl der hyperkinetischen Kinder zunehme oder in einer Gesellschaft ohne Grenzen die Grenzfälle. (Ähnliche Aussagen finden sich in der französischen Psychoanalyse; s. z. B. Rassial zit. in Ehrenberg 2010 a, S. 329 f.) Zugleich wird im selben Atemzug diagnostiziert, dass der Borderline-Fall gar nicht mehr der Prototyp der entgrenzten Gesellschaft sei (wie bei Hanzig-Bätzing/Bätzing 2005, S. 271 ff.), weil das Individuum, durch beständigen sensorischen, insbesondere medialen Dauerbeschuss geschwächt, nicht mehr die Kraft zur Spaltung habe, die bekanntlich eines der markantesten Kennzeichen der Borderline-Persönlichkeitsstörung ist. Stattdessen komme es zu einer Regression der psychischen Aktivität auf die sogenannte autistisch-berührende Position im Sinne Ogdens (1989). Die individuelle Kehrseite gesellschaftlicher Entgrenzung und Überstimulierung sei nicht die Spaltung, sondern die Verklebung mit Objekten, die anzeige, dass die Repräsentation von Getrenntheit, die in den meisten psychoanalytischen Theorien als Grundvoraussetzung für Symbolbildung gilt, zunehmend schwerfalle. Deshalb seien die Kinderzimmer heute auch so vollgestellt. Als Indexpathologie für den Zustand der Gesellschaft werden von Balzer in relativer Beliebigkeit chronische psychogene Schmerzerkrankungen, Aufmerksamkeitsdefizit-/Hyperaktivitätsstörungen, Tinnitus, Sucht oder Bulimie genannt.

Diese Gedanken sind durchaus anregend, werden aber leider hinsichtlich ihrer möglichen gesellschaftsdiagnostischen Kraft nicht näher ausgeführt. So könnte man etwa das Aperçu, dass in einer Gesellschaft ohne Grenzen die Grenzfälle zunehmen (was empirisch übrigens nicht der Fall ist), mit der Zivilisationstheorie von Norbert Elias (1939) in Zusammenhang bringen. Elias beschreibt, wie makrosoziale Prozesse der Staatenbildung neben anderen Faktoren zur Etablierung einer »Selbstzwangapparatur« führen, die eine zunehmende Verinnerlichung der Affektkontrolle ermöglicht. In Fortführung von Elias' Theorie müsste man dann überlegen, ob und wie das heutige Verblassen nationaler oder sonstiger Grenzen diese Entwicklung eventuell wieder rückgängig machen und zu einer Destabilisierung der Selbstzwangapparatur mit der Folge verstärkter Regression oder verstärkten Agierens beitragen könnte (s. z. B. Klein 2006, S. 201). Solche Überlegungen werden von Balzer aber nicht angestellt, geschweige denn systematisch entfaltet, weshalb die hergestellte Verbindung zwischen gesellschaftlicher und individueller Entwicklung rein assoziativ bleibt. Die Leistung von Elias bestand aber nicht darin, beide Entwicklungen bloß parallelisiert zu haben – der Kontroll- und Überwachungsstruktur in der Gesellschaft (Staat) entspricht die Kontrollapparatur im Seelenleben (Überich) (s. Elias 1939/II, S. 327 f.) –, sondern darin, dass er die historische Interdependenz beider Prozesse in materialen Analysen nachgewiesen hat.

Auf solche Nachweise, und seien sie nur angedeutet, verzichtet auch ein anderer Psychoanalytiker und schreibt in mutigem Kurzschluss: »Von unserer Erfahrung im Behandlungszimmer ausgehend können wir natürlich auch auf gesellschaftliche Phänomene extrapolieren. Im Behandlungszimmer wie in der Gesellschaft stehen sich ... zwei Formen von Kultur gegenüber: ›Reveriekultur‹ und ›Abfuhrkultur‹ ... Erstere führt zu Umformung, Demokratie und Zuhören, letztere zu Tyrannei, Beherrschung und Vernichtung« (Ferro 2001, S. 103 f.). Mit Reverie bezeichnete der Psychoanalytiker Bion, wie erwähnt, einen mentalen Zustand träumerischer Gelöstheit bei der Mutter, der ihr hilft, die noch unmodulierten Affekte ihres Säuglings zu modifizieren und sie ihm in verarbeiteter Form zurückzugeben. Durch die Verinnerlichung dieser Verarbeitungsfunktion lernt das Kind, unmittelbare Abfuhr durch psychische »Verdauung« zu ersetzen. Reveriekulturen wären also solche, die die Verarbeitung von Affekten und nicht deren unmittelbare Abfuhr begünstigen. Diese Übertragung von Erfahrungen aus dem Behandlungszimmer auf die Gesellschaft und die Klassifizierung ganzer Kulturen nach dem binären Schema von Reverie und Abfuhr ist, bei aller Prima-facie-Plausibilität, eine Übervereinfachung und ähnelt in ihrer mangelnden Differenzierung stärker der Borderline-Spaltung in »gut« und »böse«, als ihr selbst lieb sein kann.

Dasselbe muss man auch von Balzers (2009) Übernahme der Türcke'schen Diagnose einer »Erregten Gesellschaft« (2002) sagen. Sie lautet so: Wir leben in einer audiovisuellen Gesellschaft, in der die mediale Reizflut die Individuen überschwemmt und ihre Fähigkeit zur Symbolbildung beeinträchtigt. Unter dem Trommelfeuer medialer Bilder bleibt keine Zeit mehr zur Reizverarbeitung. Wir können deshalb die Bilder, die auf uns einstürzen, nicht mehr mit Bedeutung ausstatten, ihnen keinen Sinn mehr geben, sie nicht mehr verarbeiten. Dies führt zu einer Regression vom Symbolischen auf das Sensorische, von der Erfahrung auf das Erlebnis. In der Terminologie von Bion ausgedrückt befindet sich das Kind oder der Erwachsene in der heutigen Mediengesellschaft in der Situation des Säuglings, der seinen Körperspannungen hilflos ausgeliefert ist, sie sofort abführen will, aber keine »Mutter« (Alpha-Funktion) mehr hat, welche die Transformationsarbeit von unverdauten Sinnesdaten (Beta-Elementen) in verdaute, bedeutungsvolle Erfahrung (Alpha-Elemente) leistet. Das Ergebnis ist der unter dem Diktat von Sinnesempfindungen stehende »sensoritäre Charakter« (Balzer 2009, S. 13) – erlebnisverhaftet, symbolisierungs- und sublimierungsunfähig, konkretistisch denkend, abfuhr- und augenblicksorientiert. Als Beleg werden Erfahrungen aus der psychoanalytischen Praxis angeführt, der »die altvertrauten neurotischen Subjekte mit ihren symbolischen, wenn auch verzerrten Repräsentanzen ... zunehmend abhanden gekommen (sind)«. Stattdessen erscheinen Patienten, deren Störungen auf dem Niveau des Sensorisch-Prozeduralen, nicht des Symbolisch-Deklarativen angesiedelt sind (ebd., S. 20). Bei dieser These handelt es sich jedoch erstens um nichts Neues, denn Ähnliches wurde lange vor der digitalen Revolution schon von Riemann 1975 (S. 13 f., 25 f.) behauptet. Er sprach von einem Übergewicht des sensorischen Erlebnisbereichs infolge einer Reizüberflutung, die emotional nicht verarbeitet werden könne und deshalb zu schizoiden Persönlichkeitsmerkmalen führe; zweitens ist damit wieder einmal eine Zunahme sogenannter früher Störungen behauptet.

Spätestens hier hätte sich Balzer mit der von Reiche (1991) vorgetragenen Kritik an dieser These auseinandersetzen müssen, was er aber rätselhafterweise unterlässt. Eine von Reiches nach wie vor aktuellen Überlegungen lautet: Selbst wenn es zuträfe, dass immer mehr Frühgestörte in psychoanalytischen Praxen auftauchen (zur Zeit von Reiches Essay sollen es vornehmlich narzisstische Störungen gewesen sein), ist damit nichts über die Verbreitung dieses Typus in der Gesellschaft gesagt. Vielmehr verhält es sich so, dass die Frühgestörten in der Vergangenheit ihre psychischen Krankheiten gar nicht als solche verstanden, sondern als lebensgeschichtliches Unglück ertrugen oder daran zugrunde gingen. Erst mit der Aufnahme

der Psychotherapie in die Kassenversorgung und ihrer Enttabuisierung in der Gesellschaft wurden sie vermehrt in psycho-
therapeutischen Praxen vorstellig. Aber neu sind Frühgestörte
nicht, sie kommen auch nicht häufiger vor als früher; neu und
häufiger kommen sie nur in psychoanalytische Praxen. Deshalb ist der Schluss, ihre Anzahl habe zugenommen oder es
handle sich dabei um einen »neuartigen Typus von Subjektivität« (Balzer 2009, S. 19), unbegründet.

Exkurs: Aufmerksamkeitsdefizit-/Hyperaktivitäts-
störung als Zeitkrankheit

Liest man Bücher wie die von Radkau (1998) oder Blom (2008),
so stellt man fest, dass der angeblich neuartige reizüberflutete,
sensorische Typus schon um 1900 unter der Diagnose Neurasthenie weit verbreitet war. So wurden Personen diagnostiziert,
deren Nervenkostüm durch die Hektik der Großstadt und
technische Erfindungen wie Telefon, Automobil und Kino
ebenso überfordert war wie das manch heutiger Menschen
durch die »Medienflut«. Was an der Überreizung neu sein soll,
erschließt sich dem historisch informierten Betrachter nicht
recht, auch wenn Perner (2007) und Türcke (2009) versuchen,
das Neue zu begründen. Aber wenn als sozialisationstheoreti-
scher Beleg für das derzeitige Eindringen der Überreizung in
die frühe Interaktion nur eine Mutter angeführt wird, die während des Stillens mit dem Handy telefoniert (Balzer 2009, S. 19)
oder, wie bei Türcke (2009, S. 87 ff.), das ADHS ohne jede kritische Prüfung als *die* Zeitkrankheit ausgelobt wird (zu Problemen siehe Perner 2007 und Löchel 2009, S. 180 ff.), so ist das zu
wenig, um die weitreichenden Behauptungen über zeitgenössische Charakterveränderungen empirisch zu untermauern.
Schon der Sachverhalt, dass die Zahl nervöser Kinder um 1910
auf 70 % geschätzt wurde, wohingegen es heute nur 10–20 %

sind (Perner 2007, S. 81), sollte vor Zusammenhangsbehauptungen zwischen Medienflut und steigender Nervosität warnen. Noch fraglicher werden solche, wenn man berücksichtigt, dass bereits 1958, zu einer Zeit also, in der Fernsehapparate und Automobile noch selten waren und die Bewegungsmöglichkeiten von Kindern nahezu unbegrenzt, 17 % der zehnjährigen Jungen und 7 % der Mädchen (insgesamt 12 %) als »ausgesprochen hypermotorisch« eingeschätzt wurden und 23 % als konzentrationsgestört (von Harnack 1958, S. 9, 72, 85). Genauso viele (eher weniger) werden heute in Befragungen von Eltern und Lehrern zu diesen Problemen immer wieder genannt. Im Grunde hat sich also am Ausmaß von Nervosität und Konzentrationsproblemen seit 50 Jahren nichts geändert.

Bedauerlicherweise produziert auch Perner (2007, S. 81 f.), der der ganzen ADHS-Diskussion zu Recht kritisch gegenübersteht, theoretische Kurzschlüsse. Bei ihm soll sich der »beunruhigende Zustand der Welt« nervositätssteigernd auf das Verhältnis von Eltern und Kindern auswirken und »postmoderne Nervosität« fördern – und das, obwohl der Autor weiß, dass gesteigerte gesellschaftliche Nervosität, wenn es sie denn gibt, sich gerade nicht linear in gesteigerter individueller Nervosität oder gar ADHS niederschlägt. Darüber hinaus ist seine Unterscheidung zwischen »moderner Nervosität« (zu Freuds Zeiten Neurasthenie), deren »Unruhe« auf Sexualunterdrückung zurückgeführt wurde, und »postmoderner Nervosität«, die aus Aggressionsunterdrückung resultieren soll (ebd., S. 83 f.), wenig einleuchtend, weil Kinder zwischen 1900 und 1970 unter dem Regime elterlicher und gesellschaftlicher Gehorsamsforderungen ihre Aggressionen wesentlich stärker unterdrücken mussten als heutzutage. Wenn man ADHS überhaupt als Zeitkrankheit betrachten will, so müsste man zeigen, was an den Erfahrungen dieser kleinen Gruppe von Betroffenen typisch für die moderne Gesellschaft und ihre Sozialisationspraktiken ist. Diese zugegebenermaßen anspruchsvolle Aufgabe wird vom Autor nicht gelöst.

Auch Ahrbeck (2008) scheitert an dieser Aufgabe, wenn auch auf hohem Niveau. Er sieht die primäre Ursache für ADHS in klinisch rekonstruierbaren Defiziten der frühen Mutter-Kind-Beziehung und eventuellen neurobiologisch bedingten Vulnerabilitäten. Beide hat es jedoch zu allen Zeiten gegeben. Neu hingegen soll der kulturelle Rahmen sein, in den diese primären Störungen eingebettet sind. »Er zeichnet sich durch eine nur schwer verarbeitbare Reizintensität und -dichte und ein Übermaß an Bewegung aus. Unruhe, Getriebenheit und Zeitknappheit beherrschen weite Teile des Alltagslebens. Verbunden damit ist das subjektive Erleben von Unsicherheit in Zeiten größer gewordener Gestaltungsmöglichkeiten und -notwendigkeiten, die Furcht vor dem Verlust an haltenden und sichernden sozialen Strukturen« (ebd., S. 708). Überstimulation und ständige Verfügbarkeit schaffen in dieser Lesart eine Reizbarkeit, die dazu führt, dass die in Primärbeziehungen grundgelegten (Symbolisierungs-)Probleme nunmehr als ADHS *ausgedrückt* werden. Die primären Ursachen dieser Störungen liegen in frühen Objektbeziehungen, die Symptomwahl wird durch soziokulturelle Faktoren beeinflusst.

Macht man das kulturelle Umfeld im Sinne einer solchen Überforderungsthese für den Symptomanstieg oder -wandel verantwortlich, so wählt man allerdings eine Erklärung, die Freud selbst (1908, S. 146 ff.) für unzureichend hielt. In Bezug auf die zu seiner Zeit gängige Vermutung, die moderne Nervosität verdanke sich technischen Entwicklungen wie Automobil, Telegraph, Telefon und dem dadurch gesteigerten Lebenstempo, merkte er an, damit werde, trotz einer gewissen Plausibilität, der entscheidende ätiologische Faktor übersehen, nämlich die Unterdrückung der Sexualität, die erst eine Empfänglichkeit für Überreizungen schaffe. Folgt man diesen Überlegungen, so muss man ein zeitgenössisches Äquivalent für die damalige kulturelle und familiäre Sexualunterdrückung angeben, das den psychischen Apparat in seinen Tiefenstruk-

120

turen heute ebenso (ver)formt wie die Sexualunterdrückung es damals tat und ihn empfänglich machte für *zusätzliche* Belastungen durch veränderte kulturelle Rahmenbedingungen. Versteht man jedoch die Rahmenbedingungen selbst als primäre Ursache psychischer Entwicklungsprobleme, so vertritt man letztlich eine Theorie der traumatischen Neurose, in der ein Übermaß medialer Stimulation zu psychischen Problemen führt, nicht aber eine Theorie der Psychoneurose, in der die Verinnerlichung von problematischen Aspekten früher Objektbeziehungen konstitutiv für die psychische Strukturbildung oder -verformung ist.[4]

Insgesamt ist wenig einsichtig, wieso die heutigen kulturellen Rahmenbedingungen für Kinder traumatischer sein sollen als die früheren. Auf diesen Sachverhalt wurde bereits im ersten Kapitel hingewiesen. Ebensowenig ist einsichtig, dass die frühkindlichen Primärbeziehungen sich breitenwirksam verschlechtert haben sollen. Im Lichte der Erziehungsliberalisierung und des gestiegenen Bildungsniveaus der Eltern ist die Sensibilität für kindliche Bedürfnisse gewachsen, so dass die Veränderung in den frühen Primärbeziehungen eher eine zum Guten ist. Dies belegen auch die Zufriedenheits- und Wohlbefindensdaten im vorigen Kapitel, die allerdings erst für Kinder ab dem Alter von vier Jahren gelten. Über repräsentative Daten für die ersten drei Jahre verfügt meines Wissens zur Zeit niemand. In Anbetracht der Tatsache, dass das Bildungsniveau

---

4 An diesem Problem laborieren auch die komplexen Überlegungen von Ehrenberg (1998; 2010 a, b). Er leitet die angeblich zunehmende Häufigkeit depressiver Erkrankungen aus den gestiegenen Autonomieanforderungen moderner Lebens- und Arbeitsbedingungen ab. Ein persönlichkeitspsychologischer oder charakterologischer Unterbau der wachsenden Erkrankungsneigung fehlt weitgehend, so dass auch seine Theorie letztlich auf eine Aktual- bzw. Traumatogenese von (Zeit-)Krankheiten hinausläuft. Eine ausführliche Auseinandersetzung mit diesem und verwandten Ansätzen (s. z.B. Rosa 2005, S. 386 ff.; Han 2010) ist in Arbeit (Dornes in Vorb.).

unter allen bekannten Variablen diejenige ist, welche die Interaktionssensitivität *in den ersten Lebensjahren* am stärksten bestimmt, ist eine Verschlechterung auch hier unwahrscheinlich, denn das Bildungsniveau ist in den letzten 40 Jahren signifikant gestiegen. Die derzeit häufig beklagte übermäßige Orientierungs- und Hilflosigkeit von Eltern, die den Autoritarismus vergangener Zeiten abgelöst hat, die kindliche Entwicklung aber nun genauso oder sogar mehr bedrohen soll als früher, ist zwar ein medialer Aufreger und auflagensteigernder Bestandteil von Erziehungsratgebern, in ihrer Verbreitung aber, wie die (wenigen) verfügbaren empirischen Daten dazu zeigen, auf ungefähr 10 % beschränkt. Sie gibt deshalb für die These massenhafter Verunsicherung früher Eltern-Kind-Beziehungen ebenfalls wenig her (s. dazu das vierte Kapitel). Außerdem spricht auch die Tatsache, dass die Anzahl der mit einem Jahr sicher an ihre Mutter gebundenen Kleinkinder in den letzten 40 Jahren nicht abgenommen hat, gegen eine Verschlechterung frühkindlicher Primärbeziehungen.

Hält man dennoch an der Behauptung fest, dass Phänomene wie mediale Reizüberflutung, Beschleunigung oder Enttraditionalisierung die psychische Verarbeitung beeinträchtigen und so die Psyche auf neue Weise verformen, so müsste man zeigen, wie das neue kulturelle Umfeld entweder breitenwirksam in die frühen Primärbeziehungen einwanderte und sie pathologisch veränderte, was den Fallbeispielen der genannten Autoren gerade *nicht* zu entnehmen und im Lichte der obigen Ausführungen auch eher unwahrscheinlich ist; oder man müsste zeigen, dass sich aus immer gleichen Störungsquellen in Primärbeziehungen neue Symptome entwickeln; dann wäre aber kein psychischer Strukturwandel, sondern nur ein Symptomwandel belegt. Oder aber man müsste zeigen, dass das neuartige soziokulturelle Umfeld an den Primärbeziehungen vorbei die psychische Strukturbildung negativ beeinflusst, was auf eine Theorie traumatischer Neurosen hinausliefe.

Warum aber sollte, um den letzten Punkt aufzunehmen, beispielsweise mediale Reizflut traumatisieren? Wenn bereits Zweijährige, wie heutzutage in den Vereinigten Staaten üblich, täglich zwei Stunden vor dem Fernsehapparat verbringen (Spitzer 2005, S. 2), so ist das sicher nicht gesund, aber auch nicht »überstimulierender« oder »traumatischer«, als wenn man sie wie früher zwei Stunden lang alleine schreien ließ, weil man der Auffassung war, »sie gingen mit den Lungen spazieren«, würden dadurch physisch gekräftigt und überdies psychisch abgehärtet. In beiden Fällen ist die Seele des Kindes überfordert, das eine Mal mit der Verarbeitung innerer, das andere Mal mit der Verarbeitung äußerer Reize. Wahrscheinlich ist einsames Schreien sogar traumatischer als einsames Fernsehen. Dass die Psyche heute durch das soziokulturelle Umfeld stärker überfordert ist als früher, erscheint insgesamt wenig plausibel. Allenfalls ist sie *anders* gefordert und die Andersartigkeit kann zu anderen Problemen führen, aber damit wäre nur der Symptomwandel erklärt: Die Kinder füllen die psychische Leere, die die mediale Reizflut hinterlässt, mit Hyperaktivität aus; oder ihre Hyperaktivität ist der Versuch, die fehlende Aufmerksamkeit ihrer Eltern zu erzwingen. Früher haben die Kinder deswegen geschrien, dann resigniert und in der Folge »stumme« Symptome entwickelt; heute »dürfen« sie laut sein und sind es auch. Ungeklärt ist dann aber immer noch der gleichzeitig nahegelegte psychische Strukturwandel. Behauptungen über die Regression vom Psychischen aufs Sensorische, vom Verlust der Symbolisierungsfähigkeit und Bedeutungsgebung, vom Agieren mit dem Körper implizieren immer auch, dass nicht nur die Symptome andere geworden sind, sondern auch die psychischen Strukturen unreifer. Dafür sehe ich ebensowenig Anhaltspunkte wie für die Richtigkeit der damit einhergehenden und dafür konstitutiven Behauptung (s. z.B. Ahrbeck 2008, S. 703 ff.), dass »gehaltvolle Objektbeziehungen« als Voraussetzung einer gesunden psychischen Entwicklung heute seltener oder schwie-

riger zu bewerkstelligen sind als in früheren Zeiten geringerer
medialer Reizüberflutung und Zeitbeschleunigung.[5]

5 Viele Kinderpsychiater sind übrigens der Auffassung, dass ADHS gar nicht
zugenommen hat, sondern nur die Diagnose ADHS, weil unsere Aufmerksamkeit für diese Störung größer geworden ist. Haubl (2009, S. 263) stellt dennoch
die Frage, ob ADHS nicht einen Wandel des Sozialcharakters anzeige. Er argumentiert so: Bis in die 1960er Jahre habe im westlichen Kulturkreis das Modell
des »homo clausus« (Elias 1939) vorgeherrscht, der seine Affekte/Triebe unter-
drückte. Seit den 1970ern sei dieses Modell durch das emotionalere der »Informalisierung« (Wouters 1999, 2007) abgelöst worden. In Asien herrsche nach
wie vor das »alte« Modell. Entsprechend gebe es dort niedrigere Prävalenzzah-
len für ADHS. Daraus kann man schließen: ADHS ist das Ergebnis gelockerter
Disziplinierungszumutungen. Soweit der sozialisationstheoretische Teil. Im
nächsten Schritt wird er gesellschaftsdiagnostisch erweitert und lautet dann:
Wir leben in einer Konsumgesellschaft, die ständig unbefriedigte Wünsche als
Bedingung ihrer Existenz produzieren muss. Dies und die Allgegenwart der
Medien führt zur Zerstreuung. Gleichzeitig leben wir aber auch in einer Leis-
tungsgesellschaft, die Konzentration erfordert. Daraus ergibt sich eine Art
struktureller Widerspruch zwischen Zerstreuungsunvermeidbarkeit und Kon-
zentrationsnotwendigkeit, an dem die ADHS-Kinder scheitern, der aber indikativ für eine Problemkonstellation ist, die alle betrifft. Man kann Einzelheiten
dieser Erklärung bezweifeln, etwa die Zusammenhangsbehauptung von ADHS
und gelockerten Disziplinierungszumutungen, weil von Harnack schon 1958
(S. 9, 72, 85), also in einer Zeit hoher Disziplinierungszumutungen, eine weite
Verbreitung von Hyperaktivität und Konzentrationsproblemen festgestellt hat.
Dennoch ist dieser Versuch den bisher dargestellten insofern überlegen, als
nicht gesagt wird, die Eltern-Kind-Beziehung würde schlechter, sondern nüch-
tern konstatiert wird, sie sei anders geworden. Ich teile diese Auffassung und
werde die Abnahme der Disziplinierung und Zunahme der Emotionalisierung,
die den Kern der Veränderung ausmacht, hinsichtlich ihrer charakterologischen Auswirkung unter dem pathologiefreien Titel der »postheroischen Persönlichkeit« im sechsten Kapitel genauer beschreiben. Dieser Persönlichkeitstypus ist zugleich die »Lösung« der von Haubl andernorts diagnostizierten
»Krise des innengeleiteten Sozialcharakters« (2008, S. 90). Dort favorisiert
Haubl eine Erklärung, die ADHS aus Mängeln in der frühen dyadischen Emotionsregulierung ableitet, welche ihrerseits aus übermäßigen gesellschaftlichen
Flexibilitätsanforderungen resultieren soll. Diese Junktimsbehauptung zwischen veränderten *sozialen Verhältnissen* und veränderter Emotionsregulierung *in der Mutter-Kind-Interaktion* unterschätzt jedoch die Eigendynamik
der Letzteren, die noch von vielen anderen Faktoren abhängt als von sozialen

Körperstörungen und Körperkult

Kristeva (1993), Chasseguet-Smirgel (2001) und Ettl (2008) diagnostizieren ebenfalls einen Verlust der Symbolisierungs- bzw. Verarbeitungsfähigkeit von Erfahrung, auch wenn diese Diagnose bei ihnen nicht wie bei Balzer und Ferro in postkleinianischer Terminologie auftritt. Kristeva etwa sieht die Seele als Repräsentationssystem, das über Sprache Erfahrungen Sinn verleiht, auf dem Rückzug. Der Druck gesellschaftlicher Entwicklungen, die sie in Stichworten wie »Gesellschaft des Spektakels« und »Leistungsstress« mehr andeutet als ausarbeitet, führe zu einer Regression der Seele auf den Körper, der zum bevorzugten Austragungsort seelischer Konflikte werde. Diese würden nicht mehr symbolisch-sprachlich dargestellt, sondern mit Medikamenten- und Medienkonsum stillgestellt. An die Stelle von Seele und Sprache träten Körper, Bild und Medikamente. Unklar bleibt, wie diese Regression von gesellschaftlichen Entwicklungen ausgelöst wird, und so bemängeln zwei Rezensenten ihres Buches zu Recht, der postulierte Zusammenhang zwischen innerer und äußerer Realität bleibe unexpliziert (Bayer 1998, Küchenhoff 2008).

Auch Ettl (2008) sieht das Neue an den Leiden der Seele darin, dass sie vorwiegend über den Körper ausgedrückt werden, sei es in Essstörungen oder in körperbetonten Sportarten wie *Bodybuilding, Bungeejumping*, U-Bahn-Surfen etc. Dabei sei

Flexibilitätsanforderungen, beispielsweise von der Persönlichkeitsstruktur der Mutter. Außerdem werden weder für die behauptete Zunahme unsicherer Bindung noch für die ebenfalls behauptete Abnahme elterlicher Aufmerksamkeit in Bezug auf die Kinder als Folge sozialer Flexibilisierung oder medialer Absorption Belege angeführt. Mir sind auch keine bekannt. Schließlich sollte noch erwähnt werden, dass ADHS in der Häufigkeit kindlicher Störungen allenfalls den fünften Platz einnimmt (Ängste 10 %, Soziale Verhaltensstörungen 7,6 %, Adipositas 6,3 %, Depressionen 5,4 %, ADHS 2–5 %; s. Kurth/Schaffrath-Rosario 2007, Ravens-Sieberer et al. 2007, Schlack et al. 2007 sowie die einschlägigen Überblicksartikel in Herpertz-Dahlmann et al. 2008).

der Körper nicht unbedingt krank, werde aber zur Darstellungsbühne seelischer Prozesse »missbraucht«. Statt Angst zu entwickeln und zu verarbeiten, würden kontraphobisch »Kitzel« und »Sensation« gesucht und ausagiert. Im Unterschied zu den klassischen, eher stummen psychosomatischen Krankheiten sei die zeitgenössische Körperzentrierung aber objektbezogener, weil sie ein Publikum suche, das ihre Darstellung bewundere. Die körperzentrierte Form des Narzissmus habe als Kehrseite die Angst vor kleinsten körperlichen Anomalien, die dann kosmetisch korrigiert werden müssten. Die Körperbetonung führt Ettl einerseits auf gesellschaftliche Ursachen zurück, nämlich auf die mediale und soziale »Vergötzung des Körpers« (ebd., S. 34). Diese verursache zwar keine Krankheiten, verändere jedoch ihre Ausdrucksformen. Die wirkliche Ursache der neuen Leiden, die ein Versuch sein sollen, seelische Probleme über den Körper zu lösen, sieht der Autor in einer nicht näher belegten wachsenden emotionalen Distanz in der frühen Eltern-Kind-Beziehung (ebd., S. 45). An anderer Stelle meint er (2006, S. 223), Schönheitsoperationen seien die »gemeinsame Endstrecke« narzisstischer Störungen. Personen, deren Körper in der Kindheit geliebt worden sei, könnten ihn annehmen und müssten später keinen Schönheitschirurgen aufsuchen. Diese Überlegungen laufen auf die Behauptung hinaus, frühe Störungen würden heute nicht mehr wie in den 1970er und 1980er Jahren als narzisstische Neurosen in Erscheinung treten, sondern als Bedürfnis nach Körperveränderungen. Die narzisstische Bedürftigkeit stammt in dieser Sichtweise aus unzulänglichen Primärbeziehungen, die Neigung, sie über den Körper auszudrücken, aus dessen gesellschaftlich-medialer Vergötzung. Die Medien stellen die Körperideale bereit, mit denen die körpernarzisstisch gestörten Menschen sich identifizieren und nach denen sie sich zu gestalten versuchen. Der Grundtenor der Ausführungen lautet ähnlich wie bei Kristeva: Der Körper ersetzt die Seele, das Bild die Sprache, die Sensation das Gefühl, kurz: Regression statt Progression.

Warum aber wird der Körper heute überhaupt gesellschaftlich vergötzt? Eberlein (2000, S. 370) meint, die zunehmende Veränderungsbereitschaft in Bezug auf den Körper sei eine weitere Ausdehnung der im romantischen Individualismus angelegten Idee der Einzigartigkeit. Die Individualisierung ergreife nun auch den Körper, der zu einem Feld unendlicher Möglichkeiten werde. Posch (2009, S. 11 f., 112, 130) ist der Auffassung, die erhöhte Aufmerksamkeit für den Körper sei Teil des spätmodern-neoliberalen Projekts umfassender, selbst zu verantwortender Gestaltung nach dem Motto: Gestalte dein Leben, gestalte dich selbst, gestalte deinen Körper. Bauman (2000, S. 215) hält den Körper für das letzte Rückzugsgebiet von Sicherheit, Kontinuität und Langlebigkeit. In einer Welt flüchtiger, immer schneller verschleißender Objekte sei er genau genommen sogar das einzige »Objekt«, dessen Lebensdauer zunehme. Ähnlich Türcke (2002, S. 46, 65, 73), der durch das Bombardement mit flüchtigen audiovisuellen Reizen die Tiefenschicht des Selbstgefühls so angegriffen sieht, dass Zweifel an der körperlichen Existenz und ein Gefühl von Haltlosigkeit entstünden, die durch schmerzhafte Körpermodifikationspraktiken wie Piercing und Tätowieren oder Gewaltakte wie Amok oder sinnlos erscheinende, verrohte Jugendgewalt kompensiert würden.

Gerisch (2006) hingegen vermutet, der basale Zustand der postmodernen Persönlichkeit sei »depersonalisiert.« Warum? Weil das Diktat der Flexibilisierung und Prozesse der Enttraditionalisierung dazu geführt hätten, dass sich der Einzelne entwurzelt fühle. Deshalb suche er nun Halt in seinem Körper. Die verstärkte Körperorientierung wird hier nicht aus dessen gesellschaftlich-medialer Vergötzung hergeleitet, nicht aus der Flüchtigkeit der Objekte oder der audiovisuellen Entkörperlichung und auch nicht aus der weit verbreiteten (aber empirisch falschen) Unterstellung eines »Jugendwahns« (s. dazu Otten 2008, S. 140 ff.), sondern aus *soziokulturell* induzierter Orientierungslosigkeit. In diesem Sinne schreibt auch Wintels

(2000, S. 206 f.): »Wenn die Kohäsionskräfte sozialer Kontexte erlahmen, während sich der Rhythmus des Daseins in noch nie dagewesener Weise beschleunigt ... rückt in dieser Situation des Auf-sich-selbst-zurückgeworfen-Seins zwangsläufig der Körper als quasi letzte Instanz der Gewissheit ins Zentrum nachhaltiger Aufmerksamkeit und Auseinandersetzung.« Die Vergötzung ist bei Wintels und Gerisch das Resultat einer sekundären Besetzung des Körpers; er wird regressiv überbesetzt, weil die Individuen keinen Halt und keine Orientierung mehr in der Welt finden.[6]

Die dargestellten Überlegungen zu Körperstörungen und Körperkult enthalten also meist eine Kombination soziokultureller und psychogenetischer Überlegungen. Die soziokulturellen differieren: Konkurrenz und Leistungsstress bei Kristeva und Posch, Flüchtigkeit und audiovisuelle Entkörperlichung bei Bauman und Türcke, mediale Körpervergötzung bei Ettl, enttraditionalisierungs- und beschleunigungsbedingte Orientierungslosigkeit bei Wintels und Gerisch. Für die psychogenetischen – emotionale Defizite in der frühen Primärbeziehung – fehlen überzeugende Belege. Gezeigt werden müsste außerdem, wie beide zusammenhängen, das heißt, wie die erwähnten soziokulturellen Prozesse zu Beeinträchtigungen der frühen Eltern-Kind-Beziehung führen. Liest man indes die familienpsychologischen Abschnitte in den Büchern von Wintels und Zima, so fällt wie erwähnt auf, dass die einschlägigen Beschreibungen eher Postulaten ähneln, wie die Familie der Theorie entsprechend zu sein habe, als sich wirklich auf die Realität moderner Familien einzulassen.[7]

6 Diese Halt- und Orientierungslosigkeit ist der gemeinsame Nenner fast aller Erklärungen von Phänomenen vermehrter zeitgenössischer Körperbesetzung. Sie zeigt sich darin, dass nicht nur Körperbewusstsein und Fitnessorientierung zunehmen, sondern angeblich auch Körperpathologien wie Anorexie, Bulimie und Selbstverletzung.
7 Eine historisch beispiellose Steigerung der Bedeutung des Körpers einschließlich dessen kosmetischer Korrektur, die vor keinem Körperteil Halt

Insgesamt halte ich es durchaus für wahrscheinlich, dass der Körper im Zeitalter seiner immer noch begrenzten technischen Produzierbarkeit (noch einmal) an psychischer Bedeutung gewinnt. Aber die Tatsache, dass es kaum Gesellschaften oder historische Epochen gibt, in denen er nicht manipuliert und vergötzt wurde oder wird, sollte uns davor warnen, in Körpermodifikationen nur Regressionstendenzen oder psychopathologische Phänomene zu sehen. *Bodybuilding* etwa ist kein neues Phänomen, sondern reicht bis in die Antike zurück. Seine moderne kommerzialisierte Form mit Fitnessstudios, Magazinen, Ernährungsratgebern und öffentlichen Wettbewerben datiert spätestens auf Eugene Sandow (1867–1925), der damals eine ähnlich Karriere machte wie in unserer Zeit Arnold Schwarzenegger (s. Blom 2008, S. 207 f.). Ziemlich gewaltsame Formen der Körpermodifikation waren vor hundert Jahren in den schlagenden Verbindungen weit verbreitet. Deren männliche Mitglieder waren auf ihre vernarbt-entstellten Gesichter ebenso stolz wie manche Frau heute auf ihre aufgespritzten Lippen.

Tattoo und *Piercing* gab es ebenfalls schon immer. In traditionalen Gesellschaften dienten sie der Verschönerung, waren Ausdruck der Zugehörigkeit zu einer Gemeinschaft oder Teil von Initiationsriten (Stirn 2003, S. 1206). All das können sie auch

machte, wurde schon in den 1920er Jahren festgestellt. Als Erklärung dienten oft ähnliche Argumente wie heute: Die Zeiten würden immer schnelllebiger, Fitness oder zumindest deren optische Suggestion sei notwendig, um in der modernen Arbeitswelt überhaupt noch einen Platz zu finden; die Mystifizierung der Jugend zwinge die Älteren zum Schritthalten; die veränderte Berufstätigkeit der Frau führe dazu, dass sie jetzt als Sekretärin öffentlich sichtbar sei (nicht wie früher als Dienstmädchen im Verborgenen wirke), weshalb sie immer attraktiv sein müsse; der wachsende Konkurrenzdruck bevorzuge schöne Menschen und mache Korrekturen für die weniger Schönen zu einer Notwendigkeit (die deshalb auch von der Krankenversicherung zu bezahlen seien; für weitere Details siehe Ramsbrock 2011).

heute noch sein. Als Initiationsrituale drücken sie aber keine Integration in die Gesellschaft mehr aus, sondern eine Opposition zu ihr und sind auch nicht mehr von der Gesellschaft auferlegt, sondern selbstgewählt (Kasten 2007, S. 124). Psychodynamisch erfüllen sie dennoch eine ähnliche Funktion wie früher, nämlich die Bewältigung des Übergangs in eine neue Lebensphase, die heute allerdings zunehmend in Eigenregie, eigenen Subkulturen und ohne klare gesellschaftliche Vorgaben erfolgt. Deshalb muten sie gelegentlich fremd an, ohne deswegen aber unbedingt pathologischen (Körper) Narzissmus zu signalisieren. Dieser kann, muss aber keine Rolle spielen.

Den Untersuchungen von Stirn zufolge (2003, 2004, Stirn et al. 2006, Stirn/Hinz 2008) ist Tätowieren und Piercing mittlerweile recht verbreitet. Die Prävalenz in der Bevölkerung beträgt beim Tätowieren 8 %, beim Piercen 7 %, in der Altersgruppe der 14- bis 44-Jährigen 15 bzw. 14 %. Die Autorin, eine Psychoanalytikerin, fand mit Fragebogenmethoden nur wenige Anzeichen für das Vorliegen eingeschränkter psychischer Gesundheit oder Psychopathologie, am ehesten noch bei weiblichen Genitalpiercerinnen. Bei ihnen scheinen (in manchen Fällen) sexuelle Gewalterlebnisse durch den Akt des Piercens wiederholt zu werden, jetzt aber in einer geschützten Umgebung und unter eigener Kontrolle, so dass im besten Fall eine Bewältigungserfahrung gemacht wird. Bei den anderen Untersuchten war eine erhöhte Neigung zu »sensation-seeking-behavior« festzustellen. Ansonsten entsprachen ihr Familienhintergrund (»broken home«), die soziale Integration (Arbeitsplatz), die erinnerten traumatischen Erfahrungen aus der Kindheit sowie die Zufriedenheit mit der Kindheit und den aktuellen Lebensumständen ungefähr der Häufigkeitsverteilung in einer Kontrollgruppe.

Andere Autoren betrachten *Piercing* und *Tattoo* als den zwangsläufig misslingenden Ausdruck eines Besonderheitsbedürfnisses, weil die massenhafte Verbreitung die angestrebte Besonderheit wieder zunichte mache (z. B. Schoch 2006).

Auch Altmeyer (im Druck, Kap. 8) sieht darin ein narzisstisches Phänomen. Die Individuen wollten sich als einzigartig und unabhängig präsentieren, seien aber zur Anerkennung ihrer Einzigartigkeit auf ein Publikum angewiesen, das sie bestätige. Daran sei jedoch nichts Pathologisches, denn in den zeitgenössischen Formen des *body design* komme nur die immer schon vorhandene intersubjektive Kehrseite des Narzissmus zum Vorschein, nämlich das Gesehen-werden-Wollen (Altmeyer 2000 a, b). An den Tiefenstrukturen der Seele muss sich in dieser Lesart, im Unterschied zu den oben dargestellten Theorien von Ettl und anderen, nichts verändert haben. Die Individuen müssen weder gesünder noch kränker sein, sondern sie wählen nur andere, zeitgemäß-expressive Ausdrucksformen für das immer schon vorhandene Bedürfnis, wahrgenommen zu werden, und experimentieren damit in der sozialen Realität. Nicht ganz überzeugend scheint mir diese Theorie unter anderem deshalb, weil beispielsweise Stirn/Hinz (2008, S. 329) als häufigste Antwort auf die Frage nach den Motiven die Antwort erhielten: »Meine Körpermodifizierungen sind nur für mich allein.« Wenn das Aufmerksamkeitserregen im Vordergrund stehen würde, sollte man andere Antworten erwarten. Auch der zeitdiagnostische Gehalt der »Werde-auf-mich-aufmerksam«-These der Körpermodifikation scheint etwas überpointiert. *Tattoos* waren nämlich im vorletzten Jahrhundert verbreiteter als heute. Ihre Häufigkeit wird für den Zeitraum zwischen 1850 und 1918 auf 20 % der Gesamtbevölkerung geschätzt (heute 8 %). Tätowieren ließen sich vornehmlich Angehörige der Unterschicht, aber auch ein kleiner Kreis exzentrischer Adliger und Bohemiens, die teilweise kuriose Motive wie Testamente oder Verzeichnisse von Weinkellern wählten (Bockrath 2008, S. 94 f.). Entweder war früher das Aufmerksamkeitsbedürfnis *noch* größer als heute oder aber das Tätowieren hatte andere Funktionen, etwa den Ausdruck der Zugehörigkeit zu einer bestimmten Gruppe. Die Narzissmusthese, egal in welcher Lesart, erfasst deshalb nur einen wenn auch nicht unwichtigen Teilaspekt von Körpermodifikationspraktiken.

Eine andere Deutung wählt Türcke (2002, S. 73). Er geht davon aus, dass wir in einer Gesellschaft leben, die durch ein Übermaß an flüchtigen audiovisuellen Reizen gekennzeichnet ist, und fragt deshalb: »Wie vergewissert man sich unter Bedingungen allgemeiner Audiovisualität seiner selbst? Indem man sich rituell sticht, sich ein ›Da‹ gibt: eine eindeutige, klar lokalisierbare Empfindung, die dem gesamten Nervensystem … Halt gibt. Halt übrigens auch im Sinne von Haltbarkeit. Man will sich etwas Bleibendes eindrücken.« Die Schlussfolgerung daraus lautet: »*Tattoo* und *Piercing* sind ein Aufbegehren gegen die Ungreifbarkeit der mikroelektronisch verflüchtigten Welt.«
Die These des Haltgebens und Aufbegehrens bietet sich jedoch für (zu) vielfältige Interpretationen an und wird von Türcke an anderer Stelle auch als Erklärung für Jugendgewalt und Amoklauf in Anspruch genommen. Das Bedürfnis, sich zu spüren, mag bei Körpermodifikationen durchaus eine Rolle spielen. Ob es sich auf die audiovisuelle Verflüchtigung der Welt zurückführen lässt, kann, wie alle derart großflächigen Vermutungen, kaum überprüft werden. Das macht Charme und Elend solcher Theorien aus. Andere Bedürfnisse wie das, sich zu schmücken, gesehen zu werden, zu provozieren, die Zugehörigkeit zu einer Subkultur zu bekunden, einen Popstar zu idolisieren, können ebenfalls eine Rolle spielen. Dass sie gerade diese körperliche Ausdrucksform annehmen, kann mit Faktoren wie erleichterter technischer Machbarkeit, Enttabuisierung des Vorgangs, Nachahmungseffekten und Entlastung von Lebensrisiken zusammenhängen. Monokausale Erklärungen greifen meistens zu kurz und die genannten empirischen Untersuchungen dokumentieren eine Fülle von möglichen Gründen für die Zunahme. Stirn/Hinz (2008, S. 332) betrachten solche Körpermodifikationen insgesamt als von geringer psychologischer Signifikanz. Bei den meisten Untersuchten haben sie den Stellenwert einer Mode. Es dominieren Nachah-

mungseffekte in der adoleszenten *Peergroup*, psychopathologische Auffälligkeiten fehlen meist. Bei einer Minderheit sind solche zu finden, weshalb Kliniker sich vor allem darum bemühen sollten, beide Gruppen voneinander zu unterscheiden.

Wo *bleibt das Positive?*

Erstaunlicherweise findet sich in Arbeiten zur Bedeutung des Körpers nur selten der Gedanke, dass erhöhte Körperbesetzung – sei es in Form von Fitness, Jogging, Gymnastik oder Bewegungsmeditation – auch lustvoll sein kann und Lust am Körper unter anderem erst dann möglich wird, wenn er als »malochendes« Arbeitsinstrument an Bedeutung verliert. Es gibt somit keine lineare Aufwertung der Bedeutung des Körpers, sondern eine gegenläufige Entwicklung: In der Arbeitswelt verliert und in der Freizeit gewinnt er an Bedeutung. In Letzterer verwandelt er sich von einem Mittel in einen Selbstzweck und kann entsprechend gepflegt werden. In der erhöhten Körperbesetzung könnte sich also durchaus auch eine neue Form des sorgend-liebevollen Umgangs mit dem Körper ausdrücken.

Statt diesen Sachverhalt positiv zu würdigen, werden Fitnessaktivitäten jedoch meist unter kulturkritischen Pathologieverdacht gestellt. Bei Posch (2009, S. 127) dienen sie der Sicherung des Konkurrenzvorteils in der neoliberalen Gesellschaft. Bei Maasen (2005, S. 244 f.) sind Praktiken der Selbstgestaltung Ausdruck der Logik globaler Ökonomie und Kommodifizierung, die den individuellen Marktwert erhöhen sollen. »Der Körper wird zur Bioaktie.«[8] Den Körper in

8 All das war aber bereits in den 1920er Jahren Realität (siehe vorige Fußnote), nur wurde es damals von der Bewegung der »Sozialen Kosmetik« gefordert, nicht kritisiert. Alle sollten aus Gründen sozialer Gerechtigkeit und zur Vermeidung von Konkurrenznachteilen an den Verschönerungsmöglichkeiten teilhaben (Ramsbrock 2011, Kap. 5).

Schuss zu halten ist heute angeblich anstrengend, nicht lustvoll. Entsprechend sollen Fitnessstudios keine Erholungs-, sondern Arbeitsstätten sein. Bauman (2000, S. 94 ff.) sieht in der Ablösung von Gesundheits- durch Fitnessvorstellungen eine Entgrenzung. Die Idee von Gesundheit sei von harten Parametern gestützt, die sich aus der Funktionstüchtigkeit oder -einschränkung von Organen ergebe. Dadurch werde eine klare Grenze zwischen Gesunden und Kranken gezogen. Fitness hingegen beziehe sich nicht auf einen bestimmten Stand körperlicher Leistungsfähigkeit, sondern auf ein nahezu unbegrenztes Potential der Erweiterung, mit dem der Mensch sich selbst für eine unsichere Zukunft fit mache und seine Arbeitskraft optimiere. Er betreibt also, wenn er sich fit hält, Selbstkommodifizierung (Bauman 2007, S. 122 ff.). Dem kritischen Blick entgeht hier, wie so oft, die individuelle Freude an der Bewegung; oder aber er marginalisiert ihre Bedeutung, weil es auf die Individuen sowieso nicht (mehr) ankommt: Die Systeme programmieren sich selbst, systemische Probleme lassen sich nicht individuell lösen, der Einzelne kann zwar immer mehr entscheiden, aber seine Entscheidungen werden immer bedeutungsloser (2000, S. 50 f.; 2007, S. 109). Solche Überlegungen enden regelmäßig in Resignation und düsterer Apokalypse; bei Bauman in der »negativen Utopie einer flüchtigen Moderne, die das Grauen, das wir aus Orwells und Huxleys Albträumen kennen, in den Schatten stellt« (2000, S. 23).

Ein ähnlich gelagertes Beispiel für apokalyptische Kulturkritik findet sich bereits bei Anders (1956, S. 31). Er zögert nicht, sogar den harmlosen Vorgang des Fingernägellackierens unter Selbstverdinglichungsverdacht zu stellen, und zwar so: Die Menschen versuchen, ihren »miserablen Rohstoff« zu veredeln, indem sie sich den Geräten angleichen. »Sich mit ›nackten Fingernägeln‹ zu zeigen, ist ›unmöglich‹: Salonfähig, office-fähig, ja selbst küchenfähig sind ihre Nägel erst dann, wenn diese den Geräten, mit denen die Finger umzugehen haben, ›ebenbürtig‹ geworden sind; wenn sie den gleichen toten und polierten Ding->finish< aufweisen wie diese; wenn sie ihr organisches Vorleben verleugnen können ...« Für solch exaltierte Denkfiguren wird gerne in Anspruch genommen, es handle sich dabei um eine »Übertreibung in Richtung Wahrheit«, also ein Verfahren, welches die Wahrheit durch Übertreibung ans Licht bringe (Türcke 2002, S. 42). Näher an der reklamierten Wahrheit läge es wahrscheinlich, diese Überlegungen, bei allem Respekt vor dem Autor, als verstiegen zu betrachten und offen zu sagen, dass Gesellschaftskritik in dieser Form lediglich »die Antiquiertheit des Günther Anders« bezeugt (Henschel 2010, S. 231 ff.).

Verschwindender Geschlechter- und Generationsunterschied

Bei Chasseguet-Smirgel (2001) wird das Thema der psychischen Regression und des Persönlichkeitszerfalls in zeitgenössischen Gesellschaften nicht anhand der Leitdifferenz *körperlich versus seelisch* behandelt, sondern anhand der Unterscheidung zwischen prägenital-pervers versus genital-reif. Die Autorin ist der Auffassung, dass heutzutage der Modus unreifer, prägenitaler, perverser Objektbeziehungen zunimmt. Eine perverse Objektbeziehung ist keine Perversion, teilt aber mit ihr zwei typische Merkmale: zum einen die Leugnung des Geschlechtsunterschiedes, zum anderen die des Generationsunterschiedes. Nach Chasseguet-Smirgel soll es für zeitgenössische Gesellschaften typisch sein, dass in ihnen beides verleugnet wird. Indizien für die Verleugnung des Geschlechtsunterschiedes sieht sie in der Praxis der künstlichen Befruchtung, die einen Vater überflüssig macht, oder in der Vision von Retortenbabys, in der dasselbe mit der Mutter(schaft) geschieht. Ein alltäglicheres Beispiel für die Nivellierung von Geschlechtsunterschieden ist für sie die geschlechtsrollenflexible

Erziehung. Als »pervers« werden solche Entwicklungen deshalb bezeichnet, weil der Perverse, insbesondere der Fetischist, den Geschlechtsunterschied verleugnet. Freud hat in seinen Arbeiten über den »Fetischismus« (1927) und »Die Ich-Spaltung im Abwehrvorgang« (1940) gezeigt, dass der Fetisch des Perversen ein unbewusster Ersatz für den fehlenden Penis der Frau ist. Im Fetischismus wird also die Kastrationsangst verleugnet, die den Mann beim Anblick der (penislosen) Frau befällt, indem er die Frau in Gestalt des Fetischs mit dem fehlenden Penis ausstattet. Jede Form der Abmilderung des Geschlechtsunterschiedes kann in Verallgemeinerung dieses Befundes als Schritt in Richtung auf »perverse« Objektbeziehungen gedeutet werden.

Plausibler als diese etwas gezwungen wirkende Konstruktion sind die Überlegungen zur Aufhebung des Generationsunterschiedes. Sie soll sich unter anderem darin zeigen, dass Kinder stärker als früher in einer symbiotisch-narzisstisch gefärbten Beziehung mit der Mutter leben, in welcher der Vater weitgehend fehlt. Die Kinder müssten sich nun nicht mehr anstrengen, an seine Stelle treten zu wollen, weil sie immer schon dort seien. Deshalb blieben sie in einer symbiotisch-illusionären Beziehung mit der Mutter fixiert. Der Generationsunterschied erodiere, weil der fehlende Dritte keine Versagung und Grenze einführe, die einen Entwicklungsanreiz schaffe. Dies führe zu Gegenwartsorientierung, Sofortbefriedigungsmentalität und zum Verschwinden der Idee eines in der Zukunft zu erreichenden Ziels (Ideals), was Chasseguet-Smirgel (1975) als Krankheit der Idealität bezeichnet. »Die Mutter, die ihr Kind in der Illusion unterstützt, es gäbe nichts Beneidenswertes an seinem Vater, es sei vielmehr so, wie es ist, ein adäquater Partner für sie, ... drängt das Kind dazu, eine trügerische und/oder magische Identität zu erwerben, die Entwicklung und Reifung umgeht.« (2001, S. 133) Die Erosion des Generationsunterschiedes werde weiter befördert durch eine liberalisierte Erziehung, in der die Kinder zu Partnern ihrer Eltern werden. Als pathologisches Indiz dafür wird unter anderem angeführt, dass mancherorts die Eltern sich schon mit den Kindern gegen die Lehrer verbünden (ebd., S. 135).[9]

Ähnlich wie Ferro in seinem Begriff der Abfuhrkultur behauptet auch Casseguet-Smirgel in schnörkellosem Zugriff: »Unsere westliche Kultur ist zutiefst geprägt durch die Unfähigkeit, abzuwarten und zu akzeptieren, dass Hindernisse zu bewältigen und Befriedigung also aufzuschieben ist. Die Folge ist entweder Gewalttätigkeit und/oder Depression. Der Vater als Haupthindernis der Wiedervereinigung mit der Mutter ... und Repräsentant der Realität, die so unerträglich ist, weil sie sich der Rückkehr zur verlorenen ursprünglichen Perfektion entgegenstellt, hat die äußere wie die psychische Szene verlassen.« (2001, S. 135) Das Thema der familiären Konstellation von realer oder symbolischer Vaterabwesenheit und dadurch

9 Ein Blick in die Vergangenheit zeigt, dass auch dies keine neue Errungenschaft ist. Schon um 1800 war es nicht ungewöhnlich, dass Eltern gerichtliche Schritte erwogen, wenn Lehrer beispielsweise empfahlen, unbegabte Kinder vom Gymnasium zu nehmen (R. Habermas 2002, S. 127). Die Zahl der Klagen soll allerdings in den letzten Jahren zugenommen haben. 90 % werden abschlägig beschieden (Der Spiegel 2008). Ebensowenig ist die Diagnose der Gegenwartsorientierung und mangelnden Verzichtsbereitschaft auf Psychoanalytiker beschränkt. Der Pädagoge und Jugendsoziologe Ferchhoff (1997, S. 71 f.) formuliert ähnliche Gedanken. Er führt die Gegenwartsorientierung der heutigen Jugend allerdings nicht auf den fehlenden Dritten zurück, sondern auf eine Mischung von Privilegien (Freistellung vom Arbeitsmarkt, Konsumchancen, große Möglichkeiten der Freizeitgestaltung) und Benachteiligungen (schlechte berufliche Zukunftsaussichten, leere Rentenkassen, Verlust des Jugendalters als einer Übergangsphase, die auf eine zu gewinnende Zukunft vorbereitet). Die Mischung von Sofortbefriedigungsmöglichkeiten und Zukunftspessimismus führt nach Ferchhoff zu einer Kombination von Gegenwartsfixierung und Zukunftsschwund, die der Sehnsucht nach dem Erwachsenwerden ihre treibende Kraft raubt. »Jugend ist heute Gegenwartsjugend.« Auch diese Diagnose ist indes nicht neu, sondern schon mehr als hundert Jahre alt (s. Savage 2008, S. 71). Wie immer – und vielleicht auch unausweichlich – werden hier Ideale und Befürchtungen der Erwachsenen auf die Kinder projiziert und dann dort gefunden.

verstärkter Mutter-Kind-Symbiose hatte schon Ziehe (1975) als ein Merkmal des von ihm so genannten »Neuen Sozialisationstyps« betrachtet. Er sah Jugendliche heranwachsen, die, auf schnelle Befriedigung fixiert und von regressiven Sehnsüchten beherrscht, den Eintritt in das ödipale Stadium versäumen und auf infantile Größenphantasien fixiert bleiben. Die daraus resultierende Beziehungsstruktur wurde von ihm allerdings nicht als perverse, sondern als narzisstische Objektbeziehung beschrieben.

Unabhängig von der jeweiligen Terminologie – ob kleinianisch-bionianisch als Prävalenz sensorischer, nach schneller Abfuhr drängender Empfindungen, klassisch-psychoanalytisch als prägenital-pervers, narzissmustheoretisch als unmodulierte Größenphantasie oder lacanianisch als Sprachverlust und Regression auf den Körper – alle Überlegungen konvergieren in der fragwürdigen Behauptung, dass psychische Entwicklung heutzutage unmöglich oder zumindest erschwert sei, und zwar vor allem wegen der zunehmenden Unfähigkeit zum Befriedigungsaufschub und der damit verbundenen Unfähigkeit zur Symbolisierung.

Wie die Ausführungen im ersten Kapitel und in anderen Teilen des Buches deutlich machen, verhält es sich hingegen so: Eine weitgehend konstante Minderheit von Kindern und Erwachsenen ist wegen Sozialisationsmängeln und/oder Traumatisierungen anfällig für die beschriebenen Phänomene der Neigung zu konkretistischem Denken, der Tendenz zur Regression auf den Körper und der Schwierigkeiten beim Befriedigungsaufschub. Da das soziokulturelle Umfeld, in dem wir heute leben, weniger festlegt und mehr Mitgestaltungsmöglichkeiten bietet und fordert, fehlt den sozialisatorisch Vorgeschädigten sowohl das »psychoexterne« Stütz- und Einschnürkorsett früherer Zeiten als auch die »psychointerne« Möglichkeit, den offener gewordenen Raum auszufüllen. Das disponiert sie für die hier und im Folgenden beschriebenen Kompensationsstrategien.

Medizintechnik und Medikamente

Grundsätzliches

Selbst wenn man die Auffassung von Chasseguet-Smirgel nicht teilt, die Zunahme der Abfuhrkultur hänge mit durch Vaterlosigkeit und Muttersymbiose bedingten Omnipotenzillusionen der Heranwachsenden zusammen, kann man Gefahren sehen. Wissenschaftlich-technische Errungenschaften können nämlich das Seelenleben auf vielfältige Weise bedrohen. Der Philosoph Dieter Thomä (2002) beschreibt mögliche Gefahren des »natural turn« – also der Konjunktur von Gehirnforschung und Genetik – für das Selbstverständnis des Menschen. Durch technische Eingriffe am Körper sollen seelisch bedingte Leiden nun »direkt« gelindert werden. Dieses Versprechen ist eine große Kränkung und Bedrohung für die Psychoanalyse, denn ihre Faszination bestand ja gerade darin, körperliches Leid »zum Sprechen« zu bringen und körperliche Symptome wie Lähmungen oder Schmerzen durch eine Redekur aufzulösen. Das »Verhältnis zwischen Symbolischem und Organischem soll nun umgekehrt werden: *happy pills* werden als Heilmittel gegen psychische Beschwerden eingesetzt ...« (Thomä 2002, S. 222) Ähnlich versteht Sigusch (2005, S. 71 ff.) die Verwendung von Viagra im Falle von Erektionsstörungen als Steigerung der *kulturellen* Impotenz, das heißt als den Verlust einer symbolischen Dimension, weil durch das Medikament die symbolische Bedeutung, die Potenz und Potenzstörung *in einer Kultur* immer auch haben, zum Verschwinden gebracht werde. Die expandierende kosmetische Chirurgie kann man ebenfalls unter Desymbolisierungsverdacht stellen, denn sie verspricht Seelenveränderung durch Körperveränderung.

Hier *nur* Regression zu beklagen, greift jedoch zu kurz. Zum einen könnte es sich bei Entscheidungen zur Einnahme von Tabletten oder für kosmetische Korrekturen auch um einen Ausdruck von Freiheit des Individuums handeln (Bayertz/Schmidt 2006; Rohde-Dachser 2007, S. 111 f.). Aber selbst wenn man daran zweifelt (wie Thomä) oder sie *auch* als Inszenierung unbewusster psychischer Konflikte mit Hilfe des Körpers versteht, was sie zweifellos sein können (Rohde-Dachser 2007, S. 112 ff.; Ziob 2007), wird man dennoch einräumen müssen, dass der menschliche Geist schon immer und mit großem Erfolg in alle Ritzen des vormals Unverfügbaren eingedrungen ist, um es verfügbar zu machen. Wieso sollte er gerade jetzt vor dem eigenen Körper haltmachen, zumal die Folgen durchaus positiv sein können?

Thomä (2002, S. 220 f.) befürchtet, dass durch den Trend zur Naturalisierung die Fähigkeit abnimmt, das Leben als sozialen und symbolischen Prozess zu gestalten. Warum aber sollte durch die Einnahme von Medikamenten wie Viagra oder kosmetische Korrekturen die soziale oder symbolische Gestaltungsfähigkeit des Lebens *abnehmen*? Dies wäre nur dann richtig, wenn sich die Menschen früher mit ihren Erektionsproblemen und körperlichen Mängeln sowohl sozial wie symbolisch intensiver auseinandergesetzt hätten; das war aber nie der Fall. Die meisten Betroffenen litten ganz unsymbolisch, stumm und sprachlos unter ihren funktionellen Symptomen und körperlichen Mängeln, ähnlich stumm, wie sie heute einen Eingriff vornehmen lassen; und die Tatsache, dass es diese Möglichkeit früher nicht gab, heißt nicht, dass mit entsprechenden Problemen deshalb reifer umgegangen worden wäre. Sie wurden unterdrückt, verdrängt, ignoriert oder endeten mit dem Tod. Der Zappelphilipp (ADHS) und der Suppenkasper (Anorexie) wurden damals verständnisloser behandelt als heute, wo man ihnen im schlechtesten Fall nur Medikamente verabreicht. Dasselbe gilt für Psychotiker, die mit den modernen Antipsychotika überhaupt erst eine Chance haben, in Freiheit zu leben, wohingegen sie früher eingekerkert, gefesselt, lobotomiert oder mit Elektroschocks behandelt wurden. Wohl nehmen die Möglichkeiten zu, mit Krankheiten und vermeintlichen oder tatsächlichen körperlichen Mängeln technisch umzugehen. Aber Körpermodifizierungsmaßnahmen umstandslos unter den Verdacht zu stellen, damit würde »ein regressives Phantasma der Realitätsverleugnung« bedient (Gerisch / King 2008, S. 262), greift zu kurz. Um nur ein Beispiel herauszugreifen: Der Sachverhalt, dass die Mehrzahl der operierten Transsexuellen nach der Geschlechtsumwandlung von einem dauerhaften und signifikanten Anstieg des psychosozialen Wohlbefindens berichtet, sollte vor solchen Kurzschlüssen warnen (Bayertz / Schmidt 2006, S. 55). Transsexuelle agieren in der Regel keinen psychischen Konflikt mittels Körperchirurgie aus. Gerade diese Fälle sollen ja durch die obligatorische Beratung *vor* einer Geschlechtsumwandlung ausgeschlossen werden. Sie lassen ihr körperliches ihrem psychischen Geschlecht angleichen. Deshalb ist die Güte der Operation für das spätere Wohlbefinden von geringer Bedeutung. Ob der anoperierte Penis einem echten gleicht, ist nicht so wichtig wie die grundsätzliche Übereinstimmung von psychischem und körperlichem Geschlecht. Ähnliches gilt für weniger weitreichende Eingriffe. Wenn eine verformte Nase das Selbstbild nachhaltig stört, so führt deren Korrektur zu dem Gefühl: »Endlich sehe ich natürlich aus.« Die Nase passt jetzt zum Selbstbild und wird nicht mehr als Fremdkörper empfunden (Maasen 2005, S. 250). Natürlich muss in solchen und anderen Fällen immer konkret beurteilt werden, ob gewünschte Eingriffe und medikamentöse Behandlungen Ausdruck unverarbeiteter Konflikte oder stattgefundener Problemverarbeitung sind. Einschlägige empirische Untersuchungen zeigen jedoch, dass die Entscheidung für einen kosmetischen Eingriff nicht leichtfertig oder bloß unter dem Diktat des Schönseinmüssens getroffen wird, sondern meist nach sorgfältiger Überlegung und als letztes Mittel, wenn andere Maßnahmen versagt haben (ebd., S. 248 f.).

Aber selbst wenn solche Entscheidungen reflexionsloses Agieren wären, wäre das immer noch kein Ausdruck *zunehmender* Desymbolisierung oder Regression. Es würde keine *neue Stufe* der Verdinglichung erklommen, sondern nur eine andere, vom Umfang her und durch die Vielfalt der Eingriffsmöglichkeiten erweiterte Form einer immer schon existierenden »konkretistischen« Praxis vollzogen. Früher waren die Mittel dafür primitiv, und die Probleme mussten häufig einfach ertragen werden, ohne dass sie deshalb auch verstanden oder psychisch verarbeitet wurden. Der Umgang damit war aber nicht reifer oder weniger regressiv, sondern nur auf eine andere Weise »sprachlos« oder sogar noch gedankenloser.[10] Weil die Probleme heute nicht mehr ertragen werden müssen, nimmt die Fähigkeit ab, sie als unumstößlich hinzunehmen – und in diesem Sinne nimmt auch auch die Leidensbereitschaft ab. Früher musste man unter seiner Unfruchtbarkeit leiden, sie als Schicksalsschlag hinnehmen, sie verdrängen oder in Alkohol ertränken, heute nicht mehr. Hormonelle Therapie oder künstliche Befruchtung bringen sowohl neue Freiheitsspielräume als auch neue Formen des Leids mit sich. Ein unfruchtbares Paar kann eine künstliche Befruchtung vornehmen lassen, was sowohl chancenreich als auch leidvoll ist. Und auch eine kosmetisch veränderte Nase ist nicht ohne Schmerzen zu haben. Insofern hat nicht die Leidensbereitschaft generell abgenommen, denn die Menschen sind bereit, für ein Kind oder einen schönen bzw. normalen Körper in ganz erheblichem Maß und sogar mehr als früher zu leiden. Abgenommen hat die Akzeptanz des Unumstößlichen. Aber das ist keine Realitätsverleugnung, sondern eine zutreffende Realitätswahrneh-

---

10 Wie das in den 1950er Jahren aussah, als das erste Anti-Psychotikum (Thorazine) und das erste Anxiolytikum (Miltown) auf den Markt kamen, schildert der Medizinjournalist Whitaker (2010, S. 58 f.). Praktisch alle Zeitungen und Magazine in den Vereinigten Staaten berichteten begeistert über diese Wundermittel, Apotheken hängten Schilder aus, auf denen zu lesen war: »Auch wir führen diese Medikamente.« Ein bekannter Komiker mit dem Vornamen Milton wollte sich vor lauter Begeisterung in Miltown umtaufen lassen und sogar Salvador Dalí wurde für eine PR-Kampagne gewonnen. Kurz: »The public went gaga.«

mung, weil heute weniger unumstößlich ist als früher und es geradezu widersinnig wäre, etwas Veränderbares wie eine krumme Nase oder eine verformte Brust als unumstößlich zu »verarbeiten«.

Wenn Jokeit/Hess (2009) bemängeln, zukünftige Alte seien seltener bereit, altersbedingte Einschränkungen des Gedächtnisses oder der Libido zu ertragen, und die Selbstoptimierung umstandslos verdächtigen, damit würden Menschen für den Turbokapitalismus fit gemacht, so leuchtet dieses grobschlächtige Argument nicht recht ein. Altersbedingte verminderte Sehkraft oder altersbedingter Zahnausfall werden ja auch nicht »reif« hingenommen, sondern durch Sehhilfen und Gebisse prothetisch kompensiert. Um es in karikaturistischer Übertreibung zu formulieren: Kaum jemand käme auf die Idee, bei Zahnausfall und dem anschließenden Verlangen nach einem Gebiss oder Implantat eine Verleugnung von Kastrationsangst zu diagnostizieren und Psychotherapie zu empfehlen, um sich mit dem Verlust abzufinden. Die meisten würden vernünftigerweise versuchen, sich mit vorhandenen und hoffentlich immer weiter verbesserten Hilfsmitteln die Beiß- und Sehkraft zu erhalten. Warum sollten für das Gedächtnis und die Potenz älterer Menschen andere Maßstäbe gelten?

Etwas anders verhält es sich mit der beklagten pharmakologischen »Aufmodulierung des Selbst« und den diskutierten kosmetischen Eingriffen. Hier lauern mit den neuen Möglichkeiten auch neue Gefahren, insbesondere die, dass nun zu viele Nasen korrigiert und zu viele Pillen eingenommen werden. Diese Gefahr ist deswegen besonders real, weil die technologischen Möglichkeiten als Verführungen oder Normierungen wirken können oder, wie beim Doping, einen subtilen Zwang ausüben. Wer nicht dopt, ist (vielleicht) nicht mehr konkurrenzfähig. Dadurch kann es schwieriger werden, ein »balanciertes« Verhältnis in Bezug auf Unvollkommenheiten zu entwickeln (Gerisch/King 2008, S. 268). Allerdings sollte man Folgendes bedenken: Erstens war das Verhältnis zum eigenen

Körper und seinen Möglichkeiten früher nicht balancierter, sondern allenfalls resignierter; zweitens ist der Nutzen etwa des Gedächtnisdopings fraglich (negative Befunde bei Langlitz 2010 und Talbot 2010; positive bei Müller-Jung 2010; umfassend Lieb 2010, Kap. 4); drittens kommen die seltenen Studien, in denen Betroffene direkt befragt werden, zu dem Ergebnis, dass bei vielen kosmetischen Eingriffen nicht in erster Linie Schönheit oder gar Perfektionierung angestrebt wird, sondern Normalisierung. Die Brust soll nicht größer oder kleiner werden, damit sie optimal, sondern damit sie normal wird. Das hat wenig mit dem häufig geäußerten Verdacht auf gesteigerten Körpernarzissmus zu tun, sondern eher mit seinem Gegenteil: Man möchte *nicht* auffallen, sondern eine Brust haben wie jede andere (Ach 2006, S. 195; Bayertz/Schmidt 2006, S. 59; Posch 2009, S. 44). Ähnliches gilt für stimmungsverändernde Medikamente: In der Regel sollen sie die Stimmung normalisieren, nicht optimieren.

Dennoch sehe ich hier mindestens zwei Probleme. Erstens: Wie kann man zwischen einer Normalisierung pathologischer Zustände und einer Optimierung nicht-pathologischer unterscheiden, um, falls nötig, eine Grenze zu ziehen? Und: Wer zieht die Grenze? Zweitens: Wie kann man in Anbetracht wachsender pharmakologischer Eingriffsmöglichkeiten verhindern, dass seelische Beeinträchtigungen mit Medikamenten »weggebügelt«, statt in Gesprächen die möglichen Ursachen dafür exploriert werden? Die Gefahr des »Zudeckens« ist nicht von der Hand zu weisen, weder bei der Behandlung pathologischer Stimmungsveränderungen noch bei Körperkorrekturen. Antidepressiva etwa können die Auseinandersetzung mit den Problemen, die eine Depression hervorgerufen haben, behindern, was Lear (1995) auf theoretischer Ebene als potentielle Autonomieeinschränkung der Patienten kritisiert und was folgende Geschichte auf Fallebene illustriert. Eine Patientin wünscht von ihrem Psychiater eine Verringerung der Dosis. Der Arzt fragt, ob das Medikament wirkt. Die Patientin antwortet: »Es wirkt großartig, und ich fühle mich viel besser. Aber ich bin immer noch mit dem gleichen Drecksack von Alkoholiker verheiratet. Nur dass ich ihn jetzt ertrage.« Auch Studien wie die von Steven Hollon zeigen, dass die rein medikamentöse Therapie einer mittelschweren Depression nach einem Jahr, wenn die Medikamente abgesetzt werden, bei 76 % der Patienten zu einem Rückfall führt; bei einer mit Psychotherapie und ohne Medikamente behandelten vergleichbaren Gruppe betrug die Rückfallquote nur 31 %. Einige Psychiater ziehen daraus den Schluss, dass Antidepressiva, zumindest bei manchen Patienten und wenn sie die alleinige Behandlungsmaßnahme darstellen, nur bei der Problemverdrängung helfen, was schließlich in Dauermedikation endet.[11] Ein wachsames Auge ist also notwendig und es hat seine Wirkung. Die Nationale Versorgungsleitlinie Depression, die nach vierjähriger Beratung am 8. Oktober 2009 verabschiedet wurde, dokumentiert die herausgehobene Rolle der Psychotherapie und die nachgeordnete der Pharmakotherapie in der Behandlung von Menschen mit depressiven Störungen (für die Kernempfehlungen siehe NVL Depression 2009).

Vorkommenshäufigkeiten

Aber selbst wenn man die Befürchtung über eine Ausdünnung der symbolischen Dimension des Lebens oder einen schleichenden Zwang zur Optimierung teilt, sollten die Gefahren nicht übertrieben werden. Was die Einnahme vermeintlich leistungssteigernder Medikamente angeht, so berichten einer

11 Fallgeschichte und Studie ref. nach Lehrer (2010); weitere einschlägige Studien werden von Bohleber (2010, S. 775 f.) dargestellt.; für eine grundsätzliche Kritik an der Wirksamkeit medikamentöser Therapie von Depressionen siehe Kirsch (2010) und Whitaker (2010); freundlicher ist die Beurteilung bei Bondy (2010, S. 43 ff.).

Untersuchung der DAK zufolge 2 % der befragten 20- bis 50-jährigen Arbeitnehmer, sie würden regelmäßig solche konsumieren, 3 % tun es gelegentlich und 95 % nie (Bergius 2009; Lieb 2010, S. 54). Berücksichtigt man, dass die Hälfte der in der DAK-Studie Befragten die Medikamente auf Rezept bezieht, so ist die Zahl der »Mißbraucher« geringer als die Zahl der Nutzer, weil unter den Nutzern zumindest einige eine medizinische Indikation aufweisen. Lieb (2010, S. 50 ff.) gibt einen Überblick über die bisher vorliegenden Studien und kommt zu dem Ergebnis, dass 1–2 % der deutschen Bevölkerung (in absoluten Zahlen 800 000–1,6 Millionen) gelegentlich oder regelmäßig »dopen«. In Amerika sind die Zahlen etwas höher (Metzinger 2009; Lieb 2010, S. 54 f.).

Was Schönheitsoperationen betrifft, so hört man häufig, sie seien mittlerweile zum Volkssport geworden, aber genaue Statistiken fehlen. Celikates/Rothöhler (2006, S. 325) verzichten auf Häufigkeitsangaben und behaupten einfach, »dass der eigene Körper von immer größeren Teilen der Bevölkerung immer stärker als Projekt verstanden wird«. Die verfügbaren Daten bzw. Schätzungen gehen für Deutschland von 100 000 bis 400 000 Eingriffen im Jahr (80 % Frauen), für die Vereinigen Staaten von 5 Millionen aus, was maximal 0,5 % aller Deutschen und 2 % aller Amerikaner entspricht (Ach 2006, S. 189; Bayertz/Schmidt 2006, S. 44). Andere Schätzungen liegen für Deutschland derzeit bei 800 000, also bei einem Prozent. Selbst wenn sie zuträfen, wäre die Rede vom Volkssport kaum gerechtfertigt, zumal die Häufigkeit der Eingriffe sowohl in Deutschland wie in den Vereinigten Staaten seit 2004 stagniert (Posch 2009, S. 152).

Die Zahl derer, die kosmetische Eingriffe grundsätzlich ablehnen, liegt in den deutschsprachigen Ländern bei 85 %, 15 % stehen ihnen neutral oder wohlwollend gegenüber (ebd., S. 149 f.). Für einen generalisierten »Schönheitskult« gibt es also wenig Anhaltspunkte, ebensowenig für weit verbreitete Körperunzufriedenheit. In den meisten diesbezüglichen Untersuchungen sind etwa 70 % mit ihrem Aussehen zufrieden, 25 % finden »es geht« und 5 % sind unzufrieden (ebd., S. 145, 149).

Anti-Aging-Produkte, wie beispielsweise Botox, werden wegen ihrer medialen Präsenz in der Anwendungshäufigkeit völlig überschätzt. Darüber hinaus suggerieren hohe prozentuale Steigerungsraten, es handle sich um ein Massenphänomen. Maasen etwa (2005, S. 242) berichtet für den Zeitraum zwischen 1992 und 2003 von einem Anstieg um 1504 %, was angesichts der minimalen Ausgangsbasis nicht verwundert. Die absolute Zahl von etwa 900 000 Anwendungen bei 300 Millionen Amerikanern ist aussagekräftiger und zeigt, wie gering die Verbreitung nach wie vor ist. Und selbst hier scheint bereits ein Deckeneffekt erreicht zu sein. In den USA, der Hochburg der Schönheitsindustrie, griffen im Jahr 2007 gerade einmal 0,24 % der Bevölkerung zu diesem Mittel – 13 % *weniger* als im Vorjahr (Posch 2009, S. 119). In Deutschland waren es im Jahr 2008 geschätzte 170 000 Anwendungen auf 80 Millionen Einwohner, also 0,21 %. Selbst wenn die Anwendungen zunähmen, müsste man bei der Bewertung noch berücksichtigen, dass dadurch die traditionellen, kostspieligeren und risikoreicheren Methoden wie das *Lifting* abnehmen, in Deutschland auf knapp 6000 im Jahr 2008 (Schipp 2010).

Auch für Viagra gilt, dass es quantitativ betrachtet eine geringe Bedeutung hat. Sein Jahresumsatz betrug 2007 in Deutschland 117 Millionen Euro, was knapp 0,4 % aller von den Krankenkassen aufgewendeten Kosten für Medikamente ausmacht und einen noch weit geringeren Bruchteil sämtlicher Ausgaben für Medikamente. Qualitativ betrachtet wird damit jedoch laut Quindeau (2007, S. 41) ein psychogenes Symptom »biochemisch überlistet« und die Tendenz befördert, diese Störungen losgelöst von psychosozialen und soziokulturellen Einflussfaktoren zu betrachten. »Die Verfügbarkeit einer schnellen und effektiven medikamentösen ›Lösung‹ erübrigt die zeitaufwendige Auseinandersetzung mit den emotionalen und interpersonellen Anteilen der Störung« (ebd., S. 45). Abgesehen davon, dass die Überlistungsbehauptung insofern überakzentuiert ist, als die Einschätzung der Psychogenität der männlichen Impotenz zwischen 10 und 90 % schwankt, konstatiert die Autorin selbst, dass mittlerweile wieder der Ruf nach begleitender Psychotherapie laut wird, weil die rein medikamentöse Behandlung zu hohen Abbruchquoten führt. Anscheinend lassen sich Symptome, sofern sie wirklich überwiegend psychogen sind, doch nicht so einfach biochemisch überlisten (Viagra wirkt in etwa einem Drittel der Fälle *nicht*), sondern bringen Gegentendenzen hervor, die sich auch denen aufdrängen, die sie zunächst nicht wahrhaben wollen.

Noch einmal: Desymbolisierung

Reiche (2000) verfolgt noch eine andere Spur. Medikamente wie Viagra und kosmetische Eingriffe wie Fettabsaugen sind *kein* Indiz für Desymbolisierung, sondern im Gegenteil: Diese Medikamente und Praktiken werden in erster Linie gar nicht konkret verwendet – wie die obigen Zahlen über die geringe Häufigkeit kosmetischer Eingriffe sowie des Botox- und Viagrakonsums auch nahelegen –, sondern symbolisch. Man informiert sich im Fernsehen, wird neugierig, in der Phantasie dauerpotent, dauerjugendlich oder dauerhaft schlank – und schläft dann vor dem Fernseher ein, (im)potent, faltig oder rundlich wie immer. Viagra und Drainagepumpen sind »an erster Stelle sexuelle Diskurselemente, kulturelle Codes und erst an zweiter Stelle Pharmazeutika und Apparaturen« (ebd., S. 24). In anderen Worten: Wer bei Viagra und kosmetischer Chirurgie Desymbolisierungsverdacht hegt, täuscht sich über den Gebrauch, den Menschen von diesen Dingen machen. Sie machen vor allem *symbolischen* Gebrauch davon. Im Unterschied zu Sigusch (1998), der in der Verwendung dieser technischen Mittel einen Transfer der Erregung von den Menschen auf die Dinge sieht und eine weitere Stufe der Verdinglichung (weil die Menschen nun ihre Erregung in die Dinge projizieren), sieht Reiche in ihrem symbolischen Gebrauch eine Art psychischer Schutzmaßnahme, die das Erregungsniveau konstant hält. Wohl mögen die Menschen sich kulturelle Ideale wie ewige Jugendlichkeit und Dauerpotenz schaffen, durch die sie sich dann unter Druck gesetzt fühlen. Aber gleichzeitig immunisieren sie sich gegen diesen Druck immer wieder dadurch, dass sie neue Techniken der Wiederunverfügbarmachung entwickeln.

Die Tatsache, dass vormals unverfügbare Körperreaktionen wie die Erektion technisch verfügbar gemacht werden, hat deshalb nichts Bedrohliches. Mit sexueller Unlust, Fettleibigkeit und anderen Zivilisationskrankheiten entziehen sich die Menschen wieder den diskursiv oder technisch erzeugten Idealen. »Sex im Internet« hat auch den Sinn, den hässlichen und hinfälligen Körper aus dem Rennen zu nehmen und trotzdem mitmachen zu können; und die Befürchtung, durch Computeranimationen würden Traumfrauen entstehen, denen keine reale Frau mehr gewachsen sei, wird dadurch konterkariert, dass sich gleichzeitig immer mehr Amateuraufnahmen im Netz finden, die fern von aller Makellosigkeit der digitalen Modelle sind (alles nach Reiche 2000, S. 24 f.). In dieser Sichtweise sind also die Veränderungen, die mit der technischen Verfügbarmachung des Körpers einhergehen, weder kulturell noch individuell bedrohlich und kein Anlass zu kulturkritischen Befürchtungen.

Menschen haben schon immer versucht, ihren Körper zu gestalten. Sie haben Sport getrieben, ihre Muskeln trainiert, ihre Gesichter bemalt, ihre Ohren und Lippen »gepierct«, ihre Füße, Köpfe und Hälse geformt sowie Drogen genommen. Neu ist nicht der Gestaltungswille, neu sind die Gestaltungsmöglichkeiten und die der Vermarktung. Je größer sie sind, desto eher werden Optimierung und Perfektionierung des Körpers zum Ziel. Der Körper *kann* zum Designobjekt werden, sei es im Sinne der Leistungssteigerung, sei es im Sinne der ästhetischen Gestaltung. Neu ist auch, dass wir in den Prozess des Lebens und der Fortpflanzung nicht mehr nur negativ, durch Verhütung, sondern positiv, durch Manipulation von Eizellen und Gensequenzen eingreifen können. Aber dadurch entsteht nur die Gefahr, nicht schon die Realität des Schrumpfens der symbolischen und sozialen Gestaltung des Lebens. Diese Gefahr wird erst dann Wirklichkeit, wenn gesellschaftliche Verhältnisse *in zunehmendem Maß* als unveränderlich und naturgegeben erscheinen und wachsende technische Verfügung über die innere und äußere Natur an die Stelle kommunikativer Auseinandersetzung und sozialer Gestaltung tritt. Ob dies so ist, muss jeweils konkret gezeigt werden, etwa am Beispiel der Gentechnik oder der exklusiv medikamentösen Administration psychischer oder psychosomatischer Erkrankungen. Wenn kindliche Hyperaktivität nur noch mit Medikamenten behandelt und Psychotherapie, obwohl nachweislich hilfreich, unterlassen wird; wenn an ungesunden, toxischen Arbeitsplätzen genetische Risikoanalysen an die Stelle von Schutzmaßnahmen treten; wenn durch genetische Manipulation die Haarfarbe, das Geschlecht oder die Intelligenz des zukünftigen Kindes beeinflusst werden soll – dann hätte in der Tat ein Gesinnungswandel stattgefunden, der auf ein wachsendes Maß an Verdinglichung hinwiese und auf eine Neigung, die Individuen zunehmend als »technologisch« veränderlich, die sozialen Verhältnisse aber als unveränderlich zu betrachten. *Ob* das der Fall ist, ist eine offene, empirisch zu klärende Frage. Ich wage die Prognose, dass das Ergebnis einer solchen Klärung nicht eindeutig »technokratisch« sein wird.

Noch einmal: ADHS und Ritalin

Als Beispiel kann die Diskussion über Methylphenidat (Handelsname: Ritalin u. a.) dienen. Die Verwendung dieses Medikaments hat bei der Behandlung des ADHS stark zugenommen. Die hergestellten Mengen haben sich zwischen 1993 und 2006 um das 36fache erhöht, was einschlägige Befürchtungen über »Kinder im Pillenrausch« befeuert hat (Der Spiegel 2007). Dazu drei Bemerkungen: Erstens sind solche Steigerungsraten historisch nichts ungewöhnliches. Radkau (1998, S. 182) etwa berichtet, dass in der Pariser Zentralapotheke zwischen 1855 und 1875 der Verkauf von Bromkalium, einem Mittel zur Behandlung der Neurasthenie, um das 200fache zunahm. Dagegen nehmen sich die Ritalinzahlen fast harmlos aus. Zweitens ist die Wahl des Zeitraums für die behaupteten Steigerungsraten entscheidend. »Ritalin kam in den 1950er Jahren auf den Markt und wurde schon in den 1960ern von vielen Menschen ohne medizinische Indikation eingenommen. ... In Amerika ist der Konsum von Ritalin und anderen Stimulanzien heute wieder auf dem Stand der sechziger Jahre angelangt.« (Langlitz 2010) In anderen Worten: Seit den 1960ern ist die Steigerungsrate des Ritalinkonsums – null. Damals regte man sich über den Konsum dieser Substanz nicht auf, wohl aber über die langhaarigen Kiffer und LSD-Konsumenten. Warum? Nicht wegen der Substanz, die sie konsumierten, sondern wegen deren symbolischer Bedeutung. Lange Haare, Haschisch, LSD symbolisierten die Ablehnung des Leistungsprinzips, und das nervte das damals so genannte »Establishment«.

Heute jedoch, nachdem der Sozialismus als Alternative abgewirtschaftet hat, treiben Globalisierungsängste und solche vor einem hegemonialen Kapitalismus Teile der Gesellschaft um, und die Angst vor Medikamentendoping ist eine symbolische Chiffre für die Angst vor der Entgrenzung des Leistungsprinzips. Ritalinkritik steht symbolisch für Leistungs*steigerungs*kritik, ähnlich wie die Kritik an der Gegenkultur in den 1970ern für Leistungs*verweigerungs*kritik stand. Damit soll nicht gesagt werden, dass man sich über Indikation und Gefährdungspotential von Medikamenten und Drogen keine Gedanken mehr zu machen braucht, sondern, dass wir nie *nur* über Medikamente diskutieren, sondern immer auch über das, wofür sie stehen. Die Intensität der Diskussion ist allerdings eher ein Beispiel für Symbolisierung als für Desymbolisierung. Dies zeigt sich drittens an ihrem Ergebnis. Seit 1. September 2009 ist die Zulassung des Medikaments eingeschränkt. Es darf erst dann verordnet werden, wenn sich andere therapeutische Maßnahmen wie Psychotherapie als unzureichend oder erfolglos erwiesen haben; der verschreibende Arzt muss regelmäßig den langfristigen Nutzen des Mittels prüfen, indem er es einmal im Jahr absetzt; und Psychotherapie gehört in den evidenzbasierten Leitlinien für die Behandlung von ADHS zu den essentiellen Maßnahmen (Psychotherapiejournal 2009). Auch die Verschreibungspraxis ist im Jahr 2010 verschärft worden. Aber selbst auf dem bisherigen Konsumhöhepunkt haben umgerechnet (nur) *ein* Prozent aller Kinder und Jugendlichen *einmal* im Jahr *eine* Dosis Ritalin erhalten (Wahl 2010).

Noch einmal: Grundsätzliches

Schließlich könnte man die provokative Frage stellen, ob die biotechnologische oder pharmazeutische »Verbesserung« des Menschen – nicht nur die Beseitigung von Mängeln oder Krankheiten – vielleicht sogar einen Wert oder ein Gebot darstellt. Einen Wert, weil Höherentwicklung eines der vornehmsten Ziele menschlicher Kreativität ist, ein Gebot, weil sich die zukünftigen Probleme der Menschheit mit den vorhandenen natürlichen biologischen Mitteln allein nicht lösen lassen werden. Theologisch ausgedrückt wäre es dann nicht nur unser Recht, sondern geradezu unsere Pflicht, »Gott zu spielen«, was von manchen Theologen bejaht, von anderen als Vermessenheit betrachtet wird (Honnefelder 2008, S. 48). Darauf kann ich hier nicht näher eingehen. Habermas (2002), Siep (2006), Sandel (2007) und viele andere (Überblicke in Beyond Therapy 2003, Villa 2008, Schöne-Seifert/Talbot 2009, Schöne-Seifert et al. 2009, Lieb 2010) haben sich mit dieser Frage ausführlich beschäftigt. Manche sind zu kritischen Antworten gelangt. Sandel etwa sieht im Optimierungsdenken einen zentralen Punkt des Menschseins bedroht: »Es ist verlockend zu glauben, dass es eine Übung in Sachen Freiheit sei, unsere Kinder und uns selbst biotechnisch auf Erfolg in einer auf Wettbewerb orientierten Gesellschaft zu trimmen. Aber unsere Natur zu verändern, damit sie in die Welt passt, und nicht umgekehrt, ist in der Tat die tiefste Form der Entmachtung. Es lenkt uns davon ab, kritisch über die Welt nachzudenken, und betäubt den Drang nach sozialer und politischer Reform.« (Sandel 2007, S. 118)

Interessanterweise wird von Befragten jedoch als primäres vertretbares Motiv für die mögliche Einnahme stimmungsaufhellender Medikamente nicht die Verbesserung der Arbeitsleistung genannt (was als Ausdruck der Betäubung des Reformwillens durch Pillen verstanden werden könnte), sondern die Verbesserung der Laune *im Privatleben*. Leistungssteigerung spielt nur eine zweitrangige Rolle (Lieb 2010, S. 36). Dennoch ist Sandels Auffassung bis zu einem gewissen Grad einleuchtend, unterstellt aber, dass entsprechende Versuche breitenwirksam werden und das kritische Nachdenken über die Welt sowie deren Veränderung effektiv beeinträchtigen, was beides nicht der Fall sein muss. Die Möglichkeit und Reichweite zukünftigen *Neuro-Enhancements* wird von ihren Fürsprechern (z. B. Galert et al. 2009) allerdings gelegentlich entweder überschätzt oder unter Annahmen befürwortet, die (heute) unrealistisch erscheinen: Die Mittel müssen nebenwirkungsarm sein, sollen nicht den Leistungs- und Konkurrenzdruck fördern, verantwortungsvoll eingenommen werden und ähneln dann eher einer Tasse Kaffee oder einem Glas Wein, gegen das auch niemand Einwände erhebt. Selbst wenn man diese Sichtweise für verharmlosend hält, ist für die Zukunft, wie die oben dargestellten Ergebnisse der Diskussion um Antidepressiva und Ritalin zeigen, keine »brave new world« zu erwarten, sondern eine Situation, in der drei Strömungen koexistieren: Versuche zur Optimierung, Versuche, sich ihr zu entziehen, und Kritik an beidem. Einen Mittelweg zwischen Optimierungshypertrophie und pharmazeutischer Askese zu finden wird nicht einfach werden, aber vermutlich kommt es mit Biotechnologie und *Neuro-Enhancement* wie mit den neuen Medien: Eine Mehrheit findet sich damit zurecht und wird verantwortungsvoll damit umgehen, eine Minderheit im einstelligen Prozentbereich wird Probleme bekommen. »Im Ergebnis gibt es keine hinreichenden Gründe um zu verhindern, dass Menschen von den technischen Möglichkeiten des *Neuro-Enhancements* nach eigener Entscheidung und auf eigene Rechnung, also gewissermaßen in Konsumentenhaltung, Gebrauch machen. Man muß am Ende darauf vertrauen, dass sie selbst dabei ein Maß und eine Mitte finden.« (van den Daele 2009, S. 114; skeptischer Lieb 2010, S. 155 f.)

Fazit

In diesem Kapitel wurden Verfallstheorien der Psyche in Bezug auf Erwachsene dargestellt und überprüft. Es fanden sich keine überzeugenden Belege dafür, dass Erwachsene unter zeitgenössischen Lebensbedingungen psychisch unreifer werden oder sind als früher. Die einschlägigen Aussagen über zunehmenden Narzissmus, abnehmende Fähigkeit zur Symbolisierung, Unfähigkeit zum Befriedigungsaufschub, vermehrte Probleme bei der psychischen Verarbeitung körperlicher Normabweichungen sowie wachsende Neigung zur kosmetischen und medikamentösen Korrektur von Körper und Selbstgefühl betreffen allenfalls eine Minderheit. Die Mehrheit der Erwachsenen kommt mit den modernen Lebensbedingungen und den damit einhergehenden »Verführungen« durchaus zurecht, ohne psychisch zu regredieren, und gerade die über Fünfzigjährigen weisen ein hohes Maß an physischer und psychischer Selbstakzeptanz, Ich-Stabilität sowie sozialer Einbindung auf (Otten 2008, S. 140 ff.).

Noch nicht ausführlich behandelt wurden – wie bei den Ausführungen über die Kinder – mögliche Zwiespältigkeiten des bisher gezeichneten Bildes. Sie sind Gegenstand des sechsten Kapitels.

Kapitel 3

Neue Freiheiten:
Von der Selbstverwirklichung
zur Selbsterfindung

Einleitung

Das folgende Kapitel behandelt die Theorie der Selbsterfindung des Tel Aviver Psychoanalytikers Carlo Strenger. Sie ist ein Gegenbild zu den Verfallsszenarien, die im zweiten Kapitel dargestellt wurden, denn sie betont nicht die Bedrohung und den Verlust, sondern die psychischen Freiheitsgewinne, die zeitgenössische Gesellschaften ihren Mitgliedern ermöglichen. Die Theorie atmet das »postmoderne« Flair einer Selbstgestaltungs- und Akteursemphase und minimiert die Bedeutung der lebensgeschichtlichen Vergangenheit, um für die behauptete Selbstgestaltung theoretisch Raum zu schaffen.

Ihre Überprüfung führt zu dem Ergebnis, dass sie die *dauerhaft* persönlichkeitsprägende Kraft von Erziehung und Sozialisation unterschätzt und die Möglichkeiten, sich davon zu befreien, überschätzt. Das psychische Wohlbefinden und die Lebensgestaltungsmöglichkeiten, die Menschen in enttraditionalisierten und pluralisierten Gesellschaften offenstehen, sind in ihrer Realisierung – neben sozialen Variablen – nach wie vor substantiell abhängig von einer psychischen Verfassung, die in der frühen Familienkindheit grundgelegt wird und weder durch Gleichaltrige noch durch spätere Selbstgestaltungsanstrengungen außer Kraft gesetzt werden kann. Das Kapitel soll Skepsis säen gegenüber der weit verbreiteten Vorstellung, »situative Identitäten« würden zunehmend an die Stelle von (stabilen) Charakterstrukturen treten. Diese Vorstellung wird entweder positiv konnotiert (z. B. bei Gergen 1990, 1991, 2000) und als Befreiung von veralteten Traditionen gefeiert oder aber negativ konnotiert und als Persönlichkeitsschwund beklagt (z. B. bei Sennett 1998, Rosa 2005 und Bauman 2000,

2007). Beides halte ich für einseitig.[1] Strenger vertritt eine differenziertere Position als etwa Gergen, endet aber letztlich doch in einem Selbstgestaltungsoptimismus, den ich nicht teile, weil er die langen und nur begrenzt reversiblen Schatten der lebensgeschichtlichen Vergangenheit nicht hinreichend würdigt.

Die Theorie der Selbsterfindung

In seiner brillant geschriebenen Trilogie ist Strenger (1998, 2002, 2005) der Frage nachgegangen, was sich in Anbetracht vielfältiger gesellschaftlicher Veränderungen für die Individuen geändert hat. Es geht ihm nicht darum, eine Entdifferenzierung des psychischen Apparats zu diagnostizieren und eine Bedrohungs- oder Verfallsgeschichte des Individuums zu schreiben, wie die im zweiten Kapitel dargestellten Autoren. Er versucht vielmehr, die mit der Spätmoderne entstandenen neuen Problemkonstellationen zu identifizieren, mit denen die Individuen konfrontiert sind, und die neuen Lösungen zu beschreiben, die sie gefunden haben.

Eine der neuen Problemkonstellationen besteht darin, dass die von ihm in Anlehnung an Douglas Coupland (1991) »Generation X« Genannten eine andere Situation vorfinden als die 1968er.[2] In Strengers Lesart waren die 1968er die letzte Genera-

---

1 Ähnlich Bohleber (2009), der in einer informativen Überblicksarbeit neuere »postmoderne« psychoanalytische Identitätskonzeptionen kritisch sichtet und bewertet.

2 Die Generation wird »X« genannt, weil sie im Unterschied zu anderen, etwa der Kriegsgeneration, durch kein historisches Großereignis geprägt wurde und insofern namenlos bleibt. Bei Coupland ist sie durch ein diffuses Verlorenheitsgefühl gekennzeichnet. In der einschlägigen Forschung bezeichnet der Generationsbegriff eine abgrenzbare Alterskohorte, deren Mentalität und Charakter durch gesellschaftliche und zeitgeschichtliche Erfahrungen in ähnli-

tion, die noch gegen unterdrückende Normen rebellierte, Befreiung von Repression auf ihre Fahnen schrieb und gegen bestimmte Traditionen, sei es in Familie (autoritäre Erziehung, kein vorehelicher Geschlechtsverkehr, keine unehelichen Kinder) oder Beruf (entfremdende Fließbandarbeit, Ausbeutung, bürokratische Bevormundung), kämpfte. Für die Generation nach ihnen – also die Kinder der *Babyboomer* – stellt sich die Situation grundlegend anders dar. Sie findet keine Tradition vor, gegen die sie rebellieren muss, aber auch keine mehr, an der sie sich, und sei es durch Rebellion gegen sie, orientieren kann. Dadurch ändert sich die psychische Aufgabe des Individuums. Es muss nun nicht mehr sein Selbst gegen Übergriffe verteidigen oder seine authentische innere, aber verschüttete Stimme entdecken oder sein wahres Selbst finden, sondern es muss *sich selbst erfinden.* Dieser Unterschied zwischen Sich-Finden und Sich-Erfinden, die Verschiebung von der Selbstbefreiung zur Selbsterschaffung, markiert nach Strenger (1998; 2005, Kap. 1) eine der wesentlichen Veränderungen zwischen den 1960/70er und den 1980/90er Jahren. Nicht zufällig sind die beiden Ikonen der Popkultur dieser Zeit Madonna und Michael Jackson – eine Frau, die sich ständig verwandelt, vom Sexualwesen in den verschiedensten Spielarten bis zur Mutter; und ein Mann, der es sogar geschafft hat, sich von einem Schwarzen in einen nahezu Weißen zu verwandeln. Auch Bob Dylan wäre ein gutes Beispiel: erst Protestsänger, dann Beatnik-Existentialist, dann zurückgezogener Familienmensch, danach fundamentalistischer Christ und schließlich eine postmoderne Collage aus vielen dieser Elemente (s. Schimank 2002 a, Kap. 5).

cher Weise beeinflusst wird. Die mittlerweile eingetretene Inflation dieses Begriffs (Generation Golf, Generation Porno, Generation Praktikum, Generation Rollator) zeigt, dass er umso trivialer wird, je weniger er sich auf politisch existentielle oder historisch fundamentale Erfahrungen bezieht.

Der Unterschied zwischen Selbstfindung und Selbst*er*findung sei kurz erläutert (ausführlich dazu Eberlein 2000, S. 28 ff.). Beides sind verschiedene Formen der Selbstverwirklichung. Theorien der Selbstfindung heben darauf ab, dass es so etwas gibt wie einen inneren Kern, der gefunden und entfaltet, oder eine innere Stimme, die entdeckt und zur Sprache gebracht werden muss. Diese Theorien werden deshalb essentialistisch genannt. Der Essentialismus kann mehr oder weniger ausgeprägt sein, je nachdem wie stark die Annahmen über den vorgängigen, zu entdeckenden Kern sind. Theorien der Selbst*er*findung hingegen verabschieden sich von der Vorstellung eines solchen Kerns und betonen, dass im Akt der Hervorbringung das, was hervorgebracht wird, allererst entsteht. Dieses Etwas kann das Selbst sein (Jaeggi 2005) oder die Sprache (Krämer 2001) – in beiden Fällen wird in diesen konstruktivistischen Theorien das Etwas nicht nach dem Modell eines vorgegebenen Schemas gedacht, das aktualisiert oder ausgefaltet wird, sondern Schema und Aktualisierung sind untrennbar miteinander verwoben – und zwar so untrennbar, dass sich das Schema auch nicht aus seinen Aktualisierungsformen *rekonstruieren* lässt, sondern tatsächlich erst im Prozess der Aktualisierung entsteht und von diesem gar nicht zu trennen ist. Kurz: Es gibt keinen Täter hinter dem Tun, sondern der Täter *entsteht* im Akt seines Tuns.

Diese »flache oder performative Ontologie« (Krämer), die sich von der »Zwei-Welten-Ontologie« und ihren bekannten Unterscheidungen zwischen Kompetenz und Performanz, Tiefe und Oberfläche, verabschiedet, kann hier in ihrer philosophischen Tragweite nicht gewürdigt werden. Für die vorliegenden Zwecke soll es genügen, drei mögliche Bedeutungen von Selbstverwirklichung festzuhalten. Zum einen kann man sie (essentialistisch) als die Findung oder Verwirklichung eines Kerns verstehen; zum zweiten kann man darunter verstehen, dass dem Selbst (konstruktivistisch) eine Wirklichkeit *gegeben* wird; zum dritten kann man diese beiden modernen Lesarten noch von einer vormodernen unterscheiden. In ihr besteht Selbstverwirklichung in der Hingabe an ein als sinnhaft erfahrenes, aber vom Einzelnen nicht zu beeinflussendes Ganzes – etwa im Vollzug einer religiösen oder kultischen Handlung, in welcher der Einzelne aufgeht, ganz bei sich ist, ohne dass er jedoch deren Ablauf oder Gestalt mitbestimmen könnte (Jaeggi 2005, S. 245; s. a. Menke 1996, S. 269 ff.).

Die konstruktivistische Lesart der Selbstverwirklichung, also die Selbst*er*findung, wird mittlerweile gegenüber der essentialistischen Findung eines Kerns für einleuchtender gehalten, weil heutzutage »klassische Formen des institutionalisierten Lebenslaufs mit geordneter Erwerbs- oder Hausfrauenbiographie, Kleinfamilie und fester Identität immer mehr durch eine teils freiwillige, teils erzwungene Collage von Jobs, Beziehungen, Phasen und Stilen abgelöst werden« (Eberlein 2000, S. 368; empirische Relativierungen bei Wagner 2004, S. 217 ff.). In der begrifflichen Entgegensetzung von Selbstfindung versus Selbst*er*findung drückt sich diese veränderte gesellschaftliche Realität aus. Zwar ist von Selbsterfindung schon seit der Romantik und später bei Kierkegaard, Nietzsche und Sartre die Rede, aber eine massenhafte Verbreitung, die sie nicht nur Ausnahmeexistenzen oder Künstlern zubilligt, hat die Selbsterfindungsidee erst seit Mitte der 1980er Jahre erreicht. Ihre Attraktivität und realgesellschaftliche Unterfütterung findet sie im Verblassen vorgestanzter, verbindlicher Formen der Lebensgestaltung, welche die Vorstellung vom Leben als einem offenen, zu gestaltenden Experiment zunehmend attraktiv und plausibel macht (Eberlein 2000, S. 372 f.).

Fortsetzung

Strenger sieht in der Fusion von Lebensformen des Bürgertums mit denen der Boheme ein Beispiel für konstruktivistisch verstandene Selbstverwirklichung. Die Folgen bezeichnet er als Bobo-Dilemma. Bobo ist ein Kunstwort aus *Bo*urgeois und *Bo*hemien. Das Beiwort »Dilemma« verweist auf die Schwierigkeiten dieser Existenzform. Der Bobo, literarisch beschrieben in David Brooks' »Die Bobos« (2000), strebt im Unterschied zum Yuppie, literarisch beschrieben in Tom Wolfes »Fegefeuer der Eitelkeiten« (1987), nicht allein nach Erfolg, sondern will Erfolg und Selbstverwirklichung kombinieren, harte Arbeit mit politischer Korrektheit, finanziellen Erfolg mit ökologischer Verantwortung, intensive Arbeit mit Sorge um die Familie und Pflege zwischenmenschlicher Beziehungen. Bobos sind keine Aussteiger oder Rebellen, sondern glauben an die Idee, dass Authentizität und persönliches Wachstum vereinbar sind mit einem 16-Stunden-Arbeitstag – und nicht nur das: Sie betrachten auch ihre Arbeit unter dem Gesichtspunkt von Selbstverwirklichung und Persönlichkeitsentfaltung. Sasse (2006) sieht darin eine von der Romantik inspirierte neue Arbeitsethik. Ihr Kern ist die Transformation der Pflichtethik in eine Selbstverpflichtungsethik, in der »Sekundärtugenden« mit »Selbstverwirklichungswerten« verschmolzen werden. Bobos arbeiten wie die Calvinisten in Max Webers »Protestantischer Ethik« nicht aus primär wirtschaftlichen Motiven, aber im Unterschied zu ihnen auch nicht mehr aus religiösen, sondern aus Selbstverwirklichungsmotiven. Sie sehen in der Arbeit eine wesentliche Ausdrucksform ihrer Existenz.

Die Trägergruppen dieses neuen Arbeitsethos sind nicht klar einzugrenzen und werden von verschiedenen Autoren unterschiedlich benannt (Sasse 2006, S. 301 ff.). Der kleinste gemeinsame Nenner besagt, dass es sich dabei um Teile der urbanen Mittelschicht handelt, insbesondere der neuen Dienstleistungsberufe wie Werbung, Medien, Design und Beratung. Mit Freud gesprochen, wollen sie nicht nur lieben und arbeiten, sondern ihre Arbeit lieben. Das Schwierige an dieser Situation kann man mit Ehrenberg (1998), Boltanski/Chiapello (1999) oder Honneth (2002) darin sehen, dass sich das vormalige Ideal und

Bedürfnis nach Selbstverwirklichung in eine normative Verpflichtung dazu verwandelt hat (»sei spontan«, »sei kreativ«, »sei selbständig«, »sei du selbst«); oder aber darin, dass nun unterschiedliche Ziele wie Geldverdienen mit anderen wie Selbsterfüllung oder soziale Verantwortung kollidieren. Während der Yuppie der 1980er Jahre »einfach« ehrgeizig und gierig sein konnte, muss sich der Bobo heute damit herumschlagen, diese Bestrebungen mit ihnen widersprechenden zu synchronisieren. Karriere zu machen ist nicht mehr genug, man soll auch umweltbewusst handeln, sich um seine Kinder kümmern, ein guter Vater sein (Strenger 2005, S. 60 ff.). In dieser Lesart ist es nicht so sehr der Umschlag vormaliger Ideale in Zwänge, als vielmehr die Vielfalt und Komplexität sich in die Quere kommender Ideale und Verpflichtungen, welche Druck auf die Psyche des Bobo ausüben.[3]

Was Strenger unter der Kategorie der *Selbsterschaffung* thematisiert, lehnt sich theoriegeschichtlich an Autoren wie Nietzsche, Sartre, Foucault und Rorty an, die hier nicht näher behandelt werden können (s. dazu Löw-Beer 1994; Thomä 1998, Kap. 3; Eberlein 2000, S. 42 ff.; Schroer 2000, S. 103 ff.; Hesse 2003; Biebricher 2005, S. 207 ff.; Jaeggi 2005, S. 248 ff.; Saar 2007). Ich beschränke mich auf wenige Hinweise. Während Nietzsche in aristokratischer Manier die Möglichkeit zur

---

3 Diese Idee wurde von Parsons schon vor mehr als 40 Jahren angedeutet. Er befürchtete, die Bewältigungskompetenzen des Einzelnen würden mit der steigenden Komplexität von Rollenanforderungen nicht Schritt halten, was zu Überforderungen führe (Parsons 1968; Schroer 2000, S. 211). Die Lösung lag für Parsons in einer liberalen Erziehung, die flexibel möglichst allgemeine Werte vermittelt, die dann von den Individuen je nach Anforderung interpretiert werden können. Für Luhmann hingegen ist die Vorstellung allgemeingültiger Werte, wie flexibel auch immer sie vermittelt werden, in Gesellschaften mit hohem sozialen Wandlungstempo und ausgeprägter funktionaler Differenzierung alteuropäisch und dysfunktional. Gefordert ist anpassungsgeschickte, situative Flexibilität (s. dazu Schroer 2000, S. 235, sowie die luzide Darstellung bei Schimank 2002 a, Kap. 13 und 14).

Selbsterschaffung nur wenigen zugesteht, vertritt Rorty (1989) die Auffassung, wir alle seien dazu in der Lage. Er begrenzt die Selbsterschaffung allerdings auf den privaten Bereich. Das Individuum strebt an, etwas Besonderes zu sein und sich selbst zu gestalten wie ein Künstler sein Kunstwerk. Diese Vorstellung darf aber nicht auf das öffentliche Leben übertragen werden, weil sie in einem unaufhebbaren Spannungsverhältnis zur Idee von Solidarität und Gerechtigkeit steht, auf die im politischen Bereich nicht verzichtet werden kann. Privates und Politisches muss also auseinandergehalten werden. Allerdings sind Demokratie und Solidarität im öffentlichen Bereich, bei Rorty anders als bei Nietzsche, nicht Widersacher, sondern Voraussetzung für persönliche Selbsterschaffung, weil sie den Rahmen abgeben, innerhalb dessen sich jeder selbst verwirklichen kann. Bei Foucault (1982, 1984, 2007) hat der Begriff der Selbsterschaffung im Unterschied zu Rorty noch eine subversiv-politische Konnotation, weil das Erschaffen seiner selbst den formierenden Einfluss »der Macht« konterkarieren soll, dem die Individuen immer unterliegen.[4]

Strenger sieht in der Selbsterschaffung die über persönliche Neigungen hinausgehende realgeschichtliche Anforderung einer Gesellschaft, in der Traditionen und Orientierungen aufge-

4 Rorty ist insoweit der liberalen Tradition zuzurechnen, als er wichtige Teile des Lebens im Bereich der privaten Selbstvervollkommnung ansiedelt und der öffentlichen Sphäre die Funktion zuweist, die besten Bedingungen für die persönliche Selbstentfaltung sicherzustellen. Im Unterschied dazu geht die republikanische Tradition davon aus, dass ein erfülltes Leben nur oder vor allem in der Teilhabe an öffentlichen Angelegenheiten besteht. Ihre Standardkritik am Liberalismus lautet, dass Politik nicht nur die Voraussetzungen für die individuelle Gestaltung eines guten Lebens schaffen sollte, sondern notwendiger Bestandteil davon ist. Bei Kierkegaard wiederum ist das Umgekehrte der Fall. Die Teilnahme an einer »konformisierenden Öffentlichkeit« führt zu einer »Nivellierung«, die den Einzelnen von sich selbst entfremdet; bei Heidegger findet sich ebenfalls die Denkfigur der Entfremdung durch Verfallenheit an die »öffentliche Wir-Welt« (s. Jaeggi 2005, S. 25 ff., 35 ff.).

weicht sind, deren Ökonomie und Technologie sich in ständig wachsendem Tempo wandelt, und die deshalb flexible, kreative, nicht festgelegte, team- und netzwerkfähige, sich ständig neu erfindende Individuen braucht, um dem Wandlungstempo, das sie selbst nicht mehr kontrollieren kann, gewachsen zu sein. Den *Anforderungen* der Ökonomie entspricht auf der Seite der Subjekte aber auch ein *Bedürfnis*, Autor, Urheber und Schöpfer ihres eigenen Lebens zu sein (1998; 2005, S. 55, 71, 88). Individuen müssen sich in dieser Lesart nicht nur – ähnlich wie Konzerne – ständig neu erfinden, sondern sie wollen es auch. Dieses Bedürfnis ist zumindest für einen bestimmten Typus von Menschen, der zahlenmäßig nicht näher bestimmt wird, zu einem inneren, existentiellen Anliegen geworden. Die Zeiten eines stabilen, dauerhaften Selbst sind laut Strenger vorbei, weil Selbst oder Identität mehr als früher narrativ oder diskursiv konstruiert werden (diese Idee ist der basso continuo aller zeitgenössischen Identitätstheorien; Überblicke bei Straub 1991, 2004; Straub/Renn 2002; Wenzel 1995; Keupp/Höfer 1997; Keupp et al. 1999; Rosa 2005, Kap. XI). Deshalb ist die heute vorherrschende Form der Selbstverwirklichung nicht mehr die der Selbstfindung, sondern die der Selbst*er*findung, und ständige Neu- und Selbsterschaffung ist nicht nur ein ökonomischer, sondern auch ein persönlicher Imperativ geworden.

Damit ist nichts gesagt über die empirische Verbreitung dieses Typs. Strenger spricht davon, dass das Experimentieren mit dem Selbst früher auf die Boheme und das adoleszente Moratorium begrenzt war, heute aber ein normaler Bestandteil der zeitgenössischen urbanen Kultur geworden ist. Während er dieses Bedürfnis noch 1998 (S. 47) eher als pathologisch motiviert betrachtet und es auf Personen/Patienten begrenzt, die sich in ihrem Identitätsgefühl bedroht fühlen, behauptet er später (2005, Kap. 1), es sei *nicht* pathologisch motiviert, sondern werde von einer wachsenden Zahl von Menschen als wesentlicher Bestandteil eines guten Lebens betrachtet. Einerseits räumt er ein, dass große Teile der Bevölkerung mit Selbstexperimenten nichts am Hut haben, andererseits sollen sie auch kein bloßes Minderheitenphänomen mehr sein. Ihre Ausdrucksformen spielen sich vor allem am Körper ab: In Fitnessstudios wird er geformt, beim Jogging trainiert, beim Piercing und Tätowieren in eigener Regie gestaltet, bei S & M, Rave Parties und im Ecstasy-Konsum werden Grenzerfahrungen gesucht; und alle diese Phänomene zusammen sollen Ausdruck eines Bedürfnisses nach Autorschaft und Individualität sein sowie des Wunsches, das Leben nach eigenen Vorstellungen zu gestalten.[5]

Wohl gibt es noch andere Formen der Sinnstiftung, etwa hedonistische oder utilitaristische, wie die Wertewandelforschung gezeigt hat (Überblick bei Klages 2001 a, b; Thome 2005), und empirisch koexistieren Selbstfindung und Selbsterfindung in vielfältigen Abstufungen. Insgesamt aber ist die Idee der Selbstverwirklichung, sei es in Gestalt des Selbstfindungs- oder Selbsterfindungsparadigmas, kein bloßes Mittel-

---

5 Andere Autoren hingegen meinen, es handle sich beispielsweise beim wachsenden Körperbewusstsein nur um eine neue Form des Konformismus oder der Normerfüllung. Man »hat« heute seinen Körper zu kultivieren. Körpergestaltung ist in dieser Sichtweise nicht Ausdruck freier Selbstwahl, sondern Befolgung neuer Körpernormen. Bezogen auf den Bobo hieße das: Auch er ist nicht stärker Autor und Gestalter seines Lebens, als der Yuppie es früher war. Wer Arbeit und Gewinnstreben mit ökologischer Verantwortung oder Berufstätigkeit mit Sorge für die Kinder verbinden will, gehorcht nur neuen und vielleicht sogar schwieriger zu erfüllenden Normen. Selbst wenn das zuträfe, sollte der Freiheitsgewinn nicht übersehen werden, der darin besteht, dass die neuen Normen sowohl flexibler als auch weniger sanktionsbewehrt sind als die alten. Um ein Beispiel zu nennen: Früher war es eine Norm für die Frau, zu Hause zu bleiben und sich um die Kinder zu kümmern, heute wird von ihr erwartet, berufstätig zu sein. Die frühere Norm wurde jedoch stärker sanktioniert als die heutige, etwa in der Form, dass die Ehefrau für ihre Berufstätigkeit die Genehmigung des Ehemannes einholen musste, während sie heute sanktionsarm Hausfrau bleiben kann. Auch die Befolgung von Körpernormen ist, wie die weite Verbreitung des Übergewichts zeigt, nicht besonders zwingend. Die gegenteilige Auffassung vertritt Junge (2010), der auch den neuen Normen eine starke Geltung zuschreibt. Bei Nichtbefolgung soll »lebensweltliche Exklusion« drohen.

schichtphänomen mehr. Eberlein (2000, S. 11 ff., 291 ff., 388) spricht diesbezüglich von einer massenhaften Verbreitung und Diffusion dieser Idee in den *mainstream* der Gesellschaft und davon, dass Selbstverwirklichungsvorstellungen zu einem wesentlichen kulturellen Leitideal für das Selbstverständnis und die Lebensgestaltung der Bürger westlicher Gesellschaften geworden seien.

Strenger versagt es sich, eine kulturkonservative Klage etwa über zunehmenden Narzissmus anzustimmen, die bei der Selbstverwirklichungsthematik naheliegt. Er sieht die Schwierigkeiten (2005, S. 57 ff.), aber auch die Möglichkeiten und Freiheiten der jungen Menschen, die um den Globus reisen, fremde Kulturen kennenlernen und mit 30 Jahren mehr von der Welt gesehen haben als ihre Eltern mit achtzig; die in Videoclips neue Kunstformen ausprobieren und mit ihrer Sexualität und ihrem Körper experimentieren können, ohne dass solche Experimente – von sadomasochistischen Inszenierungen über das body-shaping, -styling und -piercing – gleich als pathologisch, regressiv oder narzisstisch diskreditiert werden müssten; die mit ihrer Spiritualität experimentieren – von Qi-Gong über Tai-Chi bis Zen –, ohne dass man deshalb gleich Esoterik, Regression und Realitätsflucht eines schwachen, überforderten Ichs argwöhnen müsste. Natürlich kann man, gräbt man tief genug, oft auch Aspekte individueller Psychopathologie, beispielsweise bei Drogengebrauch oder sadomasochistischen Inszenierungen entdecken, wie die Falldarstellungen Strengers (z. B. 1998, Kap. 1 und 2) zeigen. Aber hier zieht ein neuer Ton in die Diskussion ein, denn in den Augen Strengers sind zumindest viele dieser Inszenierungen mehr und anderes als nur notgeborene Experimente individueller Traumabewältigung, nämlich kulturelle Neubildungen, die sich den üblichen psychopathologischen Beschreibungen zwar nicht gänzlich entziehen, aber doch über sie hinausweisen.

Ähnlich beschreibt Reiche, in der Ablehnung kulturpessimistischer Zeitdiagnosen ein Seelenverwandter Strengers, »heterosexuelle Gesellungsformen ..., bei denen nach konventioneller Beurteilungsweise ganz offensichtlich etwas Sexuelles stattfindet, aber offenbar kein sexueller Höhepunkt erzielt oder überhaupt angestrebt wird. Dazu gehören etwa sadomasochistische Gruppenunternehmungen, die, aufwendig geplant, detailliert abgesprochen und akribisch durchgeführt, ein ganzes Wochenende in Anspruch nehmen können – ohne dass eine Entladung im Orgasmus stattfinden soll« (2004, S. 185). Reiche ist es auch, der, wie Strenger, im Hinblick auf den häufig pessimistischen Ton psychoanalytischer Zeitdiagnosen Offenheit für Neues empfiehlt. »In psychoanalytischen Tiefendeutungen der Kultur spricht sich stets das projektive Bedürfnis aus, das Kranke, das Böse und den Zerfall am anderen, also an der Gesellschaft festzumachen. Die Semantik psychoanalytischer Zeitdiagnosen ist beherrscht von Dis-, De-, und Re- in allen möglichen Varianten. Nie wird das, was da aufscheint, einfach als das unbekannt Neue willkommen geheißen. So verspielt man die Möglichkeit, unverständliche und bedrohliche Phänomene als erfreuliche Vorboten der Transformation – hin zu etwas Neuem – zu verstehen. Und gerade für diese Möglichkeit sollte man sich offen halten« (2000, S. 33).

Die Offenheit für Neues führt bei Strenger darüber hinaus zu einer Veränderung in der Bestimmung dessen, was die Aufgabe der Psychoanalyse sein soll. In seiner Sicht (2002, Kap. 1, 6, Epilog; 2005, Kap. 6, Epilog) ist sie nicht mehr dazu da, Individuen von seelischen Konflikten, die durch übermäßige Repression von Triebregungen entstanden sind, zu befreien, sondern sie ist eine Art psychologisches »Mentoring«, das, unter Verzicht auf ein normatives Entwicklungsideal, dem Einzelnen bei seiner Entscheidung hilft, wer er sein möchte und kann. Mit dem Verzicht auf eine Vorstellung von gesunder oder reifer Persönlichkeit geht der Verzicht einher, die Psychoanalyse als eine Wissenschaft oder wissenschaftlich begründete Methode der Krankenbehandlung zu betrachten. In Strengers Augen formuliert oder entdeckt sie keine überprüfbaren Aussagen

über seelische Vorgänge und deren therapeutische Beeinflussung, sondern ist die Einübung einer Lebensform, eine »Disziplin des Selbst«, ähnlich wie die Schulen der antiken griechi-
schen Philosophie, die nicht (nur) wissenschaftliche Erkenntnisse der Welt oder des Selbst anstrebten, sondern zugleich
Lehren und Praktiken für ein gutes Leben waren. Diese an
Foucaults Idee einer »Ästhetik der Existenz« anschließenden
Gedanken können hier nicht weiter verfolgt werden. Als Re-
präsentanten der »Psychoanalyse als Lebensform« nennt
Strenger (2002, Kap. 6; 2005, Kap. 6) Christopher Bollas, Nina
Coltart, Michael Eigen und Adam Phillips. Die skizzenhaften
Porträts ihrer Personen und Theorien sind hochinformativ und
verschaffen auch dem Leser, der daran festhalten möchte, dass
die Psychoanalyse eine Wissenschaft ist, eine Ahnung von der
Attraktivität der Lebenskunstalternative.[6]

6 Bohleber (1999, S. 508) kritisiert, dass die Psychoanalyse in dieser Sichtweise
nur noch als kulturelle Tradition oder Lebensstil verstanden wird, der um schu-
lenspezifisch verschiedene Ideale von Individualität kreist: das Freud'sche Ideal
der stoischen Selbstkontrolle, das Winnicott'sche der Spontaneität, das Bion'sche der Fähigkeit, Nicht-Wissen zu ertragen. Damit werde sowohl die entwicklungspsychologische Idee menschlicher Reife aufgegeben als auch die psy-
chobiologische Verankerung menschlichen Erlebens unterschätzt, die in
Gestalt von Menstruation, Erektion und Geburt untrennbar mit dem Körper-
geschlecht verbunden sei. Auch wenn das Körpererleben durch kulturelle
Wandlungsprozesse überformt werde, seien diese Überformungen doch immer
Überformungen von etwas, das in sie eingehe, aber nicht in ihnen verschwinde
(ebd., S. 526). Ich teile diese Auffassung, vermute aber, dass Strenger ihr gar
nicht widersprechen würde, weil sich für ihn Psychoanalyse als Lebensform
nicht substantiell von einem Leben unterscheidet, das durch Weisheitslehren
angeleitet oder in glaubensspezifischen Ordenstraditionen geführt wird. Dafür
braucht man weder ein Entwicklungsmodell menschlicher Reife noch eine psy-
chobiologische Grundlagentheorie des Erlebens. Die Rechtfertigung für die
Betrachtung der Psychoanalyse als Schule der Lebenskunst liegt nicht in der
Berufung auf »Wissenschaft« oder »wissenschaftliche Krankenbehandlung«,
sondern in der Berufung auf »existenztragende Wahrheiten«. Diese kommt ohne Wissenschaft aus, auch wenn sie ihr bei einem aufgeklärten Menschen nicht
widersprechen sollte (siehe dazu die Andeutungen bei Strenger 2006).

Die Bedeutung der Selbsterfindung –
kritisch betrachtet

Strengers Theorie enthält drei voneinander unterscheidbare Aspekte. Erstens betrachtet er das Selbsterschaffungsbedürfnis als eine anthropologische Universalie. Er nennt es den »ontologischen Protest der Subjektivität« (1998, S. 6, 82 f.; 2005, S. 160 f.). Darunter versteht er die Neigung des Menschen, sich nicht damit abzufinden, dass die Welt nie vollständig sein eigenes Werk ist. Das Bedürfnis nach Selbsterschaffung in Bezug auf das eigene Leben ist eine Reaktion auf die Schicksalhaftigkeit des Lebens. Dessen Widerfahrnischarakter stört das fundamentale Bedürfnis danach, Autor desselben zu sein, und diese Störung wird durch Selbstgestaltungsanstrengungen bearbeitet. Dies ist die anthropologische Seite des Problems.

Zweitens ist »das Projekt der Selbsterfindung durch die Erfahrung einer beschädigten Identität motiviert«. Es ist »ein Versuch, diejenigen Aspekte des Lebens neu zu gestalten, die als *unerträglich* schicksalhaft erlebt werden …« (1998, S. 7 f.; 2002, S. 179). Sein Erfolg variiert, ist aber unvermeidlich begrenzt, denn die Einflüsse der Erziehung, die Wunden des Schicksals und die Unsicherheiten des Projekts hinterlassen immer Narben und Ängste. Das Erleben unerträglicher Schicksalhaftigkeit oder tiefer existentieller Entfremdung entstammt einer »ontologischen Kluft« zwischen dem, was man zu einem bestimmten Zeitpunkt des Lebens als seine »eigentliche« Bestimmung fühlt, und dem, wie man faktisch ist, also einer Spannung zwischen Ideal- und Realselbst (1998, S. 2, 5 ff., 132, 151, 160; 2002, S. 56). Das daraus resultierende Entfremdungsgefühl ist der Motor von Selbstgestaltungsanstrengungen. Sie werden dadurch kompliziert, dass zentrale Aspekte des zu erschaffenden Selbst mit bereits internalisierten Über-ich-Normen kollidieren können und das Individuum dadurch erheblichen inneren Kämpfen und Konflikten ausgesetzt ist. Strenger illustriert verschiedene Varianten dieses Problems in

Kurzporträts von Jean Genet, Philip Roth, Michel Foucault sowie Fallgeschichten. Dadurch wird deutlich, dass Selbsterfindung auch eine tragische Dimension haben kann, weil sie zu quälenden Spannungen zwischen den zu erfindenden, angestrebten Selbstaspekten und den bereits existierenden führt (1998, Kap. 5, 6; 2002, Kap. 5; 2005, S. 125 f.). Strenger versucht also, die psychoanalytische Idee eines »tiefen Selbst«, die Vorstellung, dass wir durch die lebensgeschichtliche Vergangenheit, das Unbewusste und das Überich geprägt sind, mit der Idee der Selbstbestimmung qua Selbsterschaffung zusammenzudenken (1998, S. 60 ff.). Er will zeigen, dass zwischen beiden Vorstellungen kein Widerspruch besteht, sondern eine »dialektische Spannung« (2005, S. 164 f.). Selbstgestaltung, Selbsterschaffung oder Selbsterfindung sind Begriffe, die das Neue und Kreative der menschlichen Existenz betonen sollen, die Umarbeitung des Alten, nicht seine Wiederholung; und es sind Begriffe für den Prozess, in dem das Tiefenselbst so umgearbeitet wird, dass es *als eigene Schöpfung* angeeignet und erlebt werden kann und nicht mehr als Fremdkörper. Autorschaft heißt also nicht nur Selbsterschaffung, sondern auch Selbstaneignung im Sinne von Selbstbejahung.[7]

Drittens hat die Idee der Selbsterfindung auch eine zeitdiagnostische Facette. Die zeitdiagnostische These lautet, dass Selbsterfindung, also individuelle Wahl und Gestaltung dessen, was man sein und wie man leben will, nicht nur ein grundlegendes menschliches Bedürfnis ist, das von einem Mangel angetrieben wird und in seinem Erfolg begrenzt ist, sondern dass Selbsterfindung auch zu einer bedeutsamen kreativen Möglichkeit des Individuums in der Spätmoderne *geworden* ist. Während in den klinischen Darstellungen Strengers der (Trauma-)Bewältigungscharakter der Selbsterfindung betont wird,

---

7 Die Idee der Umarbeitung steht im Gegensatz zu Foucaults Vorstellung eines »Selbst ohne Wesen« bzw. einer »anarchischen Subjektivität«, der die Vorstellung eines Tiefenselbst fremd ist (s. Biebricher 2005, S. 210, 215, 221 ff.).

treten in den zeitdiagnostischen Überlegungen (z. B. 2002, S. 34 ff.) stärker die spielerischen Elemente, die der Begriff auch haben kann, in den Vordergrund. So wird beispielsweise behauptet, dass »das zeitgenössische Individuum mehr Möglichkeiten hat, sein Selbst nach Maßgabe eines gewählten Bildes zu formen« (ebd., S. 39).

Ich halte die Verwendung des Begriffs der Selbsterfindung in allen drei Varianten für problematisch. Was den »ontologischen Protest der Subjektivität« angeht, so würde ich eher erwarten, dass die »Zumutung«, die in der Erkenntnis des Widerfahrnischarakters des Lebens liegt, nur im pathologischen Fall zu Selbsterschaffungsaktivismus führt, im Normalfall aber ohne größere Probleme akzeptiert werden kann.

Sind die Widerfahrnisse zu traumatisch, können sie zu Krankheit und Regression oder, bei Vorliegen entsprechender Ich-Funktionen, in der Tat zu dem Bedürfnis führen, die Lebensgeschichte so umzuarbeiten, dass vormals Fremdes in das Selbstbild integriert wird. Ich werde zeigen, dass die Integration und Aneignung solch fremder Persönlichkeitsanteile unausweichlich begrenzt ist und dass wir immer mit unassimilierten und unassimilierbaren Erbschaften unserer Vergangenheit leben müssen. Dies wird zwar von Strenger auch gesehen, führt bei ihm aber nicht zu der meines Erachtens naheliegenden Konsequenz, den Selbsterschaffungsbegriff aufzugeben.

An der »spielerischen« Variante kritisiere ich, dass sie eine Freiheit suggeriert, die der Abhängigkeit der Selbstgestaltung von inneren und äußeren Restriktionen nicht hinreichend Rechnung trägt.

Philosophische Einwände

Grundsätzlich ist festzustellen, dass das Selbst und das Leben nichts sind, das man wie ein »Kunstwerk« gestalten oder gar erfinden könnte (zum Folgenden Kersting 2007, S. 30 ff.).

Wohl kann man der eigenen Lebenserfahrung Material *entnehmen*, das in die Gestaltung eines Kunstwerkes – etwa eines Romans – *einfließt*, aber das Leben selbst ist kein Material, das gestaltet werden kann wie ein Roman oder eine Plastik. Wir stehen unserem Leben nicht gegenüber wie der Bildhauer seinem Marmorblock oder der Romancier seinem Stoff, sondern wir sind mit unserem Leben auf eine Weise verwoben, die eine Trennung zwischen Gestaltung und Gegenstand, welche die Kunstwerkmetapher nahelegt, gar nicht erlaubt (Kersting 2007, S. 31; ähnlich Ladwig 2009, S. 214 f.).

Auch der Hinweis, der Künstler sei nicht gänzlich frei in der Gestaltung seines Kunstwerkes, sondern durch die Besonderheiten des Materials beschränkt, die Kunstwerkmetapher impliziere also keine Omnipotenzillusion bezüglich der Gestaltbarkeit des eigenen Lebens, hilft nicht weiter, denn das Leben steht uns *niemals und grundsätzlich nicht* gegenüber wie ein zu gestaltender Stoff, sondern wir *sind* dieses Leben – ein Leben, »das vor allem geschieht und nur gelegentlich gestaltet wird«. »Wir erschaffen uns nicht und wir erfinden uns nicht, wir widerfahren uns.« Zwar können wir uns Aspekte des Lebens vergegenwärtigen und Situationen oder Pläne verändern, aber »dass wir intentional ins Gewebe unseres Lebens eingreifen können … legitimiert nicht die Vorstellung vom Leben als einem souverän gestalteten Kunstwerk« (Kersting 2007, S. 33, 38, 52).

Angesichts unausweichlicher Widerfahrnisse könnte man sogar überlegen, ob nicht Unglücksminderungsfähigkeiten wie Standhaftigkeit, Gleichmut, Seelenruhe, Gelassenheit und Unerschütterlichkeit – von Höffe (2007, S. 351) zusammenfassend »Widerfahrnisbewältigungskompetenz« genannt – wichtiger für ein gelingendes Leben sind als Glücksbeförderungsfähigkeiten. Und auch die Vorstellung von Autonomie als Selbstbestimmung sollte, wie Heidbrink (2007, S. 278 ff.) vorschlägt, in Anbetracht unausweichlicher Fremdbestimmung heruntertemperiert werden zur Selbst*übereins*timmung. Damit ist gemeint, dass auch Elemente von Heteronomie zur Autonomie gehören, dass also Widerfahrnisse und Zwänge dann die Autonomie nicht übergebührlich einschränken, wenn es gelingt, sich die damit verbundenen Lebenserfahrungen »anzueignen«, das heißt, sie in das Selbstbild zu integrieren. Dieses Bild muss nicht feststehend sein, sondern kann sich im Laufe des Lebens verändern, gibt aber trotz dieses Wandels eine Beurteilungsdimension ab, anhand derer wir Gelingen oder Misslingen unserer ebenfalls veränderbaren Lebensprojekte überprüfen können (Kersting 2007, S. 80, 86).

In der psychologischen Literatur wird Höffes Widerfahrnisbewältigungskompetenz als *Coping* bezeichnet. Eine der interessantesten diesbezüglichen Theorien stammt von Antonovsky (1987). Seine Untersuchungen zur Salutogenese befassen sich nicht mit der Frage, was uns krank macht, sondern damit, was uns in Anbetracht widriger Lebensumstände ermöglicht, gesund zu bleiben. Die zentrale psychologische Variable dafür ist das Kohärenzgefühl (sense of coherence). Dieses entsteht unter angebbaren Sozialisationsbedingungen in Kindheit und Jugend und enthält verschiedene Dimensionen. Eine davon heißt »Partizipation an Entscheidungen«. Es ist also nicht notwendig, vollständige Kontrolle über die Handlungsmöglichkeiten zu haben: Mitbeteiligung genügt. Dies entspricht auf psychologischer Ebene dem abgespeckten Autonomiebegriff Heidbrinks, der Elemente von Fremdbestimmung durchaus für mit Autonomie vereinbar hält.

Soziologische Einwände

Auch soziologisch ist die Idee der Selbsterfindung anfechtbar. Zwar lässt sich nicht bestreiten, dass es heute mehr Wahlmöglichkeiten gibt als früher, etwa in Bezug auf die (partnerschaftliche) Lebensgestaltung; ebensowenig lässt sich bestreiten, dass die Chancen für die Entfaltung individueller Autonomie in vielerlei Hinsicht für die heutigen Heranwachsenden im Vergleich mit früheren Generationen größer geworden sind (ausführlich dazu Nunner-Winkler 1991). Aber die Idee eines sich selbst »erfindenden« Subjekts vernachlässigt, dass die Realisierung solcher Chancen nach wie vor von sozialen Strukturdeterminanten wie familiärer Herkunft, Einkommen und Bildungsgrad abhängt (Schäfers/Scherr 2005, S. 22, 50); oder aber, dass es sich bei den behaupteten Wahlen oft gar nicht um solche handelt. Einige Beispiele aus dem Bereich der Familienforschung sollen diesen Punkt verdeutlichen.

Erstens: Der Wandel von Vorstellungen über wünschenswerte Partnerschaft, die zunehmende Berufstätigkeit der Frau (welche die Aufrechterhaltung einer Versorgerehe weniger notwendig macht) und juristische Veränderungen wie die Abschaffung des Schuldprinzips haben die Zunahme von Scheidungen begünstigt und erleichtert. Darin drückt sich auch eine Zunahme individueller Wahl- oder Gestaltungsmöglichkeiten aus. Aber kaum jemand »wählt« eine Scheidung, sondern meist stößt sie ihm zu, auch wenn er sich irgendwann entscheidet, sie zu vollziehen. Außerdem finden die wenigsten Trennungen oder Scheidungen einvernehmlich statt. Nicht »wir« haben uns getrennt, wie es irreführend heißt, sondern der eine will sich trennen und der andere muss dem letztlich zustimmen, ob er will oder nicht. Oft ist das ein Nullsummenspiel, kein Zuwachs von Freiheit. Dies gilt verstärkt für die Kinder; sie sind Opfer einer Trennung, die sie in keiner Weise gewählt haben. Allenfalls können sie noch den bevorzugten Aufenthaltsort mitbestimmen, aber auch das nur eingeschränkt.

Zweitens: Im Prinzip kann man heute heiraten, wen man will. Normativ verpflichtend ist allein die Liebe. Heiratspolitik zur Vermehrung des Vermögens oder der Macht gilt als vormodern. Dennoch hat sich an der Tatsache kaum etwas geändert, dass Ehepartner immer noch weitgehend derselben Schicht angehören. Dies ist schon deshalb wahrscheinlich, weil man sich kennenlernen muss, bevor man heiratet, und die Orte des Kennenlernens von der Schichtzugehörigkeit abhängen.

Akademiker lernen sich an der Universität kennen, Angestellte im Büro. Zwar können sich Arzt und Krankenschwester im Krankenhaus begegnen, dennoch wird ein Arzt häufiger eine Ärztin heiraten – sei es auf Grund eines größeren Seelengleichklangs, der sich aus dem gemeinsamen Bildungshintergrund ergibt, sei es auf Grund des Wirkens von impliziten *sozialen* Regeln des Fühlens, die steuern, in wen er sich verlieben wird. Auch wenn wir »bisher noch nicht exakt anzugeben vermögen, welchen Regeln wir bei der Wahl unserer Partner folgen ..., können wir sicher sein, dass es ... eine Reihe von sozialen und psychischen Determinanten gibt, die uns hierbei weit stärker beeinflussen, als wir dies wahrnehmen wollen« (Kohl 2001, S. 137). Soziologische Untersuchungen belegen, dass etwa 60 bis 80 % der Eheschließungen »klassenhomogen« sind, und relativieren so die Vorstellung, wir würden unsere Liebespartner beliebig auswählen (Wirth / Lüttinger 1998, Burkart 2005).

Drittens: Auch wenn die Wahlfreiheit in vielerlei Hinsicht heute größer geworden ist, ist die Orientierung an sozialen Normen nicht verschwunden. Die Berufsausbildung von Frauen etwa hat – auch wenn es sich dabei subjektiv um deren eigenen Wunsch handelt – mittlerweile einen gewissen *Verpflichtungscharakter* angenommen. »Man« erwartet, dass eine Frau sich darum kümmert. Gibt sie heute als Lebensziel »Mutter und Hausfrau« an, so gilt sie vielen als altmodisch oder unklug. Entsprechend sagt in der Reklame einer Staubsaugerfirma eine Mutter von mehreren Kindern, die den ganzen Tag kocht, putzt, wäscht und Staub saugt, auf einer abendlichen Party, gefragt, was sie denn beruflich tue: »Ich leite ein kleines Familienunternehmen.« Darin kommt, wenn auch ironisch gebrochen, zum Ausdruck, dass eine normative Verpflichtung (Frau / Mutter bleibt zu Hause) durch eine andere abgelöst worden ist: Frau / Mutter ist berufstätig.[8]

8 Immerhin betrachten in Westdeutschland noch 15 % aller unter 45-jährigen Frauen die Existenz als Vollzeithausfrau und Mutter als beste Lebensform, 18 %

Viertens: Der Wandel normativer Verpflichtungen gilt auch für die Idee der Selbstverwirklichung. Eine Person, die heute kundtut, sie sehe den Sinn ihres Lebens in der Erfüllung von ihr auferlegten Pflichten oder im reibungslosen Funktionieren als Rädchen in einem großen Getriebe oder im Aufgehen in einem größeren Ganzen, muss mit Unverständnis rechnen, weil das Gegenteil erwartet wird. Deshalb kann heute ein junger Mann das Ansinnen zurückzuweisen, er möge den elterlichen Betrieb übernehmen. Er kann darauf bestehen, zu studieren oder aber eine Tischlerlehre zu machen – und dies nicht nur, wie früher, als einem Akt individueller Revolte oder Selbstbehauptung, sondern mit einer kollektiv geteilten Vorstellung von Selbstverwirklichung im Rücken, welche die Eltern normativ darauf verpflichtet, ihre Kinder nicht zu einer bestimmten Berufsausübung zu zwingen. Insofern sind einerseits neue Verpflichtungen an die Stelle von alten getreten – für die Eltern etwa die, eine von ihnen nicht gewollte Berufskarriere ihres Kindes zu unterstützen, für die Frauen die, eine Berufsausbildung zu absolvieren; andererseits sind aber auch neue Freiheiten entstanden, etwa die, den Beruf wählen zu können und nicht zu etwas gezwungen zu werden – sei es durch Tradition, sei es durch elterliche Vorschriften.

Wie aus diesen Überlegungen deutlich wird, ist die Vorstellung von der Zunahme der Wahlmöglichkeiten und den wachsenden Chancen individueller Lebensgestaltung mit einer Viel-

wollen Vollzeitberufstätigkeit und Mutterschaft kombinieren, 13 % zugunsten der Vollzeitberufstätigkeit auf Kinder verzichten und 59 % die Mutterrolle mit Teilzeitbeschäftigung verbinden. Weder ist also das Ideal der Vollzeitmutter verschwunden, noch wird Vollzeitberufstätigkeit von einer Mehrheit angestrebt (Köcher 2011). Für die Vereinigten Staaten berichtet Fischer (2010, S. 140) ähnliche Daten. Bei einer Befragung im Jahr 2007 gaben 20 % der berufstätigen Frauen mit Kindern an, einen Vollzeitjob zu bevorzugen, ebenso viele wären am liebsten Vollzeithausfrau, die anderen präferieren das »neotraditionale« Modell der mütterlichen Teilzeit- bei männlicher Vollzeitarbeit.

falt von Problemen und Relativierungen verbunden, die sie nicht falsch, aber einschränkungsbedürftig machen. Der allgemeine Punkt, auf den es bei den vorstehenden Ausführungen ankommt, ist, dass die Idee von Selbsterfindung, Selbsterschaffung und individueller Wahl – streckenweise bei Strenger und stärker bei manchen Theoretikern der »Bastelexistenz«, »Bricolage«, »Patchworkidentität« oder »Kilt-Identität« – zu sehr der Vorstellung vom Individuum verhaftet ist, das der Gesellschaft gegenübersteht wie einem großen Kaufhaus, dem es den »Stoff« seiner Selbstgestaltung entnimmt, mit dem es dann herumexperimentiert. Dadurch werden existentielle Entscheidungen auf das Niveau des Sich-Durchwurstelns abgekühlt, was einerseits überzogen emphatischen Vorstellungen von Selbsterschaffung vorbeugen kann und einen vormaligen nietzscheanischen »existenzexperimentalistischen Aristokratismus auf ein bastelbiographisches Sperrholzniveau senkt« (Kersting 2007, S. 18), andererseits aber gelegentlich auch etwas Oberflächliches hat. So liest man selbst bei einem so klugen Autor wie Schroer, Individuen würden heute ihr Leben »im Optionsmodus« führen. Sie hätten eine »Zappermentalität«, mit der sie sich durch den sozialen Raum bewegen würden. »Dabei werden sie – ob beim TV-Sehen oder beim Sprung von einer Beziehung in die nächste – vom Versuch angetrieben ... alle sich bietenden Alternativen gleichzeitig zu leben ...« (2000, S. 421 f.). Nicht hinreichend gewürdigt wird bei solchen Aussagen – neben den oben formulierten Einwänden –, dass Entscheidungen wie die, ob man eine Beziehung beendet oder nicht, heiratet oder nicht, Kinder haben will oder nicht, diesen oder jenen Beruf ergreift, keine »Optionen« sind wie die Wahl zwischen zwei verschiedenen Fernsehprogrammen oder Biersorten, sondern existentielle Entscheidungen darüber, wie man sein Leben führen will. Solche Entscheidungen sind weder dezisionistisch noch nach dem Modell von Präferenzwahlen zu verstehen (ausführlich dazu Luckner 2007).

In den letzten 40 Jahren sind viele Studien der Frage nachgegangen, inwieweit die (frühe) Kindheit die Weichen für das spätere Leben stellt und inwieweit die in der Kindheit erworbenen Persönlichkeitsstrukturen späterer Korrektur zugänglich sind. Die kontextualistische Entwicklungspsychologie von Lewis (1997) behauptet, es gebe kaum dauerhafte Persönlichkeitszüge. Die Depression eines Kindes etwa sei eine Folge des Kontextes, in dem es lebe. In einer depressiven Umwelt werde das Kind depressiv, in einer anderen verschwinde die Depression. Dasselbe gelte für Erwachsene. Auch hier seien Persönlichkeitsmerkmale oder Erkrankungen in hohem Ausmaß von der Beschaffenheit der aktuellen Umwelt abhängig. Ich habe mich mit diesem Thema andernorts ausführlich befasst (Dornes 2000, Kap. 3, 4) und resümiere hier nur kurz einige Ergebnisse.

Im Durchschnitt aller Studien zu den Langzeiteinflüssen kindlicher Beziehungserfahrungen sind 80 % der Kinder, die in risikoarmen Familienbeziehungen aufwachsen, als Erwachsene psychisch gesund, wohingegen 80 % derer, die in risikobelasteten Verhältnissen aufwachsen, später krank werden. Dies lässt immerhin Raum für 20 %, die trotz glücklicher Kindheitsumstände krank werden oder umgekehrt für 20 %, die trotz unglücklicher Umstände gesund bleiben. Untersucht man diese Teilgruppen, so kann man die wesentlichen Gründe für solche Diskontinuitäten angeben. In der Regel verhält es sich so, dass unter risikoreichen Umständen aufgewachsene Kinder dann gesund bleiben, wenn mindestens eine vertrauensvolle Bezugsperson außerhalb der Familie zur Verfügung steht, an die sie sich bei Kummer und Problemen wenden können; und krank trotz glücklicher Kindheit wird man dann, wenn Widerfahrnisse wie Unfälle oder der Tod eines Ehepartners die Bewältigungsressourcen überfordern, die in der Kindheit erworben wurden.

Der andauernde Einfluss der Kindheit auf die erwachsene Persönlichkeit und deren Gesundheit zeigt, dass man die Vergangenheit nicht abstreifen kann wie manche Schlangen ihre Haut, sondern so mit ihr verwachsen ist, dass Veränderungen zwar möglich, aber auch schwierig sind. Außerdem bedarf es eines erheblichen Aufwandes oder Lebensglücks, um sie herbeizuführen. Zwei der Faktoren, die helfen, aus krankheitsrisikobelasteten Kindern dennoch gesunde Erwachsene werden zu lassen, sind einerseits Psychotherapien von länger als einem Jahr und andererseits eine glückliche Ehe.[9]

Die Befundlage zum Einfluss der lebensgeschichtlichen Vergangenheit auf Persönlichkeit und Gesundheit in der Gegenwart (Dornes 2000, Kap. 3, 4; Massie/Szajnberg 2002, 2005, 2006; Werner/Langenmayr 2006, Leuzinger-Bohleber 2009) kann man dahingehend zusammenfassen, dass, wer in der Kindheit unter ungünstigen Umständen aufgewachsen ist, später nicht »einfach« gesund wird, sondern im besten Falle »kompliziert« gesund. Die Schatten der Vergangenheit zeigen sich in (stärkeren) Krisensituationen, in denen alte Narben belastet werden, was, wegen der geringeren Widerstandskraft des vorgeschädigten Gewebes, nicht ohne Folgen bleibt. Oft können solche Kinder als Erwachsene ihre Potentiale nicht ausschöpfen, bleiben unter ihren Möglichkeiten oder zahlen für deren Realisierung einen hohen psychischen Preis. Damit ist keinem Kindheitsdeterminismus das Wort geredet, aber den Vorstellungen das Wasser abgegraben, wir seien unbegrenzt formbar, könnten uns von den Lasten der Vergangenheit vollständig befreien, uns immer wieder neu erfinden. Es lässt sich nämlich zeigen, dass diejenigen, die unter günstigen Fami-

---

9 Allerdings ist die Wahrscheinlichkeit für eine gute Ehe wiederum nicht einfach ein glücklicher Zufall, obwohl auch das hin und wieder vorkommt, sondern in der Regel von den Beziehungserfahrungen und der daraus resultierenden Persönlichkeitsstruktur abhängig, die jemand im Laufe seiner Lebensgeschichte erworben hat.

lienbedingungen »narbenarm« aufgewachsen sind, später am besten mit ungünstigen Lebensbedingungen fertig werden. Ergänzend gilt allerdings erstens, dass das Problembewältigungspotential nicht nur in der Kindheit, sondern in gewissem Umfang auch in späteren Lebensphasen erworben werden kann (Suess/Sroufe 2008, Leuzinger-Bohleber 2010), und zweitens, dass der Erfolg dieses Potentials auch vom gegenwärtigen Kontext abhängig ist, in dem jemand lebt, etwa einer glücklichen oder unglücklichen Ehe. Anders ausgedrückt: Resilienz ist nicht nur eine Persönlichkeitseigenschaft, sondern auch ein Merkmal von Beziehungssystemen.

Dies ist die Kernaussage der sogenannten dynamischen Systemtheorie der Entwicklung. Sie will zeigen, dass Persönlichkeitseigenschaften nicht *in* der Person zu lokalisieren sind, sondern im Beziehungssystem. Zur Illustration kann auf die Fähigkeit zur Affektregulierung verwiesen werden und den Befund, dass z.B. Ehefrauen von sicher gebundenen Männern ihre Affekte besser zu regulieren in der Lage sind als die von unsicher gebundenen Männern. Affektregulierung ist in dieser Lesart kein Persönlichkeitsmerkmal der Ehefrau, sondern eine »emergente Eigenschaft« des dynamischen Beziehungssystems Ehe. Auch solche Befunde widersprechen der Vorstellung von Selbsterfindung, denn sie machen die Fähigkeiten der Personen abhängig von Bedingungen, die von den Betroffenen oft nur in begrenztem Maß zu kontrollieren sind; sie sollten indes nicht überbewertet werden. Affektregulierung ist nämlich nicht nur eine Eigenschaft von Beziehungssystemen, sondern nach wie vor eine Persönlichkeitseigenschaft, was unter anderem durch den Befund belegt wird, dass sie beispielsweise bei Männern *nicht* vom Bindungstyp der Ehefrau abhängt (Paley et al. 1999, S. 592 f.).

Am besten fährt man bei der Interpretation solcher oft heterogener Befunde mit einem »Theoriemix«, der sowohl an der Auskristallisierung fester Persönlichkeitsmerkmale in der Kindheit festhält als auch deren (beschränkte) Beeinflussbarkeit

durch spätere Lebensbedingungen einräumt. In der oben erwähnten, bisher einzigen psychoanalytischen Longitudinalstudie von Massie/Szajnberg sind die Autoren einerseits immer
wieder erstaunt darüber, wie früh bestimmte Persönlichkeitseigenschaften festliegen, andererseits, wie sehr sie durch spätere
günstige Einflüsse modifiziert – nicht annulliert – werden können. Illustrieren kann man die wechselseitige Beeinflussung von
Persönlichkeitseigenschaften und aktuellem Kontext noch
durch Schätzungen über die Eintrittsgründe für einen *Burn-out*
(s. a. Kap. 8). Einschlägige Untersuchungen kommen meist zu
dem Ergebnis, dass 50 % auf genetische Ausstattung, Kind-
heitsgeschichte und Persönlichkeitsstruktur zurückzuführen
sind, 25 % auf den aktuellen Zustand der Ehe/Familie und weitere 25 % auf die Arbeitsplatzsituation. Damit ist einfachen
Stress- und Überlastungstheorien durch gestiegene Anforderungen am Arbeitsplatz ebenso vorgebeugt wie unendlichen
Flexibilitätsanforderungen und dem komplexen Ineinander
von Vorprägungen und gegenwärtigen Einflüssen Rechnung
getragen, das in Selbsterfindungstheorien häufig unterbelichtet
bleibt.[10]

---

10 Das Festhalten an der bedeutenden Rolle der Kindheit für die Persönlichkeitsentwicklung ist keine psychoanalytische Besonderheit, sondern wird von
Bindungsforschern wie Sroufe et al. (2005; Kurzfassung: Suess/Sroufe 2008),
Hirnforschern wie Singer (2002), Hüther (2004) und Roth (2003, 2007) sowie
Entwicklungspsychologen wie Schneider geteilt. Schneider etwa kam in der
von ihm geleiteten Längsschnittstudie an 4- bis 23-Jährigen zu folgendem Ergebnis: »Wir hätten nicht erwartet, daß so viel in der Entwicklung bereits sehr
früh festgelegt ist. Wir haben die intellektuellen Fähigkeiten der Kinder ebenso
untersucht wie ihr soziales Verhalten, haben die Feinmotorik geprüft und nach
dem Moralverständnis gefragt. Und über fast alle Persönlichkeitsbereiche hinweg stellte sich heraus, daß die Unterschiede zwischen den Kindern, die wir
mit drei oder vier Jahren gemessen haben, mit 23 Jahren immer noch weitgehend bestanden« (2006, S. 3; ähnlich Schneider/Bullock 2008, S. 215, sowie
Asendorpf et al. 2008, S. 139). Bei Roth (2003, S. 552) heißt es: »Persönlichkeit
und Charakter des Menschen und damit die Grundstrukturen der Beziehung
zu sich selbst und zu seiner Umwelt werden biographisch sehr früh festgelegt.«

Psychoanalytische Einwände

Seit Chasseguet-Smirgel (1975) lautet die kanonische Kritik, die Phantasie der Selbsterfindung beruhe auf einer Verleugnung der Urszene: »Ich bin *nicht* das Produkt des sexuellen Verkehrs meiner Eltern, sondern ich erschaffe mich selbst nach meinen eigenen Vorstellungen.« Man muss diese spezielle Lesart nicht teilen, um zu bezweifeln, ob Menschen wirklich die Fähigkeit haben, sich psychostrukturell überhaupt neu zu erfinden. Strengers einschlägiges und suggestives Fallbeispiel (2005, Kap. 1), in dem eine ehemals graue, submissive »Maus« sich in eine die Männer bezaubernde, verführende und kontrollierende Schöne des Tel Aviver Nachtlebens verwandelt, zeigt zum einen die Wandlungsfähigkeit in der Präsentation, aber auch, was Strenger meines Erachtens zu wenig gewichtet, die Persistenz der zugrundeliegenden Basiskonflikte. Das Beispiel illustriert die moderne Rede von den sich ständig wandelnden Identitäts*präsentationen*, aber es zeigt nicht, dass das, *was* da jeweils präsentiert wird, sich grundlegend gewandelt hat. Die sich wandelnden Präsentationen sind keine Neuschöpfungen, sondern unterschiedliche Aspekte und Bearbeitungsformen *eines*, in diesem Falle andauernden narzisstischen Problems, nämlich dem, Männern zu gefallen. Früher hat die Frau dies durch Anpassung und Unterwerfung versucht; nun verkehrt sie passiv in aktiv und ist bestrebt, die Männer durch ihre physische Attraktivität, die sie mit viel Aufwand »hergestellt«, zur Bewunderung zu bewegen. Strenger betrachtet die Patientin jedoch als im Wesentlichen gesund und ihre neue Erscheinung als Ausdruck des Bedürfnisses nach Autorschaft, Selbstgestaltung und Selbsterfindung. Die Psychoanalyse müs-

Und Ferguson (2010), ein klinischer Psychologe mit verhaltenstherapeutischer Ausrichtung, hält es auf Grund seiner 47 Langzeitstudien mit 31 000 Teilnehmer umfassender Metaanalyse für erwiesen, dass die Persönlichkeit nur in der Kindheit (moderat) veränderlich ist, danach jedoch immer weniger.

se sich nun mit dem Problem befassen, dass dieses Bedürfnis, das früher einer Minderheit von Künstlern und Bohemiens vorbehalten war, einen zumindest nicht irrelevanten Teil der urbanen Mittelschicht erreicht habe (ebd., S. 21 ff.).

Reiche hingegen (2000, S. 21) beschreibt in einem ähnlich kontrastreichen Fallbeispiel einen Homosexuellen, der zusammen mit seinem Lebenspartner periodisch ausschweifende sexuelle *Performances* arrangiert, die überwiegend von Homosexuellen besucht werden. In der Analyse stellt sich heraus, dass er schwere Selbstwertprobleme wegen seiner Homosexualität hat, einen schweren Onaniekonflikt und ein zwanghaftes, stereotypes Sexualleben. Das, was er als Patient individuell empfindet und das, was er öffentlich tut, kommt nicht zur Deckung und scheint sich im Kern nicht zu berühren. Deshalb zieht Reiche aus diesem Beispiel auch nicht den Schluss, hier habe sich ein Individuum neu erschaffen, sondern er hält die Idee, das Individuum habe die Möglichkeit, diese oder jene Identität zu konstruieren, zu wählen oder über sie zu verfügen, für liberale Ideologie oder subjektivistische Illusion. »Offen Homosexuelle wissen, dass sie auf das *So und nicht anders* ihres Homosexuellseins festgelegt sind, am Ende des Jahrhunderts nicht anders als an seinem Anfang« (ebd.).

Dasselbe gilt für die sogenannten Kernpädophilen, also Personen, die ausschließlich durch Kinder unter zwölf Jahren sexuell erregbar sind. Glaubt man Fachleuten wie Beier (2010 a, b; s. a. den Kurzüberblick von Lenzen-Schulte 2010 a), so ist diese Neigung nicht veränderbar, sondern muss durch Verhaltenskontrolle oder Vermeidung entsprechender Versuchungssituationen an ihrer Manifestation gehindert werden. Hier kann kein Kern transformiert und angeeignet werden, sondern seine Unveränderlichkeit muss akzeptiert und die sozial unschädliche Kontrolle eingeübt werden. Als vergleichsweise veränderungsresistent haben sich auch Masturbationsphantasien erwiesen sowie nicht-sexuelle Identitätsaspekte wie ausgeprägte Schüchternheit, die psychischen Folgen schwerer Traumatisierungen sowie diejenigen starker physischer Behinderungen. Der gut gemeinte Slogan von Behindertenverbänden »Wir sind nicht behindert, sondern wir werden behindert« ist ein soziologistischer Fehlschluss, der den dauerhaft unassimilierbaren negativen Einfluss verharmlost, den ein behinderter Körper für jede Psyche darstellt. In all diesen Fällen wird wenig konstruiert, kaum etwas gewählt und vieles verbleibt als Fremdkörper, der ertragen werden muss, in der Seele; dieser Befund lässt sich verallgemeinern. Es ist ein empirisches Faktum, dass auch die für die jeweilige alltägliche Lebensführung der meisten Menschen konstitutiven Vorlieben, Abneigungen und Überzeugungen ein hohes Maß an Stabilität und Veränderungsresistenz aufweisen (Kuhlmann 2011, S. 131 f.). Am Grund einer jeden Identität liegt also ein »Kern«, der sich der individuellen Verfügbarkeit und Aneignung (ein Stück weit) entzieht.[11]

11 Jaeggi (2005, S. 139 ff., 200 ff.) kritisiert die Idee eines unverfügbaren Kerns, an anderer Stelle jedoch auch die der Selbsterfindung (ebd., S. 221 ff.). Gegen Letztere führt sie das Konzept eines »Vorgängigen« ins Feld, das angeeignet werden kann, sich im Prozess der Aneignung aber wiederum so verändert, dass es in seiner Originalgestalt nicht mehr rekonstruierbar ist. Das Vorgängige ist hier ein recht inhaltsarmer Platzhalter für das unter der Essentialismuskritik verdampfte Selbst geworden und hat die theoriestrategische Funktion, einer Vorstellung von Selbsterfindung als creatio ex nihilo oder creatio ohne creator vorzubeugen. Weitere philosophische Begriffsklärungen finden sich bei Thomä (1998) und Menke (2005). Für eine elaborierte psychologische Analyse des Problems von Findung versus Erfindung des Selbst siehe Kuhl (2007 a, b). Bei ihm wird die Idee eines »Kernselbst«, von dem man sich entfremden kann, sowohl dynamisiert als auch rehabilitiert. Zu post-winnicottianischen Ideen über das wahre Selbst, wie sie beispielsweise in Sterns (1985) Theorie der Affektabstimmung oder dem Affektspiegelungsmodell von Fonagy et al. (2002) enthalten sind, siehe Dornes (1993, S. 155 ff.; 2000, S. 210 ff., 2006, S. 172 f., 201 f.). Auch ohne auf die hier genannten, streckenweise recht komplexen Theorien näher einzugehen, kann man sagen, dass Selbstverwirklichung immer nur an einem bereits existierenden Selbst ansetzen und versuchen kann, als persönlichkeitsrelevant betrachteten Wünschen, Interessen oder Vorstellungen, die bisher noch nicht hinreichend zum Zuge gekommen sind, stärker zu ihrem

Und doch hat sich mit der Liberalisierung und Pluralisierung der Gesellschaft mehr verändert, als dass nur die Möglichkeiten der Wahl und die Freiheiten im Ausdruck des Selbst zugenommen hätten. Giddens (1992, S. 24) spricht davon, dass im schwulen *coming out* die Sexualität als etwas entdeckt wird, das man dann reflexiv erfasst, befragt und entwickelt. Reiche (2000, S. 31) bezeichnet die Veränderung als Freigabe und soziale Entbindung des sexuellen Identitätskerns. »Heute kann ein bekennender Homosexueller nicht nur Friseur, er kann auch Familienrichter werden und Kinder adoptieren – und eine entschieden allein lebende Frau kann Familienministerin werden. Das bedeutet gleichzeitig: Das Individuum darf und muß seinen sexuellen Kern selbst binden und einhüllen. Das ist nicht mit konstruktivistischen Illusionen und Ideologien zu verwechseln. Das Individuum hat nicht die Möglichkeit auszuwählen, ob es für die volle sexuelle Befriedigung bisexuell vorgehen will oder nicht, ob es sich heterosexuell oder homosexuell ›konstruieren‹ will. Aber es hat zunehmend die Möglichkeit und damit auch die Verpflichtung, zu wissen, daß sein Kern zu ihm gehört und darum die Gestalt modelliert, die es seinem Leben gibt.« Kurz: Das Individuum hat auch heute nicht die Wahl, Identitäten zu konstruieren (homo- oder heterosexuell zu sein), wohl aber die Wahl, sie zu gestalten – etwa sein homosexuelles Leben als Familienrichter oder als Friseur zu führen. Dasselbe gilt für biographische Entscheidungen wie die Wahl einer Schule, eines Berufs oder eines Berufswechsels. Solche Entscheidungen hängen nach wie vor von Sozialstruktur-, Familien- und Persönlichkeitsvariablen ab, müssen aber trotzdem stärker als früher selbst gestaltet werden – und sei es nur deshalb, weil »Laufbahnen« im Sinne verbindlicher oder

Recht zu verhelfen. Aber auch Selbst*er*findung muss auf Vorfindliches zurückgreifen, dessen Veränderbarkeit begrenzt ist. Insofern ist beispielsweise die Formulierung von Giddens (1992, S. 24), Sexualität sei heute »frei verfügbar«, entschieden überpointiert.

standardisierter Lebenslauforientierungen zwar nicht verschwinden, aber doch zurückgehen und sich gleichzeitig die biographischen Gestaltungsmöglichkeiten vervielfältigen. Dadurch gewinnen Subjektivität und Selbstreflexivität der Akteure an Bedeutung (Heinz 2000, S. 173).[12]

Mit diesen Überlegungen rücken Konstruktivismus und Essentialismus wieder näher zusammen. Das Individuum erfindet oder konstruiert dann zwar immer noch nicht seine Identität, sondern es entdeckt sie. Es entdeckt etwa, dass es homosexuell ist. Aber damit ist der Prozess nicht abgeschlossen. Nun lässt es sich vielleicht scheiden, bewegt sich in anderen Szenen oder Subkulturen, findet andere Freunde, liest andere Schriften, führt andere Gespräche und *entwickelt* auf Grund dieser veränderten »Einbettungen« eine homosexuelle Identität. Ihr Kern lag schon vorher fest; er musste entdeckt werden. Seine Ausgestaltung und Aneignung aber kann durchaus als Konstruktion einer Identität bezeichnet werden. In dieser moderaten Lesart ist der Konstruktivismus dann keine liberale Ideologie des freien Wählens mehr, sondern die Anerkennung des Sachverhalts, dass der Kontakt mit anderen unsere Identität verändert – also eine intersubjektivistische Wahrheit eher als eine subjektivistische Illusion. Eine nachhaltige tiefenstrukturelle Änderung bleibt allerdings Veränderungen in der primären Sozialisation vorbehalten oder, wenn es gut geht, einer längeren Psychotherapie.

12 Krappmann (2002, S. 184) hat darauf aufmerksam gemacht, dass die Idee, Subjekte könnten mit ihrer Gestaltungskraft an die Stelle wegfallender Strukturen treten, irreführend sein kann. Wenn sozialisatorische Interaktionen und institutionelle Strukturen wegfallen, können Subjekte zerfallen, weil sie fehl- oder untersozialisiert werden. Diesen Prozess kann man in jeder Vernachlässigungsfamilie beobachten. Vernachlässigte Kinder kompensieren nicht den Wegfall von Strukturen, sondern leiden unter ihm. Insofern muss man sehr genau unterscheiden zwischen einer Auflockerung von Strukturen, die dem Subjekt neue Gestaltungsmöglichkeiten bietet, und einem Wegfall, der es desorientiert und überfordert. Ähnlich Helsper (1997), der darauf hinweist, dass schwache Strukturen starke Subjekte benötigen.

Essentialismus und Konstruktivismus:
Eine Annäherung am Beispiel der Jugendgewalt

Das Essentialismus-Konstruktivismus-Problem findet sich in nahezu allen Disziplinen. Zur Veranschaulichung kann ein Beispiel aus der Gewaltforschung dienen. Sutterlüty (2002) hat in einer vorzüglichen Untersuchung über jugendliche Gewalttäter herausgefunden, dass für manche von ihnen die Gewaltausübung mit einer euphorisierenden Erfahrung verbunden ist, die zum Motiv für weitere Ausübung von Gewalt werden kann. Er nennt solche Motive, die der Tat nicht vorausgehen, sondern mit ihr entstehen, »intrinsische Gewaltmotive«. Die euphorisierende Erfahrung führt aber nicht nur zu intrinsischen Motiven, sondern auch zu »Gewaltepiphanien«, das heißt zu Offenbarungen über Aspekte des eigenen Selbst, die bisher unbekannt waren – etwa der Erkenntnis, dass man selbst jemand ist, der sich während der Ausübung von Gewalt als großartig und wirkmächtig erlebt. Man muss die Rede von der Selbstoffenbarung im Vollzug von Gewalthandlungen nicht unbedingt (essentialistisch) so verstehen, dass ein verborgener Zug des Selbst, der bisher verdeckt war, nun enthüllt wird, sondern man kann ihn auch (konstruktivistisch) so verstehen, dass das, was sich da enthüllt, im Akt der Gewaltausübung allererst entstanden ist – ein Identitätsgefühl, das auf Gewalt beruht. Dieser »performative« Aspekt von Gewalt verweist auf eine von Joas (1996, S. 366 ff.) thematisierte beunruhigende Möglichkeit, dass nämlich Gewalt nicht nur Ausdruck lebensgeschichtlich erlittener Gewaltzufügung ist und auch nicht nur Mittel zur Stabilisierung eines gefährdeten, labilen Selbstwert- oder Identitätsgefühls, sondern dass Gewalthandlungen darüber hinaus auch identitäts*konstitutiv* sein könnten. Beunruhigend ist dieser Gedanke deshalb, weil er den Zusammenhang zwischen Identitätsbildung und (positiver) Wertschätzung relativiert. Identität entstünde dann nämlich nicht (nur) in Akten persönlicher Wertschätzung, sondern auch in Erfahrungen der Zufügung von Leid, im rachsüchtigen Triumph über andere, in deren Erniedrigung und Entmenschlichung während der Tatausübung.

Man kann Sutterlütys Befunde zur Entstehung von Gewaltmotiven im Akt der Gewaltausübung allerdings auch wieder »essentialisieren«, indem man darauf hinweist, dass er diese Motive ja aus Interviews mit den Tätern *rekonstruiert* hat. Die Motive sind also, zumindest nachdem sie entstanden sind, zu »Eigenschaften« kristallisiert, die zu Charaktermerkmalen der Person geworden sind, die sich erfragen bzw. erschließen lassen. Dann ist zwar das Verhältnis von Motiv und Handlung *zunächst* so gedacht, dass das Motiv nicht der Handlung vorausgeht, sondern mit und in ihr entsteht – ebenso wie Identität nicht der Handlung vorausgeht, sondern durch sie entsteht. Aber *nachdem* das Motiv oder dieser Identitätsaspekt einmal entstanden ist, werden sie zu etwas, das auch unabhängig von der Handlung existiert und ihr vorausgeht: Gewaltsituationen werden jetzt *gesucht*, um das Gefühl der Euphorie wieder erleben zu können.

Der Autor stellt in seinen Interviews weiter fest, dass der Akt der Gewaltausübung nicht für alle gewalttätigen Jugendlichen euphorisierend ist. Für manche ist die aufkeimende Euphorie sogar abschreckend und ein Grund dafür, die Gewalthandlungen einzuschränken. Wie andere Forschungen zeigen, empfinden die meisten jugendlichen Gewalttäter weder während der meist impulsiven Taten (»hot aggression«) noch danach Befriedigung, sondern Unbehagen, und nur die Minderheit der sogenannten »cold aggressors« fühlt sich dabei wohl (Lenzen-Schulte 2010 b; für weitere, auch interventionsrelevante Differenzierungen siehe Körner 2009). Am anfälligsten für die euphorisierende Erfahrung von Gewalt waren in Sutterlütys Studie Jugendliche mit den schwersten Gewalterfahrungen in der Kindheit. Das zeigt, dass die »vorgängige« Lebensgeschichte auch darüber mitentscheidet, ob Motive wie Euphorie im Akt des Tuns überhaupt entstehen und welche Wirkung (Missbehagen oder Hochstimmung) sie haben.

Diese Ausführungen illustrieren am Beispiel der Gewalt,

was mit »Selbsterschaffung« oder »Selbsterfindung« konkret gemeint sein kann: Die Entstehung von etwas Neuem, bisher nicht Dagewesenem, nämlich der Wahrnehmung der eigenen Person als einer, die bei der Gewaltausübung Lust empfindet und diese »Offenbarung« hinfort zu einem wesentlichen Bestandteil ihres Selbstverständnisses *macht*. Der Sachverhalt, dass diese Neuschöpfung auf einer gewaltgesättigten Biographie aufruht, ist der essentialistische Kern dieser Theorie, auf den nicht verzichtet werden kann. Sutterlüty macht die euphorisierende Wirkung von Gewalt nämlich nicht zu einer anthropologischen Urerfahrung wie etwa Sofsky (1996), sondern situiert sie in den Lebensgeschichten seiner Täter. Die Verbindung von erlittener Gewalterfahrung und euphorisierender Gewaltwirkung – bei manchen seiner Täter – zeigt, dass man sich nicht beliebig als gewalttätiges oder Gewalt als euphorisierend empfindendes Individuum erfinden oder konstruieren kann, denn solche Erfahrungen entstehen (oder auch nicht) nahezu ausschließlich auf dem Hintergrund lebensgeschichtlicher Gewalterfahrung. Über beides, die Lebensgeschichte und ihre Auswirkung, kann man aber nicht verfügen – sie ereignen sich, stoßen einem zu –, und auch die euphorisierende Wirkung von Gewalt ist keine Begleiterscheinung, auf deren Auftreten man sich verlassen oder die man intentional herbeiführen könnte. Richtig bleibt indes, dass bei intrinsischen Gewaltmotiven und Gewaltepiphanien das »Vorgängige« – die Lebensgeschichte und die in ihr bereits kristallisierten Gewaltmotive – in etwas Neues transformiert wird und Gewalt nicht nur die Bloßlegung und Freisetzung eines schon existierenden Gewaltkerns ist, sondern dessen *Ausgestaltung*.

Resümee

Um abschließend auf Strenger zurückzukommen: Er stellt in seinen Fallbeispielen den Selbsterschaffungsaspekt in den Vordergrund, wodurch bei aller fühlbaren Tragik ein kreationistischer Optimismus die Texte durchweht, der ansteckend ist und zu einer Freude über die Bandbreite menschlicher Lebensgestaltungsmöglichkeiten führt, die bei der Lektüre psychoanalytischer Fallgeschichten nicht oft aufkommt. Kehrseitig entsteht jedoch gelegentlich auch eine Atmosphäre des Unfertigen, Abgebrochenen und nicht zu Ende Geführten. Die Patienten kommen immer wieder und man gewinnt den Eindruck, dass sie nach wie vor unter denselben Problemen leiden. Das geht vielleicht vielen von uns so, sollte aber vor einer Selbstgestaltungsemphase warnen, die leicht in eine Selbsttäuschung abgleiten kann.

Wie das Beispiel Michael Jackson lehrt, kann sich ein Künstler *als Künstler* zwar ständig neu erfinden, aber *als Person* einen ebenso lebenslangen wie erfolglosen und letztlich tödlich endenden Kampf mit einem übermächtigen väterlichen Introjekt führen. Von Selbsterfindung in einem persönlichkeitspsychologischen Sinne kann hier keine Rede sein – eher von einem beständigen Agieren, das bis in die körperlichen Veränderungen hinein geradezu bizarre Ausmaße annahm. Ähnliches gilt für Foucault, einen der modernen Protagonisten der Selbsterfindung. Bei aller Vorsicht, die bei der Interpretation von Lebensgeschichten, die man persönlich nicht kennt, geboten ist, lässt sich auf Grund der verfügbaren biographischen Informationen (s. z. B. Miller 1993) begründet vermuten, dass er die lebenslangen Schuldgefühle über seine Homosexualität einerseits in ein äußerst kreatives Forschungsprogramm transformiert hat (ein Buchtitel wie »Überwachen und Strafen« ist die geradezu geniale Übersetzung des klassischen »Überich-Programms«), andererseits bei der lebenspraktischen Gestaltung seiner Sexualität in der Revolte gegen archaische Überich-Verbote steckenblieb. Insofern ist es nicht gänzlich abwegig, wenn Whitebook (2009a, S. 142) schreibt, Foucault habe »den langen Weg der psychoanalytischen Reflexion … mit seinem Quasioffenbarungskonzept der Grenzerfahrung abzukürzen versucht.« Wem dies zu viel tiefenpsychologische Verdacht-schöpferei ist, der kann sich von Nietzsche darüber belehren lassen, dass alle philosophischen Systeme immer auch unbe-merkte Selbstbekenntnisse ihrer Verfasser sind.

Trotz der dargestellten Einwände bleibt den Selbsterfin-dungstheorien im Allgemeinen und der differenzierten Version von Strenger im Besonderen das Verdienst, für die situativen und kreativen Möglichkeiten menschlicher Selbstgestaltung zu sensibilisieren, auch wenn sie die lebensgeschichtlichen Vorer-fahrungen in ihrer die Selbstgestaltung begrenzenden Macht, deren Erhellung schon immer eine Domäne der Psychoanalyse war, zu gering veranschlagt.

Nachgedanken:
Ablösung der Eltern durch Gleichaltrige?

Die wachsenden Selbstgestaltungsmöglichkeiten werden in der Jugendsoziologie häufig nicht mit einer Selbsterfindungstheo-rie begründet, sondern mit der Behauptung, die Familie würde in ihrer vormals persönlichkeitsprägenden Funktion zuneh-mend von der *peer group* abgelöst und verliere auf diesem Wege an Bedeutung. Wie steht es um die Belege für diese Aussage?

Die Gleichaltrigenforschung (Überblicke bei Fend 1998, S. 223 ff.; 2003, S. 304 ff.; Noack 2002; Krappmann 1994, 1999, 2004; Kreppner 2005; Wagner/Alisch 2006; Uhlendorff 2006; von Salisch 2000, 2007; Oswald 2008; Ecarius et al. 2011 a, S. 113 ff.) zeigt, dass Gleichaltrigenbeziehungen Gesellungsfor-men sind, in denen vergnüglich Zeit verbracht wird. Darüber hinaus sollen diese Beziehungen aber auch eine Sozialisations-funktion haben, etwa indem sie das Lernen von Normen der Reziprozität und das Lernen der Fähigkeit zur Perspektiven-übernahme begünstigen, (damit) die Einübung partnerschaftli-cher Beziehungsformen fördern, die Argumentationsfähigkeit verbessern und spielerische Formen der Identitätspräsentation ermöglichen. Schon Eisenstadt (1956) meinte, die Fähigkeiten zu Kooperation und Gegenseitigkeit würden bevorzugt in Gleichaltrigengruppen erlernt, weil für deren Vermittlung das Verhältnis zwischen Eltern und Kindern emotional zu belastet, das zwischen Lehrern und Kindern zu stark instrumentell gefärbt sei. Abgesehen davon, dass die Zeiten, in denen dies möglicherweise zutraf, vorbei sind, haben Allerbeck/Hoag (1985, ref. nach Fend 1988, S. 279) gegen Eisenstadt geltend gemacht, dass Gleichaltrigenbeziehungen durch ein hohes Maß an sozialer Unverbindlichkeit gekennzeichnet sind. Kommt man mit jemandem nicht aus, so wird der Kontakt in der Regel abgebrochen, was keine gute Voraussetzung für das Erlernen von Kooperation und Gegenseitigkeit ist. Ähnlich argumentieren Krappmann (1999) und Uhlendorff (2006, S. 98). Krappmanns Untersuchungen zufolge handelt es sich bei Konzepten wie »Achtung« und »Gegenseitigkeit« um problematische Typisierungen, weil die Interaktionen von 6- bis 12-jährigen Gleichaltrigen oft raubeiniger, ruppiger und von weniger gegenseitiger Achtung und Rücksichtnahme geprägt sind als die zwischen Erwachsenen und Kindern. Umgekehrt sind Letztere weniger machtgeprägt oder unilateral und stärker kooperativ, als in der Tradition von Piaget, etwa bei Youniss (1982), angenommen wird (Wagner/Alisch 2006, S. 16).

Piaget (1932) hat darüber hinaus versucht, einen Einfluss von Gleichaltrigenbeziehungen auf die Moralentwicklung nachzuweisen. Er postulierte einen Zusammenhang zwischen zwei Formen sozialer Interaktion und zwei Formen von Moral. »Der einseitigen Achtung und dem Zwang, die in Eltern-Kind-Beziehungen vorherrschen, entspricht eine heteronome Moral, der gegenseitigen Achtung und der Kooperation zwischen Gleichaltrigen eine autonome Moral« (Sutter 2004b, S. 100). Aus den erwähnten Befunden zum Machtgefälle und zur Unverbindlichkeit in Gleichaltrigenbeziehungen und der seit Piagets und Youniss' Zeiten weiter fortgeschrittenen

Demokratisierung der Eltern-Kind-Beziehung könnte man schlussfolgern, dass die autonome Moral nun ebenfalls verstärkt in Eltern-Kind-Beziehungen gelernt wird und Gleichaltrige deshalb diesbezüglich *unwichtiger* werden. Dieser Auffassung widerspricht Oevermann (2000 b). Er argumentiert, in die Eltern-Kind-Beziehung sei ein »strukturelles« Machtgefälle eingebaut, das nur gestaltet, aber durch keine Demokratisierung überwunden werden könne, wohingegen in Gleichaltrigenbeziehungen zwar ein empirisches, aber kein strukturelles Machtgefälle existiere. Das mag wohl sein, lässt aber die Frage unbeantwortet, ob ein strukturelles Machtgefälle bei empirischer Demokratisierung (in Eltern-Kind-Beziehungen) dem Erlernen einer autonomen Moral nicht förderlicher ist als strukturelle Gleichheit bei empirischer Machtausübung und struktureller Unverbindlichkeit (in Gleichaltrigenbeziehungen). Auch ohne diese Frage zu klären, kann man resümierend festhalten, dass die Gleichaltrigenforschung, soweit bisher dargestellt, zwar zeigt, in welchen Bereichen Gleichaltrige wichtig sind oder sein können (Kooperation, Reziprozität, Moral), nicht aber, wieso sie heutzutage wichtig*er* geworden sind.

Als Gründe dafür werden meist fünf Entwicklungstrends angeführt (s. z.B. du Bois-Reymond 2001, S. 86 f., 92, 101). Erstens verbringen Kinder und Jugendliche heute mehr Zeit mit Gleichaltrigen als früher; zweitens wissen sie manches besser als Erwachsene, wobei in der Regel auf ihre überlegenen Computerkenntnisse verwiesen wird; drittens ist ihre Teilnahme am Konsum- und Freizeitbereich gestiegen, was zu einem Entstehen eigenständiger Jugendsubkulturen und deren wachsender kulturprägender Kraft führen soll; viertens verblasst die Vorbildfunktion der Eltern durch das hohe Wandlungstempo moderner Gesellschaften, weil dadurch die Erfahrung der Älteren entwertet wird; fünftens soll die Vorbildfunktion der Eltern auch deshalb nachlassen, weil der psychische Abstand zwischen Eltern und Kindern geringer und die Beziehung informeller geworden ist; die Eltern sind heutzutage nicht mehr die »großen Unbekannten«, sondern nur noch die »kleinen Bekannten«, und mit diesem Nimbusschwund verlieren sie angeblich auch ihre vormalige Vorbildfunktion.

Was immer von diesen Argumenten im Detail zu halten ist – insgesamt scheint mir der Bedeutungsschwund der Eltern recht begrenzt. Um hier nur auf den ersten Punkt näher einzugehen: Unzweifelhaft verbringen Jugendliche heute mehr Zeit mit Gleichaltrigen als in den 1950er Jahren. Dies ergibt sich unter anderem daraus, dass Kindheit und Jugend mittlerweile überwiegend durch Schulbesuch ausgefüllt sind. Besuchten 1960 nur 38 % aller 15-Jährigen noch die Schule, waren es 1997 bereits 95 % (Tillmann 2003, S. 199). Jugendliche verbringen aber nicht nur mehr Zeit in der Schule, sondern auch in Gleichaltrigengruppen. 1962 waren nach eigenen Angaben 16 % in eine solche Gruppe eingebunden, 1983 waren es 57 % und 2002 sogar 81 % (Göppel 2005, S. 164 f.).[13]

Trotz des dadurch gewachsenen zeitlichen Umfangs von Gleichaltrigenbeziehungen konnten Oswald / Boll (1992) in einem Literaturüberblick und einer eigenen Studie *keinen Rückgang* der *emotionalen Bedeutung* der Eltern zugunsten von Gleichaltrigen feststellen. Wohl orientieren sich Jugendliche in Fragen wie Kleidung und Freizeitgestaltung verstärkt an Gleichaltrigen, aber die Eltern sind in allen wichtigen Belangen wie Schule oder Berufsplanung nach wie vor die Hauptansprechpartner für 12- bis 18-jährige Jugendliche. Bis zum Alter von 15 Jahren gilt dies sogar für persönlich-intime Probleme (Wehner 2006, S. 125). Ab dem Alter von 15 Jahren differenzieren Jugendliche in ihrem Gesprächsverhalten stärker nach Bereichen: Aktuellen Kummer, Fragen der Schule, Politik und Berufswahl besprechen sie bevorzugt mit ihren Eltern; Frei-

---

13 Dieser Befund widerspricht übrigens der Meinung, Kinder und Jugendliche würden zunehmend vereinsamen.

zeitaktivitäten und »Privates« wie Sexualität und Beziehungen eher mit ihren Freunden. Dadurch steigt deren Bedeutung für manches, was wichtig wird, ohne dass die der Eltern sinken würde (Oswald 2008, S. 322). Entsprechend ergab die Shell-Jugendstudie 2006 (S. 29, 231) für die untersuchten 12- bis 25-Jährigen eine starke Familienorientierung in dem Sinne, dass die eigene Herkunftsfamilie von den meisten Jugendlichen als sozialer Rückhalt und sicherer Hafen betrachtet wird und die Prägekraft der Familie hinsichtlich der Wertevermittlung größer ist als die der Gleichaltrigen.

Als Zwischenbilanz kann man festhalten: Obwohl sich in der Literatur zur Jugendforschung häufig die Aussage findet, der Einfluss von Gleichaltrigen würde den der Eltern zurückdrängen, ergibt eine genauere Analyse in der Regel den folgenden Befund: »Die meisten Studien kommen bei der vergleichenden Analyse des Sozialisationseinflusses von Eltern und Gleichaltrigen zu dem Schluss, dass die Eltern im Jugendalter ein größeres Gewicht im Bereich der Norm- und Wertorientierung und der Bildungs- und Berufsaktivitäten besitzen, während die Gleichaltrigen mehr als unmittelbare alltägliche Verhaltensvorbilder im Freizeit- und Unterhaltungsbereich und beim Aufbau von Freundschaftsbeziehungen fungieren ...« (Hurrelmann 2007, S. 130). Von einer persönlichkeitsprägenden Kraft der Gleichaltrigenbeziehung kann also kaum die Rede sein.

Dies gilt verstärkt für jüngere Kinder. Krappmann (2004) hat in einer instruktiven Arbeit die strukturelle Eigenart der Interaktion 6- bis 12-jähriger Kinder mit der von Erwachsenen verglichen und kommt zu folgendem Ergebnis: »Wenn auch die Forschung manche Belege für die sozialisatorische Bedeutung der Kinderwelt zusammengetragen hat, so stellt sich doch heraus, dass die Nachweise für Effekte der Interaktionen und Beziehungen unter den Gleichaltrigen schwach bleiben, manchmal nur bei bestimmten Aufgaben und unter besondern Bedingungen deutlich werden und nicht selten von Einflüssen anderer Sozialisationsinstanzen überlagert werden.« (ebd.,

S. 263) Als zentrale immanente oder »strukturelle« Schwäche von Interaktionen zwischen Gleichaltrigen betrachtet er deren Unverbindlichkeit und Aufkündbarkeit.

Manche Autoren (z. B. Youniss 1994, aber auch Krappmann selbst 1994 sowie Noack 2002) halten allerdings die Frage, ob Kinder stärker von ihren Eltern oder von Gleichaltrigen beeinflusst werden, für weniger produktiv und bemühen sich, zum einen die Wechselwirkung zwischen Familien- und Gleichaltrigeneinflüssen herauszuarbeiten, zum anderen den spezifischen Beitrag zu erhellen, den jede dieser Beziehungsformen für die Entwicklung leistet, ohne sie gegeneinander auszuspielen. Nach Youniss (ref. in Hofer 2003, S. 66 f.) stellt sich die Lage wie folgt dar: In Gleichaltrigenbeziehungen werden egalitärere Beziehungsformen erlernt und praktiziert, die dann, insbesondere im Jugendalter, wieder in die Eltern-Kind-Beziehung zurückgetragen werden und so die Autonomieentwicklung in Bezug auf die Eltern fördern. Das eher asymmetrische Beziehungsschema mit den Eltern wird durch das eher egalitäre mit den Gleichaltrigen modifiziert, was den Jugendlichen bei der Ablösung hilft; dies gilt auch umgekehrt. Eine positiv verlaufende Autonomieentwicklung innerhalb der Familie begünstigt eine ebensolche in Gleichaltrigenbeziehungen. Darüber hinaus bleibt es bei einem Bedeutungsprimat der Eltern-Kind-Beziehung in zweierlei Hinsicht. Erstens können gute Gleichaltrigenbeziehungen schlechte Eltern-Kind-Beziehungen *nicht* kompensieren; eher im Gegenteil. Schlechte Beziehungen zwischen Eltern und Kindern erhöhen die Wahrscheinlichkeit, dass Jugendliche in devianten Gleichaltrigengruppen Bestätigung suchen (Hurrelmann 2007, S. 131). Zweitens bestimmt die Qualität der Eltern-Kind-Beziehung die der Gleichaltrigenbeziehung – und zwar deshalb, weil Kinder und Jugendliche, die sozial kompetent mit ihren Eltern interagieren, dies auch mit Gleichaltrigen tun (Hofer 2003, S. 67 f.; Wagner/Alisch 2006, S. 47 f.). Dies zeigt sich beispielsweise daran, dass die Qualität der Bindung zu den Eltern (sicher versus unsicher) die Gleichaltrigeninteraktion bereits im Kindergartenalter beeinflusst und dieser Einfluss bis in die Adoleszenz anhält (Literatur bei Ecarius et al. 2011 b, S. 116).

Die vieldiskutierte Frage, ob es im Jugendalter eine erhöhte Empfänglichkeit für Gleichaltrigeneinflüsse gibt oder gar einen Druck zur Konformität, kann in Maßen bejaht werden, vor allem im Bereich des Freizeitverhaltens und der Kleidung. Die Empfänglichkeit weist jedoch einen umgekehrt U-förmigen Verlauf auf. Sie steigt im Alter zwischen 12 und 16 Jahren an (mit einem Höhepunkt bei 14–15 Jahren), um danach wieder abzusinken (Seiffge-Krenke 1997; Hofer 2003, S. 65). Außerdem ist sie am größten in devianten Gruppen.

Versucht man nun noch, eine Gewichtung des Beitrags vorzunehmen, den Gleichaltrige *zur Persönlichkeitsentwicklung* leisten, so kann man dem umfassenden Überblick von Maria von Salisch (2000) entnehmen, dass Gleichaltrigen- und Freundschaftsbeziehungen generell vorhandene Verhaltensdispositionen (mäßig) verstärken oder abschwächen, nicht aber hervorbringen. Gut untersucht worden ist der Einfluss solcher Beziehungen auf vier Bereiche, nämlich externalisierendes und internalisierendes Verhalten, Delinquenz und Alkoholkonsum. Beispielhaft sei hier nur die Befundlage zum Zusammenhang von Gleichaltrigenbeziehungen / -freundschaften und externalisierendem Verhalten genannt. Sie besagt, dass aggressive Jugendliche entsprechende Subgruppen aufsuchen und finden, die dann ihr aggressives Verhalten weiter verstärken. Meistens lässt sich jedoch die erhöhte Aggressivität bis ins Kindesalter zurückverfolgen, so dass von einem eigenständigen Beitrag der Gleichaltrigenbeziehungen zur Aggressivität nur im Sinne der Verstärkung einer bereits vorhandenen Neigung die Rede sein kann. Dasselbe gilt für die anderen Bereiche. Gleichaltrigenbeziehungen und Freundschaften können die genannten Verhaltensweisen (Internalisierungsstörungen, Delinquenz und Alkoholmissbrauch) zwar beeinflussen, aber weder sie noch die ihnen zugrundeliegenden Persönlichkeitseigenschaften *hervor-*

bringen (von Salisch 2000, S. 390). Zusammenfassend kann man sagen, dass aus Sicht der Gleichaltrigenforschung die wichtigste *persönlichkeitsbildende* Instanz nach wie vor die Familie ist. »Gemessen an dem Einfluss, den die Familie auf die Persönlichkeitsentwicklung ausübt, ist der Einfluss der Peers sekundär.« (ebd., S. 345; ähnlich Uhlendorff 2006, S. 101) Insofern sollte man die sich wie ein Mantra durch die jugendsoziologische Literatur ziehende Aussage, Gleichaltrige, aber auch Medien, würden als Sozialisationsinstanzen zugunsten der Eltern an Einfluss gewinnen, mit Zurückhaltung betrachten.

Die Idee, Medien oder virtuelle Gemeinschaften könnten hinsichtlich ihrer identitäts- oder persönlichkeitsprägenden Kraft an die Stelle oder an die Seite konkreter Interaktionsbeziehungen treten (s. z.B. Ferchhoff 1997, S. 78), übersieht nämlich das unaufhebbare personale Fundament von Identitäts- und Persönlichkeitsbildung und speist sich aus einem oberflächlichen Sozialisationsbegriff, der jeden Einfluss als persönlichkeitsrelevant betrachtet, ohne zu berücksichtigen, dass es die sozialisatorische Interaktion ist, die solchen Einflüssen erst Bedeutung gibt. Im ersten Kapitel wurde bereits darauf hingewiesen, dass das Normierungs- und Orientierungswissen, das Medien bereitstellen, erst über Gespräche mit den Eltern angeeignet wird und so seine Wirkung entfaltet. Dasselbe gilt mutatis mutandis für die Bedeutung der Gleichaltrigen.

Dieser Sachverhalt wird in Behauptungen wie der folgenden nicht hinreichend berücksichtigt: »Die Gleichaltrigengruppen vermitteln neben der massenmedialen Werbung am nachhaltigsten die Information über Konsum- und Markenprodukte, bestimmen am nachhaltigsten den Geschmack, setzen die Standards für ... die jeweils prestigerelevanten Konsumgüter und sind (mindestens) latent für Norm- und Wertfragen auch im Erziehungsgeschehen zuständig.« Dass Gleichaltrige und Massenmedien Information über Konsum vermitteln, ist zwar zutreffend, bedeutet aber nicht, dass sie die Persönlichkeit prä-

gen, es sei denn, man versteht unter Persönlichkeit Konsumge-
wohnheiten und Freizeitgestaltung.

Die Aussage, Gleichaltrige seien latent für Norm- und
Wertfragen im Erziehungsgeschehen zuständig, wird so begründet: »Symbolisch sind die Peers in allen Maßstäben, Wertvorstellungen und Zensuren bezüglich Erziehungsfragen, also
in allen Verhandlungen zwischen Eltern und Kindern um Taschengeld, Freizeitaktivitäten und -orte, Medienwahl, Ausgehzeiten, Familienpflichten, Speisegewohnheiten, Kleidungs-
und Konsumstile u. v. a. m. präsent.« (ebd., S. 75 f.) Erneut
wird hier zu kurz gegriffen. Wohl können Kinder und Jugendliche in Verhandlungen mit ihren Eltern sich auf Gleichaltrige
berufen, wenn sie späteres Nachhausekommen, Kleidungsstile
und Speisevorlieben durchsetzen wollen. Dass diese latente
oder symbolische Präsenz normativer Maßstäbe aus der
Gleichaltrigenwelt aber einen Einfluss auf die Persönlichkeitsentwicklung der Kinder hat, ist damit in keiner Weise gezeigt.
Klar ist nur, dass die Präsenz dieser Maßstäbe »argumentatives
Futter« für Verhandlungen mit den Eltern liefern kann; aber
die Persönlichkeit der Kinder wird nicht durch die Maßstäbe
selbst beeinflusst, sondern durch den Aushandlungsprozess
mit den Eltern und dessen Gestaltung. Maßstäbe und Normen
sind nie durch ihre bloße Existenz sozialisierend oder persön-
lichkeitsprägend, sondern durch die Art ihrer personalen Vermittlung, und hier kann ich nicht sehen, wie oder dass Medien
bzw. Gleichaltrige an die Stelle der Eltern treten (könnten).

Am Ende sei noch die von Harris (1995, 1998) vertretene und
in der Entwicklungspsychologie höchst kontrovers diskutierte
These erwähnt, die kulturellen, moralischen und politischen
Einstellungen von Jugendlichen sowie ihre Persönlichkeitsentwicklung würden überwiegend von den Gleichaltrigen *und den
Genen* bestimmt, nicht aber vom elterlichen Erziehungsverhalten. Eine Mehrheit von Fachleuten kritisiert diese Auffassung
(z. B. Kagan 1998, Gardner 1999, Collins et al. 2000, Maccoby
2000, Vandell 2000, Kreppner 2005, S. 645 ff.), eine Minder-

heit verteidigt sie (z. B. Harris selbst 2000 und Pinker 2002, S. 538 ff.). Das unerschöpfliche Thema des genetischen Einflusses kann hier nur noch gestreift werden. Es soll genügen, darauf hinzuweisen, dass manche Autoren den Einfluss frühkindlicher Beziehungserfahrungen auf die Persönlichkeit mit 50 % schätzen, den der Gene mit 20–50 %, der Rest soll auf spätere Lebenserfahrungen entfallen (s. z. B. Roth 2007). Gut lesbare Kurzüberblicke zu den Themen Gen-Umwelt-Interaktion und Einfluss der Gene auf Persönlichkeitsmerkmale geben Asendorpf (2004) und Fuhrer (2005, S. 66 ff.). Der Einfluss des Genoms auf Persönlichkeitsunterschiede wird derzeit von vielen Autoren auf etwa 40 % geschätzt. Solche Schätzungen schwanken allerdings je nach Persönlichkeitsmerkmal und sind außerdem gruppenstatistische Aussagen, die nicht auf Einzelpersonen bezogen werden dürfen (Asendorpf 2004, S. 39 ff.; Pervin et al. 2005, S. 403 f.). In Anbetracht der hochinteressanten Forschungen zur Epigenetik (einführende Überblicke bei J. Bauer 2002, Kegel 2009, Spork 2009, Blech 2010), welche die Bedeutung der Umwelt für die Genaktivierung untersucht, ist zu erwarten, dass in Zukunft die Karten auf diesem Gebiet neu gemischt werden.

Kapitel 4

Adoleszenz, Autoritätsverlust und
Erziehungsprobleme

Einleitung

In diesem Kapitel behandle ich zunächst den Wandel der Adoleszenz. Sie hat nicht nur ihren Charakter als Moratorium verloren und ist von einer Vorbereitung auf das Erwachsenenleben zu einer eigenständigen Lebensphase geworden, sondern auch ihre frühere Konflikthaftigkeit ist erheblich zurückgegangen. Was bedeutet das für die Entwicklung? Versäumen Jugendliche heute die altersgerechte Ablösung? Wollen sie nicht mehr erwachsen werden und bleiben regressiv oder inzestuös mit ihren Eltern verstrickt? Oder vermeiden Eltern die notwendigen Konflikte? Letztere Sichtweise hat zur Diagnose eines Autoritätsverlusts und eines daraus resultierenden »Erziehungsnotstandes« geführt, dem durch mehr Disziplin und Grenzsetzung abzuhelfen sei. Diese These wird im zweiten Teil des Kapitels näher untersucht.

Nach Abwägung der verschiedenen Theorien und Argumente komme ich zu dem Ergebnis, dass erstens die Entkonfliktualisierung der Adoleszenz zu begrüßen, nicht zu bedauern ist, weil das Verhältnis zwischen den Generationen dadurch auf eine reflexive Weise neu gestaltet wird; zweitens sind gravierende Erziehungsschwierigkeiten auf umschriebene Subgruppen der Bevölkerung begrenzt. Eltern, Kinder und Jugendliche sind insgesamt besser als ihr Ruf. Der Prozess der Erziehungsliberalisierung ist kein Misserfolg gewesen, sondern im Gegenteil ein Erfolg, der den Eltern zwar einiges an Energie abverlangt, den Kindern aber einen merklichen Zuwachs an Wohlbefinden und Mitspracherechten eingebracht hat, von denen die überwiegende Mehrheit – in bemerkenswertem Kontrast zu medial verbreiteten Katastrophenszenarien – in Kooperation mit ihren Eltern verantwortungsvollen Gebrauch macht. In Frage steht daher meiner Meinung nach nicht der Wert dieser Erziehungsform, sondern allenfalls der mediale »Hype« ihrer Kritik, über den ich mir abschließend einige Gedanken mache.

Teil 1: Wandel der Adoleszenz

Entstrukturierung

Aus soziologischer Sicht wird häufig ein Strukturwandel der Jugendphase im Sinne ihrer Entstrukturierung diagnostiziert. Damit ist Verschiedenes gemeint (Überblicke bei Ferchhoff 1997; Münchmeier 1998; Hurrelmann 2007, S. 36 ff.).

Erstens hat sich Jugend als Statuspassage von der Kindheit zum Erwachsenenalter aufgelöst. Während früher recht eindeutig das Alter zwischen 14 und 19 Jahren als Jugend identifiziert werden konnte, hat sich der Zeitraum heute aus verschiedenen Gründen erheblich ausgedehnt und in diesem Sinne entstrukturiert. Die meisten Untersuchungen an Jugendlichen arbeiten mittlerweile mit Altersspannen von 14 bis 24 Jahren, manche beginnen schon mit zehn und enden – Begriffe wie »Postadoleszenz« oder »emerging adulthood« verwendend – mit dreißig Jahren. Durch diese Ausdehnung ist Jugend von einer Übergangsphase zu einer eigenständigen Lebensspanne geworden (Bertram/Bertram 2009, S. 95). Die Verlängerung ist zum einen auf die Akzeleration der körperlichen Reifung zurückzuführen, die Jugend heute früher beginnen lässt. Ein Indiz dafür ist die Vorverlagerung der sexuellen Reife auf das Alter von 11–12 Jahren. Zum anderen dehnt sich die Jugendphase nach hinten aus, und zwar durch die Expansion des Bildungssystems, die in den letzten 40 Jahren nahezu alle Schichten erreicht hat. Jugend ist heute Schuljugend, und

Jugendliche sind mindestens bis ins Alter von 15 Jahren, häufig sogar bis ins dritte Lebensjahrzehnt von reproduktiver Arbeit freigestellt. Das frühere Bürgerkinderprivileg ist einer »Jugend für alle« gewichen. Diese Entwicklung könnte man allerdings auch statt unter dem Begriff der Entstrukturierung unter dem der »Universalisierung« erfassen, weil ein Merkmal, nämlich das der Freistellung von Arbeit bzw. der längere Schulbesuch nun für alle oder jedenfalls für viele gilt. Dennoch bleibt die Entstrukturierung im Sinne der zeitlichen Ausdehnung oder Entgrenzung ein charakteristisches Merkmal moderner Jugend.

Zweitens wird unter Entstrukturierung der Sachverhalt verstanden, dass es heute eine bis ins Unübersehbare ausdifferenzierte (»entstrukturierte«) Vielfalt von Jugend(sub)kulturen gibt. Zum Teil sind sie schichtabhängig und für ethnische Gruppen spezifisch, zum Teil quer durch solche Milieus organisiert. Sie drücken sich in einer Vielfalt von Musikstilen, Kleidungsmoden, Körperkennzeichnungen, Ausgeh- und Speisegewohnheiten aus.

Drittens ist in Bezug auf den Lebenslauf eine Entstrukturierung zu beobachten, weil aus ehemals gesellschaftlich vorgezeichneten Lebenslaufmustern individuell zu gestaltende Biographien geworden sind (»Von der Normal- zur Wahlbiographie«). Hier sind jedoch auch Gegentendenzen festzustellen, denn zugleich mit dieser Pluralisierung von Lebensstilen und Individualisierung von Biographien ist in mindestens zwei Bereichen eine neue Homogenisierung bzw. Standardisierung eingetreten. Die Unterschiede in den Bildungskarrieren von Mädchen und Jungen haben sich ebenso eingeebnet wie die von Stadt- und Landbewohnern. Auch dieser Sachverhalt wird von manchen Autoren (z. B. Schäfers/Scherr 2005, S. 27 f.) indes unter dem Begriff der Entstrukturierung thematisiert, weil sich vormals traditionelle Strukturierungen (Mädchen versus Jungen, Stadt versus Land) aufgelöst haben.

Viertens: Ein weiteres wichtiges Merkmal heutiger Adoleszenz lässt sich allerdings kaum noch mit dem Begriff der Entstrukturierung fassen, nämlich die durch familiäre und gesellschaftliche Liberalisierung ermöglichte Autonomie der Lebensführung in den Bereichen Konsum, Medien und Beziehungen bei andauernder ökonomischer Abhängigkeit von den Eltern. Dieses Nebeneinander von personal-soziokultureller Autonomie und ökonomischer Abhängigkeit gilt manchen Autoren sogar als zentrales Merkmal zeitgenössischer Jugend, insbesondere in ihrer postadoleszenten Phase (z. B. Griese/ Mansel 2002, S. 176; Abels 2008, S. 138).

Fünftens: Als jugendspezifische Aufgaben werden in der Regel die Ablösung von den Eltern, der Aufbau intimer Beziehungen zu Gleichaltrigen, die Vorbereitung auf die Berufswahl, die Entwicklung einer eigenen Weltanschauung und das vertiefte Verständnis der eigenen Person genannt (Walper 2003, S. 119; Hurrelmann 2007, S. 27 ff.). Aus psychologischer Sicht steht die Ablösung von den Eltern im Vordergrund. Sie soll ein konfliktreicher und turbulenter Prozess sein. Im ersten Kapitel wurde als eine der zentralen Veränderungen innerhalb der Familie die »Entkonfliktualisierung« der Eltern-Kind-Beziehung festgestellt. Sie wird für die Adoleszenz kontrovers beurteilt. Im Folgenden soll deshalb der Frage nachgegangen werden, was von der Entkonfliktualisierungsthese hinsichtlich der Adoleszenz zu halten ist.

Entkonfliktualisierung: Pro und Contra

Trotz der empirisch vielfältig belegten Entkonfliktualisierung (Details weiter unten) halten manche Eltern und wissenschaftlichen Autoren nach wie vor an der Vorstellung von der Adoleszenz als einer Krise fest. Steinberg (2001, S. 5 ff.) erklärt diesen Sachverhalt damit, dass Eltern und ihre adoleszenten Jugendlichen die alltäglichen Konflikte anders bewerten. Während Eltern beispielsweise Auseinandersetzungen um das Zimmeraufräumen als eine Grundsatz- und Prinzipienfrage betrachten, sehen ihre Kinder darin eher ein pragmatisches Problem. Entsprechend halten die Eltern solche Konflikte für gravierender als die Kinder. Deshalb schätzen sie die Bedeutung alltäglich wiederkehrender Konflikte höher ein als die Kinder und die Adoleszenz insgesamt als eine konflikthafte Zeit, was sie im Urteil und Erleben der Kinder gar nicht oder jedenfalls erheblich weniger ist. Steinberg dreht also den argumentativen Spieß um und belegt mit einer Vielzahl von Befunden, dass die Adoleszenz *für die Eltern* oft schwieriger ist als für die Kinder, auch und gerade was den Prozess der Entidealisierung angeht, denn schließlich sind es die Eltern, die von einem irreversiblen Verlust ihrer Bedeutung betroffen sind, wohingegen die Kinder sich neue bedeutsame Objekte suchen können.

Strukturalistische Argumente

King (2002, S. 13, 35 ff., 41, 49 ff.) will dennoch an der Idee der Adoleszenz als einer Krise auch für die Jugendlichen festhalten. Jede Trennung beinhaltet ihr zufolge immer auch etwas Gewaltsames, die intrapsychische Trennung vom kindlichen Körper ebenso wie die interpersonelle Ablösung von den Eltern. Auch wenn Letztere empirisch nicht krisenhaft verlaufe, sei ein Festhalten am Krisenbegriff sinnvoll, weil er das Grundsätzliche an adoleszenten Trennungsvorgängen jenseits ihrer empirischen Ausprägungen erfasse. Außerdem sei die individuelle Ablösung von den Eltern immer auch mit einer sozialen Verabschiedung der Elterngeneration verbunden. Formulierungen wie die eines »Nachrückens in die Erwachsenenpositionen« werden nach King der Dramatik des Prozesses nicht gerecht, weil die Erwachsenen ihr Terrain keineswegs widerstandslos preisgeben, sondern mit den Jungen um die kulturelle und ökonomische Deutungshoheit kämpfen.

Einen weiteren Grund für das Festhalten am Krisenbegriff sieht die Autorin in der grundsätzlichen Ambivalenz der Generationenbeziehung, die darin besteht, dass das Problem der Ablösung der älteren durch die jüngere Generation unvermeidlich ist. Die Ausgestaltung innerfamiliärer Beziehungen beeinflusst nur die Form, in der die Ablösung stattfindet, nicht aber die Ablösung selbst, weshalb das Problem »strukturell« genannt wird. Weil sich in modernisierten Gesellschaften der soziale Wandel immer weiter beschleunige und weil die nachrückende Generation für den sozialen Wandel stehe, intensiviere sich das Problem der Ablösung sogar eher, als dass es sich abmildere (ebd., S. 119 ff.). Die verstärkte Berufsorientierung weiblicher Adoleszenter führe ebenfalls dazu, dass sich die Krisenpotentiale in modernisierten Geschlechterkonstellationen vervielfältigen, weil jetzt die Mädchen nicht mehr nur, wie in der klassischen ödipalen Konstellation, mit der Mutter um den Vater rivalisieren, sondern, wie früher nur die Knaben, auch mit dem Vater bzw. den Männern um Berufspositionen (ebd., S. 153). Solche Überlegungen führen zu dem eigenartigen Resultat, dass sich der strukturell genannte Konflikt zwischen den Generationen verschärfen soll, wohingegen empirisch eine Entkonfliktualisierung zu konstatieren ist. Die Kluft zwischen beiden Betrachtungsweisen wird dadurch eingeebnet, dass der Krisenbegriff ebenfalls strukturalisiert wird. Mit Krise ist dann nicht gemeint, »dass im Selbstempfinden der Einzelnen zwangsläufig Krisenstimmung herrscht, obwohl dies auch immer wieder der Fall sein kann. Damit ist vielmehr gemeint, dass auf struktureller Ebene die Familie eine neue Homöostase erlangen muss«, weil das eingespielte Gleichgewicht innerhalb der Familie in der Adoleszenz grundsätzlich und unvermeidlich in die Krise gerät (ebd., S. 120 f.). Das ist indes schon immer so gewesen, aber das Neue besteht ja gerade darin, dass die Adoleszenz heutzutage keine dramatische, sondern eher eine undramatische Verlaufsform nimmt, das eingespielte Gleichgewicht also auf eine andere, sanftere Weise herausgefordert wird. Zwar kann man den unaufhebbar konflikthaften Charakter der adoleszenten Ablösungsproblematik als unvermeidliche, strukturelle Krise konzeptualisieren, sollte damit aber nicht die empirisch zu konstatierende Entdramatisierung, also den *Gestaltwandel des adoleszenten Ablösungskonflikts*, neutralisieren.[1]

Auch in Oevermanns strukturalistischer Sozialisationstheorie (z. B. 2001) wird der Zusammenhang zwischen ontogenetisch universalen Krisen, zu denen er die Adoleszenz zählt, und der Prägung dieser Krisen durch gesellschaftliche Konstellationen betont. In und nach der Adoleszenz müssen Oevermann zufolge *immer* drei Probleme bewältigt werden: berufliche Orientierung, Gründung einer Familie und Einnahme einer Staatsbürgerposition mit eigenen Wertvorstellungen in Bezug auf die Gesellschaft, in der man lebt. Insbesondere Erstes werde durch die Krise der Arbeitsgesellschaft erschwert. Aber auch generell habe sich die mit diesen drei Aufgaben einhergehende »Bewährungsproblematik« verschärft, weil im Zuge der Enttraditionalisierung das vormals durch familiäre Herkunft und Tradition gebahnte Einrücken in eine Berufs- oder Familienposition nunmehr verstärkt dem Einzelnen überlassen bleibe und von ihm gestaltet werden müsse. Aus soziologischer Sicht ist also die Bewältigung der Adoleszenz schwieriger geworden. Dies schließt nicht aus, dass sie aus psychologischer Sicht leichter geworden ist, weil die modernisierte familiale Sozialisation, wie ich weiter unten darstelle, die Gewinnung intrapsychischer und interpersoneller Autonomie in Bezug auf die Eltern erleichtert. Oevermann bestreitet nicht, dass zur Bewältigung jener Bewährungsaufgaben auch psychische Ressourcen

---

1 Zur unausweichlichen Ambivalenz und damit Konflikthaftigkeit von Generationsbeziehungen siehe Lüscher (2000, 2005; Kurzzusammenfassung bei Kramer et al. 2001, S. 143 f.). Die von der evolutionären Psychologie inspirierten Theorien der Adoleszenz betonen ebenfalls den unvermeidlichen Konflikt (Kurzfassung bei Hofer 2003, S. 26 f., 43 f., 58 f. und Lüscher 2005, S. 67 ff.).

nötig sind. An seiner Deutung der Familienkonstellation von Kriegsheimkehrern lässt sich allerdings verdeutlichen, dass eine soziologische Sicht auf solche Themen zumindest dazu neigt, psychologische Aspekte unterzubewerten, worauf ich hier nicht näher eingehen kann.[2]

Psychoanalytische Argumente

Während Oevermann einen soziologischen Krisenbegriff vertritt, der *soziale* Bewährungsaufgaben beschreibt, die bewältigt werden müssen, konzentriert sich die psychoanalytische Ado-

---

2 Als Andeutung nur so viel: Die Kriegsheimkehrer waren in der Lesart von Oevermann zum einen als Verliererväter geschwächt, zum anderen dadurch, dass sie auf Frauen trafen, die lange Zeit ohne sie ausgekommen waren und das Sagen hatten. Dadurch wurde die Position der Väter »strukturell«, das heißt unabhängig von ihrer psychischen Disposition, geschwächt und einer egalitären Rollenteilung zwischen den Geschlechtern sowie einer weniger autoritären Erziehung der Weg geebnet. Dies wurde dann von den 1968ern – nach Meinung von Oevermann anmaßend – als ihr alleiniges Verdienst reklamiert (2001, S. 122 ff.). In Frage steht hier weniger die Richtigkeit dieser Beurteilung als vielmehr, ob die strukturelle Schwächung die entscheidende Prozessvariable für die Entstehung der Rollenveränderung war oder ob nicht eher doch die psychische Disposition der heimkehrenden Väter darüber entschied, ob sie das Heft wieder in die Hand nahmen und eine traditionelle Rollenteilung in der Familie reetablierten. Klar ist, dass die Veränderung der sozialen Situation die heimkehrenden Väter vor neue Probleme stellte, welche die meisten von ihnen allerdings mit den alten Mitteln lösten. In dieser Lesart ist die weitgehend unveränderte autoritäre psychische Verfassung der Männer die entscheidende Prozessvariable und »gewinnt« gegen die strukturelle Schwächung, weshalb auch die traditionelle Rollenteilung weitgehend wiederhergestellt wurde. Es gab allerdings schon in den 1950er Jahren vereinzelt alternative Unterströmungen, etwa hinsichtlich einer zärtlicheren, weniger autoritären Väterlichkeit, die jedoch Randerscheinungen blieben. Van Rahden (2007), der dieses Thema ausführlich behandelt, führt diese Strömungen nicht auf die strukturelle Schwächung der Väter, sondern auf die Diskreditierung des nationalsozialistischen Männlichkeitsbildes zurück, für dessen Problematisierung damals jedoch nur eine Minderheit empfänglich war.

leszenztheorie stärker auf die *intrapsychische* Dynamik, die mit der Ablösung von den Eltern verbunden ist. Dabei wird die Ablösung, ähnlich wie in der Familientherapie, häufig als dramatischer Prozess konzeptualisiert und als Ausdruck grundsätzlicher Konflikte betrachtet (Überblicke bei Erdheim 1982, 1988 a, b, 1993, 2002; Bohleber 1996, 1999, 2011; Seiffge-Krenke 2007, Kap. 2).

Erdheim etwa begründet die Dramatik mit dem unaufhebbaren Antagonismus zwischen Familie und Kultur. (Diese interessante Theorie kann hier nicht näher dargestellt werden.) Bohleber (1999, S. 524 ff.; 2011, S. 69) begründet sie mit der Bedeutung körperlicher Veränderungen, die seines Erachtens von psychoanalytischen Schulen wie der Selbstpsychologie oder den Relationisten nur unzureichend gewürdigt werden. Er sieht dadurch die Bedeutung der Adoleszenz und der in ihr stattfindenden körperlichen Veränderungen, welche die Seele vor dramatische Aufgaben stellt, unzulässig eingeebnet (ähnlich und beeindruckend sensibel Sichtermann 2007). Die von Bohleber (1999) kritisierten Autoren sehen hingegen gerade darin eine überfällige Relativierung von deren bisher überschätzter Bedeutung. Therapeuten begründen ihre Fokussierung auf konflikthafte Aspekte mit klinischem Fallmaterial. Die Prominenz von Konflikten in Fallbeispielen hängt sicher damit zusammen, dass sich Kliniker vor allem mit misslungenen Ablösungsprozessen befassen, die dramatischer verlaufen als gelungene. Dennoch soll in diesen Übertreibungen auch eine universale Dynamik zum Ausdruck kommen. In der klassischen psychoanalytischen Adoleszenztheorie wird sie von zwei Faktoren angestoßen. Zum einen von der Wiederbelebung verdrängter ödipal-sexueller Regungen im Gefolge des körperlichen Reifungsschubes der Pubertät. Vormals stabile Verdrängungen werden dadurch aufgelockert und die neu erwachte inzestuöse Libido muss nun endgültig auf andere Objekte umgelenkt werden. Dieser universale Prozess der Ablösung der Libido von den Eltern ist in einer sexualfeindlichen

Gesellschaft erschwert, weil durch die Tabuisierung der Sexualität zum einen die inzestuösen Neigungen in der ödipalen Phase verstärkt werden, zum anderen das Experimentieren mit Veränderungen der libidinösen Besetzung in der Adoleszenz schwierig ist. Auch der zweite Faktor, der die adoleszente Entwicklung dramatisch macht, weist sowohl universale als auch zeitbedingte Momente auf. Hier geht es darum, das elterliche Überich durch ein eigenes Ichideal zu ersetzen oder, umgangssprachlich ausgedrückt, das eigene Selbstverständnis, den eigenen Lebensentwurf und das eigene Weltbild von dem der Eltern abzugrenzen. Je autoritärer und rigider die Erziehung, desto schwerer fällt eine gelingende Abgrenzung.

Zwischenbilanz zur Entkonfliktualisierung

Nun haben sich exakt auf diesen beiden Feldern, dem der Tabuisierung der Sexualität und dem der autoritären Erziehung, in den letzten 40 Jahren erhebliche Veränderungen ergeben, die dazu führen, dass sowohl intrapsychische als auch interpersonelle Adoleszenzkonflikte an Dramatik verlieren. Die Enttabuisierung der Sexualität und die Demokratisierung der Erziehung führen zu weniger Trieb- und Überich-Druck und erleichtern so die flexible Ablösung bzw. Neuorientierung im sexuellen und im Normbereich. Genau diese Entwicklung in der sozialen Realität wird in der Theorielandschaft durch den immer wiederkehrenden Befund erfasst, dass sich Adoleszenzverläufe entdramatisiert haben. Entsprechend haben Offer/Schonert-Reichl (1992) festgestellt, dass vielen Studien zufolge nur etwa 20 % der Adoleszenten erhebliche Konflikte mit sich und/oder der Familie haben und dass sie generell nicht emotional unbeherrschter oder aufgerührter sind als Kinder anderer Altersstufen. Der Psychoanalytiker Heuves (2007, S. 10) spricht von ungefähr 30 % der Adoleszenten, für die die Pubertät »nicht völlig glatt« verläuft. Die Entwicklungspsychologin Weichold (ref. in Dworschak 2010 a, S. 132) berichtet, dass 80 % der Jugendlichen keine größeren Problem mit ihren Eltern haben, Bohleber (2011, S. 69) referiert Autoren, die von 10–20 % Problemfällen ausgehen.

Auch Untersuchungen, die sich *nicht* auf Einstellungsbefragungen beschränken, sondern ausgefeilte Interaktions- und Kommunikationsanalysen oder narrative Interviews verwenden (Überblicke bei Fend 1998; 2003, S. 269 ff., 288 f.; Hofer/Pikowsky 2002, S 244; Hofer 2003; Göppel 2005, S. 144 ff.), zeigen, dass in den letzten 25 Jahren häufige und starke Konflikte nicht typisch für die Eltern-Jugendlichen-Beziehung sind. Das Generationenverhältnis innerhalb der Familie ist eher als vertrauensvoll entspannt zu bezeichnen (Münchmeier 2007, S. 265) und die Entspannung *kein* bloßes Oberflächenphänomen. Geht man außerdem von der plausiblen Annahme aus, dass sich innerseelische Konflikte, sofern sie gravierend sind, auch in Interaktion, Kommunikation und Narration zeigen (wenn auch oft in indirekter Weise), so kann man aus dem Rückgang interpersoneller Konflikte auch auf eine intrapsychische Entspannung bei normalen Adoleszenzverläufen schließen.

Insgesamt ist davon auszugehen, dass etwa 80 % der Jugendlichen relativ undramatisch durch die Adoleszenz kommen, wobei »undramatisch« nicht unbedingt heißt, dass die Konflikte verschwunden sind, sondern eher, dass sie ihre Gestalt geändert haben. Das traditionelle Modell des antagonistischen Konflikts wird abgelöst von einem, bei dem der Konflikt in eine liebevolle Beziehung eingebunden und kommunikativ verflüssigt wird. Diese Gleichzeitigkeit von Konfliktfreude und stabiler Verbundenheit ist indessen nicht immer leicht herstellbar, weil Kritik und Konflikte immer auch das Potential haben, die Beziehung zu trüben, und von den Jugendlichen als Ausdruck eines Mangels an Verbundenheit oder als Einschränkung ihrer Freiheit empfunden werden können. Während wenig Konflikte an sich noch keine Gefährdung der Entwicklung darstellen, hängt die entwicklungsfördernde Wirkung konflikthafter Auseinandersetzungen wesentlich von der Qualität der Beziehungen ab, in deren Rahmen sie sich ereignen, und von der Art, wie mit ihnen umgegangen wird (Hofer 2003, S. 72, 270, 291 f., 295 f.).[3]

Generell hat sich in der Forschung ein »autonomieförderliches Syndrom« herauskristallisiert. Es ist gekennzeichnet durch die Faktoren stabile Verbundenheit, elterliche Wärme und autoritatives, das heißt zugewandtes, aber auch grenzensetzendes Erziehungsverhalten. Negativ auf die Autonomieentwicklung wirken sich geringe Verbundenheit, autoritär-kontrollierender Erziehungsstil und hohe Konfliktintensität aus. Dennoch spielen Konflikte insbesondere im Alterszeitraum zwischen 12 und 18 Jahren eine nicht unerhebliche Rolle. Eine Zusammenfassung der diesbezüglichen Forschung lautet: »Die Befundlage spricht zwar dafür, daß Konflikte zwischen Eltern und Kindern

3 Im sechsten Kapitel wird gezeigt, dass die Idee einer kommunikativen Verflüssigung von Konflikten auch auf den zeitgenössischen »psychischen Apparat« anwendbar ist, der sich vom klassischen durch eine größere »Durchlässigkeit« zwischen den verschiedenen intrapsychischen Instanzen unterscheidet. Für die Adoleszenz werden die Risiken und Chancen dieser größeren Durchlässigkeit von Erdheim (1982, S. 271 ff.) und Fend (2003, S. 147 ff.) dargestellt. Ob man den Wandel vom antagonistischen zum kooperativen Konflikt als *Formwandel innerhalb* einer grundsätzlich zwischen den Generationen bestehenden Spannung betrachten sollte (wie King und Oevermann dies tun) oder als einen *Strukturwandel* der Spannung selbst, ist eine schwierige Frage. Die Befunde zur Entkonfliktualisierung innerhalb der Familie werden ja von denen, die die Adoleszenz für eine grundsätzliche Krise halten, zur Kenntnis genommen. Sie werden aber anders bewertet, nämlich als veränderte Ausdrucksgestalt eines unaufhebbaren strukturellen Konflikts. Jugend in modernen Gesellschaften *muss* rebellisch, provokativ und innovativ sein. Das ist ihre Funktion (Oevermann 2001, S. 109). Wenn aber die Rebellion sich entdramatisiert – sei es, weil die Erziehung sich (empirisch) entkonfliktualisiert hat, sei es, weil Eltern sich ständig auf Neues einstellen (müssen) und Jugend deshalb (strukturell) das Monopol auf die Trägerschaft des sozialen Wandels verliert (Hildenbrand 2009, S. 266) –, so kann man diesen Sachverhalt auch als Transformation des Strukturkerns, nicht nur als Wandel seiner Ausdrucksgestalt betrachten. Es wäre dann ein »Missverständnis«, Jugendkultur als Oppositionskultur zu deuten (Tenorth 2008 a, S. 331).

in der Regel nicht massiv sind, auch nicht über zentrale Sachverhalte wie Lebensgestaltung, Politik, Religion, Sexualität etc. stattfinden, und daß sie im allgemeinen positive Beziehungen nicht ernsthaft gefährden. Doch legen die Ergebnisse auch nahe anzunehmen, daß die Intensität von Konflikten zumindest vom frühen bis zum mittleren Jugendalter nicht unerheblich ansteigt, auch wenn die Auseinandersetzungen sich auf alltägliche Sachverhalte beziehen …« (Hofer 2003, S. 78). Es sind im Übrigen genau diese alltäglichen Sachverhalte, wie etwa der Kampf um Ausgehzeiten, die ein Spielfeld für Autonomiebestrebungen darstellen. Insofern kann man solchen Konflikten und ihrer gelungenen Handhabung durchaus eine bedeutsame Rolle für den Autonomieerwerb zuerkennen.

Was aber ist eine gelungene Handhabung von Konflikten? Hofer (2003) hat eine umfassende Untersuchung von Familiengesprächen zwischen Eltern und Jugendlichen vorgelegt, in der er unter anderem dem möglichen Zusammenhang zwischen Struktur, Qualität und Konflikthaftigkeit des Gesprächsverhaltens einerseits und Autonomie sowie psychosozialer Reife der Jugendlichen andererseits nachgeht. Schlägt man eine Schneise durch die Vielfalt der Befunde, so ist es hinsichtlich Reife und Autonomie förderlich, wenn intensives Argumentieren gepflegt wird, Eltern in Gesprächen Unterstützung ausdrücken sowie Fragen und konträre Meinungsäußerungen (nicht Vorwürfe) der Eltern die Jugendlichen zu einer Überprüfung ihrer Positionen veranlassen können.

Adoleszenz als Entwicklungsbruch?

Auch eine zweite, mit der Auffassung einer starken Konflikthaftigkeit der Adoleszenz zusammenhängende Ansicht erweist sich im Lichte neuerer Forschungen als zumindest relativierungsbedürftig, nämlich die, dass in dieser Zeit die Karten

213

gänzlich neu gemischt werden. Eher ist das Gegenteil der Fall. Als Daumenregel kann gelten: Wie man in die Adoleszenz hineingerät, so kommt man aus ihr auch wieder hinaus. Die empirischen Untersuchungen zu Adoleszenzverläufen belegen insgesamt eine eher geringe Beziehungsveränderung in diesem Zeitraum, wahrscheinlich deshalb, weil »positive Eltern-Kind-Beziehungen aus der Kindheit stabil bleiben, aber auch negative Verhältnisse eine Tendenz der sich selbst stabilisierenden Probleme zeigen« (Fend 1998, S. 134). »Die in der Kindheit aufgebaute Beziehung, sei sie positiv oder belastet, trägt durch die Jugendzeit hindurch« (Fend 2003, S. 292). »Jene 10–15 %, die als Jugendliche wegen Problemen auffällig werden und ein schlechtes Verhältnis zu ihren Eltern haben, hatten bereits von frühem Alter an gestörte Eltern-Kind-Beziehungen …« (Hofer 2003, S. 45). »Besonders konfliktbelastet sind nur jene Familien, die schon in der Kindheit verstärkt Problembelastungen aufwiesen« (Hofer/Pikowsky 2002, S. 244).

Diese Tendenz zu eher undramatischer Kontinuität bedeutet nicht, dass sich nichts verändert. Zum einen gibt es eine relevante Zahl von Veränderungen sowohl zum Besseren als auch zum Schlechteren. In der Längsschnittstudie von Storch etwa (1994) fand sich immerhin bei 21 % der Jugendlichen eine deutliche Verschlechterung des Familienklimas zwischen 12 und 16 Jahren, bei 17 % hingegen eine deutliche Verbesserung. Bei Fend (2003, S. 299) gerieten ein Viertel der Siebtklässler in der neunten Klasse in Turbulenzen, ein Drittel wuchs in diesem Zeitraum aus ihnen heraus.[4]

---

4 Bei Beziehungsverschlechterungen oder -verbesserungen handelt es sich in der Regel um individuelle Veränderungen innerhalb einer Beziehung, nicht um interindividuelle (Fend 1998). Dies besagt, dass sich eine gute Beziehung verschlechtern kann, aber selten in eine schlechte verwandelt et vice versa – eine schlechte kann sich verbessern, wird aber keine gute. Natürlich sind auch qualitative Verbesserungen der individuellen Verfassung und der Beziehung zu den Eltern im Lauf der folgenden Jahre nicht ausgeschlossen (s. z. B. Hauser/Allen 2006).

Zum anderen verändert sich in der Adoleszenz auch dann, wenn es keine solchen Veränderungen gibt, die psychische und interpersonelle Beziehung zu den Eltern vor allem im Sinne eines neu zu bestimmenden Nähe-Distanz-Verhältnisses. Dies geschieht empirisch jedoch am häufigsten auf der Basis einer stabil positiven Eltern-Kind-Beziehung. Die Gleichzeitigkeit von Autonomiegewinnung und andauernder Verbundenheit im Ablösungsprozess, die eine *kooperative* Transformation der Eltern-Kind-Beziehung impliziert, ist in der Sicht auf die Adoleszenz als einer »turbulenten Krise« unterbelichtet. Sie wird in der neueren »Individuationstheorie« als zentrales Merkmal gelungener Individuation betrachtet. Diese Theorierichtung übernimmt Teile der Separations-Individuationstheorie von Margaret Mahler et al. (1975) und versucht, dieses an Kleinkindern entwickelte Konzept für die Adoleszenz fruchtbar zu machen (Überblick bei Walper 2003).[5]

Damit wird die Idee von der Adoleszenz als »zweiter Chance« (Eißler 1958; Erdheim 2002, S. 77 f., mit weiterer Literatur) oder dem Zeitabschnitt des Lebens, in dem die größten Persönlichkeitsveränderungen stattfinden, einschränkungsbedürftig. Diese Idee wird derzeit gelegentlich mit Befunden aus der Gehirnforschung unterfüttert (Kurzüberblick bei Göppel 2005, S. 45 f., und Müller-Jung 2009; ausführlich Uhlhaas/Konrad 2011), die jedoch eher für den Nachweis der überragenden Bedeutung *der frühen Kindheit* herangezogen werden können. »Die Bedeutung des frühen Kindesalters wird durch Erkenntnisse über die Entwicklungsdynamik und Plastizität des

---

5 Interessanterweise verhält es sich so, dass Eltern in stabil zufriedenen Eltern-Kind-Beziehungen ihr Kommunikationsverhalten mit den Kindern bei Eintritt in die Adoleszenz und in ihrem weiteren Verlauf am stärksten verändern (Fend 2003, S. 285). Die Kontinuität des Parameters »Positive Eltern-Kind-Beziehung« von der Kindheit durch die Adoleszenz hindurch beruht also gerade auf dem Wandel bzw. der Anpassungsfähigkeit der Eltern an sich verändernde Bedingungen.

menschlichen Gehirns unterstrichen. In späterer Jugend und im Erwachsenenalter ist der Mensch in seinen Persönlichkeitsmerkmalen nur noch wenig veränderbar, es sei denn, ihm widerfahren starke emotionale Erlebnisse. Junge ebenso wie ältere Menschen suchen sich eher die Umwelten, die zu ihnen passen, als dass sie sich diesen Umwelten anpassen« (Roth 2003, S. 552; 2007, S. 96 f., 303 ff.).

Auch wenn spätere Einflüsse nicht ignoriert werden sollten (s. dazu Roberts et al. 2006; Faltermaier 2008; Nunner-Winkler 2008, S. 113; Schrader/Helmke 2008, S. 159; Nuber 2009), sprechen viele Befunde für eine abnehmende Plastizität mit zunehmendem Alter sowie für einen andauernden und nachhaltigen Einfluss der Erfahrungen aus der frühen Kindheit. Dies gilt auch für Facetten der Persönlichkeitsentwicklung, die im Big-Five-Standardmodell nicht oder nur indirekt erfasst werden, wie soziale Kompetenz, Empathie, Bindungsfähigkeit, Aggressivität, vorherrschende Abwehrmechanismen und Ausmaß der seelischen Gesundheit bzw. Krankheit (Dornes 2000, Kap. 3, 4; Panksepp 2004; Massie/Szajnberg 2002, 2005, 2006; Grossmann et al. 2005; Hopf 2005; Sroufe et al. 2005; Werner/Langenmayr 2006; Roth 2007; Zimmermann 2007; Schneider/Bullock 2008; Suess/Sroufe 2008; Kißgen 2009; Leuzinger-Bohleber 2009; Ferguson 2010). Deshalb sollte man sowohl die These von der Bedeutung des Erwachsenenalters für die Persönlichkeitsentwicklung als auch die von der Adoleszenz als Umbruch mit einer gewissen Zurückhaltung betrachten. In der Studie von Massie/Szajnberg etwa (2005, S. 285) wechselten nur 21 % der im ersten Lebensjahr als gut (Gruppe A) bzw. weniger gut (Gruppe B) bemuttert und entwickelt Eingeschätzten in den folgenden 30 Jahren die Gruppe von gut zu weniger gut entwickelt oder umgekehrt. Anders ausgedrückt: 79 % verblieben mit 30 Jahren in der Gruppe, in die sie im ersten Lebensjahr eingeordnet worden waren. Nimmt man diesen Befund ernst, so gibt es wenig Anhaltspunkte dafür, dass sich die persönlichkeitsprägende Kraft der lebensgeschichtlichen Vergangenheit in modernisierten Gesellschaften abschwächt und die »Determiniertheit durch die Eigendynamik der gedehnten Jugend-Gegenwart zunimmt«, wie Zinnecker meint (1991, S. 75); und es gibt ebenfalls wenig Anhaltspunkte für die Richtigkeit von Aussagen über die Adoleszenz als »Katastrophe« oder »Bruch«, wie sie etwa in der Behauptung von Habermas (1983, S. 137) zum Ausdruck kommt, die Adoleszenz sei das ontogenetische Echo der Entwicklungskatastrophe, welche die Entwertung der Traditionswelt historisch einmal bedeutet habe.

Teil 2: Autoritätsverlust und Erziehungsprobleme

Konfliktvermeidung

Dennoch neigen manche (psychoanalytische) Autoren dazu, aus Berichten über eine undramatische Ablösung von Jugendlichen eine *Entwicklungsgefährdung* herauszulesen, und betrachten intrapsychische oder interpersonelle »Ruhe« in Anlehnung an die klassische psychoanalytische Theorie der Adoleszenz nach wie vor eher als Anzeichen für die Verweigerung der Ablösung als für deren Gelingen.

Die Abnahme interpersoneller Konflikte wird häufig auf eine übermäßig enge (»symbiotische«) Mutterbeziehung, schwache Väter und die angeblich weit verbreitete Neigung von Erwachsenen zurückgeführt, Konflikte mit ihren Kindern zu vermeiden (s. z.B. Chasseguet-Smirgel 2001; Ahrbeck 2004, S. 137 ff., 151 ff.; Thompson 2007). Nach Ahrbeck beruht die Konfliktvermeidung auf einer Erziehungsideologie, welche die Selbständigkeit von Kindern und die Möglichkeit einer konfliktfreien Entwicklung idealisiert sowie Krisenfreiheit für die Kinder und Konfliktfreiheit für die Eltern als Erziehungsmaxime praktiziert. Dafür verantwortlich macht er die

1968er, die humanistische Psychologie, die Theorie vom kompetenten Säugling bzw. vom selbständigen Kind sowie systemisch-konstruktivistische Erziehungstheorien, die Kinder als autarke Schöpfer ihrer (harmonischen) Entwicklung konzipieren und die grundlegende Abhängigkeit und Angewiesenheit des Kindes auf eine versagende Bezugsperson unterschätzen. Auch wenn ich mich dieser Lesart in Bezug auf den kompetenten Säugling nicht anschließen kann (Dornes 2007), ist die zentrale Frage hinsichtlich der Bedeutung von Generationendifferenz für die Entwicklung einleuchtend formuliert, nämlich, ob die ältere Generation im Zeitalter der Globalisierung und beschleunigten Modernisierung noch über ausreichendes Wissen, tragende Leitideen und hinreichend gesicherte Werte verfügt, die für die jüngeren eine erstrebenswerte Zukunft repräsentieren und daher von Bedeutung sein können (Ahrbeck 2004, S. 137 ff., 151). Der Autor bejaht diese Frage.

Andere sind skeptischer. Hornstein (1999, S. 62) stellt fest: »Für die Heranwachsenden muß die Hoffnung erfahrbar und berechtigt sein, daß sie an die Stelle der jetzt Erwachsenen treten und deren ›Erbe‹ übernehmen werden. Zu den grundlegenden Erfahrungen der gegenwärtigen Heranwachsenden gehört die Befürchtung, daß es nichts mehr zu übernehmen gibt, weil die jetzt Herrschenden alles schon verbraucht haben, was die Lebensgrundlage für die Zukunft sein müßte.« Die Differenz der Sichtweisen rührt wohl daher, dass Ahrbeck mikrosoziologische Generationen*beziehungen* im Sinne konkreter zwischenmenschlicher Interaktionen im Auge hat, Hornstein eher makrosoziologische Generationen*verhältnisse* als durch Institutionen und rechtliche Bestimmungen vermittelte überpersonale Zusammenhänge von Altersgruppen. Weil sich aber die Qualität der Eltern-Kind-Beziehung verbessert hat, bleiben Aussagen über Systemeffekte wie verbrauchte Umwelt oder geplünderte Rentenkassen folgenlos für die Nahbeziehung der Generationen. Dasselbe gilt für die Milliardentransferleistungen von Eltern und Großeltern auf Kinder und Enkel, die spürbarer sind als ein zukünftiges Loch in der Rentenkasse (Bertram 2007, S. 31 f.).

Einleuchtend ist die von Ahrbeck in Anlehnung an Winterhager-Schmid (2000, S. 17) vorgeschlagene Differenzierung zwischen einem Abbau generationaler Differenzen und einer reflexiven Gestaltung derselben. Er betont insgesamt stärker die Gefahren eines Abbaus als die Chancen einer reflexiven Gestaltung. Dies führt zu einem besorgten Unterton, in dem der vorherrschenden »Erziehungsvergessenheit« ein Plädoyer für die Wiedererweckung einer kraftvollen Erziehungsidee entgegengesetzt wird, die nach Einschätzung des Autors zu sehr unter die Räder eines konfliktvermeidungsfreundlichen Zeitgeistes geraten ist. Sicher gibt es individualpsychologische Gründe, die manche Eltern Konflikte als bedrohlich und deshalb als zu vermeidend erleben lassen; und sicher gibt es auch einen Wandel in den kollektiven Erziehungsvorstellungen und -praktiken in Richtung auf eine partnerschaftliche Erziehung, der *gelegentlich* zu einem Erziehungsverzicht führt, welcher der Verantwortung, die Erwachsene für ihre Kinder haben, nicht gerecht wird. Empirischen Untersuchungen zufolge ist es jedoch eher selten, dass sich Eltern im Konfliktfall mit ihren Kindern einfach zurückziehen. Nach Edlinger/Wahl (2007, S. 316 f.) tun das nur 10 % der Mütter und 8 % der Väter. Die anderen suchen die kommunikative oder die physische Auseinandersetzung. Immerhin ein starkes Drittel (anderen Quellen zufolge mehr als die Hälfte) teilt im Falle von Konflikten gelegentlich auch Ohrfeigen und Klapse aus, knapp die Hälfte erteilt Fernseh- oder Computerverbot und ein gutes Viertel greift noch zu Stubenarrest (AOK-Umfrage, ref. nach Hamburger Abendblatt v. 20.7.2011 b, S. 1), was dem Bild konfliktvermeidender Eltern nicht recht entspricht.

Den Untersuchungen Kreppners (2000, S. 187 ff.) zufolge neigen geschiedene Mütter am ehesten zur Konfliktvermeidung und dazu, ihre Kinder in einer Weise zu Partnern zu machen, die den Generationenunterschied aufweicht und bei den Kindern zu einer Verwirrung darüber führt, ob sie nun Kinder oder Partner ihrer Mutter sind. Diese Beziehungen sind an der Oberfläche harmonisch und diskussionsfreudig, aber eine genauere Inspektion des Materials zeigt, dass die Kinder, verglichen mit solchen aus vollständigen Familien, in denen konflikthafter gestritten wird, unter einem geringen Selbstwertgefühl leiden und eine Aufgabe wahrnehmen müssen, mit der sie überfordert sind, weil sie eigentlich den Eltern zukommt: die der Generationenabgrenzung. Die meisten Autoren stimmen darin überein, dass die Individuation von Kindern am besten im Rahmen einer Beziehung zu den Eltern gelingt, in der Konflikte auf der Basis andauernder emotionaler Verbundenheit offen ausgetragen werden.

Leben Erwachsene und Kinder in unterschiedlichen Welten?

Dennoch ist der »objektive« Autoritätsverlust moderner Eltern – der sich in der Verschiebung von Ablösungstheorien, die den Konflikt betonen, zu solchen, welche die Verbundenheit betonen, ausdrückt – tiefer begründet als in individueller oder zeitgeistgestützter Konfliktvermeidung, nämlich darin, dass die Zukunftsoffenheit und das Modernisierungstempo zeitgenössischer Gesellschaften den Wissensvorsprung der Erwachsenen relativieren und damit ihre Autorität *tendenziell* entwerten. Ahrbecks Generationsvorstellung basiert, ähnlich wie die von Bueb (2006; Kritik bei Brumlik 2007), auf der traditionellen Idee der nach wie vor ungebrochenen Geltung einer »überlegenen Autorität und Vorbildlichkeit Erwachsener, einem klaren Wissens- und Kompetenzgefälle zwischen den Generationen, einer Statusdifferenz, die Respekt und Achtung der Jüngeren vor den Älteren beinhaltet, einer Formalisierung und Ritualisierung der Umgangsformen zwischen

Älteren und Jüngeren sowie der Hochschätzung des kulturellen Kanons, der durch die Ältern verkörpert wird« (Kramer
et al. 2001, S. 131).

Pro Abstandsvergrößerung

Genau diese Vorstellungen sind jedoch im Gefolge von Modernisierungsprozessen unterschiedlich weitgehend in Frage
gestellt worden. Hier ein Kurzpanorama. Winkler (1998,
S. 132) spricht davon, dass die Welt in ihrer Veränderungsdy-
namik den Älteren heute immer schon so weit enteilt sei, dass
sie zu vermittelnder Tätigkeit gar nicht mehr in der Lage seien
und das kulturelle Erbe von den Jüngeren deshalb nur noch als
Verfallsprodukt angetreten werden könne. Houellebecq (1998,
S. 191) lässt in seinem Roman »Elementarteilchen« eine seiner
Hauptfiguren sagen: »… ich habe meinem Sohn nichts zu ver-
erben. Ich kann ihn keinen Beruf lehren, ich weiß nicht einmal,
was er später machen könnte; die gesellschaftlichen Regeln, die
ich erlernt habe, werden für ihn sowieso nicht mehr gültig
sein, er wird in einer anderen Welt leben.« Etwas zurückhaltender formuliert Grundmann (2000, S. 96): »Verläßliche Aussagen darüber, ob die vermittelten Handlungs- und Wertorientierungen, der einmal eingeschlagene Bildungsweg oder die
Zukunftspläne der einzelnen Familienmitglieder überhaupt re-
alisierbar sind, lassen sich nicht mehr machen.« Supp (2005)
fragt: »Früher hatten Eltern eine Vorstellung davon, wie die
Kinder später leben würden, wie ihr Alltag aussehen würde,
ihr Beruf. Das ist vorbei. Niemand kann heute sicher sein, welche Art Mensch morgen gefragt sein wird für welche Art von
Arbeit, welche Art von Existenz. Soll man sie also sich selbst
überlassen? Kann man sie zwingen? Soll man es tun?« Und
Margaret Mead charakterisierte die gewandelte Beziehung der
Generationen bereits vor geraumer Zeit mit der legendären
und häufig zitierten Formulierung: »Noch bis vor kurzem

konnten die Älteren sagen: Weißt Du, ich war auch einmal jung, aber Du warst niemals alt. Heute können die jungen Leute darauf antworten: Ihr wart nie jung in der Welt, in der wir jung sind, und Ihr werdet es auch nie sein!« (Mead 1970, S. 94)

Insbesondere in Bezug auf die Berufswahl Jugendlicher haben sich in den letzten 30 Jahren manche Veränderungen ergeben. Zum einen hat die »Vererbungswahrscheinlichkeit« der väterlichen Berufsposition abgenommen, weil im Zuge der Bildungsexpansion immer mehr (weibliche) Jugendliche Zugang zu weiterführenden Schulen fanden, was die Streubreite ihrer möglichen Berufswünsche und -entscheidungen erhöht. Zum anderen sind Eltern auch subjektiv bereitwilliger als früher, abweichende (Berufs)wünsche ihrer Kinder zu respektieren. Diese Großzügigkeit ist ihrerseits sowohl subjektiv als auch objektiv verankert. Subjektiv im gewachsenen Respekt der Eltern für die Entscheidungen ihrer Kinder; objektiv insofern sie wissen, dass auf Grund beschleunigter technologischer und ökonomischer Entwicklung ihre eigenen Berufswünsche in Bezug auf die Kinder schnell antiquiert sein können. Die legendäre Empfehlung, eine Banklehre zu absolvieren, um etwas »fürs Leben« zu haben, ist durch die Entwicklung im Bankensektor, die eine Auslagerung vieler vormals lokal gebundener Aufgaben ins Ausland ermöglichte, obsolet geworden. Anderseits haben Eltern von vielen neu entstandenen zukunftsträchtigen Berufen wie »Web-Designer«, »Event-Manager« oder »Coach« kaum eine Vorstellung. Entsprechend sehen Jugendsoziologen eine der größten Schwierigkeiten familialer Sozialisation so: »Elterliche Erziehung müßte eigentlich *antizipatorische Sozialisation* sein, d. h. eine an der Zukunft der Jugendlichen orientierte und keine, die auf das Hier und Jetzt der Familienmitglieder allzu eng bezogen ist. Da der Beruf und die Familientradition des Vaters bzw. der Mutter und bestimmte Berufsleitbilder aber immer weniger den Horizont abgeben für familiale Erziehungsprozesse, fehlen für die antizipatorische Sozialisation die notwendigen ›Vorgaben‹« (Schäfers/Scherr 2005, S. 104).[6]

6 Das Verblassen der Vorbildfunktion der Eltern im Berufsbereich hat jedoch, sofern es vorliegt, nicht nur sozialpsychologische, sondern auch sozialstrukturelle Gründe. Der Bergarbeitersohn betrachtet seinen Vater vielleicht nach wie vor als Vorbild, dem er gerne auch beruflich nacheifern würde, kann es aber nicht, weil die Zeche nicht mehr existiert. Dann verblasst nicht das Vorbild, sondern die Gelegenheit, ihm nachzueifern, ist verschwunden. Ansonsten halte ich die Auffassung, Eltern seien heute in ihrer Vorbildfunktion von medialen Stars abgelöst worden (s. z. B. Stecher/Zinnecker 1996) für unzutreffend. Bucher/Montag (1997) zufolge ergaben Befragungen von Kindern und Jugendlichen zwischen 12 und 20 Jahren, dass 85 % die Mutter, 80 % den Vater und 70 % die Großeltern als Vorbilder nennen, wohingegen Medienidole es im Schnitt nur auf 15 % der Nennungen bringen. Auch wo die Zahlen für die Eltern auf Grund von Subtilitäten der Frageformulierung niedriger sind, ist es ein konsistenter Befund der von Bucher/Montag durchgeführten und dargestellten Untersuchungen, dass Vorbilder nach wie vor und seit Ende der 1970er wieder verstärkt aus dem sozialen Nahbereich stammen. Außerdem ist bemerkenswert, dass gerade in einer der frühesten Untersuchungen zu Vorbildern, nämlich der von Klessmann aus dem Jahre 1919 (ref. nach Bucher/Montag 1997, S. 78), das festgestellt wurde, was man *heute* für die vorherrschende Realität hält, dass nämlich die Vorbilder *damals* aus dem sozialen Fernbereich stammten (Bismarck, Goethe) und die Eltern viel seltener, nämlich nur von 10 % aller Befragten, als Vorbilder genannt wurden. Bucher/Montag zufolge verhält es sich so, dass erstens die Vorbilder sich in langfristiger historischer Perspektive vom Fern- in den Nahbereich verlagert haben, zweitens dieser Prozess anhält und drittens die Medien daran nichts ändern. Madonna oder Michael Jackson sind Idole, keine Vorbilder und hinsichtlich ihrer persönlichkeitsprägenden Kraft so irrelevant, wie Goethe oder Bismarck es früher waren. All dies passt nicht zur Diagnose einer generell schwindenden Vorbildfunktion der Eltern. Aus psychoanalytischer Sicht ist noch zu ergänzen, dass Eltern in ihrer Vorbildfunktion überhaupt nicht verschwinden *können*, weil sie die ersten Identifikationsobjekte des Kindes sind. Sie mögen gut, schlecht, schwach oder überwältigend sein, aber fehlen können sie nicht. Ein Kind verinnerlicht nämlich *immer* die elterlichen Einstellungen zu sich und zur Welt, egal ob es sie teilt oder nicht. Es identifiziert sich beispielsweise mit der väterlichen Einstellung zu seinen Leistungen oder den mütterlichen zu seinen körperlichen Impulsen, selbst dann, wenn es sie bewusst ablehnt. Diese unbewussten Identifizierungen mit Disziplinierung und Triebfeindlichkeit führen zu unbewussten »Vorbildern«, das heißt zu handlungs- und gefühlsbestimmenden In-

Contra Abstandsvergrößerung

Man muss die in der obigen Zitatencollage skizzierten Vorstellungen über eine generationale Abstandsvergrößerung nicht (alle) teilen, und es gibt in der Tat verschiedene Auffassungen dazu (übersichtlich dargestellt bei Kramer et al. 2001, S. 130 ff.). Manche Autoren betonen, empirisch sei feststellbar, dass Eltern und Kinder nach wie vor in einer gemeinsamen Welt leben. Indizien dafür sind: a) liberalisierte Erziehungspraktiken, die sie im Familienraum einander näher bringen; b) die Tatsache, dass Kinder heute auf Grund der gestiegenen Teilhabe an Konsum- und Medienwelt mehr Zugang zur Welt der Erwachsenen haben als früher; c) die Übernahme bestimmter jugendkultureller Praktiken durch Erwachsene in bestimmten Bereichen – etwa dem der Kleidung –, die ebenfalls den Abstand verkleinert. Sie wird zwar gelegentlich als Infantilisierung betrachtet, sollte aber eher als Resultat des Drucks verstanden werden, den der soziale Wandel auch auf die Eltern ausübt, und als durchaus ehrenwerter Versuch, diesen Wandel zu bewältigen und den Kontakt zur jüngeren Generation nicht

trojekten, die unabhängig von den ebenfalls bestehenden bewussten Einstellungen sind. Deshalb kann ein streng erzogener Sohn etwa sagen, sein Vater sei in Erziehungsfragen überhaupt kein Vorbild und dennoch (unbewusst) dessen Erziehungspraktiken in vielerlei Hinsicht übernehmen. Das auf der bewussten Ebene abgelehnte Vorbild ist im Unbewussten nach wie vor wirksam, auch wenn es modifiziert werden kann. Die Frage nach Vorbildern, wie sie üblicherweise diskutiert wird, erfasst also immer nur den bewussten Anteil und lässt den Sachverhalt außer Acht, dass auch abgelehnte Vorbilder wirksam sind; und sie lässt unberücksichtigt, dass manifest bewunderte und verehrte Vorbilder wie z. B. Bushido oder Lady Gaga auch deshalb Vorbilder sind, weil sie Trieb- oder narzisstische Phantasien aufsaugen, die in der primären Sozialisation entstanden sind und von dort ihre Wirksamkeit beziehen. Kinder und Jugendliche wachsen, so kann man diese Überlegungen resümieren, *niemals* ohne Vorbilder auf und wenn deren Verblassen beklagt wird, so stimmt das für die unbewussten Aspekte gar nicht und für die bewussten, wie die gleich noch weiter dargestellten Befunde zeigen, nur recht begrenzt.

zu verlieren (Tippelt 1988, S. 627); d) auch die Entstandardisie-rung von Altersrollen verringert die Unterschiede zwischen Jung und Alt, weil sie dazu führt, dass beide tendenziell vor den gleichen Aufgaben stehen. Im Konzept des lebenslangen Lernens etwa ist ein Verwischen von Generationsgrenzen an-gelegt, da nunmehr alle zu Dauerlernern werden und das Bild des Erwachsenen als fertige Person verblasst (Lange 2004, S. 313; du Bois-Reymond 2005, S. 235); e) empirische Untersu-chungen an Jugendlichen zwischen 12 und 25 Jahren (Fend 2003, S. 171; Shell-Studie 2006, S. 42; Göppel 2010, Kap. 1) ver-weisen insgesamt auf eine geringe Diskrepanz in den Werte-hierarchien von Jung und Alt, die Ähnlichkeit der Sorgen (vor allem Arbeitslosigkeit) und Befunde, nach denen sich Jugend-liche ihre wünschenswerte Zukunft durchaus so konventionell vorstellen wie ihre Eltern: viele Freunde, Familie, Kinder so-wie einen sicheren und befriedigenden Beruf.

Der These einer abnehmenden Orientierungsfunktion der Eltern widersprechen auch die Ergebnisse von Hofer (2003, S. 20, 39), denen zufolge Eltern gerade im Bezug auf das Thema Berufswahl nach wie vor die wichtigsten Ratgeber ihrer ju-gendlichen Kinder sind und auch die moralischen, politischen und religiösen Haltungen von Eltern und Jugendlichen positiv miteinander korrelieren. Selbst im Erwachsenenalter bleiben diese Ähnlichkeiten erhalten, weshalb die Wahrscheinlichkeit größer ist, dass »Eltern und erwachsene Kinder die gleiche Par-tei wählen, den gleichen Geschmack aufweisen und politische Fragen ähnlich beurteilen, als daß es darin große Unterschiede gibt« (ebd., S. 39). Tenorth (2008 a, S. 331) stellt fest, die Jugend zeige weder politisch noch sozial Verhaltensweisen, die sich qualitativ von denen der Erwachsenengeneration unterschie-den. Die Shell-Studie (2006, S. 291) belegt, dass Eltern stärker als Freunde Ansprechpartner für die langfristige Zukunfts- und Berufsplanung sind. Göppel (2010, S. 37 f.) referiert Befun-de, denen zufolge sich die noch Ende der 1980er und Anfang der 1990er Jahre recht ausgeprägte Generationskluft seit 1998 erheblich geschlossen hat. Ein Indiz dafür ist, dass die Anzahl der unter 30-Jährigen, die in *keinem* der fünf abgefragten Bereiche – Moralvorstellungen, Einstellung zu anderen Menschen, Einstellung zur Religion, Sexualität und Politik – mit ihren Eltern übereinstimmen, von 31 auf 18 Prozent *gesunken* ist und seitdem auf diesem Niveau verharrt. Diese Abnahme der Einstellungsunterschiede kann man als *Annäherung* der Lebensvorstellungen und -praktiken der Generationen deuten.

Zwischenbilanz zum veränderten Generationenabstand und Autoritätsabbau

Dennoch hat sich das Verhältnis der Generationen durchaus gewandelt, wenn auch nicht (nur), weil die Älteren »einfach« zu nachgiebig geworden sind und dies nun wieder durch einen »Ruck« geändert werden könnte (obwohl auch das bis zu einem gewissen Grad möglich ist), sondern weil der Kern der gewandelten Generationenbeziehung ein Fundament in gesellschaftlichen Wandlungsprozessen hat, insbesondere im beschleunigten Modernisierungstempo zeitgenössischer Gesellschaften. Dadurch wird in Bezug auf Berufsvorbilder die Autorität der Eltern zwar nicht liquidiert, aber abgeschwächt. Außerdem vergrößert sich bei den Eltern die *innere* Diskrepanz zwischen der als Kind erlebten und der als Eltern zu praktizierenden Erziehung. Dies führt zu vermehrten »Suchbewegungen«, weil unklarer ist als früher, ob die verinnerlichten Erziehungsmodelle auch für die eigenen Kinder noch gültig sind. Die Individuen sind zwar nicht bloße »Charaktermasken« des dadurch bedingten Autoritätsabbaus, sondern können ihn durchaus unterschiedlich gestalten. Aber die oben als »traditionell« apostrophierte Vorstellung von Generationenbeziehungen wird sich auf Dauer nicht mehr restaurieren lassen, weil das Tempo des sozialen und normativen Wandels dafür zu schnell geworden ist.

Dies impliziert eine neue Vorstellung von Autorität, die stärker personengebunden ist. Vorbilder, also Eltern und Lehrer, können ihre Vor- und Leitbildfunktion nicht mehr durch Berufung auf etwas jenseits ihrer selbst stützen, etwa allgemein verbindliche Werte, die sie repräsentieren, sondern »nur« noch oder zumindest überwiegend auf ihre Kompetenz in der Erfüllung einer Aufgabe und auf ihre Persönlichkeit und ihre »Ausstrahlung« (ausführlich dazu Kapitel 5). Sach- und personale Autorität treten an die Stelle von Amts- und Rollenautorität. »Daher ist nicht mehr Autorität das kardinale Problem, sondern die Macht des jeweiligen Arguments und das Geschick der Kommunikation. ... Das Gleichgewicht in der Beziehung muß ständig neu gefunden werden, ist also immer auch gefährdet. ... Die heutige Kindheit ist nicht dämonisch, nur sehr viel anstrengender für die Erwachsenen« (Oelkers 2002, S. 559 f.).

Damit wächst die Sehnsucht nach einfachen Lösungen, die in der Regel eine Rückkehr zu mehr Autorität empfehlen. Autorität aber muss man sich heute verdienen, man bekommt sie nicht mehr geschenkt; und man verdient sie sich, wie Göppel (2010, S. 40) zutreffend schreibt, indem man den Kindern gegenüber deutlich macht, dass man von der Welt und vom Leben etwas versteht, Sachkenntnisse vermittelt, Unkenntnisse eingesteht, Zusammenhänge erklärt, Abläufe organisiert, Konflikte schlichtet, sich um Gerechtigkeit und Fairness bemüht, je nach Situation Engagement und Geduld, Gelassenheit und Humor, Verständnis und Zorn, Anteilnahme und Empörung zeigt. Mit »weil darum«, »Basta«, »das ist eben so« und »das haben wir schon immer so gemacht« kommt man nur noch begrenzt über die Runden; und Kinder verlieren auch nicht den Respekt vor Erwachsenen, wenn sie *deren* Grenzen erkennen oder die Erwachsenen sie freimütig eingestehen.

Bernhard Bueb hat in einem Gespräch mit Daniel Cohn-Bendit (Cohn-Bendit/Bueb 2007) solche Überlegungen als »hochgefährlich« bezeichnet. Er möchte die Gefahr, die dadurch entsteht, dass Erwachsene manches nicht mehr so sicher wissen wie früher und deshalb in die Lage einer Autorität geraten, die häufiger als früher nicht mehr genau weiß, wie sie führen soll, dadurch bannen, dass er auf Werte rekurriert. Genannt werden unter anderem Höflichkeit, gute Manieren und, im Titel seines Buches, Disziplin. Diese Werte müssten dem Kind vermittelt werden, weil sie ihm Sicherheit böten. Ein zweiter Schritt sei die Wiedereinführung der Zwangs- und Amtsautorität, die auch schwachen Eltern oder Lehrern einen gewissen Schutz gegen kindliche Insubordination gewähre. Dies soll aber auch und vor allem den Kindern nützen, denn die Akzeptanz der natürlichen oder mit dem Amt gegebenen Überlegenheit biete ihnen Sicherheit, weil sie damit vor ständigen Zweifeln an der Kompetenz der Erwachsenen bewahrt würden. Der entscheidende Punkt ist damit klar benannt. Der »Autoritätsabbau« und die »Orientierungsprobleme« von Kindern und Erwachsenen sollen durch eine Anstrengung im pädagogischen Feld rückgängig gemacht werden. Dadurch sollen ein Versäumnis und Fehlentwicklungen korrigiert werden, ohne dass allerdings die sozialen Wurzeln dieser Entwicklung hinreichend gewürdigt werden. Dies macht zugleich den Charme wie die Schwäche solcher und verwandter Klagen über Autoritätsverlust, Erziehungskatastrophe und Manierenverfall aus. Sie halten konkrete Ratschläge bereit, die in einer komplizierten Situation Abhilfe versprechen. Abgesehen davon, dass man die Richtigkeit dieser Vorschläge auch inhaltlich bezweifeln kann, insbesondere den der *vorbehaltlosen* Anerkennung von Autorität (s. Brumlik 2007), ergibt sich häufig, dass die Ratschläge dann doch nicht genügend praktiziert werden – was als erneutes Versagen von Institutionen oder Personen betrachtet wird. In Wahrheit aber sind die Vorschläge, obwohl konkret, deshalb schwer zu praktizieren, weil »Werte« wie Disziplin und Autorität in gesamtgesellschaftliche Entwicklungen eingebettet sind, von denen her sie zumindest einen Teil ihrer Legitimation gewinnen oder verlieren. Dieser Teil wird und kann von Ratschlägen nicht erreicht werden. Mit dem Hinweis auf solche »strukturellen« Gründe für Orientierungsschwierigkeiten und Autoritätsverlust soll keinem pädagogischen Nihilismus das Wort geredet, sondern Verständnis dafür geweckt werden, dass Werte nicht willkürlich geschaffen und implementiert werden können, weil sie Teilaspekte eines »größeren« Prozesses sind, der mit Appellen nur begrenzt zu beeinflussen ist.

Weiter kann man feststellen, dass die Klage über zu wenig Disziplin ein Dauerbrenner in der pädagogischen Diskussion ist. Vergegenwärtigt man sich, dass der Soziologe Durkheim schon 1902 davon sprach, es sei wichtig, der »seit einer gewissen Anzahl von Jahren« in Verruf geratenen Disziplin in den Schulen wieder auf die Beine zu helfen (zit. bei Radtke 2007, S. 208), oder dass der Philosoph und Pädagoge Paulsen 1907 einen Verfall der Disziplin in Schule und Familie beklagte, der auf übermäßige Nachgiebigkeit der Eltern zurückzuführen sei, die unter dem Einfluss reformpädagogischer Bemühungen und verderblicher Schriften (Ellen Key) stünden, so wundert man sich, wie lange die Disziplin noch verfallen kann, bis sie am Ende ist. Selbst die Beispiele, die als Beleg für den Verfall angeführt werden (Herumlümmeln in Straßenbahnen, übermäßige Lärmentwicklung, Unhöflichkeit, Widersetzlichkeit oder fehlender Respekt gegenüber Erwachsenen), sind bis auf den heutigen Tag dieselben (Andresen 2007, S. 80 ff.). Wenn schon vor 100 Jahren an allen Ecken und Enden Disziplinlosigkeit festgestellt wurde – zu einer Zeit also, in der Erziehung nach heutigen Maßstäben disziplinierend und autoritär war –, so zeigt das, wie relativ die Vorstellung davon ist, was das richtige Maß an Disziplin sein könnte, und wie wenig neu die derzeitige Diskussion darüber ist. Offensichtlich hat jede ältere Generation dieselben Befürchtungen in Bezug auf die nachwachsende, und Disziplinlosigkeit ist dabei eine der fixen Ideen.

Ist demokratische Erziehung überhaupt möglich?

Man kann allerdings den oben skizzierten *partiellen* Autoritätsab- oder -umbau bzw. die Verschiebung von der Amts- und Rollen- zur Sach- und personalen Autorität nicht nur als unausweichlich, sondern auch als wünschenswert betrachten. Dann muss man sich fragen: Kann die Beziehung zwischen Eltern und (kleinen) Kindern überhaupt »demokratisch« sein? »Sie kann es und sollte es in genau demselben Sinn sein, in dem dies für eine demokratische politische Ordnung gilt. Es ist, mit anderen Worten, ein Recht des Kindes, als mit dem Erwachsenen potentiell gleichberechtigt behandelt zu werden. Handlungen, die nicht direkt mit dem Kind ausgehandelt werden können, weil es zu klein ist, um zu begreifen, worum es geht, müssen gegenüber gegenteiligen Bewertungen verteidigt werden. Es wird dabei vorausgesetzt, daß eine Übereinkunft erreicht und das Vertrauen erhalten werden könnte, wenn das Kind ausreichend autonom wäre, um auf Grund gleicher Rechte mit dem Erwachsenen zu argumentieren.« (Giddens 1992, S. 207)

Das bedeutet, dass der Erwachsene in einer Auseinandersetzung mit einem kleinen Kind advokatorisch die Position einnimmt, die das Kind vertreten könnte, wenn es ein Erwachsener wäre und Gegenargumente gegen die Position des Erwachsenen vorbringen könnte. Diese muss er abwägen und bewerten. Will das Kind zum Beispiel nackt auf die Straße laufen, so kann der Erwachsene dies verbieten, denn wenn das Kind erwachsen wäre, würde es die Gründe für das Verbot verstehen und selbst vertreten. In diesem imaginären Dialog wäre also eine Übereinkunft erreicht, auch wenn es faktisch einen Dissens gibt, der ein Verbot erfordert. Das Verbot ist gerechtfertigt durch die prüfende Zurückweisung der potentiellen Argumente, die das Kind für seine Position vorbringen könnte.

Man sieht, dass die Forderung nach Demokratisierung weder Konflikte noch Verbote aus der Welt schafft, aber *die Einstellung* ändert, die wir in Bezug auf kindliche Bedürfnisse und Forderungen haben. Diese müssen grundsätzlich auf ihre Berechtigung hin geprüft und können nicht einfach zurückgewiesen werden. Damit ist nicht die Autorität verschwunden, sondern ihre Struktur hat sich verändert. Sie ist von einer auf Zwangsmaßregeln gegründeten Macht zu einem auf das Prinzip der Begründung gestützten Anspruch geworden (ebd., S. 123).[7]

In concreto ergeben sich – je älter die Kinder werden – die üblichen alltäglichen Schwierigkeiten diskursiver Erziehung, die unter anderem darin bestehen, dass der Diskussionsbedarf wächst, der Alltag mit Kindern deshalb für die Erwachsenen (gelegentlich) anstrengender wird, für die Kinder dafür aber auch angstfreier und für beide auf- und anregender; und es ergibt sich das weitere grundsätzliche Problem, ob Erwachsene wirklich unparteiisch prüfen können, ob die mögliche Gegenposition des Kindes nicht doch zu rechtfertigen ist. Wenn das Kind keine Hausaufgaben machen will, so kann der Erwachsene darauf bestehen, denn auch dies würde das Kind

---

7 In einfach gelagerten Fällen erübrigen sich solche grundsätzlichen Überlegungen. Man wird ein dreijähriges Kind nicht auf eine von Autos befahrene Straße rennen lassen, sondern diesen Impuls unterbinden und es notfalls auch handfest davon abhalten. Dazu bedarf es keiner Begründung in Form eines (inneren) Dialogs. Allerdings gibt es verschiedene Formen, *wie* man ein Kind davon abhalten kann – schreiend, gehetzt, bedrohlich oder ruhig, gelassen und dennoch nachdrücklich. Diese Verhaltensweisen vermitteln dem Kind, welche Einstellung die Eltern zu seinen Impulsen haben: Sehen sie die Impulse als lästige oder gar feindselige Bedrohung an oder als Teil seiner natürlichen Lebensregungen, von denen manche deshalb verboten werden müssen, weil sie das Kind in Gefahr bringen? Ein und dieselbe Verbotshandlung kann also auf Grund der Art und Weise, wie sie kommuniziert wird, ganz unterschiedliche Einstellungen zum Kind ausdrücken, die von diesem auch wahrgenommen und entsprechend verarbeitet werden (ausführlich dazu Bergmann 2009 a, S. 163 ff.). Für grundsätzliche, philosophisch grundierte Überlegungen zur ad vokatorischen Ethik und Pädagogik siehe Brumlik (2004).

vermutlich billigen, wenn es erwachsen wäre. Wie aber sieht es mit dem Fernsehkonsum aus, oder mit dem Konsum von Süßigkeiten, oder mit dem Fall, dass der Jugendliche die Schule verlassen will? Und wie verhält es sich mit dem stellvertretenden Wahlrecht, das Eltern manchen neueren Diskussionen zufolge für ihre Kinder ausüben können sollen. Würden sie wirklich die Entscheidung treffen (Partei wählen), die Kinder treffen würden, wenn sie erwachsene Personen wären? Im Grundsatz sind all dies Fragen, die auch der Vormund einer (teil)entmündigten erwachsenen Person zu prüfen hat oder die Betreuerin eines Schwerbehinderten. Kaum jemand würde bezweifeln, dass die Belange solcher Personen einen besonders sensiblen Umgang erfordern. Deshalb kann gelten, dass jede Kommunikation mit einem Säugling ebenso wie mit einem Behinderten oder Dementen kontrafaktisch dessen Gleichberechtigung, Autonomie und Intentionalität unterstellen sollte – nicht die Gleichheit der Fähigkeiten, das wäre offenkundig absurd, wohl aber die Gleichheit der Ansprüche (Benhabib 1992, S. 283 f.).

Man sieht, die Frage, ob die Eltern-Kind-Beziehung demokratisch sein kann, wirft eine Reihe von Problemen auf, die hier nicht weiter diskutiert werden können (s. dazu Göppel 2010, Kap. 14). Versteht man die advokatorische Position jedoch als konkrete Anweisung für den Erziehungsalltag und nicht als »Daumenregel«, so wirkt sie überspannt und birgt die Gefahr, Betreuung und Fürsorge mit Reflexionsanstrengungen zu überlasten. Insgesamt neige ich zu der Auffassung, dass diese Position im Prinzip berechtigt ist, heute weitgehend akzeptiert und praktiziert wird, aber pragmatisch gehandhabt werden sollte. Auf mögliche Folgeprobleme komme ich in anderen Teilen dieses Buches zu sprechen, insbesondere auf das nicht zu unterschätzende Risiko, eigene Interessen und Bedürfnisse in die Person, deren Advokat man ist, hineinzuprojizieren. Allgemein kann auf Grund einer Vielzahl von empirischen Studien gezeigt werden, dass sich heutige Eltern in ihrer überwiegenden Mehrheit mit großem zeitlichen Einsatz und eher wachsender als abnehmender Kompetenz um die Erziehung ihrer Kinder kümmern. Die verbreitete Rede von der »Erziehungsvergessenheit« (Ahrbeck 2004), dem »Erziehungsnotstand« (Bueb 2006) oder gar der »Erziehungskatastrophe« (Gaschke 2001) kann somit allenfalls auf bestimmte Subgruppen zutreffen.[8]

Erziehungsprobleme: Eine Bilanz

Trotz vieler gegenteiliger Befunde verstummt die Rede von den zunehmenden Erziehungsschwierigkeiten nicht. Fuhrer (2005) bereichert dieses Thema um eine weitere subtile Variante. Er ist der Auffassung, dass moderne Eltern weder erziehungsmüde sind (wegen Zeitmangels), noch erziehungsverweigernd (auf Grund von Konfliktscheu oder antiautoritärer Erblasten), noch erziehungsüberengagiert (wegen Ehrgeizes) – aber sie sind erziehungsdesorientiert. Bueb (2006) führt die Desorientierung auf einen Mangel an allgemeinverbindlichen Erziehungsvorstellungen zurück, die er mit einer Rückbesinnung auf traditionelle Werte kurieren möchte. Fuhrer (2005) gibt dem Topos der Erziehungsdesorientierung dadurch eine spezifische Note, dass er sie als Orientierungsdefizit in Bezug

8 Leider werden auch Autoren, die solche im Blick haben, leicht Opfer ihrer eigenen Steigerungsrhetorik. Die FAZ-Journalistin Kloepfer (2008) beispielsweise stellt in ihrem Buch über Kinder der Unterschicht fest, dass sie in »*zum Teil* lieblosen Elternhäusern« aufwachsen (S. 16). So weit, so schlecht. Eine Seite später ist dann jedoch die Rede davon, dass »Eltern in ihrer Erziehungsverantwortung *zunehmend* versagen«, wofür keine Belege angeführt werden; und noch ein paar Seiten weiter wird dieses Szenario zu »einem *totalen* Erziehungsversagen *breiter* Elternschichten« gesteigert (S. 28). Erstaunt muss man am Ende des Buches (S. 287) lesen, dass »die meisten Familien« ihre Erziehungsaufgaben »sehr selbständig« und »hervorragend« bewältigen. Was nun?

auf kindliche Entwicklungsbedürfnisse betrachtet. Die Desorientierung führt er auf die Orientierungsschwierigkeiten in individualistischen Gesellschaften zurück. »Das Elend der Kinder liegt ... nicht darin, daß die Gesellschaft familienmüde geworden ist, oder Eltern sich nicht unter großen Entbehrungen für ihre Kinder einsetzen würden, sondern vielmehr darin, daß es ihnen angesichts der Freiheiten, die sie sich unter den Bedingungen einer individualisierten Gesellschaft in ihren Paarbeziehungen nehmen, an der notwendigen Orientierung im Umgang mit den Entwicklungsbedürfnissen ihrer Kinder fehlt.« (ebd., S. 141)

Das Elend *der* Kinder gibt es jedoch sowenig wie *die* Freiheiten in Paarbeziehungen, und auch für die mangelnde Orientierung im Umgang mit kindlichen Entwicklungsbedürfnissen fehlen überzeugende Belege. Der Hinweis darauf, dass die Beziehungsgestaltung in der Familie »prekärer« oder »instabiler« (ebd., S. 109) geworden ist, genügt als Beleg jedenfalls nicht, ebensowenig wie die häufig angeführte expandierende Ratgeberliteratur oder Expertisierung der Erziehung. Deren Zunahme ist sicher Ausdruck eines Verlustes von selbstverständlichem (Alltags-)Orientierungswissen, aber ebenso eine (partielle) Kompensation desselben, die auch positiv bewertet und als Ausdruck von Neugier verstanden werden kann, wie man »heute« etwas tut. Als Analogie können Kochbücher dienen. Seit dem Aufkommen von Fertignahrung, Tiefkühlkost und *Fast Food* wird immer weniger gekocht, aber noch nie gab es so viele Kochbücher und Fernsehsendungen über das Kochen wie derzeit. Sie übertreffen sowohl die Erziehungsratgeber wie die einschlägigen Erziehungssendungen um ein Vielfaches. Sie kompensieren aber nicht fehlendes Orientierungswissen in Bezug auf das Kochen, sondern haben andere Gründe, wie Unterhaltung und Befriedigung der Neugier. Mit Erziehungsratgebern ist es teilweise ähnlich wie mit Kochratgebern. Darüber hinaus werden Erziehungsratgeber oft nicht zur Kompensation von Unsicherheit oder aus Neugier gelesen, sondern zur Bestätigung der eigenen vorgefassten Meinung. Dann haben sie konfirmierende, nicht orientierende Funktion.

Vor allem aber sollte das Orientierungswissen vergangener Zeiten nicht idealisiert werden. Wenn Vorstellungen wie »Früh krümmt sich, was ein Häkchen werden will« oder »Was Hänschen nicht lernt, lernt Hans nimmermehr«, welche die Disziplinierung von Kindern legitimationsideologisch begleiteten, verlorengehen, so ist das kein Verlust, sondern ein Gewinn – auch dann, wenn das »verwissenschaftlichte« Erziehungswissen über die Entwicklungsbedürfnisse von Kindern, das an die Stelle des alten Alltagswissens getreten ist, weniger eindeutig ist. Ein solcher Verlust an Eindeutigkeit und Selbstverständlichkeit bedeutet aber noch lange nicht, dass moderne Eltern nicht mehr wüssten, was sie für ihre Kinder wollen oder was für diese gut ist. Leider übernehmen zu viele Autoren ungeprüft die Auffassung von der wachsenden Erziehungsinkompetenz oder -unsicherheit moderner Eltern (z. B. Ferchhoff 1997, S. 75 oder Bohrhardt 2006, S. 183), von deren Dramatisierung die Ratgeberliteratur lebt.

Tatsächlich ist eher das Gegenteil der Fall. Was die Erziehungsziele angeht, so wollen die meisten Eltern heute, dass ihre Kinder selbständige, glückliche und sozial verantwortlich handelnde Menschen werden (du Bois-Reymond 2001, S. 81). »Nicht der egoistische Individualist, der sich in der Ellenbogengesellschaft durchzusetzen versteht, schwebt Eltern bei der Erziehung ihrer Kinder vor, sondern ein selbstbewußter, persönlichkeitsstarker, aber gleichzeitig kooperativer Mensch, der verantwortungsbewußt von seinen Rechten Gebrauch macht und seine Pflichten erfüllt sowie Verständnis für den Mitmenschen aufzubringen vermag.« (Dannenbeck zit. in Münchmeier 1998, S. 11); und auch über den Weg dorthin bestehen recht einheitliche Vorstellungen, dass nämlich eine kommunikations- und verhandlungsorientierte Erziehung die Erreichung dieses Ziels fördert und den kindlichen Entwicklungsbedürfnissen am besten entspricht. Sicher gibt es in der alltäglichen Erziehungspraxis moderner Eltern Verunsicherungen, aber die vormaligen Sicherheiten waren oft Ausdruck eines Unwissens oder Unwillens, sich mit der Frage kindlicher Entwicklungsbedürfnisse überhaupt auseinanderzusetzen. Gewiss steigen die kommunikativen Anforderungen an Eltern und Kinder, wenn Erziehung – und Beziehung überhaupt, z. B. die Paarbeziehung – keine selbstverständliche Ausführung kollektiv geteilter, verbindlicher Vorstellungen mehr ist, sondern in gewissem Umfang Verhandlungssache geworden ist. Aber das Risiko des Scheiterns war auch der traditionellen Eltern-Kind- oder Paarbeziehung immanent, nur nahm es dort andere Ausdrucksformen an, etwa die des stillen Erduldens, der chronischen Verbitterung, der explosiven Revolte oder des irreparablen Bruchs.

Insgesamt jedenfalls gibt es nur impressionistische Belege für die Aussage, die Verunsicherung von Eltern oder ihre kommunikative Überforderung sei ein Hauptproblem moderner Erziehung und führe zu Schäden bei den Kindern. Hingegen gibt es systematische Belege für die entwicklungs- und leistungsfördernde Wirkung einer kommunikativ-partnerschaftlich orientierten Erziehung und für die entwicklungs- und leistungshemmenden Effekte einer disziplin- und kontrollorientierten (s. Ullrich/Kreppner 1997, Zinnecker 1997; weitere Studien bei Ecarius et al. 2011 b, S. 112). Um nur Zinneckers Befunde kurz zu rekapitulieren: Der Autor hat mittels einer Clusteranalyse aus den Befragungen von Kindern über deren subjektive Wahrnehmung des elterlichen Erziehungsverhaltens vier Gruppen von Eltern bzw. Familienmilieus gebildet: Konflikteltern (28 %), Kontrolleltern (31 %), Partnereltern (18 %) und lockere Eltern (23 %). Die Cluster 1 und 3 bilden entgegengesetzte Elternprofile ab: Rigidität, wenig Vertrauen, viele Konflikte im Cluster 1 versus Empathie, viel Unterstützung und viel Vertrauen im Cluster 3. Die beiden Cluster können deshalb für einen Extremgruppenvergleich verwendet werden. Die Daten über die Kinder verdeutlichen, dass sich die der Partnereltern im Vergleich mit denen der Konflikteltern nicht nur signifikant wohler fühlten, sondern auch weniger depressiv waren, weniger rauchten, ihre Mitschüler seltener hänselten, in ihren Bildungsambitionen anspruchsvoller und in ihren Schulleistungen besser waren. Insgesamt entwickelten sich die Kinder der Partnereltern von allen vier Gruppen am besten. Dies lässt die zeitgenössische Rede vom »Lob der Disziplin« (Bueb 2006) oder den kindlichen »Tyrannen« als Ergebnis partnerschaftlicher Erziehung (Thompson 2007, Winterhoff 2008) als insgesamt wenig plausibel erscheinen, auch wenn sie für Einzelfälle oder eine leider selten näher benannte Prozentzahl zutreffen mag.

Eine angemessene Gesamteinschätzung der Erziehungssituation in deutschen Familien müsste aus meiner Sicht so lauten: Wohl gibt es Eltern, die zu wenig Zeit haben, beruflich überfordert, charakterlich nicht geeignet oder psychisch gestört sind, kein Interesse an ihren Kindern haben, keine klaren Vorstellungen von deren Entwicklungsbedürfnissen, konfliktscheu oder übermäßig ehrgeizig sind und vieles andere mehr. Für manche dieser Subgruppen gibt es Daten über ihren Umfang, für andere ist man auf Vermutungen angewiesen. Die im ersten Kapitel dargestellten Studien lassen folgende verlässliche Aussagen zu: 80–90 % der Kinder und Jugendlichen fühlen sich in ihren Familien wohl; 80–90 % finden, ihre Eltern hätten genügend Zeit für sie; 10 % leben in als zu konflikthaft empfundenen Familien; 10 % spielen zu häufig Computerspiele; 10–15 % klagen über elterlichen Schuldruck und/oder Schulstress, etwa die gleiche Zahl über ehrgeizige Freizeiteltern oder zu wenig Freizeit; und 10 % sind, wie im achten Kapitel dargestellt werden wird, behandlungsbedürftig psychisch erkrankt. *All dies lässt sich zu der Aussage verdichten, dass etwa 80–85 % der Eltern ihrer Erziehungsaufgabe insgesamt gewachsen sind und 15–20 % damit Schwierigkeiten haben* (s. a. die in Dornes 2006, S. 290 dargestellten Untersuchungen).

Auch auf anderen Wegen gelangt man zu ähnlichen Zahlen. Schätzungen zufolge leiden etwa 20 % der Mütter und 11 % der Väter kleiner Kinder gelegentlich oder häufiger an »nervösen Erschöpfungszuständen«, fühlen sich also subjektiv be- oder überlastet. Besonders oft findet sich dieses Syndrom bei Alleinerziehenden und Ehefrauen von Arbeitslosen (Küppers 2008, S. 3). Direktbefragungen der Eltern zum Thema Erziehungsschwierigkeiten lassen ebenfalls auf einen Wert von 15 bis 20 % erziehungsstrapazierter Eltern schließen. Die drei jüngsten befassen sich mit dem vieldiskutierten Thema Verunsicherung und der damit verbundenen mangelhaften Grenzsetzung, Autorität und Disziplin. Sie zeigen, dass im Schnitt knapp 15 % der Eltern damit Probleme haben.[9] Alle drei Untersuchungen stimmen darin überein, dass die Probleme bevorzugt bei Eltern mit geringem Einkommen und geringem Bildungsniveau auftreten. Über das Ausmaß der Verunsicherung kann man nur Vermutungen anstellen. Nimmt man als Anhaltspunkt für *starke* Verunsicherung die beiden Gruppen derer, die professionelle Hilfe in Anspruch nehmen (5 %) oder dies zu tun beabsichtigen (3 %), so lässt sich näherungsweise schließen, dass etwa 8 % der Eltern stark verunsichert sind und deshalb *erhebliche* Probleme mit der Erziehung haben. Das andere Extrem bildet die Gruppe der Eltern, die nach wie vor ihre Kinder misshandeln oder vernachlässigen. Hier schwanken die Zahlen zwischen 5 % (Bussmann 2007, Baier et al. 2009) und 10 % (Engfer 2008). Nimmt man den »pragmatischen« Mittelwert von 8 % und addiert ihn zu den 8 % der stark Verunsicherten hinzu, so kommt man erneut auf den schon oben aus anderen Untersuchungen herausdestillierten Schätzwert von insgesamt 15–20 % der Eltern, die die Erzie-

9 Die drei Untersuchungen sind: Eine Befragung des Sinus-Sociovision-Instituts (ref. bei Sievers 2008 a, S. 5), eine Befragung des Forsa-Instituts (ref. bei Deißner 2008 a, S. 5) und eine Studie des Deutschen Jugendinstituts (ref. bei Edlinger/Wahl 2007, S. 316 f.).

hung ihrer Kinder schwierig finden und/oder Kinder mit erheblichen Schwierigkeiten haben.[10]

Zur Gruppe der »schlagkräftigen« Problemfälle und gravierenden Vernachlässigungen hier noch eine Anmerkung. Expertenschätzungen zufolge sind 1–2 % der Eltern mit der Erziehung ihrer Kinder so stark überfordert, dass ein Sorgerechtsentzug erwogen werden sollte (Hurrelmann/Andresen 2007, S. 378). Die Fälle von Kindesvernachlässigung und schwerer Misshandlung haben in den letzten 30 Jahren *nicht* abgenommen, wohl aber mittelschwere und leichtere Formen körperlicher Züchtigung wie eine »Tracht Prügel« und ein »Klaps auf den Po« (Dornes 2006, Kap. 9; Bussmann 2007; Engfer 2008; Baier et al. 2009). Deutsche Kinder und Jugendliche werden somit heute seltener körperlich bestraft, als ihre Eltern es wurden, und sie beobachten auch weniger Gewalt zwischen ihren Eltern, als ihre Eltern dies noch (bei ihren Eltern) taten (Mayer et al. 2005, S. 249 f.).[11]

10 Eine Studie des Frankfurter Sigmund-Freud-Instituts an 1000 Kindergartenkindern im Alter von 3–4 Jahren kommt zu höheren Zahlen. Die Autorinnen schätzen, dass etwa 30 % der Eltern auf Grund persönlicher oder gesellschaftlicher Schwierigkeiten »nur bedingt« in der Lage sind, ihren elterlichen Funktionen nachzukommen (Leuzinger-Bohleber et al. 2009, S. 119). Diese Zahl hängt vermutlich entweder a) mit sensibleren Erhebungsmethoden als den oben genannten zusammen oder b) mit höheren Ansprüchen an das, was als hinreichend gute Erziehung betrachtet wird oder c) mit dem klinischen Fokus der Studie, der Problemfälle in den Vordergrund treten lässt und so die Schätzzahlen ebenfalls beeinflusst; außerdem ist d) die Stichprobe zwar für Frankfurt a. M. repräsentativ, nicht aber für Deutschland. Durch den stark erhöhten Migrantenanteil in Frankfurt a. M. und die damit verbundenen gehäuft auftretenden psychosozialen Probleme steigt die Zahl der Problemfälle weiter. Würde man eine für Berlin-Neukölln repräsentative Stichprobe ziehen und den Anteil der Eltern schätzen, die ihrer elterlichen Funktion nur bedingt gewachsen sind, wäre die Zahl vermutlich noch höher.
11 Wegen der Prominenz des Themas hier noch die Ergebnisse einer weiteren Studie. Häuser et al. (2011) haben einen repräsentativen Querschnitt der deutschen Bevölkerung zwischen 14 und 90 Jahren untersucht und kamen zu folgenden Ergebnissen: 1,6 % berichten retrospektiv über schweren emotionalen,

Insgesamt kann man eine Zivilisierung im Umgang mit Kindern feststellen, die von diesen durchaus bemerkt und wertgeschätzt wird. Sie hat nicht zu einer Zunahme krankheitswertigen kindlichen Problemverhaltens geführt (s. Kapitel 8), allenfalls dazu, dass wir heute mehr Probleme sehen (s. dazu den nächsten Abschnitt). Kinder sind heute zufriedener als vor 50 Jahren (s. Kapitel 1), Eltern sind etwas gestresster, aber insgesamt mit ihren Kindern genauso zufrieden wie umgekehrt. Grundsätzlich ist zum Thema Ratlosigkeit, Erziehungsinkompetenz oder Verunsicherung der Eltern noch anzumerken, dass diese Phänomene, sofern vorhanden, auch eine veränderte soziale und kulturelle Realität widerspiegeln. Um nur ein Beispiel aus dem Bildungsbereich zu nennen: Wo ständig neue Vergleichsarbeiten, Schul- oder Kindergartenstandards, modularisierte Studiengänge, veränderte Lern- und Unterrichtsformen, Assessmentverfahren und Potentialanalysen diskutiert werden, ist es kein Ausdruck von elterlicher Inkompetenz, wenn der Beratungsbedarf wächst, sondern eine realistische Wahrnehmung komplizierter gewordener Verhältnisse, auf welche die Eltern reagieren, wenn sie sich beraten lassen (Andresen 2007, S. 91 f.).

2,8 % über schweren körperlichen und 1,9 % über schweren sexuellen Missbrauch in Kindheit und Jugend; 6,6 % fühlten sich emotional, 10, 8 % körperlich schwer vernachlässigt. Da die Altersstreubreite die gesamte Bevölkerung umfasst, lassen sich aus diesen Daten keine Aussagen über Zu- oder Abnahme bei den jüngeren Generationen ableiten. Die Autoren betonen allerdings, dass »die Häufigkeit körperlicher und emotionaler Vernachlässigung bei der Nachkriegsgeneration im Vergleich zu Menschen, die den 2. Weltkrieg und die Nachkriegszeit als Kinder und Jugendliche erlebt haben, abgenommen hat« (S. 293). Dies wird durch eine Münchener Studie aus dem Jahr 1993 bestätigt, in der 700 Kinder untersucht wurden. Von ihnen wurden 3 bis 6 % als vernachlässigt eingeschätzt (ref. nach Lampe 2002, S. 377). Insgesamt kommt man so auf 6,3 % Misshandelte und 4,5 % Vernachlässigte. Diese Häufigkeitsangaben für die verschiedenen Formen von Misshandlung bzw. Missbrauch entsprechen sowohl der deutschen Studie von Wetzels (1997) als auch denen neuerer europäischer und US-amerikanischer Untersuchungen.

Zusammenfassend kann man festhalten, dass es zu keiner Zeit der Mehrzahl der Kinder in Deutschland so gut ging wie heute, und zwar in jeder nur denkbaren Hinsicht: in materieller, psychischer, körperlicher, kognitiver und bildungsmäßiger.[12] Was die *materielle* Seite angeht, so hatten Kinder und Jugendliche noch nie so viel Geld zur Verfügung wie heute, auch wenn sich die relative Armutsquote zwischen Mitte der 1990er Jahre und 2010 von 13 auf 15 % erhöht hat. Was die *psychologische* Seite angeht, so ist das hohe Wohlbefinden im ersten Kapitel ausführlich dokumentiert worden. (Weitere Ausführungen dazu finden sich im achten Kapitel.) Was die *körperliche* Gesundheit angeht, so gibt die Studie des Robert Koch-Instituts (KiGGS 2007, Kurth et al. 2008) einen umfassenden, antiapokalyptischen Überblick und attestiert Kindern und Jugendlichen in Deutschland eine überwiegend gute bis sehr gute Gesundheit. Was die *kognitive* Seite betrifft, so hat der Intelligenzquotient seit den 1960er Jahren bis in die 1990er Jahre pro Dekade um drei Punkte zugenommen und liegt heute in Deutschland und den anderen Industrieländern auf einem historisch einmaligen Niveau. Die Steigerung scheint sich in den Industrieländern allerdings abzuschwächen oder sogar zum Stillstand zu kommen, wohingegen sie in den Entwicklungsländern anhält (Rindermann 2009, S. 668, 676).

Was die *Bildungsseite* betrifft, so sind 10–15 % funktionelle Analphabeten, also 15-Jährige, die nach neun Schuljahren nur über elementare Kenntnisse in Rechnen und Schreiben verfügen, für eine Wissensgesellschaft sicher zu viel; deren Qualifizierung ist für die Zukunft der sozialen Integration und die Sicherung des wirtschaftlichen Wohlstands von erheblicher Bedeutung. Dabei dürfen allerdings auch die Eliten nicht zu kurz kommen, denn das Fähigkeitsniveau der etwa fünf Prozent

---

12 Zu einer ähnlichen Schlussfolgerung kommt auch die Untersuchung des Deutschen Jugendinstituts »Aufwachsen in Deutschland«. Über bisher unveröffentlichte Zwischenergebnisse berichtet in Kurzform Schmoll (2010).

kognitiv Leistungsfähigsten einer Gesellschaft ist für das wirtschaftliche Wohlergehen eines Landes besonders relevant, »weil diese Personen für technische Innovationen und deren Adaption, für die Steuerung in Betrieben und Verwaltungen und für die Funktionalität komplexer Systeme die größte Verantwortung tragen« (Rindermann/Rost 2010, S. 29). Die Bildungsabschlüsse mögen derzeit insgesamt noch nicht so hoch oder niveaureich sein wie gewünscht; aber im historischen Rückblick gilt, dass noch nie so viele Jugendliche so hochqualifizierte Bildungsabschlüsse hatten wie heute. Etwa 35 % eines Jahrgangs haben Abitur oder Fachabitur, 40 % Realschulabschluss, 20 % Hauptschulabschluss und 8 % keinen Schulabschluss (die Hälfte davon holt ihn allerdings zu einem späteren Zeitpunkt nach). Im Jahr 1960 machten gerade einmal knapp 7 % das Abitur (die meisten davon waren männlichen Geschlechts), 75 % gingen zur Hauptschule und 17 % verließen die Schule ohne jeden Abschluss. Ähnliches gilt für die Abhängigkeit des Schulabschlusses vom sozialen Hintergrund. Sie mag nach wie vor in einem unerwünschten Ausmaß vorhanden sein, aber sie hat sich innerhalb eines knappen Jahrhunderts erheblich verringert. Hatte ein Arbeiterkind um 1920 eine Chance von 1:100, das Abitur zu machen, so liegt diese Chance heute bei 1:5 (Tenorth 2008 a, S. 382), anderen Angaben zufolge bei 1:8 (Tenorth 2008 b), hat sich also verzwanzig- bzw. verzwölfeinhalbfacht. Ganz zum Verschwinden bringen wird man die Unterschiede nie. Der Einfluss elterlicher Faktoren, seien es genetische oder sozialisatorische, ist so stark, dass er weder durch Krippe, Kindergarten oder Schule vollständig ausgeglichen werden kann. Zwar ist eindeutig, dass Bildung in Kinderkrippen, Schulen und Hochschulen äußerst förderlich für die Intelligenzentwicklung ist und für etwa 80 % des gesamten Intelligenzwachstums verantwortlich gemacht werden kann. »Aber es gelingt diesen Institutionen nicht, familiäre Unterschiede unkenntlich zu machen« (Rindermann 2009, S. 667).

Wieviel diesbezüglich dennoch mittlerweile erreicht worden

ist, zeigen drei weitere Befunde. Erstens: Im Jahr 1970 verließen 68 % eines Jahrgangs die Schule ohne Abschluss oder
»nur« mit einem Hauptschulabschluss, derzeit sind es nur
noch 28 %. Zweitens: Die Zahl ausländischer Kinder, die ohne
Abschluss die Schule verlassen, hat sich zwischen 1980 und
2000 halbiert; die Zahl derer, die Abitur oder Fachabitur machen, hat sich im selben Zeitraum verdreifacht. Die Integration
dieser Bevölkerungsgruppe in das Bildungssystem macht also
ebenfalls Fortschritte. Drittens: Was Berufsabschlüsse angeht,
so hat sich der Anteil der Arbeitskräfte ohne abgeschlossene
Ausbildung zwischen 1990 und 2010 von 20 % auf 10 % halbiert. Insgesamt kann man von einer formalen Höherqualifizierung der Beschäftigten sprechen (Senghaas-Knobloch 2008,
S. 29; Mayer et al. 2010, S. 371), selbst wenn diese noch steige-
rungsfähig oder -bedürftig ist.[13]

Darüber hinaus ist festzuhalten: Zum ersten hat noch in keiner Generation zuvor sich die Mehrzahl der Eltern so hinge-
bungsvoll und zeitintensiv um ihre Kinder gekümmert wie
heute; zum zweiten war dementsprechend in keiner anderen
Generation das Verhältnis zwischen Kindern und Eltern so
entspannt und solidarisch wie heute; zum dritten ist die diesbezüglich gelegentlich geäußerte Befürchtung, das Abflachen
des Generationenkonflikts habe nachteilige Folgen für die
kindliche Entwicklung, unzutreffend. Wieso in Anbetracht all
dieser Tatsachen »das Katastrophenszenario die beliebteste
Stilform (ist), wenn hierzulande über Familien berichtet wird«

13 Natürlich können all diese Zahlen wieder problematisiert werden, etwa
mit dem Hinweis, dass man a) gerade wegen des signifikant angestiegenen
Bildungsniveaus heute bereits mit einem Hauptschulabschluss marginalisiert
ist; oder b) die Zunahme hoher Bildungsabschlüsse eine »Zertifikateinflation«
darstellt; oder c) der Qualifikationsbedarf und damit der Problemdruck noch
schneller wächst als die Lösungen. All das mag zutreffen, schafft aber die Tatsache allgemeiner Höherqualifizierung nicht aus der Welt, auch wenn es deren
Deutung als Erfolg relativiert.

(Spiewak 2008, S. 37), bleibt ein aufklärungsbedürftiger Sachverhalt, dem ich mich nun zuwende.

Warum Katastrophenszenarien so weit verbreitet sind

Erstens: Nicht die Probleme sind gewachsen, sondern die Problemsensibilität. Dafür zwei Beispiele. Früher konnte ein Kind nicht schreiben und wurde »aussortiert«. Heute hat es Legasthenie und wird zum Objekt vielfältiger Förderungsbemühungen. Dies ist ein Gewinn an Humanität im Umgang mit Kindern, erhöht aber zugleich die Wahrscheinlichkeit, sie als Problem- oder Symptomträger in den Blick zu nehmen. Ähnliches gilt für den Sachverhalt des sexuellen Kindesmissbrauchs und der körperlichen Bestrafung. Allen verfügbaren Daten zufolge hat beides in den letzten 50 Jahren abgenommen. Dennoch wurde noch nie so viel über dieses Thema gesprochen wie heute – auch dies ein Zeichen für zunehmendes Problembewusstsein, nicht für zunehmende Probleme.

Zweitens: Mit der gewachsenen Problemsensibilität geht eine Perfektionierungsvorstellung hinsichtlich der Erziehung einher, die Probleme als vermeidbar betrachtet und dazu neigt, Brüche und Friktionen in der Entwicklung als Störungen zu betrachten. Die Toleranz für Abweichungen sinkt (Oelkers 2002, S. 564 ff.), die Beunruhigungs- und Interventionsneigung steigt. Das ist nicht immer – wahrscheinlich nicht einmal in den meisten Fällen – eine Folge der Konkurrenzgesellschaft, in der Eltern ihre Kinder fit für die Globalisierung machen wollen, sondern häufig die Folge eines aus der gewachsenen Sensibilität resultierenden Leidminderungsbedürfnisses. Eine Rückbesinnung auf Winnicott (1960), der gerade nicht von einer optimalen, sondern von einer genügend guten Mutter (»good enough mother«) gesprochen hat (Überblick bei Abram 1996, S. 193 ff.), wäre hier hilfreich sowie generell eine

Skepsis hinsichtlich übertriebener Machbarkeits- und Optimierungsvorstellungen, auch deshalb, weil die Besorgnisanfälligkeit, die ein Resultat gestiegener Sensibilität ist, sich spiralförmig steigern lässt, indem man sie ihrerseits zum Anlass von Besorgnis macht. Man ist dann besorgt über die Besorgnis. Exemplarisch kann dies anhand einer Titelgeschichte des »Spiegel«: »Die große Sorge um die lieben Kleinen« verdeutlicht werden (Kullmann 2009). Im Innenteil trägt die Geschichte den Titel »Kinder der Angst« und zeigt sich besorgt darüber, dass moderne Eltern überbesorgt, verunsichert, frühförderungswütig sowie zukunftsängstlich in Bezug auf ihre Kinder sind und sie deshalb mit ihren eigenen Ängsten vollpacken. Würde diese Beschreibung stimmen, so müsste man eine Generation gestörter und bindungsunsicherer Kinder erwarten. Die von der Autorin befragten Experten teilen zwar *zum Teil* die Diagnose elterlicher Überbesorgnis, treffen aber dennoch die Feststellung, dass die Zahl der gestörten Kinder *nicht* zugenommen hat. Daraus kann man schließen, dass, selbst wenn die Eltern so überbesorgt wären, wie der Artikel glauben machen will, dies bei den Kindern offenbar keine nennenswerten Schäden anrichtet und viele der geschilderten elterlichen Marotten zwar nicht in den Medien, wohl aber bei den Kindern recht wirkungslos verpuffen. Dies sollte Anlass zur Beruhigung, nicht zur Besorgnis sein. Anscheinend handelt es sich bei der Überforderung, Überbesorgnis und Ängstlichkeit heutiger Eltern nicht um ein Massenphänomen, sondern um die massenmediale Kolportage eines Gerüchts, oder aber die Eigenarten der Eltern haben – auf Grund geringer Ausprägungsstärke bzw. relativer Unempfindlichkeit der Kinder – nicht die Auswirkungen, die ihnen häufig ebenso großzügig wie unüberprüft attestiert werden.

Ein drittes Element im Katastrophendiskurs ist die schiefe Interpretation statistischer Daten. Aus dem Sachverhalt etwa, dass deutsche Frauen im Durchschnitt nur noch 1,4 Kinder zur Welt bringen, wird häufig geschlossen, die meisten Kinder seien

Einzelkinder. Das ist aber nicht der Fall. Vielmehr wachsen 75 % aller Kinder mit einem Geschwisterkind auf. Die statistisch niedrige Geburtenziffer ergibt sich aus der Zunahme kinderloser Ehen und der Abnahme von Familien mit drei oder mehr Kindern. Kinder sind also auch heute noch überwiegend Geschwisterkinder. Aber selbst wenn das nicht so wäre, wäre es nicht weiter schlimm, weil sich mittlerweile alle den Einzelkindern nachgesagten negativen Eigenschaften wie gesteigerte Egozentrizität, mangelnde soziale Kooperation, geringere Anpassungs- und eingeschränkte Freundschaftsfähigkeit durch die Ergebnisse der neueren einschlägigen Forschung weitgehend in Luft aufgelöst haben (Kurzüberblick bei Schlütter 2010).

Das vierte Element, das den Krisendiskurs um Kindheit und Jugend befeuert, ist die mediale Dauerberichterstattung über spektakuläre Einzelfälle von Jugendgewalt, Kindesmisshandlung und schwer erziehbaren Kindern (Stichwort: »Super-Nanny«). Sie führt ebenfalls zu einer problemfokussierten Wahrnehmungsverzerrung. Aufschlussreich ist hier die Diskrepanz zwischen Nah- und Fernwahrnehmung. Fragt man beispielsweise Eltern, wie es ihren Kindern, deren Freunden oder Bekannten geht, so lautet die Antwort in der Regel »gut«. Fragt man hingegen nach der Lage »der« Jugend, so hört man wesentlich pessimistischere Antworten (Göppel 2007, S. 165). Fragt man, ob der Zusammenhalt in der eigenen Familie gut sei, so bejahen dies 82 %, fragt man indes nach allgemeinen diesbezüglichen Einschätzungen, so finden nur 20 % den familiären Zusammenhalt ausreichend. Ebenso halten 80 % der Eltern ihren Einfluss auf die Kinder für groß genug, aber nur 35 % finden dies generell zutreffend. Das Urteil aus dem Nahbereich ist nun nicht etwa durch Wunschvorstellungen von einer eigenen heilen Familie verzerrt, denn Eltern sehen bei ihren eigenen Kindern durchaus auch Probleme (Hollstein 2009, S. 4). Es ist aber erfahrungsgesättigt, wohingegen das Urteil aus dem Fernbereich medial verzerrt und entsprechend einseitig ist, weil für mediale Berichterstattung das Prinzip gilt: »Good news are no news and bad news are good news.« Entsprechend sind, wie Klaus Farin, Leiter des Archivs der Jugendkulturen in Berlin, herausfand, 80 % der Berichterstattung über Jugendliche negativ. Verstärkt wird dieser Trend dadurch, dass sich verschiedene Kinderkulturen zunehmend auseinanderentwickeln, also etwa bestimmte Migranten- oder Armutskulturen verstärkt problematisch werden (Stichwort: Neukölln), andere hingegen eine gegenläufige, positive Entwicklung nehmen. Die Bedenken beziehen sich überproportional häufig auf die problematischen, aber medial präsenteren Teile der Kinder- und Jugendkultur.

Fünftens: Man könnte meinen, dass Erzieherinnen und Lehrerinnen über bessere Informationen aus dem Nahbereich verfügen. Fragt man indes Lehrerinnen nach einer Einschätzung moderner Kinder, so erhält man überwiegend Negativurteile: Sie seien »heute« (je nach Befragungszeitpunkt 1992, 1999, 2008) ichbezogener, weniger sozial, streitsüchtiger, anspruchlicher, unruhiger, konzentrationsschwächer, weniger belastbar, weniger rücksichtsvoll. Im Gegensatz dazu ist bei Jugendforschern derzeit von einer Generation V die Rede, wobei V für die Trias von Vertrauen, Verantwortung und Verlässlichkeit steht, welche die Jugendlichen heute charakterisieren soll (ref. nach Ewald 2010). Bucher (2001, S. 130 ff., 218 ff.) interpretiert solche Diskrepanzen zwischen Laienurteilen und empirischen Befunden so, dass sich nicht die Kinder und Jugendlichen, sondern unsere Bilder von ihnen verändert haben. So wird heute in der Mittelschicht insbesondere von Buben erwartet, dass sie nicht so expansiv sind, nicht mit Kriegsspielzeug spielen, keinen Baum mit dem Taschenmesser ritzen und schon gar keine Katze am Schwanz ziehen. Dadurch gerät Spiel- und Alltagsverhalten, das früher als normal galt, leicht in den Geruch des Aggressiven oder Streitbaren. Auch die Beobachtung, dass die seriös diagnostizierten Fälle von ADHS zwischen 2 und 5 % schwanken (KiGGS 2007; Lehmkuhl et al. 2008), Grundschullehrerinnen aber berichten, sie hätten bis zu acht

Fälle pro Klasse, zeigt, dass sich vor allem die Beurteilung kindlichen Verhaltens verändert hat. *Gegen* eine tatsächliche Veränderung der Kinder in die besagte Richtung spricht, dass sich die erwähnten Klagen zu allen Zeiten finden lassen. Das schließt nicht aus, dass es solche Veränderungen gibt, etwa, dass Kinder heute impulsiver oder nervöser sind. Ob das wirklich der Fall ist, ist aber allein schon deshalb fraglich, weil sich diese Klage seit 1900 in nahezu jedem Kinder- und Jugendbericht findet (s. Dollase 1986, S. 133; Göppel 2007, S. 188). Anscheinend gehört sie zum festen Inventar aller Kulturkritik, der zufolge die gegenwärtigen Probleme größer sind als die früherer Zeiten (Bucher 2001, S. 220, 249). Methodisch einigermaßen exakte Zeitwandelstudien, die auch nur einige der oben behaupteten Veränderungen belegen würden, sind äußerst rar und extrem aufwendig. Deshalb »kann der empirische Nachweis einer Veränderung psychischer Variablen nur selten … geführt werden« (Dollase/Seeger 1997, S. 7).[14]

Sechstens: Lehrer und Erzieher altern nicht mit den Kindern. Sie selbst werden älter und damit in ihrer Einschätzung konservativer, die Kinder sind immer in derselben Altersstufe. Einen 60-jährigen Lehrer/Erzieher wird die Unruhe von 10-jährigen Kindern in der Regel stärker stören als einen 30-Jährigen. Befragt man ihn, ob sich die Kinder in den letzten 30 Jahren verändert haben, so wird er dies bejahen, obwohl es mindestens ebenso wahrscheinlich ist, dass *er* sich verändert hat.

Siebtens: Vermutlich ist es weniger die Erziehungsfähigkeit oder -bereitschaft, die verfällt, als vielmehr das Gedächtnis der jeweils älteren Generation von ihrer eigenen Kindheit. Kaum

---

14 Zwei Ausnahmen sind: zum einen die Studie von Schneewind/Ruppert (1995; Kurzfassung bei Schneewind 2001), die im sechsten Kapitel dargestellt wird. Sie konstatiert – in Bezug auf Veränderungen zum Schlechten – eine Abnahme kindlicher Belastbarkeit. Zum anderen die Studie von Hermens/Tismer (2000), die von einer Zunahme oppositioneller kindlicher Verhaltensweisen berichtet.

einer erinnert sich noch daran, wie viel Anlass zur Besorgnis er in seiner Jugend gab, weil er bettnässte, ungepflegt aussah, sich widersetzlich benahm, es in der Schule an Ehrgeiz, Leistung oder Benehmen fehlen ließ, die falschen Freunde hatte, unpassend gekleidet war, zu spät nach Hause kam, zu viel und zu früh rauchte oder trank, wilde Musik hörte, das falsche Studium ergriff. Außerdem neigen Erwachsene dazu, die in der Kindheit gemachten Erfahrungen auf die eigenen Kinder zu projizieren und zum Beurteilungsmaßstab zu manchen. Wer beim Lesen glücklich war, kann kaum verstehen, wieso sein Kind kein Interesse daran hat; wer sportlich war und sich viel bewegte, blickt mit Skepsis auf die Unsportlichkeit des eigenen Kindes oder die eingeschränkten Bewegungsmöglichkeiten in Großstädten; wem Computer fremd sind, der kann mit der spielerischen Begeisterung seines Kindes hierfür wenig anfangen. Hier besteht in der Tat ein Einfühlungsmangel, aber er scheint eher auf Seiten der Erwachsenen als auf Seiten der Kinder zu liegen. Wenn wir Kindheit heute durch die Brille von Kindheit gestern betrachten, dann wird die freie, aufregende, abwechslungsreiche Kindheit von heute schnell zu einer permissiven, übererregten, hektischen – aber dieselbe Einschätzung gab es auch schon im Blick auf die Kindheit um 1900 oder 1950; und ebenso gab es damals die derzeit weit verbreiteten Klagen über Disziplinlosigkeit, Verfall der Sitten, Unruhe, mangelndes Konzentrationsvermögen, Flatterhaftigkeit, Überempfindlichkeit, Rücksichtslosigkeit, fehlende Höflichkeit, mangelnden Respekt, verschwindende Generationenunterschiede, Autoritätsabbau, ansprüchliche Verwöhnhaltungen (s. z. B. Müller 1954). Sie lassen sich sogar bis in die Antike zurückverfolgen (s. dazu die eindrücklichen Beispiele bei Dollase 1986, S. 133; Bucher 2001, S. 220; Andresen 2007, S. 80 f.; Göppel 2007, S. 187 f.; Radtke 2007, S. 209).

Achtens: Spezifisch modern hingegen ist folgender Sachverhalt. Partnerschaftlich erzogene Kinder sind sowohl freier in ihrem Bedürfnisausdruck als auch weniger starr in ihrer Persönlichkeitsstruktur (s. dazu ausführlich Kapitel 6). Die Kehrseite dieser an sich begrüßenswerten Entwicklung könnte jedoch sein, dass die Abnahme der Charakterstarre auch mit einer Abnahme von Charakterstärke verbunden ist. Das moderne Kind wäre dann zwar psychisch und sozial freier, aber auch verletzlicher und möglicherweise auch weniger belastbar als sein rustikal erzogener Vorgänger. Der nicht endende Problemdiskurs über Kinder kann auch als Ausdruck eines Ahnungsbewusstseins über den intrinsischen Zusammenhang von Freiheitszunahme und Verletzlichkeitsanfälligkeit verstanden werden (Dornes 2010 a).[15]

15 Berkel (2009, S. 96 ff.) gibt eine andere Deutung der Prominenz von Gefährdungsszenarien. Sie beschränkt sich allerdings auf die Debatte um den sexuellen Missbrauch von Kindern und versteht ihn als Symptom für die Gefahr, die die mit dem Auflockern der Generationendifferenz einhergeht. Wenn die Generationen einander näherkommen, wenn das Eltern-Kind-Verhältnis kommunikativer gestaltet wird, wenn die Alten jugendlicher und die Jungen schon früh in den Markt integriert, d. h. erwachsen werden – kurz: wenn der generationelle Abstand schrumpft, so droht auch dessen Markierung durch das Inzesttabu aufgeweicht zu werden. Der sexuelle Missbrauchsdiskurs wäre dann die chiffrierte Antwort auf eine unbewusst gefühlte Gefährdung, die mit einem Brüchigwerden der Generationendifferenz einhergeht. Bei dieser Konzentration auf Diskurse kommen die Fakten zu kurz, nämlich dass in den 1950er und 1960er Jahren, als die Generationendifferenz noch klarer markiert war, der sexuelle Missbrauch (in Familien) nicht etwa seltener, sondern häufiger war als heute. Er wurde nur stärker verleugnet. Coontz (2005, S. 356) berichtet, dass Experten in den Vereinigten Staaten die Vorkommenshäufigkeit des Inzests auf eins zu einer Million schätzten, was eine geradezu groteske Fehlschätzung war und ist. Berkels Deutung des Missbrauchsdiskurses als geahnter inzestuöser Bedrohung durch die Auflösung der Generationendifferenz hat aber nicht nur a) Schwierigkeiten, *die Abnahme* des sexuellen Kindesmissbrauchs zu erklären (Daten bei Salzberger 2010, Thome 2010 und Tichomirova (2011); sie setzt auch b) zu stark die Auflockerung von Generationendifferenz mit der Auflösung von *sexueller* Generationendifferenz gleich; und sie erklärt c) nicht die anderen Formen öffentlicher Besorgnis um die Entwicklung der Kinder (spielen zu viel Computer, sind zu aggressiv, zu dick, zu krank etc.). Ich neige dazu – anders als weite Teile der französischen Psychoanalyse (z. B. Chasseguet-Smirgel 2001, Lerude 2006, Thompson 2007, Clam 2009) und die oben referierten Autoren

Neuntens: Will man der allgemeinen Besorgnisbereitschaft etwas Positives abgewinnen, so kann man sie mit Sloterdijk (2011) als sozialintegrativ betrachten. Gemeinsame Besorgnis über etwas (Kinder, Jugendliche, Eltern, Klimaveränderung, Nahrungsmittelverschmutzung, Staatsfinanzen etc.) ist in hochindividualisierten Gesellschaften ein Medium sozialen Zusammenhalts, weil in ihr alle Gesellschaftsmitglieder zusammenfinden. In dieser Sichtweise *darf* die Erzeugung von Besorgtheit (durch die Medien) gar nicht abreißen, denn »Großgruppenstreß« ist wichtig für das Gemeinschaftserleben und ein wesentliches Mittel sozialer Synthesis.

Summa summarum spricht einiges dafür, dass die Probleme, die wir heute haben, im Vergleich zu früher nicht größer, sondern eher kleiner, vor allem aber andere geworden sind. Die Andersartigkeit kann man in Kurzform dahingehend zusammenfassen, dass heutige Kinder und Jugendliche nicht mehr an einem Übermaß an Unterdrückung leiden, sondern – im Großen und Ganzen erfolgreich – damit beschäftigt sind, von den Freiheiten, welche die modernisierte Erziehung und die pluralisierte Gesellschaft mit sich gebracht haben, verantwortungsvoll Gebrauch zu machen.

(z. B. Ahrbeck 2004) –, die Auflockerung des Generationenverhältnisses nicht zu beklagen, sondern zu begrüßen. Sie hat zu einer Entkonfliktualisierung der Eltern-Kind-Beziehung geführt, die das Wohlbefinden der Kinder verbessert hat. Was die Generationendifferenz angeht, so werden neue Mittel und Wege gefunden werden, ihre Unterschiede zu markieren, wenn die alten verblassen; die Generationsschranke wird nicht gleich brüchig, wenn sie aufgelockert wird; und eine Auflockerung der Generationsschranke ist nicht identisch mit einer Auflockerung des Inzesttabus. Die Grenze zwischen den Generationen wird allerdings weniger starr und erfordert deshalb mehr Gestaltungsanstrengungen. Sie bietet jedoch auch mehr Gestaltungsmöglichkeiten.

Kapitel 5 Die veränderte Integration in die Gesellschaft

Einleitung

Nunmehr gehe ich der Vermutung nach, dass sich nicht nur, wie bisher beschrieben, das Verhältnis von Eltern und Kindern verändert hat, sondern auch das von Familie und Gesellschaft. Außerdem soll das mögliche Schicksal der Identifikation der Kinder mit ihren Eltern im Gefolge dieser Entwicklung untersucht werden. Womit identifizieren sich Kinder in Familien einer pluralistischen Gesellschaft? Ich gehe davon aus, dass sie sich nach wie vor mit ihren Eltern identifizieren, die Eltern aber weniger als früher etwas sozial Allgemeinverbindliches repräsentieren. Sie sind eher personale Vorbilder als soziale Rollenträger, weshalb die Familie nicht mehr im selben Sinne wie früher auf das Leben in der Gesellschaft vorbereitet. Dadurch lockert sich das Band zwischen Individuum und Gesellschaft.

Im zweiten Teil des Kapitels befasse ich mich mit sozialen Hintergründen und sozialpsychologischen Implikationen dieser Entwicklung. Ich zeige, dass trotz der »Privatisierung« von Identifizierung und Familie die Individuen nicht egozentrischer und am Gemeinwohl desinteressierter sind als die Generationen vor ihnen. Im dritten Teil werden empirische Befunde dargestellt, die belegen, dass der zeitgenössische Individualismus das soziale Engagement sogar fördert, nicht behindert, und eine wesentliche Quelle von Solidarität und sozialem Zusammenhalt ist.

Teil 1: Die »Privatisierung« der Erziehung

Nicht nur für kleine Kinder, sondern auch für Heranwachsende stellen die Eltern immer noch die zentralen Bezugspersonen dar. »Trotzdem repräsentieren sie nichts mehr, zumindest nichts, was den Kindern einen sozialen Horizont eröffnen könnte, in dem sie ihr eigenes Leben ansiedeln. … Heute tragen Identifizierungen kaum noch zur Bestimmung des Ortes im sozialen Gefüge bei, sie vermitteln keine kollektiven Verbindlichkeiten, denn es gibt sie nicht mehr. … Identifizierungen, durch die der eigene Wunsch mit den Anforderungen der sozialen Welt vermittelt würde, verlieren daher in dem Maße an Terrain und Realitätsmächtigkeit, wie die symbolische Ordnung schwindet.« (Anselm 1997, S. 145 f.)

Diese Auffassung vertritt auch Gauchet (2000), der in Bezug auf die Familie von einer tiefgreifenden Desinstitutionalisierung und einer daraus resultierenden Identifizierungsschwäche spricht. Unter Desinstitutionalisierung versteht er den Sachverhalt, dass die Familie ihre Kinder nicht mehr für die Gesellschaft erzieht, sondern nur noch, oder zumindest stärker als früher, für ihr privates Glück. Illustrativ dafür ist ein Vater, der in einem Kindergarten, in dem schon Lesen und Schreiben gelernt wird, zu den Betreuerinnen sagt, er möchte nicht, dass sein Kind hier Lesen und Schreiben lernt, sondern dass es glücklich ist. Ein solcher Vater repräsentiert nicht mehr wie früher »Geld, Gott und Gesetz« (Liessmann 2000), spricht also nicht mehr im Namen der Gesellschaft, sondern artikuliert nur noch einen persönlichen Wunsch.

Solche Eltern können ihre Kinder durchaus noch in dem Sinne erziehen, dass sie ihnen Manieren, Kulturtechniken und soziale Kompetenzen beibringen, die das Zusammenleben mit anderen ermöglichen. Was sie indes nicht mehr zustande bringen, ist eine darüber hinausgehende »Einschreibung der sozialen Ordnung«, also die Fähigkeit, von der eigenen Perspektive zu abstrahieren und einen dezentrierten, »öffentlichen« Standpunkt einzunehmen. Lipovetsky (1993, S. 33, 78) meint, dass eine solche Erziehung gleichzeitig sozialisiert und desozialisiert. Sie erzieht und macht den Menschen zu einem gesellschaftsfähigen Wesen, aber der so erzogene Mensch interessiert sich immer weniger (oder anders) für die Gesellschaft.

Eine ähnliche Idee findet sich bei dem Psychoanalytiker Donnet (2001, S. 141). Er diagnostiziert im Gefolge des liberalisierten Erziehungsstils der 1968er einen Abbau des Generationenunterschieds. Die offenere Kommunikation zwischen Eltern und Kindern birgt für ihn die Gefahr, dass durch sie eine inzestuös getönte Sexualität und Gefühlswelt bei den Kindern entsteht. Dies führe zu einem nicht ausreichend entpersönlichten Überich, das »Herzensangelegenheiten in die abstrakte Gerechtigkeit der Menschenrechte übertragen (will)«. Auch hier wird also ein Mangel an Abstraktionsfähigkeit oder Dezentrierung von der eigenen Perspektive festgestellt; ebenso bei Chasseguet-Smirgel (2001, S. 126), die diesen Mangel auf eine zu enge Mutter-Kind-Symbiose zurückführt. Die Abstraktionsfähigkeit sei immer »eine Flucht vor der Mutter«. Diese Flucht und ergo die Abstraktionsfähigkeit wird in der Lesart der Autorin wegen verbreiteter Vaterschwäche immer seltener.

Familie und Gesellschaft: Überwärmung

Einen soziologischen Vorläufer finden diese Überlegungen zum veränderten Verhältnis von Familie und Gesellschaft bei Schelsky (1957) und Sennett (1974). Sennett beklagt die »Tyrannei der Intimität«, weil sie zu einer Zerstörung von Öffentlichkeit und Politik durch die Übertragung des familiären Prinzips der Intimität auf diese Bereiche führe (ähnlich Bauman 2000, S. 49, 52, 64 f., 85 f.). In Umkehrung von Habermas' These der Kolonialisierung der Lebenswelt durch Systemimperative könnte man von einer Kolonialisierung des Systems durch Lebensweltimperative sprechen. Sie ähnelt Donnets »Übertragung von Herzensangelegenheiten in die abstrakte Gerechtigkeit der Menschenrechte«. Empirische Indizien für diese Übertragung finden sich in neueren Jugendstudien, die zeigen, dass Jugendliche zum einen mit Macht nichts zu tun haben wollen, zum anderen Werte aus dem zwischenmenschlichen Bereich wie Offenheit, Ehrlichkeit und Authentizität auf den der Politik übertragen, Politiker für deren Verwirklichung verantwortlich machen und bei Nichterfüllung dieser Erwartung enttäuscht sind (Keupp 2000, S. 56).

Schelsky betrachtet die Verhätschelung in der Familie als Grund dafür, dass die in größeren Sozialsystemen wie der Arbeitswelt erforderliche »kühle und sachliche Verhaltenssicht« nicht mehr erlernt wird. Deshalb würden die Vertrautheitsbedürfnisse familialer Art auf die größere Welt übertragen und die mit dem Übergang in andere Sozialsysteme erforderliche »Abstraktionserhöhung« nicht mehr hinreichend erbracht. Diese Überlegungen konvergieren trotz Unterschieden im Detail mit den oben dargestellten dahingehend, dass es vor allem die soziale Funktion der Familie ist, ihre Einübung in die Gesellschaft, die nachlässt.[1]

1 Andere Autoren (z. B. Lasch 1979, Bellah et al. 1985, Hochschild 1997, 2012) sehen die umgekehrte Gefahr, dass nämlich marktförmig-bürokratische Strukturen in die Familie eindringen, diese dadurch erkaltet und ihre sozialisatorische, gemeinschaftsstiftende Funktion verliert. Dieses »Erkalten« der Familie ist auch ein geläufiger Topos pädagogischer und psychoanalytischer Kulturkritik, die den Schutzraum der Familie durch gesellschaftliche Entwicklungen (Medien, Scheidung etc.) bedroht und dadurch die Persönlichkeitsbildung beeinträchtigt sieht (s. Kap. 1 u. 2). Illouz (2008) wiederum vertritt eine Mischversion von gleichzeitiger Erwärmung und Erkaltung (Kurzdarstellung bei Dornes 2011). Insgesamt ist dem Familienhistoriker Shorter (1975) zufolge über die letzten 300 Jahre hinweg eine Erwärmung des familiären Binnenklimas festzustellen. Er befasst sich jedoch nicht mit der Frage, welche Folgen das für die Gesellschaft haben könnte. Fischer (2010, 2011) bezweifelt anhand einer Fülle empirischen Materials, dass Sozialbeziehungen in und außerhalb der (US amerikanischen) Familie *seit 1970* »kälter« oder »dünner« geworden sind.

Familie und Gesellschaft:
Unterschiedliche Handlungslogiken

Schon in der Jugendsoziologie der 1950er und 1960er Jahre
(Überblicke bei von Friedeburg 1965; Tillmann 2003, S. 115 ff.,
203 ff.; Griese 2007) war der Bedeutungsschwund der Familie
für die Gesellschaft ein wichtiges Thema. Er wurde allerdings
meist nicht auf veränderte (verhätschelnde) Erziehungspraktiken zurückgeführt, sondern auf die zunehmende funktionale
Differenzierung der Gesellschaft. In vormodernen Gesellschaften, die gemeinschaftsähnlich organisiert waren, war Familienerziehung zugleich eine Vorbereitung auf die Gesellschaft. In modernen Gesellschaften hingegen wird auf Grund
ihrer funktionalen Differenzierung ein neuer Typus sozialen
Handelns notwendig, nämlich rollenförmiges Handeln, das
gegenüber dem emotionalen und auf die ganze Person bezoge-
nen Handeln in der Kleingruppe der Familie emotional neutral
ist und sich nicht auf die ganze Person, sondern nur auf bestimmte Aspekte der Person in ihrer Eigenschaft als Träger
funktionaler Rollen bezieht. Wer ein Brötchen kauft, sollte
den Bäcker nicht mit seinen persönlichen Problemen behelli-
gen, sondern sich auf seine Rolle als Käufer beschränken; und
der Bäcker wird den Käufer nicht als ganze Person ansprechen,
sondern nur in dessen spezieller Eigenschaft als Kunde.
Die Einübung dieses Rollenhandelns kann nicht in der intimen
Familiengruppe geschehen, denn dort ist jeder immer als ganze Person präsent. Sie ist vielmehr Aufgabe der Gleichaltrigengruppe und der Schule, die dadurch eine zentrale Funktion für
die Herauslösung des Individuums aus der Familie und für die
Eingliederung in die Gesellschaft gewinnen (s. z. B. Parsons
1968, S. 130 ff.). Der »Bedeutungsschwund« der Familie für die
Gesellschaft und die Aufwertung extrafamilialer Instanzen ergibt sich in dieser Sichtweise nicht aus dem Schwinden einer
gemeinsamen symbolischen Ordnung, sondern daraus, dass in
modernen Gesellschaften Familienhandeln und soziales Han-

deln unterschiedlichen »Handlungslogiken« gehorchen (ganz-heitlich-affektiv versus rollenförmig-emotionsneutral).

Luhmann (1990 a, b) geht ebenfalls von einem gesellschaftli-chen Funktionsverlust der Familie aus (sekundärliterarische Darstellungen bei Hoffmeister 2001, S. 191 ff., 262 f. und Bur-kart 2005). Was oben als mangelnde Einschreibung der symbo-lischen Ordnung bezeichnet wurde – also Erziehung, aber nicht für die Gesellschaft –, heißt in systemtheoretischer Sicht, dass Individuen in einer funktional differenzierten Gesellschaft keine Einheit mit dem Sozialsystem bilden, sondern ihre Selb-ständigkeit neben ihm erlangen (Horster 1999, S. 392). Familie und Individuen stehen also *neben* der Gesellschaft. Entspre-chend unterscheidet Luhmann zwischen Familie als Institution und Familie als Inklusionssystem. Familie als Institution – in ihrer Bedeutung für die Gesellschaft – wird irrelevant, weil der Zugang zur Gesellschaft oder zu ihren Teilsystemen nicht mehr über die Familie führt; Familie als Inklusionssystem bleibt für die Individuen bedeutend, weil sie der einzige Ort ist, an dem der Mensch in modernen Gesellschaften noch als ganze Person präsent ist. In die Gesellschaft »inkludiert« wird er durch seine Familienzugehörigkeit allerdings nicht mehr, al-lenfalls wird er in der Familie als Persönlichkeit »sozialisiert«. Luhmann unterscheidet also Inklusion in die Gesellschaft und Sozialisation der Persönlichkeit. In vormodernen Gesellschaf-ten fallen beide zusammen, weil man dort sozialisiert wird, wo man auch sein gesellschaftliches Leben führt: in der Familie oder familienähnlichen Verbänden. In funktional differenzier-ten Gesellschaften führt man hingegen sein Leben in einer Vielfalt außerfamiliärer Funktionssysteme und die Einheit von Inklusion und Sozialisation beginnt sich aufzulösen (Burkart 2005, S. 116). Sozial inkludiert wird man durch und in Teilsys-temen, personal sozialisiert durch die und in der Familie.[2]

---

2 Die Problematik, dass Teilsysteme einerseits unabhängig von persönlichen Motiven funktionieren, andererseits die Individuen dennoch einen Beitrag zu

Identifizierungsschwäche und das Verblassen des Allgemeinen

Aus dem Verblassen der gesellschaftseinführenden Funktion der Familie – wie auch immer man sie im Detail begründet (mit mangelnder Dezentrierung und Abstraktionsfähigkeit, Verhätschelung, unterschiedlichen Handlungslogiken oder dem Auseinanderfallen von Sozialisation und Inklusion) – resultiert in der Lesart von Gauchet (2000) eine spezifische Form der Identifizierungsschwäche, die man so formulieren kann, dass Identifizierungen keine *soziale* Außenwelt mehr vermitteln, dass also der soziale Aspekt der Identifizierung geschwächt wird; Anselm (1997, S. 146) drückt dies so aus, dass Identifizierungen zwar noch zwischen Innen und Außen vermitteln, aber mehr zwischen dem Subjekt und einem privaten, familialen Außen als zwischen dem Subjekt und dem Außen der Gesellschaft; Gamm (1996, S. 349) spricht von einer Ersetzung des signifikanten Anderen durch eine Vielzahl semi-signifikanter Anderer; Lipovetsky (1993, S. 69) davon, dass sich die Privatsphäre von jeglichem sie transzendierenden Rahmen emanzipiert hat. Dies würde bedeuten, dass die Eltern nichts (Gesellschaftliches) mehr repräsentieren, sondern nur noch sie selbst sind.

Veranschaulichen lässt sich diese Veränderung durch einen Vergleich von Vätertheorien des 19. und 20. Jahrhunderts. »In den alten pädagogischen Handbüchern wurde vor allem die patrimoniale Verpflichtung des Vaters gegenüber seinen Söhnen erwähnt und seine Schuld gegenüber der Gemeinschaft und dem Staat, d. h. die vom Vater eingeführten Söhne sollten der Erhaltung der sozialen Ordnung dienen. Heute wird jedoch vorrangig diskutiert, welche psychologischen Auswirkungen eine falsche bzw. fehlende väterliche Erziehung für die individuelle Entwicklung der Söhne bzw. der Töchter nach

deren Stabilität leisten, kann hier nicht behandelt werden (s. dazu Schroer 2000, S. 229 ff., 247 ff. und Schimank 2002 a, S. 32 f., 38, 239).

sich zieht. Vatersein wird damit heute auf *entwicklungspsychologische Funktionen* reduziert.« (Drink 2005, S. 218) Mitscherlich/Mitscherlich (1983) haben diesen Sachverhalt so ausgedrückt, dass die heutigen Väter nur noch Temperaments-Väter sind, die im besten Fall eine enge Gefühlsbeziehung zum Kind aufbauen wollen, aber keine Meister-Väter mehr, die dem Kind die Welt erklären.

Schon Tocqueville (1835/1840) sah die vorrangige Aufgabe der Eltern, insbesondere der Väter, darin, aus den Kindern selbständige Staatsbürger zu machen. Sein deutscher Kollege Riehl vertrat zur gleichen Zeit die Theorie von der Familie als Keimzelle des Staates, die dafür zu sorgen habe, dass die Kinder früh lernten, sich zunächst der väterlichen, dann der staatlichen Autorität unterzuordnen (s. Bertram 2007, S. 14). Trotz dieser Unterschiede – selbständiger Staatsbürger versus Unterordnung – ging es beiden Autoren um die Vorbereitung auf ein »jenseits der Familie«, nicht um privates Familienglück. Dieses »jenseits« sollte vom Vater repräsentiert oder symbolisiert werden.

Parsons (1968, S. 62) hat diese symbolische Bedeutung des Vaters im Unterschied zu seiner konkreten Person darin gesehen, dass der »Vater nicht qua Vater, also in seiner intrafamiliären Rolle, sondern als Mann mit besonderer Beziehung ... zu den kulturellen Werten, die er hinsichtlich extrafamilialer Angelegenheiten vertritt, der entscheidende Mittelpunkt für das Kind (ist)«. Dies betrachtet er als eine sozialisatorische Errungenschaft. Zu Beginn der Entwicklung erfährt das Kind nämlich den Vater nur als partikulares Individuum, und erst im Lauf der Zeit beginnt es, ihn als Vertreter kultureller Werte zu sehen. Wenn vom Vater als einem Rollenmodell oder Prototyp der Männlichkeit/Autorität die Rede ist, so ist damit diese symbolische Funktion des Vaters gemeint. Das Kind hat nun nicht mehr, wie zu Beginn seiner Entwicklung, nur eine Beziehung zu diesem besonderen partikularen Menschen, sondern es gewinnt ein Verhältnis zu dem, was dieser Mensch in der

Gesellschaft bedeutet oder repräsentiert. Der Knabe wird nicht (nur) wie *sein* Vater, sondern wie *ein* Vater. Er »abstrahiert« von seinen konkreten Erfahrungen mit dem Vater und bildet einen allgemeinen Typus (ebd., S. 60 f., 67). Eben diese Abstraktionsleistung soll den obigen Ausführungen zufolge heute nachlassen. »Die Tatsache, daß der Vater zum Symbol wird und nicht mehr bloß Individuum ist, leitet also eine weitere, höchst wichtige Entwicklung ein« (ebd., S. 61), nämlich die, dass sich das Kind nicht nur mit der besonderen Person und ihren Eigenschaften identifiziert, sondern mit dem, was der Vater repräsentiert, also mit extrafamiliären Werten oder kulturell geteilten Vorstellungen wie Männlichkeit, Stärke, Autorität oder Berufsorientierung, die in der Vaterrolle enthalten sind. Damit wird der Identifizierungsbegriff von einem psychologischen in einen soziologischen verwandelt oder, besser gesagt, um eine soziologische Dimension ergänzt. Der psychologische Identifizierungsbegriff beschreibt, wie persönliche Eigenschaften des partikularen Vaters vom Kind übernommen werden; der soziologische akzentuiert, wie die Identifizierung mit dem, was der Vater *repräsentiert*, zu einer »statusmäßigen Eingliederung des Individuums als eines Mitglieds von Kollektiven« führt (ebd., S. 9).

Genau dieser Prozess der Eingliederung in die Gesellschaft scheint – wenn die obigen Überlegungen zutreffen – mittlerweile im Schwinden begriffen. Etwas überpointiert könnte man sagen, dass die Eltern heute nichts allgemein Verbindliches mehr repräsentieren, sondern nur noch (oder in wachsendem Maße) ihre persönliche Auslegung dieses Allgemeinen an die Kinder herantragen. Vormalig stereotype Geschlechtsrollenvorstellungen etwa sind einer Pluralität von Vorstellungen über Männlichkeit bzw. Weiblichkeit gewichen, die von jedem Elternpaar unterschiedlich interpretiert und in hoch individualisierter Form an ihre Kinder vermittelt werden. Auch die Berufs- und Leistungsorientierung kann heute (fast) genauso gut in der Frauenrolle inkorporiert sein wie in der Männerrolle.

Die Kinder lernen dann nicht mehr, was Männlichkeit und Weiblichkeit, Vaterschaft und Mutterschaft *in der Gesellschaft* bedeuten – und können es auch nicht mehr lernen, weil es darüber keine einheitliche, verbindliche, festgefügte Vorstellung mehr gibt –, sondern sie lernen »nur« noch, welche Vorstellungen *ihre Eltern* davon haben und sehen, in welcher Weise sie von ihnen praktiziert werden. Die Praktiken sind aber nicht mehr, wie vormals, persönliche Instantiierungen oder Gestaltungen *eines allgemeinen* Musters (der Mann ist stark, männlich und berufstätig, die Frau fürsorglich, emotional und familientätig), sondern entweder vollständige Neuschöpfungen oder, was wahrscheinlicher ist, Auslegungen gesellschaftlich vorfindlicher, aber nun *vielfältig gewordener* Muster. Die Kinder lernen also, dass Mutter- und Vaterschaft, Männlichkeit und Weiblichkeit, Berufstätigkeit und Familientätigkeit vielfältige Bedeutungen haben können. In Parsons Terminologie würde das Kind jetzt nicht mehr lernen, was ein typischer Vater ist (also *einen* Typus), sondern dass es *vielfältige* Typen von Vätern und Müttern gibt. Das ist gemeint, wenn vom Schwinden oder Verblassen der gemeinsamen symbolischen Ordnung bzw. der sozialen Dimension der Vater- oder Elternschaft die Rede ist: Der Verbindlichkeitsgrad des Allgemeinen sinkt und das Partikulare gewinnt an Bedeutung. Der symbolische Vater schrumpft, und der konkrete wächst. Zugleich sinkt mit dem Verbindlichkeitsgrad des Allgemeinen in der Regel auch der Druck, mit dem normative Erwartungen beispielsweise über Geschlechtsrollenverhalten an das Kind herangetragen werden, denn bei einer Vielfalt solcher Vorstellungen kann eine besondere (etwa androgyne oder männlichkeitsbetonte) nicht mehr mit derselben Überzeugungskraft und Fraglosigkeit vermittelt werden wie zu Zeiten, in denen es nur *eine* verbindliche Leitvorstellung gab.[3]

---

3 Ähnlich Illouz (2008, S. 184 ff.): Im viktorianischen Zeitalter war die Familie eine Wertegemeinschaft, in der Mann und Frau nicht deshalb glücklich waren,

Als literarische Illustration des skizzierten Verblassens der symbolischen Ordnung kann das Beispiel Effi Briests dienen. Ihre Eltern weigern sich, sie wieder in ihr Haus aufzunehmen, nachdem sie wegen eines sechs Jahre zurückliegenden, zufällig ans Licht gekommenen Ehebruchs geschieden worden war und nun alleinstehend ist. Aber sie weigern sich nicht, weil sie sich vor gesellschaftlicher Ächtung fürchten, wenn sie Effi wieder bei sich aufnehmen, oder weil sie Effi nicht mehr lieben. Sie sind weder hartherzig noch Konformisten, sondern sie weigern sich, weil sie ihr Verhalten für objektiv falsch halten. Sie gehen mit Effi nicht in Familientherapie, um ein als privat verstandenes Problem zu klären, sondern sie nehmen Effi nicht mehr in ihr Haus auf, weil sie als gesellschaftliche Individuen mit einer Norm über das, was rechtens ist, identifiziert sind. Nicht ihr persönliches Gefühl, sondern diese Norm bestimmt ihr Handeln. Die damit gegebene transpersonal gültige und handlungsleitende Festlegung ist gemeint, wenn von der Existenz einer verbindlichen gemeinsamen symbolischen Ordnung die Rede ist. In diesem Sinne schreibt

weil sie »ihr jeweiliges ›inneres authentisches Selbst‹ in einer alltäglichen, geteilten Intimität verwirklicht hätten, sondern ... weil sie sich allgemeinen moralischen Vorgaben verpflichtet fühlten«. Es bestand ein allgemeiner Konsens darüber, was Mann und Frau einander schuldeten. »Männer wurden nach ihrer Arbeitshaltung beurteilt, Frauen nach ihrer Häuslichkeit. ›Liebe‹ galt als immer wichtiger, doch man betrachtete sie als etwas, das objektiv (anhand der Erfüllung dieser Kriterien; M.D.) ermittelt und bemessen werden konnte.« Als die Familie sich von einer Wirtschafts- und Kinderaufzuchtgemeinschaft in eine Einrichtung verwandelte, die den emotionalen Bedürfnissen ihrer Mitglieder zu dienen hatte, begann dieses Modell zu bröckeln. Ihre Daseinsberechtigung leitete die Familie nun »nicht mehr aus ihrem Beitrag zur Gesellschaftsordnung her, sondern aus ihrem Beitrag zum persönlichen Wohlergehen einzelner«. Eine gute Ehe bestand hinfort nicht mehr darin, »die Normen angemessenen Verhaltens zu befolgen; sie hatte vielmehr die Bedürfnisse unweigerlich unterschiedlicher Individuen zu befriedigen« (ebd., S. 187, 200). Eher kritisch zum (französischen) Diskurs über den Niedergang der symbolischen Ordnung äußert sich Ehrenberg (2010a, S. 338 ff.).

Mutter Briest an ihre Tochter, sie wolle Farbe bekennen vor aller Welt und die Verurteilung des Tuns ihrer einzigen und geliebten Tochter auch öffentlich dokumentieren (Fontane 1896, S. 304 f.)

Psychoanalytische Überlegungen zum Verblassen des Allgemeinen

Die dargestellte Veränderung der sozialen Dimension von Elternschaft und Familie wurde oben so formuliert, dass der symbolische Vater schrumpft und der partikulare wächst. Diese Veränderung ist der familiäre Ausdruck einer gesamtgesellschaftlichen Entwicklung, in der Hierarchien abgebaut und Werte zwar nicht verschwunden, aber in ihrer Allgemeinverbindlichkeit, Dauer und Fraglosigkeit relativiert sind. Die entsprechende Veränderung innerhalb der Familie kann man zum einen als Übergang vom »Befehls- zum Verhandlungshaushalt« (Reuband 1997) beschreiben. Dabei dominiert ein diskursiver, partizipativer, am Kindeswohl orientierter Erziehungsstil, bei dem die Verantwortlichen bereit sind, eigene Erziehungsvorstellungen stärker als früher auf ihre Berechtigung hin zu überprüfen. Zum anderen kann die Veränderung auch als Verschiebung »von der Gattenfamilie zur Elternfamilie« (Schütze 1994) verstanden werden. In der herkömmlichen Gattenfamilie sind die Kinder stärker aus der Beziehung zwischen den Eltern ausgeschlossen, die sich primär als Ehegatten, sekundär als Eltern verstehen. In der modernen Elternfamilie sind Kinder gleichberechtigter, weil die Eltern sich sekundär als Gatten füreinander, primär als Eltern für ihre Kinder verstehen. Die damit verbundene Veränderung vom Ausschluss des Kindes aus der elterlichen Dyade zum verstärkten Einschluss in die familiäre Interaktion macht den Vater weniger zu einer verbietenden Gestalt und mehr zu einem »Daddy«.

Eine solche Entwicklung wird gelegentlich als Krise der Vaterschaft oder Ödipalität bezeichnet (Ahrbeck/Körner 2000; Perner 2000, S. 67; Brüggen 2003, S. 232; Wellendorf/Werner 2005) und mit Befürchtungen über negative Folgen für die Kinder verknüpft. Die Krise soll darin bestehen, dass der Vater heute keinen Rückhalt mehr in einer kollektiven, gesellschaftlich geteilten kraftvollen Vorstellung davon hat, wie ein Vater sein soll. Er handelt also nicht mehr mit diesem »symbolischen Kapital« im Rücken, sondern gewissermaßen nur noch auf eigene Faust. Er ist nicht mehr Repräsentant und Vollzugsorgan von höheren Mächten – Geld, Gott und Gesetz –, sondern »nur« noch ein Vater (Liessmann 2000; Zima 2009, Kap. 3). Aus dem furchterregenden Tyrannen von einst ist eine bemitleidenswerte Gestalt geworden. Die Krise des Vaters ist also die Krise einer nicht mehr existierenden kollektiven Vaterimago (Zoja 2000), die ihrerseits auf eine Schwächung der symbolischen Ordnung der Gesellschaft zurückzuführen ist, nämlich auf das Fehlen eines übergreifenden, gemeinsam geteilten und als verbindlich betrachteten Werte- und Normensystems. Dessen Fehlen schwächt den konkreten Vater, weil ihm nunmehr die höhere Beglaubigung oder gesellschaftliche Verankerung fehlt. Ähnlich verhält es sich mit dem konkreten Lehrer, der früher von seiner Amtsautorität gestützt wurde, in deren Namen er sprach und von der her er einen Teil seiner Kraft und Legitimation gewann.

Diese Zeiten sind vorbei, und zu besichtigen sind – so heißt es etwa bei Lenzen (1991) und Perner (2000) – ausgebrannte Lehrer und auf ihre Zeugungs- und Alimentationsfunktion reduzierte Väter. Sie werden von den Kindern nicht mehr respektiert, weil ihre Gebote angeblich nur noch als individuelle Willkür und deshalb als unglaubwürdige Anmaßung erlebt werden. Der Autoritätsverlust des Vaters, aber auch der des Lehrers, liegt darin begründet, dass er nicht mehr von jenseits seiner Person liegenden Instanzen für sein Amt oder seine

Rolle legitimiert wird und als Individuum diesen Verlust nicht kompensieren kann. Thomä (2008, S. 242) beschreibt die veränderte Situation so: »Vorbild für ihre Kinder hatten die Väter früher sein können, weil sie Abbild eines größeren Vorbilds, des nächsthöheren Vaters, waren. Nun aber griffen die Väter beim Versuch, sich anzulehnen, ins Leere, sie merkten, dass dort keine Stütze mehr war und sie aus eigener Kraft Vorbild sein mussten.« Während »Pessimisten« wie Lenzen und Zoja glauben, dies genüge nicht, sind »Optimisten« wie Thomä der Auffassung, dass Väter auch Vorbilder sein können, ohne andere Legitimationsquellen anzapfen zu müssen.

Ich habe mich andernorts mit dieser Problematik ausführlich beschäftigt (Dornes 2006, Kap. 8) und beschränke mich deshalb auf folgende knappe Bemerkung: Sämtliche entwicklungspsychologischen Untersuchungen zur Bedeutung des Vaters für die kindliche Entwicklung und alle Untersuchungen über die Auswirkungen väterlichen Erziehungshandelns zeigen, dass der Übergang vom tyrannisch-starken Vater zum kraftlos-lieben Daddy – wenn man diese beiden Überpointierungen einmal als Extrempunkte eines Spektrums betrachtet – für die Kinder in der Regel positive Auswirkungen hat. Befürchtungen über negative Folgen eines väterlichen Autoritätsabbaus sind weitgehend unbegründet und empirisch kaum zu substantiieren. Die häufig angeführten vermeintlichen Folgesymptome wie zunehmende Aggressivität, Kriminalität, Dissozialität oder Drogensucht sind meist auf andere Ursachen zurückzuführen als auf zu gutmütige Väter, nämlich auf das genaue Gegenteil: auf zu gewalttätige Väter (Dornes 2006, Kap. 9). Zusammenfassend kann man bilanzieren, dass die Vorteile des Autoritätsabbaus für die kindliche Entwicklung insgesamt ihre in manchen Einzelfällen ebenfalls vorhandenen Nachteile überwiegen, und weiter kann man festhalten, dass Väter in der Erziehung und im Alltag ihrer Kinder noch nie so präsent waren wie heute, weshalb die verbreitete Rede von fehlenden oder schwachen Vätern an der Familienrealität der meisten Kinder vorbeigeht.

Allerdings muss der Vater, ebenso wie der Lehrer, heute mehr Kraft aufbringen und mehr Mühe investieren als früher, eben weil er sich weniger auf seine Rollen- und Amtsautorität berufen kann und stärker im eigenen Namen spricht. Aber damit ist keiner individuellen Willkür der Weg geebnet (wie Perner 2000, S. 70 befürchtet), sondern im Gegenteil einem demokratischen Erziehungsstil, dessen förderliche Wirkung auf die seelische Gesundheit des Kindes gut dokumentiert ist (s. Kapitel 1 und 4). Es ist deshalb angebracht – wenn man denn über die bloße Diagnose hinausgehen und zu dieser Entwicklung auch wertend Stellung nehmen will –, den väterlichen Autoritätsumbau nicht zu beklagen, sondern zu begrüßen.

Einer der ersten Psychoanalytiker, der das Schwinden traditioneller Väterlichkeit implizit und klaglos akzeptiert hat, war Winnicott. Er verschob den Aufmerksamkeitsfokus vom Väterlichen aufs Mütterliche und vom ödipalen Verbot auf die präödipale Fürsorge. »Winnicott hält nicht, wie Freud das noch tat (in seiner Konzeption des Ödipuskomplexes; M. D.), an einer verbindlichen Repräsentanz des Ganzen fest, noch hält er eine symbolische Vermittlung des Ganzen für möglich, vielleicht nicht einmal für nötig: aber er hält an der Notwendigkeit der Symbolisierung fest, ohne bestimmte Symbole im Auge zu haben.« (Anselm 1997, S. 147) Er ist damit der Vorreiter einer Idee, die sich in der Psychoanalyse der letzten Jahrzehnte zunehmend verbreitet hat und als Niederschlag einer gesellschaftlichen Entwicklung verstanden werden kann: der Idee nämlich, dass das Ziel der Psychoanalyse nicht mehr, wie noch bei Freud, die heroische und verzichtsbereite Bewältigung des Ödipuskomplexes ist, sondern die Entwicklung der Fähigkeit zu Spiel und Kreativität.[4] Damit sind durchaus ernsthafte Tätigkeiten gemeint, denn Winnicott (1971) versteht Kultur und Religiosität als Nachfolger von Spiel und Über-

---

4 Die Bedeutung des Spiels für die Selbstentfaltung lässt sich bis auf Schiller zurückverfolgen (s. Berlin 1999, S. 153 ff.).

gangsobjekten, als deren Ausdehnung über den persönlichen Raum hinaus. Aber »die allgemeinverbindlichen Symbole, die vorgegeben, verpflichtend und natürlich immer auch zwanghaft waren, sind heute kaum noch vorstellbar«. Die Formen und Symbole, durch die das Subjekt sich mit der Welt vermittelt, müssen »heute mehr denn je … individuell im Zusammenspiel mit den Liebesobjekten hervorgebracht werden« und können weniger einem vorliegenden, akzeptierten Fundus entnommen werden. Damit hat sich das »Spektrum identitätsverbürgender Funktionen verschoben«, weg von feststehenden, »zwanghaften«, väterlichen Identifizierungen hin zu spielerischen, weniger festgelegten, mütterlichen (Anselm, ebd.).

Teil 2: Soziologische Überlegungen zum Verblassen des Allgemeinen

Im Prozess der Individualisierung und Pluralisierung hat nicht nur die Inkorporation von geteilten Werten in Individuen nachgelassen, sondern auch die in Institutionen. Der Wert oder die normative Erwartung der Treue etwa ist heute nicht mehr in gleicher Weise *in der Familie* verankert wie vor fünfzig Jahren; ebensowenig die Vorstellung kindlichen Gehorsams. Auch die Familie selbst hat als normatives Muster des Zusammenlebens an Verbindlichkeit verloren. Gauchet zufolge (2000, S. 39) sind liberalisierte Erziehungspraktiken gleichermaßen Ursache wie Ausdruck dieses Verblassens der symbolischen Ordnung. Bestimmte Werte und Normen (wie Treue, Heirat, kindlicher Gehorsam) haben ihre institutionelle Verankerung *und damit* ihre transindividuelle Verbindlichkeit verloren. Nicht nur im Individuum sind sie abgeblasst, sondern auch in der Gesellschaft, wo Untreue, Ungehorsam und Unverheiratetsein nicht mehr in gleicher Weise missbilligt oder gar mit rechtlichen Sanktionen verbunden werden wie früher. Andere Werte sind an ihre Stelle getreten (z. B. partnerschaftliche Beziehungsgestaltung, Selbständigkeit des Kindes), haben jedoch nicht den gleichen Grad an Allgemeingültigkeit und Verbindlichkeit wie die vorherigen. Der Spielraum individueller Auslegung und Ausgestaltung ist größer geworden, weil der Verpflichtungscharakter abgenommen hat. Aus modernisierten, liberalisierten Erziehungspraktiken resultiert einerseits eine Persönlichkeitsstruktur, die »demokratischer« und für konformistische Folgebereitschaft weniger anfällig ist als die autoritäre (Dornes 2010 b, S. 1017 f.); andererseits ist sie aber auch weniger fest gefügt, weil sie auf stärker individualisierten Identifizierungen beruht. Gehlens wuchtiger Satz »Eine Persönlichkeit, das ist eine Institution in *einem* Fall« (1957, S. 118) trifft auf solche Persönlichkeiten nicht mehr zu, denn sie sind gerade keine Institutionen mehr, weil ihnen deren unbedingter Festlegungscharakter fehlt. Sie sind flexibel, nicht zwanghaft, und identifizieren sich nicht mehr – oder wenn doch, dann in reversiblerer Weise – mit allgemeinen Werten und Normen. Dadurch wird das gemeinsame soziale Band zwischen den Individuen gelockert.

An seine Stelle treten zunehmend vom Staat garantierte Rechte, die gewährleisten sollen, dass die Lockerung nicht sozial desintegrative Folgewirkungen hat. Diese Ersetzung funktioniert jedoch nicht problemlos. Taylor (1991, S. 125 ff.) diagnostiziert auch eine Identifizierungsschwäche im politischen Bereich. Er führt sie darauf zurück, dass es den Angehörigen einer Gesellschaft immer schwerer fällt, sich mit deren funktionstüchtigem Repräsentativsystem zu identifizieren, weil die Gesellschaft als fragmentiert wahrgenommen wird und Politik dementsprechend ebenfalls kaum noch als etwas, das die Allgemeinheit repräsentiert. In der französischen Sozialtheorie, insbesondere der politischen Philosophie Leforts, wird in diesem Zusammenhang von einer »Krise der Repräsentation« gesprochen (Dubiel 1994, S. 90; Marchart 2010, Kap. 5). Damit ist gemeint, dass es auf Grund der Pluralisierung von Lebensstilen und einer fortschreitenden funktionalen Differenzierung in immer mehr verschiedene Teilsysteme für das Allgemeine zum einen keine *inhaltlich verbindliche Vorstellung* und zum anderen keinen *institutionellen Ort* mehr gibt, durch die es »repräsentiert« werden könnte.

Dubiel (1994, S. 97 ff.) beschreibt anschaulich den Sachverhalt des fehlenden Allgemeinen folgendermaßen: In modernen Gesellschaften existiert keine Person, Gruppe oder Institution mehr, die das Ganze oder die Einheit der Gesellschaft repräsentieren könnte. Funktionale Differenzierung bedeutet, dass die Gesellschaft sich in immer funktionsspezifischere Teilbereiche wie Wirtschaft, Politik, Wissenschaft, Religion, Recht, Medizin aufspaltet, die nach jeweils eigenen Funktionslogiken operieren. »Der ›Fortschritt‹ der Gesellschaft im Ganzen läßt sich mithin nur noch im Kleingeld jener Subsysteme selber bemessen. Was etwa als vernünftige Lösung eines gesellschaftlichen Problems betrachtet wird, läßt sich nicht mehr nach Maßgabe einer allgemeinen Vernunft entscheiden, sondern nur noch nach subsystemspezifischen Rationalitätskriterien. Was *gerecht* ist, entscheiden letztlich die Juristen. Was *wahr* ist, ermitteln die gutachtenden Wissenschaftler, und ob eine Investition *rentabel* ist, entscheiden letztlich die kalkulierenden Ökonomen. … Was im Zuge der funktionalen Differenzierung mithin aus dem Blick gerät, ist das Ganze der Gesellschaft« (ebd., S. 98). Früher sollte das Subsystem Politik die Einheit garantieren und der Logik der anderen Teilsysteme Grenzen setzen. Die Erfahrungen mit politischen Totalitarismen verschiedenster Art haben diese Vorstellung diskreditiert. Aber auch die liberale Hoffnung, das Teilsystem der Ökonomie könne diese Aufgabe übernehmen, hat sich angesichts der Krisenanfälligkeit des Kapitalismus nicht erfüllt (ebd., S. 100).[5]

---

5 Luhmann sieht in der Schwächung des Allgemeinen die unausweichliche Folge einer bestimmten Konstellation. Moderne Gesellschaften sind so komplex und unüberschaubar geworden, dass sie dem Individuum keine Möglichkeit mehr zur Identifikation mit dem Ganzen bieten. Das Individuum kann sich

Es fehlt aber nicht nur der institutionelle Ort, der eine übergreifende Einheit darstellen könnte, sondern auch eine inhaltlich verbindliche Vorstellung von einem allgemeinen konsens-

allenfalls noch einzelnen Funktionssystemen zugehörig fühlen. Je mehr Teilsysteme es gibt, desto weniger sagt die Verortung/Handlung in einem Teilsystem
noch etwas über die in einem anderen aus, weil jedes Teilsystem seine eigene
Handlungsrationalität hat. Handlungsprobleme entstehen, weil im Gefolge teil-
systemischer Ausdifferenzierung die Rollenvielfalt zunimmt (Schimank 2002 a,
S. 239 f.). Eine Frau war früher entweder Mutter und Hausfrau oder berufstätig,
gehörte also entweder dem System Familie oder dem System Wirtschaft an.
Heute kann sie, bedingt durch die wachsende »Inklusion« von Frauen in die
Systeme Ausbildung und Beruf, beides, muss dann aber unterschiedliche Hand-
lungslogiken koordinieren, also etwa liebevoll in der Familie und durchset-
zungsstark im Beruf sein. Weitere Schwierigkeiten entstehen, weil wegen
»Schwellen legitimer Indifferenz« das wirtschaftliche Handeln nicht immer
Rücksichten auf das Familienleben nehmen kann. Diese Indifferenz stellt das
Individuum aber wieder vor Probleme, sofern es in beiden Systemen agiert
(ebd., S. 251). Die vieldiskutierte Vereinbarkeit von Familie und Beruf ist nur
der Spezialfall eines allgemeineren Problems, dass nämlich mit der funktionalen
Differenzierung eine Rollenvielfalt einhergeht, die zu erhöhtem persönlichem
Koordinierungsaufwand führt. Die »Krise der Repräsentation« ist in systemtheoretischer Sicht also ein Ergebnis funktionaler Differenzierung und der weiteren Tatsache, dass auf Grund der gewachsenen Komplexität moderner Gesellschaften kein Subsystem mehr eine Leitfunktion übernehmen kann (Horster
1995, S. 100; Schimank 2002 a, S. 230 f.; Einschränkungen bei Joas/Knöbl 2004,
S. 729 ff.; Schaal/Heidenreich 2009, S. 279 f.; grundsätzlich Streeck 2009). Diese
Auffassung wird von Beck (1986, S. 368) geteilt, der ebenfalls feststellt, dass die
moderne Gesellschaft kein Steuerungszentrum mehr hat. Die zunehmende
funktionale Differenzierung führt bei ihm dazu, dass Entscheidungen nur noch
nach Maßgabe der Rationalität von Teilsystemen gefällt werden, was »organisierte Unverantwortlichkeit« zur Folge hat (Beck 1988, S. 100). Als »Gegengift«
wird eine neue »Erfindung des Politischen« in und jenseits bestehender politischer Strukturen konzipiert (Beck 1993; Volkmann 2000, S. 32 ff.), die gewisse
Ähnlichkeiten mit Habermas' Konzept einer deliberativen Politik aufweist
(Volkmann 2002, S. 93 ff.). Der grundlegende Unterschied zu Luhmann besteht
darin, dass Beck und Habermas als Heilmittel gegen die in Teilsystemrationalitä-
ten enthaltene Unverantwortlichkeit einen Übergang von der System- zur Ak-
teursperspektive anvisieren, das heißt letztlich im politisch aufgeklärten Bürger
und seinen Handlungen die Instanz sehen, die gegen die systemischen Teilratio-
nalitäten doch noch so etwas wie das Allgemeinwohl zur Geltung bringen kann.

270

fähigen Guten, das im Interesse aller anzustreben und von der übergreifenden Einheit zu exekutieren wäre. Bei Wellmer (1993, S. 184 ff.) wird das Problem des Verlusts dieses Allgemeinen so beschrieben, dass in liberalen Gesellschaften die Wertorientierungen und Identitätsentwürfe sich vervielfältigen und privatisieren. Das gemeinsame Gute lässt sich nicht mehr inhaltlich bestimmen, sondern nur noch formal als demokratische Prozedur: Alle sollen die Chance haben, in gleicher Weise mit ihren Anliegen Gehör zu finden. Die »demokratische Sittlichkeit«, also das von allen als solches anerkannte gemeinsame Gute hat keine inhaltliche Substanz mehr jenseits der demokratischen Prozedur. Die sittliche Substanz moderner Gesellschaften ist zusammengeschrumpft auf einen prozeduralen Kern (ebd., S. 185 f.). Sie definiert sich nicht mehr über einen Inhalt des guten Lebens, sondern nur noch über die Form einer diskursiven Konkurrenz von vielfältigen Ideen des Guten. Dies führt zu einer beweglichen Balance zwischen sozialer Verantwortlichkeit und partikularistischer Selbstsorge. Das Engagement für die Demokratie ist distanziert, muss aber notfalls von großem Ernst sein, um sie im Bedrohungsfall zu erhalten (ebd., S. 187).

Hier wird also der Verlust des Allgemeinen als Schrumpfen der sittlichen Substanz moderner Gesellschaften konzeptualisiert, was nach Habermas (1985, S. 166) das Generalthema im Diskurs der Moderne seit dem Niedergang der Religion ist. »Der Diskurs der Moderne hatte seit dem Ausgang des 18. Jahrhunderts unter immer wieder neuen Titeln ein einziges Thema: das Erlahmen der sozialen Bindungskräfte, Privatisierung und Entzweiung, kurz: jene Deformationen einer einseitig rationalisierten Alltagspraxis, die das Bedürfnis nach einem Äquivalent für die vereinigende Macht der Religion hervorrufen.« Auch Habermas glaubt nicht mehr an eine positive Sozialintegration im Sinne der Bezugnahme der Individuen und kollektiven Akteure auf einen substantiell bestimmbaren Wertekonsens (s. dazu die vorzügliche Kurzdarstellung bei Heming 2000, S. 64 ff.). Es geht nicht mehr um die Aufhebung des Systems, sondern um die Eindämmung seiner Übergriffe auf die Lebenswelt, nicht mehr darum, in welche Richtung sich Gesellschaft entwickeln soll, sondern darum, wo es nicht hingehen soll (Habermas 1990, S. 36). Diesem negativen Integrationsverständnis zur Seite tritt ein prozedurales, denn die einzige Quelle von Solidarität in einer Weltgesellschaft von einander fremden Personen soll die kommunikative Bewältigung von Konflikten sein. Die Prozeduren des Konfliktausgleichs und der demokratische Prozess übernehmen, wie es bei Habermas (1992, S. 142) in einer schönen Formulierung heißt, die »Ausfallbürgschaft für die soziale Integration in einer immer weiter ausdifferenzierten Gesellschaft«. Sie sind die kohäsionsstiftenden *Mechanismen* funktionaler und normativer Koordinierung. Habermas setzt also bei der Beantwortung der soziologischen Kardinalfrage, wodurch moderne, funktional differenzierte und kulturell pluralisierte Gesellschaften sozial integriert werden, auf eine prozeduralisierte Vernunft (Heming 2000, S. 57, 64 ff.); andere auf expressiv-ästhetische Selbstgestaltung im privaten und Stärkung der Solidarität im öffentlichen Bereich (Rorty 1989); wieder andere auf Anerkennung (Honneth 1992); manche trauern dem nicht kompensierbaren Verlust der substantiellen Sittlichkeit nach (MacIntyre 1981); und eine letzte Fraktion erklärt mit Luhmann das Problem für »alteuropäisch« und betrachtet nur noch systemische Steuerung, nicht aber lebensweltliche Verständigung als relevant für die Funktionsfähigkeit moderner Gesellschaften.

Dubiel wiederum (1994, S. 114 ff.) sieht in der Institutionalisierung der Konfliktaustragung den einzigen über systemische Integration hinausgehenden Integrationsmechanismus moderner Gesellschaften. Die dabei immer wieder erzielten Kompromisse sollen das allein verbleibende moralische Kapital sein und das schwache normative Band der Gesellschaft bilden (ebd., S. 116). Bei der Konfliktaustragung muss es jedoch nicht zu einer Annäherung der Standpunkte kommen. Ein modernes Verständnis demokratischer Politik impliziert keinerlei substantielle Gemeinwohlvorstellungen mehr. Einzig die *Teilnahme* an der institutionalisierten Konfliktaustragung integriert. Selbst chronische Konfrontationen schaden nicht, sondern führen, weil sie den Konflikt dauerhaft »einhegen«, zur Schaffung eines gemeinsamen, integrierenden symbolischen Raumes (ebd., S. 115).[6]

Damit wird erneut – wie schon häufiger in diesem Kapitel – die Idee eines inhaltlich weitgehend ausgedünnten Allgemeinen formuliert, das hier nur noch in Gestalt eines Raums für Konflikte und der Partizipation an Konfliktaustragungen existiert. Wenn alle inhaltlichen Gemeinsamkeiten, etwa die Ähnlichkeit religiöser Bekenntnisse, ethnischer Merkmale oder nationaler Traditionen verblassen, besteht die einzige integrative Kraft in ertragener Divergenz (Dubiel 1994, S. 114); oder in der starken Überzeugung von einer schwach gebundenen Gemeinschaft, die auf den Gedanken eines gemeinsamen Guten verzichtet und sich auf die Verpflichtung permanenter Verständigung konzentriert (Wagner 1994, S. 276 f.). Demokratie wäre dann das paradoxe »Projekt einer Gesellschaft, die sich einzig in der institutionalisierten Anerkennung ihrer normativen Desintegration integrieren kann« (Dubiel 1994, S. 113). Dies soll der psychoanalytischen Vorstellung entsprechen, dass »die einzig zuverlässigen Stützen kollektiver Identität solche sind, die sich im Zuge durchgestandener Konflikte und Divergenzen gebildet haben« (ebd., S. 114, 181 f.).

Man kann bezweifeln, ob stabile Identitätsbildung, sei sie kollektiver oder individueller Art, allein auf der Erfahrung von durchgestandenen Konflikten beruht und ohne die Erfahrung inhaltlicher Übereinstimmung und wechselseitiger Wertschät-

---

6 Hier zeigt sich eine gewisse Parallele zu Luhmann, dem zufolge nicht die auf Konsens zielende Kommunikation integriert, sondern der in der Kommunikation nie endende Konflikt, der dafür sorgt, dass sie immer weitergeht (s. Schaal/Heidenreich 2009, S. 235).

zung auskommt. Überträgt man die Idee der »Integration durch Anerkennung der Desintegration« auf andere soziale Gebilde, etwa die Ehe, so würde diese nur noch durch den gemeinsamen Streit, die Akzeptanz und Institutionalisierung von Streitregularien und die dabei erzielten Kompromisse zusammengehalten. Die meisten würden dies vermutlich als unbefriedigende Form des Zusammenlebens empfinden. Aber sie wäre nicht nur unbefriedigend, sondern auch nicht lebbar. Dies gilt auch für größere soziale Gebilde. In diesem Sinn macht Honneth (1993 b, S. 16) geltend, dass ohne einen bestimmten Grad der gemeinsamen Bindung an übergreifende Werte die Funktionsfähigkeit einer modernen Demokratie nicht gewährleistet sei und nicht in Frage stehe, ob, sondern nur welche gemeinschaftlich geteilten Werte dafür notwendig seien.

Entsprechend geht denn auch Dubiel (1994, S. 151 ff.) davon aus, dass, selbst wenn die Idee einheitlicher Wertorientierungen in Ansehung funktionaler Differenzierung und Pluralisierung der Lebensstile heute naiv sei, auf einen »Kernbestand an gemeinschaftsstiftenden Orientierungen« nicht verzichtet werden könne. Diese Orientierungen sollen aus »tiefsitzenden kulturellen Selbstverständlichkeiten« bestehen und ein »metapolitisches Zugehörigkeitsgefühl« stiften. Dieses Gefühl wiederum soll eine wesentliche Quelle politischer Legitimität und der Garant für ein Mindestmaß an Loyalität sein, auch und gerade in Bezug auf Entscheidungen, die den eigenen unmittelbaren Interessen zuwiderlaufen. Worin genauer diese kulturellen Selbstverständlichkeiten bestehen könnten, bleibt allerdings unklar, weil im Fortgang der Argumentation wieder betont wird, dass der integrative Kitt gerade nicht in inhaltlichen Übereinstimmungen zu finden sei – etwa einer »Kultursubstanz des Abendlandes« oder der »christlichen Wertegemeinschaft«. Integrativ könnten vielmehr nur noch solche politisch-kulturellen Praktiken wirken, die das Recht auf Verschiedenheit und die demokratische Revidierbarkeit politischer Entscheidungen garantieren (ebd., S. 181 f.). Damit ist der »Kernbestand« gemeinschaftsstiftender Orientierungen wieder entsubstantialisiert und auf Verfahrensweisen einge-grenzt.[7]

Sozialpsychologische Implikationen

Schmidtchen (1997, S. 31 ff., 355 ff.) gibt der Theorie des Rück-gangs allgemein geteilter Verpflichtungen einen sozialpsycho-logischen Akzent. Er spricht von einer sozialen Identifizie-rungsschwäche, die daher rührt, dass der soziale Nutzen der Identifizierung sinkt, wenn nur noch Chancen, aber keine Si-cherheiten mehr geboten werden. Jede Identifizierung habe immer auch die Funktion der Angstbindung. Jemand identi-fiziere sich mit einer Person oder Institution, wenn sie ihm im Gegenzug dafür Sicherheit biete. Institutionen und/oder Gesellschaften mit hoher Transformationsgeschwindigkeit könnten indes nur noch wenig Sicherheit bieten, weshalb die Bereitschaft schwinde, sich mit ihnen dauerhaft zu identifi-zieren. »Die Institutionen haben die Identifikationen entwer-tet. ... Als Partner Sicherheit gewährender Identifikationen fallen sie daher aus. Damit sind die Menschen gezwungen, sich neu zu organisieren.« (ebd., S. 357) Eine Form dieser Neuor-ganisation sei die Suche nach persönlicher Autonomie, die in-des, soll sie gelingen, nicht nur personaler, sondern auch sozia-ler Ressourcen bedürfe. Wie diese Neuorganisation heute aussehen könnte, lässt Schmidtchen offen.[8]

---

7 Eine großangelegte nicht-prozeduralistische Reformulierung einer Theorie des vernünftigen Allgemeinen unter dem Titel »Demokratische Sittlichkeit« unternimmt Honneth (2011).

8 Andere Autoren vertreten die Ansicht, man müsse heute starke Identifika-tionen vermeiden, um eine funktional notwendige flexible Subjektivität auf-rechtzuerhalten (z. B. Junge 2004, S. 38 ff.).

Zima (2009, S. 134 f.) leitet aus dem Verlust der (Identifizie-rung mit einer) symbolischen Ordnung weitgehend negative Folgewirkungen ab, beispielsweise egozentrisches Verhalten, infantile Regression und zunehmende Gewalt in Familien. Sein Familienbild ist allerdings ein Zerrbild; als vorherrschen-de Familienrealität werden abwesende Väter und narzisstische Mütter angegeben. Als Beleg dafür dienen Fallgeschichten. Das genügt meines Erachtens nicht. Ich teile die Diagnose des Verlusts, aber gerade nicht die der negativen Folgewirkungen, wie im Folgenden noch deutlich werden wird.

Brooks (2000, S. 223 ff.) hält das Gesamtbild für komplexer. Ihm zufolge ist die junge Generation nicht einfach narzis-tisch(er), sondern um Integration von Selbstverwirklichung und Allgemeinheitsbelangen bemüht. In der Arbeit etwa geht es nicht nur um Hedonismus, Utilitarismus oder die Ermögli-chung von Konsummaximierung, sondern vielfach auch um eine Verbindung von Hingabe an die Sache und Selbstverwirk-lichung. Die dafür notwendige Disziplin beruht allerdings nicht auf formalen Regeln oder Vorschriften. Angestrebt wird vielmehr eine Disziplin ohne Unterwerfung und die Einhal-tung selbstgesetzter Regeln (ebd., S. 243, 265). Ähnlich im Pri-vatleben. Viele von uns sind heute *freiwillig* Puritaner gewor-den, etwa in Bezug auf das Rauchen, ungesunde Ernährung, notwendige Bewegung und das Beachten der Klimaverträg-lichkeit von Produkten. Auch unseren Kindern vermitteln wir nach wie vor Werte, aber sanfter und mit anderen Inhalten. Sie müssen nicht mehr Gott fürchten, das Vaterland lieben, den Eltern gehorchen und die Masturbation unterlassen, aber sie sollen gegen Krieg, Rassismus, Sexismus, Vergangenheits-verdrängung, Umweltverschmutzung, falsche Ernährung, zu viel Computerspiel und zu wenig Bildungsanstrengungen im-munisiert werden. Selbst die Autorität soll wiederhergestellt werden, allerdings eine Autorität im Kleinen, die nicht aufer-legt, sondern kommunikativ vermittelt wird. Sie hat »nichts mit Vorschriften und Gesetzen zu tun; es geht dabei vielmehr darum, Muster, Verhaltensweisen und Zusammenhänge zu etablieren und zu erzeugen, in denen Menschen ... individuelle Verantwortung übernehmen. Das bedeutet ganz konkret, ... ehrenamtlich im Jugendzentrum zu arbeiten, damit sich die Jugendlichen ernst genommen fühlen.« (ebd., S. 288)

Der zeitgenössische Individualismus ist also nicht, wie ihm häufig nachgesagt wird, asozial und verwildert, sondern, wegen seiner institutionell ungebundenen Grundhaltung, eher mikrosozial und hyperspezialisiert. Darin zeigt sich erneut der schon mehrfach thematisierte Verlust des Allgemeinen und ein Aufschwung des Partikularen. »Vereine von Witwern, von Eltern homosexueller Kinder, von Alkoholikern, Stotterern, lesbischen Müttern, Bulimikern. ... Solidarität der Mikrogruppe, Mitspracherecht und freiwillige Mitarbeit« sind die Kennzeichen dieser mikrologischen Sozialität (Lipovetsky 1993, S. 19). Sie sind als nachtraditionale Gemeinschaftsbildungen an die Stelle von Nachbarschaft, Klassen- oder Gemeindezugehörigkeit getreten, die früher zwischen Individuum und Gesellschaft vermittelten (Dubiel 1994, S. 180 f.). Die posttraditionalen Gemeinschaftsbildungen wie Selbsthilfegruppen, Lebensstilgruppen, Netzwerke und Szenen sind nicht auf die Mittelschicht beschränkt, wie Zoll (1993, S. 46, 137 ff.) in seiner Untersuchung an Arbeiterjugendlichen zeigt. Dort hat beispielsweise der örtliche Motorradclub wegen seiner flachen Hierarchien und direkten Mitbestimmungsmöglichkeiten eine höhere Attraktivität als die Gewerkschaft. Persönliche Angelegenheiten sind wichtiger als politische, »Alltagssolidarität« ist an die Stelle von »Arbeitersolidarität« getreten (Zoll), »Selbstbewußtsein« an die Stelle von »Klassenbewußtsein« (Lipovetsky). Sowohl Zoll wie Lipovetsky konstatieren einen Primat des Kommunikationsaktes vor dem Kommunizierten. Gesucht wird der andere, der die gleichen Interessen hat, um sich mit ihm auszutauschen.

Auch dabei nimmt der psychologische Aspekt der Identifizierung zu, der soziale ab (Lipovetsky 1993, S. 280 ff.). Solange

Individuen in »holistischen Gesellschaften« gezwungen sind, sich mit den Normen des Kollektivs zu identifizieren, gelten ihre Identifikationen dem Einzelnen als Mitglied des Kollektivs. In »individualisierten Gesellschaften«, in denen er aus solchen Kollektiven herausgelöst ist, kommt er als Einzelner in den Blick. Das Ergebnis ist eine erhöhte Aufmerksamkeit für den anderen als Individuum, nicht für den anderen als Gruppenmitglied. Nun ist man sensibel für den Schmerz dieses anderen (Alltagssolidarität), aber zugleich ist man nicht mehr bereit, sich für die anderen als Mitglied ganzer Kollektive aufzuopfern (Arbeitersolidarität). Die Zentrierung auf das Selbst führt also gleichzeitig zu einer Steigerung des (individuellen) Mitleids und einer Minderung der (sozialen) Opferbereitschaft. Beides sind Kehrseiten derselben Medaille bzw. unausweichliche Folgen desselben Prozesses, in dem das Individuum ein »heiliger Wert« (Durkheim) und die unbedingte Bindung an ein Kollektiv entwertet wird (Zoll 1993, S. 56 ff.; zu Durkheim siehe Krettenauer 1999 und Schroer 2000, S. 141 ff., 152 ff., 162 ff.).

Daraus müssen keine negativen Konsequenzen für das Gemeinwesen erwachsen. Zum einen gibt es nicht nur einen zunehmenden Partikularismus von Solidarität und Mitleid, sondern – unter anderem durch die wachsende Geschwindigkeit und Reichweite der Kommunikationsmedien – auch einen zunehmenden Universalismus. Man kümmert sich nicht nur um den Baum vor der eigenen Haustür, sondern auch um den tropischen Regenwald, nicht nur um die eigenen Rechte, sondern auch um Menschenrechte in fernen Ländern, nicht nur um Überschwemmungen im eigenen Land, sondern auch um Tsunamis in Südostasien. Festzustellen ist also eine Gleichzeitigkeit von mehr Universalismus *und* mehr Partikularismus, die unterschiedlich erklärt werden können. (Psychologische Zugänge werden dargestellt bei Krettenauer 1999, soziologische bei Holzer 2008.)

Zum anderen kann der Zusammenhalt einer Gesellschaft

von vielen Seiten bedroht werden: von einem totalitären oder kollabierenden Staat, von Marktexzessen, von religiösem Fundamentalismus, politischem Extremismus, Rassismus, Korruption, staatsbürgerlichem Privatismus etc. Die zuletzt genannte Gefahr ist – entgegen Idealisierungen des politischen Bürgers und der partizipativen Demokratie – wahrscheinlich die geringste. Die Abnahme der Bindekräfte, die eine Gesellschaft zusammenhalten, kann durchaus auch segensreiche Wirkungen haben, denn »die größte Bedrohung menschlichen Zusammenhalts entsteht nicht durch Individualismus, sondern durch kollektive Leidenschaften …«; und auch »der Gegensatz von Selbstlosigkeit und Selbstinteresse ist keineswegs ein Gegensatz von gut und böse. Selbstloser Einsatz kann ja durchaus den verabscheuungswürdigsten Zielen gelten – es würde keinen Terrorismus oder ethnischen Krieg ohne selbstlose Hingabe an soziale Gruppierungen geben« (Reese-Schäfer 1997, S. 432 f.; für ausführlichere Überlegungen zu den dunklen Seiten der Zivilgesellschaft siehe auch Roth 2004 und Reese-Schäfer 2006, S. 103 ff.).

Teil 3: Führt Individualismus zum Schwinden von sozialem Engagement und Solidarität?

Nachdem bisher einige Ursachen und Folgen des Verblassens der symbolischen Ordnung diskutiert und veränderte Formen spätmoderner Sozialität skizziert wurden, soll nun der Frage nachgegangen werden, wie es empirisch um die Engagementbereitschaft zeitgenössischer Individuen steht: ziemlich gut! Hier einige Befunde.

38 % der befragten Erwachsenen einer deutschen Studie geben an, regelmäßig freiwillig engagiert zu sein (Gensicke 2000, S. 234; Junge 2002, S. 87, 93 f. mit Einschränkungen). Nach Hepp (2001, S. 35) sind 34 % der Bundesbürger regelmäßig, das

heißt im Durchschnitt fünf Stunden pro Woche, ehrenamtlich oder gegen eine geringe Aufwandsentschädigung im sozialen, kulturellen oder politischen Bereich aktiv. Der Freiwilligensurvey der Bundesregierung beziffert die Zahl der in Kirchen, Vereinen, Bürgerinitiativen, Projekten, Nachbarschaftshilfen und Selbsthilfegruppen Engagierten für das Jahr 2006 auf 36 %.

Jüngere Menschen sind (noch) häufiger aktiv als die über 50-Jährigen, bei denen nur 20 % engagiert sind (Otten 2008, S. 101 f.). Gensicke (2006, S. 14 f.) stellt indes fest, dass *die Zunahme* des freiwilligen Engagements in der Gruppe der Älteren (> 50 Jahre) am größten ist. Die Shell-Studie von 2006 ergab, dass 33 % der Jugendlichen regelmäßig, 42 % gelegentlich einer freiwilligen sozialen Tätigkeit nachgehen. Eine Studie des Bundesfamilienministeriums aus dem Jahr 2007 fand heraus, dass keine Altersgruppe in Deutschland so häufig ehrenamtlich engagiert ist wie die zwischen 14 und 24 Jahren. Sie leiten Pfadfindergruppen, trainieren Sportmannschaften, sind Klassensprecher oder in Initiativen und Gesprächskreisen tätig (ref. nach Hartung/Schmitt 2010, S. 87). Dieser Studie zufolge engagieren sich 36 % der befragten Schüler häufig freiwillig, 42 % bekunden ihre Bereitschaft dazu (ref. nach FAZ 2007 c). Ähnliche Zahlen ergab die Fortschreibung der Studie bis ins Jahr 2009, die keine wesentlichen Veränderungen im Zeitraum zwischen 1999 und 2009 feststellen konnte (ref. nach FAZ 2011 e und Anders 2011). Dem Jugendsurvey des Deutschen Jugendinstituts kann man entnehmen, dass bei den 16- bis 29-Jährigen etwa die Hälfte in einer traditionellen Organisation wie Sportverein, Berufsverband, Gewerkschaft, Kirche, Heimat- oder Bürgerverein Mitglied ist. Davon ist wiederum die Hälfte, also 25 %, regelmäßig aktiv oder Funktionsträger. Weitere 20–25 % sind in informellen Gruppierungen wie Friedensinitiativen, Umweltschutz-, Stadtteil- oder Nachbarschaftsgruppen zumindest gelegentlich tätig (Gaiser/de Rijke 2006, S. 224 f., 230 f., 235, 272 ff.). Im Zeitraum zwischen 1993 und 2003 haben sich dieser Untersuchung zufolge keine we-

sentlichen Veränderungen ergeben, weder bei den Mitgliedschaften noch beim informellen oder punktuellen Engagement. Allenfalls hat seit 1992 die Bedeutung sozialer Werte
(wie Prosozialität) in der Einschätzung dieser Altersgruppe
zugenommen, was schlecht zu den immer noch persistieren-
den Klagen über Narzissmus passt (Wintels 2000, Twenge
2006, Zima 2009). Den niedrigsten Engagementwert aller Studien berichten Silbereisen/Pinquart (2008, S. 26), die für das
Jahr 2000 in vier Bundesländern im Durchschnitt nur 20 %
ehrenamtlich Aktive in der Altersgruppe zwischen 16 und
42 Jahren ermittelten. Petersen (2010) schließlich stellt fest,
dass die Zahlen stark von der Frageformulierung abhängen. Er
hält 25 % ehrenamtlich Engagierte für realistisch, was gegenüber den 8 % aus den 1950er Jahren immerhin eine Verdreifachung bedeutet (s. a. Keupp 2000, S. 45, 47).

Klages (2001, S. 8) hat festgestellt, dass »das Vordringen von
Selbstentfaltungswerten, das den Wertewandel zentral charak-
terisiert, die Engagementbereitschaft der Bevölkerung nicht
geschwächt, sondern – gerade umgekehrt – gestärkt hat. … Je
stärker die Selbstentfaltungswerte ausgeprägt sind, desto höher fällt auch die Engagementbereitschaft aus. Dagegen fördern traditionelle Werte keineswegs in vergleichbarem Maße
die Neigung zum Engagement. … Selbst eine hedonistische …
Lebensorientierung ist noch förderlicher für das Engagement
als eine vorrangig ›traditionelle‹ Grundeinstellung.« Das Engagement kann durchaus mit »Spaß« verbunden sein, wobei die
Befragten unter Spaß nicht Zerstreuung oder Ablenkung verstehen, sondern die Erfahrung aktiven und erfolgreichen persönlichen Handelns. An anderer Stelle (Klages 2002, S. 39 f.)
wird betont, dass der positive Zusammenhang zwischen
Selbstentfaltungswerten und sozialem Engagement kausal interpretiert werden muss, und erneut, dass die traditionellen
Pflicht-, Fügsamkeits- und Unterordnungswerte auch nicht
annähernd so engagementfördernd sind wie Selbstentfaltungswerte (ähnlich Dalton 2009, S. 3, 17, 53 ff.).

Andere Autoren haben ebenfalls darauf hingewiesen, dass die Klagen über den Verlust von Solidarität in modernen Gesellschaften keine empirische Grundlage haben. »Während sich die *öffentliche* Meinung an … Reizworten wie Desintegration und Entsolidarisierung abarbeitet, zeigen die Langzeit- und Vergleichsanalysen eine geradezu erstaunliche Beständigkeit und Funktionsfähigkeit von integrativen Mechanismen: die Jugendkriminalität steigt *nicht*, die Alten verarmen *nicht*, sondern stehen sich besser als je zuvor, die Gefühls- und Hilfsbeziehungen zwischen den Generationen lösen sich *nicht*, sondern festigen sich, die Vereine und privaten Initiativen sterben *nicht*, sondern vermehren sich …« (Hondrich 1997, S. 57). Kurz und bündig: »Im Widerspruch zu öffentlichen Klagen ist soziales Engagement – verglichen mit den 1950er und 1960er Jahren – in allen Kommunen ein Wachstumsbereich« (Keupp 2000, S. 99). Und: »In der Gesamtbilanz werden dadurch die Einbußen, die beim traditionellen Ehrenamt in Kirchen, Verbänden, Gewerkschaften, Parteien – wenn auch keineswegs in dramatischen Ausmaß – zu verzeichnen sind, mehr als nur kompensiert.« (Hepp 2001, S. 35)[9]

Freiwilliges soziales Engagement nimmt zu, nicht ab, und zwar besonders im Bereich Schule/Kindergarten, der nach dem Sport die zweitgrößte Engagementbranche ist und die mit dem stärksten Wachstum (Gensicke 2006, S. 12), so dass auch hinter die Klagen über eine kinderfeindliche Gesellschaft zumindest ein Fragezeichen gesetzt werden muss. Gensicke unterscheidet noch zwischen Gemeinschaftsaktivität und freiwilligem Engagement. Als gemeinschaftsaktiv wird eingestuft, wer über private und erwerbsbezogene Zwecke hinaus in Vereinen, Organisationen, Verbänden und Gruppen des öffentlichen Lebens

9 Weitere einschlägige Arbeiten, mit zum Teil reichhaltigem empirischem Material: Hondrich/Koch-Arzberger (1992), Gensicke (2000), Gaiser/de Rijke (2006), Gille (2008), Dalton (2009), Prognos AG (2010), Kloepfer/Mrusek (2011), Keupp/Straus (im Druck).

beteiligt ist; als engagiert, wer im Rahmen solcher Beteiligung eine Funktion oder ein Amt übernimmt. 70 % aller Deutschen sind gemeinschaftsaktiv, 35 % engagiert. Die Schlussfolgerung daraus lautet: »Wenn ... 70 % der Bürgerinnen und Bürger öffentlich aktiv sind, ist das auch ein Indikator für ein hohes Maß an ›sozialem Kapital‹, eine Metapher, mit der heute oft der soziale Zusammenhalt und die soziale Qualität moderner Gesellschaften bezeichnet wird« (ebd., S. 16).[10]

Studien aus anderen Ländern kommen zu ähnlichen Ergebnissen. In den Niederlanden etwa ist die Hälfte der Bevölkerung bürgerschaftlich aktiv, 25 % pro Monat 15 Stunden, was einem Beitrag von 8 % zum Bruttosozialprodukt entspricht (Keupp 2000, S. 99 f.). Amerikanische Untersuchungen zeigen, dass 45 % der über 18-Jährigen regelmäßig fünf Stunden pro Woche für freiwillige Hilfeleistungen und Wohltätigkeitsaktivitäten verwenden (ref. nach Berking 1994, S. 39; umfassend Dalton 2009, Kap. 4). Bestätigt wird auch immer wieder der Befund einer Gleichzeitigkeit von individualistischer Selbstverwirklichungsorientierung und sozialem Engagement. Die größten Individualisten sind gleichzeitig auch die, die sich am meisten für andere einsetzen (Berking 1994, S. 40). Für diesen scheinbar paradoxen Zusammenhang hat Berking den Ausdruck des »solidarischen Individualismus« geprägt, Beck (1997, S. 19) spricht vom altruistischen, Bertram (1997, S. 176) vom kooperativen Individualismus.

Damit ist die immer wieder zu hörende Grundbefürchtung, welche die Debatte um den Kommunitarismus durchzog (Überblicke bei Zahlmann 1992, Brumlik/Brunkhorst 1993, Honneth 1993 b, Reese-Schäfer 2001), unbegründet. Sie lautet: In modernen Gesellschaften überwuchert ein utilitaristischer, hedonistischer, egozentrischer Individualismus traditionelle

10 Ähnliche Feststellungen finden sich im DJI-Jugendsurvey für 16- bis 29-Jährige (Hoffmann-Lange 2008, S. 12; Gille 2008, S. 245).

moralische, am Gemeinwohl orientierte Einstellungen, wodurch die Gleichgültigkeit gegenüber anderen zunimmt und
die Gesellschaft in ihrem Zusammenhalt bedroht ist, was die
Demokratie gefährdet, weil sich niemand mehr für allgemeine,
öffentliche Belange einsetzen will. Empirisch scheint es jedoch
so zu sein, dass wachsende Individualisierung und Orientierung an Selbstentfaltungswerten gerade *nicht* zu einer Abnahme der Engagementbereitschaft führen, sondern soziales Engagement und den Aufbau von Vertrauensbeziehungen
fördern (Klages 2001; Rosa et al. 2010, S. 107 ff., mit weiterer
Literatur). Allenfalls kommt es in gewissem Umfang zu einem
Wandel in der Form des Engagements. Es wendet sich von
großen Institutionen (z. B. Partei, Kirche, Gewerkschaft) ab
und kleinen Einheiten zu, wird also, wie oben dargestellt,
»mikrosozial«.

Die Hinwendung zum Mikrosozialen bei den Jüngeren ist
nach du Bois-Reymond (2001, S. 99 ff.) auf eine veränderte
Mentalität, einen anderen »Jugendhabitus« zurückzuführen,
der die Begleiterscheinung einer demokratisierten Erziehung
ist. »Oben-Unten-Verhältnisse«, wie sie für traditionelle En-
gagement-Institutionen (z. B. Parteien und Gewerkschaften)
charakteristisch sind, in denen man sich unterordnen oder
hochdienen muss, passen nicht mehr zu diesem Habitus, der
stärker auf Partizipationsmöglichkeiten zugeschnitten ist, die
durch Kommunikation, Wechselseitigkeit und Informalität
gekennzeichnet sind (z. B. Bürgerinitiativen, Selbsthilfegruppen). Hurrelmann (2002, S. 262 ff.) resümiert die Situation dahingehend, dass das Engagement Jugendlicher in *traditionellen* Organisationen in den letzten 20 Jahren zurückgegangen,
das in *informellen* Gruppierungen gleich geblieben ist und
das bei *punktuellen* Aktivitäten (Unterschriftenlisten, Spen-
den, Boykott von Geschäften oder Produkten) zugenommen
hat.

Die Kommunitaristen belegen ihre These vom Gemein-
schaftsschwund allerdings oft nicht mit Daten über das nach-

lassende soziale Engagement, sondern mit der Zunahme von Ladendiebstahl, U-Bahn-Vandalismus, Schwarzfahren, Schuleschwänzen, Ehescheidung sowie dem Rückgang der Wahlbeteiligung, des zwischenmenschlichen Vertrauens und der Mitgliedschaften in traditionellen Organisationen. Diese Phänomene sollen eine Abnahme kollektiv geteilter Werte anzeigen und damit Gefahren für die soziale Integration heraufbeschwören. So sieht Putnam (1995, 2000) im mikrosozialen Engagement eine Schwundform, weil er die Aktivität in Selbsthilfegruppen nicht als Zunahme von Solidarität oder Sozialität betrachtet, sondern als eine problematische Form der Vergesellschaftung des Privaten. Problematisch soll sein, dass an persönlichen Lebensproblemen angesetzt wird (z. B. bei den Anonymen Alkoholikern) und nicht mehr, wie etwa in traditionellen Vereinigungen (z. B. Kirchen), an überindividuellen Traditionen. In diesem Sinne beklagen auch Bellah et al. (1985), dass die traditionsgeleitete Orientierung der Individuen an überindividuellen Zwecken vom managerial-utilitaristischen und therapeutisch-individualistischen Ethos zerrieben werde (s. Dubiel 2001, S. 141 f.). Der übergreifende Nenner dieser Befürchtungen ist, dass der Verlust von Traditionen hinsichtlich ihrer gesellschaftlichen Bindewirkungen durch moderne Formen des Engagements in posttraditionalen Gemeinschaften nicht ersetzt werden kann (Reese-Schäfer 2001, S. 104 f.; Rosa et al. 2010, S. 101 ff., 177).

Dies ist unzutreffend. Dalton (2009, S. 5, 17, 27 ff.) hat gezeigt, dass die traditionelle, »pflichtenbasierte« Bürgerschaftlichkeit (Bürger geht wählen und zum Gottesdienst, ist irgendwo Mitglied und vertraut den Politikern) im Vergleich zur »engagierten« nicht nur passiver, sondern auch weniger tolerant in Bezug auf religiöse und politische Minderheiten sowie weniger anspruchsvoll in Bezug auf politische und soziale Partizipationsrechte ist. Der engagierte Bürger kritisiert zwar häufiger »die« Politik als der Pflichtenbürger, was oft als Vertrauensschwund gedeutet wird, genauso gut aber einen

Anstieg des kritischen Potentials und eine Abnahme der Autoritätsgläubigkeit anzeigen kann. Insgesamt ist *er* aber der gefestigtere Demokrat und *tut* mehr zur Erhaltung des Gemeinwesens (ebd., Kap. 4, 5, 7), auch wenn nicht von der Hand zu weisen ist, dass Wahlbeteiligung, Aktivität in traditionellen Organisationen und Vertrauen in die Politik(er) ebenfalls zu einer funktionsfähigen Demokratie gehören (ebd., Kap. 9). [11]

Die informellen und punktuellen Formen des Engagements werden gelegentlich nicht nur des mangelnden Beitrages zur Sozialintegration verdächtigt, sondern sogar als »Betroffenheitskult« oder Bequemlichkeit abqualifiziert. »Wer es gewohnt ist, sich im Alltag von *Fast Food* zu ernähren und von schnellen (Wegwerf-)Produkten und Bildfolgen befriedigt zu werden, der möchte auch Politik mit Instant-Effekt und Sofort-Service« (Ferchhoff 1997, S. 79). Etwas freundlicher könnte man sagen, dass bei demjenigen, der sich vorwiegend für das engagiert, was ihn selbst oder einen kleinen Umkreis wichtiger Dinge und Personen »betrifft«, die dezentrierte, universalistische Perspektive fehlt, denn er kümmert sich nur noch um *sei-*

---

11 Die anderen von Kommunitaristen häufig angeführten Indikatoren des Verlustes von Gemeinschaftsbindung wie Zunahme von Schwarzfahren, Ladendiebstahl, Vandalismus und Ehescheidung können plausibel anders gedeutet werden. Die abnehmende Kontrolldichte in Geschäften und öffentlichen Transportmitteln durch den Abbau des Personals führt vermehrt zur sprichwörtlichen Gelegenheit, die Diebe (und Schwarzfahrer) macht; außerdem gab es früher weniger transportable Konsumgüter, so dass auch weniger gestohlen werden konnte; Graffiti-Vandalismus ist wahrscheinlich weniger Ausdruck mangelnden Respekts vor Gemeinschaftsgütern, als vielmehr eine Form männlich-jugendlicher Krafterprobung, die wegen zunehmender Entlastung von Arbeit und anderen ernsten Daseinsherausforderungen in solche Kanäle fließt; und dass die stabile Ehe der 1950er Jahre die Bildung von Sozialkapital begünstigt oder dessen Existenz angezeigt hätte, ist ebenfalls nicht einzusehen, denn das soziale Engagement war damals geringer und die politische Einstellung passiver und autoritätsgläubiger als heute.

ne Gemeinschaft, aber nicht mehr um *die* Gesellschaft. Die Kehrseite dieses Fehlens soll Staats-, Parteien- oder Demokratieverdrossenheit sein, also eine Art von Allgemeinheitsvergessenheit (s. z. B. Volkmann 2010).

Ich halte diese Auffassung für fragwürdig. In Anlehnung an Giddens (1991) kann man den Unterschied zwischen universalistischem versus selbstbezogenem Engagement als emanzipatorische Politik versus Lebenspolitik konzeptualisieren. Die emanzipatorische Politik kämpft, oft auch stellvertretend und bevormundend, gegen Zwänge der Tradition und ungerechtfertigte Herrschaft im Namen aller oder im Namen unterdrückter Minderheiten. Die Lebenspolitik kämpft im eigenen Namen. Sie nimmt die Welt und die politische Praxis aus der Perspektive des Selbst in den Blick und strebt Veränderungen in der Welt unter der Fragestellung an, inwieweit sie der Selbstverwirklichung förderlich sind. Sie fragt also: In welcher Welt kann sich mein, aber auch dein Selbst verwirklichen und gedeihen? Die Besonderheit dieser Form des Weltveränderungsimpulses besteht darin, dass individuelle Probleme und »Betroffenheiten« jederzeit mit globalen Perspektiven »kurzgeschlossen« werden können. Darin sieht Berking (1994, S. 44) zugleich das die Mikrosozialität, die Betroffenheit und den Narzissmus *transzendierende* Potential dieser Form des Engagements. »Wenn ich weiß, was der Regenwald oder der Autoverkehr für meine Gesundheit bedeutet, wenn ich weiß, was Liebe und Freundschaft, Empathie und Mitleid bewirken, wenn ich der Natur Rechte und mir Pflichten zuschreibe, diese Rechte zu schützen, dann kommen trotz aller utilitaristischen Motivationen erweiterte, nicht vorschnell auf die eigene Wertgemeinschaft zu begrenzende Solidaritäten ins Spiel.« Ob sie zur jeweiligen Problemlösung ausreichen, kann man kontrovers diskutieren, aber jedenfalls nicht mehr entlang der Begriffsachse von asozial versus sozial, egoistisch versus gemeinwohlorientiert, narzisstisch versus objektbezogen, sondern allenfalls unter der Fragestellung, ob solch mikrosoziale Formen des Engagements geeignet sind, makrosoziale Probleme zu lösen.[12]

Aber auch empirisch ist Demokratieverdrossenheit oder Gemeinwohlvergessenheit kaum festzustellen. Petersen (2010) unterscheidet in Anlehnung an Almond/Verba (1963, 1980) drei Gesellschaftstypen. Eine Gesellschaft, in der die Bürger keine Beziehung zu Staat, Institutionen und Politik haben; eine zweite, in der sie sich als passive Konsumenten oder Untertanen fühlen, die in erster Linie Leistungen vom Staat erwarten; und eine dritte, in der sich die Bürger als Teil eines Gemeinwesens

---

12 In der psychoanalytischen Diskussion (exemplarisch: Wintels 2000) wird die Zuwendung zum Mikrosozialen und Partikularen oft als Symptom von Narzissmus gedeutet. Selbst wenn das zuträfe, wären wir mit dem paradoxen Sachverhalt konfrontiert, dass mehr Narzissmus, also mehr Aufmerksamkeit für das Selbst und seine partikulare Perspektive, *dann* zugleich mit mehr Dezentrierung einhergeht, *wenn* das Selbst dieses Mehr an Aufmerksamkeit und Partikularismus auch den anderen zubilligt. Dies scheint der Fall zu sein, denn noch nie gab es so viel individuellen und kulturellen Relativismus, Zerstörung von Absolutheitsansprüchen und Anerkennung von Differenz wie heute. Diese Gleichzeitigkeit von mehr Selbstzentrierung und mehr Dezentrierung ist unter Psychoanalytikern bisher nur von Blatt (1983, ref. bei Diamond 2006, S. 187 f.) thematisiert worden. Rosa (2005, S. 366) führt den Strukturwandel des sozialen Engagements (informell, punktuell) nicht auf einen veränderten Habitus zurück, sondern auf die mit der spätmodernen Zeitbeschleunigung einhergehende Entwertung dauerhafter Festlegungen, welche befristetes Engagement begünstige. Die veränderte Mentalität ist bei ihm nicht das Ergebnis veränderter Erziehungspraktiken, sondern eine Anpassung an veränderte Zeitstrukturen. Dadurch soll sich auch die Persönlichkeit oder Identität in dem Sinne verändern, dass sie situativ und transitorisch wird (ebd., S. 352, 355, 364). In solchen situativen Identitätstheorien fehlt jedoch sowohl eine Vorstellung von der Beharrungskraft psychischer Strukturen als auch ein Bezug auf veränderte Sozialisationspraktiken, die einen Persönlichkeitswandel psychogenetisch erklären und ihn nicht nur als Anpassung an soziale Veränderungen (Beschleunigung) betrachten (s. a. Bohleber 2009, S. 217 f.). Das Gleiche gilt für Sennetts »flexiblen Menschen« (1998). Er wird von den Verhältnissen quasi gezwungen, sich nur noch kurzfristig zu binden, und erzieht dann auch seine Kinder entsprechend. Eine Eigendynamik familiärer Sozialisationsprozesse wird von Sennett nicht ins Auge gefasst.

verstehen, mit dem sie sich identifizieren und an dem sie aktiv teilhaben. An Hand von Zeitreihenanalysen aus Umfrageergebnissen seit Mitte der 1950er Jahre kommt er zu dem Ergebnis, dass Deutschland sich nachhaltig in Richtung auf den dritten Typus verändert hat. Außerdem ist weder das Desinteresse an Politik heute größer als früher (eher kleiner) noch das Gefühl, nichts bewirken zu können (eher konstant). Die Achtung und der Respekt vor demokratisch zustande gekommenen Entscheidungen ist hoch entwickelt und der Wunsch nach dem sprichwörtlichen starken Mann hat erheblich abgenommen (1955: 31 %, 2010: 17 %; ähnliche Befunde für die Vereinigten Staaten bei Dalton 2009, Kap. 8). Deshalb sind Klagen über Demokratieverdrossenheit oder darüber, dass sich die Bürger heute zunehmend vom öffentlichen Leben abwenden würden, eher nostalgisch und stützen sich meist nur auf den Rückgang der Wahlbeteiligung und der Parteimitgliedschaften.

Vergleichbares gilt für Jugendliche. Institutionenvertrauen, Wahlbereitschaft und Wahlaktivität sind bei den 16- bis 29-Jährigen seit mittlerweile 15 Jahren konstant, ebenso das politische Interesse; absichtliches Nichtwählen ist sogar zurückgegangen (Gaiser/de Rijke 2008, S. 250 f.). Die Wertschätzung von Prosozialität ist gestiegen, die von Hedonismus gesunken, und die Wertorientierungen werden noch pluralistischer, ohne dass dadurch desorientierende Folgen eintreten (Gille 2008, S. 132 f., 137, 143 ff.). Die Demokratiezufriedenheit der Befragten ist stabil und liegt bei 85 % (de Rijke et al. 2008, S. 281; Shell-Jugendstudie 2010, S. 129 ff.). Hohes Ansehen genießen Polizei, Militär, Gerichte sowie Umwelt- und Menschenrechtsschutzgruppen; niederes Parteien sowie, seit der Bankenkrise und den Missbrauchsfällen im Jahr 2009, große Unternehmen und die Kirchen. Der Shell-Jugendstudie von 2010 zufolge hat das politische Interesse von Jugendlichen ebenso wie ihr soziales Engagement seit 2002 sogar noch zugenommen. Diese Befunde machen Heitmeyers (1993) Desintegrationsdiagnose ebenso fragwürdig wie »linke« Putnam-Kritiken

(s. z.B. Boggs 2001, S. 295), die behaupten, im postfordistischen Kapitalismus seien Privatismus, Besitzindividualismus und politische Entfremdung die Norm (ausführlich und kritisch dazu Dalton 2009).

Für den Bereich der Familie zeigen Bertram (1997, Kap. 4) und Fischer (2011), dass eine individualistische Wertorientierung nicht zur Auflösung familiärer Bindungen führt, weil der moderne Individualismus nicht egozentrisch, sondern kooperativ ist und mit der Bereitschaft einhergeht, für Ehe, Familie, Kinder, Großeltern und Enkel Zeit, Geld und Mühe aufzuwenden, und zwar so viel wie noch nie zuvor in der Geschichte der Familie. Der oft beklagte Werteverlust in der Gesellschaft – der in Wahrheit ein Wandel, kein Verlust ist – geht auch deshalb nicht mit einem Bindungsverlust in der Familie einher, weil die Familie eine eigene Form sittlicher Ordnung ist, in der sich Bindungen und moralische Verpflichtungen aus alltäglichen Interaktionen entwickeln, die nicht unbedingt von gesellschaftlichen Werten oder Großwetterlagen gesteuert werden (Bertram 1997, S. 145 ff.). Deshalb führt die Transformation makroökonomischer und gesamtgesellschaftlicher Strukturen, auch wenn sie nicht ohne Einfluss bleibt, nicht notwendigerweise zu einer Krise der Familie, sondern empirisch häufig sogar eher zum Gegenteil, nämlich zu einer Zunahme von Solidarität und Kohäsion (ebd., S. 150 f.; ähnlich Wild/Hofer 2001; Ecarius 2002, S. 127, 130, 260).

Abschließend sei noch auf drei Sachverhalte hingewiesen. Zum Ersten muss Solidarität in der Weltgesellschaft nicht unbedingt auf dem Engagement des Einzelnen beruhen oder auf geteilten Werten. Holzer (2008) entwickelt die Idee einer »episodischen Solidarität«, die universalistisches Engagement ermöglicht, ohne sich auf gemeinsame Werte (wie die Menschenrechte) zu beziehen. Formen transnationaler Solidarität (wie beim Tsunami 2004) sind keine Sozialintegration im anspruchsvollen Sinn, sondern eher eine »kommunikative Integration durch die Fokussierung massenmedialer Aufmerksamkeit. ... Charakteristisch für diese Form der Solidarität ist eine anlassbezogene Aktivierung der universalistischen Hilfsprogramme internationaler humanitärer Organisationen, die ergänzt wird durch spontane und partikularistische Hilfe, die sich an vorhandenen sozialen Beziehungen orientiert« (ebd., S. 141). Dies nimmt der episodischen Solidarität nichts von ihrem Wert. Walzer (1992, ref. nach Krause/Malowitz 1998, S. 138 ff.) vertritt die plausible Auffassung, dass die Vorstellung einer die vielen partikularen Gemeinschaften übergreifenden Form von Solidarität angesichts der Vielzahl von Gemeinschaften, denen jeder heute angehört, ebenso unrealistisch wie unnötig ist. Eine Person ist beispielsweise Lehrer, Chorsänger, Sportler, Mitglied in einer *fair-trade*-Initiative, engagiert sich für Verkehrsberuhigung in ihrem Viertel und gegen den Krieg im Sudan, übernimmt eine Lesepatenschaft für Kinder mit Migrationshintergrund, setzt sich aber auch für den Erhalt des lokalen Gymnasiums ein. Das ist genug, und es bedarf weder der Abstraktion von den eigenen Interessen noch der Integration in eine übergreifende Form von Sittlichkeit, um die Vitalität des Gemeinwesens zu sichern. Hinreichend dafür ist, dass die Bürger sich überhaupt engagieren, wenigstens gelegentlich über den Tellerrand ihrer eigenen Interessen hinausblicken, und tolerant sind. Andererseits leuchtet ein, dass ein *vollständig* sich selbst überlassener Pluralismus nicht genügt, weil die Gefahr besteht, dass er Opfer seiner eigenen »anarchistischen Struktur« wird (ebd., S. 145). Hier ist der Ort des Staates, der die Mitglieder der partikularen Gemeinschaften anhält, sich Gedanken über ein Gemeinwohl jenseits der eigenen Interessen zu machen, und der auch über die nötigen Mittel verfügt, einseitige Machtungleichgewichte auszubalancieren und die Einhaltung geregelter Verfahrensweisen sicherzustellen.

Zum Zweiten ist Engagement nicht per se gut oder schlecht. In politisch-extremistischen oder religiös-fundamentalistischen Vereinigungen etwa ist es weder ein Ausweis demokratischer

Tugenden, noch befördert es solche, auch wenn dabei Solidarität und Unterstützung innerhalb einer partikularen Gruppe praktiziert werden. Eher im Gegenteil: Weil diese Form der Solidarität mit dem Ausschluss Andersdenkender verbunden ist, kann sie zum Hindernis gruppenübergreifender Solidarität werden und die gesellschaftliche Integration behindern.[13]

Zum Dritten gibt es auch so etwas wie ein Überengagement, das nicht idealisiert werden sollte. Die Geschichte der totalitären Bewegungen zeigt, wie aus der Politisierung von allem und jedem massenhaftes Elend entstand; die Studentenbewegung von 1968 hat, ein paar Nummern kleiner und bei vielen Verdiensten, mit Forderungen wie »Zerschlagt die bürgerliche Kleinfamilie« manchen Irrtum auf ihr Kerbholz geladen, der die Nachgeborenen mehr Respekt für den Wert des Privaten lehren sollte; und einige Bürgerinitiativen von heute, die Flughafenausbau, Stromtrassen, Bahnhofsbauten oder Kraftwerke im Interesse des Naturschutzes verhindern wollen, können notwendige Entscheidungsfindungen auch beeinträchtigen und folgen gelegentlich dem Sankt-Florians-Prinzip oder Partikularinteressen, die sie zu allgemeinen aufschminken. Aber das ist ein weites Feld, das hier nicht weiter verfolgt werden soll.

---

13 In der Sozialkapitaldiskussion wird entsprechend zwischen problematischem *Binnen*sozialkapital und begrüßenswertem *Brücken*sozialkapital unterschieden (s. Rosa et al. 2010, S. 108 ff.)

Kapitel 6

**Der Erziehungswandel und
seine Folgen für die Psyche:
Die postheroische Persönlichkeit**

Einleitung

Meine Grundfrage in diesem Kapitel ist die nach den psychischen Auswirkungen veränderter Erziehungspraktiken. Dabei gehe ich von der interaktionistischen Prämisse aus, dass es einen Zusammenhang zwischen Erziehungspraktiken und seelischer Verfassung gibt. Veränderungen in der Erziehung, wie sie Ende der 1950er Jahre zaghaft begannen (Baumert 1957, Devereux et al. 1962, van Rahden 2007), seit 1968 an Schwung gewannen und ab Mitte der 1980er Jahre breitenwirksam geworden sind, bleiben nicht ohne Folgen für die Psyche. Die wichtigste Veränderung in der leitenden Erziehungsvorstellung und -praxis lässt sich als Verschiebung von der »*Er*ziehung zur *Be*ziehung« oder vom »Befehls- zum Verhandlungshaushalt« kennzeichnen (Büchner et al. 1996, 1997, Reuband 1997, du Bois-Reymond 2001, Schütze 2002, Alt et al. 2005, Fuhrer 2005, Ecarius 2002, Ecarius et al. 2011 b). Schätzungen zufolge wird heute in der Mehrzahl der Familien ein überwiegend verhandlungsorientierter Erziehungsstil praktiziert. Ich stimme mit Oelkers (2002, S. 554) darin überein, »dass wir nicht den Erziehungsnotstand ausrufen müssen, nur weil wir mehr mit Kindern verhandeln müssen als je zuvor …«. Wesentliches Merkmal besagten Erziehungsstils ist sein Fokus auf kommunikativen Austausch und Wertschätzung kindlicher Lebensäußerungen. Die zentralen Erziehungsvorstellungen sind nicht mehr Gehorsam und Unterordnung, sondern Selbständigkeit und freier Wille. In dieser selbstwertorientierten Erziehungsform werden Kinder als Individuen ernster genommen als früher. Die zugrundeliegende Hoffnung ist, dadurch das psychosoziale Wohlbefinden und die Selbständigkeit der Kinder zu fördern.

Die Wertschätzung, die man ihnen gegenüber zum Ausdruck bringt, kann nonverbal oder verbal sein, sich auf bloße Lebensäußerungen wie ein Lächeln beziehen oder auf Leistungen – wie auch immer: Sie wird als positive kommunikative Stellungnahme und sich darin ausdrückende Einstellung zum Kind von diesem wahrgenommen, verinnerlicht und prägt so sein Verhältnis zu sich selbst. Wer wertgeschätzt wird, schätzt sich selbst, und in diesem Sinne ist eine wertschätzende Erziehung eine grundlegende Voraussetzung für ein gesundes Selbstwertgefühl bzw. einen gesunden Narzissmus. Man könnte diesen Erziehungsstil auch »anerkennend« nennen.

Anerkennung in Eltern-Kind-Beziehungen im Sinne einer emotionalen Wertschätzung der kindlichen Person und ihrer Lebensäußerungen sollte also positive Folgen für die psychische Verfassung, die Selbständigkeitsentwicklung und das Wohlergehen der Kinder haben. Diese Vermutung kann auf dreierlei Weise überprüft werden. Zum einen kann man untersuchen, ob Kinder heute gesünder sind als früher oder, wie manche Kritiker moderner Erziehung argwöhnen, kränker. (Diese Frage wird im achten Kapitel behandelt.) Zum zweiten kann man fragen, ob durch die moderne Erziehung die Autonomieentwicklung der Kinder gefördert oder beeinträchtigt wird. Zum dritten kann man fragen, ob sich ihre Persönlichkeitsstruktur verändert hat. Ich werde mich hier auf die beiden letzten Fragestellungen konzentrieren.

Die Idee eines Gestaltwandels spätmoderner Subjektivität wird also unter zwei Aspekten thematisiert. Der erste lautet: Sind moderne Erziehungspraktiken autonomieförderlich oder verzögern sie die Autonomieentwicklung? Der zweite lautet: Sind sie labilisierend oder erhöhen sie die Stabilität der Psyche? Die Antwort wird sein, dass eine partizipative Erziehung die Autonomiepotentiale fördert (Teil 1 und 2). Diese Potentiale sind in einer psychischen Struktur verankert, die nicht so sehr durch Charakterstarre und Festgefügtheit gekennzeichnet ist als vielmehr durch Kreativität, innere Pluralisierung und Lebendigkeit (Teil 3). Die innere Pluralisierung kann als intrapsychisches Pendant zur gesellschaftlichen Pluralisierung betrachtet werden (Junge 1999, S. 122). Ich werde zeigen, dass sie einhergeht mit Identitätsauflockerung, Belastbarkeitsschwund, kontextsensitiver Moralentwicklung, liberalisierter Sexualität und veränderten »Besetzungsweisen« in zwischenmenschlichen Beziehungen. Alle diese Begleiterscheinungen einer aufgelockerten Psychostruktur beinhalten Risiken und Chancen. Ich betrachte die Entwicklung deshalb insgesamt als ambivalent, die Autonomiegewinne als verletzlich, die Persönlichkeitsstruktur als postheroisch. Im dritten Teil werden auch die »Wechselwirkungen« zwischen Psyche und Gesellschaft unter dem Aspekt der gegenseitigen Stabilisierung oder Labilisierung betrachtet. Abschließend (Teil 4) beschreibe ich die makrosozialen Einflüsse, die zu einer Verunsicherung der Psyche beitragen können, unabhängig davon, wie die Psyche intern verfasst ist.

Teil 1: Erziehungswandel

Der Fortschritt, der in der Institutionalisierung von Kindheit als einer besonders schutzbedürftigen Lebensphase seit Beginn des 20. Jahrhunderts zu sehen ist, kann gar nicht hoch genug veranschlagt werden. Die Lebensbedingungen heutiger Kinder haben sich – verglichen mit vergangenen Jahrhunderten – in der westlichen Hemisphäre in einem enormen Ausmaß verbessert. Indessen, so will es scheinen, hat diese Besserung ihren Preis, den man in Kurzform so ausdrücken könnte, dass moderne Kinder nicht mehr *für* etwas anerkannt werden (wollen) sondern *als* etwas. Schon im Kindergarten werden sie nicht mehr nur für ihr Wohlverhalten gelobt, sondern in ihren individuellen Eigenarten respektiert; in der Schule nicht mehr nur für Leistungen prämiert, sondern in ihrer Individualität und Besonderheit gefördert; in der Familie weniger in ihrem sichtbaren Beitrag zum Funktionieren des Familienverbandes gebraucht (Schuhe putzen, in der Küche helfen, Auto waschen), sondern in ihrer bloßen Existenz wertgeschätzt; außerdem sind es jetzt, sofern sich die Wertschätzung nicht auf die bloße Existenz, sondern auf bestimmte Fähigkeiten und Eigenschaften bezieht, weniger »nützliche« und stärker selbstbezogene »kreative« Tätigkeiten (Musik, Ballett), die in den Mittelpunkt des Wertschätzungsbedürfnisses rücken.

Nun ist es nicht so, dass nur die Kinder das wollen, sondern die Eltern wollen und tun es ebenfalls. Illustrativ dafür ist der oben erwähnte Vater, der bei der Besichtigung eines dem Frühförderungsgedanken verpflichteten Kindergartens bemerkt, er möchte nicht, dass sein Kind hier etwas lernt, sondern »dass es glücklich ist«. Solche Äußerungen wären vor 50 Jahren kaum denkbar gewesen und sind indikativ für eine Verschiebung der Wahrnehmung kindlicher Bedürfnisse, die durchaus segensreiche Wirkungen haben kann. Die Kehrseite dieser Verschiebung ist, dass sie für Pathologien von Anerkennungsbedürfnissen ein weites Feld eröffnet. Wenn die Ausbildung eines gesunden Selbstwertgefühls und einer stabilen Identität in erheblichem Umfang auf psychologischen Kommunikationsprozessen innerhalb der Familie beruht, so treten andere Quellen in den Hintergrund.

Hier ergibt sich eine Parallele zu modernen Paarbeziehungen. So wenig wie diese durch wirtschaftliche, politische, religiöse oder sozialmoralische Motive heute noch stabilisiert (oder entfremdet) werden und deshalb neuer Formen der Einbettung bedürfen (Ehe-, Paar- und Familientherapie, juristische und sozialpolitische Gleichstellungsmaßnahmen), so wenig wird auch die Beziehung zu den Kindern noch durch etwas außerhalb dieser Beziehung gestützt. Kinder werden, wie Ehegatten, im besten Falle »nur« noch geliebt.[1]

---

1 Diese Behauptung enthält eine Vereinfachung, denn nach wie vor werden Ehen auch heute noch – wenn auch weniger als früher – durch andere Motive

In der »thematischen Reinigung der Familie« (Tyrell 1976, S. 397) liegen Risiken und Chancen. Über die Chancen muss nicht viel gesagt werden. Der Rückgang vormaliger Fremdbestimmung ist offenkundig. Effi Briest würde heute mit Mann und Eltern in Familientherapie gehen und nicht sterben (Schütze 1984). Die damit einhergehenden Risiken sind erst in letzter Zeit deutlicher zutage getreten. Die Demokratisierung der Erziehung und die Auflösung geschlechtsstereotyper Rollenzuschreibungen haben die patriarchalische Anerkennungsordnung stabiler Ungleichheit in der Familie aufgeweicht und einer kommunikativen Verflüssigung sowohl der Eltern-Kind-Beziehung als auch der zwischen den Partnern Platz gemacht. Damit geraten sowohl die Beziehung zu den Kindern als auch die zu den Partnern in Abhängigkeit von schwankenden Gefühlslagen.

Dieser Wandel ist durch vielerlei demographische, ökonomische, soziokulturelle und juristische Wandlungen hervorgerufen worden: Rückgang der Kinderzahl, Einführung der Rentenversicherung, Wertewandel, Befreiung der Kinder vom

---

als die der gegenseitigen Zuneigung stabilisiert, etwa durch gemeinsame Kinder oder gemeinsamen Besitz. In diesem Sinne hat Bertram (2002) in einer instruktiven Arbeit Skepsis bezüglich der Idee geäußert, dass moderne Familien ihren Zusammenhalt ausschließlich auf affektive Beziehungen gründen. In seiner Sicht ist insbesondere die von ihm als mittlerweile vorherrschend betrachtete »multilokale Mehrgenerationenfamilie« nach wie vor auch ein Wirtschaftsverband, was unter anderem mit den erheblichen finanziellen Unterstützungsleistungen der Großeltern für ihre Kinder und Enkel begründet werden kann. Dennoch lässt sich weder die Emotionalisierung des familiären Binnenklimas noch der Funktionswandel der Kinder bestreiten. Kinder sind keine Wirtschaftsobjekte mehr, sondern in erster Linie Emotionsobjekte, haben also durchaus eine Funktion verloren; auch Männer verlieren durch zunehmende wirtschaftliche Selbständigkeit der Frauen ihre Alleinernährerfunktion, werden also, ähnlich wie Kinder, stärker zu Emotionsobjekten. Maiwald (2009) beschreibt in einer instruktiven Arbeit Selbstinstitutionalisierungsprozesse in Paarbeziehungen, die trotz dieser Emotionalisierung zu ihrer Stabilisierung beitragen.

Beitrag zur materiellen Reproduktion der Familie, Emanzipation der Frau. Gleichzeitig hat sich ein Sensorium innerhalb der Gesellschaft für die verbliebene Kernfunktion der Familie entwickelt: reine, zweckfreie emotionale Zuwendung und Förderung der Persönlichkeitsbildung (Giddens 1992). Die Ablösung traditioneller Erziehungsziele wie Gehorsam und Unterordnung durch das zentrale Ziel der Selbständigkeit reflektiert diesen Wandel der Gesellschaft, in der alte Tugenden dysfunktional geworden sind. Starre Persönlichkeiten sind dem rapiden Wandel nicht gewachsen. Eltern wollen deshalb nicht mehr so sehr, dass ihre Kinder sich unterordnen, sondern dass sie selbständige, flexible Persönlichkeiten werden (Münchmeier 2001, Schneewind 2001, Hofer 2003); und sie versprechen sich von einer Respektierung kindlicher Anerkennungs- und Autonomiebedürfnisse ein Erreichen dieses Ziels, das sich in einer gewandelten Lebens- und Arbeitswelt bewähren muss, aber auch scheitern kann.

Einschlägige Untersuchungen zeigen (z. B. Alt et al. 2005, Edlinger / Wahl 2007, Haunberger / Teubner 2007), dass zwei Drittel der Mütter und drei Viertel der Väter 9- bis 11-jähriger Kinder zu einem eher milden Erziehungsstil neigen und nur ein Drittel bzw. ein Viertel eine strenge Kontrolle der Kinder befürwortet. In der Studie von Alt et al. waren Mütter etwas großzügiger als Väter. Ecarius et al. (2011 b, S. 33) verweisen auf Untersuchungen, denen zufolge heute in 80 % der Haushalte zumindest Elemente von Verhandlung und Entscheidungsmitbeteiligung vorhanden sind. Befehlsstrukturen sind am ehesten noch in Unterschichtfamilien anzutreffen. Über längere Zeiträume betrachtet ergibt sich ebenfalls eine Abnahme der strengen Erziehung. Um 1925 wurden (nach retrospektiver Selbsteinschätzung der Betroffenen) 80 % der Kinder streng erzogen, um 1985 waren es noch 20 % (Thome 2005, S. 415).

Die Kindzentriertheit der elterlichen Kommunikation kommt in den genannten repräsentativen Untersuchungen darin zum Ausdruck, dass Eltern mit den Kindern über das, was diese erlebt haben, sprechen oder sie bei Angelegenheiten, die sie betreffen, nach ihrer Meinung fragen. Im Gegensatz zu einer oft geäußerten Behauptung, Eltern würden die Kinder heute in allen Bereichen mitbestimmen lassen, wird die Mitbeteiligung nicht undifferenziert gehandhabt. Eltern unterscheiden je nach Handlungsfeld und Alter des Kindes, ob und in welchem Umfang dies geschieht. Häufig selbst entscheiden dürfen Kinder etwa darüber, wie sie ihr Taschengeld ausgeben, wozu sie den Computer nutzen oder was sie anziehen; seltener darüber, wann sie abends zu Hause sein oder ob sie ihr Zimmer aufräumen müssen.

Umfragen zeigen, dass seit Mitte der 1990er Jahre zumindest auf der Meinungsebene eine gewisse Trendumkehr stattgefunden hat. Das Erziehungsziel der Selbständigkeit hat etwas an Boden verloren, während Gehorsam wieder häufiger genannt wird; und auch bei den gewünschten Tugenden erfreuen sich die sogenannten Sekundärtugenden wie Gewissenhaftigkeit und Sparsamkeit wieder einer etwas größeren Beliebtheit. Nach wie vor aber bleiben Selbständigkeit und freie Entfaltung der Fähigkeiten das zentrale Erziehungsziel (Göppel 2010, Kap. 1).

Insgesamt kann man den Wandel im Erziehungsverhalten seit 1968 so zusammenfassen: Er »ist gekennzeichnet a) durch ein geringeres Maß an Anpassungsforderungen hinsichtlich religiöser, leistungsbezogener und sozialer Verhaltensstandards, b) durch mehr Mitspracherecht, Nachgiebigkeit und offen zum Ausdruck gebrachter Zuneigung sowie schließlich c) durch eine stärkere Betonung positiver Emotionalität als Antwort auf erwünschtes Kindverhalten bei gleichzeitiger Zurücknahme aggressiv-körperlicher Disziplinierungsmaßnahmen sowie Formen einer nur bedingten Anerkennung kindlicher Bemühungen« (Schneewind/Ruppert 1995, S. 141). Diese Veränderungen haben Hypothesen über die autonomiefördernde oder -behindernde Wirkung und die psychostrukturellen Folgen einer solchen Erziehung inspiriert, die nun dargestellt werden sollen.

Teil 2: Autonomieentwicklung

Begriffsklärung

Unter Autonomie kann man zweierlei verstehen.[2] Zum einen Selbständigkeit, zum anderen Selbstbestimmung. Zwischen beiden Begriffsbedeutungen existiert ein Spannungsverhältnis. Ein Kind, das mit zehn Jahren bereits den ganzen Haushalt für seine berufstätigen Eltern führen kann, ist zwar außerordentlich selbständig. Es handelt aber, sofern es das nicht aus freien Stücken tut – was eher selten sein dürfte –, nicht selbstbestimmt. Andererseits wird man den »selbstbestimmten« Entschluss eines Fünfzehnjährigen, hinfort nicht mehr ohne Begleitung seiner Mutter in die Schule zu gehen, kaum als Ausdruck großer Selbständigkeit verstehen.

Hinsichtlich des Aspekts selbständigen Könnens sollten folgende Bereiche unterschieden werden (Hofer/Pikowsky 2002, S. 247 ff.; Hofer 2003, S. 36 ff.): a) Verhaltensautonomie liegt vor, wenn sich das Kind beispielsweise selbst anziehen oder sein Brot schmieren kann; b) Handlungsautonomie, wenn es komplexere Handlungen selbst ausführen kann, etwa morgens ohne ständige Ermahnungen rechtzeitig aufstehen und zur Schule gehen oder die Hausaufgaben in Angriff nehmen kann; c) kognitive Autonomie, wenn es zur selbständigen Urteilsbildung über Sachverhalte in der Welt fähig ist, das heißt über hinreichendes »Weltwissen« verfügt; d) moralische Autonomie, wenn es moralische Urteile in als verpflichtend eingesehenen Normen fundieren kann und ihnen aus freien Stücken folgt; e) emotionale Autonomie, wenn es seine Ge-

---

2 Rülcker (1990 a, b), Nunner-Winkler (1991), Leu (1996), Datler et al. (2002), Grossmann/Grossmann (2004) und Göppel (2007, Kap. 5, 6) stellen detaillierter, als dies hier geschehen kann, die unterschiedlichen Ausformulierungen dieses Konzepts in den Disziplinen Pädagogik, Sozialisationstheorie, Kindheitsforschung, Bindungstheorie und Psychoanalyse dar.

fühle selbst regulieren kann und nicht mehr vorwiegend im Medium elterlicher Affekte lebt, von denen es angesteckt oder sonstwie gravierend beeinflusst wird (für weitere Differenzierungen siehe Walper 2003, S. 123 ff.). In den folgenden Ausführungen wird es vor allem um emotionale Selbständigkeit gehen.

Emotionale Selbstregulierung in den ersten Lebensjahren ist in hohem Maße von interaktiver Emotionsregulierung abhängig. Sie steht deshalb nicht im Gegensatz zu Verbundenheit. Emotional autonom aus Sicht der Psychoanalyse ist eine Person mit stabiler libidinöser Objektkonstanz; diese wird während der Kindheit in den Beziehungen mit emotionsregulierenden Objekten erworben. Deren regulative Kraft wird *verinnerlicht* und bildet den Kern guter innerer Objekte (Introjekte), auf die der Erwachsene bei Bedarf zurückgreifen kann (Dornes 1997, S. 67 ff.; 2000, S. 198 ff.). Die Bindungstheorie akzentuiert stärker die lebenslange Bedeutung der *Realpräsenz* der regulierenden Person (ähnlich wie die psychoanalytische Selbstpsychologie in ihrem Konzept des Selbst-Objekts; s. Kohut 1977). Kindliche Autonomie wird als Ausdruck sicherer Bindung betrachtet. Ansätze emotionaler Autonomie zeigen sich dieser Theorie zufolge bei zweijährigen Kindern etwa darin, dass sie einerseits durchaus selbständig eine schwierige Aufgabe in Angriff nehmen, andererseits aber, wenn sie damit überfordert sind, ihre Eltern um Hilfe bitten können. Die Fähigkeit des Unterstützungsuchens ist ein wesentliches Kennzeichen emotionaler Autonomie, die im Unterschied zur Autarkie eine Anerkennung der eigenen Angewiesenheit auf andere einschließt. Diese Anerkennung wiederum ist nicht resignativ gefärbt, sondern erfolgt im Vertrauen auf die helfende Kraft menschlicher Beziehungen. Entsprechend werden von der Bindungstheorie Erwachsene dann als sicherautonom gebunden klassifiziert, wenn sie in einem einschlägigen Interview (dem sogenannten Erwachsenen-Bindungs-Interview) zu erkennen geben, dass sie zwischenmenschliche

Beziehungen auf eine angemessene Weise wertschätzen und sie weder entwerten noch ambivalent in sie verstrickt sind.

Fragt man sich nun, ob Kinder heute selbständiger sind als früher, kann man zunächst konstatieren, dass Eltern bereits seit Ende der 1970er Jahre nachweislich mehr Selbständigkeit von ihren Kindern erwarten als Ende der 1950er (Ehlers et al. 1979). Diese Erwartung bezieht sich auf nahezu alle Verhaltensbereiche wie allein Fahrrad fahren, mit dem Zug fahren, ohne Hilfe zu essen etc. Eltern gewähren aber auch mehr Entscheidungsfreiheit (Selbstbestimmung), etwa bei der Auswahl von Spielkameraden, der Verwendung von Taschengeld sowie der Freizeit- und Kleidungsgestaltung. Autonomieförderliches Erziehungsverhalten lässt sich, ebenso wie strafendes oder konformitätsforderndes, über verschiedene Skalen erfassen (Gerris et al. 2000, S. 159 f.). Den Untersuchungen von Hofer (2003) zufolge ist ein partizipativer Erziehungsstil autonomieförderlicher als ein autoritärer oder kontrollierender, weshalb die oben skizzierte »Modernisierung« der Erziehung empirisch belegbar die emotionale Selbständigkeit der Kinder fördert. Dennoch gibt es Zweifel, die besagen, moderne Eltern erreichten in ihrem Bemühen, die Selbständigkeit der Kinder zu fördern, das Gegenteil. Einige dieser Bedenken sollen im Folgenden vorgestellt und auf Stichhaltigkeit hin geprüft werden. Ergebnis wird sein, dass es durchaus »Fehlformen« einer partizipativ-zuwendungsorientierten Erziehung gibt. Diese Fehlformen stellen aber weder grundsätzlich den autonomieförderlichen Wert dieses Erziehungsstils in Frage, noch sind sie empirisch die vorherrschende Erziehungsrealität.

Gefahren für die Autonomieentwicklung

Fürsorgliche Belagerung

Die Lockerung von Disziplinierungsmaßnahmen, die Zunahme wertschätzender Kommunikation, die offen gezeigte Emotionalität und mehr gewährte Selbstbestimmung in Verhandlungshaushalten haben sicherlich einen befreienden, möglicherweise unter bestimmten Bedingungen aber auch einen riskanten, labilisierenden Effekt. Was die positiven Aspekte angeht, so sind, um nur einen zu nennen, Kinder, die in partizipativen Familien aufwachsen, später in der Schule engagierter und aktiver (Alt et al. 2005). Was die riskante Seite angeht, so vermutet Schütze (1988, 2002) die Entstehung eines strukturell schwer zu lösenden Paradoxes, dass nämlich das vermehrte Engagement der Eltern zur Förderung der Selbständigkeit tendenziell das Gegenteil bewirkt. »Kinder können sich kaum noch allein beschäftigen, da sie seit ihrer Säuglingszeit daran gewöhnt sind, daß ständig jemand zur Verfügung steht, der sich ihnen widmet.« (1988, S. 111)

Parentifizierung

Eine zweite Form des Paradoxes resultiert aus der veränderten Funktion des Kindes für die Familie. »Das Kind nimmt auf Grund seiner Funktion, emotionale Bedürfnisbefriedigung zu gewähren, Freude zu machen, Lebenssinn zu stiften, die zentrale Stellung in der Familie ein, und die Ehebeziehung scheint gegenüber der Eltern-Kind-Beziehung an Eigenwert zu verlieren. Diese Konstellation könnte aber strukturell dem gleichzeitig herrschenden Leitbild, die Eigenständigkeit des Kindes zu fördern, entgegenwirken« (Schütze 1988, S. 112) – unter anderem deshalb, weil sie die Kinder mit der Verantwortung für den Lebenssinn ihrer Eltern belastet und das elterliche Wohlbefinden dadurch in zunehmendem Maße in Abhängigkeit von der Zustimmung der Kinder zu ihren Erziehungsmaßnahmen gerät. Damit wächst den Kindern eine unangemessene, der Selbständigkeitsentwicklung zuwiderlaufende Verantwortung für ihre Eltern zu. Diese Konstellation wird in der familientherapeutischen Literatur unter dem Begriff der »Parentifizierung« beschrieben. Damit ist die altersunangemessene und potentiell pathogene Übernahme elterlicher Aufgaben und Verantwortlichkeiten durch Kinder gemeint.

Andere Autoren sprechen in Abwandlung dieser Idee vom »Kind als Projekt.« Kinder haben ihre Selbstverständlichkeit verloren. Sie sind ein Juwel geworden »und müssen funkeln, sonst hat es sich nicht gelohnt« (Largo 2008a). Funkeln sie nicht, werden die Eltern missgelaunt, verunsichert, fragen sich, was sie falsch gemacht haben, oder treiben das Kind zu neuen Höchstleistungen an, damit sie das Gefühl haben, gute Eltern zu sein. Manche Psychoanalytiker befürchten, dass das Kind zum Begründer der Familie wird, wenn sein Glück und sein Selbstvertrauen zum vorrangigen Ziel der Familie werden. Dies soll für Kinder deshalb eine schwere Last sein, weil sich die Eltern in den Dienst des kindlichen Glücks stellen und damit in ihrer haltgebenden und grenzsetzenden (»symbolisch kastrierenden«) Funktion versagen. Eine wertschätzende, anerkennende Erziehung wird hier unter den Verdacht gestellt, sie führe zu Fehlentwicklungen bei den Kindern, die dann allerdings meist eher gemutmaßt oder nur recht impressionistisch belegt werden.[3]

3 Das Phänomen der Schulgewalt etwa soll in dieser Lesart ein Ausdruck dafür sein, dass wertgeschätzte Kinder, denen die Eltern in der Familie immer zu Hilfe eilen, sich in anderen Kontexten nicht mehr einordnen können, was zu massiven Ängsten und explosive Wutausbrüchen führe (s. z.B. Lerude 2006). Jeder, der jugendliche Gewalttäter kennt, weiß jedoch, dass gewalttätige Schüler meist aus gewalttätigen, seltener, wenn überhaupt, aus verwöhnenden Elternhäusern stammen. Dort findet man eher nörgelige Quengler (s. dazu Dornes 2006, Kap. 9).

Allert (2007) hat der fürsorglichen Belagerungsthese eine weitere interessante Variante hinzugefügt. Er diagnostiziert ein
Syndrom »geschäftiger Elternschaft«, deren Folge für die Kinder »zugemutete Autonomie« sei (ebd., S. 31, 24). Diese Problemkonstellation hat zwei Quellen: zum einen die normative
Wertschätzung kindlicher Selbständigkeit, zum anderen die
der Berufstätigkeit. In Allerts Sicht verschränken sich beide
miteinander, weil berufstätige Eltern selbständige Kinder benötigen. Sie üben deshalb – und wegen der wachsenden Bedeutung von Bildungszertifikaten, der damit einhergehenden
Expertisierung von Erziehung sowie einer grassierenden
Frühfördermentalität – Druck auf ihre Kinder aus, möglichst
schnell auf der Bildungsleiter emporzuklettern, und verlieren
ein Gespür für die Individualität und Unplanbarkeit von Entwicklung. Das uralte Motiv der Sorge um das Kind nimmt die
zeitgenössische Form des »Tausche Zuneigung gegen Bil-
dungsabschluß« an (ebd., S. 28). Mit der hohen Aufmerksamkeit für die Personalität des Kindes geht subkutan deren Funk-
tionalisierung für (Aus-)Bildungszwecke einher. Außerdem
führt die zeitgenössische Verschiebung von der Gatten- zur
Elternfamilie (Schütze 1994) zu einem sinkenden Eigenwert
der Paarbeziehung, weshalb sich alles nur noch um das Kind
dreht. Trotz oder gerade wegen dieser Zentralstellung des Kindes verschwinden die Eltern aber auf zweierlei Weise: zum
einen als Paar, das eine eigenständige, vom Kind abgegrenzte
Beziehung hat; zum anderen verschwinden sie hinter einer
Vielzahl von Berufsverpflichtungen, Bildungsexperten, Ersatz-
betreuungspersonen und Frühförderungsmaßnahmen. Dies
führt dazu, dass Kinder »unter den Bedingungen einer sozialisatorischen Konfusion der mobilen Erwachsenengesellschaft
auf ständiger Adressensuche (sind)« (ebd., S. 23). Die paradoxe
Folge einer stärkeren Rücksichtnahme auf und Pflege der Individualität des Kindes ist so ein gestiegener Erwartungsdruck,

der für die nicht leistungsbezogene Entfaltung von Charaktereigenschaften blind macht.

Diese Überlegungen kann man als Spezifizierung der fürsorglichen Belagerungsthese verstehen, die in ihrer einfachen
Form nur eine Verzögerung der Selbständigkeitsentwicklung
durch übermäßige Zuwendung behauptet. Bei Allert hingegen
belagern Eltern ihre Kinder fürsorglich *mit Bildungsansprüchen*, die sie aber gleichzeitig an Experten delegieren. Zusammen mit der Hochschätzung der eigenen Berufstätigkeit führt
dies zu einer nur noch diffusen Präsenz, die wahlweise als »ge-
schäftige Elternschaft« oder »elternlose Gesellschaft« bezeichnet wird. Ihr Ergebnis ist zugemutete Autonomie, also eine
nicht an kindlichen Entwicklungsbedürfnissen, sondern an Er-
wachsenenbedürfnissen orientierte Früh- oder Fehlform derselben.[4]

4 Andere Autoren betonen hingegen die gegenteilige Gefährdung, nämlich eine
Erziehungs*vermeidung* der Eltern – sei es aus Desinteresse, Konfliktscheu, Verunsicherung oder Anstrengungsvermeidung (z. B. Ahrbeck 2004, Fuhrer 2007,
S. 20 ff.; Largo 2008 b). Wir finden im Diskurs über Erziehung also zwei widersprüchliche Topoi: den der über- und den der unterengagierten Elternschaft.
Thomä (2008, S. 127 ff.) hat diese beiden Diagnosen in das Bild von der Familie
als Stau- oder als Hohlraum gefasst. Er sieht die größere derzeitige Gefahr in
einer Tendenz zum Hohlraum. Hochschild (1997) ergänzt die These von der
zugemuteten Autonomie um ein tiefenpsychologisches Element. Sie hat bei
manchen der von ihr untersuchten berufstätigen Mütter eine bis ins Unbewusste
reichende Strategie »emotionaler Askese« festgestellt. Unter emotionaler Askese versteht sie, dass die Mütter unter dem Zeitdruck des von ihnen gerne ausge-
übten Berufs die emotionalen Bedürfnisse ihrer Kinder, aber auch ihre eigenen
und die ihrer Partner nicht mehr wahrnehmen. Sie erklären ihre Kinder früh für
selbständig, um vor sich zu rechtfertigen, dass man sie auch alleine oder in der
Obhut anderer lassen kann. Auf diese Weise wird die These, die Eltern hätten
keine Zeit oder kein Interesse mehr für ihre Kinder, auf elegante Weise mit
der ihr eigentlich widersprechenden These eines elterlichen Überengagements
verknüpft. Eltern sind bildungsmäßig (Leistungsanforderungen, Frühförderung) überengagiert, *weil* sie keine Zeit mehr haben. Ich bin der Auffassung,
dass die Mehrzahl der Eltern eine hinreichend gute Balance zwischen Engage-

Eine vierte Schwierigkeit könnte daraus resultieren, dass Eltern – auch wenn sie ihre Kinder nicht (mit Bildungsansprüchen) belagern, parentifizieren oder funkeln lassen wollen – in ihrem Bedürfnis, den Kindern ihre Sympathie und Zuneigung zu zeigen, diese »zu gut« versorgen. Sie entlasten sie von alltäglichen Haushaltspflichten und fördern unter Umständen auf diese Weise Bequemlichkeit und eine Versorgungsmentalität, die ihrerseits wiederum die Ablösung beeinträchtigt. Dies könnte sich dann beispielsweise im verzögerten Auszug aus dem elterlichen Haushalt niederschlagen.

Empirische Überprüfung der Gefahren

Eine versuchsweise Überprüfung der beschriebenen vier Problemkonstellationen ergibt folgendes Bild:

Fürsorgliche Belagerung

Was die fürsorgliche Belagerung angeht, so existieren über deren Verbreitung keine statistischen Daten. Man ist deshalb auf Vermutungen angewiesen, ob und wie häufig dieses Phänomen auftritt und ob es den beschriebenen Effekt hat. Die derzeitige Befundlage besagt, dass es sich vermutlich nicht um ein Massenphänomen handelt und der Zusammenhang zwischen Erziehungsstil und Autonomienentwicklung eher umgekehrt ist, als in der fürsorglichen Belagerungsthese behauptet wird. Ho-

ment und Distanz findet. Dafür gibt es eine Fülle von Belegen, die im ersten Kapitel ausführlich dargestellt wurden. Eine (kurzere) Überprüfung der oben dargestellten Aussagen in den folgenden Abschnitten weist in dieselbe Richtung.

fer (2003) hat in seinem umfassenden Buch über die Beziehung zwischen familiärer Gesprächsführung und jugendlicher Autonomieentwicklung festgestellt, dass etwa 10–15 % der Jugendlichen Schwierigkeiten mit der Autonomieentwicklung haben. Die Betroffenen stammen jedoch bevorzugt aus autoritären, nicht aus partizipativen Elternhäusern, was darauf hinweist, dass es eher eine zu strenge als eine zu fürsorgliche Erziehung ist, die Selbständigkeitsprobleme schafft. Dies schließt natürlich nicht aus, dass subtile Formen der fürsorglichen Belagerung im Einzelfall ebenfalls die Autonomieentwicklung beeinträchtigen können. Das gravierendere Problem scheint aber in emotionaler Distanz bei gleichzeitiger überstarker Kontrolle zu liegen (Hofer 2003).

Parentifizierung

Das Phänomen ist recht vielgestaltig. Manche Formen dessen, was wir heute als Parentifizierung betrachten, waren in früheren Zeiten, in denen Kinder schon in jungen Jahren an der Betreuung der Geschwister und der Mitarbeit in Hof und Haushalt beteiligt waren, umfassender als heute. Der Roman »Herbstmilch« von Anna Wimschneider (Jahrgang 1919) und der ebenfalls autobiographische Roman »Padre Padrone« von Gavino Ledda (Jahrgang 1938) legen beredt davon Zeugnis ab, wie die eine als Haushaltshilfe, der andere als Schafhirte um ihre Kindheit gebracht wurden, ohne dass man das damals so verstanden hätte. Die davon Betroffenen haben allerdings ein Leben lang darunter gelitten (s. Göppel 2007, Kap. 5).

Im gröberen Stil findet sich Parentifizierung bei vernachlässigten Kindern. In Familien von Alkoholikern etwa müssen die Kinder häufig einkaufen gehen und den Hauhalt führen, ohne dass diese Handlungen noch wie bei Wimschneider und Ledda in ein vormodernes soziales Umfeld eingebunden sind und als Bestandteil der materiellen Reproduktion der Familie verstanden werden könnten. Diese groben Formen der Parentifizierung sind jedoch selten und zeigen auch keine ansteigende Tendenz.

Subtilere Formen psychologischer Parentifizierung finden sich heutzutage gehäuft bei Alleinerziehenden, die *dazu neigen*, ihre Kinder zum Partnerersatz zu machen (Kreppner 2000; King 2010, S. 1044 f.). Ebenso in Migrantenfamilien, in denen Jugendliche Übersetzer- und Vermittlerfunktion für ihre Eltern übernehmen müssen oder deren unerfüllte soziale Aufstiegsaspirationen erfüllen sollen. Dies ist mit einer Rollenumkehr bzw. einer unbewussten Delegation von Pflichten verbunden, deren psychisch belastende Folgen empirisch gut dokumentiert sind (Seiffge-Krenke 2007, S. 89 f.; King 2009, S. 34 ff.). Der derzeit viel diskutierte »Statusfatalismus der Unterschicht«, der sich auch bei Migranten findet, spricht indes eher dagegen, dass Kinder *in wachsendem M*aß durch an sie delegierte unerfüllte Aufstiegsträume belastet werden.

Winterhoff (2008) baut auf eine modifizierte Parentifizierungsthese eine ganze Katastrophendiagnose auf. Seine These lautet, dass seit 1990 die Gesellschaft wegen der Globalisierung immer kälter wird und deshalb nicht nur geschiedene, sondern tendenziell alle (Mittelschicht-)Eltern in zunehmendem Maße ihre Wärmebedürfnisse bei den Kindern zu stillen versuchen. Sie sprechen keine Verbote mehr aus, weil sie negative Reaktionen der Kinder darauf befürchten und diese als Liebesverlust erleben. Deshalb werden Eltern immer partnerschaftlicher. Die damit verbundene Rollenumkehr führt dazu, dass sie von ihren Kindern abhängig werden, ihnen keine Grenzen mehr setzen können und so kleine Tyrannen heranziehen. Unter Gesichtspunkten des Wandels der Anerkennung könnte man diagnostizieren, dass die Eltern heute mehr von ihren Kindern »anerkannt« werden wollen als früher. Ob das unausweichlich negative Konsequenzen haben muss, wie der Autor nahelegt, ist fraglich und sowohl vom Ausmaß abhängig, in dem die Eltern dieses Bedürfnis hegen, als auch von der Form, in der sie ihm Ausdruck verleihen. Die diesbezüglich angeführten Fall-beispiele genügen jedenfalls nicht, um die gesellschaftliche Verbreitung dieses Phänomens abzuschätzen. Den Ausführungen im vierten Kapitel zufolge ist es in seinen potentiell pathogenen, stärkeren Ausprägungen auf knapp 10 % der Bevölkerung begrenzt (weitere Ausführungen in Kapitel 8).

Zugemutete Autonomie

Was die empirische Triftigkeit von Allerts Überlegungen zur Adressenlosigkeit moderner Erziehung, zum steigenden Erwartungsdruck und der damit einhergehenden zugemuteten Autonomie angeht, so räumt der Autor ein, sie seien mit dem Risiko behaftet, einzelfallspezifische Erfahrungen unzulässig zu generalisieren (2007, S. 17). Trotz dieses Risikobewusstseins spart er nicht mit Polemik gegen eine sozialstatistisch operierende empirische Sozialforschung, die immer nur fußlahm hinter der Entwicklung herhinke und auszähle, wie viele Väter heute wie oft die Windeln ihrer Säuglinge wechseln (ebd., S. 24).

Verschiedene Untersuchungen zur Frage, wie Eltern mit schulischen Leistungsanforderungen umgehen und ob sie Druck auf die Freizeitgestaltung ihrer Kinder ausüben, kann man entnehmen, dass der von Allert häufig beschworene »hohe« oder »gestiegene Erwartungsdruck« (ebd., S. 24, 26, 29, 30) allenfalls eine Minderheit von 15–20 % der Kinder betrifft. Die Mehrheit der Kinder und Jugendlichen, nämlich 80–85 %, fühlt sich von ihren Eltern sowohl in ihren schulischen als auch in ihren Freizeitaktivitäten angemessen unterstützt, nicht unter Druck gesetzt und zeigt entsprechend weder Schul-noch Leistungsangst (s. Kapitel 1). Selbst in der Auswahl und Bewertung von Schulen, die doch wegen der gestiegenen Bedeutung von Bildungsabschlüssen für die berufliche Zukunft der Kinder besonders leistungsbezogen erfolgen sollte, steht das Wohlbefinden der Kinder als Kriterium für die Eltern weit oben (Andresen/Hurrelmann 2010, S. 5 f.). Ob die Minderheit der dennoch schulisch gelegentlich oder chronisch Gestressten typisch für eine erwartbare Zukunft ist, ist derzeit unklar. Richtig ist, dass Kinder heute verstärkt Gegenstand elterlicher Förderungsbemühungen geworden sind. Largo (2008 a) äußert sich diesbezüglich skeptisch: »Gras wächst nicht schneller, wenn man daran zieht.« Dennoch denkt auch er über zeitgemäße Formen der Schule nach, weil Gras zwar nicht schneller wächst, wenn man daran zieht, wohl aber besser und gesünder wird, wenn man es düngt, das heißt sich darum kümmert. Es ist eine offene Frage, ob die derzeitigen Formen des Kümmerns und Förderns überwiegend unter die Rubrik des überflüssigen Ziehens oder unter die des wünschenswerten Düngens einzuordnen sind (für Letzteres siehe z. B. Elschenbroich 2001, 2005).

Noch eine Bemerkung zur »Adressenlosigkeit« bzw. »sozialisatorischen Konfusion«, die Kinder in modernen Familien dadurch erleben sollen, dass ein wachsender Teil ihrer Betreuung und Erziehung an Experten delegiert und in andere Institutionen ausgelagert wird. Untersuchungen zu den Folgen umfassender nichtelterlicher Betreuung in den frühen Lebensjahren ergeben unter günstigen Fremdbetreuungsbedingungen keine wesentlichen Beeinträchtigungen – aber auch keine wesentlichen Förderungen – der emotionalen oder kognitiven Entwicklung dieser Kinder und auch kein Nachlassen der sozialisatorischen Kraft der Familie (Überblick bei Dornes 2006, Kap. 7). Natürlich ist es nicht ausgeschlossen, dass genauere oder weitere Untersuchungen doch Effekte finden oder qualitative Untersuchungen atmosphärische Veränderungen erfassen (etwa die der »Zeithetze«), die sich in ihren Auswirkungen auf die Kinder der Messung entziehen. Insgesamt scheinen aber die von Allert vorgetragenen Befürchtungen derzeit allenfalls für eine Minderheit zuzutreffen (s. Kapitel 1).

Auch hier ist die Befundlage komplex und widersetzt sich einfachen Deutungen.[5] Konietzka/Huinink (2003) finden in einer methodisch ausgefeilten Arbeit *keine* Indizien dafür, dass sich das Auszugsalter nach hinten verschoben hat, zumindest nicht für die Alterskohorten bis zum Geburtsjahr 1978. Im Gegenteil: Bei den Altersjahrgängen 1920 ff. war das Auszugsalter wesentlich höher, so dass man eher von einem säkularen Trend zur *Vorverlegung* des Auszugs und der damit eventuell verbundenen Selbständigkeitsentwicklung sprechen kann. Die soziologische Erklärung dafür ist, dass Auszug und Heirat früher eng verkoppelt waren und wirtschaftliche Selbständigkeit die Voraussetzung für eine Heirat war. Heute hingegen können Mann oder Frau ausziehen, ohne zu heiraten und ohne wirtschaftlich selbständig zu sein.

Für die Teilpopulation der Studierenden sind die Daten widersprüchlich. Manche Untersuchungen stellen eine Abnahme der im Elternhaus lebenden Studierenden zwischen 1953 und 2006 fest (von 30 auf 23 %; s. Bertram 1997, S. 152; Bundesministerium für Bildung und Forschung 2007, S. 348, 353). Andere finden seit 1972 für Deutschland wieder einen Anstieg der »Nesthocker«, der weitgehend auf die Zunahme von zu Hause wohnenden männlichen Jugendlichen zurückzuführen ist (Nave-Herz 2004, S. 218 f.; Meyer 2008, S. 335). Wieder andere finden, dass im Jahr 2003 ungefähr 20 % der Studierenden noch bei ihren Eltern wohnten (10 % weibliche, 30 % männliche), was keinen Anstieg anzeigt, da im Jahr 1972 noch 26 % zu Hause wohnten (UniSpiegel v. 18.10.2004, »Studium im Kinderzimmer«).

5 Literatur zum Thema: Papastefanou (2000 a, b, 2006), Hofer (2003, S. 54, 56 f., 293), Schäfers/Scherr (2005, S. 107), Seiffge-Krenke (2006), Konietzka/Huinink (2003), Huinink/Konietzka (2007, S. 89), Hildebrandt-Woeckel (2007), Berger (2009 a).

Psychologische Studien ergeben ein komplexes Bild. Bequemlichkeitsmotive, die dem Phänomen seinen Namen gegeben haben, spielen empirisch nur eine geringe Rolle (Berger 2009 a, S. 201). Junge Frauen ziehen früher aus als junge Männer (Seiffge-Krenke 2006). Das häufigste Auszugsalter ist derzeit 21–23 Jahre. Kinder Alleinerziehender ziehen früher aus. Manche Autoren sehen darin einen Ausdruck von Pseudoautonomie, der mit späteren Entwicklungsbeeinträchtigungen und Orientierungsproblemen einhergeht, weil die Kinder auf Grund der meist starken Belastungen ihrer Mütter zur Autonomie gezwungen sind. Andere heben die Entwicklungsanreize hervor, die mit der stärkeren Übernahme von Familienverpflichtungen einhergehen und die Selbständigkeit auch fördern können, ohne zu überfordern (Papastefanou 2006, S. 26, 32 f.). Kinder aus Scheidungs- und Trennungsfamilien ziehen ebenfalls früher aus als die Mehrheit. Der Grund ist meist der, den häuslichen Konflikten zu entkommen. Generell gilt, dass ein hohes Konfliktniveau den frühen Auszug »fördert«. Überbehütung, angezeigt durch niederes Konfliktniveau, verzögert ihn. Die Überbehütung muss allerdings nicht immer gutmütig sein, sondern kann auch, wie der Loriot-Film »Ödipussi« beispielhaft zeigt, die Form starker Kontrolle annehmen. Die familiären Beziehungen von »Nesthockern« sind häufig angespannt, die Eltern fühlen sich von den Anforderungen der Rundumversorgung gestresst, Konflikte werden eher vermieden. Die Autonomiebestrebungen der Jugendlichen sind hier geringer und wurden während der Adoleszenz von den Eltern weniger ermutigt; außerdem ist der Bindungsstatus häufiger unsicher als bei denen, die zwischen 21 und 23 Jahren ausziehen (Seiffge-Krenke 2007, S. 70). Dennoch zeigt die Gruppe der »Nesthocker« die geringste Symptombelastung von allen. Dies verweist auf die Kosten der Autonomie oder umgekehrt auf die protektive Funktion der Familie, die allerdings ab einem bestimmten Zeitpunkt auch eine Entwicklungsverzögerung in Gang setzen kann (Seiffge-Krenke 2006, S. 873).

Die hier nur ausschnittsweise referierten Befunde zeigen, dass Konfliktvermeidung und Überbehütung im »Hotel Mama« durchaus eine Rolle spielen können. Wahrscheinlich sind sie aber nur zwei von vielen möglichen Motiven. Manche »Wohngemeinschaften« zwischen Eltern und Kindern entstehen auch aus reifen Motiven, etwa der Solidarität der Kinder mit der angespannten finanziellen Situation der Eltern. Die daraus resultierende Konstellation einer Eltern-Kind-Wohngemeinschaft muss nicht eo ipso »inzestuös«, »verstrickt« oder sonstwie »unreif« sein. Vielmehr können sich vorliegenden Forschungsergebnissen zufolge (Kurzüberblicke bei Hofer 2003, S. 54, 56 f. und Hildebrandt-Woeckel 2007) Eltern-Kind-Beziehungen im Laufe solcher Wohngemeinschaften auch zu einer reiferen Beziehung zwischen den Beteiligten entwickeln, die nicht mehr durch kindliche Bedürfnisse wie Abhängigkeit, Schutzbedürfnis und Versorgung gekennzeichnet ist, sondern durch Merkmale wie Gegenseitigkeit, Partnerschaftlichkeit und Solidarität.

Zusammenfassend lässt sich festhalten: Erstens scheint es, wenn überhaupt, nur einen geringfügigen Anstieg des Auszugsalters (in Deutschland) zu geben, bevorzugt bei jungen Männern; zweitens ist er auf eine Vielfalt von Faktoren zurückzuführen, unter denen auch die psychologischen nicht nur pathologisch sein müssen; drittens stellt der Auszug für die wenigsten Eltern und Kinder eine Krise dar. Das für Eltern beschriebene »empty-nest-syndrome« ist ein Einzelfallphänomen, und auch die Kinder empfinden den Auszug in den seltensten Fällen als turbulent oder belastend (Papastefanou 2000 a, b; Berger 2009 a, S. 200). Die berichteten Zusammenhänge zwischen Familienvariablen und Auszugsalter lassen insgesamt nicht den Schluss zu, dass es sich bei verspätetem Auszug um ein weit verbreitetes Phänomen mit die Selbständigkeit der Kinder einschränkenden Folgen handelt, auch wenn dies in Einzelfällen oder für eine kleinere Gruppe durchaus der Fall sein kann. Wenn überhaupt, so sollte man das Augenmerk eher auf den »verfrühten« Auszug im Gefolge von Alleinerziehung und Scheidung richten, denn hier droht die Gefahr »zugemuteter Autonomie«, und diese Subgruppe nimmt statistisch zu.

Zwischenbilanz zur Autonomieentwicklung in der Familie

Die bisherigen Ausführungen lassen sich dahingehend resümieren, dass es keine überzeugenden Belege dafür gibt, dass moderne liberalisierte Erziehungspraktiken die Autonomieentwicklung von Kindern beeinträchtigen. Die diskutierten Problemfälle *innerhalb dieses Stils* (fürsorgliche Belagerung, Parentifizierung, zugemutete Autonomie, Hotel Mama) sind auf Teilgruppen beschränkt und repräsentieren nicht die vorherrschende Erziehungsrealität.

Vergleicht man den zugewandt-partizipativen Erziehungsstil *mit anderen Stilen*, so lässt sich grundsätzlich sagen, dass er einem autoritären oder kontrollierenden hinsichtlich seiner autonomieförderlichen Wirkung überlegen ist. Die Untersuchung familiärer Kommunikationsmuster zwischen Eltern und ihren adoleszenten Kindern ergibt, in äußerster Kürze zusammengefasst, ein »autonomieförderliches Syndrom« (s. Kapitel 4). Es ist gekennzeichnet durch die Faktoren stabile Verbundenheit, elterliche Wärme und autoritatives, das heißt zugewandtes, aber auch grenzensetzendes Erziehungsverhalten. Negativ auf die Autonomieentwicklung wirken sich geringe Verbundenheit, autoritär kontrollierender Erziehungsstil und hohe Konfliktintensität aus. Kurz: Moderne Erziehungspraktiken fördern die Autonomie eher als sie zu behindern. Entsprechend resümiert Hurrelmann (2009, S. 15): »... eine so clevere und selbständige Generation (wie die heutige; M. D.) haben wir nach meiner Erinnerung noch nie gehabt.«

Nachgedanken: Autonomie außerhalb der Familie

Eine sich hier anschließende Frage ist, was aus diesen Autonomiepotentialen wird, wenn die Jugendlichen ihre Familien verlassen. Können sie in der Schule, im Beruf und als Staatsbürger diese Potentiale zur Geltung bringen oder treffen sie in der Gesellschaft auf Umstände, die deren Realisierung erschweren? Die Beantwortung dieser Frage, so bedeutsam sie für eine Gesamteinschätzung ist, liegt jenseits dessen, was in diesem Buch geleistet werden kann. Sie erfordert eine Theorie, welche die Gesellschaft unter dem leitenden Gesichtspunkt betrachtet, ob sie sich insgesamt eher in Richtung auf Autonomiegewinn oder Autonomieverlust entwickelt. Ich traue mir derzeit diesbezüglich keine eindeutige Antwort zu. Wahrscheinlich gibt es in den verschiedenen genannten Teilbereichen (Familie, Schule, Beruf, Politik) keinen homogenen Entwicklungstrend, ja nicht einmal innerhalb eines dieser Teilbereiche wie dem Berufsleben. Für manche Individuen ist die zeitgenössische Berufsausübung – gekennzeichnet durch den Wandel von der Industrie- zur Dienstleistungstätigkeit, flacher gewordene Hierarchien sowie netzwerk- und projektförmige Arbeitsabläufe – mit wachsenden Autonomiespielräumen verbunden, für andere mit schrumpfenden (s. z.B. Senghaas-Knobloch 2008, S. 43 f., 55).

Rosa hingegen hat in einer umfassenden Monographie (2005) und einer Reihe von Essays (2009 a, b, c) eine eindeutige Position bezogen. In Kurzform besagt sie, dass wir noch nie so frei waren und noch nie so viele Möglichkeiten der Lebensgestaltung hatten wie heute. Aus diesen Möglichkeiten wird aber keine Wirklichkeit, weil die Umsetzung potentiell möglicher Lebenspläne unter die Räder des Zeitdrucks gerät. Was Individuen in spätmodernen Gesellschaften daran hindert, ein selbstbestimmtes Leben zu führen, sind weder politische oder ethische Zwänge noch materielle Knappheit, sondern unsichtbare Zeit- und Steigerungsnormen; und die »Schuld«, die Individuen heute auf sich laden, besteht nicht mehr darin, gegen inhaltlich spezifizierte Normen zu verstoßen, etwa im sexuellen Bereich, sondern Zeitnormen nicht einhalten zu können und deshalb den Anschluß zu verlieren. Die »Gewalt« in Familie, Schule, Universität und Betrieb ist weniger eine von zu vielen repressiven Normvorschriften als eine von permanentem Zeitdruck.

Diese Diagnose ist schon für die Arbeitswelt unterkomplex, noch mehr aber für den Bereich der familiären Erziehung. Einige Einwände wurden im obigen evaluativen Abschnitt über die zugemutete Autonomie angedeutet. Im ersten Kapitel wurde darüber hinaus gezeigt, dass Eltern noch nie so *viel* Zeit mit ihren Kindern verbracht haben wie heute, so dass die These permanenter oder gesteigerter Zeitknappheit für diesen Bereich falsch ist. Dasselbe gilt für Schule und Universität.

Rosa lässt sich gelegentlich auch anderweitig zu Globalbehauptungen hinreißen, die erstaunen. Ein Beispiel: »Wenn sich ein totalitäres Regime etwa dadurch auszeichnet, daß seine Untertanen nachts schweißgebadet, mit rasendem Puls und dem Gefühl einer unerträglichen Last auf der Brust, ja: mit existentieller Angst, aufwachen, dann leben wir unter einem totalitären Steigerungsregime: Vermutlich kennen die Bürger spätmoderner, liberalkapitalistischer Gesellschaften dieses Gefühl in weit höherer Zahl und in größerem Maße als die Untertanen fast aller politischen Diktaturen. Ihre Angst gilt nicht dem Geheimdienst oder den Schergen eines Tyrannen. Sie wachen auf aus Sorge, nicht mehr mitzukommen, nicht mehr auf dem Laufenden zu sein, die Aufgabenlast nicht mehr bewältigen zu können, abgehängt zu werden ...« (Rosa 2009 a, S. 43). Selbst wenn das zuträfe, was empirisch über die eventuelle Zunahme von Albträumen oder Schlafstörungen erfasst werden könnte, handelt es sich auch jenseits solcher (fehlenden) Belege um eine bedenkliche Verharmlosung von wirklich totalitären, diktatorischen Regimen. Dem Autor fehlt anscheinend das Sensorium für deren Unterdrückungsgewalt und ihre verheerenden Folgen, weil ihm seine negative Dramatisierungsrhetorik einen differenzierenden Blick zu trüben scheint. Das ist umso bedauerlicher, als er über diesen Blick durchaus verfügt, wie seine ebenso umfassende wie subtile Monographie zur Beschleunigung zeigt.

Teil 3: Strukturwandel der Persönlichkeit

Zurück zu Familie und Erziehung. Nunmehr sollen die mutmaßlichen Folgen einer demokratischen Erziehung für die Persönlichkeitsstruktur behandelt werden. Ich gehe davon aus, dass sich, psychoanalytisch gesprochen, der »psychische Apparat« unter dem Einfluss moderner Erziehungspraktiken auflockert, und zwar in zweierlei Hinsicht. Zum einen verflüssigen sich die Substrukturen Es, Ich und Überich in sich selbst. Das Es wird als weniger triebhaft-überwältigend erlebt, das Überich als weniger triebfeindlich und rigide, das Ich wird flexibler und kreativer. Zum anderen aber – und das ist mit kommunikativer Verflüssigung gemeint – verändert sich auch das Verhältnis dieser Instanzen zueinander; ihr vormals antagonistisches Verhältnis wird dialogischer. Ich und Überich sind nun geneigter, Es-Impulse anzuhören, sie zu prüfen und weniger schnell und rigide zurückzuweisen als früher.

Charakterstärke und Charakterstarre

Dadurch wird die Psyche insgesamt aufgelockert und entkrampft. Das Zwiespältige an dieser Entwicklung ist, dass die Entkrampfung mit einer Schwächung des psychischen Formierungspotentials einhergehen könnte. Störende Triebregungen werden nicht mehr, wie früher, einfach abgewiesen, sondern zunächst einmal angehört und auf ihre mögliche Berechtigung hin geprüft. Dieser Prozess impliziert eine gesteigerte Aufmerksamkeit für sie – ähnlich wie eine demokratisierte Erziehung eine ständige Anhörung und Prüfung kindlicher Ansprüche erfordert. Dies erhöht (möglicherweise) die Störanfälligkeit der Psyche und damit die Wahrscheinlichkeit, bei äußeren Belastungen zu dekompensieren. In anderen Worten: Mit der vormaligen Charakterstarre geht auch ein Stück Charakterstärke verloren, wenn man unter Charakterstärke die Fähigkeit versteht, störende Triebregungen ungeprüft, aber erfolgreich abzuweisen. Dies ist »stark«, weil es die Konzentration auf eine Aufgabe erleichtert, aber »starr«, weil es auf Kosten von Impulsen geht, die das Seelenleben auch bereichern und die psychische Lebendigkeit erhöhen könnten, wenn sie zugelassen würden. Wir stehen dann vor dem Ergebnis, dass die durch eine zuwendungsorientierte Erziehung aufgelockerte Psyche durch diese Auflockerung zugleich freier und verletzlicher geworden ist. Das Junktim von größerer intrapsychischer Freiheit und größerer Verletzlichkeit macht die Ambivalenz dieser Entwicklung aus.

Diese Theorievariante, die in der Psychoanalyse von Loewald (1979) inauguriert und von Whitebook (1995) und Honneth (2000) weiter ausgearbeitet worden ist, kann meines Erachtens am besten die Komplexität zeitgenössischer Entwicklungsprozesse erfassen, im vorliegenden Falle den Sachverhalt, dass ein und derselbe Prozess, nämlich der einer liberalisierten Erziehung, zu größerer psychischer Freiheit und zu größerer Verletzlichkeit führt. Außerdem hat sie den weiteren Vorteil, Elemente der in der Einleitung skizzierten anderen drei Theorievarianten zu enthalten. Sie ist offen für die Gefahr der regressiven Entdifferenzierung, die Chance der progressiven Differenzierung und die Idee eines Wandels, der nicht nur ein symptomatischer ist. »Subjektive Modernisierung« als Ergebnis einer modernisierten Erziehung in einer sich ständig verändernden Gesellschaft ist in dieser Konzeption also weder bloß regressiv noch bloß progressiv, noch bloß oberflächlich, sondern geht in die Tiefe. Ihr markantestes Kennzeichen ist, wie erwähnt, die Verbindung von größerer intrapsychischer Freiheit und größerer Verletzlichkeit. Ich bezeichne diese Psychostruktur mit dem sozialcharakterologischen Begriff der »postheroischen Persönlichkeit«.[6]

Mit »postheroisch« ist zum einen gemeint, dass sich dieser Typus von einer »heroischen« Unterdrückung eigener Impulse ebenso verabschiedet hat wie von einem »heroischen« Aus- und Durchhalten einmal getroffener (Lebens-)Entscheidungen. Er ist gewissermaßen beweglicher geworden. Zum zweiten soll mit dieser Begriffswahl angezeigt werden, dass dieser Typus trotz Intensivierung des inneren Gesprächs »mit sich selbst« nicht als narzisstisch (dis)qualifiziert werden kann. Mehr innerer Dialog bedeutet nämlich nicht unbedingt mehr Narzissmus – ansonsten wäre jede Psychoanalyse ein narzisstisches Unternehmen, was nicht der Fall ist.[7]

Resümierend kann man Folgendes festhalten: Mit einer durch die Demokratisierung der Erziehung hervorgerufenen flexibleren Einstellung zu den eigenen Bedürfnissen und der gesellschaftlichen Tendenz, den Ausdruck solcher Bedürfnisse

6 Mögliche Alternativen sind: postpatriarchalisch (Kilian 1995, S. 300), postkonventionell (Whitebook 1995, S. 224), postautoritär (Honneth 2009, mündliche Mitteilung). Illouz (2008, S. 366 f.) spricht von einem neuen androgyneren »emotionalen Habitus«, der an die Stelle des vormaligen »Heldentyps« getreten ist. Etwas selbstbezüglich könnte man auch von einer »postpsychoanalytischen Persönlichkeit« sprechen, weil dieser Typus dem psychoanalytischen Programm »Wo Es war, soll Ich werden« (Freud 1933, S. 86) bzw. »Wo Überich war, soll Ich werden« nahekommt. Die psychische Struktur der postheroischen Persönlichkeit ähnelt der eines Patienten *nach* erfolgreicher Psychoanalyse. Er verfügt über eine aufgelockerte Abwehr, ein weniger strenges Überich, ein sublimierungsfähigeres Ich und steht mit seinem Unbewussten auf freundlicherem Fuß.
7 Illouz (2008) zeigt darüber hinaus, dass die weit verbreitete Auffassung, der therapeutische Diskurs sei selbstbezogen und institutionenfeindlich, falsch ist. Er ist vielmehr eine moderne Weise, das Selbst zu institutionalisieren (ebd., S. 9 ff., 22 f., 311 f., 327, 370). Vulnerabilitäten werden nicht kultiviert (Furedi 2004), sondern kompensiert.

zu tolerieren oder sogar im Namen der Authentizität zu fördern, geht unter Umständen auch eine Schwächung des psychischen Formierungspotentials einher. Wir stehen dann vor dem Ergebnis, dass sich in den sogenannten spät- oder postmodernen Formen der Identität ein erheblicher Wandel psychischer Strukturen anzeigt. Nicht mehr Homogenität und Ich-Stärke, sondern Heterogenität und innere Pluralisierung sind Kennzeichen spätmoderner Subjektivität, die insgesamt plastischer, lebendiger und authentischer, aber auch labiler und verletzlicher geworden ist (Honneth 2000).

Der Philosoph und Psychoanalytiker Whitebook (1995, S. 222) hat in einer etwas anderen Terminologie ähnliche Überlegungen angestellt. Das klassische Autonomiekonzept der Aufklärung, das in beschränktem Maß im bürgerlichen Individuum verwirklicht wurde, »pflegte wichtige und oft primitive Dimensionen der menschlichen Psyche und Erfahrung zu verleugnen und zu verdrängen. Es sind aber exakt diese archaischen Elemente, die – auf Gedeih und Verderb – mit den Veränderungen der Sozialstruktur der Mittelklasse, der Sexualmoral und des Familienlebens seit dem Zweiten Weltkrieg aufgetaucht sind.« Loewald (1979, S. 399) zitierend heißt es weiter: »Im psychosexuellen und gesellschaftlichen Leben der Gegenwart treten ›archaische‹ Strömungen stärker in Erscheinung, werden, wie ich glaube, weniger verdrängt. Sie führen folglich zu andersartigen Störungen, die oft der ›Perversion‹ näher stehen als der ›Neurose‹.«

Hier haben wir in wenigen Sätzen eine Theorie der möglichen Zunahme früher Störungen ohne kulturpessimistische Begleitmusik. Frühe Störungen könnten zunehmen (für eine gegenteilige Auffassung siehe Reiche 1991), weil weniger verdrängt werden muss. Die geringere Verdrängungsneigung ergibt sich aus der Liberalisierung der Gesellschaft, insbesondere ihrer Erziehungs- und Sexualmoral. Die Gesellschaft toleriert mehr als früher den Ausdruck archaischer Seelenschichten, die in manchen Theorierichtungen auch »psychotischer Kern«

oder »Perversion« genannt werden (Whitebook 1995, S. 217). Dadurch haben diese Schichten leichteren Zugang zum Bewusstsein. Dies ist ein Risiko (frühe Störung statt Neurose), aber auch eine Chance, die Whitebook in Anlehnung an Loewald so formuliert: »Das gleichzeitige Lockern von gesellschaftlichen und psychischen Strukturen in der zeitgenössischen Welt bereitet ein gleichmäßiges Kräfteverhältnis vor sowohl für neue Formen der Anomie, Psychopathologie und sogar Barbarei als auch für flexiblere Formen von ›post-konventionellen‹ Persönlichkeitsstrukturen, die die archaischen Schichten des geistigen Lebens reintegrieren könnten.« Die postkonventionellen Persönlichkeiten können diese Schichten sogar besser integrieren und sind insofern reichhaltiger und vielfältiger als die konventionellen, weil sie diese archaischen Schichten weniger verdrängt haben; und dies kann im besten Falle zu einer »weniger rigiden, weniger frostigen und humaneren Rationalität führen« als der bisherigen (ebd., S. 224). Was von diesen Möglichkeiten Wirklichkeit wird, ob also die weniger verdrängten archaischen Schichten barbarisch oder human genutzt werden, hängt von dem gesellschaftlichen Umfeld ab, in das sie gelangen, und nicht mehr nur von ihnen selbst. Dies würde bedeuten, dass die postkonventionelle Persönlichkeitsstruktur für vielfältige Zwecke benutzt werden kann.

Manche Autoren vertreten allerdings die Ansicht, dass diese Persönlichkeit für bestimmte politische Richtungen gerade weniger fungibel ist, aber dennoch Risiken bestehen. Der französische Soziologe Gauchet (2000) etwa sieht im Wandel der Sozialisationsbedingungen die Chance, dass die daraus resultierenden Persönlichkeiten demokratischer sind und für autoritäre Einstellungen weniger anfällig. Fundamentalismus, Krieg und Barbarei sind ihre Sache nicht. Das Risiko sieht er darin, dass dieselben Sozialisationsbedingungen, die eine fundamentalismus- und kriegsaverse, postheroische Persönlichkeit hervorbringen, zugleich den sozialen Zusammenhalt schwächen, weil unter liberalen und individualisierten Sozialisationsbedingungen die Individuen nicht mehr durch Identifizierungen mit einer gemeinsamen symbolischen Ordnung zusammengehalten werden, denn diese gibt es kaum noch (s. Kapitel 5). Das Risiko besteht also weniger in neuer Barbarei, Anomie oder früher Störung als vielmehr in zunehmender Privatisierung der Sozialbeziehungen und Lockerung des makrosozialen Bandes. Dies ist ein Grundproblem moderner Gesellschaften, dass nämlich *individuelle Selbstorganisation* an die Stelle des festeren *sozialen Außenhalts* treten muss, den traditionale Gesellschaften noch bieten. Insofern ist Luhmann zuzustimmen, der schon vor geraumer Zeit bemerkte, dass die moderne Sozialordnung »ungelöste Probleme auf den Einzelnen abwälzt und damit dessen individuelle Persönlichkeit als Problemlösungssystem einspannt« (1965, S. 54). Dies *kann* zu einer erhöhten Verwundbarkeit und Anfälligkeit des Individuums für seelische Erkrankungen wie Depressionen oder Angsterkrankungen führen, aber nicht unbedingt, weil die psychischen Strukturen fragiler geworden sind, sondern vor allem weil sie weniger Halt in einer allgemeinverbindlichen Ordnung finden und nur noch, oder zumindest stärker als früher, auf eigenen Beinen stehen (Lipovetsky 1993, S. 65; siehe dazu auch Teil 4 dieses Kapitels).[8]

Alle genannten Autoren – Loewald, Whitebook, Honneth und Gauchet – sind also einem ähnlichen Problem auf der Spur. Sie heben, wenn auch mit unterschiedlicher Akzentsetzung, das Nebeneinander von Befreiung und Risiko, von Lo

---

8 Eine weitere Gefahr besteht darin, dass die postheroische Persönlichkeit nicht mehr bereit oder von ihrer psychischen Verfassung her nicht mehr in der Lage ist, im Bedrohungsfall »heroische« Verteidigungsanstrengungen zu ergreifen. Pointiert ausgedrückt: Mit dieser Generation ist kein Krieg mehr zu gewinnen, weil die Soldaten psychostrukturell zu Sozialhelfern mutiert sind. Das ist zunächst nur eine Behauptung, für die Belege beizubringen wären. Außerdem kann man diese Entwicklung auch begrüßen. Warburg (2010) behandelt diesen ganzen Themenkomplex ausführlicher.

ckerung und Labilisierung ebenso hervor wie Lipovetsky (1993, S. 65, 78, 81, 157 f.), der eine Gleichzeitigkeit von Entkrampfung und Destabilisierung diagnostiziert sowie eine Persönlichkeitsstruktur, bei der das *feeling* wichtiger ist als das *standing* (ebd., S. 165). Eine lutheranische Haltung ist ihr eher fremd: »Hier stehe ich, ich kann *auch* anders« lautet ihr Motto. Statt: »Atomkraft, nein danke« heißt es nun: »Atomkraft, vielleicht« (nach Fukushima hierzulande wieder: »Eher nicht«). Das ist kein Mangel an Standhaftigkeit oder Prinzipientreue, sondern eine im Charakter verankerte, also habituelle Bereitschaft, reflexiv im Lichte neuer Erfahrungen die Prinzipien zu prüfen, die vormals ungeprüft galten.

Charakterstärke und Charakterflexibilität

Dieser Zuwachs an Flexibilität lässt sich allerdings auch als Stärkung, nicht als Schwächung des Charakters oder Steigerung seiner Verletzlichkeit verstehen. Es gibt nämlich nicht nur, wie beschrieben, eine Gleichzeitigkeit von *Ent*krampfung und Destabilisierung, sondern auch eine von *Ver*krampfung und Destabilisierung, und zwar aus folgendem Grund: Ein starrer Charakter ist dann stark, wenn die Umweltbedingungen konstant sind. Ändern sich diese, so dekompensiert er leichter. Der starrstarke Charakter ist also unter bestimmten Umständen ebenfalls verletzlich, sogar verletzlicher als der entkrampfte. In Gesellschaften mit hohem sozialem Wandlungstempo ist der entkrampfte Charakter der stabilere. Ein starrer Baum bricht im Wind, ein biegsamer nicht. Ein Individuum kann belastbarer sein, wenn seine Identifikationen weniger fest sind, weil ihm dann Spielraum bleibt, mit widersprüchlichen Anforderungen umzugehen. Die hier angedeutete Idee eines Zusammenhangs von Flexibilität und Stärke (nicht, wie bisher, die von Starre und Stärke) findet sich ebenfalls bei Loewald und Whitebook, aber auch schon bei Krappmann (1969, S. 92). Whitebook (2009 a, S. 118; 2009 b, S. 838 ff.) spricht von einer »vermeintlichen Stärke« des starken Ich, die eigentlich eine Schwäche ist, nämlich die des zwanghaften Ich, das durch Abwehr ausschließt, anstatt durch Sublimierung einzuschließen. Der »freie Verkehr« der psychischen Instanzen (Freud 1926, S. 125) oder deren »optimale Kommunikation« (Loewald 1971, S. 88) bedeutet auf alle Fälle mehr innere Lebendigkeit. Allerdings ist damit nicht unbedingt auch mehr psychische Stabilität verbunden (Loewald 1951, S. 34; Whitebook 2009 a, S. 128). Wir stehen somit erneut vor dem Problem, dass Vitalität und Stabilität, *je nach Umweltbedingung* positive oder negative Auswirkungen haben können; denn der Zugang zu archaischen Schichten der Psyche, die Durchlässigkeit für vormals Abgewehrtes, die Bereitschaft, zwischen verschiedenen seelischen Strukturebenen zu wechseln, zu progredieren und zu regredieren, ist auf eine entgegenkommende soziale Umwelt angewiesen, die diese Form psychischer Aktivität erlaubt. In einem Krieg, einem Slum, einer Drogengang, einer Misshandlungsfamilie ist die flexible Persönlichkeitsstruktur dysfunktional und wird sich dort weder ausbilden noch überleben. In befriedeten Zonen moderner Gesellschaften wird sie florieren und ihr kreatives Potential entfalten.

Kurz: Ob ein starrer oder ein flexibler Charakter stark ist, hängt auch von der Umwelt ab, in der er lebt. Es kann einen Zusammenhang zwischen Charakterflexibilität, Lebendigkeitsgewinn und Problembewältigungsstärke geben (wenn die Umwelt sich schnell verändert), aber auch einen zwischen Flexibilität und erhöhter Irritationsbereitschaft (wenn die Umwelt zu viel Abwechslung oder Ablenkung bietet); und es kann einen Zusammenhang zwischen Charakterstarre und Irritationsresistenz geben (wenn die Veränderungen ausgeblendet werden können), aber auch einen zwischen Starre und Schwäche (wenn die Ausblendung der Veränderung zu Bewältigungsproblemen führt). Es ist diese letzte Konstellation, die bisher die größten zivilisatorischen Katastrophen begünstigt hat. Welchen Aufwand die starre, sich durch Abwehr stabilisierende Psyche betreiben muss, um ihrer Verletzlichkeit in Zeiten der Belastung und des Wandels Herr zu werden, haben die Arbeiten von Rohrwasser (1975), Theweleit (1977), Sombart (1991), Lethen (1994), Radkau (1998) und Blom (2008) deutlich gemacht. Sie haben die Charakterpanzerung beschrieben, die notwendig war, damit die Psyche der Freikorpsmänner, Funktionäre und Männerbündler, aber auch die des gewöhnlichen Mannes vor und nach dem Ersten Weltkrieg nicht dekompensierte. Staatsobsession, Militarismus und Fetischisierung des Kollektivs waren die sozialen Korrelate und Folgen dieser Psychostruktur und machten sie anfällig für den heraufziehenden Nationalsozialismus.[9]

9 Inwieweit Frauen ähnliche Strukturen aufwiesen, ist eine weitgehend noch zu klärende Frage. Bisher ist überwiegend der männliche Charakter dieser Epoche als »Metall-Ich«, »Bunker-Person«, »Charakterpanzer«, »viriler Narzißmus« beschrieben worden. An dessen Ursprung soll eine panische Abwehr des Weiblichen, Weichen, Flutenden, Verschmelzenden liegen, das eine archaische Bedrohung für diesen Typus darstellt. Lethen (1994, S. 181 f.) findet wenig Anhaltspunkte für weibliche Verpanzerung in der Literatur der 1920er Jahre. Rohrwassers Buch zu diesem Thema trägt den Titel »Saubere Mädel, starke Genossen«, wobei das »sauber« zumindest andeutet, dass die Frauen von analzwanghaften Zügen nicht frei waren; auch die auf Härte abzielenden Erziehungsideale der Nationalsozialisten wurden von Frauen nicht nur stillschweigend geduldet, sondern aktiv propagiert und exekutiert (Chamberlain 1997; s. a. Brockhaus 2008 mit weiterer Literatur zum Thema »harte« Weiblichkeit); in den Studien über den autoritären Charakter seit den 1930er Jahren waren Frauen ebenfalls vertreten; und in der von der Bindungstheorie inspirierten zeitgenössischen Reformulierung des autoritären Charakters ist es eher die bindungsabweisende, »kalte« Mutter als der strafende Vater, die am Grunde einer beziehungsabwertenden Persönlichkeit liegt. Die Abwertung der Bedeutung von Beziehungen und eine beeinträchtigte moralische Autonomieentwicklung sind die beiden zentralen Charakteristika des modernisierten Konzepts vom autoritären Charakter (siehe dazu Hopf/Hopf 1997, Kap. 3 und 5 sowie Hopf 2000).

Empirische Belege

Identitätswandel

Nunmehr sollen empirische Belege für die obigen Vermutungen angeführt werden, die besagten, dass sich die »durchschnittliche« oder »typische« zeitgenössische Persönlichkeit in Richtung auf mehr Auflockerung des psychischen Apparats verändert hat und nicht nur die soziale Situation, in der die Individuen sich befinden. »Tempora mutantur nos et mutamur in illis.« Unterstützung erhalten diese Überlegungen zum psychischen Strukturwandel in Richtung auf mehr Flexibilität durch die Identitätsforschung nach Erikson. Sie wurde vor allem von James Marcia (1966, 1980, 1989) inspiriert.[10]

Marcia hat das bipolare Modell Eriksons, das auf die beiden Dimensionen – Identität versus Identitätsdiffusion – fokussierte, erweitert und unterscheidet vier Identitätszustände, die mittels eines halboffenen Interviews bei 18- bis 22-Jährigen erhoben werden: 1. die erarbeitete Identität, 2. den Status des Moratoriums, 3. die übernommene Identität, 4. die Identitätsdiffusion. Die vierte Gruppe der Identitätsdiffusen wird in einer späteren Veröffentlichung (Marcia 1989) in fünf Untergruppen ausdifferenziert, von denen hier nur die letzten beiden genannt seien: a) die *entwicklungsbedingte Diffusion* ist ein Durchgangsstadium auf dem Weg zur reifen Identität. Sie kennzeichnet Personen, die grundsätzlich die notwendige Ich-Stärke haben, um sowohl Alternativen in den Bereichen Beruf, Beziehungen und Wertorientierung ernsthaft zu explorieren als auch, um sich dort festzulegen; sie sind aber noch nicht so weit; b) bei der *kulturell adaptiven Diffusion* sind die Interviewten von den personalen Ressourcen her ähnlich reif, halten sich aber

---

10 Sekundärliterarische Überblicke bei Kraus/Mitzscherlich (1997), Straub (2000), Göppel (2005, S. 239 ff.), Alsaker/Kroger (2007, S. 373 ff.); Kurzfassung Bohleber (1999, S. 521 f.; 2009, S. 204 f.).

mit Festlegungen »überlegt« zurück, weil die Nicht-Festlegung in den identitätsrelevanten Bereichen Beruf, Beziehungen und Werte von den gesellschaftlichen Bedingungen nahegelegt wird, die flexible, jederzeit revidierbare »Entscheidungen« prämieren und keine verbindlichen und dauerhaften Festlegungen (Marcia 1989, S. 292 ff.).

In diesem Zusammenhang ist nun interessant, dass den Befunden von Marcia und anderen zufolge der Anteil der Identitätsdiffusen seit etwa 1984 zugenommen hat. Waren vorher ca. 20 % aller Interviewten in diese Gruppe einzuordnen, sind es seither 40 %, was Marcia (ebd., S. 292) auf die Zunahme des Typus der kulturell adaptiven Diffusion zurückführt. Ohne weiter auf Details dieser Forschung einzugehen (für einen aktuellen Überblick s. Alsaker/Kroger 2007), könnte man diesen Typus als identitätstheoretische Entsprechung dessen betrachten, was oben als plastischere, aber auch labiler gewordene Persönlichkeitsstruktur bezeichnet wurde. In anderen Worten: Die Zunahme an *subklinisch* Identitätsdiffusen – die Zahl der klinisch als *identitätsgestört* Diagnostizierten hat seit 1996 stark *abgenommen* (Lang et al. 2009) – kann als empirisches Indiz für die im vorigen Abschnitt vermutete Auflockerung des psychischen Apparats betrachtet werden.[11]

11 Auf die damit verbundenen Probleme kann hier nicht weiter eingegangen werden. Nur eines sei bemerkt. Man kann die subklinische Identitätsdiffusion als Indiz für psychische Auflockerung unterschiedlich interpretieren. Göppel (2005, S. 241) weist darauf hin, dass die bewusst-abwartende Haltung, die sich beim Typus der kulturell-adaptiven Diffusion findet, große Ähnlichkeiten mit der abwartenden Haltung pragmatischer Chancenoptimierung hat, die in der 14. Shellstudie (2002) als beispielhaft für den Typus des »Egotaktikers« beschrieben wurde. Dort ist der »aufgelockerte« psychische Apparat sensu Honneth und Whitebook wahrscheinlich nicht gut aufgehoben. Außerdem wird die Auflockerung von Honneth und Whitebook auf veränderte Praktiken in der Sphäre der primären Sozialisation bezogen, während Marcia (1989, S. 292) die bewusst-abwartende Haltung als erwachsene Reaktion auf einen fortschreitenden Prozess gesellschaftlicher Individualisierung bzw. auf eine neoliberaler werdende Gesellschaft ansieht, nicht aber als Ausdruck einer Verände-

Flexibilität, Belastbarkeitsschwund, Bewältigungskompetenz

Es gibt indes noch andere Hinweise auf mehr Plastizität und zugleich mehr Labilität der Persönlichkeitsstruktur. Schneewind (Kurzfassung 2001, ausführlich Schneewind/Ruppert 1995; s. a. das thematisch ähnliche Projekt von Wild/Hofer 2001) hat in einer empirisch-familienpsychologischen Longitudinalstudie die möglichen Auswirkungen des Erziehungsstilwandels für die Jahre 1975 bis 1992 untersucht. Ausgehend von verschiedenen Ausgangsniveaus entwickelten sich sowohl Eltern als auch Kinder im Laufe des 16-Jahres-Intervalls in Richtung auf eine größere Unabhängigkeit sowie eine geringere Normgebundenheit und Entschlussbereitschaft (Schneewind 2001, S. 29). Die Kindergeneration war im Vergleich zur Elterngeneration weniger belastbar (ebd. S. 31), was sich daran zeigte, dass sie auf kritische Lebensereignisse häufiger mit körperlichen Symptomen reagierte. Diese Befunde konvergieren mit den oben vorgetragenen Überlegungen, dass der moderne »psychische Apparat« sowohl freier und triebfreundlicher als auch fragiler geworden ist – in Schneewinds Terminologie: größere Unabhängigkeit und geringere Normgebundenheit bei geringerer Entschlussbereitschaft und höherer Anfälligkeit für körperliche Symptome bei Belastung.

Andere Forschungsbefunde zeigen jedoch, dass es nicht nur einen Zusammenhang zwischen Flexibilität und Belastbarkeitsschwund, sondern auch den umgekehrten zwischen Flexibilität und Problembewältigungskompetenz geben kann. So fand Schneewind (2001, S. 29 f.), dass die Kindergeneration besser als die Elterngeneration in der Lage ist, schicksalhaften Widerfahrnissen eine neue, weniger belastende Bedeutung

rung bzw. Flexibilisierung psychischer Grundstrukturen. Unabhängig von diesen verschiedenen Deutungen bleibt als übergreifende Gemeinsamkeit die Feststellung einer Auflockerung.

zu geben, weil sie in solchen Fällen das Gespräch mit vertrauten Personen suchte. Bude/Lantermann (2006) gingen der Frage nach, wodurch das Gefühl, von der Gesellschaft ausgeschlossen zu sein – das Exklusionsempfinden – abhängt. Objektive Faktoren wie Einkommenshöhe, Höhe des Bildungsabschlusses und Berufstätigkeit genügten als Erklärung nicht. Subjektive, persönlichkeitspsychologische Faktoren wie Kohärenzsinn, Offenheit für Neues und Risikobereitschaft spielten eine ebenso große Rolle. Wer trotz günstiger objektiver Faktoren die Zukunft subjektiv als bedrohlich erlebt, wird sich leicht exkludiert fühlen; wer trotz wenig objektiver Sicherheit über starke subjektive Ressourcen verfügt, wird seine Situation sowohl günstiger bewerten als auch anders in ihr handeln. Callies (2008) illustriert diesen Sachverhalt mit beeindruckenden Fallbeispielen. Die Befunde dieser beiden Studien lassen sich in die Aussage überführen, dass ein flexibler psychischer Apparat, angezeigt durch »Offenheit für Neues« und »Risikobereitschaft«, an die modernen Lebensbedingungen raschen Wandels besser angepasst ist als ein starrer, der in einer konstanten Umwelt besser funktioniert. Die von Schneewind beschriebene stärkere Anfälligkeit der jüngeren Generation für funktionelle Symptome bei Belastung könnte dann so erklärt werden, dass die jüngere Generation zwar flexibler ist als die alte, aber zugleich mit Anpassungsanforderungen oder objektiven Statusrisiken konfrontiert, die ihre subjektiven Flexibilitätsgewinne *übersteigen*. Der Belastbarkeitsschwund ist dann nicht in erster Linie auf die interne Verfassung des psychischen Apparats zurückzuführen, sondern eher auf veränderte externe Heraus- oder Überforderungen; und die Zunahme von Symptomen würde, psychoanalytisch gesprochen, »Aktualneurosen« anzeigen, keine »Psychoneurosen« – und damit keine labiler gewordenen psychischen Strukturen. Für diese Deutung spricht auch, dass die Kindergeneration in Schneewinds Studie zwar häufiger Symptome bei Belastung *produziert*, aber als Ausgangsbasis weniger Symptome *hat* als die Elterngeneration (2001, S. 31).[12]

Bindungsfähigkeit und Kreativität

Als einen anderen Indikator für Ich-Stärke kann man die Fähigkeit betrachten, stabile Bindungen einzugehen und diese auch über schwierige Zeiten hinweg aufrechtzuerhalten. Häufig ist die Diagnose zu hören, die Bindungsfähigkeit habe abgenommen. Bindungen seien flüchtig geworden und zu »Wegwerfbeziehungen« mutiert, die nur so lange bestehen blieben, wie sie Befriedigung oder Spaß versprächen (Bauman 2000,

---

12 Weitere Forschungsergebnisse weisen ebenfalls in diese Richtung. In Untersuchungen zur Frage, welche Erziehungsmethoden die Konzentrationsfähigkeit auf eine Aufgabe fördern, wurde herausgefunden, dass folgende »moderne« Erziehungspraktiken dafür besonders geeignet sind: a) hohe elterliche Responsivität und Wärme in Bezug auf die Beziehungsbedürfnisse der Kinder, b) emotionale und sachbezogene Unterstützung der Kompetenzbedürfnisse, c) möglichst geringe Einschränkung von Autonomiebedürfnissen durch Vermeidung starker Kontrolle und angstinduzierender Disziplinierungsmaßnahmen (Schneewind 2008, S. 263). Ein in diesem Sinn erzogenes modernes Kind sollte im Prinzip besser in der Lage sein, sich auf eine Aufgabe zu konzentrieren, als der zwanghaft-starre Charakter früherer Zeiten. Ist das nicht (immer) der Fall – wofür die oben genannten Kohortentrends über stärkere Symptomanfälligkeit bei Belastung, nachlassende Entschlussbereitschaft und die Alltagsbeobachtung hoher Ablenkbarkeit *bei manchen Kindern* sprechen –, so könnten dafür a) ein Übermaß an äußerer Ablenkung verantwortlich sein, das den psychostrukturellen Gewinn an Konzentrationsfähigkeit wieder »auffrisst«, oder b) die bei manchen Kindern noch stark verbesserungsbedürftige Erziehung. Im Prinzip jedenfalls fördern die genannten Erziehungsmerkmale die Fähigkeit, aktuell dominante Handlungsimpulse zugunsten aktuell weniger attraktiver Handlungen zu beherrschen und die Aufmerksamkeit und den Handlungsvollzug Letzteren zuzuwenden; psychoanalytisch ausgedrückt fördern sie die Fähigkeit zur Triebbeherrschung, die üblicherweise als ein Aspekt von Ich-Stärke betrachtet wird.

S. 108, 191, 193). Als Indikator dafür wird auf die steigende Scheidungs- oder Trennungsquote verwiesen.

Ich habe dieses Problem im ersten Kapitel behandelt und bin dort zu dem Ergebnis gekommen, dass steigende Scheidungsquoten kein tauglicher Indikator für wachsende Beziehungsunfähigkeit oder -unwilligkeit sind. Sie ergeben sich vielmehr aus einer Kombination von höheren Ansprüchen an die Beziehung, höheren Anforderungen an ihre Gestaltung und aus den erleichterten Scheidungsmöglichkeiten. Gerade die gestiegenen Ansprüche sind aber ein Zeichen für die *gewachsene* Bedeutung, die man der Beziehungsqualität zumisst, was den Vermutungen über Bindungsunwilligkeit oder Wegwerfmentalität widerspricht. Insgesamt gesehen waren frühere Generationen wahrscheinlich weniger beziehungsfähig als junge Leute es heute sind, aber aus verschiedenen Gründen auch weniger gefordert, ihre Beziehung zu gestalten, weniger trennungsbereit und vielleicht auch weniger trennungsfähig. Was die Beziehungsstabilität *von Kindern* angeht, so ist mir aus der entwicklungspsychologischen Literatur zur Bindungsforschung keine Studie bekannt, die eine Abnahme sicherer Bindung in den letzten 40 Jahren belegen würde. Diese Überlegungen sprechen eher für wachsende, flexibilisierte Beziehungsfähigkeit als dagegen.

Als zweiten, zugegebenermaßen impressionistischen Indikator für Ich-Veränderungen im Sinne einer Zunahme flexibler Ich-Stärke betrachte ich die Leistungen von Schülern der Oberstufe in den Fächern Deutsch, Kunst, Musik und Präsentation. Zwar hat die Rechtschreibfähigkeit abgenommen und auch die Syntax von Sätzen lässt oft zu wünschen übrig, aber was ansonsten in diesen Fächern geleistet wird, ist erstaunlich kreativ und wäre zur Schulzeit des Verfassers völlig undenkbar gewesen, obwohl damals nur 8 % eines Jahrgangs, heute aber etwa 35 % das Abitur machen. Diese Beobachtung wird im Übrigen von den meisten Bildungsforschern trotz PISA, TIMMS und IGLU geteilt. Kinder und Jugendliche sind nicht nur nachweislich intelligenter geworden (gemessen am Anstieg des Intelligenzquotienten zwischen 1960 und 1990 um etwa zehn Punkte), sondern auch kreativer. Der Anstieg des Intelligenzquotienten reflektiert nicht nur einen Anstieg an Informiertheit, sondern auch einen in der Fähigkeit zur Bewältigung schwieriger kognitiver Probleme. Zwar kann heute kaum einer noch das Vaterunser auf Griechisch aufsagen, aber dafür sind die Schüler im Umgang mit Texten, Musik und Kunst sowie in der Lösung komplexer Denkaufgaben erheblich besser geworden. Insgesamt ist deshalb davon auszugehen, dass heutige Abiturienten mehr wissen und können als die vergangener Jahrzehnte (Keuffer 2007, S. 41; ähnlich bereits Dollase 1991, S. 14; s. a. Kapitel 4). Auch hier findet sich also wieder ein Nebeneinander zweier Entwicklungsrichtungen. Die erhöhte Flexibilität des Ich kommt einerseits in mehr Kreativität zum Ausdruck, seine geringere Rigidität andererseits in nachlassenden Fähigkeiten in Bereichen, die formalisiertes Lernen erfordern wie Rechnen, aufwendiges Memorieren und Rechtschreibung.

Kontextsensitive Moralentwicklung

Weitere Belege für die Idee einer zwiespältigen Modernisierung der Psyche lassen sich im Bereich der Moralentwicklung (Überich) finden.

Nunner-Winkler (1999, 2000, 2001, 2003, 2007, 2008) hat bei einem Kohortenvergleich von 20- bis 30-Jährigen, 40- bis 50-Jährigen und 65- bis 75-Jährigen herausgefunden, dass die unbedingte Geltung moralischer Normen in der jüngsten Kohorte nachlässt und die Moral kontextsensitiver wird. Hierfür ein Beispiel aus dem Alltag. Jüngere wie Ältere sind mittlerweile der Auffassung, dass Mülltrennung moralisch geboten ist, um die Umwelt zu schützen. Auf die Frage, ob sie sich Umstände vorstellen können, unter denen Ausnahmen erlaubt sind, antworten etwa zwei Drittel der Älteren: »Nein, Ordnung muss sein. Wenn die Container schon dastehen, soll man sie auch nutzen. ... Zwei Drittel der Jüngeren hingegen sind bereit, Ausnahmen zuzulassen. Einmal, wenn der Sinn der Vorschrift nicht erfüllt wird ..., wenn z. B. die Container weit weg sind und man die Umwelt mit der Autofahrt stärker belastet als das Müllsortieren bringt; oder aber, wenn das Gebot mit anderen Normen kollidiert, z. B. wenn einer alt und gebrechlich ... ist.« Es besteht also ein Unterschied in der Rigidität bzw. Flexibilität der Befolgung von moralischen Normen und eine zunehmende Kontextsensitivität bei den Jüngeren (2007, S. 179).

Sie ist das Ergebnis demokratisierter Erziehungsmethoden. Nunner-Winklers Untersuchungen zufolge fördern diese nämlich den Aufbau »Ich-naher moralischer Motivation«. Darunter versteht sie ein Moralverständnis, das Gebote nicht aus externen Setzungen ableitet, die dann in Form eines rigiden Überichs verinnerlicht werden; vielmehr werden die Gebote »Ich-nah« im eigenen Wollen fundiert, was nicht strikten Regelgehorsam, sondern kontextsensitive Urteilsbildung ermöglicht (2001, S. 341). Eine solche moralische Motivstruktur speist sich aus zwei Quellen: zum einen aus dem Rückgang autoritär-strafender Erziehungspraktiken, der dazu führt, dass unmoralische Handlungen eher Ich-nahe Gefühle wie Reue, Bedauern und Wiedergutmachungsbedürfnisse und nicht so sehr Über-ich-Strafangst und Schuldgefühle auslösen. Zum anderen soll nicht nur die Überich-Fundierung der Moral, sondern auch der vorreflexive Ich-syntone Konformismus abnehmen. Er entsteht im Unterschied zur Überich-Moral, wenn statt mit strafenden Praktiken mit solchen des Liebesentzuges auf mangelnde Folgebereitschaft von Kindern reagiert wird.[13]

---

13 Vorreflexiver Konformismus drückt sich beispielsweise so aus: Probanden werden mit unmoralischen Handlungen konfrontiert und nach ihren Gefühlen dabei befragt, z. B.: »Ihr Vater hat Sie in einem Testament enterbt, aber Sie sind der Einzige, der davon weiß, und unterschlagen das Testament; wie würden Sie

Den Überlegungen von Nunner-Winkler zufolge geht die Überich-hafte Moral mit dem Rückgang strafender (väterlicher) Erziehungspraktiken zurück, der vorreflexive Konformismus dadurch, dass heute (von Müttern) weniger mit Techniken des Liebesentzuges gearbeitet wird als früher. Darüber hinaus ermöglicht es ein demokratisch-verständigungsorientierter Umgang der Eltern mit Konflikten, dass Kinder an ihm eine Achtung vor der Person ablesen, die der Kern von Moral ist. Ein solcher Umgang korreliert auch empirisch mit Ich-naher moralischer Motivstruktur.

Insgesamt bestätigen Nunner-Winklers Untersuchungen die *sozialisationstheoretische Hypothese* eines Zusammenhangs zwischen verständigungsorientierter Erziehung, in der Eltern ihren Kindern und einander mit Achtung begegnen, und dem Aufbau eines Typus von moralischer Motivation, den die Autorin »freiwillige Selbstbindung aus Einsicht« nennt. Die Veränderung in den Generationenbeziehungen und Erziehungspraktiken hat also zu einer Veränderung in der Art geführt, in der moralische Motivation in der Person verankert ist, nämlich flexibler, kontextsensitiver und Ich-näher (Nunner-Winkler 2007, S. 196 ff.).

Nicht bestätigt wurde jedoch überraschenderweise die *sozialhistorische Hypothese*, dass dieser Typus von moralischer Motivation (freiwillige Selbstbindung aus Einsicht) beim jüngsten Jahrgang häufiger auftritt, obwohl sie durch den dort herrschenden Erziehungsstil begünstigt wird (1999, S. 322 ff.). Die Autorin führt dies unter anderem darauf zurück, dass die

sich dabei fühlen?« Bei Antworten wie »Das mag ich mir gar nicht vorstellen« oder »Das ist ja ein abscheulicher Gedanke« ist der Konformismus vorreflexiv und so Ich-synton, dass schon der bloße Gedanke an einen Regelverstoß Abscheu hervorruft. Überich-hafte Antworten würden eher lauten: »Ein schwerer Schicksalsschlag könnte mich treffen.« Ich-nahe Motivation käme darin zum Ausdruck, dass der Proband den Schaden, der aus seiner Handlung für andere resultiert, wiedergutmachen möchte.

Eltern der jüngsten Kohorte – entgegen dem vorherrschenden Bild, dass in modernen Partnerschaften egalitäre und achtungsvolle Umgangsweisen zugenommen haben – zumindest in der Wahrnehmung ihrer Kinder nicht respektvoll, sondern eher zänkisch und rechthaberisch miteinander umgehen. Deshalb ist auch keine Gesamtzunahme Ich-naher moralischer Motivation in der jüngsten Kohorte festzustellen, sondern eine steigende Varianz: Mehr kontextsensitiv-moralische und mehr sehr moralische, gleichzeitig aber auch mehr offen unmoralische, wobei die Zunahme der unmoralischen auch ein Artefakt größerer Auskunftsehrlichkeit sein könnte.

Als Resultat dieser Überlegungen lässt sich festhalten, dass die Sozialisationsbedingungen, die eine Ich-nahe, kontextsensitive Moral fördern, zwar vorliegen, in ihrem Effekt aber wieder teilweise konterkariert werden, so dass das Nettoergebnis eine steigende Varianz der moralischen Urteilsfähigkeit ist. Wir finden hier also eine ähnlich gegenläufige Entwicklung wie oben in Bezug auf den Belastbarkeitsschwund. Die entwicklungspsychologischen Überlegungen legten dort nahe, dass bei modernen Erziehungsmethoden die Belastbarkeit und Konzentrationsfähigkeit steigen sollte. Der makrosoziologische Trendbefund wies jedoch auf eine geringere Belastbarkeit und Entschlusskraft hin. Sowohl die Ergebnisse von Schneewind als auch die von Nunner-Winkler können deshalb als Beleg für die zugleich befreiende wie labilisierende Wirkung verhandlungsorientierter Erziehungspraktiken betrachtet werden.

Liberalisierte Sexualität

Sieht man von wenigen »schwarzen« Theorievisionen ab (z. B. Sigusch 1997, 1998, 2005, etwas milder 2011), so ergeben sexualwissenschaftliche Untersuchungen ein kontrastreicheres, fast heiter zu nennendes Bild spätmoderner sexueller Vielfalt. Die Ergebnisse vieler Untersuchungen zum Wandel der Sexualität seit den 1960er Jahren (Überblicke bei Schmidt 2000, 2004, 2005, Schmidt et al. 1998, 2006, Klein/Sager 2010, Matthiesen/Schmidt 2010) lassen sich in zehn Befunden bündeln.

Erstens: Onanie wird von einem Notventil zu einer selbständigen Sexualpraxis, die nicht mehr mit (bewussten) Schuldgefühlen verbunden ist.

Zweitens: Sexualität zwischen den Partnern wird zur Verhandlungssexualität. Erlaubt ist, was gefällt. Bestimmte Sexualpraktiken sind normal, nicht mehr pervers, sofern sie konsensuell vereinbart werden.

Drittens: Die Aufnahme sexueller Aktivität wird heute selbstbestimmter erlebt als 1970. Damals angegebene Gründe für den ersten Verkehr wie »Ich wollte erwachsen werden« oder »Meine Freunde taten es auch« sind kaum mehr wichtig. Jugendliche beginnen mit sexuellen Aktivitäten, weil sie es wollen, nicht weil sie meinen, es zu müssen (Klein/Sager 2010, S. 109).

Viertens: Sexualität ist entdramatisiert und verliert ihre dämonische Kraft. Zwar wird sie nach wie vor von der Mehrheit lustvoll-leidenschaftlich und nur von einer Minderheit als alltägliche Routine erlebt (Hauch/Matthiesen 2009, S. 156). Aber sie wird zumindest der Tendenz nach zu einer angenehmen Aktivität unter anderen wie gutes Essen; und sie dient, ähnlich wie gemeinsame Freizeitaktivitäten, der Beziehungspflege, auch wenn sie dort einen herausragenden Stellenwert einnimmt. So sagt ein von Schmidt et al. (1998, S. 128) befragter Student und passionierter Skifahrer: »Sexualität kommt noch vor Skifahren, und das will was heißen.« Dennoch verblasst ihre beziehungskonstitutive Bedeutung. Ein Indikator dafür ist, dass sexuelle Untreue heutzutage kaum noch ein Scheidungs- bzw. Trennungsgrund ist, ein anderer, dass bestimmte Formen von Gelegenheitssexualität (»one-night-stands«, Urlaubsbekanntschaften) sich veralltäglicht haben. Entsprechend dieser Entdramatisierung treten sexuelle Störungen heute unter ihrem eigenen Namen auf: Man hat »dazu« einfach keine Lust und muss deshalb seltener als früher impotent, frigide, anorgasmisch, vaginistisch oder migränoid werden. Die Zunahme offen eingestandener Lustlosigkeit und die gleichzeitige Abnahme funktioneller Sexualstörungen sind zentrale Befunde sämtlicher sexualmedizinischer Untersuchungen und Ausdruck einer Entkrampfung der Sexualität, deren Nichtausübung sich seltener als früher hinter körperlich-symptomatischen Masken verbergen muss. Schmidt et al. (1998, S. 123) haben auch einen Rückgang der Kopulationsfrequenz festgestellt. Sie sehen darin aber kein Indiz für Langeweile in heterosexuellen Beziehungen, sondern einen Ausdruck dafür, dass der sexuelle Leistungsdruck nachgelassen hat und die Qualität des Sexuallebens nicht mehr vorrangig nach der Frequenz bemessen wird.[14]

Fünftens: Bei den jüngeren Jahrgängen sind, außer dem veränderten Stellenwert der Onanie, drei weitere Veränderungen der Sexualpraxis festzustellen: zum Ersten die wachsende Akzeptanz des Oralverkehrs als normaler Sexualpraxis; zum Zweiten die leichte Zunahme spielerischer sadomasochistischer Praktiken wie Fesselspiele einschließlich des Gebrauchs von Sexualspielzeug; zum Dritten die »Romantisierung« der männlichen Sexualität, was heißt, dass Männer heute stärker als früher Sexualität an Liebe, Intimität und Beziehungen binden. Dies gilt auch für männliche Jugendliche (Klein/Sager 2010, S. 110 ff.).

Sechstens: Das Sexualleben ist ansonsten bemerkenswert konventionell geblieben. Der in den Medien gelegentlich gezeichnete Eindruck, die Menschen würden heutzutage »exotische« Sexualpraktiken wie Klistierspiele, Nadelspiele, Analverkehr oder den Besuch von Swingerclubs massenhaft

---

14 Eine Befragung im Auftrag des Magazins »Focus« bestätigt den Rückgangsbefund (von 130 auf 94 Akte pro Jahr im Zeitraum zwischen 1970 und 2010; s. Focus 2011, S. 88). Eine Studie im Auftrag des Fernsehsenders Pro 7 fand hingegen keine Abnahme der Kopulationsfrequenz über die Jahrzehnte hinweg, sondern weitgehende Konstanz.

praktizieren, ist falsch. Höchstens 2–5 % der Bevölkerung betätigen sich abweichend von der »Normalbevölkerung«. Resümierend kann man also einen vergleichsweise geringfügigen Wandel bzw. eine relativ große Konstanz in den Sexual*praktiken* einerseits bei gleichzeitigem Rückgang des Dramatischen im Sexual*erleben* andererseits festhalten.

Siebtens: Im Bereich der Treue und des Experimentierens hat eine gewisse Rekonventionalisierung stattgefunden. Experimentieren mit verschiedenen Partnern wird als vorübergehende Praxis mit geringer Legitimität betrachtet, die in eine feste Beziehung eingebettete Sexualität gilt als wichtigste Form.

Achtens: Ein weiterer Aspekt ist, dass Frauen in festen Beziehungen nach wie vor häufiger über Schwierigkeiten im sexuellen Erleben berichten als Männer. Dies gilt für alle untersuchten Jahrgänge (Hauch/Matthiesen 2009, S. 158 ff.). Die diesbezüglichen Klagen betreffen nicht klinisch relevante Funktionsstörungen, die bei beiden Geschlechtern gleich häufig sind, sondern das subklinische Phänomen der Lustlosigkeit oder mangelnden Erlebnistiefe. Die Gründe dafür sehen die Autorinnen in einer mutterdominierten Kindheit. »Da weibliche und männliche Kleinkinder die für die spätere lustvolle Sexualität wichtigen frühen Erfahrungen in der Regel an weiblichen Körpern machen, ähnelt die heterosexuelle Konstellation für den Mann eher den frühen Erfahrungen als für die Frau. Möglicherweise können Männer die heterosexuelle Konstellation deshalb leichter für ihre sexuelle Befriedigung nutzen.« (ebd., S. 161)

Neuntens: Die legitimationsideologische Überhöhung der Sexualität als einer revolutionären oder sonstwie heilbringenden Kraft oder ihre Dämonisierung als moralische Gefährdung oder gar Verderbnis haben an Attraktivität verloren – außer in Ländern oder Subkulturen, die in sexualibus noch vormodern sind. Auch dieser Befund weist darauf hin, dass das Es heute als weniger triebhaft erlebt wird. Wie Sigusch (1996, S. 126) nicht ohne Nostalgie feststellt: »Nur noch Kinder und Perverse scheinen das sexuell Triebhafte nach wie vor mit jener Mächtigkeit auszustatten, die den Mystikern des Heiligen Eros einst vorschwebte.« Er hätte die Kinder weglassen sollen.[15]

Zehntens: Die liberalisierte Sexualität ist entgegen vielen Befürchtungen seit 1968 weder verwahrlost noch enthemmt geworden. Im Gegenteil. Sie geht einher mit einer moralischen Sensibilisierung, die vor 50 Jahren noch gar nicht vorstellbar gewesen wäre. Anzeichen dafür sind die diskursive und rechtliche Einhegung sexueller Gewalt gegen Kinder und Frauen, die Maßnahmen und Gesetze gegen sexuelle Diskriminierung am Arbeitsplatz, in der Werbung und gegenüber Homosexuellen beiderlei Geschlechts, die Toleranz für Alters- und Behindertensexualität sowie das *gender mainstreaming*. Auch hier gibt es Gegenbewegungen zu den genannten Einhegungen. Die Kinderpornographie im Internet und bestimmte Formen des Sexualtourismus sind zwei davon. Sie legen nahe, dass auch bei der Sexualität, wie schon bei der Moral- und Ichentwicklung, die Tendenzen nicht eindeutig sind, sondern immer wieder durch Gegentendenzen konterkariert werden.[16]

15 Die »Oberflächlichkeit« der Liberalisierung sowie die Persistenz sexueller Konflikte und (unbewusster) Schuldgefühle betonen Reiche (2000) mit Rekurs auf anthropologische Überlegungen, Hock (2010) mit Bezug auf die Theorie Laplanches und Schäfers/Scheer (2005, S. 83) mit Vermutungen über Erfahrungen von Psychotherapeuten. Kahr (2007) ist, allerdings aus anderen Gründen als Reiche und Hock, ebenfalls weitgehend von der *grundsätzlichen* Unbefriedbarkeit der Sexualität überzeugt (s. dazu Kapitel 7).

16 Dasselbe gilt für die Aggression. Noch nie war eine jugendliche Generation in ihrer Mehrheit so friedfertig und gewaltavers wie die heutige – und noch selten war eine Minderheit so brutal. Auch hier steigt die Varianz. Einer wachsenden oder gleichbleibend hohen Zahl von 95 % Friedfertigen steht ein harter Kern von 5 % immer Gewalttätigeren gegenüber. Da Letztere die öffentliche Aufmerksamkeit erregen, entsteht der unzutreffende Eindruck, »die« heutige Jugend werde immer gewalttätiger (zur Korrektur dieses Irrtums siehe ausführlich Baier et al. 2009).

Begriffliche Probleme

Ich habe mich der empirischen Überprüfung von Hypothesen zum psychischen Strukturwandel unter anderem so angenähert, dass ich beispielsweise Untersuchungen zum moralischen Urteil in verschiedenen Alterskohorten und solche zur Moralentwicklung unter bestimmten Erziehungsbedingungen herangezogen habe. Damit kann man zwar die bewusstseinsnahen Aspekte des Überichs erfassen, weniger aber die unbewussten. Die diesbezüglich im vorletzten Abschnitt dargestellten Befunde deuten darauf hin, dass sich das so verstandene Überich entkrampft hat. Gezeigt wurde nämlich, wie zeitgenössische verständigungsorientierte Sozialisationspraktiken die Entwicklung einer Ich-nahen Verhandlungsmoral begünstigen, bei der strafende Überich-Impulse und Ich-syntoner Konformismus zurückgehen.

Trotz dieser Änderungen hat sich, ebenso wie bei der Sexualität, auch im Bereich der Moral weniger verändert, als es zunächst den Anschein hat. Der »makrosoziologische Trendbefund« wies darauf hin, dass trotz günstiger Sozialisationsbedingungen in der jüngsten Kohorte keine Gesamtzunahme moralischer Individuen zu finden ist, sondern ein breiteres Spektrum – mehr moralische und mehr unmoralische. Zwar fanden sich bei den Jüngeren weniger mit strafendem Überich und weniger mit Ich-syntonem Konformismus; außerdem fanden sich mehr mit einer kontextsensitiven Ich-gesteuerten Moral und weniger mit einer prinzipiengeleiteten Überich-Moral. Es gab aber auch mehr mit offen eingestandener Unmoral. Dieser Befund verweist auf eine Komplexitätssteigerung, die für fast alle zeitgenössischen Entwicklungstrends typisch ist: mehr anwesende Väter, die sich um ihre Kinder kümmern, aber zugleich auch weniger durch die Zunahme von Scheidungen; mehr moralisch eingehegte Sexualität, aber zugleich auch mehr brutalisierte; mehr Friedfertigkeit, aber zugleich auch mehr Aggression.

Leider sind die Aussagen zum Überich (»entkrampft«, »kontextsensitiv«), zum Es (»weniger triebhaft«), zum Ich (»kreativer«, »weniger entschlussfreudig«) und zur Gesamtpersönlichkeit (»freier, aber verletzlicher«) mit einer Reihe von konzeptuellen Schwierigkeiten behaftet, von denen hier nur zwei angesprochen, aber weder breiter diskutiert noch gar gelöst werden können. Der Begriff des Überich ist in der Psychoanalyse *auch* ein Charakterbegriff, der nicht nur moralische Einstellungen oder die Fähigkeit zum moralischen Urteil erfassen soll, sondern eine bestimmte habituelle »Färbung« der gesamten Persönlichkeit, wie sie etwa in der Redeweise zum Ausdruck kommt, jemand sei »Überich-haft«. In den Studien zur moralischen Entwicklung wird hingegen kein charakterologischer Habitus untersucht, sondern die Bedingungen, unter denen sich moralisches Wissen, moralische Motivation und moralische Urteilsfähigkeit herausbilden. Beides ist nicht dasselbe, auch wenn es Überschneidungen gibt. Ebenso bleibt in moralpsychologischen Untersuchungen die Rolle unbewusster Schuldgefühle unberücksichtigt, die einen Delinquenten bei oder nach der Tat zu Fehlleistungen veranlassen können, die zu seiner Ergreifung beitragen; und auch die vom Überich gesteuerten unbewussten Abwehrprozesse sind nicht Gegenstand moralpsychologischer Untersuchungen.

Ähnliche Schwierigkeiten ergeben sich, wenn man möglichen Veränderungen der Ich-Struktur auf die Spur kommen will. Die diesbezüglich dargestellten »Operationalisierungen« (weniger entschlussfreudig, kreativer, höhere Beziehungsbesetzung) erfassen nur einen Aspekt dessen, worum es beim psychoanalytischen Ich-Begriff geht: um eine intrapsychische Instanz, die zwar all diese Fähigkeiten beeinflusst und steuert, aber dabei und darüber hinaus mit der psychischen Verarbeitung und Transformation *konflikthafter unbewusster affektiver Impulse und Beziehungserfahrungen* beschäftigt ist. Diese umfassende Fähigkeit ist in den dargestellten Befunden nur zum Teil erfasst und erfassbar. Ähnliches gilt für die Indikatoren, die für Veränderungen der Gesamtpersönlichkeit genannt wurden wie Identitätsauflockerung oder Belastbarkeitsschwund. Sie ergeben sich aus einem komplexen Zusammenspiel aller Instanzen sowie deren Veränderung und lassen sich durch die genannten empirischen Indikatoren allenfalls näherungsweise abbilden.[17]

Resümierend kann man festhalten, dass die vorgebrachten empirischen Belege für psychischen Strukturwandel häufig eher indirekter Art und gelegentlich von Begriffsunschärfen begleitet sind. Insgesamt ergeben sie aber ein Bild, das die These vom ambivalenten und flexibilisierenden Strukturwandel stützt.

Teil 4: Welche makrosozialen Entwicklungen verunsichern die Psyche?

Nunmehr ist noch die Möglichkeit ins Auge zu fassen, dass die Psyche unabhängig von ihrer inneren Verfassung (starr oder flexibel) und auch unabhängig davon, ob sie in einer Umwelt lebt, die ihr entgegenkommt oder nicht, deshalb überforderungsanfälliger wird, weil die soziale Umwelt, in der sie lebt, sich verändert hat. Diese Idee war oben schon angedeutet worden, wenn gesagt wurde, die seelischen Strukturen des Einzelnen fänden weniger Halt in einem stabilen sozialen Um-

---

17 Reiche (2004b, S. 251) meint, die heute geforderte hohe Anpassungsfähigkeit ließe sich »kaum in Begriffen von Ich-Stärke oder Ich-Schwäche abbilden. Um das Leben so zu führen, wie es den meisten Menschen ja offenbar ›problemlos‹ gelingt, sind neue Mischungen im Verhältnis von Objektbesetzung und Besetzungsentzug, Reflexion und Verdrängung … erfordert.« Diese betreffen nicht nur das Ich, sondern »den gesamten inneren Aufbau, also das Gesamtgefüge der drei Instanzen …«. Deshalb wurde oben versucht, Tendenzen für jede dieser Instanzen zu formulieren, um das Gesamtgefüge in den Blick zu bekommen.

feld oder in verbindlichen normativen Erwartungen. Folgende Veränderungen sind dafür mitverantwortlich:

Erstens: »An die Stelle gemeinschaftlicher Bindungen sind hochkomplexe technische und administrative Infrastrukturen getreten, die sich der Kontrolle des Einzelnen entziehen. Sie sind für das Überleben notwendig, aber man weiß, wie zerbrechlich sie sind. Dieses Wissen erzeugt das Grundrauschen einer permanenten Unsicherheit, die bei tatsächlichen oder vermeintlichen Störungen schnell in Furcht oder gar Panik mündet. Möglicherweise … überschreitet der Vertrauensvorschuss, den komplexe Gesellschaften verlangen, den seelischen Kredit, den der Einzelne geben kann. Das würde bedeuten, daß der zivilisatorische Fortschritt mit einer gesteigerten Traumatisierbarkeit einherginge« und als Reaktion darauf mit einem erhöhten Sicherheitsbedürfnis (Reemtsma, ref. nach Krischke 2001; etwas anders Reemtsma 2008, S. 98 f., 136).

Zweitens: Andere Autoren sehen weniger im Bewusstsein der Komplexität und Zerbrechlichkeit administrativer und technischer Infrastrukturen die Quelle für ein umfassendes Bedürfnis nach Sicherheit als vielmehr im Fortschritt technischen Wissens und den damit verbundenen Anwendungsrisiken. Atom- und Biotechnologie oder Datensysteme sind hinsichtlich ihrer potentiellen Risiko- und Schadenshöhe so unabwägbar, dass immer umfassendere Präventionsmaßnahmen ergriffen werden müssen, um den möglichen Schadenseintritt zu verhindern (May 2008). Die subjektive Kehrseite des unabwägbaren Risikopotentials ist die »gesteigerte Traumatisierbarkeit« oder, weniger dramatisch ausgedrückt, die kontinuierliche Erhöhung des Grundangstniveaus seit 1960 (siehe dazu Twenge 2000). Sie tritt übrigens auch dann ein, wenn die Präventionsmaßnahmen erfolgreich sind und der potentielle Schaden gering ist. Diesen Sachverhalt kann man als Sicherheitsparadox bezeichnen. Je mehr wir uns um die Sicherung von etwas bemühen – seien es Transportmittel, Verkehrswege oder Treppenhäuser – desto klarer wird uns, wie unsicher sie sein *kön-*

nen. Allein die Beschäftigung mit ihrer Sicherheit führt zur Sensibilisierung für ihre potentielle Unsicherheit.

Drittens: Wieder andere Autoren (z. B. Garland 2001, S. 282 f.) sehen in grundlegenden Veränderungen der typischen Organisation des Alltags seit den 1950er Jahren die Quelle für ein Gefühl von Verletzlichkeit und Unsicherheit. Die massenhafte Verbreitung des Autos, die längeren Wege zur Arbeit, der Eintritt von Frauen ins Berufsleben, die Auslagerung von Haushalts- und Kinderbetreuungsaufgaben sowie die Demokratisierung des Beziehungslebens haben die Starrheit des Lebensstils aufgeweicht und den alltäglichen Planungs- und Organisationsaufwand in allen Lebensbereichen erhöht. Dies hat zu neuen Freiheiten, aber auch zu erhöhten psychischen Anforderungen des Komplexitätsmanagements geführt, die als Belastungen empfunden werden und mit einem Gefühl von Anfälligkeit einhergehen, das durch Veränderungen in der Arbeitswelt noch verstärkt wird. Garland (ebd., S. 284) spricht in Anlehnung an Giddens von einer »Dehnung des sozialen Gewebes« und einer »sozialen Entbettung«, weil spätmoderne Prozesse der raumzeitlichen Abstandvergrößerung die natürlichen Kontrollen gelockert und eine freiere, aber auch porösere und verletzlichere Zivilgesellschaft geschaffen haben, wodurch sich das Gefühl »ontologischer Unsicherheit« vergrößert hat. Die sozialen Einbindungen werden zugleich dichter und fragiler. Dies wird »von den Individuen tagtäglich erfahren, wenn sie die Kinder durch die halbe Stadt in die Schule oder in den Kindergarten transportieren, zur Arbeit pendeln, den Haushalt organisieren, mit weit entfernt lebenden Freunden und Verwandten in Kontakt bleiben, das Auto in die Werkstatt bringen, Investitionen und Rentenversicherungen im Blick haben und sich um die zwischenmenschlichen Beziehungen sowie ihre Gesundheit kümmern« (ebd., S. 282).

Viertens: Kaufmann (2008, S. 34 f.) stellt fest, dass der moderne Mensch objektiv in einer historisch unvergleichlichen Sicherheit lebt. Sowohl der medizinisch-technische Fortschritt

345

als auch andere Errungenschaften wie Renten-, Kranken- und Arbeitslosenversicherung haben dazu beigetragen, dass »noch nie, aufs Ganze gesehen, unser Leben so voraussehbar (war) wie unter den Bedingungen wissenschaftlich angeleiteter Technik«. Diese objektive Sicherheit münzt sich aber nicht in ein subjektives Sicherheitsgefühl um, weil damit zum einen eine Verlagerung der Abhängigkeit der Individuen vom interpersonellen Nahfeld auf entlegenere Institutionen einhergeht (van der Loo/van Reijen 1990, S. 161). Zum andern werden mit der funktionalen Differenzierung die Sozialkontakte zwar vielfältiger, aber auch ausschnitthafter. Wir gehören immer mehr sozialen Kreisen an, aber dort sind wir nicht mehr als ganze Menschen präsent, sondern nur noch in unseren jeweiligen Rollen. Der Verlust der Einbettung in eine homogene soziale Gruppe, die uns ganzheitlich trägt und orientiert, sowie die Abhängigkeit von bürokratischen, letztlich unkontrollierbaren Institutionen der Daseinsvorsorge machen einen wesentlichen Aspekt der subjektiven Verunsicherbarkeit moderner Menschen aus.

Fünftens: Habermas (1998, S. 126 f.) spricht von der »Freisetzung« aus gleichermaßen orientierenden wie gefangennehmenden Verhältnissen und von der »Entbindung aus einer stärker integrierten Lebenswelt«, die den Einzelnen in die »Ambivalenz wachsender Optionsspielräume« entlässt. Die Verunsicherung, die diesen Strukturwandel der sozialen Integration begleitet, kann nur von einem zugleich dichter und fragiler werdenden Netz wechselseitiger Anerkennung aufgefangen werden (Habermas 2005, S. 21, 25). Dies ist vielleicht ein Grund für die »Konjunktur« der Anerkennungstheorie: Sie artikuliert ein drängendes zeitspezifisches Bedürfnis nach nicht-repressiver Einbindung.

Die hier beschriebene Grundidee besagt, knapp zusammengefasst, dass der flexibilisierte psychische Apparat in eine Umwelt eingebettet ist, die einerseits unüberschaubarer geworden ist, andererseits selbst flexibler bzw. poröser. Deshalb findet die Psyche weniger (starren) Halt in ihrer sozialen Umwelt. Die

Idee, dass die soziale Entbettung der Psyche sie vor neue Integrationsaufgaben stellt, hat schon Luhmann herausgearbeitet. Er sieht das Problem zeitgenössischer Individuen darin, dass sie die Integrationsarbeit leisten müssen, die früher die Gesellschaft leistete. »Den Individuen wird aufgebürdet, was sich gesellschaftlich in Ermangelung eines steuernden Zentrums nicht mehr verbindlich regeln läßt« (Schroer 2000, S. 262). Luhmann ist weit davon entfernt, diese Situation als Befreiung zu bewerten oder als Zunahme von Autonomiespielräumen. Vielmehr sieht er sie als Belastung an, die die Individuen mit Selbststeuerungszumutungen überfordert. In der ihm eigenen lakonischen Art stellt er fest: »Traum und Trauma der Freiheit gehen unversehens ineinander über« (Luhmann 1995, S. 132). Darin ähnelt seine Sichtweise derjenigen Gehlens (1956). Bei Gehlen ist es der Rückgang institutioneller Zwänge, der ein Risiko für das Individuum darstellt, weil es nun seinem chaotischen Antriebsleben ausgeliefert ist und dieses in Eigenregie formen muss, ohne dass ihm dabei noch institutionelle Festlegungen und Verpflichtungen zu Hilfe kämen. Bei Luhmann sind es die Folgen der funktionalen Differenzierung, die dem Individuum Syntheseleistungen aufbürden, die früher die Gesellschaft für es erledigte, ohne es heute noch mit verbindlichen Rollenerwartungen zu versorgen.

Zu dieser Idee der (sozialen) Befreiung als (psychische) Belastung passen auch die Beobachtungen des Ethnologen Schiefenhövel, denen zufolge in traditionalen Gesellschaften wie den Eipo in West-Neuguinea etwa ein Viertel der Männer in kriegerischen Auseinandersetzungen stirbt. Dennoch spielt die Angst vor dem Tod im Gefühlshaushalt der Gemeinschaft nur eine geringe Rolle, und zwar nicht deshalb, wie man vielleicht vermuten könnte, weil die Religion ein besseres Leben im Jenseits verspräche. Die zentrale Angst ist vielmehr die, aus der Gemeinschaft ausgestoßen zu werden. Psychische Stabilität gewährleistet also trotz der bedrohlichen Lebensumstände vor allem der enge soziale Zusammenhalt, nicht die individuelle psychische Struktur oder ein Jenseitsversprechen (ref. nach Krischke 2001; ähnlich Kaufmann 2008, S. 24.). Mit der Auflockerung dieses Bandes wachsen allerdings nicht nur die Risiken, sondern auch die Individuationschancen für den Einzelnen.

Im Rückblick auf die Zivilisationstheorie von Elias (1939), deren zentrales Thema der Zusammenhang zwischen makrosozialen und psychischen Veränderungen war, lässt sich somit mittlerweile eine neue, markante Veränderung feststellen. Bei Elias verwandelte sich Sozialangst in Überich-Angst durch den Prozess der Verinnerlichung von Triebkontrollen. Dieser Prozess hat eine lange Geschichte, die hier nicht dargestellt werden kann. Klar ist für Elias jedenfalls, dass diese Verinnerlichung den Menschen »zivilisiert«, weil nun seine Triebe weniger »frei laufen« und nicht nur äußeren Einschränkungen unterliegen, sondern von einem beständig wachsamen inneren Zensor überwacht werden. Den Preis, der dafür zu zahlen ist, sieht Elias in einer intrapsychisch hervorgerufenen Dauerangst, weil Verdrängung immer eine riskante Angelegenheit ist und ihre innere Verankerung im Überich eine Dauerpräsenz von Gewissensangst schafft. Für Elias ist das Ich des modernen Menschen, verglichen mit dem des mittelalterlichen, weniger triebdurchlässig und seine Triebe sind weniger Ich-nah. Sollten die vorstehenden Überlegungen zum postheroischen Charakter zutreffen, so hat sich diesbezüglich mittlerweile eine erneute Änderung vollzogen. Das zeitgenössische Ich ist wieder durchlässiger für Triebe geworden und die Triebe sind bewusstseinsnäher, wenn auch auf eine kontrolliertere Art, als Elias dies für das Mittelalter beschrieben hat. Die starre Hierarchisierung der psychischen Instanzen ist tendenziell abgelöst worden von einem Fließen zwischen ihnen. Wo Überich war, ist Ich geworden. Dennoch ist die »Dauerangst«, wie beschrieben, nicht verschwunden. Sie hat aber ihre Gestalt verändert. Sie rührt nun nicht mehr von einem kontrollierenden Überich her, sondern von einer lockerer gewordenen sozialen

Einbindung in eine hochkomplexe und pluralisierte Gesellschaft.[18]

Fazit

In diesem Kapitel wurde der Frage nachgegangen, ob in den letzten Jahrzehnten strukturelle Veränderungen der Psyche zu konstatieren sind. Das Ergebnis der Überlegungen ist, dass der psychische Apparat durch modernisierte Erziehungsmethoden und ein Leben in enttraditionalisierten Gesellschaften sowohl autonomer und freier als auch fragiler geworden ist. Die psychischen Instanzen von Es, Ich und Überich sind weniger gegeneinander abgeschottet als früher, der Charakter ist weniger starr, aber unter bestimmten Umständen auch weniger belastbar, die Verdrängungen sind reversibler und weniger endgültig. Diese Aussagen wurden nicht aus Fallgeschichten von Patienten gewonnnen, sondern aus einer Kombination entwicklungspsychologischer und soziologischer Überlegungen. Deshalb stellen sie keine Verallgemeinerung von Patiententypologien dar (wie Behauptungen über narzisstische oder hysterische Persönlichkeiten), sondern sind Aussagen über mögliche Wandlungen in den Tiefenstrukturen der »normalen« oder »typischen« modernen Psyche, für die dann empirische Belege

18 Ähnlich Waldhoff (1995, S. 312, 323) und Wouters (1999, S. 87 f., 166 ff.; 2007, S. 212 ff.). Eine recht schwer lesbare sekundärliterarische Darstellung dieser von Elias inspirierten Theorien der Informalisierung von Verhaltenskontrollen seit den 1970er Jahren gibt Amiri (2008, S. 190 ff.). Man kann auch das Aufkommen der Ökologiebewegung Ende der 1970er Jahre mit der beschriebenen Demokratisierung und Durchlässigkeitssteigerung des psychischen Apparats in Zusammenhang bringen: Wer weniger bereit ist, seine innere Triebnatur zu unterdrücken, wird auch pfleglicher mit der äußeren Natur umgehen können und wollen. Diese Andeutung findet sich bei Waldhoff (1995, S. 374 f.).

angeführt wurden. Ihre klinische Unterfütterung bleibt ein Desiderat für die Zukunft. Möglicherweise muss aber auf klinische Belegbarkeit auch verzichtet werden – dann nämlich, wenn die Träger dieses psychischen Apparats selten in psychoanalytischer Behandlung erscheinen, weil sie weniger behandlungsbedürftig sind als die »starr« gebliebenen Strukturträger oder weil sie andere Praktiken wie Mediation, Meditation und Coaching bevorzugen.

Insgesamt kann man feststellen, dass sich vormals autoritäre Befehls- und Bevormundungsbeziehungen erheblich gewandelt und einer Demokratisierung des Beziehungslebens Platz gemacht haben. Die Chancen dieser Entwicklung bestehen in einem Abbau von Herrschaft und einem Zugewinn an persönlicher Autonomie. Sexuelle Repression, Bevormundung von Frauen und Kindern, Arbeit als bloß zu erledigende Pflicht und Autoritätsgehorsam im politischen und persönlichen Bereich werden gewissermaßen vormodern. Dadurch entstehen Freiheitsgewinne und die Möglichkeit, all diese Bereiche humaner und demokratischer zu gestalten. Die unzweifelhaft verstärkte Selbstthematisierung moderner Subjekte muss also nicht unter einer Verfallsperspektive beschrieben werden, sondern kann auch unter der Perspektive wachsender Befreiung thematisiert werden. Die Risiken dieser Entwicklung wurden ebenfalls dargestellt. In meiner gemäßigt modernisierungsoptimistischen Sichtweise überwiegen, zumindest innerhalb der Familie, die Chancen die Risiken. Im extrafamilialen Bereich könnten indessen die Risiken die Chancen überwiegen. Dann hätte die Diagnose einer insgesamt zwiespältigen, widersprüchlichen Entwicklung nach wie vor die größte Überzeugungskraft.

Meine abschließende Kurzcharakterisierung der postheroischen Persönlichkeit lautet wie folgt: Ihre psychische Grundkonfiguration ist aufgelockert, ohne deswegen zu fragil zu sein. Sie fühlt sich Werten verpflichtet, die sie aber nicht prinzipienoder konformitätsgeleitet verwirklicht, sondern kontextsensitiv. Ihre Flexibilität ist nicht erzwungen, sondern psychisch verankert. Sie lässt vormals tabuierte Impulse zu und befindet sich in einem innern Dialog mit ihnen. Ihre Flexibilität ist nicht Ausdruck von Angst, sondern der einer psychischen Verfassung, die nicht Anpassung, sondern einen Zuwachs neuer Selbst- und Weltgestaltungsmöglichkeiten impliziert. Wegen des hohen Tempos sozialer Wandlungs- und Enttraditionalisierungsprozesse sowie der damit einhergehenden »Dehnung des sozialen Gewebes« steht die psychische Struktur dieser Persönlichkeit allerdings weitgehend im Freien. Sie findet ihren Halt überwiegend in sich selbst und ist deshalb von Entgleisungen und Selbstformierungs(über)anstrengungen, die ihr zum Teil auch sozial aufgezwungen werden, bedroht. Die Zukunft wird zeigen, wie sie damit fertig werden wird. [19]

Zum heutigen Zeitpunkt lässt sich zumindest sagen, dass die häufig behauptete Zunahme seelischer Erkrankungen weder bei Kindern noch bei Erwachsenen mit soliden epidemiologischen Daten zu belegen ist. Auch für Erwachsene lässt sich kein solcher Anstieg feststellen, allenfalls die Zunahme einzelner Krankheitsbilder, der eine Abnahme anderer gegenübersteht. Die Gesamthäufigkeit seelischer Erkrankungen in der Erwachsenenbevölkerung (Einjahresprävalenz) liegt je nach Studie zwischen 20 und 30 %, im Durchschnitt aller Studien bei knapp

19 Wenn ich die Häufigkeit dieses Persönlichkeitstypus in der Gesamtbevölkerung abschätzen müsste, so würde ich sie in (lockerer) Anlehnung an Klages/Gensicke (2005, 2006) auf etwa 30 % beziffern. Die genannten Autoren beschreiben im Rahmen ihrer Wertewandelforschung verschiedene Persönlichkeitstypen, von denen einer, der »aktive Realist«, mit dieser Häufigkeitsziffer belegt wird. Er kommt meiner Konzeptualisierung der postheroischen Persönlichkeit zumindest insofern nahe, als er psychische Flexibilität, Stabilität und Sensibilität in sich vereint. Etwas wenig Beachtung findet meines Erachtens bei Klages/Gensicke die eventuelle labile Kehrseite der Stabilität. Sie wurde von Klages früher (z. B. 1975) stärker thematisiert. In der Jugendforschung ist es die Generationsgestalt des »pragmatischen Idealisten«, die der postheroischen Persönlichkeit am nächsten kommt. Ihr Auftauchen wird auf Mitte der 1990er Jahre datiert und erstmals in der Shell-Jugendstudie von 2002 beschrieben (ausführlicher Shell 2006, 2010).

27 % – und das seit 30 Jahren. Die psychische Gesundheit der Bevölkerung hat sich also insgesamt nicht verändert, auch wenn die Lasten von Modernisierungsprozessen sowohl bei Kindern wie bei Erwachsenen schichtspezifisch zuungunsten der Unterschicht verteilt sind (s. Kapitel 8). Im Unterschied zu vielen anderen Autoren (s. Kapitel 2) bin ich deshalb der Auffassung, dass »die Verschiebung von der Disziplin zur Autonomie« (Ehrenberg 2010 a) zwar mit einer Auflockerung sozialer Bindungen verbunden ist und damit, dass sich der Einzelne mehr denn je auf sich selbst stützen muss. Dies führt aber *nicht* dazu, dass die Häufigkeit psychischer Erkrankungen zunimmt oder eine »Auflösung der Persönlichkeit« stattfindet. Die psychostrukturell aufgelockerten Individuen kommen mit den veränderten Lebens- und Arbeitsbedingungen insgesamt nicht schlechter zurecht als mit den Problemen früherer Zeiten, wenn man als Indikator dafür die Häufigkeit psychischer Erkrankungen nimmt; und sogar besser, wenn man die an anderen Stellen dieses Buches dargestellten Befindlichkeitsstudien an Kindern und Jugendlichen als Kriterium gelten lässt.

Kapitel 7

Weitere Überlegungen zum Verhältnis von kulturellem und psychischem Wandel

Einleitung

Im vorigen Kapitel wurde von einer »interaktionistischen« Sicht psychischer Strukturbildung ausgegangen; damit war gemeint, dass veränderte Erziehungs- und Sozialisationspraktiken einen wesentlichen Einfluss auf die psychische Strukturbildung haben. Aus psychoanalytischer Sicht kann man diesen Einfluss relativieren oder sogar bezweifeln. Einige Argumente für diesen Zweifel sollen im ersten Teil behandelt werden. Im zweiten Teil wird gezeigt, dass die Deutung zeitgenössischer kultureller Phänomene wie *Love Parades* oder *Talkshows* nach dem Muster individueller Psychopathologien (»narzisstisch«, »exhibitionistisch«) sowohl zu Fehlschlüssen über die Persönlichkeitsstruktur der Teilnehmer führt als auch die betreffenden Phänomene mittels »wilder« Deutungen vorschnell pathologisiert. Während der erste Teil den Einfluss zwischenmenschlicher Erfahrungen »über« die Eigendynamik psychischer Strukturbildung stellt, soll der zweite verdeutlichen, dass die Tiefenstrukturen der Seele auch gegen kulturelle Veränderungsprozesse resistent sein können, aber dennoch an ihnen teilnehmen.

Teil 1: Interaktion und psychische Strukturbildung

Psychische Bearbeitung

Oft wird gesagt, es sei schwer, wenn nicht unmöglich, einen Zusammenhang zwischen Veränderungen familiärer Interaktion und Kommunikation einerseits sowie psychischen Strukturen andererseits festzustellen, weil die Transformation interpersoneller Sozialisationserfahrungen in intrapsychische Strukturen ein hochindividueller Prozess ist. Die psychische Bearbeitung realer Erfahrungen nimmt beispielsweise bei einem Kind die Form an, dass es auf den Verlust des Vaters mit der Entwicklung eines idealisierten Vaterbildes und Sehnsucht nach dem Vater reagiert, ein anderes Kind reagiert hingegen mit Entwertung, Ablehnung und Vaterhass. Diese »Eigendynamik« seelischer Verarbeitungsprozesse, die phantasmatische Dimension der Psyche, verhindert eine direkte Übersetzung interpersoneller Erfahrungen in intrapsychische Strukturen.

Das ist richtig. Allerdings gibt es für die Unterschiede in der Verarbeitung auch Gründe in der realen Familienumwelt, etwa die Art, wie die Mutter den Verlust des Vaters erlebt und dem Kind vermittelt. Eine Mutter wird den abwesenden Vater entwerten und es dem Kind dadurch erschweren oder verunmöglichen, ein gutes Vaterbild aufrechtzuerhalten. Eine andere Mutter kann trotz der Trennung die Liebe des Kindes zum Vater dulden, gar unterstützen, ihm dadurch die Aufrechterhaltung eines guten Vaterbildes ermöglichen und den Schmerz über den realen Verlust mildern. Dazwischen existieren alle möglichen Schattierungen, aber in dieser Sichtweise sind die unterschiedlichen Umgangsweisen der Mutter mit dem Vaterverlust für die psychische Verarbeitung des Kindes entscheidend, nicht in erster Linie seine Phantasien, oder, anders ausgedrückt, die realen Umgangsweisen der Mutter beeinflussen wesentlich die Phantasien des Kindes über das Ereignis.

Überich

Als weiterer Beleg für einen »eigenlogischen« und von Interaktionserfahrungen (teil)unabhängigen psychischen Strukturaufbau wird häufig die Überich-Bildung genannt. Die entsprechende Aussage lautet, ein strenges Überich könne sowohl bei strenger als auch bei milder Erziehung entstehen (Freud 1930, S. 488 ff.; 1933, S. 68, 117; Brenner 1955, S. 113 f.; Trimborn 2008, S. 796 f.). Bei strafender Erziehung verinnerliche das Kind die Strafdrohungen, bei nachgiebiger Erziehung sei es hilflos seinen Trieben ausgeliefert und müsse sie durch die Errichtung einer strengen Überich-Instanz als einer *selbstgeschaffenen* Abwehrmaßnahme in Schach halten. Das Überich ist in dieser Sicht eine endopsychische Neuschöpfung, die verbietend sein kann, obwohl die Interaktionserfahrungen es nicht sind. Dies soll sowohl für sexuelle wie für aggressive Triebe gelten.

Zunächst zu den sexuellen. Stierlin (1971, S. 135) referiert Autoren aus den 1950er und 1960er Jahren, denen zufolge elterliche Toleranz in Bezug auf kindliche Masturbation keine positive Wirkung hat, sondern die Charakterentwicklung des Kindes negativ beeinflusst, weil sie einen inneren Kampf unnötig macht, welcher der Ich- und Überich-Stärkung gedient hätte. Peter Blos etwa fand größere sexuelle Ängste und Schuldgefühle gerade bei Jugendlichen, »deren Eltern eine besonders tolerante und ›psychoanalytisch aufgeklärte‹ Einstellung gegenüber den masturbatorischen Bedürfnissen ihrer Kinder gezeigt hatten.« Grundsätzlich ist einleuchtend, dass Verbote die Ich- und Überich-Entwicklung sowie die Triebkontrolle fördern können, wenn sie in liebevoller und zugewandter Form ausgesprochen werden. Bezüglich sexueller Aktivitäten wie der Masturbation war historisch allerdings meist das Gegenteil der Fall. Auf Grund der martialischen Art, in der diese Verbote bis in die 1960er Jahre hinein ausgesprochen wurden, hatten sie eher eine pathologische Überich-Entwicklung mit periodischen, unkontrollierten Triebdurchbrüchen und die Einschränkung sexueller Erlebnisfähigkeit zur Folge.[1]

---

1 Vermutlich waren die von Blos beschriebenen Probleme der Kinder »toleranter« Eltern weniger auf deren Toleranz zurückzuführen als auf ihre Verunsicherung, die durch den Kontakt mit psychoanalytischen Ideen und dem sich

Reiche (1991, S. 1061) illustriert den Topos einer permissiven Erziehung, die zu einem strengen Überich führen kann, mit einem Beispiel, bei dem nicht wie bei Stierlin das fehlende Masturbationsverbot im Vordergrund steht, sondern die Gefahr einer triebstimulierenden Erziehung. Es gibt Eltern, die ostentativ nackt durch die Wohnung laufen. Dadurch wird das sexuelle Triebleben ihres Kindes vorzeitig und unangemessen stimuliert. Das Kind behilft sich zur Kontrolle seiner Triebspannungen mit der endopsychischen Errichtung eines strengen Überichs, das die sexuellen Impulse in Schach halten soll.

Als weitere Möglichkeit ist denkbar, dass eine verwahrlosende Erziehung, in der die Eltern beispielsweise mit den Kindern zusammen pornographische Filme ansehen, weder zur Ausbildung eines strengen noch eines permissiven Überichs führt, sondern zu sexueller Verrohung (Siggelkow/Büscher 2008). Das Überich ist weder verbietend noch gewährend, sondern fehlt bzw. ist lückenhaft, weil die interaktiv erfahrenen Mängel der elterlichen Triebkontrolle bei gleichzeitig brutalisierter Darstellung der Befriedigung zu einem Mangel an Überich-Bildung führen, wie sie beispielsweise für die Psychopathie charakteristisch ist.

Schließlich kann, wie zu Freuds Zeiten, ein konventionell-sexualfeindliches Überich auch das Ergebnis der Verarbeitung und Verinnerlichung konventionell-sexualfeindlicher elterlicher und kultureller Einstellungen sein. All diese Varianten zeigen, dass Wahrnehmungseindrücke und Interaktionen psychisch bearbeitet werden, bevor sie sich als intrapsychische Strukturen auskristallisieren, und dass die Bearbeitung hochindividuell erfolgt. Es gibt also viele Wege zu einem sexualfeind-

---

abzeichnenden Wandel der Sexualmoral entstanden war. Auf solche Veränderungsprozesse reagieren tolerante Eltern sensibler und zeitweise auch unsicherer als weniger tolerante, und diese Unsicherheit, nicht das fehlende Verbot, war wahrscheinlich für die Probleme der Kinder verantwortlich.

lichen Überich. Dadurch wird eine interaktionistische Sicht, die von einem Zusammenhang zwischen Sozialisationspraktiken und psychischer Struktur ausgeht, zwar in dem Sinne relativiert, dass der Zusammenhang im Einzelfall recht variabel sein kann, aber nicht falsifiziert in dem Sinne, dass es ihn nicht gibt.

Ähnliches gilt für die Aggression. Auch hier sind verschiedene Szenarien denkbar. Erstens: Elterliche Unsicherheit im Umgang mit aggressiven Äußerungen kann das Kind verunsichern und dadurch die Aggressionskontrolle erschweren bzw. die Überich-Bildung beeinträchtigen. Zweitens: Auf elterliche Nachgiebigkeit im Umgang mit aggressiven Triebspannungen reagiert das Kind mit der endopsychischen Neubildung eines strengen, kontrollierenden Überichs. Drittens: Misshandlung des Kindes kann sowohl zu hoher Aggressivität als auch zu Überich-Defekten führen, die eine innere Aggressionskontrolle nicht erlauben. Statt mit endopsychischer Neuschöpfung reagiert das Kind mit »verwahrloster« Gewalttätigkeit, die eine ungehemmte Reinszenierung erlittener massiver Gewalt ist und wegen ihrer euphorisierenden Wirkmächtigkeitserfahrung sogar genossen werden kann (s. Kapitel 3, Abschnitt Jugendgewalt). Viertens: Eltern praktizieren eine konventionell-strafende Erziehung, die beim Kind Aggressivität sowie ein verbietendes Überich erzeugt, welches die Aggressivität mehr oder weniger gut kontrollieren kann.

Jenseits all dieser Möglichkeiten findet sich bei Freud eine weitere Begründung dafür, weshalb gerade liebevolle Erziehung zu einem strengen Überich führen kann oder sogar muss. Das Argument lautet: Je mehr das Kind geliebt wird, desto schwerer fällt es ihm, seine Aggression gegen das ihn liebende Objekt zu wenden. Es ist gezwungen, sie gegen sich selbst zu richten, weil ihm »unter dem Eindruck der Liebe, die es empfängt, kein anderer Ausweg für seine Aggression bleibt als die Wendung nach innen« (Freud 1930, S. 490 Fn.; s. Kittsteiner 1991, S. 385 ff., für eine kulturhistorische Einord nung dieser Theorie). Das Überich hat also, neben einem nicht weiter diskutierten konstitutionellen Faktor, zwei soziale Quellen: die »Triebversagung, welche die Aggression entfesselt, und die Liebeserfahrung, welche diese Aggression nach innen wendet und dem Überich überträgt« (Freud, ebd.). In dieser interessanten Theorievariante ist es gerade die Liebe der Eltern, die dem Kind die Aggressionsäußerung erschwert, deren Nach-innen-Wendung und Legierung mit dem Überich fördert und so zu dessen Aggressivierung beiträgt.

Plausibler erscheint mir jedoch, dass ein Kind, das sich von seinen Eltern geliebt fühlt, seine Aggression ihnen gegenüber *angstfreier* äußern kann und *nicht* übermäßig hemmen muss, gerade weil es sich der elterlichen Liebe sicher ist. So betrachtet führt die elterliche Liebe nicht zu Aggressionshemmung und Aggressivierung des Überichs, sondern zu »kontrolliert-gekonnter« Artikulation der aggressiven Impulse. Und weiter kann man Freuds Überlegung (1930, S. 490), die *lieblos* Erzogenen würden ihre Aggressivität ungehemmt von Rücksichten auf das (ungeliebte) Objekt nach außen wenden, dahingehend ergänzen, dass sie diese ebenso oft nach innen wenden, beispielsweise durch selbstverletzendes Verhalten, psychosomatische Störungen oder Drogensucht. Die Innenwendung steht unter dem Diktat eines primitiven Überichs – oder geht mit ihm einher –, das erfahrungsgemäß nicht das Ergebnis liebevoller, sondern strafend-vernachlässigender Erziehung ist.

Die vorangegangenen Ausführungen sollten zum einen einer bloßen Abbildtheorie psychischer Verinnerlichung vorbeugen, zum anderen aber auch einer endopsychischen Neuschöpfungstheorie, die den Zusammenhang von psychischer Strukturbildung und Sozialisationserfahrungen weitgehend auflöst.

Familienrealität und Neurose

Die Übersetzung der äußeren Familienrealität in die innere psychische Realität ist zweifellos ein subjektiver Prozess, der gewisse Freiheitsgrade hat. Ähnlich wie beim bekannten Basis-Überbau-Theorem des Marxismus könnte man von einer Teilautonomie psychischer Strukturbildungsprozesse sprechen. Diese zeigt sich etwa daran, dass sich aus der Familienrealität nicht die Art der psychischen Erkrankung vorhersagen lässt. Reiche (1991, S. 1064 f.) betont zu Recht, dass allen Verknüpfungen von der Art »Elterliche und soziale Faktoren des Typs X produzieren eine Kindergeneration mit psychischen Strukturen des Typs Y« großes Misstrauen entgegenzubringen ist. Als Beleg für dieses Misstrauen verweist er auf Untersuchungen zum Familienhintergrund Homosexueller, die sämtlich gescheitert seien. Es ließen sich keine elterlichen Faktoren oder Faktorenkombinationen vom Typ X finden, welche die psychische Struktur oder Störung vom Typ Y (hier: Homosexualität, die früher als Krankheit galt) hervorbringen. Die weitere Folgerung Reiches lautet, es sei in hohem Maße kontingent, ob ein Individuum psychisch krank werde oder nicht.

Ich halte diese weitergehende Behauptung für fragwürdig. Wohl lässt sich selten vorhersagen, ob ein Individuum unter bestimmten familiären Sozialisationsbedingungen (X) *eine bestimmte* Störung (Y) entwickelt. Dies bedeutet aber nur, dass es in hohem Maße kontingent ist, *welche Art* von Erkrankung entsteht, nicht aber, *ob* eine entsteht. Die Forschung zu den Risiko- und Schutzfaktoren für seelische Erkrankungen (Überblick bei Dornes 2000, Kap. 3) hat eine ganze Reihe von Familienvariablen identifiziert, die das Entstehen von Krankheit und Gesundheit beeinflussen. Bei Vorliegen von zwei und mehr Risikofaktoren ist es beispielsweise um ein Vielfaches wahrscheinlicher, dass ein Individuum erkrankt, als bei Fehlen dieser Faktoren. Zwar lässt sich nicht vorhersagen, welches Individuum aus einer Gruppe von Risikofaktorträgern erkrankt; die festgestellten Zusammenhänge sind gruppenstatistischer Art. Es gibt immer auch Personen, die trotz vorliegender Risikofaktoren gesund bleiben, und solche, die trotz geringer Risiken krank werden; aber das sind eher Ausnahmen. Etwa 80 % aller Kinder mit »guter« Kindheit (kein oder ein Risikofaktor) werden seelisch gesunde Erwachsene, und 80 % derer mit »schlechter« Kindheit (zwei und mehr Risikofaktoren) werden seelisch krank. Die Kontingenz gilt also nur für die jeweils 20 %, die trotz geringer Risiken krank werden oder trotz präsenter Risiken gesund bleiben.

Selbst wenn man also nicht angeben kann, welche Erkrankung bzw. welche psychische Struktur ein Individuum mit der Familienrealität X entwickelt, lässt sich doch sagen, dass die Familienrealität X einen Einfluss darauf hat. Es ist somit *nicht* in hohem Maße kontingent, ob ein Individuum eine Neurose entwickelt, sondern allenfalls, welche – und auch dabei gibt es ausgeprägte nicht-kontingente Zusammenhänge, beispielsweise zwischen Misshandlung in der Kindheit und späterer gewalttätiger Dissozialität, psychosomatischen Störungen und Borderline-Erkrankungen. Zwar kann man aus Misshandlungserfahrungen in der Kindheit keine antisoziale oder Borderline-Persönlichkeitsstörung *prognostizieren*, aber umgekehrt findet man bei drei Viertel aller Persönlichkeitsstörungen und bei 90 % aller Intensivgewalttäter im Jugend- und Erwachsenenalter eine Vorgeschichte von Misshandlungen in der Kindheit. Es existiert also in manchen Fällen durchaus ein signifikanter Zusammenhang zwischen familiärer Kindheitserfahrung und späterem Erkrankungs*typ*, der sich nicht nur in retrospektiven, sondern auch in prospektiven Studien finden lässt (s. z.B. Johnson et al. 1999). Meine Zusammenfassung lautet deshalb: Auch wenn es häufig nicht möglich ist, familiäre Faktoren des Typs X mit bestimmten Erkrankungen des Typs Y zu verknüpfen, sollte daraus nicht geschlossen werden, es gäbe keinen solchen Einfluss oder er sei nur von sekundärer Bedeutung.

Trennung und Phantasie

Die Folgen von Trennungen können als weiteres Beispiel für die Diskussion um die psychische Eigendynamik bei der Verarbeitung von Interaktionserfahrungen angeführt werden. Hier werden die Unterschiede in den Grundannahmen besonders deutlich.

John Bowlby hat zusammen mit James Robertson dessen Filme aus den 1950er Jahren vor der Britischen Psychoanalytischen Gesellschaft gezeigt. In diesen herzzerreißenden und zu Recht berühmt gewordenen Filmen geht es um die Reaktionen kleiner Kinder auf kurzfristige Trennungen von der Mutter. Ein Film zeigt, wie sich der Zustand eines eineinhalbjährigen Jungen, der für zehn Tage ins Heim kommt, weil die Mutter wegen der Geburt eines zweiten Kindes ins Krankenhaus muss, allmählich verschlechtert. (Väter haben damals noch keine Betreuungsaufgaben übernommen.) Die ersten zwei Tage hält sich das Kind noch recht tapfer, aber dann baut es ab. Nach anfänglichem Protest wird es verzweifelt, danach apathisch, schließlich erholt es sich scheinbar. Das sind die klassischen Phasen von Protest, Verzweiflung und Gleichgültigkeit, die Bowlby (1973) ausführlich beschrieben hat. Seine Erklärung war, stark vereinfacht, dass der Verlust einer geliebten Person Kummer und Verzweiflung hervorruft.

Wilfred Bion und andere Kleinianer waren damit nicht einverstanden. Ihrer Meinung nach ist es nicht der Verlust der Mutter, der den Zustand des Kindes verursacht, also nicht die Trennung als solche, sondern es sind hauptsächlich die neidischen und aggressiven Phantasien, die das Kind als konstitutionelle Mitgift mitbringt (s. Bowlby et al. 1986, S. 48, 50; Holmes 1993, S. 4, 26). Diese Phantasien sollen das Kind krank machen, und die reale Trennung bestätigt nur die »Vorannahme« des Phantasielebens über eine böse, unkontrollierbare Mutter. Die Realität hat hier kein Eigengewicht, was auch die grundsätzlichen Ausführungen von Ogden (1984, S. 182) zum

Verhältnis von Realität und Phantasie verdeutlichen: »Aktuelle Erfahrung kann einen instinktiven Modus der Organisation von Erfahrung unterstützen, erzeugt aber nicht den Modus, nach dem Erfahrung interpretiert wird. Anhaltende Deprivation z. B. verleiht der Interpretation nach dem Todestrieb emotionale Intensität. Ein realer Verlust verstärkt die Bereitschaft des Kindes, sein Objekt als bedrohlich zu erleben. Das Erleben von Bedrohung wird nicht durch den Verlust geschaffen; die reale Bedrohung bestätigt einfach die Antizipation des Kindes, daß eine solche Bedrohung existiert. Darüber hinaus wird diese Antizipation einer Bedrohung durch das Fehlen einer realen Bedrohung nicht völlig aufgehoben. Die Interpretation von Erfahrungen nach Bedeutungen, die sich aus dem mit dem Todestrieb zusammenhängenden Code ergeben, wird trotz positiver Erfahrung fortgesetzt. Selbst das Kind, das eine liebevolle Beziehung zur Mutter hat, befürchtet unbewußt, von ihr verschlungen, zerstückelt und zerstört zu werden ...«
In das Beispiel des im Heim alleingelassenen Kindes übersetzt heißt das: Das Elend des Kindes rührt nicht in erster Linie vom realen Alleingelassenwerden her, sondern das Alleingelassenwerden bestätigt eine davon unabhängige universale Antizipation oder Phantasie von Vernichtet-Werden (die vom Todestrieb herstammt). Ohne eine solche Antizipation hätte das Ereignis gar nicht die pathogene Kraft, die es tatsächlich besitzt.

Das kann man glauben – oder auch nicht. Ich glaube es nicht und halte die Auffassung von Bowlby und Spitz (1964) für einleuchtender, dass Trennungen wegen des Verlusts der realen, Geborgenheit und Affektaustausch bereitstellenden Bezugsperson pathogene Folgen haben. Wohl ist die individuelle Variationsbreite der Reaktionen auf eine Trennung schon bei kleinen Kindern erheblich. Die Unterschiede sind zum Teil auf die Konstitution, zum Teil auf die bisherige Beziehungsgeschichte, zum Teil auf die Begleitumstände der Trennung und, bei älteren Kindern, zum Teil auf ihre Phantasien über das

Ereignis zurückzuführen. Es gibt sicher einen mehr oder weniger großen »Rest« von Autonomie und Freiheit in der Verarbeitung von Ereignissen durch die Phantasie, aber bei den Kleinianern wird den Phantasien ein Primat und eine Autonomie gegenüber der Realität zugeschrieben, die sie meiner Meinung nach nicht haben.[2]

Ohne die komplexe Frage der Ursachen seelischer Erkrankungen unzulässig vereinfachen zu wollen, kann man sagen: Psychische Strukturen, Symptome, Neurosen oder gar schwerere seelische Erkrankungen entstehen nicht durch Phantasien; sie werden allenfalls in ihrer jeweiligen Ausprägungsform durch Besonderheiten des Phantasielebens beeinflusst, nicht aber durch sie hervorgerufen. Wie Hoffmann (1986, S. 21) sehr schön bemerkt: »In den Nischen der realen Verletzung kann sich die Triebdynamik ansiedeln und weiterwuchern«; ohne solche Nischen ist der Wucherungsprozess begrenzt.

Selbstsozialisation

Die Theorie der Selbstsozialisation hat einen zeitdiagnostischen und grundlagentheoretischen Kern. Der zeitdiagnostische läuft darauf hinaus, einen neuen Integrationsmodus in die Gesellschaft zu behaupten. Dieser Aspekt der Theorie kann

---

2 Auch die kleinianische Theorie der Überich-Bildung weist diese Neigung auf. In ihr projiziert der Säugling sadistische Impulse auf äußere Objekte und introjiziert anschließend die so verzerrten Objektbilder, was unvermeidlich zu einer »inneren Welt« führt, die aggressiv eingefärbt ist. Die realen Interaktionen der Eltern mit dem Kind haben (nur) die Funktion, die intrapsychisch erzeugten Bilder zu modifizieren, sie konstituieren sie nicht. Freundliche elterliche Interaktionen mit dem Kind führen zu einer Milderung, feindselige zu einer Verstärkung der aggressionstriebbedingt bedrohlichen »inneren Vorannahme« des Kindes über die Objekte (s. Hinshelwood 1991, S. 146).

hier nicht behandelt werden.[3] Ich konzentriere mich auf den grundlagentheoretischen Aspekt, weil er, ähnlich wie die kleinianische Phantasietheorie, zu einer meines Erachtens unangemessenen Vernachlässigung der Realität führt.

Mit der grundlagentheoretischen Bedeutung der Selbstsozialisationstheorie ist der von Konstruktivismus und Systemtheorie thematisierte Sachverhalt gemeint, dass Systeme autopoietisch und selbstreferentiell organisiert sowie operativ geschlossen sind. Autopoietisch und selbstreferentiell heißt, dass die internen Strukturen und Funktionsregeln von Systemen nicht, wie bei einer Maschine, von einem externen Konstrukteur »fremdreferentiell« entworfen werden, sondern sich selbst(referentiell) »konstruieren«. Als Paradigma gilt die Zelle, deren Bauplan und Funktionsweise intern gegeben ist bzw. sich nach internen Regeln entwickelt. Operativ geschlossen heißt, dass die Zelle sämtliche Umwelteinflüsse nach ihrem eigenen »Code« verarbeitet, also nach den Regeln ihres biologischen Bauplans. Sehzellen transformieren Reize in visuelle Eindrücke, Hörzellen in akustische. Ähnlich sollen das Gehirn und das »psychische System« funktionieren. Die Psyche transformiert Umwelteinflüsse nach den Regeln »Primär-/Sekundärprozeß, Verdrängung/Nicht-Verdrängung« oder, bei Piaget, nach denen von »Assimilation/Akkommodation/Äquilibration«. Diese Regeln entstehen nicht in der Sozialisation, sondern gehen ihr voraus und organisieren die Art und Weise, wie der soziale »Input« verarbeitet wird. Ein Subjekt sozialisiert sich in diesem Sinne *grundsätzlich* selbst, weil ihm die operativen Regeln – etwa die Verdrängung eines unangenehmen Sachverhalts oder die Assimilation einer Gegen-

---

3 Die Zentralreferenz dazu ist Zinnecker (2000). An dieser Arbeit entzündete sich eine umfangreiche Debatte mit Kommentaren von U. Bauer (2002), einer Replik von Zinnecker (2002) sowie Beiträgen von Hurrelmann, Veith, Krappmann und Geulen. Weitere Kritiken finden sich bei Bauer (2004) und Veith (2004). Göppel (2010, Kap. 11) gibt eine aktuelle Zusammenfassung.

standswahrnehmung an ein sensomotorisches Schema – nicht von anderen beigebracht oder »ansozialisiert« werden. Erweitert wird diese Theorie durch die These der strukturellen Kopplung, welche die Umweltoffenheit operativ geschlossener Systeme erfassen soll. Kurz: Jedes System verarbeitet Umweltinput nach eigenen Regeln, ist also operativ geschlossen. Durch strukturelle Kopplung hingegen sollen die Systeme sich aneinander anschließen, »interpenetrieren« und verändern.

In der von Luhmann inspirierten soziologischen Systemtheorie fehlen indes ebenso wie in der Theorie der Selbstsozialisation »sozialpsychologische Brückenhypothesen darüber, wie sich soziale Strukturen und Prozesse in psychische transformieren« (Scherr 2004, S. 228). So schreibt etwa Schimank (2002, S. 223), dass der Umweltinput zwar unerlässlich ist, aber nur als »diffus streuender Impuls« wirkt, der gemäß den internen Strukturen des personalen Systems »abgefangen und eskortiert« wird und erst dadurch biographische Bedeutung erlangt. Setzt man für »interne Strukturen des personalen Systems« die kleinianische Theorie triebbedingter antizipatorischer Phantasien ein, so ist die Ähnlichkeit verblüffend und die Folgen sind dieselben: eine Unterbewertung des Eigengewichts der Realität und eine einseitige Hervorhebung der psychischen Verarbeitung (kritisch dazu aus klinischer Sicht z. B. Scharff 2002). Wenn ein kleines Kind von seiner Mutter verlassen wird, so »streut« dieses Umweltereignis nicht einfach als »diffuser Impuls« in seine Psyche, und was dort dann »selbstreferentiell« oder endopsychisch geschieht, ist das allein Entscheidende; nein – die Art, wie das Kind verlassen wird, und die Umstände, unter denen es geschieht, haben einen erheblichen Einfluss darauf, wie die Psyche des Kindes dieses Ereignis verarbeitet. Das Ereignis ist mehr als bloßer »noise«, der erst durch die Formung im psychischen System »personale Relevanz« gewinnt, und zwar deshalb, weil der Prozess der psychischen Verarbeitung auch von der Struktur des Ereignisses abhängt, das gerade keine »völlig bedeutungslose Eigenstruktur« aufweist (wie Schimank meint; ebd., S. 224). Das Autopoiesiskonzept und das der Selbstreferentialität führen zu einem psychischen Internalismus, wie er in der Psychoanalyse nur von der Schule Melanie Kleins vertreten wird; und die versuchsweise konkrete Anwendung dieser Konzepte auf Fragen der Kleinkindsozialisation endet in unverständlichen Abstraktionen, die mehr verdunkeln als erhellen (z. B. bei Gilgenmann 1986). Die Unterbewertung der familiären sozialisatorischen Interaktion in ihrer Bedeutung für die Persönlichkeitsbildung ist meines Erachtens die größte Schwäche der grundlagentheoretischen Variante der Selbstsozialisationstheorie.[4]

Fallbeispiele

Wie Phantasie und Realität ineinandergreifen können, illustriert eine Vignette der Psychoanalytikerin Juliet Hopkins (1990). Sie berichtet in einer Arbeit über Bowlby von einem zweijährigen Jungen, der eine Phobie vor Büchern entwickelt, in denen Monster vorkommen. Die Phobie trat erstmals auf, nachdem ihm seine Mutter eine Geschichte über einen feuer- und rauchspeienden Drachen vorgelesen hatte. Diese Angst könnte man nun mit allen möglichen Phantasien des Kindes erklären. In der Therapie des Jungen und den Gesprächen mit der Mutter stellt sich jedoch heraus, dass sie ihren Sohn in

---

4 Sutter (2004 a, b) will diesen Mangel beheben und verbindet in elaborierten Überlegungen Systemtheorie und Interaktionismus. Darauf kann hier nicht näher eingegangen werden; ebensowenig auf den Versuch, Systemtheorie, Psychoanalyse und Säuglingsforschung in ein neues Verhältnis zueinander zu setzen (Urban 2009). Sie alle lösen letztlich das Problem nicht, dass mit einer autopoietischen Systemkonzeption keine interaktionistische Sozialisationstheorie mehr möglich ist.

Auseinandersetzungen oft nur dadurch zur Räson bringen kann, dass sie ihm mit einer brennenden Zigarette droht; einmal kam es dabei sogar zu einer Verbrennung des Kindes. Der zweijährige Junge versucht also mit seiner Phobie vor Monsterbüchern die Beziehung zur Mutter zu schützen und »verschiebt« seine Angst vor der Mutter auf die Bücher. Grund für die Verschiebung ist eine reale Drohung. Die Furcht des Kindes, die so irrational erschien, erhält eine realistische Aufklärung; und die Annahme, die Drohung der Mutter gewinne erst vor dem Hintergrund einer vom Todestrieb ausgehenden universellen phantasierten Antizipation von Gefahr ihre pathogene Kraft, ist entbehrlich.

In ähnlich »realistischer« Weise hat Bowlby (1973, S. 337 ff.) Freuds Krankengeschichte des kleinen Hans (1909) reinterpretiert. Das Verlangen von Hans, in der Nähe der Mutter zu bleiben, ist in Bowlbys Lesart kein ödipales Begehren, sondern Ausdruck einer Angstbindung, mit deren Hilfe Hans versucht, den drohenden Verlust der Mutter zu verhindern. Sein Traum, die Mutter könne ihn verlassen, ist nicht Folge von Bestrafungsängsten wegen seiner verbotenen ödipalen Wünsche, sondern das Ergebnis realer Trennungsdrohungen. (Die Mutter ließ sich später übrigens scheiden.) Seine Befürchtung, von einem Pferd gebissen zu werden, betrachtet Bowlby nicht als aufs Pferd verschobene Furcht, vom Vater wegen ödipaler Wünsche kastriert zu werden, vielmehr führt er sie auf die Verknüpfung der mütterlichen Trennungsdrohung mit einer realen Trennung zurück, bei der auch von einem Pferdebiss die Rede war. Hans' Freundin Lizzi zog nämlich eines Tages weg. Dabei wurde ihr Gepäck mit einer Pferdedroschke zur Bahn gebracht. Lizzis Vater und Hans standen beim Aufladen des Gepäcks dabei. Der Vater warnte Lizzi: »Gib nicht die Finger zum weißen Pferd, sonst beißt es dich!« Bowlby (1973, S. 340) schlussfolgert daraus, dass die Furcht des kleinen Hans, von einem Pferd gebissen zu werden, in seiner Vorstellung eng verbunden ist mit der Trennung von einer geschätzten Person. Die Furcht vor dem

Gebissenwerden drückt in dieser Lesart nicht die Angst vor dem Kastriertwerden aus, sondern die vor dem Verlassenwerden, und die Verknüpfung zwischen Gebissen- und Verlassenwerden beruht auf der Assoziation dieser beiden Wahrnehmungsereignisse.

Sicher sind noch andere Lesarten möglich. Die vorstehenden Ausführungen sollten indes noch einmal die Bedeutung realer Ereignisse für die Symptombildung verdeutlichen und gegen eine Überbewertung einer als universal angenommenen (Kastrations-)Phantasie in diesem Prozess sensibilisieren (s. a. Lange 1980 zur Bedeutung realer Trennungsdrohungen in der Genese von Phobien). Sie können theoretisch so verallgemeinert werden: »Während nach traditioneller Auffassung Trieb, Abwehr und Schuld das konfliktträchtige Zentrum der psychischen Strukturbildung ausmachen, bildet sich nach relationaler Auffassung die Struktur der Psyche im Rahmen von tatsächlicher Kommunikation, wechselseitiger Bezogenheit und emotionaler Bindung aus. Nun entscheiden nicht mehr Triebschicksale, sondern Beziehungsschicksale darüber, wie und wohin sich ein Mensch entwickelt, in welcher Weise er sich selbst und die Welt erfährt, ob er seelisch gesund bleibt oder erkrankt.« (Altmeyer 2011, S. 122)[5]

Sexualität I

Auch die Sexualität wird häufig herangezogen, um die begrenzte Bedeutung veränderter Sozialisations- und Erzie-

---

5 In der psychoanalytischen Literatur wird häufig auch die Bedeutung unbewusster Phantasien *der Eltern* über die Kinder und deren Einfluss auf die kindliche Entwicklung thematisiert. Unzweifelhaft haben sie einen. Er entfaltet sich allerdings nur oder vorwiegend über die interaktiven Ausdruckskorrelate dieser Phantasien (s. dazu Dornes 1993, Kap. 9; 1997, S. 63 ff., 79 ff.).

hungspraktiken für die psychische Strukturbildung zu begründen. Die diesbezügliche Grundaussage lautet, dass die liberalisierte gesellschaftliche und elterliche Einstellung zur Sexualität nur die Oberfläche der Psyche erreicht hat, nicht aber ihre Tiefenstrukturen.

Manche Sexualwissenschaftler und Sexualtherapeuten (z. B. Schmidt 2000, 2004) berichten von einem entspannteren Verhältnis zur Masturbation sowie davon, dass sie von einem früheren Notventil zu einer mit dem Geschlechtsverkehr gleichberechtigten Sexualpraxis aufgestiegen ist, die in der Regel keine Schuldgefühle mehr auslöst (s. Kapitel 6). Andere, insbesondere psychoanalytisch orientierte Autoren, halten das für eine Oberflächenerscheinung. In der Tiefe, also im Unbewussten, seien die Schuldgefühle nach wie vor vorhanden und für das sexuelle Erleben genauso relevant wie früher. Um sie zu entdecken, bedürfe es allerdings der Psychoanalyse.

Weshalb aber sollte es eine Allgegenwart und Unvermeidlichkeit von (unbewussten) Schuldgefühlen in Bezug auf masturbatorische Aktivitäten geben? Reiche (2000) spricht in diesem Kontext von einer intrinsischen Verknüpfung zwischen Trieb und Schuld (ähnlich Oevermann 2001, S. 99 f.) sowie von einem unauflöslichen Zusammenhang zwischen Masturbation und Schuldgefühl, den keine noch so liberale Erziehung aus der Welt schaffen könne. Damit betreten wir das weite Feld strukturalistischer Überlegungen, die im vorliegenden Fall so lauten: Unsere ersten Liebesobjekte sind die Eltern; dementsprechend sind sie auch die ersten Objekte unserer Masturbationsphantasien. Wenn wir (später) entdecken, dass es ein Inzesttabu gibt, entstehen (nachträglich) Schuldgefühle wegen dieser nun als inzestuös codierten Intimität. Diese Schuldgefühle sind unvermeidlich. Sie werden gelegentlich auch strukturell genannt, weil sie sich aus der Struktur der frühen Masturbationssituation ergeben. Ihre Unausweichlichkeit wird darauf zurückgeführt, dass infantile Masturbation notwendigerweise eine inzestuöse Phantasie enthält. Da aber Phantasien vom Unbewussten genauso bewertet werden wie Taten, sind Schuldgefühle beim Masturbieren unvermeidlich.[6]

Diese Theoriekonstruktion impliziert, dass kulturelle Veränderungen in der Einstellung zur Sexualität und veränderte diesbezügliche Erziehungspraktiken nur die Oberfläche der Psyche tangieren. Sie können vielleicht den Umfang der bewussten Schuldgefühle verringern, nicht aber – jedenfalls nicht grundsätzlich – die in den Tiefenstrukturen der Psyche entstehenden unbewussten Schuldgefühle und Konflikte. Persönlichkeitsveränderungen im Gefolge veränderter Erziehungspraktiken, wie sie in einem freieren Sexualerleben oder einem weniger strafenden Überich zum Ausdruck kommen, werden hier vorwiegend als buntes Treiben der Oberfläche betrachtet. Diese Position wurde übrigens schon vor mehr als hundert Jahren vom Soziologen Georg Simmel in seiner Theorie des personalen und sozialen Ich vertreten. Er meinte, alle tieferliegenden Seelenschichten seien gegenüber externen Einflüssen resistent und einzigartig (siehe dazu Veith 1996, S. 179 ff.). Ich halte diese Theorieoption für intellektuell attraktiv, aber aus verschiedenen Gründen für problematisch:

a) Ihr »strukturalistischer Bias« führt dazu, dass beobachtbare Wandlungen mehr oder weniger zwangsläufig als »Wandel der Oberfläche« eingeschätzt werden.

b) Sie ist tendentiell falsifikationsresistent. Die Persistenz unbewusster Schuldgefühle beim Masturbieren ist nur in der psychoanalytischen Praxis feststellbar. Aber wie repräsentativ sind die dort gewonnenen Daten? Sie stammen ja von Patien-

---

6 Die Theorie über den intrinsischen Zusammenhang von Trieb und Schuld kann noch weitergeführt werden. Da die infantile Masturbation immer eine inzestuöse Phantasie enthält und diese Phantasie immer auch mit Todeswünschen gegenüber dem sexuellen Rivalen verbunden ist, gibt es nicht nur Schuldgefühle wegen der sexuellen, sondern auch wegen der aggressiven Komponente, die der Masturbation in dieser Lesart unausweichlich eingeschrieben ist (Reiche, ebd.).

ten. Die Gesunden haben vielleicht heutzutage keine oder weniger unbewusste Schuldgefühle und erscheinen deshalb nicht mehr beim Psychoanalytiker, so dass über sie keine Aussagen möglich sind. Überzeugender wären Behauptungen über die Universalität von (unbewussten) Schuldgefühlen dann, wenn sie sich auch mit anderen Erhebungsmethoden als denen der Psychoanalyse feststellen ließen (siehe dazu Kahr 2007, dargestellt im nächsten Abschnitt); oder aber wenn die durch Patienten gewonnenen Aussagen über Sexualität nach wie vor Allgemeingültigkeit beanspruchen könnten. Ich neige zu der Auffassung, dass nur in Psychoanalysen gefundene sexuelle Schuldgefühle auch anderweitig bestätigt werden sollten, um Gültigkeit reklamieren zu können.[7]

c) Die dritte Schwierigkeit sehe ich darin, dass unklar ist, wie sich die Oberfläche wandeln soll, aber die Tiefenstrukturen, die ihr zugrunde liegen, davon unberührt bleiben können. Ich gehe davon aus, dass Wandlungen der Oberfläche auf Dauer auch den ihnen zugrunde liegenden Strukturkern nicht unberührt lassen.

Reiche hat die hier dargestellte Position im Fortgang seines Werkes modifiziert und ist in einer anderen Arbeit (2004) der Frage nachgegangen, inwieweit sich die Sexualität nicht auch modernisiert hat. Unter dem Titel der »Homosexualisierung der Sexualität« zeichnet er sechs Trends nach, in denen Homosexuelle Vorreiter einer »modernisierenden« Entwicklung waren, der dann auch die Heterosexuellen gefolgt sind. Zwei davon seien herausgegriffen: Die Umstellung von Monogamie auf serielle Monogamie und die Umstellung der »Fetisch-Regel«, die besagt, dass sich nicht mehr nur Frauen, sondern auch Männer als sexy inszenieren müssen. Der Autor stellt indes auch hier die Frage (ebd., S. 186), ob es sich bei dieser Modernisierung nur um eine Veränderung des Geschlechtsrol-

---

7 Dies ist ein schwieriges, Grundsatzfragen der Methoden(un)abhängigkeit von Erkenntnis betreffendes Feld, das hier nicht näher behandelt werden kann.

lenverhaltens handelt, ohne dass sich die Tiefenstruktur der Geschlechterspannung *im* Mann und *in* der Frau, die in Freuds Konzept der ursprünglichen Bisexualität angelegt ist, verändert hat. »Der Begriff der Geschlechtsrolle hebt ... ab auf Stile des Verhaltens, der Wahrnehmung und der Affektregulierung. Diese sind natürlich ebenfalls ›tief‹ verankert; ... und dennoch können sich Geschlechtsrollen verändern, ohne dass hiervon die psychische Struktur betroffen ist.« In anderen Worten: Es kann eine Modernisierung mancher Aspekte der Sexualität geben, verstanden als Veränderung der Geschlechtsrolle, wohingegen andere Aspekte nicht modernisierbar sind, nämlich die Geschlechterspannung im Individuum. In einer weiteren Arbeit (2004 b, S. 251 f.) gibt Reiche die Idee eines Oberflächenwandels bei Konstanz der Tiefenstruktur indes endgültig auf.[8]

8 Andere nicht. Hock (2010, S. 1038 f.) etwa hält an der Auffassung fest, dass die gesellschaftlichen Veränderungen der Sexualmoral die Ebene unbewusster Konflikte »kaum« erreicht hat. Deshalb konnte die Zielsetzung einer von repressiver Moral befreiten Sexualität nicht verwirklicht werden. Er begründet dies allerdings nicht mit dem intrinsischen Zusammenhang von Trieb und Schuld oder der Theorie ursprünglicher Bisexualität, sondern mit Überlegungen, die aus der Theorie von Laplanche abgeleitet werden. Das Resultat seiner Überlegungen lautet, dass die (infantile) Sexualität nicht modernisierbar ist. Eine Darstellung und Kritik der Sexualtheorie Laplanches findet sich bei Dornes (2006, Kap. 6; s. a. die Replik von Laplanche 2006). Schmidt (2005, S. 119 ff.) beschreibt, wie sich der Umgang mit den Ausdrucksformen kindlicher Sexualität (Masturbation, Doktorspiele, sexuelle Fragen an die Eltern) in Kindergarten und Familie verändert hat. Nicht nur die Sexualität Jugendlicher, sondern auch die von Kindern partizipiert also am Liberalisierungstrend insofern, als mit ihr offener umgegangen wird. Ob sich dadurch das Erleben kindlicher Sexualität verändert hat, ist schwer zu entscheiden, aber zumindest wahrscheinlich. Die Antwort auf die Frage nach der »Modernisierbarkeit« von (kindlicher) Sexualität hängt also davon ab, welchen Zusammenhang man zwischen den (veränderten) Umgangsformen mit ihr einerseits und dem Erleben andererseits annimmt. Eine nach wie vor empfehlenswerte Gesamtdarstellung der verzweigten psychoanalytischen Theorielandschaft zum Thema kindliche Sexualität gibt Mertens (1992, 1994).

Sexualität II

Der englische Psychoanalytiker Kahr (2007) behauptet zwar keine Universalität von Schuldgefühlen, aber doch eine noch immer recht weite Verbreitung von bewusster Scham, Schuld und diffuser Angst beim Masturbieren. Er hat mit allen erdenklichen Methoden die sexuellen Phantasien Tausender Personen zwischen 18 und 90 Jahren untersucht und kommt zu dem Ergebnis, »dass die überwiegende Mehrheit aller Erwachsenen ein unbehagliches Verhältnis zu ihren sexuellen Phantasien hat, und das, obwohl solche Phantasien meist in einen Orgasmus münden« (2007, S. 46). Diese Unbehaglichkeit kann man nach Lektüre der ausführlichen Falldarstellungen bezweifeln. Nicht darauf soll jedoch hier eingegangen werden, sondern auf den bemerkenswerten Befund, dass bei der Masturbation bzw. den sie begleitenden Phantasien in etwa 90 % der Fälle frühkindliche Traumatisierungen in verdeckter Form wiederholt und gleichzeitig in erotisierter Form bearbeitet werden, wobei die Traumatisierungen von leicht bis schwer reichen (ebd., S. 388 f.). Dieser Befund untermauert zwar nicht die Behauptung eines universellen, unvermeidlichen Schuldgefühls, aber doch die Auffassung, dass das entspannte Verhältnis zur Masturbation *meistens* ein Oberflächenphänomen ist, das den bewussten Umgang mit dieser Sexualpraxis widerspiegelt, aber die unbewussten Hintergründe nicht erfasst.

Wie kommt es nun, dass trotz dieser traumatischen Hintergründe die Phantasien genossen werden können und luststeigernd wirken – ein Sachverhalt, den der Autor das »Masturbationsparadox« nennt. Nehmen wir als Beispiel einen Mann, der von seinem Sexualleben in aggressiven Metaphern erzählt. »Ich bringe meine Maschine in Position, lasse ein paar Bomben fallen und haue dann ab« (ebd., S. 280). Er hat eine elaborierte, ebenfalls aggressiv gefärbte Masturbationsphantasie über Strip-Poker mit mehreren Frauen, die er sexuell alle beherrscht. Weder wegen seiner Ausdrucksweise über Sexualität noch wegen seiner Masturbationsphantasie hegt er Schuldgefühle. Im Gegenteil, er genießt sie, aber im Verlauf des mehrstündigen Gesprächs stellt sich heraus, dass er als Siebenjähriger seine Mutter verloren hat. Eine detaillierte Analyse der Masturbationsphantasie ergibt, dass in ihr seine unverarbeitete Wut über diesen Verlust in sexualisierter Form zugleich verdeckt, ausagiert und zu Befriedigungszwecken genutzt wird (ebd., S. 278 ff.).

Dieses Beispiel verallgemeinernd kann man sagen: Der Genuss, die Erregung, aber auch die Entspannung beim Masturbieren kommt daher, dass – ähnlich wie beim Kontraphobiker, der eine unbewusste Angst durch riskante Sportarten bewältigt und dabei tiefe Befriedigung empfindet – gleichzeitig lebensgeschichtlich unbewältigte Probleme inszeniert und in quasi spielerischer Weise »gelöst« werden, wobei die Lösung immer nur vorläufig ist und zur Wiederholung anspornt. Das Paradox besteht darin, dass die zugrundeliegenden Probleme den Genuss nicht trüben, sondern ihn erhöhen bzw. konstituieren. Diese Überlegungen scheinen mir für die Aufklärung der Frage, wieso heute die Masturbation entspannter, schuldfreier und dennoch, wie die gesamte Sexualität, nahezu unvermeidlich ein Stück weit »problembehaftet« bleibt, erhellend. Die Antwort lautet: weil die menschliche Sexualität, auch wenn sie heute weniger schuldbeladen als früher ausgeübt werden kann, ihr Erregungspotential nicht in erster Linie erogenen Zonen oder einer hormongesteuerten körperlichen Erregbarkeit verdankt, sondern der Beimengung nichtsexueller Affekte wie Ohnmacht, Einsamkeit, Wertlosigkeit, Wut, Verschmelzungswünschen, die Ausdruck unbewältigter und unbewusster Probleme sind. Erst durch die Aufladung mit solchen Affekten erhält die Sexualität ihren »thrill«, der sie von bloß körperlicher Erregung unterscheidet und sie zu *Psycho*sexualität macht, die bei Tieren fehlt (s. dazu ausführlich Dornes 2006, Kap. 6). Außerdem werden die ursprünglich unangeneh men Affekte und Situationen erträglicher, weil sie nun mit angenehmen Empfindungen und Szenarien legiert und dadurch »entgiftet« sind.

Der Befund, dass 90 % der Masturbationsphantasien von Traumata gespeist werden, würde es wünschenswert erscheinen lassen, Art und Schwere der Traumata näher zu spezifizieren. Dafür fehlt hier der Raum. Deshalb kann nur versichert werden, dass das Buch von Kahr auch dem diesbezüglich skeptischen Leser ein überzeugendes Bild von der Plausibilität dieser Aussage vermittelt, ohne deswegen Sexualität zu einer traumatischen Angelegenheit zu machen. Es zeigt, dass die meisten Menschen »pathologische Einsprengsel« unterschiedlicher Art und Größe in ihrer ansonsten normalen Persönlichkeit aufweisen – nur knapp 5 % der Untersuchten hält Kahr für behandlungsbedürftig (ebd., S. 366) –, die sie unter anderem in sexuellen Phantasien lustbringend bearbeiten. Selbst wenn die Masturbation, wie Schmidt (2004, S. 102) pointiert formuliert, heutzutage zu einem »Zeitvertreib« geworden ist und auf die Luststeigerungsquelle der Überschreitung des Verbotenen verzichten muss, so gibt es offenkundig doch andere Quellen, die dafür genutzt werden können. Wenn Kahr recht hat, so besteht eine wesentliche in der (Mikro-)Traumabewältigung, und gerade diese scheint, glaubt man seiner 90-Prozent-Angabe, nahezu universal.[9]

---

9 In gut 50 % der Fälle fand Kahr die Theorie von Stoller (1976) bestätigt, derzufolge die Erregung bei der Sexualität durch Beimengung eines »whisper of hostility« zustande kommt (Kahr 2007, S. 255 f.). Gleichzeitig wird die Feindseligkeit dadurch »entgiftet«, dass sie in den Dienst der Sexualität gestellt und ihr untergeordnet wird. Bei der Perversion verhält es sich umgekehrt. Hier wird die Sexualität in den Dienst der Aggression gestellt und ist ihr Ausdrucksmittel. Deshalb versteht Stoller (1975) sie als erotisierte Form von Hass. Ich habe diese Theorie andernorts dargestellt (Dornes 2006, Kap. 6).

Teil 2: Zum Verhältnis von psychischer Struktur, individuellem Symptom und kultureller Neubildung

Die Idee einer Tiefenstrukturkonstanz bei Oberflächenwandel lässt sich indes noch auf andere Weise in den Blick nehmen. Veranstaltungen wie *Love Parades* und *Trashtalkshows* gelten in der Regel als Manifestationen von Hedonismus, Körpernarzissmus und Exhibitionismus. Reiche (2004 b, S. 247 f.) argumentiert nun, dass die Teilnehmer an solchen Veranstaltungen als Individualcharaktere gar nicht narzisstisch oder exhibitionistisch sein müssen, obwohl die Veranstaltungen selbst durchaus Merkmale von Körpernarzissmus und Exhibitionismus aufweisen. Aus dem exhibitionistischen Charakter der Veranstaltung könne man aber nicht auf den exhibitionistischen Charakter der Beteiligten schließen. Warum nicht?

Weil es sich bei solchen Veranstaltungen um »Ausdrucksgestalten« oder »kulturelle Neubildungen« handelt. In ihnen materialisieren sich zwar psychische Energien von Subjekten. Aber dennoch darf man von den Ausdrucksgestalten »nicht eins-zu-eins auf die Subjekte zurückschließen, die sich in den Ausdrucksgestalten objektiviert haben und den Subjekten die Diagnose geben«, die an den Ausdrucksgestalten herausgearbeitet wurden – und zwar deshalb nicht, weil nach Reiche das Subjekt in der Welt (der *Talkshow* oder *Love Parade*) ein anderes ist als das Subjekt in der Analyse. Über die Verfassung der Subjekte können wir anhand der Veranstaltungen nichts erfahren. Wir können nur sagen, dass es offenkundig eine gesellschaftliche Tendenz zur Exhibitionslust gibt. In der Analyse erfahren wir aber möglicherweise, dass die Individuen, die sich an solchen sozialen Ereignissen beteiligen, genauso verklemmt und gehemmt sind wie vor hundert Jahren.

Hier ein Beispiel (nach Reiche 2000, S. 21; es wurde bereits im dritten Kapitel erwähnt): Ein Homosexueller arrangiert periodisch ausschweifende sexuelle *performances*. Sie sind beliebt, bekannt und gut besucht. In der Analyse stellt sich heraus, dass sein persönliches Sexualleben dem Stereotyp einer verklemmten wilhelminischen Beamtenehe ähnelt, er heftige Schuldgefühle in Bezug auf seine Onanie hat und im übrigen alle Homosexuellen für minderwertig hält. In diesem Beispiel fallen der Individualcharakter und das, was er kulturell tut, weit auseinander. Die Person als Patient ist »verklemmt«, die Person als Agent eines soziokulturellen Trends »dekadent«. Homosexualität und Masturbation können individuell weiterhin als »pervers« erlebt werden, obwohl sie kulturell längst normalisiert sind. Daraus folgt: Alle Phänomene, die üblicherweise mit Diagnosen wie Narzissmus, Exhibitionismus, mangelndem Triebverzicht, Augenblicksverhaftung, Symbolisierungsmängeln etc. verknüpft werden, kann es als soziokulturelle Erscheinungen durchaus geben, aber sie sagen nicht unbedingt etwas über die psychische Struktur der daran beteiligten Personen aus, obwohl deren psychische Energien darin einfließen. Wir könnten dann von einer gesellschaftlichen Tendenz zum Exhibitionismus oder Narzissmus sprechen, ohne zu implizieren, die Menschen selbst seien in ihrem individuellen Charakter exhibitionistischer oder narzisstischer geworden. Diese Zwei-Welten-Theorie gibt auf andere Weise der oben dargestellten Auffassung Nahrung, dass psychische Tiefenstrukturen konstant bleiben (können), auch wenn die Oberfläche (kultureller Neubildungen) sich erheblich gewandelt hat.[10]

Die »chinesische Mauer«, die Reiche hier zwischen dem Subjekt in der Analyse und dem Subjekt in der Außenwelt errichtet, hängt sachlich an der Unterscheidung zwischen »Ausdrucksgestalten« (die sich in der Welt zeigen) und »Symp-

10 In dem geschilderten Fall hinkt das individuelle Überich dem kulturellen hinterher. Brüggen (2009, im Druck) beschreibt in seiner ebenso originellen wie komplizierten Theorie die Schwierigkeiten einer nachholenden Modernisierung des individuellen Überichs. Ich halte diesen Prozess für weiter fortgeschritten als er.

tome« (die sich in der Psychoanalyse zeigen). Symptome sind in psychoanalytischer Lesart Ausdruck konfligierender psychischer Impulse, aber Ausdrucksgestalten (oder kulturelle Neubildungen) sollen Reiche zufolge etwas anderes sein als Symptome, obwohl sich auch in ihnen (wie in Symptomen) psychische Energien der Subjekte materialisieren. Worin besteht der Unterschied?

Ausdrucksgestalten sind historisch und kulturell, Symptome individuell und krankheitswertig (Reiche 2004 b, S. 250). Exhibitionistische *Talkshows* sind eine historische und kulturelle Ausdrucksgestalt – aber nicht der psychischen Struktur der Beteiligten. Exhibitionismus in einem Park hingegen ist ein individuelles Symptom mit Krankheitswert – und als solches sehr wohl Ausdruck der psychischen Struktur des Exhibierenden. Kultureller Exhibitionismus ist also etwas anderes als individueller, ebenso wie Infantizid als kulturelle Praxis zur Geburtenbeschränkung etwas anderes ist als individueller Infantizid, auch wenn die Träger des kulturellen Exhibitionismus oder Infantizids immer Individuen sind. Die Träger des kulturellen Exhibitionismus müssen als Personen selbst nicht exhibitionistisch sein; die Agenten des kulturellen Infantizids müssen keine persönlichen Mordimpulse hegen; der Inszenator einer sexuell ausschweifenden *performance* muss nicht unverklemmt sein; und der Teilnehmer einer *Love Parade*, die in psychoanalytischer Theoriesprache eine sexualisierte Form des Körpernarzissmus ist, muss als Person kein sexualisierender Körpernarzisst sein. Das Verhältnis von Individuum und Ausdrucksgestalt ist ein anderes als das von Individuum und Symptom. Symptome sind Ausdruck von Persönlichkeitsstrukturen bzw. darin gebundenen Konflikten, Ausdruckgestalten nicht. Wenn eine Frau an ihrer Klitoris herumschneidet, hat sie wahrscheinlich eine Borderline-Störung oder ist psychotisch; wenn in manchen Gebieten Afrikas die Klitorisbeschneidung als kulturelle Praxis ausgeübt wird, sind weder diejenigen, die sie ausüben, noch diejenigen, die sie an sich ausüben lassen, noch die Kultur, in der dies stattfindet, als »borderline« zu betrachten.[11]

Reiche versteht *Talkshows* und *Love Parades* nicht als Symptome, sondern als kulturelle Neubildungen oder Ausdrucksgestalten, die ihren eigenen Strukturgesetzen gehorchen – die *Talkshow* etwa gehorcht den Gesetzen medialer Präsentation und Vermarktung. Deshalb ist die Struktur des Ereignisses nicht von der Struktur der darin agierenden Personen abhängig, obwohl sie die psychischen Energien der Personen aufsaugen; und deshalb kann es eine Strukturanalyse von *Talkshows* geben, die nicht auf die Motive oder Eigenarten der in ihnen auftretenden Personen zurückgreift. In diesem Sinne bekennt Reiche (2004 b, S. 248), dass er bei der Untersuchung konkreter Ausdrucksgestalten regelmäßig ohne psychoanalytische Theoriesprache auskommt.

Der Übergang von kulturellen Ausdrucksgestalten zu individuellen Symptomen ist allerdings fließend, denn »innerhalb

---

11 Schwieriger liegt der Fall dann, wenn die Individuen sich beispielsweise schmerzhafte Praktiken der Körpermodifikation *nicht* im Rahmen einer eingelebten kulturellen Praxis zufügen, sondern dies zunächst freiwillig und individuell tun, der Vorgang aber im Lauf der Zeit zu einer kulturellen Praxis wird. Tätowieren und Piercing etwa haben mittlerweile erhebliche Verbreitung gefunden (s. Kapitel 2). Vermutlich verhält es sich dabei ähnlich wie mit der Homosexualität. Manche Homosexuelle halten ihre »Sexualpräferenz« nach wie vor nicht für normal, und Psychotherapeuten werden in manchen Fällen finden, dass (traumatische) kindliche Erfahrungen bei der Entstehung von Homosexualität eine Rolle spielen können. Als kulturelles Phänomen ist die Homosexualität indes mittlerweile weitgehend normalisiert und zählt nicht mehr, wie früher, zu den Perversionen. Auch Piercing und Tätowieren haben sich, allein durch das Ausmaß ihrer Verbreitung, kulturell weitgehend normalisiert. Es ist aber nicht ausgeschlossen, dass sich bei manchen »Gepiercten« ein psychopathologischer Hintergrund finden lässt, während andere nur einer Mode oder einer eingespielten kulturellen Praxis folgen. Vom »Symptom« allein kann man nun keine (automatischen) Rückschlüsse mehr auf eine zugrundeliegende Pathologie ziehen, denn im Maße kultureller Normalisierung wird unklar, ob es sich dabei überhaupt noch um ein Symptom handelt.

dieser Ausdrucksgestalten kann es dann eventuell zu Symptomen, also Manifestationen von Krankheitswert« kommen (ebd., S. 250). Damit ist gemeint, dass der personelle Träger des kulturellen Exhibitionismus, also etwa der Teilnehmer einer *Talkshow*, wenn er berühmt wird und durch die Medien zirkuliert, sich im Verlauf dieses Prozesses verändern und auch als Person exhibitionistischer werden kann bzw. bisher latent gebliebene exhibitionistische Züge manifest werden. Ebenso können die Vollstrecker von Infantiziden im Laufe dieser Praxis Mordimpulse entwickeln bzw. bestehende kultivieren und sich dabei persönlich verändern.[12]

12 Die Idee einer Unterscheidung zwischen individuellem Symptom und sozialer Ausdrucksgestalt könnte man dahingehend verallgemeinern, dass man ihre Gültigkeit für die Strukturanalyse *jeder* sozialen Situation annimmt – sei es ein Fußballspiel, eine Fernsehshow oder eine *Love Parade*. Aus den sozialen Handlungen einer Person in solchen Situationen ließe sich dann generell wenig über ihren Charakter erschließen, weil die soziale Situation Eigengesetzlichkeiten gehorcht, welche die Handlung eines Individuums stärker bestimmen als seine charakterologischen Eigenarten es tun. Dies war die grundlegende Schlussfolgerung aus den berühmten Milgram-Experimenten (Milgram 1974): Normale, keineswegs psychopathologisch gestörte Menschen sind dazu fähig, in einer bestimmten (experimentellen) Situation anderen Menschen tödlich scheinende Stromstöße zu verabreichen, obwohl sie ansonsten liebevolle Mitmenschen sind. Sie handeln aggressiv, ohne charakterologisch Sadisten zu sein, und sind Agenten einer Situation, die sie ohne manifesten Zwang zu Handlungen veranlasst, die ihren charakterlichen Neigungen sogar widersprechen. Ähnlich im Stanford-Gefängnis-Experiment, in dem sich normale Probanden binnen kurzer Zeit in bösartige Wärter und unterwürfige Gefangene verwandelten (Kurzfassung bei Haney et al. 1973, ausführlich Zimbardo 2007). Wäre diese »situationistische« Auffassung uneingeschränkt richtig (Kritik bei Fromm 1973 und Schmid 2011), so könnte man soziales Handeln bzw. Gesellschaft grundsätzlich nicht »vom Seelenende« her verstehen. Diese Auffassung ist strittig. Eine Kompromissposition besagt, dass in »starken« sozialen Situationen (z. B. der Haltepflicht vor einer roten Ampel) die persönlichkeitspsychologischen Eigenschaften keine große Rolle spielen, wohingegen sie in »schwachen« Situationen (z. B. einer ehelichen Interaktion) wichtig sind (Laux 2003, S. 202 ff.; für eine andere Sichtweise siehe Schmid 2011, S. 199 ff.) Die Beantwortung der Frage nach der Bedeutung psychischer Strukturen für die

Resümee

Unabhängig davon, ob man die Trennung von individuellem Symptom und sozialer Ausdrucksgestalt in dieser Schärfe teilt oder nicht, die dargestellten Überlegungen haben unzweifelhaft den Vorzug, nicht bei jeder kulturellen Neuschöpfung – seien es *Facebook, YouTube, Big Brother, Tattoos, Piercing* oder *Bodydesign* – sogleich den Individuen, die sie praktizieren, mit einer Pathologiediagnose auf den Leib zu rücken. Ob jemand, der sich tätowieren lässt oder in *Big Brother* auftritt, eine individuelle Pathologie hat, kann nur in einem diagnostischen

Gesellschaft war bekanntlich der Hauptgrund für die Hinwendung der Kritischen Theorie zur Psychoanalyse. Die Psychoanalyse sollte helfen zu erklären, wie Charaktereigenschaften (z. B. der autoritäre Charakter) das Funktionieren von Gesellschaft beeinflussen – etwa in Form von Unterwerfungsbereitschaft, Konformismus und Fremdenfeindlichkeit. Das Problem, ob die Situation oder die Persönlichkeit einen stärkeren Einfluss auf das Handeln hat, zeigt sich in der zeitgenössischen Autoritarismusforschung in der Frage, ob das autoritäre Syndrom eher eine Einstellung ist, die durch bestimmte Situationen (z. B. ökonomische Krisen) hervorgerufen wird, oder ob es sich dabei um ein Persönlichkeitsmerkmal handelt, das über Zeit und Situation hinweg stabil und handlungswirksam ist (s. Seipel et al. 2000, S. 264 ff.; zum neuesten Stand der Autoritarismusforschung siehe Funke et al. 2010). An solchen empirischen Fragen war Adorno in seinem Essay »Zum Verhältnis von Soziologie und Psychologie« (1955) nicht mehr interessiert. Dort hat er sich von der Erklärungskraft persönlichkeitspsychologischer Konstrukte mit dem grundsätzlichen Argument verabschiedet, psychische Motive und Dispositionen von Personen seien für das Funktionieren von Gesellschaften oder sozialen Systemen deshalb nicht mehr von Bedeutung, weil sich die Systeme mittlerweile so stark verselbständigt und/oder funktional ausdifferenziert hätten, dass die subjektiven Motive der in ihnen Agierenden für deren Funktionieren keine Rolle mehr spielen (ebd., S. 50). Diese Auffassungen sind von Reiche (1995) konzeptuell erneuert und bestätigt worden. Im Vordergrund *meines* Interesses stehen, anders als in der Kritischen Theorie, nicht so sehr die möglichen Konsequenzen einer veränderten Psyche für die Gesellschaft, sondern umgekehrt die einer veränderten Familie und Gesellschaft für die Psyche. Ich interessiere mich also stärker für die Verfassung der Psyche selbst als für deren Beitrag zur Gesellschaft. Deshalb wurde dieses Thema im vorliegenden Buch nur gelegentlich angesprochen.

Interview geklärt werden; und ob Tätowieren oder andere Formen der Körpermodifikation als kulturelle Praktiken Ausdruck einer kollektiven Pathologie sind, ließe sich erst klären, wenn man wüsste, was die Kriterien einer solchen Pathologie sein könnten.

Die Verwendung klinischer Begriffe (Narzissmus, Exhibitionismus, Körperbildstörung, Jugendwahn) für soziale Neubildungen ist zunächst einmal nur eine »wilde« Deutung. Wer aus der kulturellen Neubildung zunehmender Reisefreudigkeit und -geschwindigkeit der letzten fünfzig Jahre eine pathologisch-hyperaktive Grundverfassung der Individuen ablesen will, missbraucht ein diagnostisches Vokabular. Außerdem übergeht er die einfache Frage, warum eigentlich in häufigen Kurz- oder Fernreisen mehr individuelle Pathologien gebunden sein sollten als in einem konventionellen dreiwöchigen Seeurlaub (Reiche 1999, S. 49). Wer die heutige Reisefreudigkeit als *soziale* Pathologie betrachtet, muss die Kriterien ausweisen, die ihn dazu berechtigen (zu den Schwierigkeiten eines solchen Unternehmens siehe Honneth 1994, 2004). Meist ist dann die Rede davon, das ständige Verreisen überfordere die Individuen, stehe also nicht im Einklang mit ihren (»wahren«) Bedürfnissen. Beschleunigung etwa mache krank oder die Perfektionierung des Körpers übe Druck aus. Das Pathologische an den sozialen Phänomenen wird an ihrer die Individuen belastenden oder anderweitig einschränkenden Wirkung abgelesen. Häufig bleibt es jedoch bei der mehr oder weniger plausiblen Behauptung dieser Folgen, denn wer hätte bisher nachgewiesen, dass die heutige Form des Verreisens kränker macht oder einschränkender ist als die vergangener Zeiten? Oder aber das entsprechende Phänomen, wie beispielsweise das Piercing, das selbst nicht belastend ist, sondern ebenso freiwillig praktiziert wie das Reisen, wird als Symptom einer *verborgenen* Belastung gedeutet, etwa als Versuch, sich in einer pathologisch sich verflüchtigenden Welt noch zu spüren (s. Kapitel 2). In solchen Fällen ist sowohl die Diagnose der

Sozialpathologie (digitale Weltverflüchtigung) als auch die vermutete Bedeutung des »Symptoms« (sensorische Selbststabilisierung) weitgehend spekulativer Natur und dient häufig mehr der Bestätigung eigener Abneigungen gegen die entsprechende Praxis als ihrer Erhellung. Davon ist niemand frei, was aber nicht von der Verpflichtung entbinden sollte, sie durch Abwägung konkurrierender Interpretationen zu kontrollieren.

Kapitel 8 Haben psychische Krankheiten zugenommen?

Einleitung

Lässt man einige Zeitungsschlagzeilen der letzten zehn Jahre Revue passieren, so liest man: »Leidende Angestellte. Wenn der Arbeitsdruck wächst, nehmen auch psychosomatische Krankheiten zu« (Die Zeit v. 28. 8. 2003), »Fast jeder fünfte Deutsche fühlt sich krank« (FAZ v. 16. 10. 2007), »Unter Kindern grassiert die Managerkrankheit« (FR v. 12. 12. 2002), »Um die Schüler steht es schlechter; mehr psychosomatische Beschwerden, mehr Alkohol« (FAZ v. 19. 9. 2003), »Jeder zwölfte Jugendliche trinkt riskant« (FAZ v. 5. 5. 2009), »Besonders Gymnasiasten trinken viel Alkohol« (Die Welt v. 12. 10. 2010), »Psychologen sehen fast jedes fünfte Kind in seelischer Not« (FR v. 15. 5. 2007), »Fast jedes dritte Kind gestört, Mediziner schlagen Alarm« (Hamburger Abendblatt v. 5. 3. 2009), »Immer mehr Kinder in Therapie« (FAZ v. 27. 2. 2010), »Steigende Zahl psychischer Erkrankungen« (FR v. 27. 7. 2011). Die Reihe ließe sich fortsetzen, etwa um »Die Seele streikt immer öfter« oder »Immer mehr Jugendliche …« – und dann kann man wahlweise einsetzen – sind gewalttätig, alkoholisiert, übergewichtig, computersüchtig, motorisch zurückgeblieben, lernbehindert, lese- und rechtschreibschwach, aufmerksamkeitsgestört, hyperaktiv, depressiv, aggressiv, selbstverletzend, bulimisch, anorektisch, sexuell verwahrlost, wohlstandsverwahrlost, armutsverwahrlost etc.

Haben wir es also mit einer Generation von gestörten Kindern (und Erwachsenen) zu tun, die den Anforderungen der modernen Welt nicht mehr gewachsen sind und unter dem Druck der Arbeit, des Konkurrenzkampfes, der Flexibilisierung, der Schule, des Zeitmangels, der Beschleunigung, der

Globalisierung, des Neoliberalismus, des verweichlichenden Sozialstaates, dem Einfluss bildungsehrgeiziger oder desinteressierter Eltern, verwöhnender Erziehung, zunehmender Ehescheidungen und des Alleinerziehens oder Alleinerzogenwerdens in die Knie gehen und psychisch krank werden? Oder aber hat sich, was die Häufigkeit seelischer Erkrankungen angeht, gar nicht so viel geändert – außer unserer Aufmerksamkeit dafür? Schlägt man eine Schneise durch die recht heterogene Befundlage, so spricht vieles für die zweite Sichtweise. Im Folgenden sollen die Leser mit einschlägigen Untersuchungen vertraut gemacht werden.

Historisches

Unsicherheit und Besorgnis über den psychosozialen Zustand der Bevölkerung und angeblich alarmierend steigende Krankheitszahlen gab es schon immer. Um nur ein Beispiel zu nennen: Zwischen 1880 und 1920 trat die Diagnose »Neurasthenie« ihren Siegeszug an. Diese vermeintlich von Überreizung herstammende Nervenschwäche, die sich entweder in Müdigkeit oder Nervosität oder einer Mischung aus beidem, nämlich einer erschöpften Reizbarkeit, äußerte, wurde meist in Zusammenhang mit der Hast moderner Lebensbedingungen gebracht (ausführlich und brillant Radkau 1998). Häufig wurde eine Somatogenese postuliert, in der die Anfälligkeit für die Überreizung der Nerven ererbt war, so dass die Kranken sich nicht als Versager oder moralisch Schuldige fühlen mussten. »Primär ging es in diesen Fällen darum, Menschen, die sich bisher auf volksmedizinische Mittel und Praktiken verlassen hatten, dazu zu bringen, ihr Heil fortan bei der institutionalisierten Medizin zu suchen« (Shorter 1992, S. 388). In Wirklichkeit gab es, wie Shorter weiter ausführt, keinen Anstieg der nervösen Erkrankungen. Sie existierten alle schon vorher, nur hatte man sie mit anderen Augen gesehen und anders benannt. Das trifft wahrscheinlich auch auf die meisten der derzeit im Brennpunkt der Debatten stehenden psychischen Erkrankungen – wie Burn-out, chronisches Erschöpfungs- oder Müdigkeitssyndrom, Depression – zu, denn weshalb sollten die derzeitigen Lebensbedingungen erschöpfter oder depressiver machen als beispielsweise die nach dem Zweiten Weltkrieg, als ein Heer von kriegstraumatisierten und im Wortsinne erschöpften Soldaten und Flüchtlingen in eine zerstörte Heimat, schwierige Familienverhältnisse und noch dazu als Verlierer zurückkehrten? Die Schlussfolgerung liegt nahe, dass es heute nicht mehr Erschöpfte gibt als früher, sondern dass die zeitgenössischen Lebensbedingungen auf andere Weise erschöpfen bzw. die immer vorhandene Erschöpfung anders codiert wird als früher.

In diese Richtung weisen auch die einschlägigen Daten von Shorter (1992, S. 498 ff.). Sie besagen, dass sich bei verschiedenen Untersuchungen und Befragungen in der Zeit zwischen Mitte der 1970er und Ende der 1980er Jahre 20–30 % der Bevölkerung mehr oder weniger regelmäßig »erschöpft, schlapp oder müde« fühlten – und in den 1920ern war ein Fünftel »ohne Schwung«. Wer also heute bei einer unklaren Zahl von an Burn-out Leidenden und 7 % Depressiven die »Müdigkeitsgesellschaft« heraufziehen sieht, sollte sich klarmachen, dass offenkundig immer ein relativ konstanter Anteil der Bevölkerung müde und erschöpft ist. Steigerungsbehauptungen, wie sie zwei Titelgeschichten des Magazins »Der Spiegel« und zwei Artikel der »Frankfurter Rundschau« suggerieren (Dettmer/Tietz 2011, Dettmer et al. 2011, FR 2011 b, d), sind empirisch einseitig. Sie belegen oft nur eine gesteigerte Aufmerksamkeit für dieses Phänomen oder eine zunehmende Bereitschaft, sich deswegen unter dieser Diagnose behandeln bzw. krankschreiben zu lassen oder eine minimale Ausgangsbasis, auf der Steigerungsaussagen zwar zutreffend, aber irreführend sind. Die Gründe für Müdigkeit mögen sich verändert haben, der Sachverhalt der Erschöpfung aber und die Zahl der Erschöpften schwankt anscheinend kaum.[1]

Exkurs: Erschöpfung und Burn-out

In den 1970er Jahren wurde Burn-out erstmals bei ehrenamtlich tätigen Personen entdeckt, die durch ein Übermaß an idealistischem Engagement »ausbrannten«. Heutzutage sollen es die Befreiung von Zwängen, die Verkehrung von früheren Idealen in Verpflichtungen (»sei selbständig«, »sei eigenverantwortlich«), die damit verbundene Nötigung zur Selbstgestaltung des Lebens, die wachsende Arbeitsverdichtung, zunehmende Flexibilitäts- und Erreichbarkeitsanforderungen sowie familiäre Instabilitäten sein, die ständige Aktivität(sbereitschaft) erzwingen und damit Müdigkeit, Burn-out oder Depression verursachen (Ehrenberg 1998, Boltanski/Chiapello 1999, Honneth 2002, Rosa 2005, Dettmer et al. 2011). Interessanterweise wurde die um 1869 erstmals diagnostizierte Neurasthenie auf ähnliche Ursachen zurückgeführt: auf die mit der Industrialisierung einhergehende gesteigerte Arbeitslast, die Zunahme der Lebensgeschwindigkeit und die gewachsene Freiheit (die damals vor allem Religionsfreiheit war). Der wesentliche Unterschied besteht darin, dass damals auch noch eine übermäßige Verdrängung von Gefühlen als ätiologischer Faktor postuliert wurde (Ellenberger 1970/I, S. 345), wohingegen heute Ursachen und Auslöser oft umstandslos gleichgesetzt werden. Es kann nicht nachdrücklich genug betont werden, dass die derzeit als Ursa-

---

1 Im Jahr 2010 wurden einer AOK-Studie zufolge bundesweit knapp 100 000 Menschen, also etwa 0,1 % der Bevölkerung, unter der Diagnose Burn-out (Z 73.0 »Probleme mit Bezug auf Schwierigkeiten bei der Lebensbewältigung«) krankgeschrieben. Das rechtfertigt kaum das Gerede über eine neue Volkskrankheit.

chen diskutierten Faktoren die genannten Erkrankungen zwar *auslösen*, aber nicht *verursachen*, so wenig wie die »Magermodels« der Werbebranche die Ursache von Anorexien sind. Psychische Krankheiten entstehen in der Regel auf der Grundlage ungelöster, unbewusster Konflikte, die durch gegenwärtige Belastungen aktualisiert werden und die Bewältigungsmöglichkeiten des Individuums überfordern. Dieser Sachverhalt wird durch eine vereinfachte Krankheitstheorie, die nur oder vorwiegend auf die aktuellen Belastungen sieht, nicht angemessen erfasst.

Einer repräsentativen Untersuchung der DAK aus dem Jahr 2010 zufolge fühlt sich übrigens die Mehrheit der Arbeitnehmer zwischen 18 und 29 Jahren gar nicht über-, sondern *unterfordert*. Selbstverständlich gibt es auch für die damit verbundenen Komplikationen eine medizinische Diagnose. Sie lautet »Boreout-Syndrom« und bezeichnet Stresssymptome, Erschöpfung und Niedergeschlagenheit infolge von Langeweile und Unterforderung. In der DAK-Untersuchung fühlten sich 56 % unterfordert, 29 % durch Arbeits- und Zeitdruck überfordert. Die Zahl der Unterforderten ist also weit höher als die der Überforderten, nur erfährt man von ihnen selten etwas in den Medien. Auf den Krankenstand hat beides keinen Einfluss. Er war in beiden Gruppen gleich hoch (ref. nach FAZ 2011 c und FR 2011 a). Dieselbe Untersuchung ergab für eine repräsentative Population junger Hamburger, dass 68 % mehr leisten wollten, als von ihnen verlangt wurde, und nur 6 % die fachlichen Arbeitsanforderungen zu hoch fanden. 20 % der Befragten beurteilten ihren Arbeitsalltag als »sehr belastend«, 51 % als »etwas belastend« und 28 % als »eher locker«. Hier hatten also knapp 80 % mit der Arbeitsbelastung keine Probleme (ref. nach Hamburger Abendblatt 2011 a). Was immer von diesen Zahlen im Detail zu halten ist, sie sollten zum Überdenken medial weit verbreiteter Überforderungsbehauptungen als Folge von zu hoher Arbeitsbelastung Anlass geben.

Fischer (2010, S. 345 Fn. 90) stellt Untersuchungen aus den

Vereinigten Staaten dar, die zeigen, dass das Gefühl von Zeitknappheit oder Zeithetze in den letzten dreißig Jahren, wenn
überhaupt, allenfalls geringfügig zugenommen hat. Eine mo-
derate Zunahme hohen Zeitdrucks zwischen 1994 und 2008
berichtet Seiler (2011) für das Bundesland Nordrhein-Westfalen. Darüber hinaus sollte berücksichtigt werden, dass Stress
(am Arbeitsplatz) nicht einfach durch hohe Anforderungen
entsteht, sondern durch die Kombination von hohen Anforderungen und geringen Mitsprache- bzw. Mitgestaltungsmöglichkeiten. Einer repräsentativen europäischen Untersuchung
zufolge sind solche Bedingungen bei 23 % der Arbeitnehmer
gegeben (ref. nach Ehrenberg 2010 a, S. 400 f., 414 f.).

Fortsetzung: Historisches

Es lassen sich natürlich stets auch Befunde beibringen, die eine
Zunahme von Krankheiten welcher Art auch immer belegen.
Vor dem Ersten Weltkrieg betrug nach Shorter die Zahl der
Kopfschmerzpatienten in ärztlichen Praxen 0,6 %, Mitte 1970
waren es 6 %. Es gibt also einen erheblichen Anstieg der (Klagen über) Kopfschmerzen. Andere Untersuchungen zeichnen
ein ähnliches Bild. Um 1930 berichteten 100 Befragte 82 Krank-
heitsepisoden, 1980 waren es 252 Episoden, also das Dreifache.
Auch ärztliche Konsultationen haben in diesem Zeitraum zugenommen. »Interpretiert man ›Kranksein‹ als Inanspruchnahme eines Organs der Gesundheitspflege, dann ist der Durch-
schnittsmensch in unserer Gesellschaft heute mehr als zweimal
im Jahr ›krank‹, während er dies in den 1920er Jahren weniger
als einmal war« (Shorter 1992, S. 493). All dies ist jedoch kein
Indiz dafür, dass die Menschen heute kränker sind als früher,
sondern das Ergebnis erhöhter Bereitschaft, Körperempfindungen erstens zu registrieren und zweitens als Anzeichen po-
tentieller Erkrankungen zu interpretieren.

Man kann nun mutmaßen, woher diese erhöhte Bereitschaft kommt. Mögliche Kandidaten sind: a) eine »Kultur der Angst« (Furedi 2006), in der durch soziokulturelle Wandlungsprozesse verunsicherte Menschen angstanfälliger werden und ihre Angst auf den Körper verschieben; b) eine durch die Sicherheit moderner Lebensbedingungen beschäftigungslos gewordene Angst sucht sich neue Objekte und findet sie unter anderem im Körper, der sich dafür besonders gut eignet, weil er im Laufe der Modernisierung als Arbeitsinstrument abdankt und dadurch zum Gegenstand der Fürsorge werden kann; c) ein Bestand an generationsübergreifend tradierten Annahmen über Gesundheit und Krankheit, der eine »nüchterne Ausdeutung von Körperempfindungen im Horizont des gesunden Menschenverstandes« erlaubt, verschwindet und macht einer Hypersuggestibilität Platz, die durch jede neue Entdeckung, die das Fernsehen oder die Zeitung verbreiten, stimuliert wird (Shorter 1992, S. 530 ff.); d) eine Zunahme der Versorgung mit Ärzten und Untersuchungen erzeugt ihre eigene Nachfrage; e) immer neue labormedizinische Untersuchungsmethoden fördern immer neue Mikrobefunde zu Tage, die wiederum von angstbereiten und suggestiblen Menschen (über)interpretiert werden können; f) ärztliche Autorität wird zumindest partiell durch mediale ersetzt, wodurch potentielle Krankheitsursachen wie Amalgamvergiftung oder Handystrahlungen durch neue Kanäle breitenwirksam distribuiert und diskutiert werden; g) die Umdeutung von Befindlichkeitsstörungen oder Charaktereigentümlichkeiten in Krankheiten (z. B. prämenstruelles Unwohlsein in prämenstruelles Syndrom oder Schüchternheit in Soziale Phobie) ist eine Strategie der Medizinindustrie zur Umsatzerhöhung und Absatzsteigerung einschlägiger Medikamente (Wehling 2008), oder, allgemeiner ausgedrückt, diese Umdefinition führt größere Anteile des stets vorhandenen Unwohlseins medizinischer Begutachtung zu (Shorter 1992, S. 493).

Angesichts all dieser Faktoren ist es erstaunlich, dass die

psychischen Erkrankungen, wie ich gleich zeigen werde, über die letzten vier Jahrzehnte hinweg *nicht* zugenommen haben, auch wenn die Zahlen für manche Erkrankungen, Subgruppen und Zeitpunkte schwanken und temporär erhöht sein können. Noch erstaunlicher ist dies in Anbetracht des Sachverhalts, dass nach derzeitigem Wissen die Kinder aus Ein-Eltern-Familien, aus Familien mit Migrationshintergrund und aus Armutsfamilien alle ein erhöhtes Risiko für psychische Erkrankungen aufweisen. Da die ersten beiden Gruppen seit 1970 kontinuierlich zugenommen haben, die dritte ebenfalls seit geraumer Zeit ansteigen soll (Hurrelmann 2007, S. 188; Peuckert 2008, S. 188, 355 ff.), deutet es eher auf eine zunehmende Stabilität der psychischen Verfassung hin, wenn die Gesamtzahl der psychisch Erkrankten *nicht* zugenommen hat. Nun zu den Details.[2]

2 Die Aussagen über Zu- oder Abnahme psychischer Erkrankungen und Symptome werfen indessen jenseits von Häufigkeitsangaben noch grundsätzliche Probleme auf. Haubl etwa (2007 b, S. 31) meint, einerseits gehöre Müdigkeit zum konstanten Bestand einer Kultur, andererseits steige sie im ausgehenden 20. Jahrhundert zum Leitsymptom auf. (Die Prävalenz des chronischen Müdigkeitssyndroms wird mit 0,5 % angegeben.) Damit stellen sich drei schwierige Fragen, nämlich: a) Wie lässt sich feststellen, ob ein Symptom oder eine Erkrankung als Leitsymptom oder Indexpathologie betrachtet werden kann, das heißt als etwas, in dem der Geist der Zeit auf besonders markante Weise zum Ausdruck kommt (ähnlich wie zu Freuds Zeit in der Hysterie oder Neurasthenie der sexualfeindliche Geist der viktorianischen Epoche zum Ausdruck kam)? b) Ist für die Auszeichnung als Indexpathologie nicht auch ein gehäuftes *quantitatives* Auftreten notwendig? c) Sollte man beispielsweise nur das chronische Müdigkeits*syndrom*, die Angst*störung*, die narzisstische Persönlichkeits*störung* als indikativ betrachten oder auch *sub*klinische Formen von Müdigkeit, Angst und Narzissmus? Entscheidet man sich für Letzteres, so müsste man Indexstimmungen oder Indexpersönlichkeitszüge angeben, was mir noch schwieriger erscheint als die Angabe von Indexpathologien. Empirisch gibt es auf die Frage nach dem Zeittypischen recht vielfältige Antworten. Von verschiedenen Autoren werden genannt: ADHS (Ahrbeck 2008, Balzer 2009, Haubl 2009, Türcke 2009), Angst (Twenge 2000, Furedi 2006), Anorexie/Bulimie (Giddens 1992, Girard 2005), Borderline-Störung (Dulz 1999, Hanzig-Bätzing/Bätzing 2005), Burn-out (Dettmer et al. 2011), Coolness (Schimank

Krankheitshäufigkeiten und Befindlichkeitsstörungen bei Erwachsenen

Verschiedene nationale und internationale epidemiologische Studien an Erwachsenen, die vermehrt seit Mitte der 1970er Jahre durchgeführt wurden (Überblicke bei Franz et al. 2000, S. 11 ff.; Jacobi et al. 2004; Wittchen/Jacobi 2005), haben ergeben, dass – je nach Untersuchung und verwendeter Methode (klinisches Interview, Symptomfragebogen) – ungefähr 20 bis 30 % aller Erwachsenen zwischen 18 und 65 Jahren in Deutschland an seelischen Erkrankungen leiden, wenn man einen Prävalenzzeitraum von 12 Monaten und die Diagnosekriterien des DSM-IV zugrunde legt. Im EU-Durchschnitt aller Studien sind es 27 %. Als Faustregel kann gelten, dass gut die Hälfte dieser »Fälle«, also etwa 15 %, aufgrund ihrer Schwere bzw. Dauer beratungs- oder behandlungsbedürftig sind. Für die Vereinig-

2002, Haubl 2007 a), Depression (Seligman 1990, Ehrenberg 1998, Rosa 2005), Müdigkeit (Han 2010), chronisches Müdigkeitssyndrom (Haubl 2007 b), Erregung (Türcke 2002), Hysterie (Winterhoff-Spurk 2005), Narzissmus (Ziehe 1975, Lasch 1979, Wintels 2000, Twenge 2006, Zima 2009), Schizoidie (Riemann 1975, Tenbrink 2000), Schönheitschirurgie/Körpermodifikationen (Ettl 2006, Gerisch 2009), Sucht/Oralität (multiple Autoren). Diese Vielfalt zeigt, dass es nahezu unmöglich ist, eine zeittypische Krankheit oder Stimmung dingfest zu machen. Dennoch wird es immer wieder versucht. Der Soziologe Pohlmann etwa (2011, S. 54) meint, in Kriegszeiten oder Zeiten materieller Not würden Depressionen zurückgehen, wohingegen *nach* Überwindung dieser Geißeln eine »Melange von diffuser Langeweile und unspezifischem Streß zur atmosphärischen Grundströmung des Lebensgefühls in den Massendemokratien der westlichen Postmoderne« geworden sei. Das kann man glauben, plausibel finden – oder mit anderen Kandidaten aufwarten, beispielsweise depressiven Verstimmungen (Ehrenberg 1998) oder einer diffusen Angstbereitschaft bzw. Unsicherheit (Twenge 2000, Furedi 2006, Prüfer 2011). Ein »Zeitalter der Angst« wird allerdings auch schon seit 1948 diagnostiziert (Fischer 2010, S. 56). Begründet entscheiden lässt sich hier kaum noch etwas, denn »das« Lebensgefühl in »den« westlichen Massendemokratien ist wahrscheinlich ein zu heterogenes Feld, als dass es sich unter einer Kategorie erfassen ließe.

ten Staaten werden vom *National Institute of Mental Health* im Jahr 2008 ebenfalls 15 % seelisch moderat oder ernstlich Erkrankte angegeben (ref. nach Carlat 2010, S. 7). Weitgehend Einigkeit besteht darin, dass Unterschichtangehörige, Stadtbewohner und Frauen höhere Raten bei fast allen seelischen Erkrankungen aufweisen. Eine Ausnahme sind die Abhängigkeitserkrankungen, die bei Männern häufiger, und die Psychosen, die bei beiden Geschlechtern gleich häufig vorkommen. Die erhöhte Zahl seelischer Erkrankungen bei Frauen ist *nicht*, wie gelegentlich vermutet wird, darauf zurückzuführen, dass Frauen auskunftsfreudiger in Bezug auf ihre Krankheiten sind.[3]

Bezüglich der Häufigkeit einzelner Krankheitsgruppen (Neurosen, Persönlichkeitsstörungen, funktionell-psychosomatische Störungen) gibt es in verschiedenen Studien unterschiedliche Angaben. Im Mannheimer Projekt, das im Zeitraum von 1978 bis 1985 die Jahrgänge 1935, 1945 und 1955 untersuchte, betrug die Fallrate 26 %. Davon waren 7 % Neurosen, 7 % Charakterstörungen und 12 % funktionell-psychosomatische Erkrankungen. Die Folgeuntersuchungen ergaben eine Verschiebung in Richtung einer Zunahme von Persönlichkeitsstörungen und eine erhöhte Erkrankungsrate der Geburtskohorte von 1945 im Vergleich mit der von 1935 und 1955, was auf den Einfluss sozialer Umbrüche hinweist (Franz et al. 2000, S. 22 f., 42). Schätzt man die lebenslange Prävalenz und nicht nur die zu einem bestimmten Zeitpunkt oder in ei-

---

3 Der Zusammenhang zwischen Schichtzugehörigkeit und psychischer Erkrankung ist komplex. Armut kann einerseits ein psychischer Stressor sein, der die Anfälligkeit für Erkrankungen erhöht. Andererseits können umgekehrt psychische Erkrankungen bzw. Vorbelastungen zu Arbeitslosigkeit und Armut führen und sich dann in einer bestimmten Schichtzugehörigkeit verfestigen. Wilkinson/Pickett (2009) haben in einem einflussreichen Buch die These vertreten, dass größere Einkommensungleichheit zu mehr physischen und psychischen Erkrankungen führt und eine Abflachung der Ungleichheit entsprechend zu »gesünderen« Gesellschaften. Diese These ist auf Kritik gestoßen. Für eine Zusammenfassung kritischer Stellungnahmen siehe Snowdon (2010, 2011).

nem bestimmten Zeitraum, so waren 30 % der untersuchten Probanden in ihrem Leben zeitweise Fälle von psychogenen Erkrankungen, 29 % blieben stabil gesund und 41 % waren Nicht-Fälle mit klinisch-grenzwertigem Beschwerdegrad. Knapp die Hälfte aller Erwachsenen blieb lebenslang von psychogenen Erkrankungen verschont (ebd., S. 41 f., 151 f., 159; ähnlich Wittchen/Jacobi 2005). Die Komorbidität ist hoch. Mindestens in jedem dritten Fall, manchen Untersuchungen zufolge sogar in jedem zweiten, leiden die Betroffenen nicht nur unter einer, sondern unter zwei oder mehr Erkrankungen.

Bezogen auf die Länder der Europäischen Union sind nach Wittchen/Jacobi (2005) die häufigsten Erkrankungen Angststörungen (Median aller Studien: 12 %), gefolgt von Depressionen (etwa 7 %), psychosomatisch-somatoformen Störungen (6 %) und Alkoholabhängigkeit (2 %). Die seltensten sind psychotische Störungen (0,8 %), Zwangsstörungen (0,7 %), Drogenmissbrauch (0,5 %) und Anorexie (0,4 %).[4]

Es scheint so, als ob die Gesamtzahl der Erkrankungen über die Jahrzehnte *nicht* signifikant schwankt (Franz et al. 2000, S. 160; Wittchen/Jacobi 2005). Ob über längere Zeiträume einzelne Krankheitsbilder zu- oder abnehmen, ist offen. Manchen Untersuchungen zufolge (Ihle et al. 2004, Wittchen/Jacobi 2006) haben Depressionen und Suchtkrankheiten im letzten Jahrzehnt zugenommen. Ebenso die Adipositas. Andere bezweifeln die Zunahme von Depressionen (Costello et al. 2006, Kessler/Wang 2009). Franz et al. (2000, S. 160) resümieren, dass es für eine generelle Zunahme psychogener Erkrankungen *keine* soliden Anhaltspunkte gibt. »Reale Veränderungen im Krankheitsspektrum, Verschiebungen der Häufigkeit einzelner Partialsymptome, z. B. in Richtung süchtiger Verhaltensweisen

4 Bei Jugendlichen und jungen Erwachsenen (14–24 Jahre) sind Depressionen häufiger als Angsterkrankungen und die Substanzstörungen, insbesondere Alkoholmissbrauch, treten häufiger auf als vorher oder nachher; ebenso Essstörungen bei Frauen (Wittchen et al. 1998).

oder im zwischenmenschlichen Agieren, und somit charakter-
neurotische Manifestationsformen sind allerdings Faktum, der
klassische ›gehemmte Mensch‹ früherer Zeiten ist heute seltener.«

Etwa dieselben Zahlen ergeben sich europaweit bei *Befind-
lichkeitsbefragungen*. Zwischen 10 % (in Griechenland) und
20 % (in Portugal und Deutschland) der befragten Erwachsenen schätzen ihren gesundheitlichen Zustand als schlecht bis
sehr schlecht ein, 80–90 % als sehr gut bis durchschnittlich
(Friedrich 2004).

Krankschreibungen

»In Deutschland ist nach einer Statistik der DAK die Rate der
Arbeitsausfalltage infolge von Angststörungen von 2000 bis
2005 um 27 % gestiegen; bei Depressionen liegt im gleichen
Zeitraum eine Zunahme von 42 % vor.« (Schüle 2007, S. 18;
s. a. Hoischen 2008, S. 3) Sind dies Indizien für die Zunahme
psychischer Krankheiten? Nicht unbedingt. Warum nicht?

Erstens: Krankschreibungen infolge psychischer Beeinträchtigungen zeigen keinen dauerhaften Anstieg dieser Erkrankungen an, sondern nur einen momentanen.

Zweitens: Im fraglichen Zeitraum haben die Krankschreibungen insgesamt nicht zugenommen, sondern sind konstant
geblieben oder sogar gesunken. Der Anstieg psychisch bedingter Krankschreibungen ist ganz oder teilweise auf eine Umetikettierung von vormals physischen in jetzt psychische Erkrankungen zurückzuführen. Was früher als Magenproblem oder
Schlafstörung zu Krankschreibungen und Untersuchungen
führte, wird jetzt als Symptom einer somatisierten Depression
diagnostiziert. Das bedeutet, dass heute nicht mehr Menschen
depressiv sein müssen, sondern nur mehr als depressiv *diagnostiziert* werden.

Drittens: Die Zunahme an *Patienten* sagt grundsätzlich

nichts aus über die Zunahme an *Erkrankten*. Mitteilungen wie die der Barmer-GEK, die Zahl der als psychisch krank Diagnostizierten habe sich in den zwanzig Jahren zwischen 1990 und 2010 mehr als verdoppelt, werden häufig als Verdoppelung der psychischen Erkrankungen missverstanden (FR 2011 c), obwohl sie nur eine Verdoppelung der Diagnosen anzeigen (FAZ 2011 g). Der Unterschied lässt sich an zwei Beispielen verdeutlichen. Die Adipositas-Patienten haben zwischen 2005 und 2009 um 16 % zugenommen, die Adipositas-Erkrankten nur um 1 %. Die Zahl der Patienten ist drastisch gestiegen, die Zahl der Erkrankten nicht (Daten ref. nach FAZ 2011 a). Der Anstieg der Patientenzahlen zeigt zunächst einmal nur eine bessere Versorgung oder erhöhte Inanspruchnahme an, nicht eine erhöhte Krankheitshäufigkeit. Letztere muss und kann nur durch epidemiologische Studien festgestellt werden. Ähnlich verhält es sich mit dem Alkoholkonsum Jugendlicher. Er ist auf breiter Front gesunken und befindet sich im Jahr 2010 auf dem niedrigsten Stand seit den 1970er Jahren. Das medial spektakuläre »Komasaufen« hat zwischen 2004 und 2010 ebenfalls abgenommen (um 6 %), die Zahl der wegen Alkoholmissbrauch stationär Behandelten ist hingegen angestiegen, weil die Sensibilität der Bevölkerung gewachsen ist und betrunkene Jugendliche heutzutage schneller ins Krankenhaus gebracht werden. Die Zahl der Alkoholmissbrauch Betreibenden sinkt, die Zahl der Behandelten steigt. Die Behandlungszahlen sagen also nichts über die Missbrauchshäufigkeit aus (Daten ref. nach FAZ 2011 b).

Viertens: Die Zahl der Diagnosen kann auch aus anderen Gründen schneller steigen als die der Erkrankten. So orientieren sich beispielsweise die diagnostischen Manuale nach mehrfacher Überarbeitung seit 30 Jahren vorwiegend an Symptomen und Symptomclustern und vernachlässigen die lebensgeschichtlichen Ursachen oder biographischen Auslöser von Symptomen. Dadurch wird eine depressive Verstimmung, welche durch den Tod eines Lebenspartners ausgelöst wurde, zu einer depressiven Erkrankung, wenn sie länger als zwei Wochen anhält. Das ist sie aber nicht, sondern es handelt sich dabei um eine normale Anpassungsreaktion. Während der Arzt früher sagte »Sie trauern«, diagnostiziert er heute eine »depressive Reaktion«. Dadurch kann es zu einem Anstieg diagnostizierter Depressionen kommen, ohne dass ein Anstieg wirklicher, krankheitswertiger Depressionen vorliegen muss; ausgeschlossen ist er natürlich nicht. Die Befundlage dazu ist uneindeutig (pro: Wittchen / Jacobi 2006; contra: Kessler / Wang 2009; Fischer 2010, S. 235 f., 343 ff.).

Auch die oben bereits erwähnte Umdefinition von früher als Charaktereigentümlichkeiten oder Befindlichkeitsstörungen betrachteten Eigenarten in Krankheiten (starke Schüchternheit in Soziale Angststörung, Unwohlsein vor Regelblutungen in prämenstruelles Syndrom) lässt die »Krankheitszahlen« ansteigen. Ebenso die Veränderung diagnostischer Kriterien für das Vorliegen einer Manie, die dazu geführt hat, dass mittlerweile schon bei Kindern eine bipolare Störung diagnostiziert werden kann. Dies ging mit einer Vervierzigfachung der Diagnose im Zeitraum zwischen 1994 und 2003 im Raum Boston einher (Carlat 2010, S. 141 ff.; Fischer 2010, S. 231). Niemand wird ernsthaft annehmen, dass sich die Zahl der wirklich Erkrankten in diesem Ausmaß vermehrt hat. Da der Chef der kinderpsychiatrischen Abteilung der Harvard University an der Umdefinition maßgeblich beteiligt war, kursierte unter amerikanischen Kinderpsychiatern bald die Sottise, die Wahrscheinlichkeit, an einer bipolaren Störung zu erkranken, steige proportional mit der Wohnortnähe zu Boston.

Fünftens: Eine Studie der Techniker Krankenkasse (TK) ergab, dass im Jahre 2006 bei jedem fünften Beschäftigten zwischen 15 und 65 Jahren eine psychische Erkrankung diagnostiziert wurde. Das fällt in den Bereich jener 20–30 %, die in epidemiologischen Studien an Erwachsenen seit den 1970er Jahren immer wieder als erkrankt eingeschätzt werden, und zeigt somit keinen Gesamtanstieg der Zahl der psychischen

Erkrankungen an. Die erhöhte Zahl von kurzfristigen Krankschreibungen mit psychopathologischen Diagnosen ist also selbst nach Krankenkassenuntersuchungen nicht indikativ für eine *dauerhafte* Zunahme seelischer Erkrankungen (weitere Krankenkassendaten bei Grobe et al. 2006).

Sechstens: Dasselbe gilt für die von Seiffge-Krenke (2007, S. 79) berichtete Zunahme stationärer Behandlungsfälle auf Grund psychischer Störungen. Was früher eine Kurklinik war, in der man sich vom Stress der Arbeit erholte, ist heute eine psychosomatische Klinik, in der Depressionen, depressive Symptome, psychosomatische Erschöpfungszustände und Burn-out behandelt werden, die es alle früher ebenfalls schon gab, aber nicht unter diesen Begriffen. Insofern ist der Anstieg stationärer Behandlungsfälle aus psychischen Gründen nicht beweiskräftig für einen Anstieg psychischer Erkrankungen in der Bevölkerung, sondern nur für die Umetikettierung von Krankheiten oder für eine Enttabuisierung im Sinne einer größeren Bereitschaft, unter solchen Diagnosen krankzuschreiben oder sich krankschreiben zu lassen. Im Übrigen ist nicht jedes Symptom auch eine Erkrankung. Untersucht man beispielsweise mit Hilfe von Screening-Verfahren die Vorkommenshäufigkeit depressiver *Symptome* (sogenannte subsyndromale Depression), so erhält man im Einjahreszeitraum Häufigkeitsangaben von 8 % und mehr, was aber nicht mit dem Vorliegen einer depressiven *Erkrankung* im engeren Sinn (major depression; 7 %) gleichgesetzt werden darf (Kessler/ Wang 2009, S. 6 f.).

Siebtens: Selbst ein Anstieg der Zahl der Erkrankten sagt nicht unbedingt etwas aus über den Gesundheitszustand der Bevölkerung. Im Lauf der Jahre können sich beispielsweise immer mehr Personen so gestresst fühlen, dass sie (bei entsprechender Disposition) depressiv werden. Gleichzeitig können sich aber auch immer mehr Leute ausgesprochen wohl fühlen. Die Varianz ist gestiegen, der durchschnittliche Gesundheits- und Wohlbefindenszustand der Bevölkerung hat sich aber nicht verändert. Er könnte sogar besser geworden sein, dann nämlich, wenn die Zahl derer, die sich wohl fühlen, stärker zugenommen hat als die Zahl derer, die sich gestresst fühlen bzw. krank werden. Ansteigende Erkrankungsziffern bilden diesen möglichen Sachverhalt nicht ab. Sie sollten deshalb durch die weiter unten dargestellten Befindlichkeitsuntersuchungen ergänzt werden.

Druck am Arbeitsplatz

Auf kurze und mittlere Sicht scheinen Arbeitsplatzunsicherheit und Arbeitslosigkeit einen Anstieg seelischer Erkrankungen/Symptome zu bewirken. Auch hier gibt es jedoch eine Unzahl von Untersuchungen mit sich zum Teil widersprechenden Ergebnissen. Einer Studie der Universität Dresden zufolge steigt bei Sorgen um den Arbeitsplatz das Krankheitsrisiko nur für Alleinerziehende oder alleinverdienende Personen. Wichtiger für die psychische Gesundheit am Arbeitsplatz sind Merkmale wie Tätigkeitsintensität, soziales Klima, Unterstützung durch Vorgesetzte sowie Handlungsspielräume (FAZ 2008). Einer anderen Studie zufolge macht die Angst vor Arbeitslosigkeit zwar nicht krank, erhöht aber den Stress und vermindert die Lebensqualität (ref. nach Winterhoff-Spurk 2008, S. 62).

Der elaborierten Überblicksarbeit von Brenner (2006) kann man entnehmen, dass faktische Arbeitslosigkeit das Risiko, körperlich oder seelisch zu erkranken, in der Regel erhöht. Auch das Depressionsrisiko steigt an, allerdings nur für Personen über 30 Jahre und in Abhängigkeit von einer Vielzahl anderer Faktoren wie beispielsweise seelischen Vorerkrankungen, die ihrerseits wieder das Risiko erhöhen, arbeitslos zu werden, oder in Abhängigkeit von der Region – Ostdeutsche werden bei Arbeitsplatzverlust beispielsweise seltener depressiv als Westdeutsche.

Krankheitshäufigkeiten und Befindlichkeitsstörungen bei Kindern und Jugendlichen

Zwischen 15 % und 22 % (Median 17,2 %) aller Kinder und Jugendlichen weisen seelische Erkrankungen innerhalb eines Einjahreszeitraums auf (Überblicke bei Ihle/Esser 2002; Barkmann/Schulte-Markwort 2004; Ihle et al. 2004; Fuhrer 2005, S. 118 ff.; Petermann 2005; Ravens-Sieberer et al. 2007; Kurth et al. 2008); gut die Hälfte davon, etwa 10 %, auch noch bei einer Wiederholungsuntersuchung im Folgejahr. Sie können deshalb nach Schweregrad und Dauer als beratungs- oder behandlungsbedürftig betrachtet werden (Walter/Remschmidt 1994; Ihle/Esser 2002). Am häufigsten sind Angststörungen (etwa 10 %), gefolgt von aggressiv-dissozialen (7 %), depressiven (5 %) und hyperkinetischen Störungen (2 %). Bis zum Alter von 13 Jahren gibt es eine durchgehend höhere Gesamtprävalenz der Erkrankungen bei Jungen, im Verlauf der Adoleszenz findet zwischen den Geschlechtern eine Angleichung der Erkrankungshäufigkeit statt. Jungen zeigen häufiger externalisierende Störungen, Mädchen häufiger Ess- und psychosomatische Störungen. Die erhöhte Rate von Angststörungen und Depressionen bei erwachsenen Frauen im Verhältnis zu Männern (2 : 1) findet sich bei Kindern noch nicht und bei Jugendlichen weniger stark (Ihle et al. 2004, S. 728 f.).

Vergleicht man die zu verschiedenen Zeitpunkten seit 1948 durchgeführten Studien, so ergibt sich weder im internationalen noch im nationalen Maßstab eine Gesamtzunahme der Erkrankungen (Walter/Remschmidt 1994, Barkmann/Schulte-Markwort 2004). Wenn überhaupt, ist in Deutschland eine geringfügige *Ab*nahme zu verzeichnen. Wegen der unterschiedlichen Methoden zur Identifizierung von Fällen, die in den jeweiligen Studien verwendet werden, sind solche Vergleiche im strengen Sinn jedoch nicht zulässig, und eine Aussage über Zu- oder Abnahme der Gesamtzahl von Störungen ist nicht möglich. Die einzige methodenkompatible Vergleichsstudie bezieht sich auf den Zeitraum zwischen 1994 und 2001 und konnte *keinen* Anstieg der Gesamterkrankungshäufigkeit feststellen (Barkmann/Schulte-Markwort 2004, S. 284).

Entgegen der oben dargestellten Gesamteinschätzung gibt es jedoch Autoren wie Hurrelmann (2002, S. 274 ff.), Fuhrer (2005, S. 119), Seiffge-Krenke (2007, Kap. 3), Malti/Noam (2008, S. 13 f.) und Wilkinson/Pickett (2009, S. 81), die von einer Zunahme psychogener bzw. funktionell-psychosomatischer Erkrankungen bei Kindern und Jugendlichen sprechen. Im Ergebnis konstatieren aber auch sie nur die üblichen Erkrankungsraten zwischen 15 und 22 %. Wieder andere (z. B. Smith/Rutter 1995, Fombonne 1998) untersuchen nicht die Gesamtheit psychischer Störungen, sondern stellen nur für Suizid(versuche), Kriminalität, Alkohol- und Drogenmissbrauch sowie Depression einen Anstieg bei Jugendlichen im Zeitraum zwischen 1950 und 1990 fest. Wahrscheinlich ist diese Zunahme aber auf die Stärke der Geburtskohorten zurückzuführen. Weil bis Mitte der 1960er Jahre die Zahl der Neugeborenen wuchs, gab es bis 1980/1990 eine wachsende Zahl 15- bis 25-Jähriger, weshalb die (absoluten) Erkrankungsziffern anstiegen. Entsprechend berichtet Twenge (2006, S. 213), dass *seit 1991* in den Vereinigten Staaten die Suizide unter jungen Leuten um 29 % *zurückgegangen* sind, die Gewaltkriminalität um 35 % und die Schulgewalt um 43 %. Die Autorin führt diesen Rückgang auf die gesunkenen Geburtenzahlen zurück. Wenn weniger Kinder geboren werden, werden später auch weniger suizidal, kriminell und gewalttätig. Aussagekräftig sind also nur Prozentzahlen von Jahrgängen, und hier scheint es trotz mancher Studien, die für bestimmte Zeiträume und einzelne Erkrankungen einen Anstieg feststellen, *keine* belastbaren Indizien für eine Zunahme der *Gesamterkrankungsquote* bei Kindern und Jugendlichen zu geben.[5]

5 Die Raucherquote hat sich den Daten der Bundeszentrale für gesundheitliche Aufklärung zufolge in Deutschland seit 2001 halbiert, Ähnliches gilt für

Fragebogenuntersuchungen

Die Ergebnisse von Fragebogenuntersuchungen oder Telefon-interviews, in denen Jugendliche zu ihrem gesundheitlichen Befinden befragt werden, weisen in dieselbe Richtung. Zunächst einmal ist in den meisten einschlägigen Untersuchungen mit persönlichkeitspsychologischen Fragebögen keine Zunahme des Neurotizismus festzustellen. Wenn überhaupt ein Trend zu erkennen ist, dann eher eine Abnahme (Literatur bei Trzesniewski/Donnellan 2010, S. 72).

Hurrelmann/Mansel (1998) haben 13- bis 16-Jährige in einer Selbsteinschätzungsstudie über ihren Gesundheitszustand berichten lassen. Es ergab sich für die zwei untersuchten Zeitpunkte 1986 und 1996 zwar ein Anstieg physiologisch-somatischer Beschwerden (insbesondere Allergien), aber eine unveränderte Befindlichkeit bei den psychosomatischen Beschwerden und den seelisch-emotionalen Störungen.[6]

den Alkoholkonsum und den Gebrauch illegaler Substanzen (ref. nach Ewald 2010). Die Zahlen für Gewaltkriminalität hängen immer auch von der Stärke der Geburtskohorten ab. Je stärker die jungen Kohorten sind, desto höher ist die Gewaltkriminalität, weil die jüngeren Jahrgänge krimineller sind als die älteren.

6 Im Anstieg der Allergien zeigt sich das paradoxe Phänomen, dass Krankheiten das Ergebnis einer gesunden bzw. hygienischen Lebensführung sein können. Ein gewisses Maß an Keimexposition ist notwendig, um das Immunsystem von Kindesbeinen an adäquat zu stimulieren. Ein gut trainiertes Immunsystem reagiert auf Fremdstoffe weniger empfindlich. Deshalb hatten Krippenkinder der ehemaligen DDR weniger Heuschnupfen als Familienkinder der BRD. Dasselbe gilt für heutige Landkinder, die mehr Keimen ausgesetzt sind als Stadtkinder und deshalb nur halb so oft an Heuschnupfen leiden. Der Allergologe Wahn meint, ein unterbeschäftigtes Immunsystem suche sich neue Beschäftigungen: »Wir sind heute so verdammt gesund, daß unser Immunsystem sich langweilt und auf Abwege gerät« (zit. nach Wolz 2007, S. 16). Möglicherweise lassen sich solche Beobachtungen auch auf andere, eher psychisch bedingte Phänomene ausdehnen, etwa die Angst vor Kriminalität, die in sicheren Ländern wie Skandinavien, Deutschland oder der Schweiz nicht

Andere Erhebungen kommen ebenfalls zu dem Ergebnis, dass sich deutsche Kinder und Jugendliche mehrheitlich gesund fühlen. Im Jahr 2005 etwa meinten 90 % der Jugendlichen zwischen 12 und 25 Jahren, sie seien bei ausgezeichneter oder guter Gesundheit, und nur 10 % fanden ihren Gesundheitszustand mäßig bis schlecht (Shell-Jugendstudie 2006, S. 86). Aus dieser Untersuchung ergibt sich eine gewisse Diskrepanz zwischen Befund (17 % Erkrankte in epidemiologischen Untersuchungen) und Befinden (10 % fühlen sich schlecht). Eine andere Studie von Hurrelmann et al. (2003, ref. bei Göppel 2007, S. 204) an 11- bis 15-Jährigen ergab jedoch, dass sich nur 80 % eine gute psychische Gesundheit attestieren und 20 % von Beeinträchtigungen berichten, was für eine ziemlich exakte Selbsteinschätzung spricht.

Das Robert Koch-Institut hat in einer repräsentativen Untersuchung die Eltern von 3- bis 17-jährigen Kindern mittels ausführlicher Fragebögen und zusätzlicher Telefoninterviews um Auskunft über den Gesundheitszustand ihrer Kinder gebeten. Die Auswertung der Daten ergab, dass 10 % der Kinder »wahrscheinlich« psychisch krank sind, weitere 12 % zeigen

nennenswert geringer ist als in unsicheren wie den Vereinigten Staaten. Man könnte das obige Zitat über das Immunsystem in Bezug auf die Angst so variieren: »Wir leben heute so verdammt sicher, daß unser Angstsystem sich langweilt und auf Abwege gerät.« Ein weiteres Argument für hohe Angstbereitschaft trotz großer Sicherheit ergibt sich aus folgender Überlegung: In Face-to-face-Gemeinschaften sind die erfahrenen Bedrohungen meist unmittelbar und man kann direkt auf sie reagieren. Dadurch wird das Angstempfinden heruntergeregelt. In modernen Gesellschaften sind die Gefahren meist durch Massenmedien vermittelt. Der Medienkonsument ist aber unfähig, die tatsächlichen Risiken für die eigene Person abzuschätzen oder zu beeinflussen. Die Massenmedien »füttern« so eine evolutionär verankerte Angstbereitschaft, nämlich die, auf Bedrohung mit Angst zu reagieren. Deren Aktivierung läuft aber jenseits der realen Fährnisse in freier Wildbahn leer und sucht sich deshalb Beschäftigung. In dieser Sicht wäre es also nicht das *gelangweilte* Angstsystem, das sich Beschäftigung sucht, sondern das *medial stimulierte* und real leerlaufende (G. Roth ref. nach Krischke 2001).

»Hinweise« auf psychische Erkrankungen. Addiert man beide Ziffern, so kommt man auf insgesamt 22 % Krankheitsverdächtige. 10 % der Befragten leiden unter Ängsten, 5 % unter Depressionen und 7 % sind in ihrem Sozialverhalten gestört. Die Krankheitshäufigkeit ist schichtabhängig. In der oberen Sozialschicht sind 16 % der Kinder und Jugendlichen krankheitsverdächtig, in der unteren 31 % (Ravens-Sieberer et al. 2007). Neben dem sozioökonomischen Status ergaben sich als weitere Risikofaktoren konfliktbelastete Familien, unglückliche Kindheit der Eltern und psychische Erkrankung der Eltern. Der Status »alleinerziehend« erwies sich ebenfalls als Risikofaktor, konnte aber in seiner Bedeutung nicht definitiv abgeschätzt werden, da die Variable »niederer sozioökonomischer Status«, die bei dieser Gruppe gehäuft auftritt, nicht kontrolliert werden konnte. Andere Untersuchungen zeigen indes, dass Alleinerziehung auch bei finanziellem Wohlstand ein – dann allerdings geringeres – Risiko darstellt (Dornes 2006, S. 319 ff.). Insgesamt wird vom Robert Koch-Institut das gesundheitliche Gesamtbild der Untersuchten als gut bezeichnet.

Ähnliche Daten wie diese Studie (ausführlich: KiGGS 2007, Kurzzusammenfassung: Kurth et al. 2008) ergab eine Fragebogenuntersuchung von Hahlweg et al. (1999). Die Autoren kamen zu dem Ergebnis, dass 19 % der Jungen und 16 % der Mädchen im Alter von drei bis sechs Jahren nach Auswertung der Elternfragebögen als psychisch auffällig eingeschätzt werden mussten. In dieselbe Richtung weist auch die Studie zu Verhaltensauffälligkeiten an Berliner Grundschülern von Berg et al. (2001). Sie fanden heraus, dass im Urteil der Lehrerinnen 22 % der Kinder schulpsychologisch relevante Symptome zeigten. Fuhrer (2005, S. 120 f.), der die Ergebnisse dieser beiden Untersuchungen ausführlich darstellt, bezeichnet sie als »alarmierend«, berücksichtigt aber bei dieser Bewertung zu wenig, dass Eltern und Lehrer in den letzten Jahrzehnten zunehmend sensitiv für kindliche Auffälligkeiten geworden

sind. Ängstlichkeit, mangelndes Selbstvertrauen, Überempfindlichkeit, Aggressivität, Kontaktprobleme, psychosomatische Störungen, Sprachstörungen, Bewegungs- sowie Konzentrationsprobleme gab es schon immer und – sofern Daten
dazu vorliegen – auch schon immer im gleichen oder früher
sogar größeren Ausmaß.[7]

Die schon immer existierenden Probleme wurden von Ärzten, Eltern und Lehrern früher also weniger ernst bzw. weniger wahrgenommen. Nicht die Zahl der Störungen ist angestiegen, sondern die Aufmerksamkeit dafür und die Subtilität
der Nachweismethoden. Das Phänomen sensibilitätsbedingt
zunehmender Diagnosen bei Konstanz oder gar Abnahme des
Problems findet sich übrigens auch bei Häufigkeitsuntersu-
chungen zur Gewalt in Schulen, die entgegen der weitverbreiteten Einschätzung von Eltern und Lehrern nicht gestiegen,
sondern seit 1995 gesunken ist, und zwar nicht nur was die
Häufigkeit, sondern auch was die Brutalität der Prügeleien angeht. Dies kann aus dem Rückgang meldepflichtiger »Raufun-
fälle« abgelesen werden (Klewin et al. 2002; Shell-Jugendstudie

---

7 Manche Kinderneurologen halten viele der derzeit diagnostizierten Auffälligkeiten und Teilleistungsschwächen für vermeintlich und die entsprechenden
Therapien für überflüssig, wenn nicht sogar schädlich (ref. nach Kleinhubbert
2011). Die Inflation einschlägiger Diagnosen, die nicht abreißt (die neueste
heißt Dyspraxie, im Volksmund Tollpatschigkeit; s. Werner 2011), ist nach ihrer Auffassung das Ergebnis gewachsener Sensibilität für immer schon existie-
rende Probleme, nicht Indiz für eine wirkliche Problemzunahme. »Früher
wurde das ›leistungsschwache‹ Kind Handwerker, heute geht es in die Therapie« (Römer 2011, S. 43 ff.). Hier kann man elterliche Überbesorgnis oder Lob-
byismus der Therapieindustrie vermuten. Wohlwollend betrachtet lässt sich
sagen, dass das Kind in manchen Fällen nicht ganz zu unrecht dorthin geht,
denn die Anforderungen an den Handwerksberuf sind gewachsen, und deshalb
fallen Teilleistungsschwächen (vielleicht) stärker ins Gewicht als früher. Im
neuesten Bericht des Magazins »Der Spiegel« zum Thema psychische Kinder-
gesundheit heißt es lapidar: »Belegen lässt sich derzeit lediglich, dass die Zahl
der behandelten Kinder steigt – aber so gut wie gar nicht, dass Deutschlands
Nachwuchs von Jahr zu Jahr kränker wird« (Kleinhubbert 2011, S. 58).

2006, S. 140; Baier et al. 2009, S. 93 f.; weitere Literatur bei Göppel 2010, S. 75 f.).

Zusammenfassend lässt sich festhalten, dass Fragebogen-, Umfragen- und Befindlichkeitsuntersuchungen keine Krankheiten im strengen Sinn feststellen. Auch wenn ihnen die Genauigkeit epidemiologischer Studien fehlt, sind sie gleichwohl nicht ohne Wert, denn sie ermöglichen einen zumindest näherungsweisen Einblick in aktuelle Stimmungen und gefühlte Beeinträchtigungen. Insgesamt unterstützen die Daten aus solchen Untersuchungen nicht die von den Medien und gelegentlich auch von der Fachöffentlichkeit transportierte Meinung, dass Kinder und Jugendliche immer kränker werden. Vielmehr scheint es sowohl in epidemiologischen wie in Umfrageuntersuchungen einen vergleichsweise stabilen Prozentsatz an Problemfällen und Kranken zu geben, und zwar sowohl im Kindes- wie im Erwachsenenalter: *27 % der Erwachsenen sind krank, davon 15 % beratungs- oder behandlungsbedürftig; 17 % der Kinder und Jugendlichen sind krank, davon 10 % beratungs- oder behandlungsbedürftig.*

Das Problem der Vorverlagerung psychischer Erkrankungen

Kinder beziehungsweise Jugendliche zeigen heute jedoch öfter als früher sogenannte Erwachsenenkrankheiten. Die Bulimie etwa manifestierte sich vor 40 Jahren gehäuft zwischen 20 und 22 Jahren, heute zwischen 15 und 17 Jahren (Resch, pers. Mitteilung, September 2007). Auch für die Depression wird gelegentlich eine solche Vorverlagerung festgestellt (pro: Lewinsohn et al. 1993; contra: Costello et al. 2006). Warum es sie bei manchen Krankheiten gibt, ist schwer zu sagen. Ein Faktor ist sicher die bessere psychosoziale Versorgung. Vor 40 Jahren gab es in ländlichen Regionen wenige oder gar keine Kinderpsychiater und Psychotherapeuten. Eine jugendliche Patientin mit Zeichen von Bulimie wurde vom praktischen Arzt oder ihren Eltern mehr oder weniger verständnislos betrachtet und explizit oder implizit zur Unterdrückung ihrer Symptome aufgefordert, vielleicht auch wegen Magenproblemen oder Übelkeit behandelt. Dies verzögerte die richtige Diagnose, was den damals späteren Krankheitseintritt erklären würde. Außerdem wächst mit dem Versorgungsangebot an Therapeuten auch die Nachfrage und die entsprechende Diagnostik. Dies führt sowohl zu einer nachlassenden Krankheitsunterdrückungsbereitschaft seitens der Jugendlichen als auch zu einer nachlassenden Krankheitsunterdrückungsaufforderung seitens des psychosozialen Umfelds und begünstigt eine Vorverlagerung (der Diagnostik) mancher Krankheiten. Diese Überlegungen widersprechen der Standarddeutung, dass zunehmender psychosozialer Stress und/oder die in individualisierten Gesellschaften schwieriger gewordene Adoleszenz für die Vorverlagerung verantwortlich seien (z.B. Diekstra 1995, S. 234 ff.; Hurrelmann 2007, S. 184 ff.). Diese Standarddeutung ist auch deshalb unplausibel, weil a) der Anstieg etwa des Depressionsrisikos in jüngeren Kohorten schon für die Geburtsjahrgänge seit 1935 festgestellt wurde (Wittchen/Jacobi 2006, S. 27) und b) für die Kohorten zwischen 1965 und 1996 gar kein Anstieg depressiver Erkrankungen im Kindes- und Jugendalter festzustellen ist (Costello et al. 2006).

Von manchen Autoren wird die Vorverlagerung außerdem als Indiz für die Zunahme psychischer Krankheiten betrachtet. Wenn eine Kohorte des Jahrgangs 1970, so die Überlegung, heutzutage schon von genauso vielen depressiven Episoden berichtet wie eine des Jahrgangs 1958 oder 1940, so muss die Lebenslaufprävalenz zunehmen, denn bei den Jüngeren werden ja in den nächsten Jahren noch Probleme auftauchen (s. z.B. Seligman 1990; Wilkinson/Pickett 2009, S. 50; Literatur pro und contra: Costello 2006, S. 1263 f.). Bei dieser Schlussfolgerung ist jedoch Vorsicht geboten, denn die Älteren könnten a) zum Zeitpunkt der Befragung weniger sensibel gegenüber ihren Problemen gewesen sein und deshalb weniger berichten; b) wenn sie retrospektiv befragt werden, depressive Episoden vergessen haben; c) könnten bei den Älteren manche Depressive schon »eliminiert« sein – sei es durch Suizide oder Krankenhausaufenthalte, die sie aus Studien herausfallen lassen –, so dass die ältere Gruppe aus diesem Grunde als »depressionsärmer« erscheint. Seligman (1990) räumt ein, es sei schwierig, solche Probleme zu kontrollieren, bekennt aber in schöner Offenheit, er gehe bis zum Beweis ihrer Relevanz davon aus, dass sie den aus der Vorverlagerung ableitbaren Anstieg der Lebenslaufprävalenz *nicht* wegerklären. Andere finden, sie würden ihn nicht *vollständig* wegerklären (z. B. Klerman/Weissman 1989). Wieder andere trauen sich deswegen keine verlässlichen Aussagen über einen wirklichen Anstieg zu (z. B. Demyttenaere et al. 2005) bzw. halten die Zahl depressiver Erkrankungen für konstant (z. B. Kessler/Wang 2009, S. 8; Fischer 2010, S. 236). Zur definitiven Klärung dieses Problems wären prospektive Longitudinalstudien nötig, in denen unterschiedliche Geburtsjahrgänge lebenslang begleitend untersucht würden. Solche Untersuchungen fehlen.

Weitere Studien

Unterstützung erhält die Feststellung konstanter Erkrankungsraten durch eine Fülle von weiteren Arbeiten (Überblicke bei Walter/Remschmidt 1994 und Göppel 2007, Kap. 8), von denen drei zeitlich weit auseinanderliegende noch kurz herausgegriffen seien.

Bereits im Jahr 1958 untersuchte von Harnack 1335 Hamburger Grundschulkinder im Alter von 9–11 Jahren. Er kam zu dem Ergebnis, dass 61 % der Kinder pathologische Einzelbefunde wie Hypermotorik, Konzentrationsprobleme, ticartige Störungen, Schlafprobleme, rezidivierende Schmerzzustände, Nägelkauen und Einnässen zeigten. Da nicht jedes Symptom krankheitswertig oder behandlungsbedürftig ist, fiel die Gesamtbeurteilung wesentlich zurückhaltender aus: 16,3 % der Kinder wurden als »mäßig« und 3,7 % der Kinder als »ausgeprägt verhaltensgestört« eingeschätzt (ebd., S. 22). Addiert man beide Gruppen, so gelangt man auf die heute üblichen 15–22 % Erkrankten. In diesen Häufigkeitsangaben sind allerdings nur die Verhaltensstörungen (Hypermotorik, Tics, Nägelkauen), nicht aber die Schmerzzustände enthalten, die bei weiteren 38 % der Kinder »häufig« wiederkehrten (ebd., S. 30).

Zwölf Jahre später kam eine Studie von Bittner/Thalmann (1970) an 150 Jungen im Alter von 7–10 Jahren zu folgender »alarmierender« Gesamteinschätzung: 22 % der Kinder waren symptomfrei, 28,7 % waren leicht symptombelastet, 29,3 % mäßig symptombelastet, 18,7 % waren Problemkinder und 1,3 % Anstaltsfälle. Die Addition der letzten beiden Kategorien führt zu 20 % seelisch erheblich Beeinträchtigten. Die Autoren schätzen diese 20 % als dringend behandlungsbedürftig ein, die 30 % mäßig symptombelasteten als präventionsbedürftig.

33 Jahre später haben Hurrelmann et al. (2003) 5650 11-, 13- und 15-Jährige untersucht. In einem taz-Interview, in dem die Studie vorgestellt wurde, behauptete Hurrelmann: »Wir haben eine Zunahme von Verhaltensstörungen, von emotionalen Störungen, von Sprach- und Aufmerksamkeitsstörungen, auch wenn wir in Rechnung stellen, daß wir heute genauere diagnostische Instrumente haben.« Diese Behauptung steht indes auf schwachen Beinen, weil die Darstellung der Befunde durch Hurrelmann selbst ergibt, dass »insgesamt 6 % als psychisch auffällig bezüglich emotionaler Probleme, Verhaltensprobleme, Hyperaktivität oder Problemen mit Gleichaltrigen eingestuft werden können« und weitere 12,8 % als »grenzwertig auffällig« deklariert werden (ref. und zit. nach Göppel 2007, S. 184, 204). Auch hier werden also, entgegen der eigenen Presseverlautbarung, wiederum nur die üblichen 15–22 % erreicht.

Auch die anderen bei Walter/Remschmidt (1994) und Göppel (2007, Kap. 8) dargestellten Untersuchungen kommen zu den immer wieder gleichen Ergebnissen, dass nämlich: a) die Befunde über seelische Auffälligkeiten stark von den Methoden ihrer Erhebung und der Definition dessen, was ein »Fall« ist, abhängen; b) Kinder aus der unteren Sozialschicht stärker beeinträchtigt sind als solche der Mittel- und Oberschicht; c) die meisten Studien um Werte von 15–22 % streuen (bei Walter/Remschmidt um 10–20 %); d) keine Zunahme seit den 1950er Jahren festzustellen ist.[8]

Schließlich sei noch auf eine englische Übersichtsarbeit hingewiesen (Maughan et al. 2005), die folgende Trendaussagen macht. Erstens: Störungen des autistischen Spektrums haben seit 1960 zugenommen, allerdings ausschließlich wegen Verbesserung der Diagnostik. Zweitens: ADHS hat nicht zugenommen, aber mehr Aufmerksamkeit gewonnen. Drittens: Delinquenz und Störungen des Sozialverhaltens haben zwischen 1970 und 2000 zu- und abgenommen; ein klarer Trend ist nicht erkennbar. Auch für verschiedene Länder gibt es diesbezüglich unterschiedliche Befunde. Collishaw et al. (2004) behaupten einen Anstieg gestörten Sozialverhaltens für Großbri-

8 Insofern ist die ohne weitere Belege gemachte Aussage von Haubl et al. (2009, S. 10) über den »enorme(n) Anstieg der gesundheitlichen, körperlichen und psychischen Belastung von Kindern und Jugendlichen« unzutreffend. Die noch weiter gehende Behauptung, keine Generation vor der heutigen sei derart beeinträchtigt gewesen, lässt jedes historische Bewusstsein für die Lage der Kinder vergangener Jahrzehnte oder gar Jahrhunderte schmerzlich vermissen (für einen Überblick s. z. B. Savage 2008). Indessen ist auch dies nicht neu. So behauptete beispielsweise Kaufmann im Jahr 1958, noch nie in der Geschichte sei eine Jugendgeneration so unglücklich gewesen wie die derzeitige. Zur gleichen Zeit attestierte Schelsky (1957) derselben Jugend eine ungewöhnliche Lebenstüchtigkeit (ref. bei von Friedeburg 1965, S. 176). Ebenfalls bei von Friedeburg findet sich die Beobachtung, dass Negativurteile vornehmlich mit persönlichen Erfahrungen und Einzelfällen belegt werden, positive Aussagen sich hingegen meist auf Befunde aus repräsentativen Untersuchungen stützen. .

tannien, Achenbach et al. (ref. bei Trzesniewski/Donnellan 2010, S. 72) sehen keinen für die Vereinigten Staaten.[9] Viertens: Beim Alkoholkonsum und dem Konsum illegaler Drogen ist ebenfalls kein klarer Trend erkennbar. Er war in den späten 1970er und frühen 1980er Jahren am höchsten und ist im Jahr 2000 allenfalls auf dem damaligen Niveau wieder angekommen; in Deutschland ist er seither, ebenso wie das Rauchen, wieder gesunken (s. Fn. 5). Fünftens: Suizide haben nach Maughan et al. (2005) zugenommen. Warnke (2008, S. 1008 f.) kommt hingegen zu dem Ergebnis, dass die Stabilität der Suizidraten im Kindes- und Jugendalter in westlichen Gesellschaften über das letzte Jahrhundert extrem hoch ist, nur innerhalb enger Grenzen schwankt und eine Zunahme der Häufigkeit von Suiziden oder Suizidversuchen für die letzten 50 Jahre in der Bundesrepublik nicht nachgewiesen werden kann. Wenn es überhaupt einen Trend gibt, dann seit 1980 eine leichte Abnahme. Auch in den Vereinigten Staaten ist die Suizidhäufigkeit seit 1900 weitgehend konstant (Fischer 2010, S. 233). Sechstens: Emotionale Probleme wie Depressionen oder Selbstwertprobleme bieten nach Maughan et al. (2005) ein unklares Bild und erlauben keine Aussage über Zu- oder Abnahme. Costello et al. (2006) finden für die letzten 30 Jahre keine Zunahme von Depressionen. Siebtens: Selbstverletzendes Verhalten hat bei Mädchen zugenommen. Achtens: Die Anorexie hat nicht zugenommen, die Bulimie schon, was aber wahrscheinlich auf diagnostische Verfeinerungen zurückzuführen ist, da vor 1970 die Diagnose Bulimie kaum gestellt wurde.

---

9 Meist werden noch zwei Typen von Verhaltensstörungen unterschieden: Lügen, Stehlen, Ungehorsam einerseits und physische Aggression andererseits. Selbst in den drei von Collishaw et al. (2004) dargestellten britischen Studien, die den eindeutigsten Trend für eine Zunahme gestörten Sozialverhaltens fanden, nahm nur der erste Subtyp deutlich zu, der Anstieg beim zweiten war marginal signifikant und außerdem nur bei Jungen feststellbar.

Selbst die methodisch vielfältigsten und komplexesten Studien sind immer auf »Einschätzungen« angewiesen, die kultur- und zeitgeistabhängig sind (Göppel 2007, S. 206 ff.). Wenn etwa, wie bei Untersuchungen mit der *Achenbach Behavior Checklist*, beurteilt werden soll, ob das Kind verhaltensauffällig, konzentrationsgestört oder unaufmerksam ist, so wird man im Jahre 2010 zu anderen Einschätzungen kommen als im Jahre 1980, weil das, was als aufmerksam oder unaufmerksam gilt, zum einen auf einem Kontinuum situiert ist und zum anderen dem individuellen und kulturellen Zeitgeist unterliegt. Ein Verhalten, das 1980 noch nicht als aufmerksamkeitsgestört betrachtet wurde, kann 30 Jahre später so wahrgenommen werden, weil sich unsere Vorstellungen und Erwartungen über das, was aufmerksames Verhalten ist, verändert haben. Ähnliches gilt für externalisierendes Verhalten (vulgo: Aggression), das heute stärker beachtet wird als früher. Entsprechend halten sich unzutreffende Meldungen über die Zunahme von Gewalt an Schulen, obwohl es sich dabei (mit Ausnahme sozialer Brennpunktschulen) meistens um Aufmerksamkeitsartefakte handelt, die ein verschärftes Problembewusstsein anzeigen, nicht aber – oder nur selten – eine verschärfte Problemlage.

Auch das mittlerweile im Zentrum des Interesses stehende ADHS, dessen Prävalenz je nach Methode mit 2–18 % angegeben wird (seriös sind 2,2–4,7 %), ist zum größten Teil ein Aufmerksamkeitsartefakt. Jeder Fachmann weiß, wie leichtfertig damit in der Öffentlichkeit hantiert wird und wie schwierig es zu diagnostizieren und gegen andere, nichtpathologische Formen von Nervosität, Unruhe, Oppositions- und Trotzverhalten oder Unerzogenheit abzugrenzen ist. Mit diesen Hinweisen soll keinem diagnostischen Nihilismus das Wort geredet werden, sondern nur einer größeren Zurückhaltung in Bezug auf die Steigerungsrhetorik des »immer früher, immer mehr, immer schlimmer«.

Wenn man also festhalten kann, dass es sich bei der These zunehmender seelischer Erkrankungen nicht um eine auf solider empirischer Basis beruhende Tatsachenbehauptung handelt, sondern eher um eine kollektive Wirklichkeitskonstruktion, so stellt sich die Frage, was die Hartnäckigkeit einer solchen Konstruktion über die Gesellschaft und ihr Verhältnis zu Kindern aussagt. Vielleicht ist die darin erkennbare Besorgnisbereitschaft nicht nur Resultat eines Sensibilitätszuwachses, sondern auch Ausdruck einer tieferliegenden Unsicherheit, die mit dem soziokulturellen Wandlungstempo oder sozioökonomischen Verunsicherungen der gegenwärtigen Gesellschaft einhergeht und ein Gefühl von Verletzlichkeit hinterlässt, das auf die Kinder als den Schwächsten der Gesellschaft projiziert wird. Oder aber die Besorgnis ist Ausdruck einer frei flottierenden Angstbereitschaft, die sich, weil ihr die existentiellen Themen ausgehen, auf kleinere Themen kapriziert. Dabei kommt es, ähnlich wie beim unterstimulierten Immunsystem der in (zu) hygienischen Verhältnissen Aufgewachsenen, zu Überreaktionen.[10]

10 Angell (2011) berichtet in einer Sammelrezension dreier einschlägiger Bücher (Carlat 2010, Kirsch 2010, Whitaker 2010) von einer wahren Inflation der Diagnosen seelischer Erkrankungen bei Kindern und Erwachsenen in den Vereinigten Staaten für den Zeitraum zwischen 1987 und 2007 (deren faktische Konstanz von Fischer 2010, S. 230 ff., 343 ff. behauptet und belegt wird). Die besprochenen Bücher setzen sich kritisch mit der überwiegend medikamentösen Behandlung seelischer Krankheiten auseinander sowie mit der Theorie, die Ursache liege in einem biochemischen Ungleichgewicht des Gehirns. Wäre diese Theorie richtig und wären die Medikamente wirksam, so müsste angesichts steigender Verschreibungsziffern die Zahl der Kranken ab-, nicht zunehmen. Verschwörungstheoretisch könnte man die Zunahme der Diagnosen als Strategie der Pharmaindustrie betrachten, die, im Bunde mit der Psychiatrie, für ihre Medikamente Krankheiten sucht. Auch wenn man dieser Sicht der Dinge nicht umstandslos zustimmen will (s. z. B. Carlat 2010, S. 57 ff.), lohnt eine Lektüre der Besprechung und der Bücher, weil sie deutlich machen, wie zeitgeistabhängig Diagnosen und Behandlungsmethoden sein können. Diese Zeitgeistabhängigkeit gilt auch für die angebliche Unwirksamkeit psychodyna-

Krank oder unerzogen?

Abschließend soll noch eine öffentlichkeitswirksame Publikation über die seelische Verfassung von Kindern gewürdigt werden, die einen anderen Akzent setzt. Der Kinderpsychiater Winterhoff (2008; Kritik bei Bergmann 2009 a, Teil III und Göppel 2010, Kap. 5) vertritt die Auffassung, nicht die psychischen Erkrankungen im Sinne diagnostizierbarer Krankheiten hätten zugenommen, sondern die »Entwicklungsstörungen«. Seinen Beobachtungen zufolge war die Erziehungswelt in den 1980er Jahren noch in Ordnung. Mit Beginn der 1990er Jahre setzte jedoch eine fatale Entwicklung ein, nämlich die einer partnerschaftlichen Erziehung. Sie tritt in drei Formen auf. Zum *Ersten* in der gewöhnlichen, dass Eltern die Partner ihrer

mischer Psychotherapie, die von Shedler (2010) als Gerücht entlarvt wird. Whitaker ist von den genannten Autoren der zornigste. Er nimmt die ansteigenden Krankheitsziffern als Beleg dafür, dass *die Behandlung mit Medikamenten krank macht* bzw. die Krankheit auf Dauer stellt und das »biochemische Ungleichgewicht des Gehirns«, das sie zu kurieren vorgibt, erst hervorruft bzw. perpetuiert. Ich danke Michael Buchholz für den Hinweis auf diese Texte. Nach Abfassung dieses Kapitels ist mir die neueste Untersuchung von Wittchen et al. (2011) zur Kenntnis gelangt. Dort wird die Prävalenzrate psychischer und neurologischer Erkrankungen im Jahr 2010 für die 27 EU-Länder (plus Norwegen, Schweiz und Island) mit 38 %, nicht mehr wie 2005 mit 27 %, angegeben. Die Autoren betonen jedoch, der Anstieg sei *ausschließlich* auf die Hinzufügung neuer Krankheiten (z. B. Schlaflosigkeit, Demenz) zurückzuführen. Von den in der früheren Studie erfassten Krankheiten habe keine zugenommen. Auch die erhöhte Zahl von Krankschreibungen oder Frühverrentungen auf Grund psychischer Erkrankungen sei nicht indikativ für deren Zunahme. Die Autoren prognostizieren, dass zukünftige Studien *noch höhere* Erkrankungsraten ergeben werden, weil manche Krankheiten (z. B. Kopfschmerzen) bisher nicht erfasst sind und andere (z. B. Demenz) auf Grund der Alterung der Bevölkerung zunehmen. Ansonsten ist noch darauf hinzuweisen, dass das Robert Koch-Institut seit einigen Jahren eine umfassende Erhebung des Gesundheitszustandes der bundesdeutschen Erwachsenbevölkerung durchführt. Mit einer Veröffentlichung der Ergebnisse ist im Jahr 2012 zu rechnen.

Kinder sein wollen und das natürliche Gefälle zwischen sich und den Kindern einebnen; zum *Zweiten* in der gefährlicheren, dass sie ihre eigene Liebesbedürftigkeit auf die Kinder projizieren, von ihnen geliebt werden wollen und deshalb ihre Erziehungspraxis nicht mehr autonom bestimmen, sondern von der impliziten oder expliziten Zustimmung ihrer Kinder abhängig machen. Sie betrachten deren Lebensäußerungen als Zeichen oder Beweis dafür, ob sie (die Eltern) es richtig bzw. falsch gemacht haben. Dadurch gewinnen die Kinder noch mehr Macht über ihre Eltern, als sie bei der ersten Form der partnerschaftlichen Erziehung schon haben. Diese Form der Erziehung soll seit der Jahrtausendwende zur vorherrschenden geworden sein. Die *dritte*, noch fatalere Version ist eine Steigerung der zweiten. In ihr nimmt die Beziehung zum Kind die Gestalt einer Symbiose an. Die Eltern erleben das Kind nicht mehr als von sich abgegrenzte Person, sondern als Ausdehnung ihres eigenen Selbst; die Kinder erleben ihre Eltern genauso. Die Folgen davon sind schwere und unbearbeitbare Enttäuschungskrisen, wenn das Kind aus Sicht der Eltern – bzw. die Eltern aus Sicht des Kindes – nicht wie erwartet funktioniert.

Unbearbeitbar sind die Krisen deshalb, weil keiner der Beteiligten den anderen als Eigenpersönlichkeit wahrnimmt. Die Eltern verstehen nicht, wieso ihre Kinder nicht wie erwünscht gedeihen, und reagieren darauf mit einer Mischung aus Ratlosigkeit, Genörgel und/oder verstärkter Verwöhnung. Die Kinder erleben ihre Eltern immer noch wie ein Säugling, der schreit und erwartet, dass die Mutter seinen Bedürfnisspannungen abhilft. Sie verharren altersunangemessen auf dieser frühen Entwicklungsstufe, weil ihre Eltern sie zu wenig mit altersangemessenen Enttäuschungen konfrontiert haben. Das beklagenswerte Ergebnis sind Kinder, die nach dem Lustprinzip funktionieren, keine Frustrationstoleranz haben, in Schule und Arbeitswelt den leichtesten Weg gehen wollen und so zu verwöhnten Tyrannen werden, deren Ansprüche hoch sind und deren Leistungsbereitschaft niedrig ist.

Vergleichbare Thesen finden sich bei der französischen Psychoanalytikerin Thompson (2007), und Ähnliches hatte der Erziehungswissenschaftler Ziehe schon 1975 als narzisstischen Sozialisationstyp bei Jugendlichen beschrieben.[11] Diese Diagnose wird von Winterhoff nun auf Kinder ausgedehnt. Die Pointe seiner Ausführungen ist aber – und auch darin folgt er Ziehe, ohne es zu wissen –, dass er weder die Eltern noch die Kinder als psychisch krank betrachtet. Dennoch sind die Kinder in ihrer seelischen Entwicklung beeinträchtigt. Frustrationsintoleranz, Leistungsaversion, mangelnde Höflichkeit, fehlende Disziplin und ständiges Aufmerksamkeitsheischen sind nichts, was sich in den herkömmlichen Diagnose- und Klassifikationssystemen angemessen unterbringen ließe, sondern Begleiterscheinungen einer falschen Erziehung gutmeinender Eltern. Wir haben es also nicht mit kranken Kindern zu tun, sondern mit schlecht bzw. unzureichend erzogenen.[12]

Da jede Erziehungskritik immer auch Kulturkritik ist, schlägt der Autor einen Bogen zur Gesellschaft und führt die geschilderten drei Erziehungs(fehl)formen darauf zurück, dass sich die Erwachsenen in einer undurchschaubar gewordenen Welt unsicher, überfordert und unbehaust fühlen. Deshalb projizieren sie ihre unerfüllbaren Bedürfnisse nach Geborgenheit und sozialer Anerkennung auf ihre Kinder und wollen sie an ihnen befriedigen. Die Eltern sind narzisstisch bedürftig und stillen dieses Bedürfnis mit Hilfe des Kindes, das dadurch ebenfalls narzisstisch wird, aber nicht unbedingt krank. Auch diese

11 Bei Ziehe war die Diagnose allerdings nicht kulturkonservativ, sondern, dem damaligen Zeitgeist entsprechend, kulturrevolutionär gefärbt. Die Befürchtung war, der Narzissmus Jugendlicher führe zu politischer Apathie.
12 Ebenso grenzte Ziehe (1975) seinen narzisstischen *Sozialisationstyp* von narzisstischen *Persönlichkeitsstörungen* ab; auch Twenge (2006, Kap. 2), die mit Hilfe vergleichender Fragebogenuntersuchungen eine Zunahme narzisstischer Persönlichkeitsmerkmale über sukzessive Geburtsjahrgänge hinweg feststellt, verbindet damit keinen Pathologieverdacht.

Denkfigur der Transmission gesellschaftlich bedingter narzisstischer Bedürftigkeit der Eltern auf die Kinder findet sich bereits bei Ziehe. Bei ihm waren es unzufriedene und in Trabantenstädten isolierte oder mit ihrer Berufstätigkeit überforderte bzw. vom kapitalistischen Arbeitsprozess frustrierte Mütter, die sich kompensatorisch an ihre Kinder wandten und diese symbiotisch an sich fesselten. Bei Winterhoff liegt die Ursache für die gegenwärtige Erziehungsmisere am gesellschaftlichen Trend beschleunigter Modernisierung, der regressive Erziehungsmethoden nicht nur im Elternhaus, sondern auch in Kindergärten und Schulen erblühen lässt. In diesen Institutionen werden nämlich – ebenso wie zu Hause und in merkwürdigem Kontrast zur Klage über ständig steigenden Leistungsdruck – die Leistungsanforderungen nach (der nicht weiter belegten) Auffassung des Autors immer weiter gesenkt, um die Kinder nicht zu überfordern, weil sich die Erwachsenen überfordert fühlen. Das weit verbreitete Gefühl steigenden Leistungsdrucks sei in Wirklichkeit auf sinkende Belastbarkeit zurückzuführen.

Nachdem die Herkunft der Erziehungspraxis solcherart makrosoziologisch hergeleitet ist, spart der Autor nicht mit Appellen an die Eltern, mit ihren Irrtümern Schluss zu machen und die Notwendigkeit zur Erziehung einzusehen. Solche Aufforderungen sind im Rahmen seiner Gesellschaftsdiagnose nur begrenzt plausibel, denn wenn die globalisierte Gesellschaft ein trostloser Ort geworden ist, aus welchem Grund sollten die Ungetrösteten dann plötzlich aus Einsicht in die Notwendigkeit damit aufhören, Trost bei ihren Kindern zu suchen?

Die Diagnose unerzogener Kinder, in der sich gefühlte mit wirklichen Problemen mischen, führt insofern einen anderen Ton in die Diskussion ein, als die Zentralfrage nicht mehr lautet, ob Kinder heute in einem klinisch-behandlungsbedürftigen Sinn kränker oder gesünder sind, sondern ob sie entwicklungsretardiert bzw. unzureichend erzogen sind. So neu, wie der Autor glaubt, ist diese Frage allerdings nicht: 1988 hatte Jirina Prekop ein Buch mit dem Titel »Der kleine Tyrann« veröffentlicht,

1978 hatte ein großer Kongreß »Mut zur Erziehung« gefordert, und schon 1954 (S. 163) hatte Müller geklagt, noch nie habe man so viele »kleine Tyrannen« gesehen wie heute! Winterhoff setzt sich diesen alten Hut allerdings streckenweise in informativer Weise neu auf, beispielsweise wenn er ein Problem darin sieht, dass Erziehungsfragen zunehmend als Krankheitsfragen behandelt werden. Kindergärtnerinnen etwa werden von Erzieherinnen zu Diagnostikerinnen. Auf die Beobachtung, dass ein Kind viel alleine spielt, reagieren sie mit Besorgnis, bitten die Eltern zum Gespräch, vermuten Eheprobleme oder Vereinsamung und empfehlen eine Therapie wegen drohender Depression oder pathologischer Schüchternheit, statt das zu tun, was ihre erste Aufgabe wäre: das Kind mit anderen Kindern zusammenzubringen und zum gemeinsamen Spiel anzuhalten. Erst wenn das nicht funktioniere, seien weitere Überlegungen am Platz. Heute hingegen würde der zweite Schritt vor dem ersten gemacht; Therapieempfehlungen träten an die Stelle von Erziehung. Es sei deshalb kein Wunder, dass Therapeuten mehr als früher mit Kindern in Kontakt kämen, die gar nicht krank seien, sondern nur unzureichend erzogen. Wenn ein Kind während des Beratungsgesprächs auf der Mutter herumturnt, ihre Tasche ausräumt, deren Inhalt auf dem Boden verstreut, ständig das Gespräch stört oder ziellos durch den Raum wandert, so hätte eine Mutter früher das Herumturnen untersagt, die Tasche weggenommen, die Störung des Gesprächs unterbunden und das Herumwandern mit einem Tadel geahndet – dem Kind also »gespiegelt«, dass sie sein Verhalten missbilligt. Heute erträgt sie diese Verhaltensweisen mit mehr oder weniger (gereizter) Geduld. Solche Beispiele, die jeder aus seinem Alltag kennt, wecken Sympathie für eine Sichtweise, welche die geschilderten Probleme nicht als Ausdruck einer Aufmerksamkeitsdefizit-/ Hyperaktivitätsstörung (ADHS), sondern als den eines Erziehungsdefizits betrachtet.

Trotz dieser Sympathie wüsste man gerne: a) ob beispielsweise das Gesprächsstören ein dauerhaftes Problem darstellt oder sich nicht »auswächst«; b) die traditionellen Formen elterlichen Umgangs damit nicht ebenfalls zu (gravierenderen) Problemen bei den Kindern führten, die aber nicht wahrgenommen wurden; c) wie weit verbreitet und tief verwurzelt die geschilderten problematischen Erziehungsweisen in der Gesamtbevölkerung sind, um ihre gesellschaftliche Relevanz wenigstens annäherungsweise abschätzen zu können; d) ob in den geschilderten Beispielen nicht nur diejenigen Kinder beschrieben werden, die wegen übertrieben partnerschaftlicher Erziehung zu »Fällen« geworden sind; e) alle anderen Kinder, die mildere Formen dieses Erziehungsstils genossen haben und trotzdem oder deswegen keine Auffälligkeiten zeigen, nicht erfasst werden, was zu einer unangemessen negativen Einschätzung dieses Stils führt.

Als Resümee lässt sich festhalten: Selbst wenn man erstens der Datierung des Beginns der partnerschaftlichen Erziehung auf die 1990er Jahre misstraut; zweitens für die Behauptung, die projektive Erziehung sei ab der Jahrtausendwende zur vorherrschenden Erziehungsform geworden, hinreichende Belege vermisst; drittens die Annahme bezweifelt, die symbiotische Erziehung werde von psychisch gesunden Eltern praktiziert; viertens die makrosoziologische Herleitung partnerschaftlicher Erziehungsformen aus einer gesellschaftlich bedingten Verunsicherung der Eltern nur bedingt überzeugend findet; fünftens die geschilderten Beispiele für nicht repräsentativ und auch nicht für die Spitze eines Eisbergs, sondern für ein Minderheitenphänomen hält, kann nicht bestritten werden, dass Winterhoff – ähnlich wie die im vierten Kapitel dargestellten Kritiker des Erziehungsverzichts – ein wichtiges Problem anspricht. Über seinen tatsächlichen Umfang ist allerdings bei ihm nichts in Erfahrung zu bringen. In Anlehnung an die ebenfalls im vierten Kapitel dargestellten Befunde schätze ich die Gesamtzahl von Eltern, die mit der Erziehung ihrer Kinder über das übliche Maß hinausgehende Schwierigkeiten haben, auf 15–20 %. Davon misshandelt oder vernachlässigt etwa die Hälfte ihre Kinder, oft aus Hilflosigkeit und gegen die eigenen Überzeugungen, die andere Hälfte praktiziert Erziehungsformen, die dem von Winterhoff beklagten Erziehungsverzicht nahestehen. Daraus einen drohenden »Zusammenbruch gesellschaftlicher Strukturen« abzuleiten, wie Winterhoff es tut (2008, S. 190), ist exaltiert.

Darüber hinaus zeigen die Befunde der oben erwähnten Studien von Harnack und Bittner/Thalmann, dass die Zahl der (anhand von Symptomen identifizierbaren) Fehlerzogenen früher nicht geringer, sondern höher war. Damals fand sich bei 61 % der Hamburger Grundschüler mindestens ein Einzelbefund, 39 % waren symptomfrei (Harnack 1958). Bei Bittner/Thalmann (1970) wiesen sogar 78 % der untersuchten 7- bis 10-Jährigen mindestens ein Symptom auf und nur 22 % waren symptomfrei. Im Jahr 2004 hingegen waren in Schleswig-Holstein immerhin 50 % eines Einschulungsjahrgangs »völlig gesund« (Die Welt 2006). Die gleichen Zahlen gibt es mittlerweile für Hessen, Rheinland-Pfalz und das Saarland (FAZ 2010 a). Im Grunde hat sich also die Situation im subklinischen Bereich gebessert, nur die Aufmerksamkeit für und die Bewertung von allzeit vorhandenen Symptomen ist gewachsen. Im schlechtesten Fall hätten wir nur einen Gestaltwandel der Fehlerziehung, nicht aber deren Zunahme zu beklagen. Doch selbst das ist fraglich, weil die Zahl der Fehlerzogenen bzw. Symptomträger gesunken und nicht gestiegen ist und auch die Symptome sich nicht sehr verändert haben. Dies wird deutlich, wenn man sich in Erinnerung ruft, dass schon in von Harnacks Studie (1958, S. 88) Hypermotorik und Konzentrationsschwäche, heute als ADHS bezeichnet, als zentrale Probleme »des Schulkindes unserer Zeit« genannt wurden; oder wenn man sich die bei Müller (1954) aufgelisteten Erziehungsprobleme vergegenwärtigt, welche die Erziehung schon damals »immer schwieriger« gemacht haben sollen. Geklagt wurde über Konzentrationsprobleme, Merkunfähigkeit, ständige Abgehetztheit, Müdigkeit, schlechten Schlaf, fehlenden Ehrgeiz, sich verschlechternde

Schulleistungen, endloses Sitzen an den Hausaufgaben, geringes Pflichtbewusstsein, mangelnde Rücksichtnahme, fehlende Manieren – und zu all diesen Mängeln sollte sich fatalerweise auch noch eine Überempfindlichkeit in Bezug auf Kritik gesellen. Angesichts dieses Katalogs fragt man sich, was neu ist an der heutigen Erziehungskritik. Insgesamt neige ich deshalb zu dem Gesamturteil eines ehemaligen Journalisten der Süddeutschen Zeitung (Axel Hacke), der moderne Kinder bereits 1992 als »eigentlich prima, nur etwas anstrengend« bezeichnet hat.

Rückblick und Ausblick

Undeutsch (1966) hat Untersuchungen aus den Jahren 1910 bis 1965 gesichtet und festgestellt, dass insbesondere in der Zeit nach dem Zweiten Weltkrieg die pessimistischen Stimmen in der öffentlichen Meinung überwogen. Die Analyse des wissenschaftlichen Schrifttums stand jedoch schon damals in erheblichem Kontrast zu diesem Pessimismus. So scheint es auch heute wieder zu sein. Vier Themen waren damals vorherrschend: Das Absinken der intellektuellen Leistungsfähigkeit, die Lektüre von »Schundliteratur«, die sexuelle Verwahrlosung und das Verhältnis zu Arbeit, Recht und Werten. In keinem der Bereiche konnten die zwischen 1945 und 1965 reichlich zirkulierenden Verfallsdiagnosen bestätigt werden.

Erstens: Ein Absinken der intellektuellen Leistungsfähigkeit, die damals ebenso beklagt wurde wie heute, ließ sich nicht feststellen.

Zweitens: Die Lesewut (heute Computerwut) war nicht zu drosseln, und es gelang auch nicht, »unerwünschte Literaturgattungen von der Jugend fernzuhalten« (ebd., S. 52). Gefragt waren damals »positive Maßnahmen« wie die »buchpolitische Bekämpfung« minderwertigen Schrifttums, heute sind es Leseförderungsmaßnahmen und Medienpädagogik.

Drittens: Was das sexuelle Verhalten angeht, so ergaben damalige Generationenvergleiche eine nicht unbeträchtliche Konstanz der Verhältnisse, mit zeitbedingten Auflockerungen oder Verkrustungen. So war beispielsweise die Einstellung Jugendlicher zu vor- und außerehelichem Geschlechtsverkehr oder zu unehelicher Mutterschaft in den unmittelbaren Nachkriegsjahren liberaler als in den späten 1950ern. Die entsprechenden Verhaltensindikatoren wiesen in dieselbe Richtung. Die Zahl der unehelichen Geburten etwa war 1949 höher als 1963, ebenso die berichtete Häufigkeit außerehelichen Geschlechtsverkehrs. Schelsky diagnostizierte in seiner »Soziologie der Sexualität« (1955, S. 37 ff.) einen »Abbau der erotischen Komponente im Leben der Jugendlichen« und eine »unerotische Sachlichkeit« in der ehelichen Partnerwahl, die die Älteren erschrecke. Die hohe Erotisierung der spätbürgerlichen Ehe steht Schelsky zufolge in Zusammenhang mit ihrer Entlastung von wirtschaftlichen und sozialfürsorgerischen Funktionen. Die Schwere der Kriegsjahre und deren Bewältigung rücke nun aber die verblasste Solidaritätsfunktion der Familie wieder in den Vordergrund und lasse den »Sexualwert« der Ehe entsprechend sinken. Kurz: Wer wirtschaftlich entlastet ist, kann Erotik pflegen, wer Belastungen bewältigen muss, pflegt Solidarität. Entsprechend wandelten sich die Verhältnisse wieder mit der Verbreitung der Wohlstandsgesellschaft in den 1960ern, und das Erschrecken galt jetzt der Hypersexualisierung, nicht mehr der unerotischen Sachlichkeit.

Viertens: Auch in anderen Bereichen (Arbeit, Recht, Werte) stellte Undeutsch (1966, S. 79) insgesamt eher eine Konstanz der Verhältnisse und eine überwiegend positive und gleichzeitig realistische Ausrichtung der meisten Jugendlichen fest. Natürlich gab es auch hier Veränderungen. Um nur zwei zu nennen: Arbeit wurde sowohl 1929 wie 1961 von der Hälfte der Befragten als Zwang oder Notwendigkeit beschrieben, aber 1961 hatte die Zahl derer zugenommen, die Arbeit als Ausdruck eines inneren Bedürfnisses verstanden. Darüber hinaus hatten »sittlich wertwidrige Äußerungen« bei allen im Jahr 1963 befragten Jugendlichen im Vergleich mit solchen aus dem Jahr 1923 erheblich abgenommen. Gleichzeitig hatte die Fähigkeit, sittliche Urteile zu begründen, erheblich zugenommen. Festzustellen war also eine Zunahme der Selbstverwirklichungsansprüche in Bezug auf die Arbeit und eine Zunahme moralischer Einstellungen sowie deren reflexive Begründung.

Summa summarum stellt der Autor im Zeitvergleich fest: »Selbst die extremen Verhältnisse der Nachkriegszeit haben … die Jugendentwicklung … kaum aus der Bahn werfen können. Der weitere Gang der Entwicklung hat gezeigt, daß die Jugend – heute wie ehedem – bereit und fähig ist, sich in die überkommenen und bestehenden sozialen Ordnungen einzufügen, diese zu übernehmen und sie in die Zukunft weiterzutragen.« (ebd., S. 80) Seine Schlussfolgerung lautet: »Es ist daher von größter Wichtigkeit, daß das Bild, das die Erwachsenengeneration von der zeitgenössischen Jugendgeneration hat, nicht verzeichnet ist, vor allem, nicht zu schwarz gefärbt ist, daß die Einstellungen der Erwachsenen zur zeitgenössischen Jugend nicht ungerecht, mißgestimmt, negativ und pessimistisch sind.« Die Herausarbeitung eines realistischen Bildes von der zeitgenössischen Jugend liefert nämlich einen unmittelbaren Beitrag zur Gestaltung des Generationenverhältnisses und damit zu seinem weiteren Schicksal. Vielleicht sollte man diesen Ratschlag gerade heute wieder einmal neu bedenken, in einer Zeit aufgeheizter Mediendebatten, in der täglich neue Aufreger produziert werden – von der Zunahme gesundheitlicher Probleme über das Komasaufen bis zur sexuellen oder gewalttätigen Verwahrlosung der Jugend. Dadurch entsteht ein Zerrbild, das der Jugend weder gerecht wird noch ihr gut tut – und den Erwachsenen ebenfalls nicht.[13]

13 Auf dem Sektor des populären Buches stammt das vielleicht einseitigste Zerrbild derzeit von Römer (2011), als Korrektur empfehlen sich Hartung/Schmitt (2010) und insbesondere Kunze/Zeug (2011).

Ein realistisches Bild würde beispielsweise zur Kenntnis nehmen, dass die häufig zu hörenden Klagen über (zunehmende) Orientierungslosigkeit oder (wachsenden) Zukunftspessimismus heutiger Jugendlicher (z. B. Winterhoff-Spurk 2008, S. 125 f., 130 f.) im Gegensatz zu Befunden der Jugendforschung stehen. Im Jugendsurvey des Deutschen Jugendinstituts etwa wurde festgestellt, dass die Altersgruppe der 16- bis 29-Jährigen über hohe internale Kontrollüberzeugungen verfügt. Internale Kontrollüberzeugungen sind solche, die den »locus of control« in der eigenen Person verorten, wohingegen externale Kontrollüberzeugungen persönliche Erfahrungen als durch eine unkontrollierbare Außenwelt verursacht sehen. In der erwähnten Studie waren 85 % der Befragten der Auffassung, dass sie über ihre Zukunft selbst entscheiden können, und sogar 90 % meinten, dass sie erreichen werden, wofür sie sich einsetzen (Gille 2006, S. 170). Unterschiedliche Befunde gibt es für die Vereinigten Staaten. Twenge (2006, S. 139 f.) hat eine Abnahme internaler Kontrollüberzeugungen bei 9- bis 14-Jährigen und College-Studenten im Zeitraum zwischen 1960 und 2000 festgestellt, Trzesniewski/Donnellan (2010, S. 67) und Fischer (2010, S. 210 ff., 332 f.) finden eine Zunahme. Die Shell-Jugendstudie 2010 (S. 16, 34, 121 ff.) bestätigt Gilles Befunde für Deutschland. Trotz der Bankenkrise im Jahr 2009 hat der Optimismus Jugendlicher in Bezug auf die Fähigkeit, ihre eigene (berufliche) Zukunft zu gestalten, zwischen 2002 und 2010 kontinuierlich *zugenommen*. Das spricht kaum für Orientierungslosigkeit und Zukunftspessimismus.[14]

14 Sicher kann man auch dafür immer Anhaltspunkte finden. Stellt man die Fragen anders, so erhält man andere Prozentzahlen. Fragt man etwa, ob die Personen der (allgemeinen) Aussage zustimmen, heutzutage sei alles so unsicher, dass man auf alles gefasst sein müsse, oder heute verändere sich alles so schnell, dass man nicht mehr recht wisse, woran man sich halten solle, so stimmen 25 % (nicht nur 10 oder 15 %) der Befragten zu (Gille 2006, S. 170, 206). Auch ist Zukunftspessimismus kein einheitliches Phänomen. In der Shell-Jugendstudie (2010, S. 126 f.) etwa sahen 54 % die *gesellschaftliche* Zukunft

Jenseits aller Zahlen lautet die Gesamtbilanz der jüngsten Shell-Studie (2010, S. 15) so: »Mit tatkräftigem Anpacken, wechselseitiger Unterstützung und … Flexibilität will die Mehrheit der Jugendlichen die Dinge in den Griff bekommen. … Insgesamt betrachtet erweisen sich die Jugendlichen in Deutschland nach wie vor als selbstbewusste Generation, die es gelernt hat, mit dem gesellschaftlichem Druck umzugehen, und die sich auch unter schwierigen Rahmenbedingungen behaupten kann.« Eine weitere Feststellung lautet, dass dieses Selbstbewusstsein nicht oberflächlich, sondern belastbar ist, weil die meisten Jugendlichen »leistungsorientiert und hochmotiviert« sind sowie auftauchende Probleme und Schwierigkeiten mehrheitlich durch Rückhalt bei Eltern und Freunden bewältigen, also aktives, soziales Coping betreiben. Nur eine Minderheit neigt zu destruktiven Problemlösungen (Gewalt, Alkohol) oder zu Resignation (ebd., S. 29 ff., 208 ff.). Dies bestätigt den Befund, dass die Mehrzahl der Jugendlichen weder an Orientierungslosigkeit noch an Zukunftspessimismus leidet. Zu diesen Schlussfolgerungen kommen auch Kunze/Zeug (2011, S. 13), die ausführliche Gespräche mit 18- bis 25-Jährigen geführt haben. Worüber sie besonders staunten, waren »die oft sehr klaren Strategien, mit denen junge Erwachsene ihren All-

düster, die überwiegende Mehrheit (67 %) war jedoch in der Beurteilung ihrer *persönlichen* Zukunft ausgesprochen optimistisch. Solche Divergenzen werden damit erklärt, dass Jugendliche die Einschätzung der gesellschaftlichen von der der persönlichen Zukunft entkoppeln. Wodurch eine solche Entkoppelung zustande kommt, ist unklar. Dass die gesellschaftliche Zukunft – im Gegensatz zur persönlichen – häufig düster gesehen wird, ist indessen kein neuer Befund. In der Shell-Studie des Jahres 1981 sahen 58 % düster in die Zukunft, das heißt 4 % *mehr* als 2010. Der Humorist Karl Valentin hat schon vor langer Zeit das Bonmot geprägt: »Die Zukunft war früher auch besser.« Daraus kann man, ebenso wie aus den Zeitreihenvergleichen der verschiedenen Shell-Studien seit 1981, lernen, dass Zukunftspessimismus recht unabhängig von den jeweiligen Zeitumständen zu sein scheint. Dasselbe gilt für Gegenwartspessimismus (s. dazu Kapitel 4, Abschnitt: Warum Katastrophenszenarien so verbreitet sind).

tag lenken, ihren Lebenslauf entwerfen und Zukunftspläne schmieden, teilweise mit großem Willen zur Selbstdisziplinierung, mit strengen Stundenplänen und genau getakteten Rhythmen und Ritualen.« Die ihnen von Rosa (2005, S. 380 f.) nachgesagte beschleunigungsbedingt zunehmende Gegenwartsorientierung sowie die abnehmende Fähigkeit zum Bedürfnisaufschub und die Unmöglichkeit, Zukunftspläne zu entwerfen und zu verfolgen, hält sich also in engen Grenzen.

Insgesamt kann man resümieren: Heutige Kinder und Jugendliche benötigen weder »Tigermütter«, die sie das Siegen lehren (Chua 2011), noch Frühfördermaßnahmen wie Intrauterinvorlesungen zur Verbesserung des Sprachverständnisses oder Zeichensprache zur Optimierung der vorsprachlichen Kommunikation. Sie sind auch nicht Opfer einer Ellenbogengesellschaft, in der unter gnadenlosem Konkurrenzdruck die Schwachen rücksichtslos aussortiert werden. Jeder, der die heutige Schulwirklichkeit und die des sozialen Hilfssektors kennt, weiß, dass es Hilfen für nahezu jedes Problem gibt. Wenn sie nicht immer ihr Ziel oder ihre Adressaten erreichen, so ist das bedauerlich, verbesserungsbedürftig, sollte aber nicht zu übersteigerten Machbarkeitsvorstellungen Anlass geben. Was heutige Kinder brauchen – und mehrheitlich erhalten –, sind Zuwendung und Gelassenheit. Der Schlachtruf der Gelassenen lautet jedoch nicht »Auf in den Kampf« und auch nicht »Oh Gott, diese Jugend verwahrlost«, sondern: »Es ist schon viel erreicht und manches bleibt noch zu tun.« Nach früheren Sicherheiten sehnen sich die Jugendlichen und jungen Erwachsenen nicht zurück. Über deren Verlust klagen verständlicherweise nur die Älteren. Die Jungen leben ganz realistisch in einer Welt, in der es die alles umfassende Sicherheit nicht (mehr) gibt. Dass damit *keine* Flucht in den Fatalismus und *keine* Preisgabe des Autonomieanspruchs in Bezug auf die Gestaltung des eigenen Lebens verbunden ist (wie Rosa 2005, S. 380 ff. meint), erhellen die Interviews der Shell-Jugendstudien (2006, 2010) und die von Kunze / Zeug (2011) in aller wünschenswerten Deutlichkeit.

Nachgedanken

Die vorstehenden Befunde und Ausführungen sollten zu einem realistischen Bild über die psychosoziale Gesundheit von Kindern, Jugendlichen und Erwachsenen in der heutigen Gesellschaft beitragen; es steht in eigenartigem Kontrast zur öffentlichen Besorgnis. Ein solcher Kontrast findet sich auch auf anderen Forschungsgebieten. So ist beispielsweise derzeit häufig die Rede von übermäßigen Flexibilisierungszumutungen am Arbeitsplatz, zunehmender sozialer Ungleichheit, wachsender Statusangst oder Prekarisierung der Mittelschicht, für die es manchen Autoren zufolge wenig empirische Anhaltspunkte gibt (s. z. B. Mayer 2006, 2008, Mayer et al. 2010). Vogel (2009, S. 171 ff.), der diese Diskussion rekapituliert, aber eine andere Auffassung vertritt als Mayer, meint, der Besitz »richtiger« Daten dürfe nicht dazu verführen, »soziologischen Spürsinn« zu ersetzen. »Datenpositivismus« führe in Fragen der Zeitdiagnose nur begrenzt weiter, weil Gefühle von Verwundbarkeit oder Ängste vor Abstieg auch dann entstehen könnten, wenn die einschlägigen Daten eine hohe Stabilität der absoluten und relativen Armutsquote, der sozialen Mobilität, der Arbeitsmarktintegration und des Arbeitsplatzes ausweisen. Der Kontrast zwischen Sozialreportagen und journalistischen Beiträgen einerseits und soliden empirischen Untersuchungen andererseits sei nicht dadurch zu schlichten, dass man sich auf die Seite der Daten stelle, denn es könne auch sein, dass sich die mit qualitativen Methoden erfassten atmosphärischen Veränderungen (noch) nicht in Daten niederschlagen würden. Ähnlich könnte es sich mit Befürchtungen um die psychosoziale Gesundheit zeitgenössischer Individuen verhalten: Die Daten geben keine Verschlechterungsdiagnose her, aber die gefühlte Wirklichkeit widerspricht den Daten. In diesem Sinne heißt es bei Eckert (2003, S. 46): »Das, was an Jugendphänomenen öffentlich in die Aufmerksamkeit gerät, ist offenbar nicht das, was in den repräsentativen Untersuchungen durchschlägt. Dennoch ist es nicht weniger gewichtig. Denn gesellschaftlich bedeutsam sind auch kleine, aktive Minderheiten.«

Die Tragweite solcher Überlegungen ist schwer einzuschätzen. Einerseits kann es durchaus zutreffen, dass atmosphärische Veränderungen sich (noch) nicht in harten Daten niederschlagen, andererseits kann die gefühlte Wirklichkeit auch das Ergebnis medial einseitiger Berichterstattung, öffentlichkeitswirksam dramatisierter Falldarstellungen oder einer allgemeinen Zukunftsskepsis sein, die sich besonders in reichen und alternden Gesellschaften findet. Sie ist dann in einem objektiven Sinne unberechtigt und bedarf der aufklärenden Korrektur, aber in einem subjektiven Sinne nachvollziehbar und verständlich, auch wenn sie kein Fundament in der Sache hat. Mayer (2006, S. 1337, 1350 f.) ist der Auffassung, ein bloßes Nebeneinander nach dem Motto »Wir brauchen beides« sei zu einfach. Quantitative Studien müssten zwar ergänzt werden durch breit angelegte Fallstudien und ethnographische Beobachtungen, die eventuell neue, jeweils aktuelle Risikogruppen aufspüren. Aber die daraus resultierenden griffigen Zeitdiagnosen – sei es wachsende Prekarisierung des Arbeitsmarktes, Zunahme der Überflüssigen oder Ausgeschlossenen, Absturz oder Schrumpfen der Mittelschicht, zunehmende Desintegration von Jugendlichen –, müssten sich auch jenseits breiter Publikumsakzeptanz empirischen Begründungspflichten stellen, vor denen sie oft versagten, weil entsprechende Untersuchungen meist eine erstaunliche Stabilität ergäben. So hat nach Mayer die Zunahme der Risiken auf dem Arbeitsmarkt seit den 1980er Jahren (noch) nicht zu einer Verschärfung sozialer Ungleichheit geführt – weder bei der Integration in den Arbeitsmarkt noch bei der Verteilung von Bildungs- und Berufschancen noch bei der Einkommensverteilung.[15] Sind dann die verwendeten Untersuchungsinstru-

15 Andere Studien finden hingegen eine seit Mitte der 1980er Jahre zunehmende Ungleichheit der Einkommensverteilung (gemessen mit dem sogenannten Gini-Koeffizienten) in nahezu allen OECD-Staaten. Die Gründe dafür sind

mente nicht sensibel genug für die Erfassung des Wandels, der sich in Aggregatdaten nicht abbildet, oder sind die Wandlungsbehauptungen voreilig und auf Impressionen gegründet, die unzulässig verallgemeinert werden?

Auf diese Frage weiß ich keine definitive Antwort und wahrscheinlich gibt es auch keine. Einerseits kann man beispielsweise die Auffassung vertreten, dass die Bedeutung der Leiharbeit als Indiz für Prekarisierung überschätzt wird, da sie im Jahr 2010 gerade einmal 2,5 % aller Arbeitsverhältnisse ausmachte. Andererseits kann man behaupten, dass von diesem kleinen Bereich des Arbeitsmarktes eine verunsichernde »Ausstrahlung« ausgeht, die weit über seinen quantitativen Anteil hinausreicht (so z. B. Vogel 2009, S. 231). Ähnlich könnte es sich mit der insgesamt abnehmenden, bei der Minderheit der Intensivstraftäter aber zunehmenden Jugendgewalt verhalten. Vertritt man die erste Position, wird man auf die Stabilität der Beschäftigungsverhältnisse bzw. den Rückgang der Jugendgewalt hinweisen, vertritt man die zweite, kann man mit guten Gründen von *drohender* Prekarisierung oder subgruppenspezifisch *zunehmender* Gewalt sprechen, die Aufmerksamkeit verdient. Ich neige, im Unterschied zu Vogel, der meint, Labilitätsvermutungen würden mehr Aufmerksamkeit verdienen als Stabilitätsbehauptungen (ebd., S. 181), zur umgekehrten Auffassung, weil – wie oben betont – das Bild der Erwachsenen von der Jugend einen wichtigen Beitrag zur Gestaltung des Generationenverhältnisses leistet und die Fokussierung auf problematische Phänomene im Sinne einer sich selbst erfüllenden Prophezeiung wirken kann. Aber vielleicht ist eine solche Entscheidung nur noch begrenzt wissenschaftlich begründbar und in erheblichem Umfang vom persönlichen Temperament und individuellen Vorlieben abhängig.

vielfältig. Für einen Kurzüberblick siehe FAZ (2011 f). Zwischen 2000 und 2005 hat die Ungleichheit in Deutschland allerdings kaum noch, seit 2005 überhaupt nicht mehr zugenommen (FAZ 2011 h).

Danksagung

Ich danke Sidonia Blättler, Ferdinand Sutterlüty und Angela Dunker für ihre Bereitschaft, das Manuskript zu lesen. Mit ihrem Stilgefühl, ihrer Geduld und ihrem Wissen haben sie zu seiner Verbesserung erheblich beigetragen.

Martin Altmeyer, Axel Honneth und Kai-Olaf Maiwald waren zehn Jahre lang Teilnehmer der psychoanalytisch-familiensoziologischen Arbeitsgruppe des Instituts für Sozialforschung, in der fast alle Themen des vorliegenden Buches oft kontrovers, immer aber produktiv und anregend diskutiert wurden. Ohne sie und die anderen Mitglieder der Arbeitsgruppe wäre das Buch wahrscheinlich nicht entstanden.

Wolfgang Mertens, wohl einer der letzten deutschsprachigen Enzyklopäden der Psychoanalyse, fungierte als wohlwollendes Hintergrundobjekt und half auf seine konziliante Art mit Rat und Tat aus, wenn es einmal nicht weitergehen wollte.

Schlussendlich danke ich der Köhler-Stiftung. Sie hat die Fertigstellung des Manuskripts zwei Jahre lang mit einem Stipendium gefördert.

Literaturverzeichnis

Abels, H. (2008): Lebensphase Jugend. In: H. Abels et al.: Lebensphasen. Eine Einführung. Wiesbaden (VS Verlag für Sozialwissenschaften), 77–157

Abram, J. (1996): The Language of Winnicott. London (Karnac)

Ach, J. (2006): Komplizen der Schönheit? Anmerkungen zur Debatte über die ästhetische Chirurgie. In: J. Ach und A. Pollmann (Hrsg.): no body is perfect. Baumaßnahmen am menschlichen Körper – Bioethische und ästhetische Aufrisse. Bielefeld (transcript), 187–206

Adorno, T. W. (1955): Zum Verhältnis von Soziologie und Psychologie. In: T. W. Adorno (1972): Gesammelte Schriften, Band 8. Frankfurt a. M. (Suhrkamp), 42–85

Adorno, T. W. et al. (1950): Der autoritäre Charakter. 2 Bände. Amsterdam (de Munter) 1977

Ahnert, L. (2010): Wieviel Mutter braucht ein Kind? Bindung – Bildung – Betreuung. Heidelberg (Spektrum Akad. Verlag)

Ahrbeck, B. (1997): Konflikt und Vermeidung. Psychoanalytische Überlegungen zu aktuellen Erziehungsfragen. Neuwied u. a. (Luchterhand)

Ahrbeck, B. (2002): Globalisierung, Persönlichkeitsverfall und das Ende der Erziehung? In: W. Hantel-Quitmann und P. Kastner (Hrsg.): Die Globalisierung der Intimität. Die Zukunft intimer Beziehungen im Zeitalter der Globalisierung. Gießen (Psychosozial), 63–85

Ahrbeck, B. (2004): Kinder brauchen Erziehung. Die vergessene pädagogische Verantwortung. Stuttgart (Kohlhammer)

Ahrbeck, B. (2008): Erregte Zeiten, unaufmerksame und hyperaktive Kinder. In: Psyche. Zeitschrift für Psychoanalyse und ihre Anwendungen 62: 693–713

Ahrbeck, B. und J. Körner (2000): (Hrsg.): Der vergessene Dritte. Ödipale Konflikte in Erziehung und Therapie. Neuwied u. a. (Luchterhand)

Allerbeck, K. und W. Hoag (1985): Jugend ohne Zukunft? München (Piper)

Allert, T. (1998): Die Familie. Fallstudien zur Unverwüstlichkeit einer Lebensform. Berlin (Walter de Gruyter)

Allert, T. (2007): Zugemutete Autonomie – die frühe Kindheit in der Gegenwartsgesellschaft. In: A. Eggert-Schmid Noerr et al. (Hrsg.): Frühe Beziehungserfahrungen. Gießen (Psychosozial), 13–32

Almond, G. und S. Verba (1963): The Civic Culture. Political Attitudes and Democracy in Five Nations. Princeton (Princeton University Press)

Almond, G. und S. Verba (1980): (Eds.): The Civic Culture Revisited. Boston

Alsaker, F. und J. Kroger (2007): Identitätsentwicklung. In: M. Hasselhorn und W. Schneider (Hrsg.): Handbuch Entwicklungspsychologie. Göttingen u. a. (Hogrefe), 371–380

Alt, C. et al. (2005): Wege aus der Betreuungskrise? Institutionelle und familiale Betreuungsarrangements von 5- bis 6-jährigen Kindern. In: C. Alt (Hrsg.): Kinderleben – Aufwachsen zwischen Familie, Freunden und Institutionen. Band 2: Aufwachsen zwischen Freunden und Institutionen. Wiesbaden (VS Verlag für Sozialwissenschaften), 123–155

Altmeyer, M. (2000 a): Narzissmus und Objekt. Ein intersubjektives Verständnis der Selbstbezogenheit. Göttingen (Vandenhoeck & Ruprecht)

Altmeyer, M. (2000 b): Narzissmus, Intersubjektivität und Anerkennung. In: Psyche. Zeitschrift für Psychoanalyse und ihre Anwendungen 54:143–171

Altmeyer, M. (2003): Im Spiegel des Anderen. Anwendungen einer relationalen Psychoanalyse. Gießen (Psychosozial)

Altmeyer, M. (2011): Soziales Netzwerk Psyche. Versuch einer Standortbestimmung der modernen Psychoanalyse. In: Forum der Psychoanalyse 27: 107–127

Altmeyer, M. (im Druck): Mentale Bezogenheit. Zur intersubjektiven Natur des Seelenlebens (Arbeitstitel). Stuttgart (Klett-Cotta; erscheint voraussichtlich Herbst 2012)

Amato, P. (2003): Reconciling divergent perspectives: Judith Wallerstein, quantitative family research, and children of divorce. In: Family Relations 52: 332–339

Amiri, S. (2008): Narzissmus im Zivilisationsprozess. Zum gesellschaftlichen Wandel der Affektivität. Bielefeld (transcript)

Anders, G. (1956): Die Antiquiertheit des Menschen. Band 1. Über die Seele im Zeitalter der zweiten industriellen Revolution. München (Beck) 1983

Anders, S. (2011): Keine Zeit für die Gemeinschaft. In: Frankfurter Rundschau Nr. 97, v. 27. 4. 2011, S. 5

Anderson, C. et al. (2010): Violent video game effects on aggression, empathy, and prosocial behavior in eastern and western countries: A meta-analytic review. In: Psychological Bulletin 136: 151–173

Andresen, S. (2007): Vom Missbrauch der Erziehung. In: M. Brumlik (Hrsg.): Vom Missbrauch der Disziplin. Antworten der Wissenschaft auf Bernhard Bueb. Weinheim und Basel (Beltz), 76–99

Andresen, S. und K. Hurrelmann (2010): Was bedeutet heute »Glück« für Kinder? In: Aus Politik und Zeitgeschichte, Heft 38/2010: 3–8

Angell, M. (2011): The epidemic of mental illness: why? In: The New York Review of Books v. 23. Juni 2011, Teil 1. http://www.nybooks.com/articles/archives/2011/jun/23/epidemic-mental-illness-why/

Anselm, S. (1997): Identifizierung und Selbstbehauptung. Überlegungen zu einer aktuellen Dimension des Anerkennungskonflikts. In: H. Keupp und R. Höfer (Hrsg.): Identitätsarbeit heute. Klassische und aktuelle Perspektiven der Identitätsforschung. Frankfurt a. M. (Suhrkamp), 135–148

Antonovsky, A. (1987): Salutogenese. Zur Entmystifizierung der Gesundheit. Tübingen (dgvt-Verlag) 1997

Ariès, P. (1960): Geschichte der Kindheit. München (Hanser) 1974

Ariès, P. (1980): Two successive motivations for the declining birth rate in the West. In: Population and Development Review 6: 645–650

Aschoff, D. (2010): Aus der Sicht des Latinisten. In: Frankfurter Allgemeine Zeitung Nr. 248, v. 25. 10. 2010, S. 30

Asendorpf, J. (2004): Genom-Umwelt-Wechselwirkung in der Persönlichkeitsentwicklung. In: D. Geulen und H. Veith (Hrsg.): Sozialisationstheorie interdisziplinär. Stuttgart (Lucius & Lucius), 35–53

Asendorpf, J. et al. (2008): Die langen Schatten der frühen Persönlichkeit. In: W. Schneider (Hrsg.): Entwicklung von der Kindheit bis zum Erwachsenenalter. Befunde der Münchner Längsschnittstudie LOGIK. Weinheim und Basel (Beltz/PVU), 124–140

Badinter, E. (1980): Die Mutterliebe. Geschichte eines Gefühls vom 17. Jahrhundert bis heute. München (dtv) 1984

Baier, D. et al. (2009): Jugendliche in Deutschland als Opfer und Täter von Gewalt. Forschungsbericht Nr. 107 des Kriminologischen Forschungsinstituts Niedersachsen

Balzer, W. (2001): Das Sensorische und die Gewalt. In: Zeitschrift für psychoanalytische Theorie und Praxis 16: 365–381

Balzer, W. (2004): Lust am Nichtdenken? Zum Verhältnis von Erregung und Bedeutung in beschleunigten und entgrenzten Lebenswelten. In: Psychoanalyse im Widerspruch, 2005, Heft 33: 39–56

Balzer, W. (2006): Symbolisierung als Re-Präsentation von Getrenntheit – ein Auslaufmodell? In: Psychoanalyse im Widerspruch, Heft 35: 27–38

Balzer, W. (2009): Denn das Denken ist nichts als des Schrecklichen Wandlung. Zu Christoph Türckes Genealogie des Mentalen im Zeitalter seiner medialen Zersetzung. In: G. Schneider et al. (Hrsg.): Psychoanalyse, Kultur, Gesellschaft. Arbeitstagung der Deutschen Psychoanalytischen Vereinigung. Bad Homburg, 18. bis 21. November 2009. Kongressband. Vertrieb: Congress-Organisation Geber + Reusch, Frankfurt a. M. (E-Mail: Geber@t-online.de), 10–23

Barkmann, C. und M. Schulte-Markwort (2004): Prävalenz psychischer Auffälligkeiten bei Kindern und Jugendlichen in Deutschland – ein systematischer Literaturüberblick. In: Psychiatrische Praxis 31: 278–287

Bauer, J. (2002): Das Gedächtnis des Körpers. Wie Beziehungen und Lebensstil unsere Gene steuern. Frankfurt a. M. (Eichborn)

Bauer, U. (2002): Selbst- und/oder Fremdsozialisation: Zur Theoriedebatte in der Sozialisationsforschung. Eine Entgegnung auf Jürgen Zinnecker. In: Zeitschrift für Soziologie der Erziehung und Sozialisation 22: 118–142

Bauer, U. (2004): Keine Gesinnungsfrage. Der Subjektbegriff in der Sozialisationsforschung. In: D. Geulen und H. Veith (Hrsg.): Sozialisationstheorie interdisziplinär. Aktuelle Perspektiven. Stuttgart (Lucius & Lucius), 61–91

Bauernschuster, S. et al. (2010): Schadet Internetnutzung dem Sozialkapital? In: Ifo-Schnelldienst 63. Jg., Heft 21/2010: 11–17

Bauman, Z. (2000): Flüchtige Moderne. Frankfurt a. M. (Suhrkamp) 2003

Bauman, Z. (2007): Leben in der flüchtigen Moderne. Frankfurt a. M. (Suhrkamp)

Baumert, G. (1957): Einige Beobachtungen zur Wandlung der familialen Stellung des Kindes in Deutschland. In: L. von Friedeburg (Hrsg.): (1965): Jugend in der modernen Gesellschaft. Köln und Berlin (Kiepenheuer & Witsch), 309–320

Baumert, J. (2010): Schlichte Utopie. Ein Spiegel-Interview mit Jürgen Baumert. In: Der Spiegel Nr. 24, v. 14.6.2010, S. 39–44

Bayer, L. (1998): Rezension von J. Kristeva: Die neuen Leiden der Seele. In: Psyche. Zeitschrift für Psychoanalyse und ihre Anwendungen 52: 1125–1128

Bayertz, K. und K. Schmidt (2006): »Es ist ziemlich teuer, authentisch zu sein …!« Von der ästhetischen Umgestaltung des menschlichen Körpers und der Integrität der menschlichen Natur. In: J. Ach und A. Pollmann (Hrsg.): no body is perfect. Baumaßnahmen am menschlichen Körper – Bioethische und ästhetische Aufrisse. Bielefeld (transcript), 43–62

Beck, U. (1986): Risikogesellschaft. Auf dem Weg in eine andere Moderne. Frankfurt a. M. (Suhrkamp)

Beck, U. (1988): Gegengifte. Die organisierte Unverantwortlichkeit. Frankfurt a. M. (Suhrkamp)

Beck, U. (1993): Die Erfindung des Politischen. Zu einer Theorie reflexiver Modernisierung. Frankfurt a. M. (Suhrkamp)

Beck, U. (1997): Kinder der Freiheit. Wider das Lamento über den Werteverfall. In: U. Beck (Hrsg.): Kinder der Freiheit. Frankfurt a. M. (Suhrkamp), 9–33

Becker, C. (2010): Keusche Küsse. In: Die Welt v. 3.9.2010, S. 8

Becker, O. A. (2004): Soziale Determinanten und Konsequenzen partnerschaftlicher Interaktionsstile. In: P. Hill (Hrsg.): Interaktion und Kommunikation. Eine empirische Studie zu Alltagsinteraktionen, Konflikten und Zufriedenheit in Partnerschaften. Würzburg (Ergon), 157–206

Beck-Gernsheim, E. (1994): Auf dem Weg in die postfamiliale Familie – Von der Notgemeinschaft zur Wahlverwandtschaft. In: U. Beck und E. Beck-Gernsheim (Hrsg.): Riskante Freiheiten. Frankfurt a. M. (Suhrkamp), 115–138

Beck-Gernsheim, E. (2000): Was kommt nach der Familie? Einblicke in neue Lebensformen. München (Beck) (2., durchgesehene Auflage)

435

Beier, K. (2010 a): Hilfe ohne Ausgrenzung. In: Der Spiegel Nr. 17, v. 26. 4. 2010, S. 20

Beier, K. (2010 b): Ein großer unethischer Menschenversuch. In: Frankfurter Allgemeine Zeitung Nr. 122, v. 29. 5. 2010, S. 2

Beisenherz, G. (2005): Wie wohl fühlst Du Dich? Kindliche Persönlichkeit und Umwelt als Quelle von Wohlbefinden. In: C. Alt (Hrsg.): Kinderleben – Aufwachsen zwischen Familie, Freunden und Institutionen. Band 1: Aufwachsen in Familien. Wiesbaden (VS Verlag für Sozialwissenschaften), 157–186

Bellah, R. et al. (1985): Gewohnheiten des Herzens. Individualismus und Gemeinsinn in der amerikanischen Gesellschaft. Köln (Bund) 1987

Benhabib, S. (1992): Selbst im Kontext. Frankfurt a. M. (Suhrkamp) 1995

Benjamin, J. (1982): Die Antinomien des patriarchalischen Denkens. Kritische Theorie und Psychoanalyse. In: W. Bonß und A. Honneth (Hrsg.): Sozialforschung als Kritik. Zum sozialphilosophischen Potential der Kritischen Theorie. Frankfurt a. M. (Suhrkamp), 426–455

Berg, D. et al. (2001): Verhaltensauffälligkeiten bei Berliner Grundschülern – Ergebnisse einer empirischen Untersuchung. In: C. Hanckel et al. (Hrsg.): Schule zwischen Realität und Vision. Bonn (Deutscher Psychologen Verlag), 301–311

Berger, F. (2009 a): Auszug aus dem Elternhaus – Strukturelle, familiale und persönlichkeitsbezogene Bedingungsfaktoren. In: H. Fend et al. (Hrsg.): Lebensverläufe, Lebensbewältigung, Lebensglück. Ergebnisse der LifE-Studie. Wiesbaden (VS Verlag für Sozialwissenschaften), 195–243

Berger, F. (2009 b): Intergenerationelle Transmission von Scheidung – Vermittlungsprozesse und Scheidungsbarrieren. In: H. Fend et al. (Hrsg.): Lebensverläufe, Lebensbewältigung, Lebensglück. Ergebnisse der LifE-Studie. Wiesbaden (VS Verlag für Sozialwissenschaften), 267–303

Bergius, M. (2009): Top im Job – dank Pillen. In: Frankfurter Rundschau Nr. 37, v. 13. 2. 2009, S. 1

Bergmann, W. (2009 a): Warum unsere Kinder ein Glück sind. Weinheim und Basel (Beltz)

Bergmann, W. (2009 b): Sie laufen uns aus dem Ruder. In: Der Spiegel Nr. 14, v. 30. 3. 2009: 91–94 (Gespräch mit M. Winterhoff)

Bergmann, W. und G. Hüther (2006): Computersüchtig. Kinder im Sog der modernen Medien. Düsseldorf (Patmos/Walter)

Berkel, I. (2009): Die Erosion des Inzestverbots. In: I. Berkel (Hrsg.): Postsexualität. Zur Transformation des Begehrens. Gießen (Psychosozial), 87–104

Berking, H. (1994): Solidarischer Individualismus. Ein Gedankenspiel. In: Ästhetik und Kommunikation 23. Jg., Heft 85/86: 37–44

Berlin, I. (1999): Die Wurzeln der Romantik. Berlin (Berlin Verlag) 2004

Berner, W. (2009): Ein Porno macht noch keine Liebesverweigerer. In: Frankfurter Rundschau Nr. 7, v. 9.1.2009, S. 14

Bertram, H. (1997): Familien leben. Neue Wege zur flexiblen Gestaltung von Lebenszeit, Arbeitszeit und Familienzeit. Gütersloh (Verlag Bertelsmann Stiftung)

Bertram, H. (2002): Die multilokale Mehrgenerationenfamilie. In: Berliner Journal für Soziologie 12: 517–529

Bertram, H. (2007): Zur Krise der modernen Familie. In: S. Mayer und D. Schulte (Hrsg.): Die Zukunft der Familie. München (Finck), 14–36

Bertram, H. und B. Bertram (2009): Familie, Sozialisation und die Zukunft der Kinder. Opladen & Farmington Hills (Barbara Budrich)

Besser, L.-U. (2010): Bindungssehnsucht und der Einfluss der Medien. In: K. H. Brisch und T. Hellbrügge (Hrsg.): Bindung, Angst und Aggression. Theorie, Therapie und Prävention. Stuttgart (Klett-Cotta), 84–110

Betz, T. (2006): Ungleiche Kindheit. Ein (erziehungswissenschaftlicher) Blick auf die Verschränkung von Herkunft und Bildung. In: Zeitschrift für Soziologie der Erziehung und Sozialisation 26: 52–68

Beyond Therapy (2003): Biotechnology and the Pursuit of Happiness. A Report of the President's Council on Bioethics. Washington DC (Dana Press)

Bianchi, S. (2000): Maternal employment and time with children: Dramatic change or surprising continuity? In: Demography 37: 401–414

Biebricher, T. (2005): Selbstkritik der Moderne. Foucault und Habermas im Vergleich. Frankfurt a. M. und New York (Campus)

Bion, W. (1962): Eine Theorie des Denkens. In: Psyche. Zeitschrift für Psychoanalyse und ihre Anwendungen 17, 1963: 426–435

Bittner, G. und C. Thalmann (1970): Über die Verbreitung psychischer

Störungen bei Kindern im Grundschulalter. In: Zeitschrift für Pädagogik 16: 83–98

Blatt, S. (1983): Narcissism and egocentrism as concepts in individual and cultural development. In: Psychoanalysis and Contemporary Thought 6: 187–254 und 291–303

Blech, J. (2010): Gene sind kein Schicksal. Wie wir unsere Erbanlagen und unser Leben steuern können. Frankfurt a. M. (Fischer)

Blom, P. (2008): Der taumelnde Kontinent. Europa 1900–1914. München (Hanser) 2009

BMFSFJ (2006): Bundesministerium für Familie, Senioren, Frauen und Jugend. Siebter Familienbericht. Familie zwischen Flexibilität und Verlässlichkeit. Deutscher Bundestag (Drucksache 16/1360)

Bockrath, F. (2008): Schmerzempfinden als Ausdruckserleben. In: F. Bockrath et al. (Hrsg.): Körperliche Erkenntnis. Formen reflexiver Erfahrung. Bielefeld (transcript), 89–115

Böhme, H. (2009): Full Speed – Slow Down: Ambivalenzen der Moderne. In: V. King und B. Gerisch (Hrsg.): Zeitgewinn und Selbstverlust. Folgen und Grenzen der Beschleunigung. Frankfurt a. M. und New York (Campus), 63–84

Boggs, C. (2001): Social capital and political fantasy: Robert Putnam's Bowling Alone. In: Theory and Society 30: 281–297

Bohleber, W. (1996): Einführung in die psychoanalytische Adoleszenzforschung. In: W. Bohleber (Hrsg.): Adoleszenz und Identität. Stuttgart (Verlag Internationale Psychoanalyse), 7–40

Bohleber, W. (1999): Psychoanalyse, Adoleszenz und das Problem der Identität. In: Psyche. Zeitschrift für Psychoanalyse und ihre Anwendungen 53: 507–529

Bohleber, W. (2009): Das Problem der Identität in der Spätmoderne – Psychoanalytische Perspektiven. In: V. King und B. Gerisch (Hrsg.): Zeitgewinn und Selbstverlust. Folgen und Grenzen der Beschleunigung. Frankfurt a. M. (Campus), 202–220

Bohleber, W. (2010): Editorial zum Sonderheft Depression. In: Psyche. Zeitschrift für Psychoanalyse und ihre Anwendungen 64: 771–781

Bohleber, W. (2011): Grundzüge adoleszenter Entwicklung: Psychoanalytische Perspektiven. In: P. Uhlhaas und K. Konrad (Hrsg.): Das adoleszente Gehirn. Stuttgart (Kohlhammer), 61–74

Bohrhardt, R. (2006): Vom »broken home« zur multiplen Elternschaft. Chancen und Erschwernisse kindlicher Entwicklung in diskontinuierlichen Familienbiografien. In: H. Bertram et al. (Hrsg.): Wem gehört die Familie der Zukunft? Expertisen zum 7. Familienbericht der Bundesregierung. Opladen (Barbara Budrich),169–188

Boltanski, L. und È. Chiapello (1999): Der neue Geist des Kapitalismus. Konstanz (UVK Verlagsgesellschaft) 2003

Bolz, N. (2009): Diskurs über die Ungleichheit. München (Finck)

Bondy, B. (2010): Psychopharmaka. Kleine Helfer oder chemische Keule? München (Beck)

Bowlby, J. (1973): Trennung. Psychische Schäden als Folgen der Trennung von Mutter und Kind. München (Kindler) 1976

Bowlby, J. et al. (1986): An interview with John Bowlby on the origins and reception of his work. In: Free Associations 6: 36–64

Bredekamp, H. (2010): Theorie des Bildakts. Berlin (Suhrkamp)

Brenner, C. (1955): Grundzüge der Psychoanalyse. Frankfurt a. M. (Fischer) 1976

Brenner, H. (2006): Arbeitslosigkeit. In: G. Stoppe et al. (Hrsg.): Volkskrankheit Depression? Bestandsaufnahme und Perspektiven. Berlin und Heidelberg (Springer), 163–189

Brinck, C. (2009): Frei und unglücklich. Die Emanzipation hat Frauen nicht zufriedener gemacht. In: Frankfurter Allgemeine Sonntagszeitung Nr. 32, v. 9. 8. 2009, S. 9

Brockhaus, G. (2008): Muttermacht und Lebensangst – Zur Politischen Psychologie der NS-Erziehungsratgeber Johanna Haarers. In: J. Brunner (Hrsg.): Tel Aviver Jahrbuch für deutsche Geschichte XXXVI: Mütterliche Macht und väterliche Autorität. Elternbilder im deutschen Diskurs. Göttingen (Wallstein), 63–77

Brooks, D. (2000): Die Bobos. Der Lebensstil der neuen Elite. München (Ullstein) 2001

Brüggen, W. (2003): Das Unbehagen in der Moderne. In: W. Brüggen und M. Jäger (Hrsg.): Brauchen wir Feinde? Berlin (Edition Freitag), 226–261

Brüggen, W. (2009): Über »traurige Flaneure«, »glückliche Wilde« und die »geheimen Verführungen der Moderne«. In: W. Brüggen et al. (Hrsg.): Die Modernisierung des psychischen Apparats. Seelische Strukturen im kulturellen Wandel. Frankfurt a. M. (Brandes & Apsel), 137–197

Brüggen, W. (im Druck): Ödipus, das Grauen der Sphinx und die Schrecken der Freiheit. Über einige bisher wenig beachtete Erscheinungsformen des Ödipalen. Erscheint in: I. Berkel (Hrsg.): Nähe, Verbot, Ordnung. Genealogische Nachrichten. Gießen (Psychosozial; erscheint voraussichtlich Ende 2011)

Brumlik, M. (2004): Advokatorische Ethik. Zur Legitimation pädagogischen Handelns. Berlin (Philo) (2. Auflage)

Brumlik, M. (2007): Durch Unterwerfung zur Freiheit. Bernhard Buebs reaktionäre Vergangenheitsbewältigung. In: M. Brumlik (Hrsg.): Vom Missbrauch der Disziplin. Antworten der Wissenschaft auf Bernhard Bueb. Weinheim und Basel (Beltz), 52–75

Brumlik, M. und H. Brunkhorst (1993): (Hrsg.): Gemeinschaft und Gerechtigkeit. Frankfurt a. M. (Fischer)

Bucher, A. (2001): Was Kinder glücklich macht. Historische, psychologische und empirische Annäherungen an Kindheitsglück. Weinheim und München (Juventa)

Bucher, A. (2009): Was Kinder glücklich macht. Eine glückspsychologische Studie des ZDF. In: M. Schächter (Hrsg.): Wunschlos glücklich? Konzepte und Rahmenbedingungen einer glücklichen Kindheit. Baden-Baden (Nomos), 94–195

Bucher, A. und S. Montag (1997): Vorbilder: Peinliche Überbautypen oder nach wie vor notwendig? Bericht über zwei aktuelle Untersuchungen. In: Religionspädagogische Beiträge 40: 61–82

Bude, H. und E.-D. Lantermann (2006): Soziale Exklusion und Exklusionsempfinden. In: Kölner Zeitschrift für Soziologie und Sozialpsychologie 58: 233–252

Bueb, B. (2006): Lob der Disziplin. Eine Streitschrift. Berlin (List/Ullstein)

Büchner, P. et al. (1996): (Hrsg.): Vom Teddybär zum ersten Kuß. Wege aus der Kindheit in Ost- und Westdeutschland. Opladen (Leske + Budrich)

Büchner, P. et al. (1997): Transformation der Eltern-Kind-Beziehung? Facetten der Kindbezogenheit des elterlichen Erziehungsverhaltens in Ost- und Westdeutschland. In: Zeitschrift für Pädagogik 37: 35–52 (Beiheft)

Bürgisser, M. (2006): Egalitäre Rollenteilung. Erfahrungen und Entwicklungen im Zeitverlauf. Zürich und Chur (Rüegger)

Bürgisser, M. und D. Baumgarten (2006): Kinder in unterschiedlichen Familienformen. Zürich und Chur (Rüegger)

Bujard, M. (2011): Geburtenrückgang und Familienpolitik. Ein interdisziplinärer Erklärungsansatz und seine empirische Überprüfung im OECD-Länder-Vergleich 1970–2006. Baden-Baden (Nomos)

Bundesministerium für Bildung und Forschung (2007): (Hrsg.): 18. Sozialerhebung des Deutschen Studentenwerks. Bonn und Berlin

Burkart, G. (2005): Die Familie der Systemtheorie. In: G. Runkel und G. Burkart (Hrsg.): Funktionssysteme der Gesellschaft. Beiträge zur Systemtheorie von Niklas Luhmann. Wiesbaden (VS Verlag für Sozialwissenschaften), 101–129

Burkart, G. (2006): Einleitung. Selbstreflexion und Bekenntniskultur. In: G. Burkart (Hrsg.): Die Ausweitung der Bekenntniskultur – neue Formen der Selbstthematisierung? Wiesbaden (VS Verlag für Sozialwissenschaften), 7–40

Busch, H.-J. (2001): Subjektivität in der spätmodernen Gesellschaft. Konzeptuelle Schwierigkeiten und Möglichkeiten psychoanalytisch-sozialpsychologischer Zeitdiagnose. Velbrück (Weilerswist)

Busse, S. und W. Helsper (2007): Familie und Schule. In: J. Ecarius (Hrsg.): Handbuch Familie. Wiesbaden (VS Verlag für Sozialwissenschaften), 321–341

Bussmann, K.-D. (2007): Gewalt in der Familie. In: J. Ecarius (Hrsg.): Handbuch Familie. Wiesbaden (VS Verlag für Sozialwissenschaften), 637–652

Callies, O. (2008): Konturen sozialer Exklusion. In: H. Bude und A. Willisch (Hrsg.): Exklusion. Die Debatte über die »Überflüssigen«. Frankfurt a. M. (Suhrkamp), 261–284

Carlat, D. (2010): Unhinged: The Trouble with Psychiatry – A Doctor's Revelations about a Profession in Crisis. New York u. a. (Free Press)

Casu, C. und C. Krebs (2010): Wissen, was bei Kindern zählt. MindSet-Kids – Im Alltag live dabei. http://www.ip-deutschland.de/ipd/forschung_und_service/mediaforschung

Celikates, R. und S. Rothöhler (2006): Hybridisierung oder Anerkennung? In: J. Ach und A. Pollmann (Hrsg.): no body is perfect. Bielefeld (transcript), 325–347

Chamberlain, S. (1997): Adolf Hitler, die deutsche Mutter und ihr erstes Kind. Über zwei NS-Erziehungsbücher. Gießen (Psychosozial)

Chasseguet-Smirgel, J. (1975): Das Ichideal. Psychoanalytischer Essay über die »Krankheit der Idealität«. Frankfurt a. M. (Suhrkamp) 1981

Chasseguet-Smirgel, J. (2001): Das Ichideal heute: Der Triumph des kürzesten über den langen Weg. In: Bulletin der Europäischen Psychoanalytischen Vereinigung No. 55: 123–136

Chua, A. (2011): Die Mutter des Erfolgs. Wie ich meine Kinder das Siegen lehrte. Zürich (Nagel & Kimche)

Clam, J. (2009): Lässt sich postsexuell begehren? In: I. Berkel (Hrsg.): Postsexualität. Zur Transformation des Begehrens. Gießen (Psychosozial), 11–29

Cohn-Bendit, D. und B. Bueb (2007): Von der Kunst des Erziehens. Ein Gespräch. In: Die Zeit Nr. 10, v. 1.3.2007, S. 77–78

Collins, A. et al. (2000): Contemporary research on parenting. In: American Psychologist 55: 218–232

Collishaw, S. et al. (2004): Time trends in adolescent mental health. In: Journal of Child Psychology and Psychiatry 45: 1350–1362

Coontz, S. (2005): In schlechten wie in guten Tagen. Die Ehe – eine Liebesgeschichte. Bergisch-Gladbach (Lübbe) 2006

Costello, E. et al. (2006): Is there an epidemic of child or adolescent depression? In: Journal of Child Psychology and Psychiatry 47: 1263–1271

Coupland, D. (1991): Generation X. Geschichten für eine immer schneller werdende Kultur. München (Goldmann) 1995

Dahlkamp, J. (2009): Stoned vor dem Schirm. In: Der Spiegel Nr. 12, v. 16.3.2009: 48–55

Dalton, R. (2009): The Good Citizen. How a Younger Generation is Reshaping American Politics. Washington (CQ Press/Sage) (Revised Edition)

Daly, K. (2001): Deconstructing family time: From ideology to lived experience. In: Journal of Marriage and the Family 63: 283–294

Dambmann, U. (1985): Narzißtische Jugend? Frankfurt a.M.

Datler, W. et al. (2002): (Hrsg.): Das selbständige Kind. Jahrbuch für psychoanalytische Pädagogik, Band 12. Gießen (Psychosozial)

Davies, P. et al. (2002): Child Emotional Security and Interparental Conflict. Monographs of the Society for Research in Child Development. Monograph No. 67. Boston und Oxford (Blackwell)

de Rijke, J. et al. (2008): Aspekte der Stabilität politischer Orientierungen und politischer Partizipation. In: M. Gille (Hrsg.): Jugend in Ost und West seit der Wiedervereinigung. Ergebnisse aus dem replikativen Längsschnitt des DJI-Jugendsurvey. Wiesbaden (VS Verlag für Sozialwissenschaften), 269–300

Deißner, D. (2008 a): Eltern haben Kinder gut im Griff. In: Die Welt v. 12. 8. 2008, S. 5

Deißner, D. (2008 b): Gruppensex mit zwölf und Aufklärung durch Pornofilme. In: Die Welt v. 10. 9. 2008

deMause, L. (1974): (Hrsg.): Hört ihr die Kinder weinen. Eine psychogenetische Geschichte der Kindheit. Frankfurt a. M. (Suhrkamp) 1977

Demyttenaere, K. et al. (2005): The lifecycle of depression. In: J. Corveleyn et al. (Eds.): The Theory and Treatment of Depression. London (Erlbaum), 17–40

Der Spiegel (2007): Hyperaktive Kinder im Pillenrausch. In: Nr. 22, v. 26. 5. 2007, S. 136

Der Spiegel (2008): Traumatische Erfahrungen. In: Nr. 26, v. 23. 6. 2008: 60–61

Der Spiegel (2011): Kinderland ist abgebrannt. In: Nr. 32, v. 8. 8. 2011: 18–22

Dettmer, M. und J. Tietz (2011): Neustart. Wege aus der Burnout-Falle. Jetzt mal langsam! In: Der Spiegel Nr. 30, v. 25. 7. 2011: 58–68

Dettmer, M. et al. (2011): Volk der Erschöpften. In: Der Spiegel Nr. 4, v. 24. 1. 2011: 114–122

Devereux, E. et al. (1962): Zum Verhalten der Eltern in den Vereinigten Staaten und in der Bundesrepublik. In: L. von Friedeburg (1965): (Hrsg.): Jugend in der modernen Gesellschaft. Köln und Berlin (Kiepenheuer & Witsch), 335–357

Diamond, D. (2006): Narzissmus als klinisches und gesellschaftliches Phänomen. In: O. Kernberg und H.-P. Hartmann (Hrsg.): Narzissmus. Grundlagen – Störungsbilder – Therapien. Stuttgart (Schattauer), 171–204

Die Welt (2006): Jedes vierte Kind in Nordfriesland ist in Therapie. In: Die Welt v. 23. 3. 2006

Diekstra, R. (1995): Depression and suicidal behaviors in adolescence: Sociocultural and time trends. In: M. Rutter (Ed.): Psychosocial Disturbance in Young People. Cambridge (Cambridge University Press), 212–243

Döbert, R. und G. Nunner-Winkler (1978): Motivationskrise der Jugend? – Eine Replik. In: Leviathan 6: 151-155

Döpfner, M. (2006): Studie der Kölner Universitätsklinik zu Ängsten bei Kindern und Jugendlichen. Referiert nach: Die Welt v. 22.3.2006, Rubrik Wissenschaft kompakt: Unbemerkte Kinderängste

Dollase, R. (1986): Sind Kinder heute anders als früher? Probleme und Ergebnisse von Zeitwandelstudien. In: Bildung und Erziehung 39: 133–147

Dollase, R. (1991): Kinder und Jugendliche gestern, heute, morgen. Konsequenzen von Zeitwandelstudien für die LehrerInnenaus- und -fortbildung. In: S. Bäuerle (Hrsg.): Lehrer auf die Schulbank. Stuttgart (Metzlersche Verlagsbuchhandlung), 10–31

Dollase, R. und D. Seeger (1997): Sind Kindergartenkinder heute anders als früher? In: R. Möller (Hrsg.): Kindheit, Familie und Jugend: Ergebnisse empirischer pädagogischer Forschung. Münster u. a. (Waxmann), 7–20

Donnet, J.-L. (2001): Notizen zum Unbehagen bei der Indikation zur Analyse. In: Bulletin der Europäischen Psychoanalytischen Vereinigung No. 55: 137–143

Dornes, M. (1993): Der kompetente Säugling. Die präverbale Entwicklung des Menschen. Frankfurt a. M. (Fischer) (15. Auflage 2011)

Dornes, M. (1997). Die frühe Kindheit. Entwicklungspsychologie der ersten Lebensjahre. Frankfurt a. M. (Fischer) (9. Auflage 2009)

Dornes, M. (2000): Die emotionale Welt des Kindes. Frankfurt a. M. (Fischer) (6. Auflage 2010)

Dornes, M. (2006): Die Seele des Kindes. Entstehung und Entwicklung. Frankfurt a. M. (Fischer) (3. Auflage 2010)

Dornes, M. (2007): Der kompetente oder der omnipotente Säugling? Einige Bemerkungen zu Bernd Ahrbecks Kritik der Säuglingsforschung. In: A. Eggert-Schmid Noerr et al. (Hrsg.): Frühe Beziehungserfahrungen. Die Bedeutung primärer Bezugspersonen für die kindliche Entwicklung. Gießen (Psychosozial), 57–75

Dornes, M. (2010 a): Ambivalenzen moderner Kindheit: Kinder zwischen Freiheit und Verletzlichkeit. In: G. Suess und W. Hammer (Hrsg.): Kinderschutz. Risiken erkennen, Spannungsverhältnisse gestalten. Stuttgart (Klett-Cotta), 46–62

Dornes, M. (2010 b): Die Modernisierung der Seele. In: Psyche. Zeitschrift für Psychoanalyse und ihre Anwendungen 64: 995–1033 (mit Kommentaren, ebd., S. 1034–1053)

Dornes, M. (2011): Emotionaler Kapitalismus. In: Psyche. Zeitschrift für Psychoanalyse und ihre Anwendungen 65: Heft 11

Dornes, M. (in Vorb.): Macht der Kapitalismus depressiv? (Unveröffentlichtes Manuskript)

Drink, B. (2005): Vatertheorien. Geschichte und Perspektive. Opladen (Barbara Budrich)

Dubiel, H. (1994): Ungewißheit und Politik. Frankfurt a. M. (Suhrkamp)

Dubiel, H. (2001): Unzivile Gesellschaften. In: Soziale Welt 52: 133–150

du Bois-Reymond, M. (2001): Familie und Partizipation. In: F. Güthoff und H. Sünker (Hrsg.): Handbuch Kinderrechte. Münster (Votum), 81–105

du Bois-Reymond, M. (2005): Neue Lebensformen – neues Generationenverhältnis? In: H. Hengst und H. Zeiher (Hrsg.): Kindheit soziologisch. Wiesbaden (VS Verlag für Sozialwissenschaften), 227–244

Dulz, B. (1999): Editorial. In: Persönlichkeitsstörungen. Theorie und Therapie 3. Jg., Heft 4:167–172 (Schwerpunktheft: Persönlichkeitsstörungen und Gesellschaft, Teil 1; Teil 2 = 4. Jg., Heft 1/2000)

Dworschak, M. (2010 a): Hilfe! Pubertät! In: Der Spiegel Nr. 15, v. 12. 4. 2010: 124–134

Dworschak, M. (2010 b): Null Blog. In: Der Spiegel Nr. 31, v. 2. 8. 2010: 120–123

Dworschak, M. (2010 c): Erschöpft vom Bummeln. In: Der Spiegel Nr. 38, v. 20. 9. 2010: 156–157

Eberlein, U. (2000): Einzigartigkeit. Das romantische Individualitätskonzept der Moderne. Frankfurt a. M. und New York (Campus)

Ecarius, J. (2002): Familienerziehung im historischen Wandel. Eine qualitative Studie über Erziehung und Erziehungserfahrungen von drei Generationen. Opladen (Leske + Budrich)

Ecarius, J. et al. (2011 a): Jugend und Sozialisation. Wiesbaden (VS Verlag für Sozialwissenschaften)

Ecarius, J. et al. (2011 b): Familie, Erziehung und Sozialisation. Wiesbaden (VS Verlag für Sozialwissenschaften)

Eckert, R. (2003): Orientierung oder Desinformation? Eine Kritik jugendsoziologischer Erklärungsroutinen. In: J. Mansel et al. (Hrsg.): Theoriedefizite der Jugendforschung. Standortbestimmung und Perspektiven. Weinheim und München (Juventa), 41–48

Edlinger, D. und K. Wahl (2007): Aggressivität bei Kindern: persönliche und soziale Einflüsse. In: C. Alt (Hrsg.): Kinderleben – Start in die Grundschule. Band 3: Ergebnisse aus der zweiten Welle. Wiesbaden (VS Verlag für Sozialwissenschaften), 299–323

Ehlers, T. et al. (1979): Zur Veränderung von Mütteransichten über die Selbständigkeitserziehung in den letzten 20 Jahren. In: Zeitschrift für Entwicklungspsychologie und Pädagogische Psychologie XI: 91–100

Ehrenberg, A. (1998): Das erschöpfte Selbst. Depression und Gesellschaft in der Gegenwart. Frankfurt a. M. und New York (Campus) 2004

Ehrenberg, A. (2010 a): Das Unbehagen in der Gesellschaft. Berlin (Suhrkamp) 2011

Ehrenberg, A. (2010 b): Depression: Unbehagen in der Kultur oder neue Formen der Sozialität. In: C. Menke und J. Rebentisch (Hrsg.): Kreation und Depression. Freiheit im gegenwärtigen Kapitalismus. Berlin (Kulturverlag Kadmos), 52–62

Eisenstadt, S. (1956): Von Generation zu Generation. Altersgruppen und Sozialstruktur. München (Juventa) 1966

Eißler, K. (1958): Bemerkungen zur Technik der psychoanalytischen Behandlung Pubertierender nebst einigen Überlegungen zum Problem der Perversion. In: Psyche. Zeitschrift für Psychoanalyse und ihre Anwendungen 20, 1966: 837–872

Elias, N. (1939): Über den Prozeß der Zivilisation. Soziogenetische und psychogenetische Untersuchungen. 2 Bände. Frankfurt a. M. (Suhrkamp) 1976

Elkind, D. (1981): Das gehetzte Kind. Hamburg (Kabel) 1991

Ellenberger, H. (1970): Die Entdeckung des Unbewußten. Band 1. Bern u. a. (Huber) 1973

Elschenbroich, D. (2001): Weltwissen der Siebenjährigen. Wie Kinder die Welt entdecken können. München (Antje Kunstmann)

Elschenbroich, D. (2005): Weltwunder. Kinder als Naturforscher. München (Antje Kunstmann)

Engfer, A. (2008): Kindesmisshandlung. In: M. Hasselhorn und R. Silbereisen (Hrsg.): Enzyklopädie der Psychologie. Themenbereich C, Serie V, Band 4: Entwicklungspsychologie des Säuglings- und Kindesalters. Göttingen u. a. (Hogrefe), 489–529

Erdheim, M. (1982): Die gesellschaftliche Produktion des Unbewußten. Eine Einführung in den ethnopsychoanalytischen Prozeß. Frankfurt a. M. (Suhrkamp)

Erdheim, M. (1988 a): Adoleszenz zwischen Familie und Kultur. In:

M. Erdheim: Die Psychoanalyse und das Unbewußte in der Kultur. Frankfurt a. M. (Suhrkamp), 191–214

Erdheim, M. (1988 b): Psychoanalytische Jugendforschung. In: M. Erdheim: Die Psychoanalyse und das Unbewußte in der Kultur. Frankfurt a. M. (Suhrkamp), 215–236

Erdheim, M. (1993): Psychoanalyse, Adoleszenz und Nachträglichkeit. In: Psyche. Zeitschrift für Psychoanalyse und ihre Anwendungen 47: 934–950

Erdheim, M. (2002): Psychoanalytische Erklärungsansätze. In: H.-H. Krüger und C. Grunert (Hrsg.): Handbuch Kindheits- und Jugendforschung. Opladen (Leske + Budrich), 65–82

Erler, G. A. (2005): Work-Life-Balance: Stille Revolution oder Etikettenschwindel? In: A. Mischau und M. Oechsle (Hrsg.): Arbeitszeit – Familienzeit – Lebenszeit: Verlieren wir die Balance? Wiesbaden (VS Verlag für Sozialwissenschaften), 151–164

Ermann, M. (2003): Über mediale Identifizierung. In: Forum der Psychoanalyse 19: 181–192

Esser, H. (2002): Ehekrisen: Das (Re-)Framing der Ehe und der Anstieg der Scheidungsraten. In: Zeitschrift für Soziologie 31: 472–496

Ettl, T. (2006): Geschönte Körper – geschmähte Leiber. Psychoanalyse des Schönheitskultes. Tübingen (edition diskord)

Ettl, T. (2008): Die Seele der neuen Leiden: der Körper. In: G. Schlesinger-Kipp und R.-P. Warsitz (Hrsg.): »Die neuen Leiden der Seele«. Das (Un-)Behagen in der Kultur. Arbeitstagung der Deutschen Psychoanalytischen Vereinigung. Bad Homburg, 21. bis 24. November 2007. Kongressband. Vertrieb: Congress-Organisation Geber + Reusch, Frankfurt a. M. (E-Mail: Geber@t-online.de), 31–46

Ewald, T. (2010): So brav war Jugend nie. Adoleszenz heute: Moral und Verantwortung. In: Frankfurter Allgemeine Zeitung Nr. 303, v. 29. 12. 2010, S. N 5

Faltermaier, T. (2008): Sozialisation im Lebenslauf. In: K. Hurrelmann et al. (Hrsg.): Handbuch Sozialisationsforschung. Weinheim und Basel (Beltz), (7., vollst. überarb. Aufl.), 157–172

Fend, H. (1988): Sozialgeschichte des Aufwachsens. Bedingungen des Aufwachsens und Jugendgestalten im zwanzigsten Jahrhundert. Frankfurt a. M. (Suhrkamp)

Fend, H. (1998): Eltern und Freunde. Soziale Entwicklung im Jugendalter. Entwicklungspsychologie der Adoleszenz in der Moderne, Band V. Bern u. a. (Huber)

Fend, H. (2003): Entwicklungspsychologie des Jugendalters. Wiesbaden (VS Verlag für Sozialwissenschaften) (3., durchgesehene Auflage)

Ferchhoff, W. (1997): Soziologische Analysen zum Strukturwandel der Jugend und Jugendphase – Veränderte Erziehungs- und Sozialisationsbedingungen in Familie, Schule, Freizeit an der Wende zum 21. Jahrhundert. In: Kind, Jugend, Gesellschaft 37: 65–81

Ferguson, C. (2010): A meta-analysis of normal and disordered personality across the life span. In: Journal of Personality and Social Psychology 98: 659–667

Ferguson, C. und J. Kilburn (2009): The public health risks of media violence: A meta-analytic review. In: Journal of Pediatrics 154: 759–763

Ferro, A. (2001): Von der Tyrannei des Über-Ichs zur Demokratie der Affekte. In: Bulletin der Europäischen Psychoanalytischen Vereinigung No. 55: 88–105

Figdor, H. (1997): Kinder aus geschiedenen Ehen: Zwischen Trauma und Hoffnung. Mainz (Grünewald) (6. Auflage)

Fischer, C. (2010): Made in America. A Social History of American Culture and Character. Chicago (University of Chicago Press)

Fischer, C. (2011): Still Connected. Family and Friends in America since 1970. New York (Russell Sage Foundation)

Focus (2011): Titelgeschichte: So liebt Deutschland. In: Nr. 7, v. 14. 2. 2011: 86–93

Fombonne, E. (1998): Increased rates of psychosocial disorders in youth. In: European Archives of Psychiatry and Clinical Neuroscience 248: 14–21

Fonagy P. et al. (2002): Affektregulierung, Mentalisierung und die Entwicklung des Selbst. Stuttgart (Klett-Cotta) 2004

Fontane, T. (1896): Effi Briest. Frankfurt a. M. (Insel Verlag) 1976

Foucault, M. (1982): Interview mit Michel Foucault. In: H. Dreyfus und P. Rabinow: Michel Foucault. Jenseits von Strukturalismus und Hermeneutik. Frankfurt a. M. (Athenäum) 1987, 265–292

Foucault, M. (1984): Der Gebrauch der Lüste. Sexualität und Wahrheit 2. Frankfurt a. M. (Suhrkamp) 1986

Foucault, M. (2007): Ästhetik der Existenz. Schriften zur Lebenskunst. Frankfurt a. M. (Suhrkamp)

Frankfurter Allgemeine Zeitung (2007 a): Elterlicher Druck auf junge Sportler. In: Nr. 26, v. 31. 1. 2007, S. N 1

Frankfurter Allgemeine Zeitung (2007 b): Schreibschwach. In: Nr. 48, v. 26. 2. 2007, S. 36

Frankfurter Allgemeine Zeitung (2007 c): Jugendliche lassen sich anstiften. In: Nr. 262, v. 10. 11. 2007, S. 69 (Lokalteil)

Frankfurter Allgemeine Zeitung (2008): Sorge um Arbeitsplatz macht selten krank. In: Nr. 15, v. 18. 1. 2008, S. 7

Frankfurter Allgemeine Zeitung (2009 a): Deutsche haben ziemlich viel Freizeit. In: Nr. 103, v. 5. 5. 2009, S. 7

Frankfurter Allgemeine Zeitung (2009 b): Mikrozensus 2008. In: Nr. 174, v. 30. 7. 2009, S. 4

Frankfurter Allgemeine Zeitung (2010 a): Immer mehr Kinder in Therapie. In: Nr. 49, v. 27. 2. 2010, S. 63 (Lokalteil)

Frankfurter Allgemeine Zeitung (2010 b): Vertrauen in Banken hat gelitten. In: Nr. 264, v. 12. 11. 2010, S. 13

Frankfurter Allgemeine Zeitung (2010 c): So wenige Kinder wie nie zuvor. In: Nr. 265 v. 13. 11. 2010, S. 1

Frankfurter Allgemeine Zeitung (2011 a): Zahl der Patienten mit Fettsucht steigt massiv. In: Nr. 21, v. 26. 1. 2011, S. 9

Frankfurter Allgemeine Zeitung (2011 b): Keine Generation Suff. In: Nr. 30, v. 5. 2. 2011, S. 9

Frankfurter Allgemeine Zeitung (2011 c): Schon junge Arbeitnehmer leiden unter Depressionen. In: Nr. 69, v. 23. 3. 2011, S. 43 (Lokalteil)

Frankfurter Allgemeine Zeitung (2011 d): Geburtenrate in Europa steigt leicht. In: Nr. 78, v. 2. 4. 2011, S. 9

Frankfurter Allgemeine Zeitung (2011 e): Welche Freizeit? In: Nr. 97, v. 27. 4. 2011, S. N 5

Frankfurter Allgemeine Zeitung (2011 f): Die Ungleichheit wächst in den meisten Ländern. In: Nr. 103, v. 4. 5. 2011, S. 10

Frankfurter Allgemeine Zeitung (2011 g): Psychische Krankheiten öfter diagnostiziert. In: Nr. 172, v. 27. 7. 2011, S. 10

Frankfurter Allgemeine Zeitung (2011 h): Weniger Arbeitslose, mehr Geringverdiener. In: Nr. 176, v. 1. 8. 2011, S. 10

Frankfurter Allgemeine Zeitung (2011 i): Jede Frau hat im Schnitt 1,39 Kinder. In: Nr. 192, v. 19. 8. 2011, S. 7

Frankfurter Rundschau (2011 a): Wenn Arbeit krank macht. In: Nr. 69, v. 23. 3. 2011, S. F 16

Frankfurter Rundschau (2011 b): Volkskrankheit Burnout. In: Nr. 93, v. 20. 4. 2011, S. 4

Frankfurter Rundschau (2011 c): Steigende Zahl psychischer Erkrankungen. In: Nr. 172, v. 27. 7. 2011, S. 6

Frankfurter Rundschau (2011 d): Keine Kraft mehr. In: Nr. 180, v. 5. 8. 2011, S. F 2-3 (Lokalteil)

Franz, M. (2005): Langzeitfolgen von Trennung und Scheidung. In: U. Egle et al. (Hrsg.): Sexueller Missbrauch, Misshandlung, Vernachlässigung. Erkennung, Therapie und Prävention der Folgen früher Stresserfahrungen. Stuttgart und New York (Schattauer) (3., überarbeitete Auflage), 116–128

Franz, M. et al. (2000): (Hrsg.): Seelische Gesundheit und neurotisches Elend. Der Langzeitverlauf in der Bevölkerung. Wien und New York (Springer)

Freud, S. (1908): Die »kulturelle« Sexualmoral und die moderne Nervosität. In: GW VII: 143–167. Frankfurt a. M. (Fischer)

Freud, S. (1909): Analyse der Phobie eines fünfjährigen Knaben. In: GW VII: 241–377

Freud, S. (1926): Hemmung, Symptom und Angst. In: GW XIV: 111–205

Freud, S. (1927): Fetischismus. In: GW XIV: 311–317

Freud, S. (1930): Das Unbehagen in der Kultur. In: GW XIV: 419–506

Freud, S. (1933): Neue Folge der Vorlesungen zur Einführung in die Psychoanalyse = GW XV

Freud, S. (1940): Die Ichspaltung im Abwehrvorgang. In: GW XVII: 57–62

Friedrich, H. (2004): Fast jeder fünfte Deutsche fühlt sich krank. In: Frankfurter Allgemeine Zeitung v. 16. 10. 2004

Fries, S. (2002): Familie und Freizeit. In: M. Hofer et al. (Hrsg.): Lehrbuch Familienbeziehungen. Eltern und Kinder in der Entwicklung. Göttingen u. a. (Hogrefe) (2., vollständig überarbeitete und erweiterte Auflage), 124–142

Fritzen, F. (2007): Porno statt Lego. In: Frankfurter Allgemeine Sonntagszeitung Nr. 13, v. 1. 4. 2007, S. 59

Fromm, E. (1973): Anatomie der menschlichen Destruktivität. Reinbek bei Hamburg (Rowohlt) 1977 [auch als Band VII der Erich Fromm Gesamtausgabe, Stuttgart (Deutsche Verlagsanstalt)]

Fromm, E. et al. (1936): Autorität und Familie, Band 1. Paris (Librairie Félix Alcan) [Nachdruck: Lüneburg (zu Klampen) 1987]

Fuchs, S. (2007): Der Verlust der Eindeutigkeit. Annäherung an Individuum und Gesellschaft. Stuttgart (Klett-Cotta)

Fuhrer, U. (2005): Lehrbuch Erziehungspsychologie. Bern u. a. (Huber)

Fuhrer, U. (2007): Erziehungskompetenz. Was Eltern und Familien stark macht. Bern u. a. (Huber)

Fuhs, B. (2002): Kindheit, Freizeit, Medien. In: H.-H. Krüger und C. Grunert (Hrsg.): Handbuch Kindheits- und Jugendforschung. Opladen (Leske + Budrich), 637–651

Funke, F. et al. (2010): (Eds.): Perspectives on Authoritarianism. Wiesbaden (VS Verlag für Sozialwissenschaften)

Furedi, F. (2004): Therapy Culture. Cultivating Vulnerability in an Uncertain Age. London und New York (Continuum)

Furedi, F. (2006): Culture of Fear Revisited. London und New York (Continuum)

Gaiser, W. und J. de Rijke (2006): Gesellschaftliche und politische Beteiligung. In: M. Gille et al. (Hrsg.): Jugendliche und junge Erwachsene in Deutschland. Lebensverhältnisse, Werte und gesellschaftliche Beteiligung 12- bis 29-Jähriger. Wiesbaden (VS Verlag für Sozialwissenschaften), 213–275

Gaiser, W. und J. de Rijke (2008): Partizipation im Wandel? Veränderungen seit Beginn der 1990er Jahre. In: M. Gille (Hrsg.): Jugend in Ost und West seit der Wiedervereinigung. Ergebnisse aus dem replikativen Längsschnitt des DJI-Jugendsurvey. Wiesbaden (VS Verlag für Sozialwissenschaften), 237–268

Galert, T. et al. (2009): Das optimierte Gehirn. In: Gehirn und Geist. Das Magazin für Psychologie und Hirnforschung, Heft 11: 40–48

Gamm, G. (1996): Die Vertiefung des Selbst oder das Ende der Dialektik. In: A. Barkhaus et al. (Hrsg.): Identität, Leiblichkeit, Normativität. Neue Horizonte anthropologischen Denkens. Frankfurt a. M. (Suhrkamp), 341–356

Gardner, H. (1999): Erziehung: Sind die Eltern überflüssig? In: Psychologie heute 26. Jg., Heft 5: 38–49

Garland, D. (2001): Kultur der Kontrolle. Verbrechensbekämpfung und soziale Ordnung in der Gegenwart. Frankfurt a. M. und New York (Campus) 2008

Gaschke, S. (2001): Die Erziehungskatastrophe. Kinder brauchen starke Eltern. München (Heyne) 2003

Gatterburg, A. (2007): Aliens im Kinderzimmer. In: Der Spiegel Nr. 20, v. 14. 5. 2007: 42–54

Gauchet, M. (2000): A new age of personality: An essay on the psychology of our times. In: Thesis Eleven No. 60, February 2000: 23–41

Gehlen, A. (1956): Urmensch und Spätkultur. Philosophische Ergebnisse und Aussagen. Frankfurt a. M. (Akademische Verlagsgesellschaft Athenaion) (4., verbesserte Auflage 1977)

Gehlen, A. (1957): Die Seele im technischen Zeitalter. Sozialpsychologische Probleme in der industriellen Gesellschaft. Hamburg (Rowohlt)

Gensicke, T. (2000): Deutschland im Übergang. Lebensgefühl, Wertorientierung, Bürgerengagement. Speyer (Eigendruck des Forschungsinstituts für öffentliche Verwaltung)

Gensicke, T. (2006): Bürgerschaftliches Engagement in Deutschland. In: Aus Politik und Zeitgeschichte B 12: 9–16

Gergen, K. (1990): Die Konstruktion des Selbst im Zeitalter der Postmoderne. Psychologische Rundschau 41: 191–199 (mit Kommentaren, ebd., S. 200–210)

Gergen, K. (1991): Das übersättigte Selbst. Identitätsprobleme im heutigen Leben. Heidelberg (Carl Auer) 1996

Gergen, K. (2000): New Introduction to the 2000th Edition of 1991. In: K. Gergen (2000): The Saturated Self. New York (Basic Books), XIII-XXIV

Gerisch, B. (2006): Keramos Anthropos. Psychoanalytische Betrachtungen zur Genese des Körperselbstbildes und dessen Störungen. In: J. Ach und A. Pollmann (Hrsg.): no body is perfect. Bielefeld (transcript), 131–161

Gerisch, B. (2009): Körper-Zeiten: Zur Hochkonjunktur des Körpers als Folge der Beschleunigung. In: King, V. und B. Gerisch (Hrsg.): Zeitgewinn und Selbstverlust. Folgen und Grenzen der Beschleunigung. Frankfurt a. M. und New York (Campus), 123–143

Gerisch, B. und V. King (2008): Das Unbehagen im Körper der Moderne. In: G. Schlesinger-Kipp und R.-P. Warsitz (Hrsg.): »Die neuen Leiden der Seele«. Das (Un-)Behagen in der Kultur. Arbeitstagung der Deutschen Psychoanalytischen Vereinigung. Bad Homburg, 21. bis 24. November 2007. Kongressband. Vertrieb: Congress-Organisation Geber + Reusch, Frankfurt a. M. (E-Mail: Geber@t-online.de), 260–271

Gerlinghoff, M. und H. Backmund (2010): »Is(s) was?!« Ess-Störungen.

In: S. Andresen et al. (Hrsg.): Das Elternbuch. Weinheim und Basel (Beltz), 547–557

Gerris, J. et al. (2000): Dynamische Beziehungen zwischen der Persönlichkeit von Eltern und Jugendlichen und ihren Familiensubsystemen. In: K. Schneewind (Hrsg.): Familienpsychologie im Aufwind. Brückenschläge zwischen Forschung und Praxis. Göttingen u. a. (Hogrefe), 151–173

Giddens, A. (1991): Modernity and Self Identity. Self and Society in the Late Modern Age. Cambridge (Polity)

Giddens, A. (1992): Wandel der Intimität. Sexualität, Liebe und Erotik in modernen Gesellschaften. Frankfurt a. M. (Fischer) 1993

Gilgenmann, K. (1986): Autopoiesis und Selbstorganisation. Zur systemtheoretischen Rekonstruktion von Sozialisationstheorie. In: Zeitschrift für Sozialisationsforschung u. Erziehungssoziologie 6: 71–109

Gille, M. (2006): Werte, Geschlechtsrollenorientierung und Lebensentwürfe. In: M. Gille et al. (Hrsg.): Jugendliche und junge Erwachsene in Deutschland. Lebensverhältnisse, Werte und gesellschaftliche Beteiligung 12- bis 29-Jähriger. Wiesbaden (VS Verlag für Sozialwissenschaften), 131–211

Gille, M. (2008): Umkehr des Wertewandels? Veränderungen des individuellen Werteraums bei Jugendlichen und jungen Erwachsenen seit Beginn der 1990er Jahre. In: M. Gille (Hrsg.): Jugend in Ost und West seit der Wiedervereinigung. Ergebnisse aus dem replikativen Längsschnitt des DJI-Jugendsurvey. Wiesbaden (VS Verlag für Sozialwissenschaften), 119–173

Girard, R. (2005): Hungerkünstler: Essstörungen und mimetisches Begehren. In: Sinn und Form, Heft 3: 344–362

Gisdakis, B. (2007): Oh, wie wohl ist mir in der Schule. Schulisches Wohlbefinden – Veränderungen und Einflussfaktoren im Laufe der Grundschulzeit. In: C. Alt (Hrsg.): Kinderleben – Start in die Grundschule. Band 3: Ergebnisse aus der zweiten Welle. Wiesbaden (VS Verlag für Sozialwissenschaften), 107–136

Gleich, U. (2004): Medien und Gewalt. In: R. Mangold et al. (Hrsg.): Lehrbuch der Medienpsychologie. Göttingen u. a. (Hogrefe), 587–618

Glenn, N. (1998): The course of marital success and failure in five American 10-year marriage cohorts. In: Journal of Marriage and the Family 60: 569–576

Glenn, N. (2005): Vorwort. In: E. Marquardt: Kind sein zwischen zwei

Welten. Was im Inneren von Kindern geschiedener Eltern vorgeht. Paderborn (Junfermann) 2007, 15–18

Goddar, J. (2007): Horror macht dumm. Aber macht er auch alle Kinder gleichermaßen aggressiv? In: Frankfurter Rundschau Nr. 67, v. 20. 3. 2007, S. 36

Göppel, R. (2005): Das Jugendalter. Entwicklungsaufgaben – Entwicklungskrisen – Bewältigungsformen. Stuttgart (Kohlhammer)

Göppel, R. (2007): Aufwachsen heute. Veränderungen der Kindheit – Probleme des Jugendalters. Stuttgart (Kohlhammer)

Göppel, R. (2010): Pädagogik und Zeitgeist. Erziehungsmentalitäten und Erziehungsdiskurse im Wandel. Stuttgart (Kohlhammer)

Griese, H. (2007): Aktuelle Jugendforschung und klassische Jugendtheorien. Münster und Berlin (LitVerlag)

Griese, H. und J. Mansel (2002): Sozialwissenschaftliche Jugendforschung. Jugend, Jugendforschung und Jugenddiskurse: Ein Problemaufriss. In: Soziologie 2: 169–194

Grimm, P. und S. Rhein (2007): Slapping, Bullying, Snuffing. Zur Problematik von gewalthaltigen und pornografischen Videoclips auf Mobiltelefonen von Jugendlichen. Berlin (Vistas)

Grobe, T. et al. (2006): Versorgungsgeschehen. In: G. Stoppe et al. (Hrsg.): Volkskrankheit Depression? Bestandsaufnahme und Perspektiven. Berlin und Heidelberg (Springer), 39–98

Groebel, J. (2010): Mediengewalt, reale Gewalt: Ergebnisse der UNESCO-Globalstudie. In: K. H. Brisch und T. Hellbrügge (Hrsg.): Bindung, Angst und Aggression. Theorie, Therapie und Prävention. Stuttgart (Klett-Cotta), 111–122

Grossmann, K. und K. Grossmann (2004): Bindungen – das Gefüge psychischer Sicherheit. Stuttgart (Klett-Cotta)

Grossmann, K. et al. (2005) (Eds.): Attachment from Infancy to Adulthood. The Major Longitudinal Studies. New York und London (Guilford Press)

Grundmann, M. (2000): Kindheit, Identitätsentwicklung und Generativität. In: A. Lange und W. Lauterbach (Hrsg.): Kinder in Familie und Gesellschaft zu Beginn des 21. Jh. Stuttgart (Lucius & Lucius), 87–104

Habermas, J. (1981): Theorie des kommunikativen Handelns. Band 2: Zur Kritik der funktionalistischen Vernunft. Frankfurt a. M. (Suhrkamp)

Habermas, J. (1983): Moralbewußtsein und kommunikatives Handeln. Frankfurt a. M. (Suhrkamp)

Habermas, J. (1985): Der philosophische Diskurs der Moderne. Zwölf Vorlesungen. Frankfurt a. M. (Suhrkamp)

Habermas, J. (1990): Strukturwandel der Öffentlichkeit. Vorwort zur Neuauflage von 1990. Frankfurt a. M. (Suhrkamp), 11–50

Habermas, J. (1992): Faktizität und Geltung. Beiträge zur Diskurstheorie des Rechts und des demokratischen Rechtsstaats. Frankfurt a. M. (Suhrkamp) (4., um ein Nachwort erweiterte Auflage 1994)

Habermas, J. (1998): Die postnationale Konstellation. Politische Essays. Frankfurt a. M. (Suhrkamp)

Habermas, J. (2002): Die Zukunft der menschlichen Natur. Auf dem Weg zu einer liberalen Eugenik? Erweiterte Ausgabe. Frankfurt a. M. (Suhrkamp) (4. Auflage 2007)

Habermas, J. (2005): Zwischen Naturalismus und Religion. Philosophische Aufsätze. Frankfurt a. M. (Suhrkamp)

Habermas, R. (2002): Frauen und Männer des Bürgertums. Eine Familiengeschichte (1750–1850). Göttingen (Vandenhoeck & Ruprecht) (2. Auflage)

Hacke, A. und G. di Lorenzo (2010): Wofür stehst Du? Was in unserem Leben wichtig ist – eine Suche. Köln (Kiepenheuer & Witsch)

Hahlweg, K. et al. (1999): Die Braunschweiger Kindergartenstudie. Prävalenz kindlicher Verhaltensprobleme. Vortrag auf dem Workshop-Kongreß der Fachgruppe Klinische Psychologie und Psychotherapie bei der DPGs, Bad Dürkheim, Juni 1999

Hamann, G. (2007): Im Bann der Pixelwesen. In: Die Zeit Nr. 14, v. 29. 3. 2007: 19–20

Hamburger Abendblatt (2011 a): Junge Hamburger klagen über Unterforderung. In: Ausgabe v. 15. 4. 2011, S. 1

Hamburger Abendblatt (2011 b): Ein Klaps ist o. k. Wie deutsche Eltern ihre Kinder bestrafen. In: Ausgabe v. 20. 7. 2011, S. 1

Han, B.-C. (2010): Müdigkeitsgesellschaft. Berlin (Matthes & Seitz)

Haney, C. et al. (1973): Interpersonal dynamics in a simulated prison. International Journal of Criminology and Penology 1: 69–97

Hanfeld, M. (2007): Die Hausaufgaben sind ein Unglück. In: Frankfurter Allgemeine Zeitung Nr. 267, v. 16. 11 2007, S. 39

Hanzig-Bätzing, E. und W. Bätzing (2005): Entgrenzte Welten. Die Verdrängung des Menschen. Zürich (Rotpunktverlag)

Hardinghaus, B. und D. Krahe (2010): Verlust der Phantasie. In: Der Spiegel Nr. 21, v. 22.5.2010: 48–53

Harris, J. (1995): Where is the child's environment? A group socialization theory of development. In: Psychological Review 102: 458–489

Harris, J. (1998): Ist Erziehung sinnlos? Die Ohnmacht der Eltern. Rowohlt (Reinbek bei Hamburg) 2000

Hartung, M. und C. Schmitt (2010): Die netten Jahre sind vorbei. Schöner leben in der Dauerkrise. Frankfurt a.M. und New York (Campus)

Haubl, R. (2007 a): Be cool! Über die postmoderne Angst, persönlich zu versagen. In: H.-J. Busch (Hrsg.): Spuren des Subjekts. Positionen psychoanalytischer Sozialpsychologie. Göttingen (Vandenhoeck & Ruprecht), 111–133

Haubl, R. (2007 b): Wenn Leistungsträger schwach werden. Chronische Müdigkeit – Symptom oder Krankheit? In: Psychosozial 30. Jg., Heft 4, Nr. 110: 25–34

Haubl, R. (2008): Die Aufmerksamkeits- und/oder Hyperaktivitätsstörung als kulturgeschichtliches Phänomen. In: Psychotherapie Forum 16: 85–91

Haubl, R. (2009): Medikamentierte Wut. Wie Jungen mit einer AD(H)S um Selbstkontrolle ringen. In: Forum der Psychoanalyse 25: 255–268

Haubl, R. et al. (2009): Zur Einführung. In: R. Haubl et al. (Hrsg.): Riskante Kindheit. Psychoanalyse und Bildungsprozesse. Göttingen (Vandenhoeck & Ruprecht), 7–11

Hauch, M. und S. Matthiesen (2009): Heterosexuelle Verhältnisse revisited. Geschlechterrevolution oder rhetorische Modernisierung? In: I. Berkel (Hrsg.): Postsexualität. Zur Transformation des Begehrens. Gießen (Psychosozial), 149–167

Haunberger, S. (2007): Wenn Kinder antworten: Erfahrungen mit der standardisierten Befragung von 8- bis 9-Jährigen. In: C. Alt (Hrsg.): Kinderleben – Start in die Grundschule. Band 3. Wiesbaden (VS Verlag für Sozialwissenschaften), 325–344

Haunberger, S. und M. Teubner (2007): Familie und Schulstart. Zur Bedeutung intrafamilialer und struktureller Ressourcen für den Eintritt in die Grundschule. In: C. Alt (Hrsg.): Kinderleben – Start in die Grundschule. Band 3: Ergebnisse aus der zweiten Welle. Wiesbaden (VS Verlag für Sozialwissenschaften), 81–106

Häuser, W. et al. (2011): Misshandlungen in Kindheit und Jugend. Ergebnisse einer Umfrage in einer repräsentativen Stichprobe der deutschen

Bevölkerung. In: Deutsches Ärzteblatt 108 (17): 287–294 (mit einem editorischen Kommentar von Remschmidt, ebd., S. 285–286 sowie einem Methodenteil, ebd., S. 9–13)

Hauser, S. und J. Allen (2006): Overcoming adversity in adolescence: Narratives of resilience. In: Psychoanalytic Inquiry 26: 549–576

Heidbrink, L. (2007): Autonomie und Lebenskunst. Über die Genese der Selbstbestimmung. In: W. Kersting und C. Langbehn (Hrsg.): Kritik der Lebenskunst. Frankfurt a. M. (Suhrkamp), 261–286

Heinz, W. (2000): Selbstsozialisation im Lebenslauf. Umrisse einer Theorie biographischen Handelns. In: E. Hoerning (Hrsg.): Biographische Sozialisation. Stuttgart (Lucius & Lucius), 165–186

Heitmeyer, W. (1993): Gesellschaftliche Desintegrationsprozesse als Ursachen von fremdenfeindlicher Gewalt und politischer Paralysierung. In: Aus Politik und Zeitgeschichte B 2/3: 3–13

Helsper, W. (1997): Das »postmoderne Selbst« – ein neuer Subjekt- und Jugend-Mythos? In: H. Keupp und R. Höfer (Hrsg.): Identitätsarbeit heute. Klassische und aktuelle Perspektiven der Identitätsforschung. Frankfurt a. M. (Suhrkamp), 174–206

Helsper, W. und J. Böhme (2002): Jugend und Schule. In: H.-H. Krüger und C. Grunert (Hrsg.): Handbuch Kindheits- und Jugendforschung. Opladen (Leske + Budrich), 567–596

Heming, R. (2000): Systemdynamiken, Lebenswelt und Zivilgesellschaft – Zeitdiagnostische Aspekte der Gesellschaftstheorie von Jürgen Habermas. In: U. Schimank und U. Volkmann (Hrsg.): Soziologische Gegenwartsdiagnosen I. Eine Bestandsaufnahme. Wiesbaden (VS Verlag für Sozialwissenschaften), 57–73

Henschel, G. (2010): Menetekel. 3000 Jahre Untergang des Abendlandes. Frankfurt a. M. (Eichborn)

Hepp, G. (2001): Wertewandel und bürgerschaftliches Engagement. In: Aus Politik und Zeitgeschichte B 29: 31–38

Hermens, A. und K.-G. Tismer (2000): Wie steuern Kinder ihre Eltern? Die Replikation einer Fragebogenuntersuchung von Pauls und Johann (1984) bei 371 acht- bis zwölfjährigen Kindern. In: Psychologie in Erziehung und Unterricht 47: 29–45

Herpertz-Dahlmann, B. et al. (2008): (Hrsg.): Entwicklungspsychiatrie. Biopsychologische Grundlagen und die Entwicklung psychischer Störungen. Stuttgart und New York (Schattauer) (2., vollständig überarbeitete und erweiterte Auflage)

Hesse, H. (2003): »Ästhetik der Existenz«. Foucaults Entdeckung des ethischen Selbstverhältnisses. In: A. Honneth und M. Saar (Hrsg.): Michel Foucault. Zwischenbilanz einer Rezeption. Frankfurter Foucault-Konferenz 2001. Frankfurt a. M. (Suhrkamp), 300–308

Hessisches Kinderbarometer (2006): Ref. nach Frankfurter Allgemeine Zeitung Nr. 148, v. 29. 6. 2007, S. 69 (Lokalteil)

Hetherington, E. M. und J. Kelly (2002): Scheidung. Die Perspektive der Kinder. Weinheim u. a. (Beltz) 2003

Hettlage, R. (1998): Familienreport: Eine Lebensform im Umbruch. München (Beck) (2., aktualisierte Auflage)

Heuves, W. (2007): Pubertät. Entwicklungen und Probleme. Frankfurt a. M. (Brandes & Apsel) 2010

Hildebrandt-Woeckel, S. (2007): Gelernt wird im Hotel Mama. In: Frankfurter Allgemeine Zeitung Nr. 161, v. 14. 7. 2007, S. C 6

Hildenbrand, B. (2009): Familie und Beschleunigung. In: Sozialer Sinn. Zeitschrift für hermeneut. Sozialforschung 10. Jg., Heft 2: 265–281

Hill, P. (2004): (Hrsg.): Interaktion und Kommunikation. Eine empirische Studie zu Alltagsinteraktionen, Konflikten und Zufriedenheit in Partnerschaften. Würzburg (Ergon)

Hill, P. und J. Kopp (2004): Familiensoziologie. Grundlagen und theoretische Perspektiven. Wiesbaden (VS Verlag für Sozialwissenschaften) (3., überarbeitete Auflage)

Hiltmann, G. (1998): Rezension von J. Kristeva: Pouvoirs et limites de la psychoanalyse. 2 Bände. Paris (Fayard) 1996/1997. In: Psyche. Zeitschrift für Psychoanalyse und ihre Anwendungen 52: 1128–1133

Hinshelwood, R. (1991): Wörterbuch der kleinianischen Psychoanalyse. Stuttgart (Verlag Internationale Psychoanalyse) 1993

Hoberg, R. (2010): Goethe wäre froh über unseren Wortschatz. Ein Interview mit dem Sprachforscher Rudolf Hoberg. In: Frankfurter Allgemeine Sonntagszeitung Nr. 29, v. 25. 7. 2010, S. 41

Hochschild, A. R. (1997): Keine Zeit. Wenn die Firma zum Zuhause wird und zu Hause nur Arbeit wartet. Opladen (Leske + Budrich) 2002

Hochschild, A. R. (2000): Kapitalismus, Zeitdruck und die Rationalisierung der privat verfügbaren Zeit. In: K. Michalski (Hrsg.): Am Ende des Millenniums. Stuttgart (Klett-Cotta), 180–203

Hochschild, A. R. (2003): The Commercialization of Intimate Life. Notes from Home and Work. Berkeley u. a. (Univ. of California Press)

Hochschild, A. R. (2005): »Rent a mom« and other services: Markets, meanings and mothers. In: International Journal of Work Organization and Emotion 1: 74–86

Hochschild, A. R. (2012): The outsourced Self. Intimate Life in Market Times. New York (Metropolitan)

Hock, U. (2010): Die infantile Sexualität und die moderne Seele. Kommentar zum Aufsatz von Martin Dornes (2010b). In: Psyche. Zeitschrift für Psychoanalyse und ihre Anwendungen 64: 1034–1039

Höffe, O. (2007): Macht Tugend glücklich? In: W. Kersting und C. Langbehn (Hrsg.): Kritik der Lebenskunst. Frankfurt a. M. (Suhrkamp), 342–355

Hörisch, J. (2004): Artikel >Medientheorie<. In: J. Hörisch: Theorie-Apotheke. Eine Handreichung zu den humanwissenschaftlichen Theorien der letzten fünfzig Jahre, einschließlich ihrer Risiken und Nebenwirkungen. Frankfurt a. M. (Eichborn), 171–186

Hofer, M. (2003): Selbständig werden im Gespräch. Wie Jugendliche und Eltern ihre Beziehung verändern. Bern u. a. (Huber)

Hofer, M. und B. Pikowsky (2002): Familien und Jugendliche. In: M. Hofer et al. (Hrsg.): Lehrbuch Familienbeziehungen. Eltern und Kinder in der Entwicklung. Göttingen u. a. (Hogrefe) (2., vollständig überarbeitete und erweiterte Auflage), 241–264

Hoffmann, S. O. (1986): Die Ethologie, das Realtrauma und die Neurose. Versuch einer Würdigung des Beitrags John Bowlbys zum Verständnis der Entwicklung seelischer Störungen. In: Zeitschrift für psychosomatische Medizin und Psychoanalyse 32: 8–26

Hoffmann-Lange, U. (2008): Der DJI-Jugendsurvey als Instrument sozialwissenschaftlicher Dauerbeobachtung. In: M. Gille (Hrsg.): Jugend in Ost und West seit der Wiedervereinigung. Ergebnisse aus dem replikativen Längsschnitt des DJI-Jugendsurvey. Wiesbaden (VS Verlag für Sozialwissenschaften), 7–13

Hoffmeister, D. (2001): Mythos Familie. Zur soziologischen Theorie familialen Wandels. Opladen (Leske + Budrich)

Hoischen, O. (2008): Depression – Krebs der Seele. In: Frankfurter Allgemeine Sonntagszeitung Nr. 35, v. 31. 8. 2008, S. 3

Hollstein, M. (2009): Glücklich – aber ungezogen? Und: Kinder bekommen mehr Zuwendung. In: Die Welt v. 9. 4. 2009, S. 1 und S. 4

Holmes, J. (1993): John Bowlby und die Bindungstheorie. München (Ernst Reinhardt) 2002

Holzer, B. (2008): Das Leiden der Anderen: Episodische Solidarität in der Weltgesellschaft. In: Soziale Welt 59: 141–156

Hondrich, K. O. (1997): Soziologie. Eine Kolumne. Standorte in der Standortdebatte. In: Merkur. Deutsche Zeitschrift für europäisches Denken 51. Jg., Heft 1: 52–59

Hondrich, K. O. und C. Koch-Arzberger (1992): Solidarität in der modernen Gesellschaft. Frankfurt a. M. (Fischer)

Honnefelder, L. (2008): Ethik und Religion. Angesichts der Herausforderung durch Wissenschaft und Technik. In: T. Schmidt und M. Parker (Hrsg.): Religion in der pluralistischen Öffentlichkeit. Würzburg (Echter), 41–50

Honneth, A. (1985): Kritik der Macht. Reflexionsstufen einer kritischen Gesellschaftstheorie. Frankfurt a. M. (Suhrkamp)

Honneth, A. (1992): Kampf um Anerkennung. Zur moralischen Grammatik sozialer Konflikte. Frankfurt a. M. (Suhrkamp) (um ein neues Nachwort erweiterte Ausgabe 2003)

Honneth, A. (1993 a): Kommunikative Erschließung der Vergangenheit. Zum Zusammenhang von Anthropologie und Geschichtsphilosophie bei Walter Benjamin. In: A. Honneth (1999): Die zerrissene Welt des Sozialen. Sozialphilosophische Aufsätze. Frankfurt a. M. (Suhrkamp), (2., erweiterte Auflage), 93–113

Honneth, A. (1993 b): Einleitung. In: A. Honneth (Hrsg.): Kommunitarismus. Eine Debatte über die moralischen Grundlagen moderner Gesellschaften. Frankfurt a. M. und New York (Campus), 7–17

Honneth, A. (1994): Pathologien des Sozialen. Tradition und Aktualität der Sozialphilosophie. In: A. Honneth (Hrsg.): Pathologien des Sozialen. Frankfurt a. M. (Fischer), 9–69

Honneth, A. (1995): Zwischen Gerechtigkeit und affektiver Bindung. Die Familie im Brennpunkt moralischer Kontroversen. In: A. Honneth (2000): Das Andere der Gerechtigkeit. Aufsätze zur praktischen Philosophie. Frankfurt a. M. (Suhrkamp), 193–215

Honneth, A. (2000): Objektbeziehungstheorie und postmoderne Identität. Über das vermeintliche Veralten der Psychoanalyse. In: Psyche. Zeitschrift für Psychoanalyse und ihre Anwendungen 54: 1087–1109

Honneth, A. (2002): Organisierte Selbstverwirklichung. Paradoxien der Individualisierung. In: A. Honneth (Hrsg.): Befreiung aus der Mündigkeit. Paradoxien des gegenwärtigen Kapitalismus. Frankfurt a. M. und New York (Campus), 141–158

Honneth, A. (2004): Eine soziale Pathologie der Vernunft. Zur intellektuellen Erbschaft der Kritischen Theorie. In: A. Honneth (2007): Pathologien der Vernunft. Frankfurt a. M. (Suhrkamp), 28–56

Honneth, A. (2011): Das Recht der Freiheit. Grundriß einer demokratischen Sittlichkeit. Berlin (Suhrkamp)

Hopf, C. (2000): Muster der Repräsentation von Bindungserfahrungen
und rechtsextreme Orientierungen. In: G. Gloger-Tippelt (Hrsg.): Bindung im Erwachsenenalter. Ein Handbuch für Forschung und Praxis.
Bern u. a. (Huber), 344–363

Hopf, C. (2005): Frühe Bindungen und Sozialisation. Eine Einführung.
Weinheim und München (Juventa)

Hopf, C. und W. Hopf (1997): Familie, Persönlichkeit, Politik. Eine Einführung in die politische Sozialisation. Weinheim und München (Juventa)

Hopkins, J. (1990): The observed infant of attachment theory. In: British
Journal of Psychotherapy 6: 460–470

Hoppe-Graff, S. und H.-O. Kim (2002): Die Bedeutung der Medien für
die Entwicklung von Kindern und Jugendlichen. In: R. Oerter und
L. Montada (Hrsg.): Entwicklungspsychologie. Weinheim u. a. (Beltz/
PVU) (5., vollständig überarbeitete Auflage), 907–922

Horkheimer, M. (1936): Autorität und Familie: Allgemeiner Teil. In:
E. Fromm et al.: Autorität und Familie, Band 1. Paris (Librairie Félix
Alcan), 3–76 [Nachdruck: Lüneburg (zu Klampen) 1987]

Horn, K. (1979): Was heißt hier oraler Flipper? Narzißmus und gesellschaftliche Verhaltensanforderungen. In: H. Häsing et al. (Hrsg.): Narziß. Ein neuer Sozialisationstypus? Bensheim (päd. extra), 78–86

Hornstein, W. (1999): Generation und Generationenverhältnisse in der
»radikalisierten Moderne«. In: Zeitschrift für Pädagogik 39: 51–67

Horster, D. (1995): »Der Apfel fällt nicht weit vom Stamm.« Moral und
Recht in der postchristlichen Moderne. Frankfurt a. M. (Suhrkamp)

Horster, D. (1999): Postchristliche Moral. Eine sozialphilosophische Begründung. Hamburg (Junius)

Houellebecq, M. (1998): Elementarteilchen. Köln (DuMont) 1999

Huesmann, L. R. et al. (2003): Longitudinal relations between children's
exposure to TV violence and their aggressive and violent behavior in
young adulthood: 1977–1992. In: Developmental Psychology 39: 201–
221

Hüther, G. (2004): Die Bedeutung sozialer Erfahrungen für die Strukturierung des menschlichen Gehirns. In: Zeitschrift für Pädagogik 50: 487–495

Huinink, J. und D. Konietzka (2007): Familiensoziologie. Eine Einführung. Frankfurt a. M. und New York (Campus)

Hurrelmann, K. (2002): Einführung in die Sozialisationstheorie. Weinheim und Basel (Beltz) (8., vollständig überarbeitete Auflage)

Hurrelmann, K. (2007): Lebensphase Jugend. Eine Einführung in die sozialwissenschaftliche Jugendforschung. Weinheim und München (Juventa) (9., aktualisierte Auflage)

Hurrelmann, K. (2009): Interview. In: Zeit-Magazin Nr. 30, v. 16. 7. 2009, Themenschwerpunkt: Die erste Liebe, S. 15

Hurrelmann, K. und J. Mansel (1998): Schulische Anforderungen und gesundheitliche Probleme von Jugendlichen. In: Zeitschrift für Sozialisationsforschung und Erziehungssoziologie 18: 168–182

Hurrelmann, K. und S. Andresen (2007): Kinderpolitik: Das »ganze Dorf« wird gebraucht. In: World Vision Deutschland (Hrsg.): Kinder in Deutschland 2007. 1. World Vision Kinderstudie. Frankfurt a. M. (Fischer), 361–390

Hurrelmann, K. et al. (2003): (Hrsg.): Jugendgesundheitssurvey. Weinheim und München (Juventa)

Ihle, W. und G. Esser (2002): Epidemiologie psychischer Störungen im Kindes- und Jugendalter. In: Psychologische Rundschau 53: 159–169

Ihle, W. et al. (2004): Depressive Störungen und aggressiv-dissoziale Störungen im Kindes- und Jugendalter. In: Bundesgesundheitsblatt 47: 728–735

Illouz, E. (2008): Die Errettung der modernen Seele. Therapien, Gefühle und die Kultur der Selbsthilfe. Frankfurt a. M. (Suhrkamp) 2009

Jacobi, F. et al. (2004): Prevalence, co-morbidity, and correlates of mental disorders in the general population. In: Psychological Medicine 34: 597–611

Jaeggi, R. (2005): Entfremdung. Zur Aktualität eines sozialphilosophischen Problems. Frankfurt a. M. und New York (Campus)

Joas, H. (1996): Kreativität und Autonomie. Die soziologische Identitätskonzeption und ihre postmoderne Herausforderung. In: A. Barkhaus et al. (Hrsg.): Identität, Leiblichkeit, Normativität. Neue Horizonte anthropologischen Denkens. Frankfurt a. M. (Suhrkamp), 357–369

Joas, H. und W. Knöbl (2004): Sozialtheorien. Zwanzig einführende Vorlesungen. Frankfurt a. M. (Suhrkamp)

Johansen, E. (1978): Betrogene Kinder. Eine Sozialgeschichte der Kindheit. Frankfurt a. M. (Fischer)

Johnson, J. et al. (1999): Childhood maltreatment increases risk for personality disorders during early adulthood. Archives of General Psychiatry 56: 600–605

Johnson, S. (2005): Neue Intelligenz. Warum wir durch Computerspiele und TV klüger werden. Köln (Kiepenheuer & Witsch) 2006

Jokeit, H. und E. Hess (2009): Neurokapitalismus. In: Merkur. Deutsche Zeitschrift für europäisches Denken 63. Jg.: Heft 7

Jürgens, K. (2003): Die Schimäre der Vereinbarkeit. Familienleben und flexibilisierte Arbeitszeit. In: Zeitschrift für Soziologie der Erziehung und Sozialisation 23: 252–267

Jürgens, K. (2005): Kein Ende von Arbeitszeit und Familie. In: A. Mischau und M. Oechsle (Hrsg.): Arbeitszeit – Familienzeit – Lebenszeit: Verlieren wir die Balance? Wiesbaden (VS Verlag für Sozialwissenschaften), 34–53

Junge, M. (1999): Die Spannung von Autonomie und Verbundenheit in der kommunitaristischen Sozialtheorie und der Individualisierungstheorie. In: H.-R. Leu und L. Krappmann (Hrsg.): Autonomie und Verbundenheit. Frankfurt a. M. (Suhrkamp), 108–132

Junge, M. (2002): Individualisierung. Frankfurt a. M. und New York (Campus)

Junge, M. (2004): Sozialisationstheorien vor dem Hintergrund von Modernisierung, Individualisierung und Postmodernisierung. In: D. Hoffmann und H. Merkens (Hrsg.): Jugendsoziologische Sozialisationstheorien. Impulse für die Jugendforschung. Weinheim und München (Juventa), 35–50

Junge, M. (2010): Ambivalente Individualisierung und die Entstehung neuer Soll-Normen. In: P. A. Berger und R. Hitzler (Hrsg.): Individualisierungen. Ein Vierteljahrhundert »jenseits von Stand und Klasse«? Wiesbaden (VS Verlag für Sozialwissenschaften), 265–273

Jurczyk, K. und M. Oechsle (2008) (Hrsg.): Das Private neu denken. Erosionen, Ambivalenzen, Leistungen. Münster (Verlag Westfälisches Dampfboot)

Jurczyk, K. et al. (2005): Zwiespältige Entgrenzung: Chancen und Risiken neuer Konstellationen zwischen Familien- und Erwerbstätigkeit.

In: A. Mischau und M. Oechsle (Hrsg.): Arbeitszeit – Familienzeit –
Lebenszeit: Verlieren wir die Balance? Wiesbaden (VS Verlag für Sozialwissenschaften), 13–33

Kagan, J. (1998): Do parents really matter? In: The Signal. Newsletter of
the World Ass. for Infant Mental Health 6. Jg., Heft 3–4: 27–28

Kahr, B. (2007): Sex im Kopf. Alles über unsere geheimsten Fantasien.
Berlin (Ullstein) 2008 (gekürzte Ausgabe)

Kasten, E. (2007): BodyModification als modernes Mannbarkeitsritual.
In: Psychosozial 30. Jg., Heft 4, Nr. 110: 117–125

Kaube, J. (2010): Warum Hitler keine Fremdsprache benutzte. Eine Untersuchung zur Frage, was Abiturienten nach drei Jahren Leistungs-
kurs »Geschichte« können. In: Frankfurter Allgemeine Zeitung
Nr. 214, v. 15. 9. 2010, S. N 4

Kaufmann, F.-X. (2008): Religion zwischen Tradition, Selbsterfahrung
und Dauerreflexion. In: T. Schmidt und M. Parker (Hrsg.): Religion in
der pluralistischen Öffentlichkeit. Würzburg (Echter), 21–39

Kaufmann, R. (1958): Die Generation der Gefährdeten. In: Süddeutsche
Zeitung 1958, Nr. 280

Kegel, B. (2009): Epigenetik. Wie Erfahrungen vererbt werden. Köln (Du-
Mont)

Kersting, W. (2007): Einleitung: Die Gegenwart der Lebenskunst. In:
W. Kersting und C. Langbehn (Hrsg.): Kritik der Lebenskunst. Frankfurt a. M. (Suhrkamp), 10–88

Kessler, R. und P. Wang (2009): Epidemiology of Depression. In: I. Got-
lib und C. Hammen (Eds.): Handbook of Depression. New York und
London (Guilford), 5–22 (2nd Ed.)

Keuffer, J. (2007): Andere Maßstäbe. Der Bildungsforscher Josef Keuffer
erklärt, warum Abiturienten heute besser sind als vor 30 Jahren – und
wie ihr Niveau noch gesteigert werden kann. In: Die Zeit Nr. 42, v.
11. 10. 2007, S. 41

Keupp, H. (2000): Eine Gesellschaft der Ichlinge? Zum bürgerschaftli-
chen Engagement von Heranwachsenden. Hrsg. vom Sozialpädagogi-
schen Institut im SOS-Kinderdorf e. V. München (Eigenverlag)

Keupp, H. und R. Höfer (1997): (Hrsg.): Identitätsarbeit heute. Klassische und aktuelle Perspektiven der Identitätsforschung. Frankfurt
a. M. (Suhrkamp)

Keupp, H. und F. Straus (im Druck): (Hrsg.): Bürgerschaftliches Engagement in der reflexiven Moderne. Opladen und Farmington Hills (Barbara Budrich; erscheint voraussichtlich Ende 2011)

Keupp, H. et al. (1999): Identitätskonstruktionen. Das Patchwork der Identitäten in der Spätmoderne. Reinbek bei Hamburg (Rowohlt) (2., um ein neues Schlusskapitel erweiterte Auflage 2002)

Kiecolt, K. J. (2003): Satisfaction with work and family life: No evidence of a cultural reversal. In: Journal of Marriage and the Family 65: 23–35

KiGGS (2007): Ergebnisse des Kinder- und Jugendgesundheitssurveys. In: Bundesgesundheitsblatt 50, Heft 5/6: 529–908, Heidelberg (Springer)

Kilian, H. (1995): Psychohistory, cultural evolution, and the historical significance of self psychology. In: A. Goldberg (Ed.): Progress in Self Psychology, Vol. 11: The Impact of New Ideas. Hillsdale (The Analytic Press), 291–301

King, V. (2002): Die Entstehung des Neuen in der Adoleszenz. Individuation, Generativität und Geschlecht in modernisierten Gesellschaften. Wiesbaden (VS Verlag für Sozialwissenschaften)

King, V. (2009): Ungleiche Karrieren. Bildungsaufstieg und Adoleszenzverläufe bei jungen Männern und Frauen in Migrantenfamilien. In: V. King und H.-C. Koller (Hrsg.): Adoleszenz – Migration – Bildung. Bildungsprozesse Jugendlicher und junger Erwachsener mit Migrationshintergrund. Wiesbaden (VS Verlag für Sozialwissenschaften), 27–46 (2., erweiterte Auflage)

King, V. (2010): Psyche und Gesellschaft. Anmerkungen zur Analyse gegenwärtiger Wandlungen. In: Psyche. Zeitschrift für Psychoanalyse und ihre Anwendungen 64:1040–1053

King, V. und B. Gerisch (2009) (Hrsg.): Zeitgewinn und Selbstverlust. Folgen und Grenzen der Beschleunigung. Frankfurt a. M. und New York (Campus)

Kirsch, I. (2010): The Emperor's New Drugs: Exploding the Antidepressant Myth. New York (Basic Books)

Kirschenbaum, M. (2002): Willkommen im 21. Jahrhundert. In: W. Hantel-Quitmann und P. Kastner (Hrsg.): Die Globalisierung der Intimität. Die Zukunft intimer Beziehungen im Zeitalter der Globalisierung. Gießen (Psychosozial), 7–13

Kißgen, R. (2009): Kontinuität und Diskontinuität von Bindung. In: H. Julius et al. (Hrsg.): Bindung im Kindesalter. Diagnostik und Intervention. Göttingen u. a. (Hogrefe), 65–83

Kittsteiner, H. (1991): Die Entstehung des modernen Gewissens. Frankfurt a. M. (Suhrkamp) 1995

Klages, H. (1975): Die unruhige Gesellschaft. Untersuchungen über Grenzen und Probleme sozialer Stabilität. München (Beck)

Klages, H. (2001 a): Brauchen wir eine Rückkehr zu traditionellen Werten? In: Aus Politik und Zeitgeschichte B 29: 7–14

Klages, H. (2001 b): Werte und Wertewandel. In: B. Schäfers und W. Zapf (Hrsg.): Handbuch zur Gesellschaft Deutschlands. Opladen (Leske + Budrich), 726–738

Klages, H. (2002): Der blockierte Mensch. Frankfurt a. M. und New York (Campus)

Klages, H. und T. Gensicke (2005): Wertewandel und Big-Five-Dimensionen. In: S. Schumann (Hrsg.): Persönlichkeit. Eine vergessene Größe der empirischen Sozialforschung. Wiesbaden (VS Verlag für Sozialwissenschaften), 279–299

Klages, H. und T. Gensicke (2006): Wertesynthese – funktional oder dysfunktional? In: Kölner Zeitschrift für Soziologie und Sozialpsychologie 58: 332–351

Klein, A. (2010): Jugend, Medien und Pornographie. In: M. Schetsche und R.-B. Schmidt (Hrsg.): Sexuelle Verwahrlosung. Empirische Befunde – Gesellschaftliche Diskurse – Sozialethische Reflexionen. Wiesbaden (VS Verlag für Sozialwissenschaften), 167–183

Klein, A. und C. Sager (2010): Wandel der Jugendsexualität in der Bundesrepublik. In: M. Schetsche und R.-B. Schmidt (Hrsg.): Sexuelle Verwahrlosung. Empirische Befunde – Gesellschaftliche Diskurse – Sozialethische Reflexionen. Wiesbaden (VS Verlag für Sozialwissenschaften), 95–117

Klein, G. (2006): Zugerichtet, kontrolliert und abhängig. Das Subjekt in der Figurationssoziologie. In: H. Keupp und J. Hohl (Hrsg.): Subjektdiskurse im gesellschaftlichen Wandel. Zur Theorie des Subjekts in der Spätmoderne. Bielefeld (transcript), 187–204

Klein, H.-P. (2010): Nivellierung der Ansprüche. In: Frankfurter Allgemeine Zeitung Nr. 239, v. 14. 10. 2010, S. 8

Klein, T. (1999): Pluralisierung versus Umstrukturierung am Beispiel partnerschaftlicher Lebensformen. In: Kölner Zeitschrift für Soziologie und Sozialpsychologie 51: 469–490

Kleinhubbert, G. (2011): Depressive Stimmung. In: Der Spiegel Nr. 34, v. 22. 8. 2011: 38–39

Klerman, G. und M. Weissman (1989): Increasing rates of depression. In: Journal of the American Medical Association 261: 2229–2235

Klewin, G. et al. (2002): Gewalt in der Schule. In: W. Heitmeyer und J. Hagan (Hrsg.): Internationales Handbuch der Gewaltforschung. Wiesbaden (Westdeutscher Verlag), 1078–1105

Klöckner, C. et al. (2004): Familie aus der Perspektive von Kindern zwischen 9 und 14 Jahren. In: Zeitschrift für Familienforschung 16: 130–141

Kloepfer, I. (2008): Aufstand der Unterschicht. Was auf uns zukommt. Berlin (Hoffmann und Campe)

Kloepfer, I. und K. Mrusek (2011): Das Wunder des Ehrenamtes. In: Frankfurter Allgemeine Sonntagszeitung Nr. 10, v. 13. 3. 2011: 42–43

Koch, C. (2010): Trennung, Scheidung. In: S. Andresen et al. (Hrsg.): Das Elternbuch. Weinheim und Basel (Beltz), 231–242

Köcher, R. (2011): Junge Frauen – Wirklichkeit und symbolische Politik. In: Frankfurter Allgemeine Zeitung Nr. 45, v. 23. 2. 2011, S. 5

Körner, J. (2009): Jeder Gewalttäter braucht das ihm gemäße Programm. In: Frankfurter Allgemeine Zeitung Nr. 251, v. 29. 10. 2009, S. 8

Kohl, K.-H. (2001): Gelenkte Gefühle. Vorschriftsheirat, romantische Liebe und Determinanten der Partnerwahl. In: H. Meier und G. Neumann (Hrsg.): Über die Liebe. Ein Symposion. München (Piper), 113–137

Kohut, H. (1977): Die Heilung des Selbst. Frankfurt a. M. (Suhrkamp) 1979

Konietzka, D. und J. Huinink (2003): Die De-Standardisierung einer Statuspassage? Zum Wandel des Auszugs aus dem Elternhaus und des Übergangs in das Erwachsenenalter in Westdeutschland. In: Soziale Welt 54: 285–312

Kostka, K. (2004): Im Interesse des Kindes? Elterntrennung und Sorgerechtsmodelle in Deutschland, Großbritannien und den USA. Frankfurt a. M. (Eigenverlag des deutschen Vereins für öffentliche und private Fürsorge)

Krämer, S. (2001): Sprache, Sprechakt, Kommunikation. Sprachtheoretische Positionen des 20. Jahrhunderts. Frankfurt a. M. (Suhrkamp)

Kramer, R.-T. et al. (2001): Pädagogische Generationsbeziehungen und die symbolische Generationsordnung. In: R.-T. Kramer et al. (Hrsg.): Pädagogische Generationsbeziehung. Opladen (Leske + Budrich), 129–155

Krappmann, L. (1969): Soziologische Dimensionen der Identität. Stuttgart (Klett) 1975

Krappmann, L. (1994): Sozialisation und Entwicklung in der Sozialwelt gleichaltriger Kinder. In: K. Schneewind (Hrsg.): Psychologie der Erziehung und Sozialisation, Band 1. Göttingen u. a. (Hogrefe), 495–524

Krappmann, L. (1999): Die Reproduktion des Systems gesellschaftlicher Ungleichheit in der Kinderwelt. In: M. Grundmann (Hrsg.): Konstruktivistische Sozialisationsforschung. Frankfurt a. M. (Suhrkamp), 228–239

Krappmann, L. (2002): Warnung vor dem Begriff der Selbstsozialisation. In: Zeitschrift für Soziologie der Erziehung und Sozialisation 22: 178–185

Krappmann, L. (2004): Sozialisation in Interaktionen und Beziehungen unter Gleichaltrigen in der Schulklasse. In: D. Geulen und H. Veith (Hrsg.): Sozialisationstheorie interdisziplinär. Aktuelle Perspektiven. Stuttgart (Lucius & Lucius), 253–271

Kraus, W. und B. Mitzscherlich (1997): Abschied vom Großprojekt. Normative Grundlagen der empirischen Identitätsforschung in der Tradition von James E. Marcia und die Notwendigkeit ihrer Reformulierung. In: H. Keupp und R. Höfer (Hrsg.) Identitätsarbeit heute. Klassische und aktuelle Perspektiven der Identitätsforschung. Frankfurt a. M. (Suhrkamp), 149–173

Krause, S. und K. Malowitz (1998): Michael Walzer zur Einführung. Hamburg (Junius)

Kreppner, K. (2000): Entwicklung von Eltern-Kind-Beziehungen: Normative Aspekte im Rahmen der Familienentwicklung. In: K. Schneewind (Hrsg.): Familienpsychologie im Aufwind. Göttingen u. a. (Hogrefe), 174–195 (mit Kommentar, ebd., S. 196–202)

Kreppner, K. (2005): Persönlichkeitsentwicklung in sozialen Beziehungen. In: J. Asendorpf (Hrsg.): Enzyklopädie der Psychologie, Band C V 3: Soziale, emotionale und Persönlichkeitsentwicklung. Göttingen u. a. (Hogrefe), 617–675

Krettenauer, T. (1999): Individualismus, Autonomie und Solidarität. Entwicklungsbedingungen sozialen Engagements im Jugendalter. In: H.-R. Leu und L. Krappmann (Hrsg.): Autonomie und Verbundenheit. Bedingungen und Formen der Behauptung von Subjektivität. Frankfurt a. M. (Suhrkamp), 266–298

Krischke, W. (2001): Fürchten nach Gebühr. Eine Delmenhorster Tagung über Ursachen und Verarbeitung von Angst und Unsicherheit. In: Frankfurter Allgemeine Zeitung v. 21. 11. 2001

Kristeva, J. (1993): Die neuen Leiden der Seele. Hamburg (Junius) 1994 [Nachdruck: Gießen (Psychosozial) 2007]

Krupa, M. (2006): Kinder machen Politik. In: Die Zeit Nr. 52, v. 20. 12. 2006, S. 4

Küchenhoff, J. (2000): Neue Familienformen. Herausforderungen und Chancen. In: J. Küchenhoff (2005): Die Achtung vor dem Anderen. Psychoanalyse und Kulturwissenschaften im Dialog. Weilerswist (Velbrück), 187–203

Küchenhoff, J. (2008): Rezension von J. Kristeva: Die neuen Leiden der Seele und J. Kristeva: Die schwarze Sonne. In: Psyche. Zeitschrift für Psychoanalyse und ihre Anwendungen 62: 206–213

Küppers, M. (2008): Drei Wochen auf der Insel – nicht zum Spaß. In: Frankfurter Allgemeine Zeitung Nr. 286, v. 6. 12. 2008, S. 3

Kuhl, J. (2007 a): Psychologie des Selbstseins. In: J. Kuhl und A. Luckner: Freies Selbstsein. Authentizität und Regression. Göttingen (Vandenhoeck & Ruprecht), 49–81

Kuhl, J. (2007 b): Philosophische Horizonterweiterung und funktionsanalytische Erklärungen. In: J. Kuhl und A. Luckner: Freies Selbstsein. Göttingen (Vandenhoeck & Ruprecht), 82–107

Kuhlmann, A. (2011): An den Grenzen unserer Lebensform. Texte zur Bioethik und Anthropologie. Frankfurt a. M. und New York (Campus)

Kullmann, K. (2009): Kinder der Angst. In: Der Spiegel Nr. 32, v. 3. 8. 2009: 38–42

Kunczik, M. und A. Zipfel (2002): Gewalttätig durch Medien? In: Aus Politik und Zeitgeschichte B 44: 29–37

Kunczik, M. und A. Zipfel (2006): Gewalt und Medien. Ein Studienhandbuch. Köln u. a. (Böhlau/UTB) (5., völlig überarbeitete Auflage)

Kunze, A. und K. Zeug (2011): Ab 18. Was junge Menschen wirklich machen. Rowohlt (Reinbek bei Hamburg)

Kurth, B.-M. und A. Schaffrath-Rosario (2007): Die Verbreitung von Übergewicht und Adipositas bei Kindern und Jugendlichen in Deutschland. Ergebnisse des bundesweiten Kinder- und Jugendgesundheitssurveys (KiGGS). In: Bundesgesundheitsblatt 50, Heft 5/6: 736–743

Kurth, B.-M. et al. (2008): Wie geht es unseren Kindern? Ergebnisse aus dem bundesweit repräsentativen Kinder- und Jugendgesundheitssurvey (KiGGS). In: H. Bertram (Hrsg.): Mittelmaß für Kinder. Der UNICEF-Bericht zur Lage der Kinder in Deutschland. Beck (München), 104–126

Ladwig, B. (2009): Moderne politische Theorie. Fünfzehn Vorlesungen zur Einführung. Schwalbach/Ts. (Wochenschau Verlag)

Lampe, A. (2002): Prävalenz von sexuellem Missbrauch, physischer Misshandlung und emotionaler Vernachlässigung in Europa. In: Zeitschrift für Psychosomatische Medizin und Psychotherapie 48: 370–380

Lampert, T. et al. (2007): Nutzung elektronischer Medien. Ergebnisse des Kinder- und Jugendgesundheitssurveys (KiGGS). In: Bundesgesundheitsblatt 50, Heft 5/6: 643–652

Lang, F. et al. (2009): Psychoanalytische Fallberichte: Geschlechterkonstellationen und sich daraus ergebende Wechselwirkungen auf Diagnosen im Zeitverlauf von 1969 bis 2006. In: Psyche. Zeitschrift für Psychoanalyse und ihre Anwendungen 63: 384–398

Lange, A. (2004): Kindheitsforschung und Generationenkonzept. In: Zeitschrift für Soziologie der Erziehung und Sozialisation 24: 303–318

Lange, A. (2006): Arbeits- und Familienzeit aus Kinderperspektive. In: H. Bertram et al. (Hrsg.): Wem gehört die Familie der Zukunft? Opladen (Barbara Budrich), 125–143

Lange, A. (2007): Kindheit und Familie. In: J. Ecarius (Hrsg.): Handbuch Familie. Wiesbaden (VS Verlag für Sozialwissenschaften), 239–259

Lange, J. (1980): Beitrag zur Struktur und Behandlung von Phobikern. (Unveröffentlichtes Manuskript)

Langlitz, N. (2010): Das Gehirn ist kein Muskel. In: Frankfurter Allgemeine Sonntagszeitung Nr. 53, v. 3. 1. 2010, S. 52

Langness, A. et al. (2006): Jugendliche Lebenswelten: Familie, Schule, Freizeit. In: Shell Deutschland (Hrsg.): Jugend 2006. Eine pragmatische Generation unter Druck. 15. Shell Jugendstudie. Frankfurt a. M. (Fischer), 49–102

Laplanche, J. (2006): Résponse de Jean Laplanche à Martin Dornes. In: Psychiatrie Française XXXVII, Heft 3: 56–62

Largo, R. (2008 a): Sind Kinder auch nur Menschen? In: Frankfurter Allgemeine Zeitung Nr. 80, v. 5. 4. 2008, S. Z 6

Largo, R. (2008 b): Erziehung ist anstrengend. In: Frankfurter Rundschau Nr. 81, v. 7. 4. 2008, S. 16–17

Largo, R. (2009): Erziehung im Minutentakt. In: Frankfurter Allgemeine Zeitung Nr. 149, v. 1. 7. 2009, S. N 3

Largo, R. und M. Czernin (2003): Glückliche Scheidungskinder. Trennungen und wie Kinder damit fertig werden. München und Zürich (Piper)

Lasch, C. (1979): Das Zeitalter des Narzißmus. München (Steinhausen) 1980 [Nachdruck: Hamburg (Hoffmann und Campe) 1995]

Lauterbach, W. (2000): Kinder in ihren Familien. Lebensformen und Generationsgefüge im Wandel. In: A. Lange und W. Lauterbach (Hrsg.): Kinder in Familie und Gesellschaft zu Beginn des 21sten Jahrhunderts. Stuttgart (Lucius & Lucius), 155–186

Laux, L. (2003): Persönlichkeitspsychologie. Stuttgart (Kohlhammer)

Lear, J. (2005): Prozac oder Psychoanalyse? The Shrink is in. In: Psyche. Zeitschrift für Psychoanalyse und ihre Anwendungen 50, 1996: 599–616

Lehmkuhl, G. et al. (2008): Aufmerksamkeitsdefizit-/Hyperaktivitätsstörungen (ADHS). In: B. Herpertz-Dahlmann et al. (Hrsg.): Entwicklungspsychiatrie. Biopsychologische Grundlagen und die Entwicklung psychischer Störungen. Stuttgart und New York (Schattauer), 674–693 (2., vollständig überarbeitete und erweiterte Auflage)

Lehrer, J. (2010): Vom Nutzen der Schwermut. In: Frankfurter Allgemeine Sonntagszeitung Nr. 9, v. 7. 3. 2010, S. 60 und S. 63

Lenzen, D. (1991): Vaterschaft. Vom Patriarchat zur Alimentation. Reinbek bei Hamburg (Rowohlt)

Lenzen-Schulte, M. (2010 a): Dämonisiert und verharmlost. Was ist Pädophilie? In: Frankfurter Allgemeine Zeitung Nr. 66, v. 18. 3. 2010, S. 8

Lenzen-Schulte, M. (2010 b): Die seelischen Gebrechen der jungen Verbrecher. In: Frankfurter Allgemeine Zeitung Nr. 226, v. 29. 9. 2010, S. N 1–2

Lerude, M. (2006): Der elterliche Ödipuskomplex. In: A. Michels et al. (Hrsg.): Jahrbuch für klinische Psychoanalyse, Band 7: Familie. Tübingen (edition diskord), 73–81

Lethen, H. (1994): Verhaltenslehren der Kälte. Lebensversuche zwischen den Kriegen. Frankfurt a. M. (Suhrkamp)

Leu, H.-R. (1996): Selbständige Kinder – Ein schwieriges Thema für die Sozialisationsforschung. In: M.-S. Honig et al. (Hrsg.): Kinder und Kindheit. Soziokulturelle Muster – sozialisationstheoretische Perspektiven. Weinheim und München (Juventa), 174–198

Leuzinger-Bohleber, M. (2009): Frühe Kindheit als Schicksal? Trauma, Embodiment, Soziale Desintegration. Stuttgart (Kohlhammer)

Leuzinger-Bohleber, M. (2010): Frühe Kindheit als Schicksal? Psychoanalytische und bindungstheoretische Überlegungen zum Konzept der Resilienz. In: G. Suess und W. Hammer (Hrsg.): Kinderschutz. Risiken erkennen, Spannungsverhältnisse gestalten. Stuttgart (Klett-Cotta), 166–192

Leuzinger-Bohleber, M. et al. (2009): »Weißt du: manchmal möchte ich nicht mehr leben …«. Frühprävention als Stärkung der Resilienz gefährdeter Kinder? Ergebnisse aus der Frankfurter Präventionsstudie. In: R. Haubl et al. (Hrsg.): Riskante Kindheit. Psychoanalyse und Bildungsprozesse. Göttingen (Vandenhoeck & Ruprecht), 87–129

Leven, I. und U. Schneekloth (2007 a): Die Schule – frühe Vergabe von Lebenschancen. In: World Vision Deutschland (Hrsg.): Kinder in Deutschland 2007. 1. World Vision Kinderstudie. Frankfurt a. M. (Fischer), 111–142

Leven, I. und U. Schneekloth (2007 b): Die Freizeit: Anregen lassen oder fernsehen. In: World Vision Deutschland (Hrsg.): Kinder in Deutschland 2007. 1. World Vision Kinderstudie. Frankfurt a. M. (Fischer), 165–200

Lewinsohn, P. et al. (1993): Age-cohort changes in the lifetime occurrence of depression and other mental disorders. In: Journal of Abnormal Psychology 102: 110–120

Lewis, M. (1997): Altering Fate. Why the Past does not predict the Future. New York und London (Guilford Press)

Lieb, K. (2010): Hirndoping. Mannheim (Artemis & Winkler)

Liessmann, K. (2000): Geld, Gott und Gesetz. In: Kursbuch 140: Die Väter. Berlin (Rowohlt/Berlin Verlag), 45–52

Lipovetsky, G. (1993): Narziß oder Die Leere. Sechs Kapitel über die unaufhörliche Gegenwart. Hamburg (Europäische Verlagsanstalt) 1995

Löchel, E. (2009): Vom Aufmerksamkeitsdefizit der Kultur zur Aufmerksamkeit des Analytikers. Differenzen zwischen kulturphilosophischem und psychoanalytischem Denken. In: G. Schneider et al. (Hrsg.): Psychoanalyse, Kultur, Gesellschaft. Arbeitstagung der Deutschen Psychoanalytischen Vereinigung. Bad Homburg, 18. bis 21. November 2009. Kongressband. Vertrieb: Congress-Organisation Geber + Reusch, Frankfurt a. M. (E-Mail: Geber@t-online.de), 174–187

Loewald, H. (1951): Ich und Realität. In: H. Loewald (1986): Psychoanalyse. Aufsätze aus den Jahren 1951–1979. Stuttgart (Klett-Cotta), 15–34

Loewald, H. (1971): Über Motivation und Triebtheorie. In: H. Loewald (1986): Psychoanalyse. Aufsätze aus den Jahren 1951–1979. Stuttgart (Klett-Cotta), 81–119

Loewald, H. (1979): Das Dahinschwinden des Ödipuskomplexes. In: H. Loewald (1986): Psychoanalyse. Aufsätze aus den Jahren 1951–1979. Stuttgart (Klett-Cotta), 377–400

Löw-Beer, M. (1994): Sind wir einzigartig? Zum Verhältnis von Autonomie und Individualität. In: Deutsche Zeitschrift für Philosophie 42: 121–139

Luckner, A. (2007): Psychologische Erklärung und philosophische Nachfrage – die existentielle Entscheidung in der Kontroverse. In: J. Kuhl und A. Luckner: Freies Selbstsein. Authentizität und Regression. Göttingen (Vandenhoeck & Ruprecht), 108–122

Ludwig, I. et al. (2002): Managerinnen des Alltags. Strategien erwerbstätiger Mütter in Ost- und Westdeutschland. Berlin (edition sigma)

Lüscher, K. (2000): Die Ambivalenz von Generationenbeziehungen – eine allgemeine heuristische Hypothese. In: L. Winterhager-Schmid (Hrsg.): Erfahrung mit Generationendifferenz. Weinheim (Deutscher Studien Verlag), 92–114

Lüscher, K. (2005): Ambivalenz – Eine Annäherung an das Problem der Generationen. In: U. Jureit und M. Wildt (Hrsg.): Generationen. Zur Relevanz eines wissenschaftlichen Grundbegriffs. Hamburg (Hamburger Edition), 53–78

Luhmann, N. (1965): Grundrechte als Institution. Ein Beitrag zur politischen Soziologie. Berlin (Duncker und Humblot)

Luhmann, N. (1990 a): Sozialsystem Familie. In: N. Luhmann: Soziologische Aufklärung, Band 5. Opladen (Westdeutscher Verlag), 196–217

Luhmann, N. (1990 b): Glück und Unglück der Kommunikation in Familien: Zur Genese von Pathologien. In: N. Luhmann: Soziologische Aufklärung, Band 5. Opladen (Westdeutscher Verlag), 218–234

Luhmann, N. (1995): Soziologische Aufklärung, Band 6: Die Soziologie und der Mensch. Opladen (Westdeutscher Verlag)

Lukesch, H. (2008): Sozialisation durch Massenmedien. In: K. Hurrelmann et al. (Hrsg.): Handbuch Sozialisationsforschung. Weinheim und Basel (Beltz) (7., vollständig überarbeitete Auflage), 384–395

Maar, C. und H. Burda (2004): (Hrsg.): Iconic Turn. Die neue Macht der Bilder. Köln (DuMont)

Maasen, S. (2005): Schönheitschirurgie. Schnittflächen flexiblen Selbstmanagements. In: B. Orland (Hrsg.): Artifizielle Körper – Lebendige Technik. Technische Modellierungen des Körpers in historischer Perspektive. Zürich (Chronos), 239–260

Maccoby, E. (2000): Parenting and its effects on children. In: Annual Review of Psychology 51: 1–27

MacIntyre, A. (1981): Der Verlust der Tugend. Zur moralischen Krise der Gegenwart. Frankfurt a. M. (Suhrkamp) 1995

Mahler, M. et al. (1975): Die psychische Geburt des Menschen. Symbiose und Individuation. Frankfurt a. M. (Fischer) 1978

Maiwald, K.-O. (2004): Professionalisierung im modernen Berufssystem. Das Beispiel der Familienmediation. Wiesbaden (VS Verlag für Sozialwissenschaften)

Maiwald, K.-O. (2009): Paarbildung als Selbst-Institutionalisierung. Eine exemplarische Fallanalyse. In: Sozialer Sinn. Zeitschrift für hermeneutische Sozialforschung 10. Jg., Heft 2: 283–315

Malti, T. und G. Noam (2008): The hidden crisis in mental health and education: The gap between student needs and existing supports. In: New Directions for Youth Development No. 120: 13–29

Marchart. O. (2010): Die politische Differenz. Zum Denken des Politischen bei Nancy, Lefort, Badiou, Laclau und Agamben. Berlin (Suhrkamp)

Marcia, J. (1966): Development and validation of ego identity status. In: Journal of Personality and Social Psychology 3: 551–558

Marcia, J. (1980): Identity in adolescence. In: J. Adelson (Ed.): Handbook of Adolescent Psychology. New York u. a. (Wiley), 159–187

Marcia, J. (1989): Identity diffusion differentiated. In: M. A. Luszcz und T. Nettelbeck (Eds.): Psychological Development: Perspectives Across the Life Span. North-Holland (Elsevier), 289–294

Marguier, A. (2007): Generation Hardcore. In: Frankfurter Allgemeine Sonntagszeitung Nr. 43, v. 28. 10. 2007, S. 63

Marquardt, E. (2005): Kind sein zwischen zwei Welten. Was im Inneren von Kindern geschiedener Eltern vorgeht. Paderborn (Junfermann) 2007

Martin, V. und C. Le Bourdais (2008): Stepfamilies in Canada and Germany, a comparison. In: W. Bien und J. Marbach (Hrsg.): Familiale Beziehungen, Familienverhältnisse und soziale Netzwerke. Ergebnisse der drei Wellen des Familiensurvey. Wiesbaden (VS Verlag für Sozialwissenschaften), 241–278

Massie, H. und N. Szajnberg (2002): The relationship between mothering in infancy, childhood experience and adult mental health. In: International Journal of Psycho-Analysis 83: 35–55

Massie, H. und N. Szajnberg (2005): Lives Across Time/Growing Up. Paths to Emotional Health and Emotional Illness. From Birth to 30 in 76 People. Philadelphia (Xlibris Corporation)

Massie, H. und N. Szajnbeg (2006): My life is a longing: Child abuse and its adult sequela. Results of the Brody longitudinal study from birth to age 30. In: International Journal of Psycho-Analysis 87: 471–496

Matthiesen, S. und G. Schmidt (2010): Jugendschwangerschaften – kein Indikator für sexuelle Verwahrlosung. In: M. Schetsche und R.-B. Schmidt (Hrsg.): Sexuelle Verwahrlosung. Wiesbaden (VS Verlag für Sozialwissenschaften), 119–143

Maughan, B. et al. (2005): Time trends in child and adolescent mental disorders. In: Current Opinion in Psychiatry 18: 381–385

May, S. (2008): Individualisierung und Rechtsformenwandel – einige Beobachtungen in systematisierender Absicht. (Unveröffentlichtes Manuskript)

Mayer, K. U. (2006): Sinn und Wirklichkeit – Beobachtungen zur Entwicklung sozialer Ungleichheit in (West-)Deutschland nach dem Zweiten Weltkrieg. In: K.-S. Rehberg (Hrsg.): Soziale Ungleicheit. Kulturelle Unterschiede. Verhandlungen des 32. Kongresses der Deutschen Gesellschaft für Soziologie in München 2004, Teil 2. Frankfurt a. M. und New York (Campus), 1329–1355

Mayer, K. U. (2008): Retrospective longitudinal research: The German life history study. In: S. Menard (Ed.): Handbook of Longitudinal Research: Design, Measurement, and Analysis. San Diego (Elsevier), 85–106

Mayer, K. U. et al. (2010): Mythos Flexibilisierung? Wie instabil sind Berufsbiografien wirklich und als wie instabil werden sie wahrgenommen? In: Kölner Zeitschrift für Soziologie und Sozialpsychologie 62: 369–402

Mayer, S. et al. (2005): Intra- und intergenerationelle Weitergabe von physischer Gewalt in Familien türkischer und deutscher Herkunft. Eine Mehrebenenanalyse. In: I. Seiffge-Krenke (Hrsg.): Aggressionsbewältigung zwischen Normalität und Pathologie. Göttingen (Vandenhoeck & Ruprecht), 238–263

Mead, M. (1970): Der Konflikt der Generationen. Jugend ohne Vorbild. Freiburg und Olten (Walter) 1971

Melzer, W. (2001): Zur Veränderung der Generationsbeziehungen in Familie und Schule. In: R.-T. Kramer et al. (Hrsg.): Pädagogische Generationsbeziehungen. Jugendliche im Spannungsfeld von Schule und Familie. Opladen (Leske + Budrich), 213–238

Menke, C. (1996): Tragödie im Sittlichen. Gerechtigkeit und Freiheit nach Hegel. Frankfurt a. M. (Suhrkamp)

Menke, C. (2005): Innere Natur und soziale Normativität. Die Idee der Selbstverwirklichung. In: H. Joas und K. Wiegandt (Hrsg.): Die kulturellen Werte Europas. Frankfurt a. M. (Fischer), 304–352

Mertens, W. (1992): Entwicklung der Psychosexualität und der Geschlechtsidentität Band 1: Geburt bis 4. Lebensjahr. Stuttgart u. a. (Kohlhammer)

Mertens, W. (1994): Entwicklung der Psychosexualität und der Geschlechtsidentität Band 2: Kindheit und Adoleszenz. Stuttgart u. a. (Kohlhammer)

Metzinger, T. (2009): Interview: Schönheitschirurgie für die Seele. In: Gehirn und Geist. Das Magazin für Psychologie und Hirnforschung, Heft 11: 50–51

Meyer, T. (2002 a): Das »Ende der Familie«: Szenarien zwischen Mythos und Wirklichkeit. In: U. Volkmann und U. Schimank (Hrsg.): Soziologische Gegenwartsdiagnosen II: Vergleichende Sekundäranalysen. Wiesbaden (VS Verlag für Sozialwissenschaften), 199–224

Meyer, T. (2002 b): Moderne Elternschaft – neue Erwartungen, neue Ansprüche. In: Aus Politik und Zeitgeschichte B 22–23: 40–46 (Seitenangabe im Text nach der Online-Fassung)

Meyer, T. (2008): Private Lebensformen im Wandel. In: R. Geißler (2008): Die Sozialstruktur Deutschlands. Wiesbaden (VS Verlag für Sozialwissenschaften), 331–357 (5. durchgesehene Auflage)

Mikos, L. (2004): Medien als Sozialisationsinstanz und die Rolle der Medienkompetenz. In: D. Hoffmann und H. Merkens (Hrsg.): Jugendsoziologische Sozialisationsforschung. Impulse für die Jugendforschung. Weinheim und München (Juventa), 157–170

Mikrozensus (2008): Immer mehr Frauen ohne Kinder. In: Frankfurter Allgemeine Zeitung Nr. 174, v. 30. 7. 2009, S. 4

Milgram, S. (1974): Das Milgram-Experiment. Zur Gehorsamsbereitschaft gegenüber Autorität. Reinbek bei Hamburg (Rowohlt) 1982

Miller, J. (1993): Die Leidenschaften des Michel Foucault. Eine Biographie. Köln (Kiepenheuer & Witsch) 1995

Mischau, A. und M. Oechsle (2005): (Hrsg.): Arbeitszeit – Familienzeit – Lebenszeit: Verlieren wir die Balance? Wiesbaden (VS Verlag für Sozialwissenschaften)

Mitscherlich, A. (1963): Auf dem Weg zur vaterlosen Gesellschaft. Ideen zur Sozialpsychologie. München (Piper)

Mitscherlich, A. und M. Mitscherlich (1983): Väter und Väterlichkeit. In: A. Mitscherlich: Gesammelte Schriften III. Sozialpsychologie I. Herausgegeben von H. Haase. Frankfurt a. M. (Suhrkamp), 375–413

Modena, E. (1985): Narzißmus und Gesellschaft. Zur Kritik der neuen Nostalgiebewegung in der Psychoanalyse. In: Psychoanalyse 4: 293–308

Moen, P. (2003): (Ed.): It's about Time. Couples and Careers. Ithaca (Cornell University Press)

Morgenroth, C. (2005): Subjektives Zeiterleben, gesellschaftliche Entgrenzungsphänomene und depressive Reaktionen. In: Psyche. Zeitschrift für Psychoanalyse und ihre Anwendungen 59: 990–1011

Müller, B. (2001): Pädagogische Generationsverhältnisse in psychoanalytischer Sicht. In: R.-T. Kramer et al. (Hrsg.): Pädagogische Generationsbeziehung. Opladen (Leske + Budrich), 63–77

Müller, H. (1954): Ist die Erziehung unserer Kinder heute schwieriger als früher? In: Praxis der Kinderpsychologie und Kinderpsychiatrie 3: 162–167

Müller-Jung, J. (2009): Denn sie wissen nicht, was ihr Kopf tut. In: Frankfurter Allgemeine Zeitung Nr. 197, v. 26.8. 2009, S. N 1

Müller-Jung, J. (2010): Hirndoping zweigleisig. In: Frankfurter Allgemeine Zeitung Nr. 58, v. 10. 3. 2010, S. N 1

Münchmeier, R. (1998): »Entstrukturierung« der Jugendphase. Zum Strukturwandel des Aufwachsens und zu den Konsequenzen für Jugendforschung und Jugendtheorie. In: Aus Politik und Zeitgeschichte B 31: 3–13

Münchmeier, R. (2001): Aufwachsen unter veränderten Bedingungen. Zum Strukturwandel von Kindheit und Jugend. In: Praxis der Kinderpsychologie und Kinderpsychiatrie 50: 119–134

Münchmeier, R. (2007): Jugend und Familie. In: J. Ecarius (Hrsg.): Handbuch Familie. Wiesbaden (VS Verlag für Sozialwissenschaften), 260–269

Münker, S. (2009): Emergenz digitaler Öffentlichkeiten. Die sozialen Medien im Web 2.0. Frankfurt a. M. (Suhrkamp)

Napp-Peters, A. (1995): Familien nach der Scheidung. München (Antje Kunstmann)

Nave-Herz, R. (1998): Die These über den »Zerfall der Familie«. In: Kölner Zeitschrift für Soziologie und Sozialpsychologie, Beiheft Nr. 38: 286–315

Nave-Herz, R. (2004): Ehe- und Familiensoziologie. Eine Einführung in Geschichte, theoretische Ansätze und empirische Befunde. Weinheim und München (Juventa)

Noack, P. (2001): Der Stellenwert von Eltern und Lehrern in den psychosozialen Entwicklungsprozessen der Adoleszenz. In: R.-T. Kramer et al. (Hrsg.): Pädagogische Generationsbeziehungen. Opladen (Leske + Budrich), 256–274

Noack, P. (2002): Familie und Peers. In: M. Hofer et al. (Hrsg.): Lehrbuch Familienbeziehungen. Eltern und Kinder in der Entwicklung. Göttingen u. a. (Hogrefe) (2., vollständig überarbeitete und erweiterte Auflage), 143–167

Nuber, U. (2009): Lass die Kindheit hinter dir. Das Leben endlich selbst gestalten. Frankfurt a. M. und New York (Campus)

Nunner-Winkler, G. (1991): Ende des Individuums oder autonomes Subjekt? In: W. Helsper (Hrsg.): Jugend zwischen Moderne und Postmoderne. Opladen (Westdeutscher Verlag), 113–129

Nunner-Winkler, G. (1999): Sozialisationsbedingungen moralischer Motivation. In: H.-R. Leu und L. Krappmann (Hrsg.): Autonomie und Verbundenheit. Bedingungen und Formen der Behauptung von Subjektivität. Frankfurt a. M. (Suhrkamp), 299–329

Nunner-Winkler, G. (2000): Wandel in den Moralvorstellungen. Ein Generationenvergleich. In: W. Edelstein und G. Nunner-Winkler (Hrsg.): Moral im sozialen Kontext. Frankfurt a. M. (Suhrkamp), 299–336

Nunner-Winkler, G. (2001): Moralische Bildung. In: L. Wingert und K. Günther (Hrsg.): Die Öffentlichkeit der Vernunft und die Vernunft der Öffentlichkeit. Festschrift für Jürgen Habermas. Frankfurt a. M. (Suhrkamp), 314–343

Nunner-Winkler, G. (2003): Ethik der freiwilligen Selbstbindung. In: Erwägen – Wissen – Ethik 14: 579–589

Nunner-Winkler, G. (2007): Frühe emotionale Bindungen und Selbstbindung an Moral. In: C. Hopf und G. Nunner-Winkler (Hrsg.): Frühe Bindungen und moralische Entwicklung. Aktuelle Befunde zu psychischen und sozialen Bedingungen moralischer Eigenständigkeit. Weinheim und München (Juventa), 177–202

Nunner-Winkler, G. (2008): Zur Entwicklung moralischer Motivation. In: W. Schneider (Hrsg.): Entwicklung von der Kindheit bis zum Erwachsenenalter. Befunde der Münchner Längsschnittstudie LOGIK. Weinheim und Basel (Beltz/PVU), 103–123

NVL Depression (2009): Die Kernempfehlungen der Nationalen Versorgungsleitlinie sind abrufbar unter: www.versorgungsleitlinien.de/themen/depression

Oelkers, J. (2002): Kindheit – Glück – Kommerz. In: Zeitschrift für Pädagogik 48: 553–570 (mit Diskussion, ebd., 2004, 50: 112–118)

Oelkers, J. (2010): Nachwort. In: S. Andresen et al. (Hrsg.): Das Elternbuch. Weinheim und Basel (Beltz), 601–606

Oevermann, U. (1979): Sozialisationstheorie. Ansätze zu einer soziologischen Sozialisationstheorie und ihre Konsequenzen für die allgemeine soziologische Analyse. In: G. Lüschen (Hrsg.): Deutsche Soziologie seit 1945 = Sonderheft Nr. 21 der Kölner Zeitschrift für Soziologie und Sozialpsychologie. Opladen (Westdeutscher Verlag), 143–168

Oevermann, U. (2000 a): A theoretical model of family structure. Fellow lecture at the Hanse Wissenschaftskolleg in Delmenhorst, 7. 6. 2000. (Unveröffentlichtes Manuskript)

Oevermann, U. (2000 b): Der Stellenwert der »peer group« in Piagets Entwicklungstheorie. Ein Modell der Theorie der sozialen Konstitution der Ontogenese. In: D. Katzenbach und O. Steenbuck (Hrsg.): Piaget und die Erziehungswissenschaft heute. Frankfurt a. M. (Lang), 25–46

Oevermann, U. (2001): Zur Soziologie der Generationenbeziehungen und der historischen Generationen aus strukturalistischer Sicht und ihre Bedeutung für die Schulpädagogik. In: R.-T. Kramer et al. (Hrsg.): Pädagogische Generationsbeziehungen. Jugendliche im Spannungsfeld von Schule und Familie. Opladen (Leske + Budrich), 78–128

Offer, D. und K. Schonert-Reichl (1992): Debunking the myths of adolescence: Findings from recent research. In: Journal of the American Academy of Child and Adolescent Psychiatry 31: 1003–1014

Ogden, T. (1984): Trieb, Fantasie und psychologische Tiefenstruktur. In: Forum der Psychoanalyse 2, 1986: 177–196

Ogden, T. (1989): On the concept of an autistic-contiguous position. In: International Journal of Psycho-Analysis 70: 127–140

Oswald, H. (2008): Sozialisation in Netzwerken Gleichaltriger. In: K. Hurrelmann et al. (Hrsg.): Handbuch Sozialisationsforschung. Weinheim und Basel (Beltz) (7., vollständig überarbeitete Auflage), 321–332

Oswald, H. und W. Boll (1992): Das Ende des Generationenkonflikts? Zum Verhältnis von Jugendlichen zu ihren Eltern. Zeitschrift für Sozialisationsforschung und Erziehungssoziologie 12: 30–51

Otten, D. (2008): Die 50+ Studie. Wie die jungen Alten die Gesellschaft revolutionieren. Reinbek bei Hamburg (Rowohlt)

Pagani, L. et al. (2010): Prospective associations between early childhood television exposure and academic, psychosocial, and physical well-being by middle childhood. In: Archives of Pediatric and Adolescent Medicine 164: 425–431

Paley, B. et al. (1999): Attachment and marital functioning. Comparison of spouses with continuous-secure, earned-secure, dismissing, and preoccupied attachment stances. In: Journal of Family Psychology 13: 580–597

Palfrey, J. und U. Gasser (2008): Generation Internet. Die Digital Natives. München (Hanser)

Panksepp, J. (2004): Die psychobiologischen Langzeitfolgen der emotionalen Umwelten von Kleinkindern für das spätere Gefühlsleben – eine Forschungsperspektive für das 21. Jahrhundert. In: A. Streeck-Fischer (Hrsg.): Adoleszenz – Bindung – Destruktivität. Stuttgart (Klett-Cotta), 45–104

Papastefanou, C. (2000 a): Der Auszug aus dem Elternhaus – ein vernachlässigter Gegenstand der Entwicklungspsychologie. In: Zeitschrift für Soziologie der Erziehung und Sozialisation 20: 55–69

Papastefanou, C. (2000 b): Die Eltern-Kind-Beziehung in der Auszugsphase – eine neue Balance zwischen Verbundenheit und Abgrenzung. In: Zeitschrift für Soziologie der Erziehung und Sozialisation 20: 379–390

Papastefanou, C. (2006): Ablösung im Erleben junger Erwachsener aus verschiedenen Familienstrukturen. In: Zeitschrift für Soziologie der Erziehung und Sozialisation 26: 23–35

Parsons, T. (1968): Sozialstruktur und Persönlichkeit. Frankfurt a. M. (Fachbuchhandlung für Psychologie Verlagsabteilung) 1977

Perner, A. (2000): »Es gibt viele Menschen, die im Traum schon mit ihrer Mutter schliefen.« Der ödipale Konflikt in der vaterlosen Gesellschaft. In: B. Ahrbeck und J. Körner (2000): (Hrsg.): Der vergessene Dritte. Neuwied u. a. (Luchterhand), 65–86

Perner, A. (2007): Das Drängen des Triebes und die postmoderne Nervosität. In: B. Ahrbeck (Hrsg.): Hyperaktivität. Kulturtheorie, Pädagogik, Therapie. Stuttgart (Kohlhammer), 73–94

Pervin, L. et al. (2005): Persönlichkeitstheorien. München und Basel (Ernst Reinhardt) (5., vollständig überarbeitete und erweiterte Auflage)

Petermann, F. (2005): Zur Epidemiologie psychischer Störungen im Kindes- und Jugendalter. Eine Bestandsaufnahme. In: Kindheit und Entwicklung 14: 48–57

Petersen, T. (2010): Die engagierte Gesellschaft. In: Frankfurter Allgemeine Zeitung Nr. 22, v. 27. 1. 2010, S. 5

Petzold, M. (1999): Entwicklung und Erziehung in der Familie. Hohengehren (Schneider)

Petzold, M. (2000): Die Multimedia-Familie. Mediennutzung, Computerspiele, Persönlichkeitsprobleme und Kindermitwirkung in Medien. Opladen (Leske + Budrich)

Peuckert, R. (2007): Zur aktuellen Lage der Familie. In: J. Ecarius (Hrsg.): Handbuch Familie. Wiesbaden (VS Verlag für Sozialwissenschaften), 36–56

Peuckert, R. (2008): Familienformen im sozialen Wandel. Wiesbaden (VS Verlag für Sozialwissenschaften) (7., vollständig überarbeitete Auflage)

Pfaller, R. (2009 a): Die Sublimierung und die Schweinerei. Theoretischer Ort und kulturkritische Funktion eines psychoanalytischen Begriffs. In: Psyche. Zeitschrift für Psychoanalyse und ihre Anwendungen 63: 621–650

Pfaller, R. (2009 b): Strategien des Beuteverzichts. Die narzisstischen Grundlagen aktueller Sexualunlust und Politohnmacht. In: I. Berkel (Hrsg.): Postsexualität. Zur Transformation des Begehrens. Gießen (Psychosozial), 31–47

Piaget, J. (1932): Das moralische Urteil beim Kinde. Frankfurt a. M. (Suhrkamp) 1973

Picot, S. und D. Schroeder (2007): Kinderpersönlichkeiten: Porträts von 12 Mädchen und Jungen. In: World Vision Deutschland (Hrsg.): Kinder in Deutschland 2007. 1. World Vision Kinderstudie. Frankfurt a. M. (Fischer), 227–360

Pinker, S. (2002): Das unbeschriebene Blatt. Die moderne Leugnung der menschlichen Natur. Berlin (Berlin Verlag) 2003

Pohlmann, F. (2011): Einsamkeit. Anthropologische Erkundungen eines Gefühlszustandes. In: Merkur. Deutsche Zeitschrift für europäisches Denken 65. Jg., Heft 1: 44–54

Posch, W. (2009): Projekt Körper. Wie der Kult um die Schönheit unser Leben prägt. Frankfurt a. M. und New York (Campus)

Postman, N. (1982): Das Verschwinden der Kindheit. Frankfurt a. M. (Fischer) 1983

Prekop, J. (1988): Der kleine Tyrann – Welchen Halt brauchen Kinder? München (Kösel)

Prenzel, M. (2011): Man wollte nichts wissen. Interview mit dem Bildungsforscher Manfred Prenzel. In: Der Spiegel Nr. 4, v. 24. 1. 2011: 32–34

Prognos AG (2010): Engagementatlas Deutschland 2009. Berlin

Prüfer, T. (2011): Unser Lebensgefühl ist Unsicherheit. Ein Gespräch mit dem Psychologen Wolfgang Schmidbauer. In: Zeit-Magazin Nr. 9, v. 24. 2. 2011: 24–26

Psychotherapiejournal (2009): Strengere Zulassung von Methylphenidat. In: Heft 9 unter der Rubrik: Mitteilungen der Bundespsychotherapeutenkammer, S. 7

Putnam, R. (1995): Bowling alone: America's declining social capital. In: Journal of Democracy 6: 65–78

Putnam, R. (2000): Bowling Alone. The Collapse and Revival of American Community. New York (Simon and Schuster)

Quindeau, I. (2007): »Fit for Fun« – Sexuelle Funktionsstörungen in der Spaßgesellschaft. In: Psychosozial 30. Jg., Heft 4, Nr. 110: 35–48

Radkau, J. (1998): Das Zeitalter der Nervosität. Deutschland zwischen Bismarck und Hitler. München und Wien (Hanser)

Radtke, F.-O. (2007): Wiederaufrüstung im Lager der Erwachsenen. Bernhard Buebs Schwarze Pädagogik für das 21. Jahrhundert. In: M. Brumlik (Hrsg.): Vom Missbrauch der Disziplin. Antworten der Wissenschaft auf Bernhard Bueb. Weinheim und Basel (Beltz), 204–242

Ramm, M. (2011): Das Lied vom bummelnden Studenten ist falsch. In: Frankfurter Allgemeine Zeitung Nr. 136, v. 14. 6. 2011, S. 10

Ramsbrock, A. (2011): Korrigierte Körper. Eine Geschichte künstlicher Schönheit in der Moderne. Göttingen (Wallstein)

Ravens-Sieberer, U. et al. (2007): Psychische Gesundheit von Kindern und Jugendlichen in Deutschland. In: Bundesgesundheitsblatt 50, Heft 5/6: 871–878

Reemtsma, J. P. (2005): Was wird aus Hansens Garten? Gedanken über den fortschreitenden Verlust an Symbolisierungsfähigkeit. In: J. P. Reemtsma: Das unaufhebbare Nichtbescheidwissen der Mehrheit. München (Beck), 9–41

Reemtsma, J. P. (2008): Vertrauen und Gewalt. Versuch über eine besondere Konstellation der Moderne. Hamburg (Hamburger Edition)

Reese-Schäfer, W. (1997): Grenzgötter der Moral. Der neuere europäisch-amerikanische Diskurs zur politischen Ethik. Frankfurt a. M. (Suhrkamp)

Reese-Schäfer, W. (2001): Kommunitarismus. Frankfurt a. M. und New York (Campus) (3., vollständig überarbeitete Auflage)

Reese-Schäfer, W. (2006): Politische Theorie der Gegenwart in fünfzehn Modellen. München und Wien (Oldenbourg)

Reiche, R. (1991): Haben frühe Störungen zugenommen? In: Psyche. Zeitschrift für Psychoanalyse und ihre Anwendungen 45: 1045–1066 [auch in: R. Reiche (2004 a): Kapitel 2]

Reiche, R. (1995): Von innen nach außen? Sackgassen im Diskurs über Psychoanalyse und Gesellschaft. In: Psyche. Zeitschrift für Psychoanalyse und ihre Anwendungen 49: 227–258 [auch in: R. Reiche (2004 a): Kapitel 1]

Reiche, R. (1999): »An die Stelle der Triebtheorie tritt dann …«. Aufgaben der Psychoanalyse in der Theorie des kommunikativen Handelns. In: Psychosozial 22. Jg., Heft 1, Nr. 75: 41–56 [auch in: R. Reiche (2004 a): Kapitel 4]

Reiche, R. (2000): »… versage uns die volle Befriedigung« (Sigmund Freud). Eine sexualwissenschaftliche Zeitdiagnose der gegenwärtigen Kultur. In: Zeitschrift für psychoanalytische Theorie und Praxis 15: 10–36 [unter anderem Titel auch in: R. Reiche (2004 a): Kapitel 6]

Reiche, R. (2004): Homosexualisierung der Sexualität. Eine Zeitdiagnose. In: R. Reiche (2004 a): Kapitel 7

Reiche, R. (2004 a): Triebschicksal der Gesellschaft. Über den Strukturwandel der Psyche. Frankfurt a. M. und New York (Campus)

Reiche, R. (2004 b): Adorno und die Psychoanalyse. In: A. Gruschka und U. Oevermann (Hrsg.): Die Lebendigkeit der kritischen Gesellschaftstheorie. Wetzlar (Büchse der Pandora), 235–254

Reiche, R. (2011): Beschleunigung – als Epochenbegriff, als Zeitdiagnose und als Strukturgesetz des Kapitals. In: Psyche. Zeitschrift für Psychoanalyse und ihre Anwendungen 65: Heft 11 [das Heft enthält auch Beiträge von H. Rosa und V. King zum Thema Beschleunigung]

Resch, F. (2010): Adoleszenz: Wann muss ich mir Sorgen machen? Verhaltensauffälligkeiten im Jugendalter. In: S. Andresen et al. (Hrsg.): Das Elternbuch. Weinheim und Basel (Beltz), 497–510

Reuband, K.-H. (1992): Veränderungen in den familialen Lebensbedingungen Jugendlicher seit der Jahrhundertwende. Eine Analyse auf der Basis retrospektiver Daten. In: Zeitschrift für Sozialisationsforschung und Erziehungssoziologie 12: 99–113

Reuband, K.-H. (1997): Aushandeln statt Gehorsam? Erziehungsziele und Erziehungspraktiken in den alten und neuen Bundesländern. In: L. Böhnisch und K. Lenz (Hrsg.): Familien. Eine interdisziplinäre Einführung. Weinheim und München (Juventa), 129–153

Riemann, F. (1975): Die schizoide Gesellschaft. München (Kaiser)

Rindermann, H. (2009): Intelligenz als bürgerliches Phänomen. In: Merkur. Deutsche Zeitschrift für Europäisches Denken 63.Jg., Heft 8: 666–676

Rindermann, H. und D. Rost (2010): Was ist dran an Sarrazins Thesen? In: Frankfurter Allgemeine Zeitung Nr. 207, v. 7. 9. 2010, S. 29 und S. 31

Rittelmeyer, C. (2007): Kindheit in Bedrängnis. Zwischen Kulturindustrie und technokratischer Bildungsreform. Stuttgart (Kohlhammer)

Robert Koch-Institut (2007): Armut als Risiko. Die Studie des Robert Koch-Instituts zur Gesundheit von Kindern und Jugendlichen (KiGGS). In: Frankfurter Allgemeine Zeitung Nr. 114, v. 18. 5. 2007, S. 9

Roberts, B. et al. (2006): Patterns of mean-level change in personality traits across the life course: A meta-analysis of longitudinal studies. In: Psychological Bulletin 132: 1–25

Roberts, B. et al. (2010): It is developmental me not generation me. In: Perspectives on Psychological Science 5: 97–102

Römelt, A. (2009): Fortbildung im Computerspiel. In: Frankfurter Allgemeine Zeitung Nr. 97, v. 27. 4. 2009, S. 8

Römer, F. (2011): Arme Superkinder. Wie unsere Kinder der Wirtschaft geopfert werden. Weinheim und Basel (Beltz)

Rogers, S. und P. Amato (1997): Is marital quality declining? The evidence from two generations. In: Social Forces 75: 1089–1100

Rogers, S. und P. Amato (2000): Have changes in gender relations affected marital quality? In: Social Forces 79: 731–753

Rohde-Dachser, C. (2007): Zur Psychodynamik schönheitschirurgischer Körperinszenierungen. In: Psyche. Zeitschrift für Psychoanalyse und ihre Anwendungen 61: 97–124

Rohrwasser, M. (1975): Saubere Mädel, starke Genossen. Frankfurt a. M. (Roter Stern)

Rorty, R. (1989): Kontingenz, Ironie und Solidarität. Frankfurt a. M. (Suhrkamp)

Rosa, H. (2005): Beschleunigung. Die Veränderung der Zeitstruktur in der Moderne. Frankfurt a. M. (Suhrkamp)

Rosa, H. (2009 a): Kritik der Zeitverhältnisse. Beschleunigung und Entfremdung als Schlüsselbegriffe der Sozialkritik. In: R. Jaeggi und T. Wesche (Hrsg.): Was ist Kritik? Frankfurt a. M. (Suhrkamp), 23–54

Rosa, H. (2009 b): Von der stabilen Position zur dynamischen Performanz. Beschleunigung und Anerkennung in der Spätmoderne. In: R. Forst et al. (Hrsg.): Sozialphilosophie und Kritik. Frankfurt a. M. (Suhrkamp), 655–671

Rosa, H. (2009 c): Jedes Ding hat seine Zeit? Flexible Menschen in rasenden Verhältnissen. In: V. King und B. Gerisch (Hrsg.): Zeitgewinn und Selbstverlust. Frankfurt a. M. (Campus), 21–39

Rosa, H. et al. (2010): Theorien der Gemeinschaft zur Einführung. Hamburg (Junius)

Roth, G. (2003): Fühlen, Denken, Handeln. Wie das Gehirn unser Verhalten steuert. Frankfurt a. M. (Suhrkamp) (Neue, vollständig überarbeitete Ausgabe)

Roth, G. (2007): Persönlichkeit, Entscheidung und Verhalten. Warum es so schwierig ist, sich und andere zu ändern. Stuttgart (Klett-Cotta)

Roth, R. (2004): Die dunklen Seiten der Zivilgesellschaft. Grenzen einer zivilgesellschaftlichen Fundierung von Demokratie. In: A. Klein et al.

(Hrsg.): Zivilgesellschaft und Sozialkapital. Herausforderungen politischer und sozialer Integration. Wiesbaden (VS Verlag für Sozialwissenschaften), 41–64

Rülcker, T. (1990 a): Selbständigkeit als pädagogisches Zielkonzept. In: U. Preuss-Lausitz et al. (Hrsg.): Selbständigkeit für Kinder – die große Freiheit? Kindheit zwischen pädagogischen Zugeständnissen und gesellschaftlichen Zumutungen. Weinheim und Basel (Beltz), 20–27

Rülcker, T. (1990 b): Veränderte Familien, selbständigere Kinder? In: U. Preuss-Lausitz et al. (Hrsg.): Selbständigkeit für Kinder – die große Freiheit? Weinheim und Basel (Beltz), 38–53

Rüssmann, K. (2004): Sozialstruktur und Konfliktpotential in Partnerschaft und Ehe. In: P. Hill (Hrsg.): Interaktion und Kommunikation. Eine empirische Studie zu Alltagsinteraktionen, Konflikten und Zufriedenheit in Partnerschaften. Würzburg (Ergon), 103–155

Rüssmann, K. und O. A. Becker (2004): Die Interdependenz von Sozialstruktur, Familienzyklus, Interaktionsstil und Partnerschaftszufriedenheit. In: P. Hill (Hrsg.): Interaktion und Kommunikation. Eine empirische Studie zu Alltagsinteraktionen, Konflikten und Zufriedenheit in Partnerschaften. Würzburg (Ergon), 207–247

Saar, M. (2007): Nachwort. In: M. Foucault: Ästhetik der Existenz. Schriften zur Lebenskunst. Frankfurt a. M. (Suhrkamp), 319–343

Sachs-Hombach, K. (2005): (Hrsg.): Bildwissenschaft. Disziplinen, Themen, Methoden. Frankfurt a. M. (Suhrkamp)

Sachs-Hombach, K. (2009): (Hrsg.): Bildtheorien. Anthropologische und kulturelle Grundlagen des Visualistic Turn. Frankfurt a. M. (Suhrkamp)

Salzberger, T. (2010): Kinderpornografie im Internet. In: K. H. Brisch und T. Hellbrügge (Hrsg.) Bindung, Angst und Aggression. Theorie, Therapie und Prävention. Stuttgart (Klett-Cotta), 123–137

Sandel, M. (2007): Plädoyer gegen die Perfektion. Ethik im Zeitalter der genetischen Technik. Mit einem Vorwort von Jürgen Habermas. Berlin (Berlin University Press) 2008

Sardei-Biermann, S. (2006): Soziale Nahwelt und Lebensverhältnisse in subjektiver Einschätzung. In: M. Gille et al. (Hrsg.): Jugendliche und junge Erwachsene in Deutschland. Lebensverhältnisse, Werte und gesellschaftliche Beteiligung 12- bis 29-Jähriger. Wiesbaden (VS Verlag für Sozialwissenschaften), 87–130

Sasse, C. (2006): Eine romantische Arbeitsethik? Die neuen Ideale in der Arbeitswelt. In: G. Burkart (Hrsg.): Die Ausweitung der Bekenntniskultur – neue Formen der Selbstthematisierung? Wiesbaden (VS Verlag für Sozialwissenschaften), 285–312

Savage, J. (2008): Teenage. Die Erfindung der Jugend (1875–1945). Frankfurt a. M. und New York (Campus)

Sayer, L. et al. (2004): Are parents investing less in children? Trends in mothers' and fathers' time with children. In: American Journal of Sociology 110: 1–43

Schaal, G. und F. Heidenreich (2009): Einführung in die politische Theorie der Moderne. Opladen und Farmington Hills (Barbara Budrich/ UTB) (2., erweiterte und überarbeitete Auflage)

Schäfers, B. und A. Scherr (2005): Jugendsoziologie. Einführung in Grundlagen und Theorien. Wiesbaden (VS Verlag für Sozialwissenschaften) (8., umfassend aktualisierte und überarbeitete Auflage)

Schäffer, B. (2007): Medien. In: J. Ecarius (Hrsg.): Handbuch Familie. Wiesbaden (VS Verlag für Sozialwissenschaften), 456–479

Scharff, J. (2002): Zur Zentrierung auf innere und äußere Faktoren als zwei Perspektiven klinischen Verstehens. Psyche. Zeitschrift für Psychoanalyse und ihre Anwendungen 56: 601–629

Schelsky, H. (1955): Soziologie der Sexualität. Hamburg (Rowohlt) 1963

Schelsky, H. (1957): Die skeptische Generation. Eine Soziologie der deutschen Jugend. Düsseldorf und Köln (Eugen Diederichs)

Scherr, A. (2004): Selbstsozialisation in der polykontexturalen Gesellschaft. Primat des Objektiven oder Autopoiese psychischer Systeme? In: D. Hoffmann und H. Merkens (Hrsg.): Jugendsoziologische Sozialisationsforschung. Impulse für die Jugendforschung. Weinheim und München (Juventa), 221–235

Schimank, U. (2002): Biografie als Autopoiesis – Eine systemtheoretische Rekonstruktion von Individualität. In: U. Schimank (2002 a): Das zwiespältige Individuum. Zum Person-Gesellschaft-Arrangement der Moderne. Opladen (Leske + Budrich), 221–234

Schimank, U. (2002 a): Das zwiespältige Individuum. Zum Person-Gesellschaft-Arrangement der Moderne. Opladen (Leske + Budrich)

Schipp, A. (2010): Lifting in der Mittagspause. In: Frankfurter Allgemeine Sonntagszeitung Nr. 17, v. 2. 5. 2010, S. 48

Schlack, R. et al. (2007): Die Prävalenz der Aufmerksamkeitsdefizit-/ Hyperaktivitätsstörung (ADHS) bei Kindern und Jugendlichen in

Deutschland. Erste Ergebnisse aus dem Kinder- und Jugendgesundheitssurvey (KiGGS). In: Bundesgesundheitsblatt 50, Heft 5/6: 827–835

Schlütter, J. (2010): Der Mythos vom verzogenen Einzelkind. In: Die Welt v. 17. 8. 2010, S. 23

Schmid, H. B. (2011): Moralische Integrität. Kritik eines Konstrukts. Suhrkamp (Berlin)

Schmidt, G. (2000): (Hrsg.): Kinder der sexuellen Revolution. Kontinuität und Wandel studentischer Sexualität 1966–1996. Gießen (Psychosozial)

Schmidt, G. (2004): Das neue Der Die Das. Über die Modernisierung des Sexuellen. Gießen (Psychosozial)

Schmidt, G. (2005): Kindersexualität – Konturen eines dunklen Kontinents. In: B. Burian-Langegger (Hrsg.): Doktorspiele. Die Sexualität des Kindes. Wien (Picus), 114–128

Schmidt, G. et al. (1998): Veränderungen des Sexualverhaltens von Studentinnen und Studenten 1966–1981–1996. In: G. Schmidt und B. Strauß (Hrsg.): Sexualität in der Spätmoderne. Über den kulturellen Wandel der Sexualität. Stuttgart (Enke), 118–136 [Nachdruck: Gießen (Psychosozial) 2002]

Schmidt, G. et al. (2003): Beziehungsformen und Beziehungsverläufe im sozialen Wandel. In: Zeitschrift für Sexualforschung 16: 195–231

Schmidt, G. et al. (2006): Spätmoderne Beziehungswelten. Report über Partnerschaft und Sexualität in drei Generationen. Wiesbaden (VS Verlag für Sozialwissenschaften)

Schmidtchen, G. (1997): Wie weit ist der Weg nach Deutschland? Sozialpsychologie der Jugend in der postsozialistischen Welt. Opladen (Leske + Budrich)

Schmidt-Denter, U. (2000): Entwicklung von Trennungs- und Scheidungsfamilien: Die Kölner Längsschnittstudie. In: K. Schneewind (Hrsg.): Familienpsychologie im Aufwind. Brückenschläge zwischen Forschung und Praxis. Göttingen u. a. (Hogrefe), 203–221 (mit Kommentar, ebd., 222–229)

Schmidt-Lüer, S. (2009): Der Beruf frisst das Privatleben. In: Frankfurter Rundschau Nr. 150, v. 2. 7. 2009, S. F 3 (Lokalteil)

Schmitt, M. (2004): Persönlichkeitspsychologische Grundlagen. In: R. Mangold et al. (Hrsg.): Lehrbuch der Medienpsychologie. Göttingen u. a. (Hogrefe), 151–173

Schmoll, H. (2010): Nie ging es Kindern so gut. In: Frankfurter Allgemeine Zeitung Nr. 269, v. 18. 11. 2010, S. 9

Schneekloth, U. und I. Leven (2007): Familie als Zentrum: nicht für alle gleich verlässlich. In: World Vision Deutschland (Hrsg.): Kinder in Deutschland 2007. 1. World Vision Kinderstudie. Frankfurt a. M. (Fischer), 65–109

Schneewind, K. (1999): Familienpsychologie. Stuttgart u. a. (Kohlhammer) (2., überarbeitete Auflage)

Schneewind, K. (2001): Persönlichkeits- und Familienentwicklung im Generationenvergleich. In: Zeitschrift für Soziologie der Erziehung und Sozialisation 21: 23–44

Schneewind, K. (2008): Sozialisation in der Familie. In: K. Hurrelmann et al. (Hrsg.): Handbuch Sozialisationsforschung. Weinheim und Basel (Beltz) (7., vollständig überarbeitete Auflage), 256–273

Schneewind, K. und S. Ruppert (1995): Familien gestern und heute: ein Generationenvergleich über 16 Jahre. München (Quintessenz)

Schneider, N. (1990): Woran scheitern Partnerschaften? Subjektive Trennungsgründe und Belastungsfaktoren bei Ehepaaren und nichtehelichen Lebensgemeinschaften. In: Zeitschrift für Soziologie 19: 458–470

Schneider, S. (2005): Lernfreude und Schulangst. Wie es 8- bis 9-jährigen Kindern in der Grundschule geht. In: C. Alt (Hrsg.): Kinderleben – Aufwachsen zwischen Familie, Freunden und Institutionen. Band 2: Aufwachsen zwischen Freunden und Institutionen. Wiesbaden (Verlag für Sozialwissenschaften), 199–230

Schneider, W. (2006): Der Weg ist vorgezeichnet. Interview. In: Die Zeit v. 13. 7. 2006, S. 3

Schneider, W. und M. Bullock (2008): Die Längsschnittstudie LOGIK: Versuch einer zusammenfassenden Würdigung. In: W. Schneider (Hrsg.): Entwicklung von der Kindheit bis zum Erwachsenenalter. Befunde der Münchner Längsschnittstudie LOGIK. Weinheim und Basel (Beltz/PVU), 203–230

Schoch, J. (2006): Hebe mich heraus! Über den Sinn von Tätowierungen. In: J. Ach und A. Pollmann (Hrsg.): no body is perfect. Bielefeld (transcript), 225–229

Schöne-Seifert, B. und D. Talbot (2009): (Hrsg.): Enhancement. Die ethische Debatte. Paderborn (mentis)

Schöne-Seifert, B. et al. (2009): (Hrsg.): Neuro-Enhancement. Ethik vor neuen Herausforderungen. Paderborn (mentis)

Schrader, F.-W. und A. Helmke (2008): Selbstvertrauen im Übergang vom Jugend- zum Erwachsenenalter. In: W. Schneider (Hrsg.): Entwicklung von der Kindheit bis zum Erwachsenenalter. Befunde der Münchner Längsschnittstudie LOGIK. Weinheim und Basel (Beltz/PVU), 141–166

Schroer, M. (2000): Das Individuum der Gesellschaft. Synchrone und diachrone Theorieperspektiven. Frankfurt a. M. (Suhrkamp)

Schüle, C. (2007): In den Fängen der Angst. In: Die Zeit Nr. 17, v. 19. 4. 2007: 17–20

Schütze, Y. (1984): … und dann ging Effi in die Familientherapie. Wie universal ist die systemische Familientherapie? In: Psychologie heute, 11. Jg., Heft 3: 46–49

Schütze, Y. (1988): Zur Veränderung im Eltern-Kind-Verhältnis seit der Nachkriegszeit. In: R. Nave-Herz (Hrsg.): Wandel und Kontinuität der Familie in der Bundesrepublik Deutschland. Stuttgart (Enke), 95–114

Schütze, Y. (1994): Von der Gattenfamilie zur Elternfamilie. In: A. Herlth et al. (Hrsg.): Abschied von der Normalfamilie. Berlin u. a. (Springer), 91–101

Schütze, Y. (2002): Zur Veränderung im Eltern-Kind-Verhältnis seit der Nachkriegszeit. In: R. Nave-Herz (Hrsg.): Kontinuität und Wandel der Familie in Deutschland. Eine zeitgeschichtliche Analyse. Stuttgart (Lucius & Lucius), 71–97

Schulte-Markwort, M. et al. (2002): Internet und familiäre Beziehungen. In: W. Hantel-Quitmann und P. Kastner (Hrsg.): Die Globalisierung der Intimität. Gießen (Psychosozial), 179–192

Seiffge-Krenke, I. (1997): Wie verändern sich die familiären Beziehungen im Jugendalter? In: Zeitschrift für Entwicklungspsychologie und Pädagogische Psychologie XXIX: 133–150

Seiffge-Krenke, I. (2006): Leaving home or still in the nest? Parent-child relationships and psychological health as predictors of different leaving home patterns. In: Developmental Psychology 42: 864–876

Seiffge-Krenke, I. (2007): Psychoanalytische und tiefenpsychologisch fundierte Therapie mit Jugendlichen. Stuttgart (Klett-Cotta)

Seiler, K. (2011): Arbeit im Wandel. In: Frankfurter Allgemeine Zeitung Nr. 128, v. 3. 6. 2011, Verlagsbeilage Gesundheit und Arbeit, S. B 2

Seipel, C. et al. (2000): Probleme der empirischen Autoritarismusforschung. In: S. Rippl et al. (Hrsg.): Autoritarismus. Kontroversen und

Ansätze der aktuellen Autoritarismusforschung. Opladen (Leske + Budrich), 261–280

Sekareva, K. (2009): Ballerspiele machen schlau. In: Frankfurter Allgemeine Sonntagszeitung Nr. 16, v. 19. 4. 2009, S. 48

Seligman, M. (1990): Why is there so much depression today? The waxing of the individual and the waning of the commons. In: R. Ingram (Ed.): Contemporary Approaches to Depression. New York (Plenum Press), 1–9

Senghaas-Knobloch, E. (2008): Wohin driftet die Arbeitswelt? Wiesbaden (VS Verlag für Sozialwissenschaften)

Sennett, R. (1974): Verfall und Ende des öffentlichen Lebens. Die Tyrannei der Intimität. Frankfurt a. M. (Fischer) 1983

Sennett, R. (1998): Der flexible Mensch. Die Kultur des neuen Kapitalismus. Berlin (Berlin Verlag)

Shedler, J. (2010): Die Wirksamkeit psychodynamischer Psychotherapie. In: Psychotherapeut 56, 2011: 265–277

Shell Deutschland (2002): (Hrsg.): Jugend 2002. Zwischen pragmatischem Idealismus und robustem Materialismus. 14. Shell Jugendstudie. Frankfurt a. M. (Fischer)

Shell Deutschland (2006): (Hrsg.): Jugend 2006. Eine pragmatische Generation unter Druck. 15. Shell Jugendstudie. Frankfurt a. M. (Fischer)

Shell Deutschland (2010): (Hrsg.): Jugend 2010. Eine pragmatische Generation behauptet sich. 16. Shell Jugendstudie. Frankfurt a. M. (Fischer)

Shorter, E. (1975): Die Geburt der modernen Familie. Reinbek bei Hamburg (Rowohlt) 1977

Shorter, E. (1992): Moderne Leiden. Zur Geschichte der psychosomatischen Krankheiten. Reinbek bei Hamburg (Rowohlt) 1994

Sichtermann, B. (2001): Das Herz der Erziehung. Brauchen Kinder Grenzen? Oder doch eher Leute, die ihnen helfen, Grenzen zu überwinden? In: Die Zeit Nr. 42, v. 11. 10. 2001, S. 55

Sichtermann, B. (2007): Pubertät. Not und Versprechen. Weinheim und Basel (Beltz) (überarbeitete Neuausgabe)

Sieder, R. (2008): Patchworks – das Familienleben getrennter Eltern und ihrer Kinder. Stuttgart (Klett-Cotta)

Siems, D. und J. Wiedemann (2010): Deutschland, das geteilte Kinderland. In: Die Welt v. 2. 6. 2010, S. 8

Siep, L. (2006): Die biotechnische Neuerfindung des Menschen. In: J. Ach und A. Pollmann (Hrsg.): no body is perfect. Baumaßnahmen am menschlichen Körper – Bioethische und ästhetische Aufrisse. Bielefeld (transcript), 21–42

Sievers, M. (2008 a): Bloß kein Schmuddelkind. In: Frankfurter Rundschau Nr. 50, v. 28. 2. 2008, S. 5

Sievers, M. (2008 b): Mehr Zeit für Kinder. In: Frankfurter Rundschau Nr. 148, v. 27. 6. 2008, S. 5

Siggelkow, B. und W. Büscher (2008): Deutschlands sexuelle Tragödie. Wenn Kinder nicht mehr lernen, was Liebe ist. München (Goldmann) 2010

Sigusch, V. (1996): Die Zerstreuung des Eros. In: Der Spiegel Nr. 23, v. 3. 6. 1996: 126–130

Sigusch, V. (1997): Metamorphosen von Leben und Tod. Ausblick auf eine Theorie der Hylomatie. In: Psyche. Zeitschrift für Psychoanalyse und ihre Anwendungen 51: 835–874

Sigusch, V. (1998): Die neosexuelle Revolution. Über gesellschaftliche Transformationen der Sexualität in den letzten Jahrzehnten. In: Psyche. Zeitschrift für Psychoanalyse und ihre Anwendungen 52: 1192–1234

Sigusch, V. (2005): Neosexualitäten. Über den kulturellen Wandel von Liebe und Perversion. Frankfurt a. M. (Campus)

Sigusch, V. (2011): König Sex. Spiegel-Gespräch mit dem Wissenschaftler Volkmar Sigusch über die sexuelle Revolution der sechziger Jahre und was aus ihr wurde. In: Der Spiegel Nr. 9, v. 28. 2. 2011: 118–120

Silbereisen, R. und M. Pinquart (2008): Sozialer Wandel und individuelle Entwicklung. In: R. Silbereisen und M. Pinquart (Hrsg.): Individuum und sozialer Wandel. Eine Studie zu Anforderungen, psychosozialen Ressourcen und individueller Bewältigung. Weinheim und München (Juventa), 7–36

Simmel, G. (1900): Philosophie des Geldes. In: G. Simmel (1989): Gesamtausgabe, Band 6. Herausgegeben von D. Frisby und K. Köhnke. Frankfurt a. M. (Suhrkamp)

Singer, W. (2002): Was kann der Mensch wann lernen? In: N. Kilius et al. (Hrsg.): Die Zukunft der Bildung. Frankfurt a. M. (Suhrkamp), 78–99

Sloterdijk, P. (2011): Stress und Freiheit. Berlin (Suhrkamp)

Smith, D. und M. Rutter (1995): Time trends in psychosocial disorders of youth. In: M. Rutter und D. Smith (Eds.): Psychosocial Disorders in Young People. New York u. a. (Wiley), 763–781

Snowdon, C. (2010): The Spirit Level Delusion. Fact-checking the Left's

New Theory of Everything. North Yorkshire (Little Dice)/London (Democracy Institute)

Snowdon, C. (2011): The Spirit Level Delusion: Epilogue. http://spiritleveldelusion.blogspot.com/

Sofsky, W. (1996): Traktat über die Gewalt. Frankfurt a. M. (Fischer)

Sombart, N. (1991): Die deutschen Männer und ihre Feinde. Carl Schmitt – ein deutsches Schicksal zwischen Männerbund und Matriarchatsmythos. München und Wien (Hanser)

Spiewak, M. (2008): Falsche Panik. In: Die Zeit Nr. 41, v. 1. 10. 2008: 37–38

Spitz, R. (1964): Vom Dialog. Stuttgart (Klett) 1976

Spitzer, M. (2005): Vorsicht Bildschirm! Stuttgart u. a. (Klett)

Spork, P. (2009): Der zweite Code. Epigenetik – oder wie wir unser Erbgut steuern können. Reinbek bei Hamburg (Rowohlt)

Spreckelsen, T. (2011): Lehrer, bitte Zahlen! Mathematikunterricht an der Grundschule. In: Frankfurter Allgemeine Zeitung Nr. 23, v. 28. 1. 2011, S. 35

Sroufe, A. et al. (2005): The Development of the Person: The Minnesota Study of Risk and Adaption from Birth to Adulthood. New York (Guilford Press)

Stecher, L. (2005): Schule als Familienproblem? Wie Eltern und Kinder die Grundschule sehen. In: C. Alt (Hrsg.): Kinderleben – Aufwachsen zwischen Familie, Freunden und Institutionen. Band 2: Aufwachsen zwischen Freunden und Institutionen. Wiesbaden (Verlag für Sozialwissenschaften), 183–197

Stecher, L. und J. Zinnecker (1996): Haben Kinder heute Vorbilder? In: J. Zinnecker und R. Silbereisen (Hrsg.): Kindheit in Deutschland. Weinheim und München (Juventa), 195–212

Steinberg, L. (2001): We know some things: Parent-adolescent relationships in retrospect and prospect. In: Journal of Research on Adolescence 11: 1–19

Steinig, W. (2011): Leserbrief in: Der Spiegel Nr. 6, v. 7. 2. 2011, S. 12

Stern, D. (1985): Die Lebenserfahrung des Säuglings. Stuttgart (Klett-Cotta) 1992

Stierlin, H. (1971): Das Tun des Einen ist das Tun des Anderen. Eine Dynamik menschlicher Beziehungen. Frankfurt a. M. (Suhrkamp) 1978

Stirn, A. (2003): Body piercing: medical consequences and psychological motivations. In: The Lancet 361: 1205–1215

Stirn, A. (2004): Die Selbstgestaltung des Körpers. Narzisstische Aspekte von Tattoo und Piercing. In: Psychotherapie im Dialog 5: 256–260

Stirn, A. und A. Hinz (2008): Tattoos, body piercings, and self injury: Is there a connection? In: Psychotherapy Research 18: 326–333

Stirn, A. et al. (2006): Prävalenz, Soziodemographie, mentale Gesundheit und Geschlechtsunterschiede bei Piercing und Tattoo. In: Psychotherapie und Psychologische Medizin 56: 445–449

Stoller, R. (1975): Perversion. Die erotische Form von Haß. Reinbek bei Hamburg (Rowohlt) 1979 [Nachdruck: Gießen (Psychosozial) 2001]

Stoller, R. (1976): Sexual excitement. In: Archives of General Psychiatry 33: 899–909

Storch, M. (1994): Das Eltern-Kind-Verhältnis im Jugendalter. Eine empirische Längsschnittstudie. Weinheim und München (Juventa)

Straub, J. (1991): Identitätstheorie im Übergang? Über Identitätsforschung, den Begriff der Identität und die zunehmende Beachtung des Nicht-Identischen in subjekttheoretischen Diskursen. Sozialwissenschaftliche Rundschau 23: 49–71

Straub, J. (2000): Identität als psychologisches Deutungskonzept. In: W. Greve (Hrsg.): Psychologie des Selbst. Weinheim (Beltz / PVU), 279–301

Straub, J. (2004): Identität. In: F. Jäger und B. Liebsch (Hrsg.): Handbuch der Kulturwissenschaften, Band 1: Grundlagen und Schlüsselbegriffe. Stuttgart (Metzler), 277–303

Straub, J. und J. Renn (2002): (Hrsg.): Transitorische Identität. Der Prozeßcharakter des modernen Selbst. Frankfurt a. M. und New York (Campus)

Streeck, W. (2009): Die Sozialwissenschaften in der Liberalisierung. In: WestEnd. Neue Zeitschrift für Sozialforschung 6. Jg., Heft 1: 13–33

Strenger, C. (1998): Individuality, the Impossible Project: Psychoanalysis and Self-Creation. Madison, Connecticut (International Universities Press)

Strenger, C. (2002): The Quest for Voice in Contemporary Psychoanalysis. Madison, Connecticut (International Universities Press)

Strenger, C. (2005): The Designed Self. Psychoanalysis and Contemporary Identities. Hillsdale und London (The Analytic Press)

Strenger, C. (2006): Freud's forgotten evolutionary project. In: Psychoanalytic Psychology 23: 420–429

Suess, G. und J. Sroufe (2008): Klinische Implikationen der Minnesota

Längsschnittstudie zur Persönlichkeitsentwicklung von der Geburt bis ins Erwachsenenalter. In: Frühe Kindheit 11. Jg., Heft 6: 8–17

Supp, B. (2005): Sokrates und Saltimbocca. Berliner Bürger auf der Sinnsuche. In: Der Spiegel Nr. 27, v. 4. 7. 2005, S. 67

Sutter, T. (2004 a): Sozialisation als Konstruktion subjektiver und sozialer Strukturen. In: D. Geulen und H. Veith (Hrsg.): Sozialisationstheorie interdisziplinär. Aktuelle Perspektiven. Stuttgart (Lucius & Lucius), 93–115

Sutter, T. (2004 b): Systemtheorie und Subjektbildung. In: M. Grundmann und R. Beer (Hrsg.): Subjekttheorien interdisziplinär. Diskussionsbeiträge aus Sozialwissenschaften, Philosophie und Neurowissenschaften. Münster (LitVerlag), 155–183

Sutterlüty, F. (2002): Gewaltkarrieren. Jugendliche im Kreislauf von Gewalt und Mißachtung. Frankfurt a. M. und New York (Campus)

Talbot, D. (2010): Forschungsprojekt über die leistungssteigernde Wirkung von Ritalin; Kurzbericht nach einer Meldung der Deutschen Presse Agentur unter der Überschrift »Irrtum« in: Frankfurter Allgemeine Sonntagszeitung Nr. 2, v. 17. 1. 2010, S. 12

Taylor, C. (1991): Das Unbehagen an der Moderne. Frankfurt a. M. (Suhrkamp) 1995

Tenbrink, D. (2000): Seelische Erkrankungen im Wandel der Gesellschaft als Herausforderung für die psychoanalytische Theorie, Praxis und Ausbildung. In: Zeitschrift für Individualpsychologie 25: 20–35

Tenorth, H.-E. (2008 a): Geschichte der Erziehung. Einführung in die Grundzüge ihrer neuzeitlichen Entwicklung. Weinheim und München (Juventa)

Tenorth, H.-E. (2008 b): Aufstieg durch Bildung – was das heißen kann und was nicht. Ein Gespräch mit dem Erziehungshistoriker Heinz-Elmar Tenorth. In: Frankfurter Allgemeine Zeitung Nr. 217, v. 16. 8. 2008, S. 37

Theweleit, K. (1977): Männerphantasien. 2 Bände. Reinbek bei Hamburg (Rowohlt) 1980

Thole, W. (2002): Jugend, Freizeit, Medien und Kultur. In: H.-H. Krüger und C. Grunert (Hrsg.): Handbuch Kindheits- und Jugendforschung. Opladen (Leske + Budrich), 653–684

Thomä, D. (1998): Erzähle dich selbst. Lebensgeschichte als philosophisches Problem. München (Beck)

Thomä, D. (2002): Der bewegliche Mensch. Moderne Identität aus philosophischer Sicht. In: Forum der Psychoanalyse 18: 201–223

Thomä, D. (2008): Väter. Eine moderne Heldengeschichte. München (Hanser)

Thome, H. (2005): Wertewandel in Europa aus der Sicht der empirischen Sozialforschung. In: H. Joas und K. Wiegandt (Hrsg): Die kulturellen Werte Europas. Frankfurt a. M. (Fischer), 386–443

Thome, H. (2010): Entwicklung der Gewaltkriminalität. Zur Aktualität Durkheims. In: WestEnd. Neue Zeitschrift für Sozialforschung 7. Jg., Heft 2: 30–57

Thompson, C. (2007): Die Tyrannei der Liebe. München (Antje Kunstmann) 2008

Tichomirova, K. (2010): Halb so wild. In: Frankfurter Rundschau Nr. 204, v. 3. 9. 2010: 2–3

Tichomirova, K. (2011): Weniger sexuelle Übergriffe auf Kinder und Jugendliche. In: Frankfurter Rundschau Nr. 243, v. 19. 10. 2011, S. 6

Tillmann, K.-J. (2003): Sozialisationstheorien. Eine Einführung in den Zusammenhang von Gesellschaft, Institution und Subjektwerdung. Reinbek (Rowohlt) (12., erweiterte u. überarbeitete Auflage)

Tippelt, R. (1988): Kinder und Jugendliche im Spannungsfeld zwischen Familie und anderen Sozialisationsinstanzen. In: Zeitschrift für Pädagogik 34: 621–640

Tocqueville, A. de (1835/1840): Über die Demokratie in Amerika. 2 Bände. Zürich (Manesse) 1987

Treszniewski, K. und B. Donnellan (2010): Rethinking ›Generation Me‹: A study of cohort effects from 1976–2006. In: Perspectives on Psychological Science 5: 58–75

Treszniewski, K. et al. (2008): Is ›Generation Me‹ really more narcissistic than previous generations? In: Journal of Personality 76: 903–917

Trimborn, W. (2008): Artikel ›Überich‹. In: W. Mertens und B. Waldvogel (Hrsg.): Handbuch psychoanalytischer Grundbegriffe. Stuttgart (Kohlhammer), (3., überarb. u. erw. Aufl.), 795–799

Türcke, C. (2002): Erregte Gesellschaft. Philosophie der Sensation. München (Beck)

Türcke, C. (2009): Konzentrierte Zerstreuung. Zur mikroelektronischen Aufmerksamkeitsdefizit-Kultur. In: G. Schneider et al. (Hrsg.): Psychoanalyse, Kultur, Gesellschaft. Arbeitstagung der Deutschen Psychoanalytischen Vereinigung. Bad Homburg, 18. bis 21. November 2009.

Kongressband. Vertrieb: Congress-Organisation Geber + Reusch, Frankfurt a. M. (E-Mail: Geber@t-online.de), 82–93

Twenge, J. (2000): The age of anxiety? Birth cohort change in anxiety and neuroticism, 1952–1993. In: Journal of Personality and Social Psychology 79: 1007–1021

Twenge, J. (2006): Generation Me. New York (Free Press)

Tyrell, H. (1976): Probleme einer Theorie der gesellschaftlichen Ausdifferenzierung der privatisierten modernen Kleinfamilie. In: Zeitschrift für Soziologie 5: 393–417

Uhlendorff, H. (2006): Freundschaften unter Kindern im Grundschulalter. In: L.-M. Alisch und J. Wagner (Hrsg.): Freundschaften unter Kindern und Jugendlichen. Weinheim und München (Juventa), 95–105

Uhlhaas, P. und K. Konrad (2011): (Hrsg.): Das adoleszente Gehirn. Stuttgart (Kohlhammer)

Ullrich, M. und K. Kreppner (1997): Noten der Kinder – Noten der Eltern? Familienkommunikation im Spiegel der Schulnoten pubertierender Kinder. In: Zeitschrift für Entwicklungspsychologie und Pädagogische Psychologie XXIX: 330–349

Undeutsch, U. (1966): Die psychische Entwicklung der heutigen Jugend. München (Juventa)

Urban, M. (2009): Form, System und Psyche. Zur Funktion von psychischem System und struktureller Kopplung in der Systemtheorie. Wiesbaden (VS Verlag für Sozialwissenschaften)

van den Daele, W. (2009): Thesen zur ethischen Debatte um das Neuroenhancement. In: Deutscher Ethikrat (Hrsg.): Der steuerbare Mensch? Über Einblicke und Eingriffe in unser Gehirn (Jahrestagung des Deutschen Ethikrates 2009), S. 107–114

van der Loo, H. und W. van Reijen (1990): Modernisierung. Projekt und Paradox. München (dtv) 1992

van Rahden, T. (2007): Wie Vati die Demokratie lernte. Zur Frage der Autorität in der frühen Bundesrepublik. In: WestEnd. Neue Zeitschrift für Sozialforschung 4. Jg., Heft 1: 113–125

Vandell, D. (2000): Parents, peer groups, and other socializing influences. In: Developmental Psychology 36: 699–710 (mit einer Antwort von J. Harris, ebd., S. 711–723)

Veith, H. (1996): Theorien der Sozialisation. Zur Rekonstruktion des mo-

dernen sozialisationstheoretischen Denkens. Frankfurt a. M. und New
York (Campus)

Veith, H. (2001): Das Selbstverständnis des modernen Menschen. Theori-
en des vergesellschafteten Individuums im 20. Jahrhundert. Frankfurt
a. M. und New York (Campus)

Veith, H. (2004): Zum Wandel des theoretischen Selbstverständnisses ver-
gesellschafteter Individuen. In: D. Geulen und H. Veith (Hrsg.): Sozialisationstheorie interdisziplinär. Aktuelle Perspektiven. Stuttgart (Lucius & Lucius), 349–370

Villa, P.-I. (2008): (Hrsg.): schön normal. Manipulationen am Körper als
Technologien des Selbst. Bielefeld (transcript)

Vogel, B. (2009): Wohlstandskonflikte. Soziale Fragen, die aus der Mitte
kommen. Hamburg (Hamburger Edition)

Volkmann, Ute (2000): Das schwierige Leben in der »Zweiten Moderne« – Ulrich Becks »Risikogesellschaft«. In: U. Schimank und U. Volkmann (Hrsg.): Soziologische Gegenwartsdiagnosen I. Eine Bestandsaufnahme. Wiesbaden (VS Verlag für Sozialwissenschaften), 23–40

Volkmann, Ute (2002): Massenmedien und ihre Wirklichkeitsbilder: zwischen Inszenierung und Aufklärung. In: U. Volkmann und U. Schimank (Hrsg.): Soziologische Gegenwartsdiagnosen II. Vergleichende
Sekundäranalysen. Wiesbaden (VS Verlag für Sozialwissenschaften),
87–113

Volkmann, Uwe (2010): Die Privatisierung der Demokratie. In: Frankfurter Allgemeine Zeitung Nr. 48, v. 26. 2. 2010, S. 9

Vollbrecht, R. (2010): Wirkung pornographischer Mediendarstellungen.
In: M. Schetsche und R.-B. Schmidt (Hrsg.): Sexuelle Verwahrlosung.
Wiesbaden (VS Verlag für Sozialwissenschaften), 145–165

von Friedeburg, L. (1965): (Hrsg.): Jugend in der modernen Gesellschaft.
Köln und Berlin (Kiepenheuer & Witsch)

von Harnack, G.-A. (1958): Nervöse Verhaltensstörungen beim Schul-
kind. Eine medizinisch-soziologische Untersuchung. Stuttgart
(Thieme)

von Salisch, M. (2000): Zum Einfluss von Gleichaltrigen (Peers) und
Freunden auf die Persönlichkeitsentwicklung. In: M. Amelang (Hrsg.):
Enzyklopädie der Psychologie. Themenbereich C, Serie VIII, Band 4:
Determinanten individueller Unterschiede. Göttingen u. a. (Hogrefe),
345–405

von Salisch, M. (2007): Freundschaften und ihre Folgen für die Entwick-

lung. In: M. Hasselhorn und W. Schneider (Hrsg.): Handbuch Entwicklungspsychologie. Göttingen u. a. (Hogrefe), 336–346

Vorheyer, C. (2005): Wer gehört zur Familie? Strukturelle Charakteristika der familialen Netzwerke von Kindern. In: C. Alt (Hrsg.): Kinderleben – Aufwachsen zwischen Familie, Freunden und Institutionen.
Band 1: Aufwachsen in Familien. Wiesbaden (VS Verlag für Sozialwissenschaften), 23–44

Voth, J. (2009): Wer weniger arbeitet, kann mehr konsumieren. In: Frankfurter Allgemeine Sonntagszeitung Nr. 51, v. 20. 12. 2009, S. 52

Wagner, G. (2004): Anerkennung und Individualisierung. Konstanz
(UVK Verlagsgesellschaft)

Wagner, J. und L.-M. Alisch (2006): Zum Stand der psychologischen und
pädagogischen Freundschaftsforschung. In: L.-M. Alisch und J. Wagner (Hrsg.): Freundschaften unter Kindern und Jugendlichen. Interdisziplinäre Perspektiven und Befunde. Weinheim und München (Juventa), 11–91

Wagner, P. (1994): Soziologie der Moderne. Freiheit und Disziplin. Frankfurt a. M. und New York (Campus) 1995

Wahl, I. (2010): Immer mit der Ruhe! Ritalin darf nicht mehr so schnell
verschrieben werden. In: Frankfurter Allgemeine Zeitung Nr. 292, v.
15. 12. 2010, S. N 1

Waite, L. (2000): Trends in men's and women's well-being in marriage.
In: L. Waite et al. (Eds.): The Ties that Bind. Perspectives on Marriage
and Cohabitation. New York (Aldine de Gruyter), 368–392

Waldhoff, H.-P. (1995): Fremde und Zivilisierung. Wissenssoziologische
Studien über das Verarbeiten von Gefühlen der Fremdheit. Frankfurt
a. M. (Suhrkamp)

Wallerstein, J. (2005): Vorwort. In: E. Marquardt: Kind sein zwischen
zwei Welten. Was im Inneren von Kindern geschiedener Eltern vorgeht. Paderborn (Junfermann) 2007, 8–14

Wallerstein, J. et al. (2000): Scheidungsfolgen – Die Kinder tragen die
Last. Eine Langzeitstudie über 25 Jahre. Münster (Votum) 2002

Walper, S. (2002): Verlust der Eltern durch Trennung, Scheidung oder
Tod. In: R. Oerter und L. Montada (Hrsg.): Entwicklungspsychologie.
Weinheim u. a. (Beltz / PVU) (5., vollständig überarbeitete Auflage),
818–832

Walper, S. (2003): Individuation im Jugendalter. In: J. Mansel et al.

(Hrsg.): Theoriedefizite in der Jugendforschung. Standortbestimmung und Perspektiven. Weinheim und München (Juventa), 119–143

Walper, S. (2004): Wandel von Familien als Sozialisationsinstanz. In: D. Geulen und H. Veith (Hrsg.): Sozialisationstheorie interdisziplinär. Aktuelle Perspektiven. Stuttgart (Lucius & Lucius), 217–252

Walter, R. und H. Remschmidt (1994): Zum Bedarf an Psychotherapie im Schulalter. In: Praxis der Kinderpsychologie und Kinderpsychiatrie 43: 223–229

Walter, W. und J. Künzler (2002): Parentales Engagement: Mütter und Väter im Vergleich. In: N. Schneider und H. Matthias-Bleck (Hrsg.): Elternschaft heute. Opladen (Leske + Budrich), 95–119

Walzer, M. (1992): Was heißt zivile Gesellschaft? In: M. Walzer: Zivile Gesellschaft und amerikanische Demokratie. Berlin (Rotbuch Verlag), 64–97

Warburg, J. (2010): Sind westliche Zivilgesellschaften postheroisch? (Unveröffentlichtes Manuskript)

Warnke, A. (2008): Suizid und Suizidversuche – Suizidalität. In: B. Herpertz-Dahlmann et al. (Hrsg.): Entwicklungspsychiatrie. Biopsychologische Grundlagen und die Entwicklung psychischer Störungen. Stuttgart und New York (Schattauer), 1006–1023 (2., vollständig überarbeitete und erweiterte Auflage)

Wehling, P. (2008): Von der Schüchternheit zur Sozialen Angststörung: Die Medikalisierung des alltäglichen Verhaltens. In: WestEnd. Neue Zeitschrift für Sozialforschung 5. Jg., Heft 2: 151–161

Wehner, K. (2006): Freundschaftsbeziehungen von Kindern und Jugendlichen und soziale Unterstützung. In: L.-M. Alisch und J. Wagner (Hrsg.): Freundschaften unter Kindern und Jugendlichen. Interdisziplinäre Perspektiven und Befunde. Weinheim und München (Juventa), 119–135

Wellendorf, F. und H. Werner (2005): (Hrsg.): Das Ende des Ödipus. Entwertung und Idealisierung ödipaler Konzepte in der Psychoanalyse heute. Tübingen (edition diskord)

Wellmer, A. (1993): Bedingungen einer demokratischen Kultur. Zur Debatte zwischen Liberalen und Kommunitaristen. In: M. Brumlik und H. Brunkhorst (1993): (Hrsg.): Gemeinschaft und Gerechtigkeit. Frankfurt a. M. (Fischer), 173–196

Wenzel, H. (1995): Gibt es ein postmodernes Selbst? In: Berliner Journal für Soziologie 5: 113–131

Werner, C. (2011): Kinder, die sich im Wege stehen. In: Hamburger Abendblatt v. 19. 8. 2011

Werner, C. und A. Langenmayr (2006): Die Bedeutung der frühen Kindheit. Göttingen (Vandenhock & Ruprecht)

Wetzels, P. (1997): Gewalterfahrungen in der Kindheit. Sexueller Mißbrauch, körperliche Mißhandlung und deren langfristige Konsequenzen. Baden-Baden (Nomos)

Whitaker, R. (2010): Anatomy of an Epidemic. Magic Bullets, Psychiatric Drugs, and the Astonishing Rise of Mental Illness in America. New York (Crown)

Whitebook, J. (1995): Athen und Mykene. Zur Integration klassischer und neuerer psychoanalytischer Theorie. In: Psyche. Zeitschrift für Psychoanalyse und ihre Anwendungen 49: 207–226

Whitebook, J. (2009 a): Der gefesselte Odysseus. Studien zur Kritischen Theorie und Psychoanalyse. Frankfurt a. M. und New York (Campus)

Whitebook, J. (2009 b): Psychoanalyse, Religion und das Autonomieprojekt. In: Psyche. Zeitschrift für Psychoanalyse und ihre Anwendungen 63: 822–851

Wild, E. und M. Hofer (2001): Innerfamiliale Beziehungserfahrung und Entwicklung in Zeiten sozialen Wandels. In: S. Walper und R. Pekrun (Hrsg.): Familie und Entwicklung. Göttingen u. a. (Hogrefe), 131–151

Wilk, L. und J. Bacher (1994): (Hrsg.): Kindliche Lebenswelten. Eine sozialwissenschaftliche Annäherung. Opladen (Leske + Budrich)

Wilkinson, R. und K. Pickett (2009): Gleichheit ist Glück. Warum gerechte Gesellschaften für alle besser sind. Berlin (Tolkemitt Verlag bei Zweitausendeins) (2., verbesserte Auflage 2010)

Winkler, M. (1998): Friedrich Schleiermacher revisited. Gelegentliche Gedanken über Generationenverhältnisse in pädagogischer Hinsicht. In: J. Ecarius (Hrsg.): Was will die jüngere mit der älteren Generation? Generationenbeziehungen in der Erziehungswissenschaft. Opladen (Leske + Budrich), 115–138

Winnicott, D. (1960): Ich-Verzerrung in Form des wahren und des falschen Selbst. In: D. Winnicott (1974): Reifungsprozesse und fördernde Umwelt. München (Kindler), 182–199

Winnicott, D. (1971): Vom Spiel zur Kreativität. Stuttgart (Klett) 1973

Wintels, A. (2000): Individualismus und Narzissmus. Analysen zur Zerstörung der Innenwelt. Mainz (Grünewald)

Winterhager-Schmid, L. (2000): »Groß« und »klein« – Zur Bedeutung der Erfahrung mit Generationendifferenz im Prozess des Heranwachsens. In: L. Winterhager-Schmid (Hrsg.): Erfahrung mit Generationendifferenz. Weinheim (Deutscher Studien Verlag), 15–37

Winterhoff, M. (2008): Warum unsere Kinder Tyrannen werden. Oder: Die Abschaffung der Kindheit. Gütersloh (Gütersloher Verlagshaus)

Winterhoff-Spurk, P. (2004): Medienpsychologie. Eine Einführung. Stuttgart (Kohlhammer) (2., überarbeitete und erweiterte Auflage)

Winterhoff-Spurk, P. (2005): Kalte Herzen. Wie das Fernsehen unseren Charakter formt. Stuttgart (Klett-Cotta)

Winterhoff-Spurk, P. (2008): Unternehmen Babylon. Wie die Globalisierung die Seele gefährdet. Stuttgart (Klett-Cotta)

Wirth, H. und P. Lüttinger (1998): Klassenspezifische Heiratsbeziehungen im Wandel? Die Klassenzugehörigkeit von Ehepartnern 1970 und 1993. In: Kölner Zeitschrift für Soziologie und Sozialpsychologie 50: 47–77

Wittchen, H.-U. und F. Jacobi (2005): Size and burden of mental disorders in Europe – a critical review and appraisal of 27 studies. In: European Neuropsychopharmacology 15: 357–376

Wittchen, H.-U. und F. Jacobi (2006): Epidemiologie. In: G. Stoppe et al. (Hrsg.): Volkskrankheit Depression? Heidelberg (Springer), 15–37

Wittchen, H.-U. et al. (1998): Prevalence of mental disorders and psychosocial impairments in adolescents and young adults. In: Psychological Medicine 28: 109–126

Wittchen, H.-U. et al. (2011): The size and burden of mental disorders and other disorders of the brain in Europe 2010. In: European Neuropsychopharmacology 21: 655–679

Witte, E. (2004): Wie verändern Globalisierungsprozesse den Menschen in seinen Beziehungen? In: W. Hantel-Quitmann und P. Kastner (Hrsg.): Der globale Mensch. Wie die Globalisierung den Menschen verändert. Gießen (Psychosozial), 51–65

Wolfe, T. (1987): Fegefeuer der Eitelkeiten. München (Kindler) 1988

Wolz, N. (2007): Es fliegt was in der Luft. In: Frankfurter Allgemeine Sonntagszeitung Nr. 17, v. 29. 4. 2007, S. 16

World Vision Deutschland (2007): (Hrsg.): Kinder in Deutschland 2007. 1. World Vision Kinderstudie. Frankfurt a. M. (Fischer)

World Vision Deutschland (2010): (Hrsg.): Kinder in Deutschland 2010. 2. World Vision Kinderstudie. Frankfurt a. M. (Fischer)

Wouters, C. (1999): Informalisierung; Norbert Elias' Zivilisationstheorie und Zivilisationsprozesse im 20. Jahrhundert. Opladen (Westdeutscher Verlag)

Wouters, C. (2007): Informalization: Manners & Emotions since 1890. London u. a. (Sage)

Youniss, J. (1982): Die Entwicklung und Funktion von Freundschaftsbeziehungen. In: W. Edelstein und M. Keller (Hrsg.): Perspektivität und Interpretation. Beiträge zur Entwicklung des sozialen Verstehens. Frankfurt a. M. (Suhrkamp), 78–109

Youniss, J. (1994): Soziale Konstruktion und psychische Entwicklung. Frankfurt a. M. (Suhrkamp)

Zahlmann, C. (1992): (Hrsg.): Kommunitarismus in der Diskussion. Eine streitbare Einführung. Berlin (Rotbuch Verlag)

Zeiher, H. (2009): Kindheit zwischen Zukunftserwartungen und Leben in der Gegenwart. In: V. King und B. Gerisch (Hrsg.): Zeitgewinn und Selbstverlust. Folgen und Grenzen der Beschleunigung. Frankfurt a. M. und New York (Campus), 223–241

Zerle, C. (2007): Wie verbringen Kinder ihre Freizeit? In: C. Alt (Hrsg.): Kinderleben – Start in die Grundschule. Band 3. Wiesbaden (VS Verlag für Sozialwissenschaften), 243–270

Zerle, C. und I. Krok (2009): Null Bock auf Familie? Wege junger Männer in die Vaterschaft. In: K. Jurczyk und A. Lange (Hrsg.): Vaterwerden und Vatersein heute. Gütersloh (Verlag Bertelsmann Stiftung), 121–140

Ziehe, T. (1975): Pubertät und Narzißmus. Sind Jugendliche entpolitisiert? Frankfurt a. M. und Köln (Europäische Verlagsanstalt)

Zillmann, D. (2004): Pornographie. In: R. Mangold et al. (Hrsg.): Lehrbuch der Medienpsychologie. Göttingen u. a. (Hogrefe), 565–585

Zima, P. (2009): Narzissmus und Ichideal. Psyche – Gesellschaft – Kultur. Tübingen (Francke)

Zimbardo, P. (2007): Der Luzifer-Effekt. Die Macht der Umstände und die Psychologie des Bösen. Heidelberg (Spektrum Akademischer Verlag) 2008

Zimmermann, P. (2007): Bindungsentwicklung im Lebenslauf. In: M. Hasselhorn und W. Schneider (Hrsg.): Handbuch Entwicklungspsychologie. Göttingen u. a. (Hogrefe), 326–335

Zinnecker, J. (1991): Zur Modernisierung von Jugend in Europa. Adoles-

zente Bildungsgeschichten im Gesellschaftsvergleich. In: A. Combe
und W. Helsper (Hrsg.): Hermeneutische Jugendforschung. Theoretische Konzepte und methodologische Ansätze. Opladen (Westdeutscher Verlag), 71–98

Zinnecker, J. (1997): Streßkinder und Glückskinder. Eltern als soziale
Umwelt von Kindern. In: Zeitschrift für Pädagogik 43: 7–34

Zinnecker, J. (2000): Selbstsozialisation – Ein Essay über ein aktuelles
Konzept. In: Zeitschrift für Soziologie der Erziehung und Sozialisation 20: 272–290

Zinnecker, J. (2002): Wohin mit dem »strukturlosen Subjektzentrismus«?
Eine Gegenrede zur Entgegnung von Ulrich Bauer. In: Zeitschrift für
Soziologie der Erziehung und Sozialisation 22: 143–154 (mit Kommen-
taren, ebd., S. 155–196)

Ziob, B. (2007): Körperinszenierungen – Das veräußerte Selbst. In: Psyche. Zeitschrift für Psychoanalyse und ihre Anwendungen 61: 125–136

Zoja, L. (2000): Das Verschwinden der Väter. Düsseldorf und Zürich
(Walter) 2002

Zoll, R. (1993): Alltagssolidarität und Individualismus. Zum soziokulturellen Wandel. Frankfurt a. M. (Suhrkamp)

Namen- und Sachregister

Abels, H. 94, 204

Abhängigkeit(en) / abhängig 63, 171, 218, 297, 314, 346

Ablösung(en) 210, 215

Abram, J. 244

Abstraktionsfähigkeit 254, 258

Abwehr(mechanismus) 216, 320 *(Fn.)*, 325 f, 342, 368

Ach, J. 144

Achenbach, T. 411

ADHS (Aufmerksamkeitsdefizit- / Hyperaktivitätsstörung) 119 f, 124 *(Fn.)*, 125 *(Fn.)*, 140, 150 ff, 247, 391 *(Fn.)*, 410, 412, 418, 420

Adoleszenz(-) 75, 197, 201, 205, 216, 313, 400, 407
als Krise 205 ff
theorie, psychoanalytische 209
Wandel d. 201 ff

Adorno, Th. W. 14, 101, 103, 381 *(Fn.)*

Affekt(-; e) 116, 301, 362, 374 f
kontrolle 115
regulierung 180, 372

Aggression(en) / Aggressivität / aggressiv *s. a.* Gewalt 21, 28, 29 *(Fn.)*, 30 f, 99, 197, 247, 250 *(Fn.)*, 265, 340 *(Fn.)*, 341, 357 f, 363 *(Fn.)*, 375 *(Fn.)*, 405, 411 *(Fn.)*, 412

Agieren 115, 141, 190

Ahnert, L. 113

Ahrbeck, B. 23, 65, 120, 123, 217–220, 233, 251 *(Fn.)*, 264, 306 *(Fn.)*, 391 *(Fn.)*

Alisch, L.-M. 191 f, 196

Alkohol(-) / Alkoholiker 308
Anonyme 285
konsum 78, 411
Jugendliche u. *s. a. dort* 197, 396, 423, 425
missbrauch 401
probleme 54

Alleinerziehende / alleinerziehend *s. a.* Mütter / Väter 46 *(Fn.)*, 65, 238, 385, 404

Allen, J. 214 *(Fn.)*

Allerbeck, K. 192

Allert, T. 60, 83, 305 f, 310

Allgemein(-; en) 273
verbindlichkeit, soziale 252
Verlust d. 277
wohl 270 *(Fn.)*

Almond, G. 288

Alsaker, F. 327 *(Fn.)*, 328

Alt, C. 293, 298, 303

Altmeyer, M. 31 *(Fn.)*, 131, 368

Amato, P. 54, 62, 72

Ambivalenz / ambivalent 77, 319, 343, 346

Amiri, S. 349 *(Fn.)*

Amoklauf / -läufe 31 *(Fn.)*, 32
(Fn.), 38, 127, 132
Anders, G. 134 f, 280
Anderson, C. 31
Andresen, S. 86, 96 *(Fn.)*, 229,
239 f, 249, 311
Angell, M. 413 *(Fn.)*
Angst(-) / Ängste 42, 60, 126,
275, 304 *(Fn.)*, 334, 351, 366,
368, 390, 391 *(Fn.)*, 403 *(Fn.)*,
404
erkrankungen 323
existentielle 317
Kastrations- 143
vor d. Mutter *s. a.* Mutter
367
Schul- *s. a.* Schule 86
Sozial- 348
störungen 395, 397, 400
Trennungs- *s. a. dort* 59
unbewusste 374
»Zeitalter d.« 392 *(Fn.)*
Anorexie(n) 388, 394, 411
Anpassung(s-) 90 *(Fn.)*, 182, 215
(Fn.), 288 *(Fn.)*, 330, 397
probleme 53
Anselm, S. 253, 258, 266 f
Antidepressiva *s.* Medikamente
Antonovsky, A. 173
Arbeit(s-) *s. a.* Berufstätigkeit 29,
43, 91, 93, 207, 221, 421
ethos 161
Krankschreibungen 395 f, 414
(Fn.)
leben 91, 388 ff
Leih- 429
markt 427 ff
stress 398
welt 79, 130, 133, 255, 399

Arbeitslosigkeit / Arbeitslose 78,
225, 393 *(Fn.)*, 399
Ariès, P. 66, 92
Armut 241, 393 *(Fn.)*, 427
Aschoff, D. 81
Asendorpf, J. 181 *(Fn.)*, 200
Assoziation(en) 368
Authentizität / authentisch 255,
321
Autismus / autistisch 114, 410
Autonomie(-) 25 *(Fn.)*, 112, 121
(Fn.), 172 f, 204, 207, 213, 215,
230, 232, 305 f, 347, 350, 363,
415, 426
außerhalb d. Familie *s. a.*
Familie 316 f
bedürfnis(se) 298
begriff 173
einschränkung(en) 144
emotionale 300
entwicklung(en) 83, 196, 212,
294 f, 300 ff, 308
in d. Familie *s. a.* Familie 315 f
kognitive 300
konzept(e) 321
moralische 300
zugemutete 310 f
Autoritarismusforschung 381
(Fn.)
Autorität(en; s-) / autoritär 94,
96, 259 f, 266, 276, 286
abbau 249
Anerkennung v. 228
Mangel an 99
verlust 94, 201, 217–220, 226–
229

Bacher, J. 76 *(Fn.)*, 97
Backmund, H. 42

Badinter, E. 42

Bätzing, W. 88, 114, 391 *(Fn.)*

Baier, D. 238 f, 340 *(Fn.)*, 406

Balzer, W. 20, 107 f, 110, 114–118, 125, 391 *(Fn.)*

Barkmann, C. 400 f

Bauer, J. 42, 200

Bauer, U. 364 *(Fn.)*

Bauernschuster, S. 34 *(Fn.)*

Bauman, Z. 57, 127 f, 134, 156, 254, 331

Baumert, G. 80, 293

Baumgarten, D. 49

Bayer, L. 125

Bayertz, K. 139 ff, 144

Beck, U. 270 *(Fn.)*, 283

Becker, C. 37

Becker, O. A. 71

Beck-Gernsheim, E. 53, 59, 61

Beier, K. 183

Beisenherz, G. 95 f

Bellah, R. 72, 255 *(Fn.)*, 285

Benhabib, S. 232

Benjamin, J. 101

Benjamin, W. 110

Berg, D. 404

Berger, F. 54, 312 *(Fn.)*, 313 f

Bergius, M. 146

Bergman, I. 36

Bergmann, W. 41, 79, 414

Berkel, I. 250 *(Fn.)*

Berking, H. 283, 287

Berlin, I. 266 *(Fn.)*

Berner, W. 35

Bertram, B. 45, 47, 49, 66, 202

Bertram, H. 45 ff, 49, 65 f, 75, 202, 219, 259, 283, 290, 297 *(Fn.)*, 312

Berufstätigkeit *s. a.* Arbeit 222, 225, 261

   d. Frau *s. a.* Frauen 63

Besser, L.-U. 45

Betz, T. 86

Bewusstsein 128, 165, 224, 322

Beziehung(en)

   eheliche *s. a.* Ehe 69 ff

   Paar- 234, 236, 296

   Primär- 21, 23

   Pseudo- 104

Bianchi, S. 47

Biebricher, T. 162, 170 *(Fn.)*

Bildung(s-) 84, 93, 122, 221 f, 241 f, 305, 307, 310, 330, 368, 428

   forschung 332

   grad, familiärer 174

Bindung(-; en; s-) 196, 331, 352

   ängste *s. a.* Angst 54

   schwäche 19, 22 f, 56 ff

   sichere 122

   typ 180

   unsichere 22, 53, 245

   theorie 300 *(Fn.)*, 301, 326 *(Fn.)*

Bion, W. 110, 116, 361

Bismarck, O. von 223 *(Fn.)*

Bittner, G. 409, 420

Blatt, S. 288 *(Fn.)*

Blech, J. 200

Blog(s) *s. a.* Medien 113

Blom, P. 24, 25 *(Fn.)*, 118, 129, 326

Blos, P. 355

Bockrath, F. 131

Böhme, H. 25 *(Fn.)*, 86

Boggs, C. 290

Bohleber, W. 145 *(Fn.)*, 157 *(Fn.)*, 168 *(Fn.)*, 209, 211, 288, 327 *(Fn.)*

507

Bohrhardt, R. 54, 235
Boll, W. 76, 82 f, 88, 95 *(Fn.)*, 194
Bollas, C. 168
Boltanski, L. 161, 387
Bolz, N. 74
Bondy, B. 145 *(Fn.)*
Borderline(-) 114, 379
    Spaltung 116
    Störung(en) 114, 360, 379, 391 *(Fn.)*
Bowlby, J. 361 f, 366 f
Bredekamp, H. 112
Brenner, C. 355
Brenner, H. 399
Brinck, C. 50
Brockhaus, G. 326 *(Fn.)*
Brooks, D. 161, 276
Brüggen, W. 264, 377 *(Fn.)*
Brumlik, M. 220, 228, 231 *(Fn.)*, 283
Brunkhorst, H. 23
Bucher, A. 95 *(Fn.)*, 96 f, 223 *(Fn.)*, 247 ff
Buchholz, M. 414 *(Fn.)*
Bude, H. 330
Bueb, B. 99, 220, 227, 233, 237
Büchner, P. 293
Bülow, V. von 313
Bürgisser, M. 49
Büscher, W. 37, 356
Bujard, M. 67
Bulimie *s. a.* Magersucht 115, 406 f, 411
Bullock, M. 181 *(Fn.)*, 216
Burda, H. 112
Burkart, G. 91, 175, 257
Burn-out 181, 386 ff, 391 *(Fn.)*, 398

Busch, H.-J. 99, 102
Bushido 224 *(Fn.)*
Busse, S. 84, 86 f
Bussmann, K.-D. 238 f

Callies, O. 330
Carlat, D. 393, 397, 413 *(Fn.)*
Casu, C. 27, 84
Celikates, R. 146
Chamberlain, S. 326 *(Fn.)*
Charakter(-) 107, 118, 156, 188, 250, 306, 318 f, 324 ff
    autoritärer 326 *(Fn.)*, 381 *(Fn.)*
    Begriff 342
    bildung 30, 101 f
    Sozial- *s. auch* »Histrio« 21
Chasseguet-Smirgel, J. 125, 135 ff, 139, 182, 217, 250 *(Fn.)*, 254
Chiapello, È. 161, 387
Chua, A. 426
Clam, J. 250 *(Fn.)*
Cohn-Bendit, D. 227
Collins, A. 199
Collishaw, S. 410, 411 *(Fn.)*
Coltart, N. 168
Computer(-) *s. a.* Medien 250 *(Fn.)*, 299
    spiele 23 ff, 29 f, 38, 237
    verbot(e) 219
Coontz, S. 45, 58, 69, 73 *(Fn.)*, 250 *(Fn.)*
Coping 173, 425
Costello, E. 394, 406 f, 411
Coupland, D. 157
Czernin, M. 55

Daele, W. van den 154
Dahlkamp, J. 26 *(Fn.)*

Dalí, S. 142 *(Fn.)*
Dalton, R. 281, 282 *(Fn.)*, 283, 285, 289 f
Daly, K. 52
Dambmann, U. 103
Dannenbeck, C. 235
Datler, W. 300 *(Fn.)*
Davies, P. 74
Deißner, D. 37, 73, 238 *(Fn.)*
Delinquenz 197, 265, 410
deMause, L. 42, 92
Demenz 414 *(Fn.)*
Demokratie(-) *s. a.* Politik 271, 273 f, 279, 284, 286, 322
verdrossenheit 287 ff
Demyttenaere, K. 408
Depression(en) / depressiv 99, 137, 145, 323, 386
Deprivation 44, 362
Desintegration 273 f, 282, 428
Desymbolisierung 148 f
Dettmer, M. 386 f, 391 *(Fn.)*
Devereux, E. 293
Diamond, D. 102 *(Fn.)*, 288 *(Fn.)*
Diekstra, R. 407
Dissozialität 265
Disziplin(-) / Disziplinierung 96, 99, 124, 201, 228 f, 235, 237 f, 303, 331 *(Fn.)*
fehlende 238, 416
Lob d. 237
losigkeit 229, 249
Döbert, R. 78
Döpfner, M. 86
Dollase, R. 79, 248 f, 333
Donnellan, B. 107, 402, 411, 424
Donnet, J.-L. 254 f
Drink, B. 259

Drogen(-) 149, 151, 166, 411
missbrauch 394, 401
sucht 265, 358
du Bois-Reymond, M. 75, 193, 225, 235, 284, 293
Dubiel, H. 268 f, 272 ff, 277, 285
Dulz, B. 391 *(Fn.)*
Durkheim, D. É. 229, 278
Dworschak, M. 33 ff, 85 *(Fn.)*, 211
Dyade, elterliche 263
Dylan, B. 158

Eberlein, U. 102 *(Fn.)*, 126, 159 f, 162, 166
Ecarius, J. 191, 197, 236, 290, 293, 298
Eckert, R. 427
Edlinger, D. 219, 238 *(Fn.)*, 298
Egoismus 69
Ehe(-; en) 179 *(Fn.)*, 181, 290, 303, 418
konflikte 73
kinderlose 67 *(Fn.)*
Scheidungen *s. a. dort* 53 ff, 57 ff, 63, 174
Ehlers, T. 302
Ehrenamt / ehrenamtlich 277, 280 ff, 387
Ehrenberg, A. 114, 121 *(Fn.)*, 161, 262 *(Fn.)*, 387, 389, 392 *(Fn.)*
Eigen, M. 168
Einfühlungsmangel 249
Eisenstadt, S. 192
Eißler, K. 215
Elias, N. 115, 124 *(Fn.)*, 348 f
Elkind, D. 88
Ellenberger, H. 387

Elschenbroich, D. 311
Eltern(-) 335
  Ablösung von d. 205 f
  arbeitslose 46 *(Fn.)*, 48
  Bedeutung d. 194
  berufstätige 46, 300, 305
  Bildungsniveau d. 29 *(Fn.)*,
    121
  geld / -zeit 67
  homosexueller Kinder 277
  Kind-Beziehung 48, 69, 83, 95,
    126 f, 193, 195 ff
  Kind-Symbiose 415
  Kommunikation mit d. 96
  Kommunikation zwischen
    Kindern u. 236
  Konflikt- 99
  Kontroll- 99
  als Liebesobjekte 369
  Mittelschicht- *s.* Gesellschaft
  Vorbildfunktion d. 22, 223
    (Fn.)
Engagement, soziales 288 *(Fn.)*,
  289
Engfer, A. 238 f
Entwicklung(en; s-)
  psychologie 52, 349
  störungen 41, 304
Erdheim, M. 209, 212 *(Fn.)*, 215
Erikson, E. 327
Erkrankungen, psychische *s. a.*
  dort 351 f
Erler, G. A. 91
Ermann, M. 20 f
Erziehung(s-) 100, 199, 212 *(Fn.)*,
  222, 226, 228, 288 *(Fn.)*, 302,
  311, 315, 319, 335 f
  autoritäre 158, 210
  beratung 91

defizit 418 f
Demokratisierung d. / demokratische 230 ff, 320
  idee 219
  inkompetenz *s. a.* Inkompe-
    tenz 235, 240
  kritik 416
  liberale 136 f, 152 *(Fn.)*, 224
  liebevolle 357
  misere 417
  Mut zur 418
  partnerschaftliche 414 f, 419
  Privatisierung d. 253 ff
  probleme 233 ff
  ratgeber 234 f
  strenge 28
  väterliche *s. a.* Vater 258, 265
  vernachlässigende 358
  verwahrlosende 356
  wandel 293 ff
  ziele 235
Es, das 318, 320 *(Fn.)*, 342, 349
Esser, G. 400
Esser, H. 61, 63
Ettl, T. 125 f, 131, 392 *(Fn.)*
Ewald, T. 247, 402 *(Fn.)*
Exhibitionismus 376 ff
  kultureller *s. a.* Kultur 378,
    380

Faltermaier, T. 216
Familie(n-) / familiäre *s. a.*
  Eltern 33, 40, 181, 262 *(Fn.)*,
    290, 293
  Auflösung d. 52 ff, 65 ff
  Bedeutungsschwund d. 256
  Ein-Eltern- *s. a.* Eltern 64
    (Fn.), 391
  u. Elternschaft *s. a.* Eltern 263

emotionale Verwahrlosung
v. 70
Erziehung in d. *s. a.* Erziehung 42
forschung 174
Fürsorge 49
Gewalt in d. *s. a. dort* 275, 317
hierarchie 263
hintergrund 44
Kernfunktion d. 298
Kinderzahl 245 f
Klein- 160
Kommerzialisierung d. 50
Kommunikation in d. 87
Mehrgenerationen- 297 *(Fn.)*
Migranten- *s. a. dort* 309
Missbrauch in d. *s. a.* Missbrauch 250 *(Fn.)*
Misshandlungs- 325
Mittelschichten- *s.* Gesellschaft
Oberschichten- *s.* Gesellschaft
realität 265
als Schutzraum 255 *(Fn.)*
solidarische 422
Unterschicht- *s.* Gesellschaft
Zeitmangel in d. 43–51
Farin, K. 247
Fehlleistung(en) 342
Fend, H. 77, 83, 191 f, 211, 212 *(Fn.)*, 214, 215 *(Fn.)*, 225
Ferchhoff, W. 137 *(Fn.)*, 198, 202, 235, 286
Ferguson, C. 31, 182 *(Fn.)*, 216
Fernsehen *s.* Medien
Ferro, A. 116, 125, 137
Figdor, H. 53
Fischer, C. 34 *(Fn.)*, 45, 51, 74 *(Fn.)*, 176 *(Fn.)*, 255 *(Fn.)*, 290,

388, 392 *(Fn.)*, 397, 411, 413, *(Fn.)*, 424
Flexibilität / Flexibilisierung 351, 384
Fombonne, E. 401
Fonagy, P. 184 *(Fn.)*
Fontane, Th. 262 f, 297
Foucault, M. 162 f, 168, 170, 190
Franz, M. 53, 392 ff
Frau(-; en)
berufstätige 63, 175 f
Emanzipation d. 63, 114, 298
kinderlose 66
rolle 260 f
sexuelle Gewalt gegen 340
Freiheit(en) 153, 171, 185, 211, 320, 345, 347, 363, 387
Freizeit(-) 12, 19, 26, 33, 88 f, 95 ff, 194 f, 199, 237, 310, 337
stress 19, 90 *(Fn.)*
verhalten 86, 197
Freud, S. 119 f, 136, 161, 266, 320 *(Fn.)*, 325, 355–358, 367, 372, 391 *(Fn.)*
Friedeburg, L. von 256, 410 *(Fn.)*
Friedrich, H. 395
Fries, S. 26 *(Fn.)*, 27, 89
Fritzen, F. 34
Fromm, E. 101, 380 *(Fn.)*
Fuchs, S. 41, 112 f
Fuhrer, U. 27, 74 f, 78, 89, 95 *(Fn.)*, 100, 200, 233, 293, 306 *(Fn.)*, 400 f, 404
Fuhs, B. 89
Fundamentalismus *s. a.* Religion 322
Funke, F. 381 *(Fn.)*

Furedi, F. 320 *(Fn.)*, 390, 391
    (Fn.), 392 *(Fn.)*

Gaiser, W. 280, 282 *(Fn.)*, 289
Galert, T. 153
Gamm, G. 258
Gardner, H. 199
Garland, D. 345
Gaschke, S. 43, 233
Gasser, U. 40
Gatterburg, A. 26 *(Fn.)*, 28 *(Fn.)*,
    38
Gauchet, M. 253, 258, 267, 322 f
Geburtenziffer, niedrige *s. a.*
    Familie 246
Gehirnforschung 139
Gehlen, A. 268, 347
Gemeinwohl 252, 273, 284, 291
Genet, J. 170
Gensicke, T. 279 f, 282, 351 *(Fn.)*
Gerechtigkeit 163, 227
Gergen, K. 156 f
Gerisch, B. 109, 127 f, 141, 143,
    392 *(Fn.)*
Gerlinghoff, M. 42
Gerris, J. 302
Gesellschaft(en; s-) / gesellschaft-
    lich(e) 104, 114 ff, 166, 223
    (Fn.), 260
    Angst vor Abstieg 427
    Differenzierung d. 256
    Ellenbogen- 426
    elternlose *s. a.* Eltern 306
    holistische 278
    individualisierte 234, 251, 407
    kinderfeindliche 282
    Mittelschicht(-) 86, 183, 247,
        277, 321,410, 427 f
    muster 260 ff

Oberschicht(-) 71, 404, 410
    Familie(n) 98
Pluralisierung / pluralisierte
    156, 251, 268 f, 349
Schicht(zugehörigkeit) 174 f,
    202, 393 *(Fn.)*
Unterschicht(-; en-) 71, 131,
    233 *(Fn.)*, 404, 410
    milieu 85
    familie 98, 289
vormoderne 257
Zivil- 345
Gesundheit 32, 99, 179, 359
    u. Persönlichkeit 179
Geulen, D. 364 *(Fn.)*
Gewalt(-) *s. a.* Aggression 23, 25,
    92 ff, 137, 187 ff, 340
    darstellung 28
    Jugend- *s. a. dort* 78, 330, 425,
        429
    konsum 31
    kriminalität 401, 402 *(Fn.)*, 429
    u. Medien 31 f, 36
    neigung 30
    an Schulen 304 *(Fn.)*, 412
    u. Sexualität *s. a. dort* 93, 340
Gewerkschaft(en) 277, 280, 282,
    284
Giddens, A. 185, 230 f, 287, 298,
    345, 391 *(Fn.)*
Gilgenmann, K. 366
Gille, M. 283, 289, 424
Gini, C. (-Koeffizient) 428
Girard, R. 391 *(Fn.)*
Gisdakis, B. 78, 82
Gleich, U. 28, 30
Glenn, N. 54 f, 72
Globalisierung 218, 244, 309, 385,
    417

Goddar, J. 30
Göppel, R. 78, 86, 89, 97 f, 109,
  194, 211, 215, 225, 227, 232,
  246, 248 f, 298, 300 *(Fn.)*, 308,
  327 *(Fn.)*, 328 *(Fn.)*, 364 *(Fn.)*,
  403, 406, 408 ff, 412, 414
Goethe, J. W. von 223 *(Fn.)*
Griese, H. 204, 256
Grimm, P. 36
Grobe, T. 398
Groebel, J. 32 *(Fn.)*
Grossmann, Karin 216, 300 *(Fn.)*
Grossmann, Klaus 300 *(Fn.)*
Grundmann, M. 221
Gruppe(n) 278, 292, 314
  Mikro- 247
  Selbsthilfe- 280, 284 f

Habermas, J. 90, 217, 254, 270
  (Fn.), 271 f, 346
Habermas, R. 24, 137 *(Fn.)*, 152
Hacke, A. 79, 421
Häsing, H. 102 *(Fn.)*
Häuser, W. 239 *(Fn.)*
Hahlweg, K. 404
Hamann, G. 41
Han, B.-C. 79, 121 *(Fn.)*, 302
  (Fn.)
Haney, C. 380 *(Fn.)*
Handbücher, pädagogische 258
Hanfeld, M. 96 *(Fn.)*
Hanzig-Bätzing, E. 88, 114, 391
  (Fn.)
Hardinghaus, B. 36
Harmoniebedürfnis 77 *(Fn.)*
Harnack, G.-A. von 80, 119, 124
  (Fn.), 408, 420
Harris, J. 199 f
Hartung, M. 280, 423 *(Fn.)*

Haubl, R. 78, 124 *(Fn.)*, 391
  (Fn.), 392 *(Fn.)*, 410 *(Fn.)*
Hauch, M. 337, 339
Haunberger, S. 77, 87, 298
Hauser, S. 214 *(Fn.)*
Hedonismus / hedonistisch 276,
  281, 283, 289, 376
Heidbrink, L. 172 f
Heidegger, M. 163 *(Fn.)*
Heidenreich, F. 270 *(Fn.)*, 273
Heinz, W. 186
Heitmeyer, W. 289
Helmke, A. 216
Helsper, W. 84, 86 f, 186 *(Fn.)*
Heming, R. 271 f
Henschel, G. 135
Hepp, G. 279, 282
Hermens, A. 248 *(Fn.)*
Herpertz-Dahlmann, B. 125
  (Fn.)
Hess, E. 143
Hesse, H. 162
Hetherington, E. M. 53 f
Hettlage, R. 60
Heuves, W. 210
Hildebrandt-Woeckel, S. 312
  (Fn.), 314
Hildenbrand, B. 212 *(Fn.)*
Hill, P. 56, 70
Hiltmann, G. 112
Hinshelwood, R. 110, 363 *(Fn.)*
Hinz, A. 130 ff
»Histrio« *s. a.* Charakter 21 f
Hoag, W. 192
Hoberg, R. 81
Hochschild, A. R. 44, 49 ff, 91,
  255 *(Fn.)*, 306 *(Fn.)*
Hock, U. 340 *(Fn.)*, 372 *(Fn.)*
Höfer, R. 164

Höffe, O. 172 f
Hörisch, J. 23, 114
Hofer, M. 75 f, 95 *(Fn.)*, 196 f,
    207 *(Fn.)*, 211–214, 225, 290,
    298, 300, 302, 307 f, 312 *(Fn.)*,
    314
Hoffmann, S. O. 363
Hoffmann-Lange, U. 283 *(Fn.)*
Hoffmeister, D. 41, 73, 257
Hoischen, O. 395
Hollon, S. 145
Hollstein, M. 75, 246
Holmes, J. 361
Holzer, B. 278, 290
Homosexualität / homosexuell
    s. a. Sexualität 183, 185 f, 190,
    270, 340, 359, 371, 376 f, 379
    (Fn.)
Hondrich, K. O. 282
Honnefelder, L. 152
Honneth, A. 70, 101, 110, 161,
    272, 274, 275 *(Fn.)*, 283, 319,
    320 *(Fn.)*, 321, 323, 328 *(Fn.)*,
    382, 387
Hopf, C. 216, 326 *(Fn.)*
Hopf, W. 326 *(Fn.)*
Hopkins, J. 366
Hoppe-Graff, S. 28
Horkheimer, M. 101, 103
Horn, K. 103
Hornstein, W. 218
Horster, D. 257, 270 *(Fn.)*
»Hotel Mama« 312 ff
Houellebecq, M. 221
Huesmann, L. R. 28
Hüther, G. 41, 181 *(Fn.)*
Huinink, J. 312
Hurrelmann, K. 37, 40, 42, 86, 96
    (Fn.), 195 f, 202, 204, 239, 284,

311, 315, 364 *(Fn.)*, 391, 401 ff,
    407, 409
Huxley, A. 134

Ich(-) 101, 104, 166, 318, 320
    (Fn.), 332 ff, 348 f, 355
    Begriff 342
    Funktionen 171
    Ideal- 104
    Schwäche 103
    soziales 370
    Stabilität 155
    Stärke 321, 325, 327, 331 f, 343
       (Fn.)
    Über- 101, 103, 115, 170, 210,
       318, 320 *(Fn.)*, 333 ff, 341 f,
       348, 354 ff, 377 *(Fn.)*
    Angst 348
    Bildung 363 *(Fn.)*
    elterliches 210
    Normen 169
    strafendes 370
Ideal(e) / ideal 66, 149, 161
Idealisierung früherer Zeiten 91
Identifizierung(s-) / Identifika-
    tion(s-) / identifizieren 252,
    260, 269 *(Fn.)*, 277, 324
    begriff 260
    objekte 223 *(Fn.)*
    schwäche 253, 258 f, 268
    väterliche 267
Identität(s-) 41, 136, 160, 164,
    182 ff, 186, 188, 271, 321, 327, 343
    beschädigte 169
    bildung 41, 187
    gefühl(e) 187
    kollektive 273
    sexuelle 185
    stabile 296

Ihle, W. 394, 400
Illouz, E. 74, 255 *(Fn.)*, 261 *(Fn.)*,
    320 *(Fn.)*
Individualität / Individualisie-
    rung 63, 127, 203, 267, 284,
    295, 305, 328
Individualismus / individualistisch
    62, 69, 234
    solidarischer 283
Individuation(s-) 220
    theorie 215
Individuum / Individuen / indi-
    viduell 100, 116, 128, 134, 139,
    157, 163, 170, 176, 183, 185 f,
    189, 226, 252, 256 f, 259 ff, 269
    (Fn.), 271, 278, 316, 324, 341,
    345, 347, 352, 359 f, 378, 380
    (Fn.), 427
Infantilisierung 94
Inkompetenz, elterliche *s. a.*
    Eltern 240
Integration / integrieren 173, 250
    (Fn.), 252 ff, 291, 346 f
    systemische 272
Internet *s. a.* Medien 23, 26 *(Fn.)*,
    32–35, 50, 92 f, 113, 149, 340
Introjekt 190, 301
Inzest(-) / inzestuös 210, 254
    tabu(s) 251 *(Fn.)*

Jackson, M. 158, 190, 223 *(Fn.)*
Jacobi, F. 392, 394, 397, 407
Jaeggi, R. 159 f, 162, 163 *(Fn.)*,
    184 *(Fn.)*
Joas, H. 187, 270 *(Fn.)*
Johansen, E. 42
Johnson, J. 360
Johnson, S. 28 *(Fn.)*
Jokeit, H. 143

Jürgens, K. 52, 91
Jugend(-) / Jugendliche(n)
    Alkoholkonsum v. 197, 396,
        423, 425
    Arbeiter- 277
    u. Bildung 241 f
    Delinquenz 197
    forschung 195
    gewalt *s. a.* Gewalt 78, 187 ff,
        246, 330, 425, 429
    Hobbys v. 193
    Sexualität bei 195
    wahn 127
Junge, M. 165 *(Fn.)*, 275, 279,
    295
Jurczyk, K. 48 f, 91

Kagan, J. 199
Kahneman, D. 50
Kahr, B. 371, 373, 375
Kapitalismus / kapitalistisch 151,
    269, 290
    Turbo- 143
Kasten, E. 130
Kaube, J. 81
Kaufmann, F.-X. 67, 345, 348
Kaufmann, R. 410 *(Fn.)*
Kegel, B. 200
Kelly, J. 53 f
Kersting, W. 171 ff, 177
Kessler, R. 394, 397 f, 408
Keuffer, J. 81, 333
Keupp, H. 164, 255, 281 ff
Key, E. 229
Kiecolt, K. J. 50
Kierkegaard, S. 160, 163 *(Fn.)*
Kilburn, J. 31
Kilian, H. 320 *(Fn.)*
Kim, H.-O. 28

Kind(er-; ern; es-) *s. a.* Familie 345
  Abhängigkeitsstatus d. 39
  ausländische 243
  betreuung 45 f, 51
  Depression(en) 178
  Einzel- 246
  fürsorge 51
  Gesundheit d. 266
  Heim- 362
  Hobbys v. 88
  Klein- 366 f
    Fernsehkonsum v. 123
  als Lebensprojekt d. Eltern
    44 *(Fn.)*
  Migrationshintergrund v. 243,
    291
  missbrauch, sexueller 244,
    250
  misshandlung 239, 246, 357,
    360
  als Partner(-) 136 f, 219 f, 236 f,
    249
  ersatz 309
  Pornographie 340
  als Projekt 304
  psychiater *s. a. dort* 397
  aus Scheidungs- u. Trennungs-
    familien *s. a. dort* 313
  Selbständigkeit v. 217
  Selbstbestimmung d. 100
  sexuelle Gewalt gegen 340
  Taschengeld 299, 302
  als Tyrannen 309
  vernachlässigte 186
  Verzärtelung d. 79
  zahl 297
Kindergarten 197, 240, 253, 282,
  295 f, 345, 372 *(Fn.)*, 418

Kindheit
  frühe 75, 104, 178–181, 215,
    230, 311, 339
  Gewalterfahrung in d. 188
King, V. 109, 141, 143, 205, 212
  (Fn.), 309
Kirche(n) *s. a.* Religion 107 f, 274,
  280, 282, 284 f, 289
Kirsch, I. 145 *(Fn.)*, 413 *(Fn.)*
Kirschenbaum, M. 44
Kißgen, R. 216
Kittsteiner, H. 357
Klages, H. 165, 281, 284, 351
  (Fn.)
Klein, A. 35, 337 f
Klein, G. 115
Klein, H. P. 81
Klein, M. 363 f, 366
Klein, T. 56
Kleinhubbert, G. 85 *(Fn.)*, 405
  (Fn.)
Klerman, G. 408
Klessmann, F. 223 *(Fn.)*
Klewin, G. 405
Klöckner, C. 46, 76, 86, 96
Kloepfer, I. 233 *(Fn.)*, 282 *(Fn.)*
Knef, H. 36
Knöbl, W. 270 *(Fn.)*
Koch, C. 53
Koch-Arzberger, C. 282 *(Fn.)*
Köcher, R. 176 *(Fn.)*
Körner, J. 188, 264
Körper(-; s)
  bewusstsein 128 *(Fn.)*, 165
    (Fn.)
  Ideal 126
  kult 128, 133, 140 ff, 146, 149,
    165
  Vergötzung d. 126 ff

Kohärenz(-)
  gefühl 173
  sinn 330
Kohl, K.-H. 175
Kohut, H. 104, 301
Kommunikation / kommuni-
  zieren 45, 87, 97, 150, 211, 219,
  227, 254, 277, 284, 294, 298,
  303, 315, 325, 368, 426
  in d. Familie *s. a.* Familie 39,
  353
Kommunitaristen 284, 286 *(Fn.)*
Kompensation / kompensieren
  22, 55, 138, 234
Kompetenz(en) / kompetent 39,
  86, 112, 228, 253, 331 *(Fn.)*
Kompromiss(bereitschaft) 75,
  274, 380 *(Fn.)*
Konflikt(-; e) 62, 70 ff, 182, 211,
  213, 313, 370
  Alltags- 75 ff
  häufigkeit 69
  individualpsychologische 219
  scheu 233
  vermeidung 219 f
Konietzka, D. 312
Konrad, K. 215
Konsummaximierung 276
Kontrolle 298
Konzentrationsprobleme 405
Kopp, J. 56, 70
Kostka, K. 53
Krämer, S. 159
Krahe, D. 36
Kramer, R.-T. 221, 224
Krankheit(en) *s. a.* Gesundheit
  359
  psychische 360, 384 ff, 388,
  407 f

Krankschreibungen *s.* Arbeit
Krappmann, L. 186 *(Fn.)*, 191 f,
  195 f, 325, 364 *(Fn.)*
Kraus, W. 327 *(Fn.)*
Krause, S. 291
Krebs, C. 27, 84
Kreppner, K. 74, 87, 191, 199,
  219, 236, 309
Krettenauer, T. 278
Krischke, W. 344, 348, 403 *(Fn.)*
Kristeva, J. 112, 125, 128
Kroger, J. 327 *(Fn.)*, 328
Krok, I. 67
Krupa, M. 16
Küchenhoff, J. 58, 125
Künzler, J. 46
Küppers, M. 238
Kuhl, J. 184 *(Fn.)*
Kuhlmann, A. 184
Kullmann, K. 245
Kultur(-; en) / kulturell(es) *s. a.*
  Kunst 116, 149, 164, 166 f, 209,
  221, 253, 266, 274, 321, 376, 391
  (Fn.)
  Armuts- *s. a.* Armut 247
  Jugend- *s. a.* Jugend 247
  kritik 109 f, 248, 255 *(Fn.)*, 416
  Migranten- *s. a.* Migranten
  247
  Sub- 41, 130, 132, 186, 339
  Umfeld 102
  wandel 107
Kunczik, M. 28 *(Fn.)*, 31
Kunst / Künstler *s. a.* Kultur
  111 *(Fn.)*, 160, 163, 171 ff, 190,
  332 f
Kunze, A. 423 *(Fn.)*, 425 f
Kurth, B.-M. 125 *(Fn.)*, 400, 404

Ladwig, B. 172
Lady Gaga 224 *(Fn.)*
Lampe, A. 240 *(Fn.)*
Lampert, T. 26 *(Fn.)*
Lang, F. 328
Lange, A. 48 f, 55, 64, 84, 88, 225
Lange, J. 368
Langenmayr, A. 179, 216
Langlitz, N. 144
Langness, A. 89 *(Fn.)*, 98
Lantermann, E.-D. 330
Laplanche, J. 340 *(Fn.)*, 372 *(Fn.)*
Largo, R. 46, 55, 304, 306 *(Fn.)*,
    311
Lasch, C. 102 f, 255 *(Fn.)*
Lauterbach, W. 66
Laux, L. 380 *(Fn.)*
Lear, J. 144
Le Bourdais, C. 56 *(Fn.)*
Ledda, G. 308
Lefort, C. 268
Lehmkuhl, G. 247
Lehrer / Lehrerinnen *s. a.* Schu-
    le 119, 137, 192, 227 ff, 247 f,
    264, 291, 404 f
Lehrer, J. 145 *(Fn.)*
Lenzen, D. 264 f
Lenzen-Schulte, M. 183, 188
Lerude, M. 250 *(Fn.)*, 304 *(Fn.)*
Lethen, H. 326
Leu, H.-R. 300 *(Fn.)*
Leuzinger-Bohleber, M. 179 f,
    216, 239 *(Fn.)*
Leven, I. 46, 76, 86
Lewinsohn, P. 406
Lewis, M. 178
Lieb, K. 146, 152 ff
Liebe(s-) 174, 262 *(Fn.)*, 287, 357
    elterliche *s. a.* Eltern 358

entzug 334 f
objekte 267
romantische 60 f
u. Sexualität *s. a. dort* 338
verlust 309
Liessmann, K. 253, 264
Lipovetzky, G. 254, 258, 277, 323 f
Löchel, E. 118
Loewald, H. 319, 321–325
Löw-Beer, E. 162
Loo, H. van der 346
Lorenzo, G. di 79
Loyalität 274
Luckner, A. 177
Ludwig, I. 51
Lüscher, K. 207 *(Fn.)*
Lüttinger, P. 175
Luhmann, N. 152 *(Fn.)*, 257, 269
    (Fn.), 270 *(Fn.)*, 272, 273 *(Fn.)*,
    323, 347, 365
Lukesch, H. 31
Lustprinzip 415

Maar, C. 112
Maasen, S. 133, 141, 147
Maccoby, E. 199
Macht 72, 74, 163, 174, 191 ff,
    231, 255
MacIntyre, A. 272
Madonna 158, 223 *(Fn.)*
Männerrolle 260 f
Magersucht *s. a.* Bulimie 42
Mahler, M. 215
Maiwald, K.-O. 60, 297 *(Fn.)*
Malowitz, K. 291
Malti, T. 401
Manic 397
Manieren 228, 253
    fehlende 421

Mansel, J. 204, 402
Marchart, O. 268
Marcia, J. 327 f
Marguier, A. 35
Marquardt, E. 53, 55
Martin, V. 56 *(Fn.)*
Massie, H. 181, 216
Matthiesen, S. 34, 337, 339
Maughan, B. 410 f
May, S. 344
Mayer, K. U. 243, 427 f
Mayer, S. 239
Mead, M. 221 f
Medien(-) 198 f, 223 *(Fn.)*, 245, 251
  elektronische 19–23
  Fernsehverbot 219
  u. Gewalt 31 f, 36
  Internetpornographie 34 ff
  kompetenz 39
  konsum / konsument 22, 26 ff,
    30, 39, 43 f, 125, 403 *(Fn.)*
  Massen- 403 *(Fn.)*
  nutzung 33 ff
  Sozialisation durch 28, 40
  Videospiele 26, 31, 38, 89
  welt 224
Medikamente 390, 413 *(Fn.)*, 414
  (Fn.)
  Antidepressiva 144 f
Medizinindustrie s. Pharmain-
  dustrie
Melzer, W. 76
Menke, C. 160, 184 *(Fn.)*
Menschenrechte 255, 278, 289
Mertens, W. 372 *(Fn.)*
Metzinger, T. 146
Meyer, T. 56, 64 *(Fn.)*, 66, 68
  (Fn.), 83, 90, 312
Meyrovitz, J. 114

Migration(s-) / Migranten(-) *s. a.*
  Gesellschaft 309, 391
  anteil 239
  hintergrund 85
Mikos, L. 41 f
Milgram, S. (-Experiment) 380
  (Fn.)
Miller, J. 190
Minderheiten 165, 285, 287, 419,
  428
Mischau, A. 91
Missbrauch(s-) 289
  sexueller 240 *(Fn.)*
  diskurs 250 *(Fn.)*
Mitscherlich, A. 101, 259
Mitscherlich, M. 259
Mittelklasse s. Gesellschaft / Mit-
  telschicht
Mitzscherlich, B. 327 *(Fn.)*
Modena, E. 99
Moen, P. 51
Montag, S. 223 *(Fn.)*
Moral(-) / moralisch 181 *(Fn.)*,
  192, 226, 272, 295, 335, 342
  autonome 193
  entwicklung 192 f, 333 f, 341
  Sexual- 321, 356 *(Fn.)*
Morgenroth, C. 43
Mrusek, K. 282 *(Fn.)*
Muchow, H. 94
Müller, H. 249, 418, 420
Müller-Jung, J. 144, 215
Münchmeier, R. 67, 98, 202, 211,
  235, 298
Münker, S. 34 *(Fn.)*
Mutter(-) / Mütter *s. a.* Familie
  136
  alleinstehende 55
  berufstätige 47, 103, 175 f, 417

Mutter(-) / Mütter *s. a.* Familie
  (Forts.)
  beziehung, »symbiotische«
    217
  Erwerbstätigkeit d. 65
  Flucht vor d. 254
  »gute« 244
  Kind-Beziehung 101, 120, 362
  Kind-Symbiose 136, 138, 254
  narzisstische 276
  »Tiger«- 426

Napp-Peters, A. 55
Narzissmus(-) / narzisstisch 22,
  69, 102–106, 126, 131, 182, 281,
  287, 288 *(Fn.)*, 293, 320, 377,
  391 *(Fn.)*
  Körper- 376, 378
  theorien 102 ff
Nave-Herz, R. 45, 57, 312
Neurose(n) / neurotisch 121 f,
  126, 321 f
  depressive *s. a.* Depression
    106
  u. Familie *s. a.* Familie 359 f
Niemeyer, A. H. 29
Nietzsche, F. 160, 162 f, 191
Noack, P. 95 *(Fn.)*, 191
Noam, G. 401
Nuber, U. 216
Nunner-Winkler, G. 78, 174, 216,
  300 *(Fn.)*, 333–336

Objekt(-; e) 21, 58, 114, 127, 205,
  301, 343 *(Fn.)*, 357 f, 362
  äußere 363 *(Fn.)*
  beziehung(en) 20, 120, 123,
    135
  innere(s) 301

konstanz, libidinöse 301
  Selbst- 301
Oechsle, M. 91
Ödipalität 264
Ödipuskomplex 266
Oelkers, J. 95, 227, 244, 293
Oevermann, U. 60 f, 193, 207 f,
  212 *(Fn.)*, 369
Offer, D. 210
Ogburn, W. F. 65
Ogden, T. 114, 361
Omnipotenzphantasien, infantile
  23
Ordnung, symbolische 256 f, 275
Orwell, G. 134
Oswald, H. 76, 82 f, 88, 95 *(Fn.)*,
  191, 194 f
Otten, D. 127, 155, 280

Paarbeziehungen *s. a.* Ehe 19,
  69 ff, 234, 236, 296, 305
Pädagogen *s.* Lehrer
Pagani, L. 29 *(Fn.)*
Paley, B. 180
Palfrey, J. 40
Panksepp, J. 216
Papastefanou, C. 312 *(Fn.)*, 313 f
Parentifizierung 303 f, 308 f, 315
Parsons, T. 162 *(Fn.)*, 256, 259
Pathologie(n) / pathologisch 131,
  144, 164, 296, 375, 379 *(Fn.)*, 418
  individuelle 114, 381 f
  kollektive 382
  Sozial- 383
Patriarchat / patriarchalisch 60,
  101, 297, 320
Paulsen, F. 229
peer group 40, 133, 191 ff, 198 f,
  256

Perner, A. 118 f, 264, 266
Persönlichkeit(s-) 35 f, 42
  bildung 41, 366
  entwicklung 197
  u. Gesundheit 179
  struktur(en) 178, 268, 294
Perversion(en) 135, 321 f, 375
  (Fn.), 379 (Fn.)
Pervin, L. 200
Petermann, F. 400
Petersen, T. 281, 288
Petzold, M. 27, 30, 32
Peuckert, R. 26 (Fn.), 58 f, 63 f,
  66 f, 68 (Fn.), 73, 89 (Fn.), 90
  (Fn.), 391
Pfaller, R. 37
Phantasie(-; n) 23 f, 28, 113, 354,
  365
  Allmachts- 31 (Fn.), 32 (Fn.)
  Größen- 138
  inzestuöse 369, 370 (Fn.)
  narzisstische 224 (Fn.)
  sexuelle 373 f
  theorie 364 f
  unbewusste 368 (Fn.)
Pharmaindustrie s. a. Medika-
  mente 145, 150–154, 390, 413
  (Fn.)
Phillips, A. 168
Philosophie / Philosoph(en) 168,
  229, 268, 321
Phobie(n) 366 ff, 390
Piaget, J. 192, 364
Pickett, K. 393 (Fn.), 401, 407
Picot, S. 83
Pikowsky, B. 75, 211, 214, 300
Pinker, S. 200
Pinquart, M. 281
Platon 23

Pluralisierung 13, 185, 203, 267 f,
  274, 295, 321
Pohlmann, F. 392 (Fn.)
Politik / Politiker s. a. Demokra-
  tie 225 f, 254 f, 268 f, 273, 284,
  286, 288 f
Pornographie 23, 35 f
  im Internet s. a. Medien 34 ff
  Kinder- 340
Posch, W. 127, 133, 144, 146 f
Postman, N. 93
Prekarisierung 427 ff
Prekop, J. 417
Prenzel, M. 81
Primärbeziehung(en) s. a. Eltern-
  Kind-Beziehung 120 ff, 126
Prognos AG 282 (Fn.)
Projektion(en) / projizieren 363
  (Fn.), 413, 415 f
Prüfer, T. 392
Psychiater / Psychiatrie 144 f, 413
  (Fn.)
  Kinder- 124 (Fn.), 397, 406,
  414
Psychoanalyse / Psychoanalyti-
  ker / psychoanalytisch 21, 99,
  112, 115 f, 130, 139, 167, 168
  (Fn.), 191, 223 (Fn.), 250 (Fn.),
  254, 266, 288 (Fn.), 300 (Fn.),
  301, 304, 320 (Fn.), 342, 369,
  371
Psychogenese 111 (Fn.)
Psychologie / Psychologen /
  psychologisch 218
  Selbst- 301
  Sozial- 99
Psychopathologie(n) 130, 322,
  353
Psychose(n) 393

Psychotherapie / Psychotherapeuten 103, 118, 143, 145, 148,
  152, 179, 186
Pubertät 35, 209 f
Putnam, R. 285, 289

Quindeau, L. 147

Radkau, J. 24, 25 *(Fn.)*, 118, 326,
  385
Radtke, F.-O. 229, 249
Rahden, T. van 208 *(Fn.)*, 293
Ramm, M. 85 *(Fn.)*
Ramsbrock, A. 129 *(Fn.)*, 133
  (Fn.)
Rassial, J.-J. 114
Rassismus 269, 279
Rationalität 269, 270 (Fn.), 322
Ravens-Sieberer, U. 125 *(Fn.)*,
  400, 404
Realität(s-) 24, 33, 38, 93, 111
  (Fn.), 131, 361, 363−366
  flucht 24 f, 166
Reemtsma, J. P. 111 *(Fn.)*, 344
Reese-Schäfer, W. 279, 283, 285
Regression / regredieren 25, 108,
  110, 115 f, 125, 129, 138 f, 141,
  171, 276, 325
Reiche, R. 25 *(Fn.)*, 103, 117,
  148 f, 166 f, 183, 321, 340 *(Fn.)*,
  343 *(Fn.)*, 356, 359, 369−372,
  376−379, 381 *(Fn.)*, 382
Reijen, W. van 346
Religion / religiös(er) *s. a.* Kir-
  che 63, 107 f, 213, 225 f, 269,
  271, 273, 285, 347
  Fundamentalismus 279, 291
Remschmidt, H. 400, 408 f
Renn, J. 164

Repression(en) 167
  Befreiung v. 158
  sexuelle 350
Resch, F. 42, 406
Resilienz 180
Retortenbabys *s. a.* Kinder 135
Reuband, K.-H. 75, 263, 293
Rhein, S. 36
Riehl, W. H. 259
Riemann, F. 117, 392 *(Fn.)*
Rijke, J. de 280, 282 *(Fn.)*, 289
Rindermann, H. 242
Rittelmeyer, C. 26 *(Fn.)*
Roberts, B. 216
Robertson, J. 361
Römelt, A. 38
Römer, F. 79, 405 *(Fn.)*, 423
  (Fn.)
Rogers, S. 62, 72
Rohde-Dachser, C. 140
Rohrwasser, M. 326
Rorty, R. 162 f, 272
Rosa, H. 25 *(Fn.)*, 44 *(Fn.)*, 90
  (Fn.), 109 ff, 121 *(Fn.)*, 156, 164,
  284 f, 288 *(Fn.)*, 292 *(Fn.)*, 316 f,
  387, 392 *(Fn.)*, 426
Rost, D. 242
Roth, G. 181 *(Fn.)*, 200, 216, 403
  (Fn.)
Roth, P. 170
Roth, R. 279
Rothöhler, S. 146
Rülcker, T. 300 *(Fn.)*
Rüssmann, K. 71, 74
Ruppert, S. 248 *(Fn.)*, 299, 329
Rutter, M. 401

Saar, M. 162
Sachs-Hombach, K. 112

Säugling(e; s-) *s. a.* Kinder 21,
116 f, 363 *(Fn.)*, 415
Kommunikation 232
kompetente(r) 218
Sager, C. 35, 337 f
Salisch, M. von 191, 197 f
Salzberger, T. 250 *(Fn.)*
Sandel, M. 152 f
Sandow, Eugene 129
Sardei-Biermann, S. 95
Sartre, J.-P. 160, 162
Sasse, C. 161
Savage, J. 65, 93, 137 *(Fn.)*, 410
(Fn.)
Sayer, L. 45
Schaal, G. 270 *(Fn.)*, 273
Schäfers, B. 174, 203, 223, 312
(Fn.), 340 *(Fn.)*
Schäffer, B. 39
Schaffrath-Rosario, A. 125 *(Fn.)*
Scharff, J. 365
Scheidung(en; s-) *s. a.* Ehe; *s. a.*
Familie 53 ff, 57 ff, 63, 174, 342
u. Ehen ohne Kinder 64
gute 55
kinder *s. a. dort* 174
quoten 332
risiko 63
Schelsky, H. 254 f, 410 *(Fn.)*, 422
Scherr, A. 41, 174, 203, 223, 312
(Fn.), 340 *(Fn.)*, 365
Schicht(en) *s.* Gesellschaft
Schiefenhövel, W. 347
Schiller, F. 266
Schimank, U. 152 *(Fn.)*, 158, 258
(Fn.), 270 *(Fn.)*, 365 f, 391
(Fn.)
Schipp, A. 147
Schlack, R. 125 *(Fn.)*

Schlütter, J. 246
Schmid, H. B. 380 *(Fn.)*
Schmidt, G. 34, 57 f, 73, 337 f,
368, 372 *(Fn.)*, 375,
Schmidt, K. 140 f, 144
Schmidtchen, G. 275
Schmidt-Denter, U. 57
Schmidt-Lüer, S. 47
Schmitt, C. 280, 423 *(Fn.)*
Schmitt, M. 42
Schmoll, H. 241 *(Fn.)*
Schneekloth, U. 46, 76, 86
Schneewind, K. 74 f, 95 *(Fn.)*,
248 *(Fn.)*, 298 f, 329 f, 331
(Fn.), 336
Schneider, N. 61
Schneider, S. 78, 86
Schneider, W. 181 *(Fn.)*, 216
Schoch, J. 130
Schöne-Seifert, B. 152
Schönheit(s-) 40, 144, 147
kult 146 f
operation(en) 12, 126, 139 ff,
146, 392 *(Fn.)*
Schonert-Reichl, K. 210
Schrader, F.-W. 216
Schroeder, D. 83
Schroer, M. 162, 177, 258 *(Fn.)*,
278, 347
Schüle, C. 395
Schütze, Y. 76, 263, 293, 297, 303,
305
Schul(-; e) *s. a.* Lehrer 78 ff, 82 ff,
203, 232, 240, 249, 282, 310,
316, 384, 405
leistung(en) 32
Lesefähigkeit 28
probleme 77 ff
reformen 82

523

Schuld(-) 334, 368 f
  gefühl(e) 337, 342, 355, 370,
    373, 377
  unbewusste 369, 371
Schulte-Markwort, M. 32, 34, 46,
  400 f
Schwarzenegger, A. 129
Seeger, D. 248
Seiffge-Krenke, I. 76 *(Fn.)*, 197,
  209, 309, 312 *(Fn.)*, 313, 398,
  401
Seiler, K. 389
Seipel, C. 381
Sekareva, K. 28 *(Fn.)*
Selbst(-) 143, 158 f, 164, 168,
  170 f, 184 *(Fn.)*, 185, 187, 287,
  288 *(Fn.)*, 320 *(Fn.)*
  authentisches 262 *(Fn.)*
  bild 141, 171, 173
  Ideal- 169
  Kern- 184 *(Fn.)*
  Real- 169
  Tiefen- 170
  wahres 158, 184 *(Fn.)*
Selbständigkeit 217, 298–301,
  303, 314
  wirtschaftliche 312
Selbsterfindung 169 ff, 173 ff
  Begriff 171, 184 *(Fn.)*
Selbstsozialisation, Theorie d.
  363
Selbstverwirklichung 66, 159 ff,
  176, 276, 287
Selbstwertgefühl 105 f, 187, 220,
  294, 296
Seligman, M. 392 *(Fn.)*, 407 f
Senghaas-Knobloch, E. 243,
  316
Sennett, R. 156, 254, 288 *(Fn.)*

Sexualität / Sexual(-) 166, 183,
  213, 226, 254, 368 ff, 373 ff
  Bi- 372
  u. Gewalt 93
  Homo- *s.* Homosexualität
  infantile 372 *(Fn.)*
  bei Jugendlichen 35 ff
  liberalisierte 295, 336 ff
  moral 372 *(Fn.)*
  Tabuisierung d. 210
  Unterdrückung d. 120 f
Shedler, J. 414 *(Fn.)*
Shell-Jugendstudie
  2002: 328 *(Fn.)*, 351 *(Fn.)*
  2006: 95 *(Fn.)*, 195, 225, 351
    (Fn.), 403, 405 f, 426
  2010: 80, 95 *(Fn.)*, 98, 289, 424 f
Shorter, E. 25 *(Fn.)*, 255 *(Fn.)*,
  385 f, 389 f
Sichtermann, B. 16, 209
Sieder, R. 42, 55, 60 f
Siems, D. 96 *(Fn.)*
Siep, L. 152
Sievers, M. 48, 83, 238 *(Fn.)*
Siggelkow, B. 37, 356
Sigusch, V. 139, 148, 336, 339
Silbereisen, R. 281
Simmel, G. 109, 370
Singer, W. 181 *(Fn.)*
Sitten, Verfall d. 249
Sloterdijk, P. 251
Smith, D. 401
Snowdon, C. 96 *(Fn.)*, 393 *(Fn.)*
Sofsky, W. 189
Solidarität / solidarisch 163, 252,
  272, 277–280, 284, 287, 290 ff,
  422
  Arbeiter- *s. a.* Arbeit 278
  Verlust d. 282

Sombart, N. 326
Sozialisation(s-) / sozialisieren
    41 f, 113, 156, 195, 254, 257 ff,
    288 *(Fn.)*, 328 *(Fn.)*, 341, 353
    antizipatorische 222
    bedingungen 322 f, 336, 359
    instanz(en) 22, 198
    mängel 138
    durch Medien *s. a. dort* 40 ff
    primäre 186
    prozess(e) 103
    typ, narzisstischer 21
Sozialstaat 95, 385
Sozialsystem(e) 255, 257
Soziologe(n) / soziologisch 222,
    260, 272, 322, 370
Spiewak, M. 244
»Spill-Over-Effekte« 51
Spitz, R. 362
Spitzer, M. 26 *(Fn.)*, 28 *(Fn.)*,
    123
Spork, P. 200
Sprach(-; e) 125, 426
    fähigkeit 28
    kompetenz 113
    störung(en) 405, 409
    verlust 138
Spreckelsen, T. 82
Sroufe, A. 180, 181 *(Fn.)*
Sroufe, J. 216
Stecher, L. 84, 87, 223 *(Fn.)*
Steinberg, L. 204 f
Steinig, W. 81
Stereotyp(e) / stereotyp 183, 260,
    377
    Geschlechts- 297
Stern, D. 184 *(Fn.)*
Stierlin, H. 355 f
Stirn, A. 129–132

Stoller, R. 375 *(Fn.)*
Storch, M. 214
Straub, J. 164, 327 *(Fn.)*
Straus, F. 282 *(Fn.)*
Streeck, W. 270 *(Fn.)*
Strenger, C. 156 ff, 160, 162 ff,
    166–171, 177, 182, 189
Subjekt(e) 164, 258, 267, 350, 364,
    376 ff
Sublimierung(s-) 112 f, 325
    defizit 112
Sucht(-) 21, 24, 26 *(Fn.)*, 78, 115,
    265, 358, 392 *(Fn.)*
    krankheiten *s. a.* Krankhei-
    ten 394
Suess, G. 180, 181 *(Fn.)*, 216
Suizid(-; e) 408, 411
    versuche 401, 411
Supp, B. 221
Sutter, T. 192, 366 *(Fn.)*
Sutterlüty, F. 187 ff
Symbiose / symbiotisch 102,
    138 f, 254, 415
Symbol(e) / Symbolisierung(s-) /
    symbolisch 13, 20, 108 f, 113,
    120, 123, 139 ff, 149–152, 154,
    256, 259, 261, 266 f, 323, 377
    bildung 115 f
    fähigkeit 107
    mängel 107 ff
Symptom(-; e) 122, 244, 313, 330 f,
    363, 376 ff, 382 f, 398, 407, 420
    bildung 368
    körperliche 329
    wahl 120
    wandel 122
Systemtheorie(n) 366 *(Fn.)*
    dynamische 180
Szajnberg, N. 181, 216

Talbot, D. 144, 152
Taylor, C. 268
Tenbrink, D. 392 *(Fn.)*
Tenorth, H.-E. 212 *(Fn.)*, 225, 242
Teubner, M. 87, 298
Thalmann, C. 409, 420
Therapie(-; n) 142, 384
    Ehe- 206
    Familien- *s. a.* Familie 296
    kultur 91
    Paar- 296
Theweleit, K. 326
Thole, W. 89
Thomä, D. 139 f, 162, 184 *(Fn.)*,
    265, 306 *(Fn.)*
Thome, H. 165, 250 *(Fn.)*, 298
Thompson, C. 217, 237, 250
    (Fn.), 416
Tichomirova, K. 37, 250 *(Fn.)*
Tietz, J. 386
Tillmann, K.-J. 79, 194, 256
Tippelt, R. 225
Tismer, K.-G. 248 *(Fn.)*
Tocqueville, A. de 259
Tod(es-) 92, 94, 140, 370 *(Fn.)*
    Angst vor d. 347
    eines Lebenspartners 178, 396
    trieb 362, 367
Toleranz 69, 244, 340, 355, 356
    (Fn.)
Transzendenz 258
Trauma / Traumata / Traumatisie-
    rung(en) / traumatisch 71, 123,
    138, 183 f, 344, 375
    frühkindliches 373
    kindliches 379
    Kriegs- 386
Trennung(en; s-) *s. a.* Scheidun-
    gen 57 ff, 174, 367

u. Phantasie *s. a. dort* 361 ff
angst *s. a.* Angst 59
Trieb(-; e) 318, 331 *(Fn.)*, 348, 349
    (Fn.), 355 f, 363, 368 f
    aggressive 355, 357
    kontrolle 348, 355 f
    u. Schuld 372 *(Fn.)*
    Todes- 362, 367
    verzicht 112, 377
Trimborn, W. 355
Trzesniewski, K. 107, 402, 411, 424
Türcke, C. 116, 118, 127 f, 132,
    135, 391 *(Fn.)*, 392 *(Fn.)*
Twenge, J. 37, 85 *(Fn.)*, 105, 281,
    344, 391 *(Fn.)*, 392 *(Fn.)*, 401,
    416 *(Fn.)*, 424
Tyrell, H. 297

Uhlendorff, H. 191 f, 198
Ullrich, M. 87, 236
Unabhängigkeit 329
Unbewusste, das / unbewusst
    136, 170, 224 *(Fn.)*, 306 *(Fn.)*,
    320 *(Fn.)*, 369 ff
Undeutsch, U. 421 f
Universalismus 278
Urban, M. 366 *(Fn.)*
Urszene 182

Valentin, K. 425 *(Fn.)*
Vandell, D. 199
Vater(-; s) / Väter *s. a.* Familie; *s. a.*
    Eltern 55, 135 f, 341
    abwesende(r) 276, 354
    als Autorität 259 f
    Autoritätsschwäche / -verlust
    d. 101, 264 f
    gewalttätiger 265
    imago 264

u. Kinder 264 f
Liebe zum 354
Rolle d. 208 *(Fn.)*
u. Söhne 258 ff
Stief- 56
symbolischer 259, 263
typischer 261
Verlust d. 354
als Vorbild 265
Veith, H. 30, 364 *(Fn.)*, 370
Verantwortung 247, 303 f
Verba, S. 288
Verbot(e) 230 f
Verdrängung / verdrängen 321,
343 *(Fn.)*, 364
Veroff, J. 72
Vertrauen 230, 236, 247, 284 ff
Videospiele *s.* Medien
Villa, P.-I. 152
Vogel, B. 427, 429
Volkmann, Ute 270 *(Fn.)*
Volkmann, Uwe 287
Vollbrecht, R. 35
Vorbild(er) 40, 98, 220, 224 *(Fn.)*,
252
Vorheyer, C. 47 f
Voth, J. 44 *(Fn.)*

Wagner, G. 160
Wagner, J. 191 f, 196
Wagner, P. 273
Wahl, I. 152
Wahl, K. 219, 238 *(Fn.)*, 298
Wahn, U. 402 *(Fn.)*
Waite, I. 73
Waldhoff, H.-P. 349 *(Fn.)*
Wallerstein, J. 53 ff
Walper, S. 53, 77, 204, 215, 301
Walter, R. 400, 408 f

Walter, W. 45
Walzer, M. 291
Wang, P. 394, 397 f, 408
Warburg, J. 323 *(Fn.)*
Warnke, A. 411
Weber, M. 103, 161
Wehling, P. 390
Wehner, K. 194
Weichold, K. 211
Weissman, M. 408
Wellendorf, F. 264
Wellmer, A. 271
Wenzel, H. 164
Werner, C. 179, 216, 405 *(Fn.)*
Werner, H. 264
Wert(-; e) 41, 195, 198, 207, 221,
233, 264, 267, 271, 276, 285,
289, 327, 350, 410, 421
gemeinschaft, christliche 274
soziale 281
verlust 290
wandel 165, 281, 297, 351 *(Fn.)*
Wetzels, P. 240
Whitaker, R. 142 *(Fn.)*, 145 *(Fn.)*,
413 *(Fn.)*
Whitebook, J. 190, 319, 320 *(Fn.)*,
321–325, 328 *(Fn.)*
Wiedemann, J. 96 *(Fn.)*
Wild, E. 290
Wilk, L. 76 *(Fn.)*, 97
Wilkinson, R. 393 *(Fn.)*, 401, 407
Wimschneider, A. 308
Winkler, M. 221
Winnicott, D. 168 *(Fn.)*, 244, 266
Wintels, A. 103 f, 127 f, 281, 288
(Fn.), 392 *(Fn.)*
Winterhager-Schmid, L. 219
Winterhoff, M. 79, 309, 414,
416 f, 418 ff

Winterhoff-Spurk, P. 21 f, 26–29, 42, 96 *(Fn.)*, 392 *(Fn.)*, 399, 424
Wirth, H. 175
Wittchen, H.-U. 392, 394, 397, 407, 414 *(Fn.)*
Witte, E. 53
Wohlstandsverwahrlosung 44
Wolfe, T. 161
Wolz, N. 402 *(Fn.)*
Wouters, C. 124 *(Fn.)*, 349 *(Fn.)*

Youniss, J. 192, 196

Zahlmann, C. 283
Zeiher, H. 79
Zerle, C. 33, 67, 89
Zeug, K. 423 *(Fn.)*, 425 f

Ziehe, T. 14, 102 f, 138, 392 *(Fn.)*, 416 f
Ziel(e) 99 f, 136, 162, 175, 266, 298 f
Zillmann, D. 35
Zima, P. 103, 105, 128, 264, 276, 392 *(Fn.)*
Zimbardo, P. 380 *(Fn.)*
Zimmermann, P. 216
Zinnecker, J. 76, 99, 217, 223 *(Fn.)*, 236, 364 *(Fn.)*
Ziob, B. 140
Zipfel, A. 28 *(Fn.)*, 31
Zoja, L. 264 f
Zoll, R. 277 f
Zwang / Zwänge 173, 228, 422
»Zwei-Welten-Ontologie« 159